Dirk Kruse-Etzbach
Ulrich Quack

Dänemark

IWANOWSKI'S REISEBUCHVERLAG

Im Internet:

www.iwanowski.de

Hier finden Sie aktuelle Infos zu allen Titeln, interessante Links – und vieles mehr!

Einfach anklicken!

Schreiben Sie uns, wenn sich etwas verändert hat. Wir sind bei der Aktualisierung unserer Bücher auf Ihre Mithilfe angewiesen:
info@iwanowski.de

Dänemark
8., vollständig überarbeitete Auflage 2023

Salm-Reifferscheidt-Allee 37 • 41540 Dormagen
Telefon 0 21 33/26 03 11 • Fax 0 21 33/26 03 34
info@iwanowski.de
www.iwanowski.de

Titelfoto: huber-images.de / Günter Gräfenhain
Alle anderen Farbabbildungen: s. Bildnachweis S. 495
Layout: Monika Golombek, Iwanowski´s Reisebuchverlag
Karten: Klaus-Peter Lawall, Unterensingen
Reisekarte: Hans Palsa, Lohmar
Überarbeitung Reisekarte: Ansgar Jöbkes, Krauchenwies; Klaus-Peter Lawall, Unterensingen
Titelgestaltung: Point of Media, www.pom-online.de
Redaktionelles Copyright, Konzeption und deren ständige Überarbeitung: Michael Iwanowski

Gesamtherstellung: Grafisches Centrum Cuno, Calbe
Printed in Germany

ISBN: 978-3-86197-255-6

In diesem Reisehandbuch sind alle Detailpläne mit einem QR-Code versehen. Bei jeder Innenkarte findet man diese schwarz-gepunkteten Quadrate, die per Smartphone oder Tablet-PC gescannt werden können. Bei einer bestehenden Internet-Verbindung können die Dateien dann auf das eigene Gerät geladen werden. Alle Karten sind im PDF-Format angelegt, das nahezu jedes Gerät darstellen und ausdrucken kann. Für den Stadtbummel oder die Besichtigung unterwegs hat man so die Karte mit besuchenswerten Zielen und Restaurants elektronisch auf dem Telefon, Tablet-PC, Reader oder als praktischen DIN-A4-Ausdruck dabei. Mit anderen Worten – der Reiseführer kann im Auto oder im Hotel bleiben, und die Basis-Infos sind immer und überall ohne Roaming-Gebühren abrufbar.

Sollten wider Erwarten Probleme beim Karten-Download auftreten, wenden Sie sich bitte direkt an den Verlag. Unter info@iwanowski.de erhalten Sie die entsprechende Linkliste zum Herunterladen der Karten.

Reiserouten

Reiserouten

info

Infokästen

info

Karten und Grafiken

Umschlagkarten:
vorne: Dänemark Highlights,
hinten: Kopenhagen: Historisches
Zentrum

Land zwischen den Meeren

Danmark er et lille land! – Dänemark ist ein kleines Land!, behaupten die Einheimischen gerne in sympathischem Understatement. Doch stellt sich beim Bereisen des Landes heraus, dass es nicht gar so klein ist. Es braucht seine Zeit, Dänemark wirklich kennenzulernen, auch aufgrund der annähernd 500 Inseln, die neben dem jütländischen Festland das Königreich ausmachen.

Oft wird in der Literatur eine Verwandtschaft zwischen den Niederlanden und Dänemark angeführt, die sich auf das Wesen der Menschen und auf die Natur bezieht. Sicher gibt es viele Parallelen: den liberalen Grundzug der Gesellschaft, eine populäre Monarchie, die Zuwendung zum Meer und die Tradition einer Seemacht. Der Vergleich macht aber auch die Unterschiede deutlich: Dänemark ist zwar nur unwesentlich größer als Holland, liegt aber an zwei Meeren und besitzt aufgrund seiner vielen Inseln mit 7.500 km eine viel längere Küste. Sie ist übrigens auch länger als die von Spanien oder Frankreich. Gleichzeitig hat das Königreich nur ein Drittel der niederländischen Einwohnerzahl. Nimmt man die höchsten Erhebungen als Maßstab des Landschaftsprofils, müssten die Niederlande (höchster Punkt 321 m ü. d. M.) „gebirgiger" sein als Dänemark (171 m ü. d. M.). Dass dies nicht stimmt, weiß jeder, der z. B. mit dem Fahrrad die typische Knicklandschaft von Fünen erkundet oder Bornholm durchquert hat. Überhaupt stellt sich die Landschaft außerordentlich abwechslungsreich dar: Da wären die gut 10 km langen und knapp 140 m hohen Kreidefelsen von Møn, die Sandwüste des jütländischen Råbjerg Mile, der Blick von der 100 m hohen Sandsteinklippe Rudbjerg Knude, die Granitklippen von Bornholm oder das Zusammentreffen zweier Meere am Kap Skagen. Auch wenn die Landwirtschaft die dänische Natur prägt, gibt es noch genügend Wälder, Binnenseen, Förden, Marsch- und Sumpflandschaften, an denen man das Gefühl hat, weit weg von der Zivilisation zu sein. Die Natur ist ideal für einen aktiven Urlaub, der Fahrradtouren, Wanderungen, Segeltörns oder Kanuausflüge mit einschließt.

Jenseits von Badestränden und Natur beeindruckt die Kulturlandschaft. Eine Vielzahl an Zeugnissen aus Stein-, Bronze-, Eisen- und Wikingerzeit gibt es zu besichtigen, Kunstschätze in den dänischen Mittelalterkirchen und unzählige Schlösser und Herrensitze. Viele schmucke Dörfer und Kleinstädte scheinen mit ihrem Buckelpflaster und reetgedeckten Häuschen geradewegs einem Bilderbuch zu entstammen. Hinzu kommt, dass die sprichwörtliche *hygge* (Gemütlichkeit) das Alltagsleben bestimmt und dem Gast das Gefühl gibt, willkommen zu sein.

Dieser Reiseführer wendet sich vor allem an den unabhängigen Individualtouristen, der sowohl landeskundliche Hintergrundinformationen erwartet als auch praktikable Routenvorschläge, die einen zu den schönsten Zielen und wichtigsten Sehenswürdigkeiten des Reisegebietes führen, egal ob mit Auto, Bahn, Wohnmobil oder Zweirad.

Wir wünschen Ihnen intensive Vorfreude bei der Vorbereitung der Reise(n) und einen schönen, erlebnisreichen Dänemarkaufenthalt.

Dirk Kruse-Etzbach, Ulrich Quack (Text) und Marita Bromberg (Fotos)

Dänemark auf einen Blick

Flagge	weißes Kreuz auf rotem Grund *(Dannebrog)*
Sprache	Dänisch
Nationalfeiertag	5. Juni (Verfassungstag)
Fläche	43.000 km². Hinzu kommen die autonomen Gebiete der Färöer-Inseln (1.400 km²) und Grönland (2.186.000 km²)
Lage	zwischen 54°53′ und 57°45′ nördlicher Breite sowie 8°5′ und 15°12′ östlicher Länge.
Bevölkerung	5.930.000 Einwohner (ca. 139 Ew./km²)
Religion	Die überwiegende Mehrheit der Bevölkerung (rund 75 %) gehört der evangelisch-lutherischen Kirche an. Die bedeutendsten religiösen Minderheiten sind Muslime, Katholiken und Juden.
Hauptstadt	Kopenhagen (København): 809.000 Einwohner (Hauptstadt inkl. Kommunen Kopenhagen, Frederiksberg und Gentofte); im Großraum 1,82 Millionen Ew. (ohne Bornholm)
Großstädte	Aarhus (286.000 Ew.), Odense (181.000 Ew.), Aalborg (143.500 Ew., Kommune inkl. Ortsteil Nørresundby), Esbjerg (72.000 Ew.)
Staats- und Regierungsform	Konstitutionelle Monarchie (seit 1849). Das Parlament (*Folketing*) besteht aus einer Kammer mit 179 Abgeordneten. Die Legislaturperiode beträgt vier Jahre. Seit 2019 wird Dänemark von den Sozialdemokraten regiert, dies wurde bei vorgezogenen Wahlen 2022 bestätigt. Für die nötige Mehrheit im Parlament arbeiten sie mit anderen Parteien zusammen. Ministerpräsidentin ist Mette Frederiksen.
Staatsoberhaupt	Königin Margrethe II. (seit 1972)
Wirtschaft	Die wichtigsten Wirtschaftszweige sind Industrie, Dienstleistungsbranchen (mit Tourismus), Landwirtschaft, Fischerei und Schiffsbau
Handelspartner	Die wichtigsten Handelspartner (Ex- und Import) sind Deutschland, Schweden, Benelux, Großbritannien
Klima	Typisches Küstenklima. Mit einer Durchschnittstemperatur von -0,4 °C ist der Februar der kälteste, der Juli mit +16,6 °C der wärmste Monat des Jahres.
Währung	Dänische Krone (DKK), 1 Krone = 100 Øre

I. DÄNEMARK – LAND UND LEUTE

Historischer Überblick

Dunkle, reiche Vorgeschichte

Aus der Altsteinzeit stammen die ältesten Funde menschlicher Besiedlung, nämlich Spuren von Rentierjäger-Wohnplätzen von etwa 12.500 v. Chr., doch ist Dänemark wahrscheinlich schon seit der letzten Zwischeneiszeit vor etwa 120.000 Jahren von Menschen bewohnt. In der **Mittel-Steinzeit**, als Dänemark durch eine Landbrücke mit England verbunden war, breitete sich ein Jägervolk aus, das von den großen Beständen an Wisenten, Wildpferden, Elchen und Auerochsen profitierte. Zu Beginn der **Jüngeren Steinzeit** betrieb man erstmals Ackerbau (Weizen, Gerste) und hielt sich Vieh. Steinerne Grabmonumente und Dolmen, sichtbarste Zeichen dieser sogenannten Megalithkultur, haben sich in Dänemark in auffallend großer Zahl erhalten.

Gleichzeitig entstanden die ersten Feuerstein-Minen und elegant geschliffene Äxte wurden aus Feuerstein hergestellt. Auch andere Feuersteinwerkzeuge, Tongefäße und Bernsteinschmuck, manchmal zusammen mit Tier- und Menschenopfern aufgefunden, geben einen Eindruck vom hohen kulturellen Standard. Die **Bronzezeit** (ca. 1700–500 v. Chr.) kann man als erste Hochblüte Dänemarks bezeichnen. Ihre kuppelförmigen Grabhügel prägen die Landschaft noch heute. Eichensarg-Gräber, Textilien (z. B. der Schnurrock von Egtved), Bronze- und Goldschmuck, Waffen, Kultäxte, Helme, Luren und Gefäße – das Vornehmste, was es an vorgeschichtlichen Funden in Nordeuropa gibt –, ist u. a. im Kopenhagener Nationalmuseum zu bewundern. Felszeichnungen und Skulpturen wie der weltberühmte Sonnenwagen von Trundholm geben außerdem Einblick in die religiöse Vorstel-lungswelt der Bronzezeit, bei der dem Motiv des Schiffes besondere Bedeutung zukam. In der Eisenzeit (ca. 500 v. Chr.–750 n. Chr.) entstanden die ersten organisierten Dörfer. Moorleichen, die sich erstaunlich gut erhalten haben, geben ein sehr genaues Bild vom Aussehen der damaligen Menschen.

Ebenfalls aus Mooren stammen bedeutende Funde wie das Boot von Hjortspring und der Silberkessel von Gundestrup, der dem keltischen Kulturkreis entstammt. Er gelangte wohl als Kriegsbeute nach Dänemark, vielleicht im Zusammenhang mit der Wanderung von Kimbern und Teutonen. Diese waren Vorboten der sogenannten Völkerwanderung, die nach der Zeitenwende viele Stämme aus Südskandinavien bis nach Südeuropa und Nordafrika führte. Die Eroberung Englands durch die Angeln, Jüten und Sachsen fällt in diese Zeit, ebenso wie z. B. der Auszug der Vandalen und der Burgunder (aus Bornholm?). Während diese Stämme Angst und Schrecken in Europa verbreiteten, entwickelte sich in ihrer Heimat eine hochstehende Kultur, von der z. B. die Goldhörner von Gallehus (400–550 n. Chr., die Hörner mit der längsten älteren Runeninschrift gingen 1802 durch Diebstahl verloren) und die Goldplaketten *(guldgubber)* berichten. Gegen Ende der Eisenzeit hatten sich neben dem traditionellen nordischen Kunststil alle Fertigkeiten auf

Kleinod der Bronzezeit: Sonnenwagen von Trundholm (Nationalmuseum Kopenhagen)

den Gebieten Schiffbau, Waffentechnik und Navigation herausgebildet, die die Wikingerzeit möglich machten.

Die Wikingerzeit

Die Wikingerzeit (793–1066 n. Chr.) ist nicht nur für alle skandinavischen Länder von großer Bedeutung, sondern für ganz Europa. Wikinger waren – entgegen ihrem Ruf als bloße Seeräuber – auch begnadete Händler, Künstler und Staatengründer. Die nach ihnen benannte Ära begann im **Jahr 793** mit dem brutalen Angriff auf das Kloster Lindisfarne auf der Insel Holy Island, nördlich des heutigen Newcastle. Ihre neuartigen **Schiffe**, Segel- und Ruderfahrzeuge von hoher Perfektion, die an Schnelligkeit und Wendigkeit fast 500 Jahre lang nicht übertroffen wurden, ermöglichten den Überfall, bei dem die Mönche massakriert, die Kirchenschätze geraubt und das Vieh geschlachtet wurden. Eindrucksvoll veranschaulicht das Wahrzeichen der Epoche der Fund der fünf Wikingerschiffe von Skuldelev im Roskilde Fjord (Seeland), die in der Wikingerschiffshalle von Roskilde ausgestellt sind.

Überfälle wiederholten sich in den nächsten Jahrzehnten in immer kürzeren Intervallen. Die Wikinger bedrohten nicht nur die Küsten der Nord- und Ostsee, später der Irischen See, Frankreichs, Spaniens und sogar des Mittelmeeres, sondern fuhren auch über Flüsse wie Rhein, Maas, Seine, Schelde, Themse und Loire weit ins Landesinnere hinein. Auf diese Weise wurden beispielsweise Derby, Nottingham, London, Lincoln und York im Jahr 835 heimgesucht, 840 Novgorod und Kiew, 843 Nantes, 844 Lissabon und Sevilla, 845 Hamburg, Aachen, Köln und Paris, 856 Tours, 860 Pisa, Luna und Konstantinopel, 862 schließlich Nektor in Marokko und das Gebiet der Camargue. Die Seeräuber erschienen dem christlichen Abendland als Ausgeburt der Hölle.

Die Wikinger waren kein Volk im eigentlichen Sinn, sondern bestanden aus einer Vielzahl von Stämmen, die sich noch während der Epoche zu größeren Verbänden vereinigten. Bereits im 9. Jh. kann man auch sprachlich „Norweger“, „Dänen“ und „Schweden“ unterscheiden. Diese nordgermanischen Stämme, die quasi aus dem Nichts vor den Küsten Europas auftauchten, hatten längst nicht nur Raubmord und Plünderung im Sinn. Zu ihren Leistungen gehörte z. B. die Errichtung eines für damalige Zeiten einmaligen **Handelsnetzes**, das später die Hanse beerben konnte. Den schwedischen Wikingern (Warägern) gelang es sogar, sich das innerrussische Flusssystem untertan zu machen und so den Warenverkehr der Seidenstraße an die Wasserwege der Ost- und Nordsee anzuschließen.

Nachgebautes Wikingerschiff in Roskilde

Sklaven, Felle und Bernstein gehörten zu den Handelsgütern der Wikinger, die sie u. a. in Konstantinopel, Bagdad oder Damaskus gegen Silber, Gewürze, Schmuck und andere Luxuswaren tauschten. In neu etablierten Handelsstädten wie Haithabu versorgten sie damit Europa, das aufgrund des päpstlichen Verbots, mit Mohammedanern Handel zu treiben, nicht selbst in dem Geschäft tätig werden konnte.

Die begnadeten Navigatoren und **Entdecker** stießen in bis dato unbekannte

Gegenden vor, erkundeten die Küsten des Weißen Meeres und Svalbards (Spitzbergen), segelten zwischen Eisbergen an Ostgrönland entlang und kreuzten in den Gewässern vor Neufundland. Als erfolgreiche **Staatengründer** schufen sie in ihrer Heimat durch die Vereinigung vieler kleinerer Gaue die Königreiche Norwegen, Schweden und Dänemark. Außerhalb konnten die Norweger nordatlantische Inseln wie die Orkneys, Färöer, Hebriden, Shetlands und Island (und von dort aus Grönland und Vinland) besiedeln und für lange Zeit bzw. bis heute zu skandinavisch geprägten Gemeinwesen machen. Auch in Schottland, Irland und auf der Isle of Man waren Norweger kolonisatorisch tätig, die schwedischen Waräger in Finnland und an der gesamten baltischen Küste. Noch wichtiger war die Errichtung des Reiches von Novgorod (und Kiew), wo unter der Dynastie der Rurikiden die Keimzelle Russlands entstand.

Während es die Waräger nach Osten und die Norweger nach Westen zog, orientierten sich die **dänischen Wikinger** nach Süden und Südwesten. Ihr bevorzugtes Ziel und ihre ergiebigste Einnahmequelle war England. Die anfängliche Phase der Plünderungen, vorzugsweise von Klöstern, wurde abgelöst von Gebietseroberungen mit Besiedlung. Im Jahr 865 ließ sich ein großes Wikingerheer in **East Anglia** nieder und begann mehrjährige Eroberungskriege. Es folgten Landverteilungen dänischer Heerführer, die schließlich ein regelrechtes Kolonialisierungsgebiet entstehen ließen, das man **Danelag** nannte und das u.a. die Städte **York, Lincoln, Stamford, Nottingham, Derby** und **Leicester** umfasste. Heute noch ist an vielen Ortsnamen die dänische Besiedlung ablesbar – u.a. an den Endungen -toft, -torp und -by. Zudem gelang es dänischen Wikingerkönigen zweimal, ganz England zu unterwerfen. Zuerst im Jahr 1013, als Sven Gabelbart (Svend Tveskæg) die Insel eroberte, aber ein Jahr später starb. Sein Sohn Knud der Große eroberte 1016 die Macht zurück. Er kann als mächtigster Herrscher der Wikingerzeit bezeichnet werden, zu dessen Imperium Dänemark, Norwegen, England, Südschleswig, mehrere nordatlantische Inseln und viele heute zu Schweden zählende Provinzen gehörten. Er starb 1035 und wurde in der Kathedrale von Winchester beigesetzt. Der letzte dänische König auf dem englischen Thron war Hardeknud, der 1042 starb.

Auf dem Festland war Dänemarks mächtiger Nachbar im Süden das Frankenreich, das nach Unterwerfung der Sachsen durch Karl den Großen (ca. 800) bis an die Eider reichte. Sein dänischer Gegner, König Godfred, ließ zur Abwehr die Wallanlage des **Danewerk** (Danevirke) anlegen, sozusagen einen nordeuropäischen Limes, der von der Ostsee bis zur Nordsee reichte. Das Verhältnis zwischen Dänen und Franken umfasste aber auch weitreichende Handelsbeziehungen. Nachdem das friesische Dorestad, damals die größte Handelsniederlassung nördlich der Alpen, von den Wikingern zerstört worden war, floss der Warenstrom ungehindert aus dem Rheinland nach Dänemark. Dort entstand Anfang des 9. Jh. Haithabu, das sich zur größten Stadt des Nordens in der Wikingerzeit aufschwang.

Relikt der Wikingerzeit – dänischer Runenstein

Hundert Jahre später hatte der westfränkische König **Karl der Einfältige** dem Wikingerhäuptling Rollo einige Ländereien im Seine-Gebiet übertragen, das von Rouen bis ans Meer reichte. Als Gegenleistung ließ sich Rollo taufen und verteidigte die Küsten gegen andere Wikinger. Damit war der Grundstein für das **Herzogtum der Normandie** gelegt. Herzog Wilhelm der Eroberer stammte in direkter Linie von Rollo ab. In der berühmten Schlacht von Hastings besiegte dieser 1066 die Engländer – damit ging das Zeitalter der Wikinger zu Ende.

Im Heimatland selbst waren die einzelnen Gaue bereits um **800** weitgehend geeint und unterstanden einem gemeinsamen König. Godfred z. B. beherrschte kurz nach 800 nicht nur Jütland, sondern auch das südliche Norwegen und Schonen. Als Begründer des dänischen Reiches gilt aber **Gorm der Alte**, der Mitte des 10. Jh. regierte. Sein Nachfolger wurde sein Sohn Harald Blauzahn und von nun ab wurde die Königswürde weitervererbt – ununterbrochen bis auf den heutigen Tag. Gorm und sein Sohn Harald stehen auch stellvertretend für den geistig-religiösen Wandel der Wikingerzeit. Während sich Gorm noch nach Sitte der heidnischen Vorfahren beisetzen ließ, verkündete Haralds Runenstein (S. 438) den Sieg des Christentums. Das am Anfang der Epoche kaum bekannte Skandinavien war zu einem Bestandteil des christlichen Abendlandes geworden.

Das Mittelalter

Die dänischen Könige konnten im beginnenden Mittelalter nicht gegen die Interessen des Adels und des Klerus regieren und 1086 wurde Knud IV. (der Heilige) sogar von Adeligen in Odense ermordet. Zudem wurde die Königsmacht dadurch geschwächt, dass sich alle möglichen Thronanwärter gegenseitig bekämpften und auch vor Mord nicht zurückschreckten. Die Kirche konnte nach der Errichtung des selbstständigen Erzbistums Lund (1103) eine eigene machtpolitische Linie verfolgen.

Die Zeit der Gewalt endete 1157, als Valdemar I. (der Große) seine Konkurrenten bezwang und den Thron bestieg. Die folgende Epoche wird als die **große Zeit der Valdemare** bezeichnet. Bis 1241 eroberten Valdemar I. bzw. seine Söhne Knud VI. und Valdemar II. (der Sieger) die slawisch besiedelte Insel Rügen und Holstein. Lübeck musste damals dem dänischen König als oberstem Herrscher huldigen, der im Zuge der Kreuzzüge ins Baltikum die Kontrolle über Estland gewann.

info

Margrete I. (1353–1412), Dänemarks erste Regentin

Größere Erfolge als alle seine Kriege und Auseinandersetzungen hatte Valdemar Atterdag mit seiner Heiratspolitik, die die staatliche Form Skandinaviens über Jahrhunderte verändern sollte. Seine Tochter Margrete versprach er im Alter von sechs

info

Jahren Håkon VI. von Norwegen, die Ehe wurde 1363 geschlossen, als Margrete zehn Jahre alt war. Ihre Jugend verbrachte sie auf dem Osloer Königsschloss Akershus, wo u.a. eine Tochter der Hl. Birgitta ihre Erziehung übernahm. Als Valdemar 1375 ohne einen Thronfolger starb, wurde der Sohn von Margrete und Håkon, Oluf, zum dänischen König unter Vormundschaft seiner Eltern gewählt. Fünf Jahre später starb Håkon und Oluf wurde nun auch König von Norwegen. In Wirklichkeit aber hielt Margrete als Vormund die Macht in Dänemark und Norwegen in den Händen. 1387 starb Oluf und unmittelbar danach wurde Margrete zur bevollmächtigten Frau und Herrin des gesamten dänischen Reiches ernannt.

Einen solchen Titel hatte es vorher nie gegeben – umso erstaunlicher, dass auch die Reichsversammlungen in Norwegen und Schweden Margrete zur Regentin wählten. De facto war damit der größte Flächenstaat Europas entstanden, der auf dem Schloss von Kalmar 1397 offiziell als Union („Kalmarer Union") bekräftigt wurde. Als ersten Unionskönig wählte man den damals 15-jährigen Erik VII. von Pommern, ein Sohn von Margretes Schwester. Doch anstelle ihres Neffen übte in Wahrheit Margrete bis zu ihrem Tod im Jahr 1412 die eigentliche Macht in den drei Reichen aus. Die tatkräftige, diplomatisch begabte und kluge Regentin gilt als interessanteste politisch aktive Frau im Skandinavien des späten Mittelalters. Ihre Grabstätte liegt nahe dem Hochaltar in der Kathedrale von Roskilde.

Die Regierungszeit von Valdemar IV. Atterdag (1340–75) stand zunächst unter dem Eindruck des „**Schwarzen Todes**", der 1350 Dänemark erreichte und große Teile der Bevölkerung hinwegraffte. Der starke Herrscher regierte derweil mit List und Gewalt und eroberte 1361 die reiche Ostseeinsel Gotland. Zudem verheiratete Valdemar seine Tochter Margrete mit dem norwegischen König Håkon VI., was weitreichende Folgen hatte (S. 14).

Durch Margrete und die **Kalmarer Union** war Norwegen verfassungsmäßig an Dänemark gebunden und blieb über 400 Jahre lang – bis 1814 – Teil der Monarchie. Holstein kam **1459** hinzu, als der dortige Fürst starb. Die schleswig-holsteinische Ritterschaft und Christian I. trafen ein Abkommen, das den dänischen König zum Herzog von **Schleswig** und Grafen von **Holstein** machte. Als Gegenleistung musste dieser garantieren, dass die beiden Länder niemals geteilt würden – eine Ursache für die deutsch-dänischen Kriege des 19. Jh.

Wirtschaftlich waren die Anfangsjahre der Kalmarer Union für Dänemark sehr erfolgreich. Der eingeführte Sundzoll brachte Geld von jedem Schiff, das den Øresund passierte. Kopenhagen wurde Hauptstadt und **1479** wurde die erste Universität gegründet. In **Schweden** allerdings regte sich Widerstand gegen die dänische Dominanz und immer wieder kam es zu Aufständen. Dass die Dänen nicht gewillt waren, Schweden aus ihrer Oberhoheit zu entlassen, zeigte sich im brutalen Vorgehen Christians II., der 1520 nach einem Aufstand in Stockholm einzog, dort etwa 80 adelige und geistliche Führer des Widerstandes zu einem „Versöhnungstreffen" empfing und die versammelte schwedische Elite hinrichten ließ („Blutsonntag von Stockholm"). Der Widerstand war jedoch keineswegs gebrochen. Unter Führung von Gustav I. Vasa zog ein erneuter Aufstand 1523 den endgültigen **Zusammenbruch der Union** nach sich.

Gustav I. Vasa begründete nicht nur eine neue Königsdynastie, sondern auch ein neues skandinavisches Reich, das von Anfang an in Konkurrenz zu Dänemark-Norwegen stand. Für mehrere Jahrhunderte wurde eine fast ununterbrochene Reihe von Kriegen mit Schweden das außenpolitische Hauptthema, doch auch in Dänemark regte sich Widerstand gegen den immer reicher werdenden und politisch dominierenden Hochadel und Klerus. Mehrere Volksaufstände gipfelten schließlich **1534–36** in einem Bürgerkrieg, der sogenannten **Grafenfehde**, die aber letztendlich an den Machtverhältnissen nichts änderte.

Die dänisch-schwedische Rivalität

Renaissancefürst und Baumeister Kopenhagens: König Christian IV. (zeitgenössisches Porträt)

Ab 1525 erreichte die **Reformation** Dänemark (und Schweden), das lutherische Glaubensbekenntnis wurde **1536** offiziell als Staatsreligion eingeführt. Mit der Etablierung der lutherischen Staatskirche endete das Mittelalter. Zu Beginn der Neuzeit galt Dänemark nach wie vor flächenmäßig als Großmacht, die die Ostsee mit einer starken Kriegsflotte kontrollierte. Außerdem war Norwegen samt seinen nordatlantischen Besitzungen (Färöer, Island, Grönland) 1536 zu einem Teil des Königreichs erklärt worden. Doch als 1560 in Dänemark und Schweden die Regenten wechselten, begannen die „Bruderkriege". Der schwedische König Erik XIV. wollte die dänische Dominanz brechen, während Frederik II. von einer Erneuerung der Kalmarer Union träumte. Die Folge war der **Nordische Siebenjährige Krieg** (1563–70), der außer vielen Toten und hohen Kosten kein greifbares Resultat hatte.

Die nächste militärische Auseinandersetzung war der von den Dänen begonnene **Kalmarer Krieg** (1611–13), der den letzten Versuch darstellte, die alte Union wiederzubeleben. Inzwischen war mit dem tatkräftigen König Gustav II. Adolf ein glühender Protestant und genialer Feldherr auf den schwedischen Thron gelangt. Er griff nicht nur entscheidend in den **Dreißigjährigen Krieg** (1618–48) ein und katapultierte Schweden auf die Weltkarte der Großmächte, sondern verschob auch die Machtverhältnisse in der Ostsee zu seinen Gunsten. Sein Gegner auf dem dänischen Thron war **Christian IV.** (1577–1648, S. 67), der in diesem historischen Ringen eine katastrophale Niederlage hinnehmen musste. In drei Kriegen (1643–60) versuchten die Schweden, Dänemark ihrem Ostseeimperium einzuverleiben. Deren „Heldenkönig" Karl X. Gustav hatte im Februar 1659 das schwedische Heer über die zugefrorenen Meerengen geführt und nur das Eingreifen ausländischer Mächte – an der Spitze die Niederlande – verhinderte eine vollständige Auslöschung Dänemarks. In den erzwungenen Friedensschlüssen von Roskilde und Kopenhagen (1660) musste es alle Provinzen östlich des Øresundes an Schweden abtreten. Das dänische Kernland war um ein Drittel reduziert, Kopenhagen in eine ungünstige östliche Randlage gebracht und der ehemals rein dänische Øresund nun ein internationales Gewässer, die Bevölkerung durch die Kriege um 25–30 % geschrumpft.

Frederik III., der **1660–62** Dänemark in eine bis 1848 bestehende absolutistische Regierungsform umwandelte, und seine Nachfahren schmerzte der Verlust der urdänischen Provinz Schonen, weshalb das Königreich nochmals zwei erfolglose Kriege gegen Schweden anzettelte. Der Friede von **1720** war der **Schlusspunkt der dänisch-schwedischen Rivalitäten**. Es folgte eine friedliche Koexistenz, die vor dem Hintergrund der wachsenden Größe Russlands sogar bald zu einem Schulterschluss der beiden Königreiche führte.

Friedenszeit und der Absturz zum Kleinstaat

1720 begann die längste friedliche Epoche, die Dänemark bis dahin erlebt hatte – bis zum Krieg mit England 1807–14. Die Bevölkerung stieg und erreichte am Ende der Epoche die Millionengrenze. Die Landwirtschaft profitierte vom steigenden internationalen Handel und die Hochkonjunktur bildete die Grundlage für eine florierende Schifffahrt. Ein besonderer, wenn auch kleinerer Zweig des Handels war der Transport von Sklaven. Dänemark hatte 1666 einige der Jungferninseln in der Karibik besetzt (heute die US Virgin Islands) und dort einen blühenden Sklavenmarkt etabliert. 1792 verbot der König den Menschenhandel – als erstes europäisches Land.

Der Absolutismus und das gesamte feudale System wurden im Land immer häufiger in Frage gestellt, vor allem als klar wurde, dass der junge König Christian VII. geisteskrank war. Dänemark wurde damals von seinem deutschen Leibarzt Johann Friedrich Struensee, gleichzeitig Liebhaber der Königin, regiert. 1772 wurde Struensee entmachtet und hingerichtet. Immerhin gelang es einflussreichen Grafen und Ministern 1788, noch während des Absolutismus, die **Bauernbefreiung** (Männer durften ihren Geburtshof nicht ohne Erlaubnis des Gutsbesitzers verlassen) durchzusetzen.

Die Zeiten in Europa waren nach der Französischen Revolution und unter Napoleon wieder kriegerischer geworden. Das neutrale Dänemark versuchte, nicht in die Auseinandersetzungen der Großmächte zu geraten. Vor allem England war dies ein Dorn im Auge. **1801** durchbrach Admiral Nelson die dänische Verteidigungslinie vor Kopenhagen und zwang die Dänen, ihre Neutralitätspolitik aufzugeben. Zudem befürchtete England, Dänemark könne seine Flotte Frankreich zur Verfügung stellen und bombardierte **1807** Kopenhagen. Dänemark schloss sich daraufhin Napoleon an und beteiligte sich an Frankreichs Kontinentalsperre gegen England. Trotz des Einsatzes von Kanonenbooten und Kaperschiffen gelang es nicht, die englischen Konvois an der Durchfahrt durch die dänischen Gewässer zu hindern. Durch die Allianz mit Napoleon hatte man am Ende die ökonomischen und politischen Folgen der Niederlage zu tragen. Dazu gehörten ein dramatischer Niedergang von Handel und Schifffahrt, der **Staatsbankrott** (1813) und eine hohe Inflation. Im **Kieler Frieden** (1814) musste Frederik VI. das seit über 400 Jahren zu Dänemark gehörende **Norwegen** an den König von Schweden abtreten. Außenpolitisch war Dänemark zu einem **Kleinstaat** geschrumpft, der aus dem eigentlichen Königreich, den Färöer Inseln, Island und Grönland sowie den Herzogtümern Schleswig, Holstein und Lauenburg bestand.

Die Anfänge des modernen Dänemark

Nach einer Zeit der Stagnation brachte ab den **1840er-Jahren** technischer Fortschritt einen Aufschwung. 1844 wurde die **erste Eisenbahnlinie** zwischen Altona und Kiel (damals dänisch) für den Verkehr freigegeben, drei Jahre später die zwischen Kopenhagen und Roskilde.

Holstein und Lauenburg waren kulturell und sprachlich deutsch geprägt. In Schleswig waren die städtische Bevölkerung und die meisten Gutsbesitzer deutschgesinnt, die nordschleswigschen Bauern standen überwiegend Dänemark nah. Die Situation spitzte sich nach dem Tod Christians VIII. 1848 zu – auf einer Versammlung in Rendsburg verlangten die Teilnehmer eine freie Verfassung und die Aufnahme Schleswigs in den Deutschen Bund. Die Regierung beharrte auf Schleswigs Anbindung an Dänemark. Nachdem Frederik VII. den Thron bestiegen hatte, bildete sich in Kiel eine provisorische deutsche Regierung für Schleswig-Holstein und Deutschgesinnte nahmen die Festung von Rendsburg ein: Der Bürgerkrieg hatte begonnen. Da Preußen die Aufstände unterstützte, wurde aus dem Bürgerkrieg ein internationaler Waffengang: der **Dreijährige Krieg** (1848–51). Anschließend herrschte wieder der Status quo.

Zeitgleich griffen die bürgerlichen Revolutionen, die **1848/49** Europa veränderten, auch auf Dänemark über, allerdings eher undramatisch. Es gab keine Barrikadenkämpfe, keine Toten.

Der König der Verfassung: Frederik VII. (Reiterstandbild in Kopenhagen)

Eine verfassungsgebende Reichsversammlung hatte sich im Oktober 1848 konstituiert; am 5. Juni 1849 wurde eine Verfassung von **Frederik VII.** unterschrieben, die den Absolutismus abschaffte und die konstitutionelle Monarchie sowie eine **demokratische Staatsform** etablierte. Sie gewährleistete u.a. Meinungs-, Presse- und Versammlungsfreiheit und sah ein Zweikammersystem *(Folketing* und *Landsting)* mit allgemeinem Wahlrecht für Männer vor.

Die rasante Entwicklung politischer Parteien und des Eisenbahnnetzes sowie die Liberalisierung der Wirtschaft wurden überschattet von der „Schleswigschen Frage". Unter anderem durch die sogenannten „Spracherlasse", die 1851 Dänisch zur offiziellen Kirchen- und Unterrichtssprache in Mittelschleswig machten, empfand die deutschsprachige Bevölkerung Dänemark immer mehr als Besatzungsmacht. Die Situation eskalierte, als die dänische Regierung 1863 eine gemeinsame Verfassung für Dänemark und Schleswig verabschiedete, die der neue König Christian IX. unterzeichnete. Dieser Verstoß gegen das Friedensabkommen führte 1864 prompt zu einer Kriegserklärung von Preußen und Österreich. Nach der entscheidenden **Schlacht bei Dybbøl** (S. 469) war der Krieg verloren, im Frieden von Wien musste Dänemark **Schleswig, Holstein** und **Lauenburg** an Preußen abtreten.

Nach dem Verlust des fruchtbaren Schleswig mussten neue Landstriche (vor allem auf Jütland) kultiviert werden. 1814 war die allgemeine Schulpflicht eingeführt worden, bessere Ernährung, Hygiene und medizinische Fortschritte erhöhten die durchschnittliche Lebenserwartung und die Bevölkerung stieg sprunghaft an. Immer mehr Menschen zogen in die Städte. Um 1900 hatte Kopenhagen 400.000 Einwohner. Viele Dänen wanderten nach Kanada oder in die USA aus. Die **Industrialisierung** erreichte in den 1890ern auch kleinere Handelsstädte und schob die Entwicklung der dänischen Arbeiterbewegung an, aus der später die Sozialdemokratische Partei Dänemarks (SPD) hervorging. Die Bewegung musste sich gegen den Widerstand der staatlichen Behörden behaupten, wobei die Polizei führende Köpfe der Bewegung bestach, in die USA auszuwandern. Aber schon 1884 wurden die ersten Sozialdemokraten ins Folketing gewählt und kurze Zeit später wurde eine Gewerkschaft aufgebaut.

Ab 1901 packte die Regierung der Liberalen Reformpartei mehrere **Reformen** an. Diese beinhalteten u.a. die Einrichtung von Arbeitslosenkassen (1907), die Abschaffung des privilegierten Wahlrechts für das Landsting, das allgemeine Wahlrecht für Frauen sowie das Verhältniswahlrecht für das Folketing (1915).

Außenpolitisch legte sich der Schatten des **Ersten Weltkrieges** über das Land. Man war vom Export nach Großbritannien abhängig, aber ebenso musste man auf das militärisch stärker werdende Deutschland Rücksicht nehmen. Am Vorabend des Krieges einigte man sich mit Schweden und Norwegen auf eine strikte Neutralität (Drei-Königs-Treffen von Malmö). Während des Krieges rückte eine weit entfernte Region wieder in den Blickpunkt, nämlich die seit

1666 dänischen **Jungferninseln** in der Karibik. Ihrer strategischen Bedeutung wegen wurden die Inseln von den USA für 25 Mio. US-Dollar gekauft. Ein anderer Landesteil, Island, wurde 1918 als selbstständiges Königreich in Personalunion (der dänische König war gleichzeitig auch der isländische) aufgewertet, nachdem die nordatlantische Insel schon 1903 eine autonome Verfassung erhalten hatte.

Nach dem Krieg erschütterten **Unruhen** militanter Arbeiter die Industriestädte, die immerhin den seit Langem geforderten Achtstundentag brachten. Das Kriegsende hatte aber auch die alte Schleswigsche Frage wieder auf die Tagesordnung gesetzt. Durch den Versailler Vertrag wurde 1920 erstmalig eine direkte **Abstimmung** der Bevölkerung über den Wunsch ihrer staatlichen Zugehörigkeit durchgeführt. Dabei sprach man sich in **Nordschleswig** für die Vereinigung mit Dänemark aus, während die Befragten in Mittel-Schleswig dagegen entschieden. Die Grenzziehung erfolgte entsprechend der Volksbefragung und besteht bis heute fort.

In den 1930ern nahm die Zahl der in Handwerk und Industrie Beschäftigten stetig zu. Ford gründete in Dänemark Europas erste Fließbandproduktion für Autos. Nach den Wahlen von 1929 wurde eine Koalitionsregierung von Sozialdemokraten und Sozialliberalen gebildet, die die längste des 20. Jh. werden sollte. Ihr umfassendes Reformprogramm konnte nur z. T. verwirklicht werden, da die **Weltwirtschaftskrise** das Land traf. Handelsabkommen mit Großbritannien und Deutschland sowie eine Zusammenarbeit von Regierung und Opposition halfen, die Krise zu überwinden. Es ist kein Zufall, dass damals viele große Brücken (u. a. die über den Storstrømmen, die längste Brücke Europas) gebaut wurden. **1939** unterschrieb Dänemark mit Deutschland einen **Nichtangriffspakt** und erklärte sich dann beim Kriegsausbruch als **neutral**.

Der Zweite Weltkrieg

Trotz des Nichtangriffspaktes wurde Dänemark am Morgen des **9. April 1940** innerhalb weniger Stunden von deutschen Truppen besetzt, gleichzeitig begann der Angriff auf Norwegen. Anders als die Norweger leisteten die Dänen jedoch keinen aktiven Widerstand, stattdessen verhandelten die Außenministerien der beiden Länder über die Modalitäten der „friedlichen Besetzung". Dabei blieben König, Regierung, Heer, Polizei und andere Strukturen zunächst unangetastet. England reagierte auf die Verhandlungen mit der Besetzung der Färöer und der Beschlagnahmung der dänischen Handelsflotte. 1942 nahmen die dänischen Sabotageakte zu, gleichzeitig begann die britische Spezialeinheit SOE in Kooperation mit der dänischen Einheitspartei (Dansk Samling), Fallschirmspringerkommandos über Dänemark abzusetzen.

Im Herbst 1942 wurden die Deutschen immer unzufriedener mit der Lage in Dänemark. Die Situation eskalierte, als sich Christian X. für Geburtstagsgrüße von Hitler mit einem unhöflich-knappen Telegramm „bedankte" (sogenannte Telegrammkrise), was Hitler zu einem persönlichen Eingreifen in die dänischen Verhältnisse veranlasste. Im August 1943 brachen in 17 dänischen Städten organisierte Streiks aus, und in weiten Teilen des Landes kam es zu Unruhen. Hitler forderte den Ausnahmezustand und für Sabotageakte die Todesstrafe. Dem widersetzte sich die dänische Regierung und reichte dem König ihren Rücktritt ein. Die Gestapo übernahm die Verfolgung, außerdem begannen die Deutschen mit der Entwaffnung und Internierung des dänischen Heeres und der Marine, die jedoch vorher ihre Schiffe selbst versenkt hatte. Als am 2. Oktober die Besatzungsmacht eine Aktion gegen dänische Juden durchführte, verschärfte sich die antideutsche Stimmung. Unter Mithilfe weiter Bevölkerungskreise wurde die Flucht von ca. 7.000 jüdischen Bürgern nach Schweden organisiert, sodass „nur" etwa 500 verhaftet und deportiert wurden.

„Befreit Dänemark" – selbst gebauter Panzerwagen vor dem Widerstandsmuseum in Kopenhagen

Am 1. Juli 1944 entwickelte sich der **Generalstreik** in Kopenhagen zur machtvollen Demonstration gegen die Besatzungsmacht. Dänische Politiker wandten sich an die Alliierten, um die Anerkennung als Verbündeter zu erhalten, was jedoch am russischen Widerstand scheiterte. In Dänemark weigerte sich die dänische Polizei, bei der Sabotagebekämpfung mitzuwirken, was zu deren Auflösung und späteren Deportationen in Konzentrationslager führte. Zum Jahreswechsel 1944/45 ging die Widerstandsbewegung zur Aufstellung militärischer Gruppen über (bis zu 50.000 Mann), die von England oder Schweden mit Handfeuerwaffen versorgt wurden. Die Anschläge richteten sich gegen Eisenbahnlinien und Industrieanlagen, die für die Deutschen produzierten, sowie gegen Schiffe und Werften. Inzwischen war jedoch das Ende des Krieges abzusehen, nicht zuletzt durch die rund 200.000 Flüchtlinge, die ab Februar 1945 aus Ostpreußen nach Dänemark strömten. Schließlich kapitulierten am **5. Mai 1945** die im Königreich stehenden deutschen Truppen vor den Engländern – abgesehen von Bornholm, das im Operationsgebiet der Russen lag. Dort ergaben sie sich erst drei Tage später nach umfangreichen Bombardements der Roten Armee. Insgesamt hatten Krieg und Besatzung etwa 7.000 Dänen das Leben gekostet. Der Kriegsverlauf hatte zudem zur **Abspaltung Islands** geführt, das von den Amerikanern besetzt worden war und sich 1944 als selbstständige Republik ausrief.

Nachkriegszeit bis heute

Nach dem Krieg beschäftigte die dänische Öffentlichkeit das **Verhältnis zu Deutschland**; manche witterten die Chance einer „Wiedervereinigung" mit den südschleswigschen Gebieten. Bald aber entstanden gut-nachbarschaftliche Beziehungen, die 1955 in den Bonn-Kopenhagener Erklärungen gipfelten, in denen auch die Minderheitenregelungen in der deutsch-dänischen Grenzregion vertraglich besiegelt wurden.

1945 erlangte Dänemark den Status eines Alliierten und wurde Gründungsmitglied der Vereinten Nationen. Mit Beginn des Kalten Krieges waren die Sowjetunion und ihr Einflussbereich dicht an die dänischen Grenzen gerückt und eine klassische Neutralitätspolitik erschien nicht mehr praktikabel. Nachdem Verhandlungen über ein nordisches Verteidigungsbündnis **1949** endgültig scheiterten, beteiligte sich Dänemark im gleichen Jahr an der Gründung der **NATO**.

info

Dänisch und doch nicht: die Färöer und Grönland

Mit den nordatlantischen Außenbesitzungen Färöer und Grönland, die formell und völkerrechtlich immer noch dem Königreich angehören, wäre Dänemark nicht ein europäischer Kleinstaat unter vielen, sondern – nach Russland – das zweitgrößte

Land des Kontinents. Heute verfügen diese Außenbesitzungen über eine weitreichende Autonomie. Von Kopenhagen werden sie finanziell in hohem Maße unterstützt.

Der Archipel der **Färöer** (dän.: Færøerne) besteht aus 18 Inseln, die durch schmale Sunde und Fjorde getrennt sind. Das nächstgelegene Landgebiet sind die 300 km entfernten Shetlands im Südosten. Die wahrscheinlich seit dem 7. Jh. von wenigen keltischen Eremiten bewohnte Inselgruppe wurde um 800 n. Chr. von norwegischen Wikingern erobert, die hier eine freie Bauernrepublik errichteten. Ihr Parlament, das Lagting in Tórshavn, hat seit dieser Zeit Bestand und gilt deshalb als das älteste Parlament der Welt. Seit 1035 gerieten die Färöer in Abhängigkeit zu Norwegen, und mit der Vereinigung Dänemarks und Norwegens im Jahr 1380 fielen sie an die dänische Krone.

Während des Zweiten Weltkrieges, als der Archipel von Großbritannien besetzt und jeglicher Kontakt zu Dänemark abgeschnitten war, erhielt die Idee der Selbstverwaltung Aufwind. 1948 bekamen die Inseln einen autonomen Status. Seitdem sind die Färinger im dänischen Folketing mit zwei gewählten Abgeordneten vertreten, doch hat das Lagting die gesetzgeberischen Vollmachten für alle inneren Angelegenheiten (eigene Flagge, Geld und Nationalmannschaften, z. B. im Fußball). Die eigene, nordgermanische Sprache ist aufgrund der Selbstverwaltungsgesetze dem Dänischen offiziell gleichgestellt, in der Schule ist Dänisch Pflichtfach. Die Bevölkerung der Färöer verdreifachte sich im Laufe des 19./20. Jh. und 2022 hatte der Archipel 54.000 Einwohner. Hauptwirtschaftszweige sind Fischerei und Fischindustrie, aus denen sich fast alle anderen Gewerbe (z. B. Schiffswerften und Produktion von Fischereigerät) ableiten. Die Landwirtschaft besteht fast nur aus Schafhaltung und hat nur noch geringfügige Bedeutung. Die Arbeitslosenrate ist mit 4,8 % (2021) sehr niedrig. Die insulare Ökonomie setzt ihre Hoffnungen verstärkt auf den Fremdenverkehr.

Grönland ist mit rund 2,2 Mio. km² die größte Insel überhaupt. Das grönländische Inlandeis, der zweitgrößte Eisschild der Welt, hat eine Ausdehnung von etwa 1,8 Mio. km² und ist an einigen Stellen bis zu 3,4 km dick. Während das Nordkap Morris Jesup das nördlichste Landgebiet der Welt ist (nur etwa 750 km vom Nordpol entfernt), liegt die Südspitze Kap Farvel auf dem gleichen Breitengrad wie die Metropolen Oslo und Helsinki. In Grönland leben ungefähr 58.000 Menschen, von denen mehr als 49.000 in Grönland geboren sind. Von den übrigen stammen die meisten aus Dänemark. Der größte Teil der Bevölkerung – ungefähr 46.000 – lebt in den Städten, von denen die Hauptstadt Nuuk mit etwa 19.000 Einwohnern am größten ist.

Wann die Urbevölkerung (Inuit) Grönland erreichte, ist umstritten. Um 875 wurde die Insel von den Wikingern entdeckt, eine Besiedlung fand ab 982 unter Erik dem Roten statt. Sein Sohn Leif gilt als europäischer Entdecker Amerikas. Seit 1261 war die Insel dem Königreich Norwegen angeschlossen, doch ging die „weiße“ Bevölkerung aufgrund von Klimaverschlechterungen und Auseinandersetzungen mit den Inuit zugrunde. Der dänische Missionar Hans Egede landete 1721 an der Westküste, danach begann eine erneute Besiedlung und Erforschung durch Europäer, hauptsächlich unter norwegischen Vorzeichen. Als Norwegen 1814 an Schweden fiel, blieb Grönland bei Dänemark, dessen Oberhoheit von den meisten Großmächten anerkannt wurde. 1953 wurde die Insel zu einem gleichberechtigten Teil des Königreichs und ist seitdem (wie die Färöer) mit zwei Abgeordneten im Folketing vertreten. 1979 erhielt sie innere Autonomie und eine eigene Verwaltung. Seit 2009 besitzt Grönland den Status einer „erweiterten Autonomie“, in der nur noch Außen- und Verteidigungspolitik in dänischer Verantwortung verbleiben. Grönländisch, die Sprache der Inuit, ist die Landessprache. Formelles Staatsoberhaupt bleibt Königin Margrethe, vertreten durch einen Reichsombudsmann (bzw. derzeit Reichsombudsfrau Mikaela Engell).

Größtes Problem ist die Bevölkerungskonzentration an der Westküste, deren Ortschaften nicht genügend Arbeitsplätze bieten. Die Entstehung einer Schicht einkom-

info

mensschwacher Arbeiter und Arbeitsloser ist davon ebenso Folge wie Alkoholmissbrauch, Gewalt und eine der weltweit höchsten Selbstmordraten unter Jugendlichen. Trotz einiger Bodenschätze ist wirtschaftlich die Fischerei dominierend, die mehr als 5.000 Personen direkt oder indirekt beschäftigt. Die Gewässer um die Insel gehören zu den ertragreichsten der Welt, mit mehr als 200 Arten von Fischen, Krustentieren und Muscheln. Es gibt ein gut ausgebautes Frachtsystem, in erster Linie für die Transporte zwischen Grönland und Dänemark, aber zunehmend auch zwischen Grönland und z. B. Island oder Kanada. Das Land selbst heißt auf Dänisch Grønland und auf Grönländisch Kalaalit Nunaat.

2015 wollten wegen der in der Arktis vermuteten Bodenschätze Anrainerstaaten wie Russland und Kanada Gebietsansprüche auf den Kontinentalsockel am Nordpol geltend machen. Daraufhin legte Dänemark der UN die Forderung vor, ein Gebiet von knapp 900.000 km² vor Grönland dem dänischen Königreich zuzusprechen. Mit einer Entscheidung der Vereinten Nationen ist allerdings erst in einigen Jahrzehnten zu rechnen. 2019 wollte der damalige US-Präsident Trump die Insel gar kaufen.

Innenpolitisch sah Dänemark nach dem Krieg und dem Tod Christians X. (1947) zunächst die Inthronisierung Frederiks IX. Wenig später führte man die weibliche Thronfolge ein. **1972** wurde Margrethe II. Königin. Politisch beherrschten lange die Sozialdemokraten das parlamentarische Leben. **2001–2011** wurde Dänemark von einer Minderheitsregierung aus der rechtsliberalen Partei Venstre und der Konservativen Volkspartei geführt, unterstützt von der rechtspopulistischen Dänischen Volkspartei, was zu einer innenpolitischen Polarisierung und einem verschärften gesellschaftlichen Klima führte. Nach dem kurzen Intermezzo eines Mitte-Links-Bündnisses unter Ministerpräsidentin Helle Thorning-Schmidt (2011–15) kam **2015** erneut Venstre in Regierungsverantwortung, allerdings hielt die Partei nur 34 der 179 Sitze im Parlament, sodass der als moderat eingestufte Ministerpräsident Lars Løkke Rasmussen bei Abstimmungen auf die Tolerierung z. B. durch die Rechtspopulisten der Dänischen Volkspartei, die Konservative Volkspartei und/oder die Sozialliberalen, dem sogenannten „Blauen Block", angewiesen war. Dieses unglückliche Konstrukt führte zu seiner Abwahl **2019**, und ein linkes Bündnis unter Führung der Sozialdemokraten und mit der Enheds Partei (Rot-Grün) sowie dem Venstre (linksliberal) zusammen die Mehrheit erhielt. Ministerpräsidentin wurde Mette Frederiksen.

Die meistdiskutierten innenpolitischen Themen der letzten 50 Jahre waren die Atomkraft, die Einwanderungspolitik, die Entwicklung der nordatlantischen Gebiete, die großen Verkehrsprojekte (Große-Belt-, Øresund- und Fehmarn-Belt-Querung), das Verhältnis zur Europäischen Union und zum Euro und in jüngster Zeit das militärische Engagement innerhalb der NATO-Auslandseinsätze, besonders in der Ukraine, sowie die Bekämpfung der Inflation. Während der Corona-Pandemie litt auch Dänemark unter hohen Ansteckungszahlen und die wirtschaftlichen Folgen durch die zahlreichen Lockdowns und Beschränkungen. Besonders der Tourismus und die Gastrobranche waren betroffen. Mittlerweile hat sich die Lage aber auch hier beruhigt. Für Mette Frederiksen war es jedoch eine schwierige Zeit. Ihre Entscheidung, während der Pandemie 15 Millionen Nerze töten zu lassen, um eine Mutation des Coronavirus durch die Tiere zu vermeiden, erwies sich später als rechtswidrig, verbreitete Unmut bei ihren Verbündeten und führte damit Anfang November **2022 zu Neuwahlen**. Frederiksen und ihre Sozialdemokraten blieben zwar mit Abstand stärkste Kraft, doch ihr Bündnis („Roter Block") erlitt leichte Verluste und erlangte mit 90 der 179 Sitze nur knapp die absolute Mehrheit – einzig dank der zwei links-liberalen Sitze, die sich in Grönland ergaben. Frederiksen führt seither die neu gebildete Regierung und arbeitet mit der zwischen den Blöcken stehenden, 2022 von Ex-Regierungschef Lars Løkke Rasmussen neu gegründeten Partei Moderaterne (deutsch: Moderate) und dem rechts-liberalen Venstre zusammen.

Außenpolitisch stand Dänemark im Irak-Krieg eng an der Seite der USA. Vier Jahre nach der Invasion rief der damalige Ministerpräsident Rasmussen die dänischen Soldaten wieder in ihre Heimat zurück. In den Fokus der internationalen Politik geriet das Königreich aber vor allem durch die Veröffentlichung einiger Mohammed-Karikaturen in der Zeitung „Jyllands Posten" im Oktober 2005. Dieser sogenannte **Karikaturenstreit** führte u.a. zum Boykott dänischer Waren in einigen arabischen Staaten. Redaktionsgebäude in Aarhus und Kopenhagen wurden mit Bombendrohungen überhäuft. In Jakarta erstürmten Demonstranten die dänische Botschaft, die in Damaskus wurde in Brand gesteckt. In den islamischen Ländern wurden so viele dänische Flaggen verbrannt, dass z.T. Schweizer Flaggen als Ersatz dienen mussten. Man schätzt, dass alleine in den gut vier Monaten bis Februar 2006 durch die von den Karikaturen ausgelösten Gewalttaten 139 Menschen getötet worden sind. Am Neujahrstag 2010 wurde der Karikaturist Kurt Westergaard von einem Somalier mit einer Axt attackiert, überlebte den Anschlag aber. Zuletzt erschütterten im **Februar 2015** Terrorakte die dänische Hauptstadt, als ein islamistisch motivierter Attentäter während einer Podiumsdiskussion zum Thema „Kunst, Gotteslästerung und Freie Rede" einen Dokumentarfilmer erschoss und später an einer Synagoge einen jüdischen Wachmann umbrachte; mehrere Menschen wurden bei den Anschlägen verletzt und schließlich wurde der Attentäter selbst von der Polizei getötet.

Während des russischen Angriffskrieges hat Dänemark sich zusammen mit der NATO für die Unterstützung der Ukraine stark gemacht, und bereits früh Waffen und Hilfsmaterial geschickt.

Landschaftlicher Überblick

Tier- und Pflanzenwelt

Die dänische Flora besteht aus ca. 12.000 höheren Pflanzenarten, rund 1.000 davon sind heimische (autochthone) Arten. Neben dem ursprünglichen Buchenwald, wie man ihn noch in Jütland findet, sind andere Bereiche mit importierten Nadelhölzern aufgeforstet worden. Obwohl dort von Natur aus keine Nadelhölzer wachsen, ist Dänemark zum größten Weihnachtsbaumexporteur geworden. Rund 63 % der Landflächen werden landwirtschaftlich genutzt, ca. 12 % sind mit Wald bedeckt. Dünen, Heideflächen und Seen nehmen 5 % ein. In Jütland findet man Reste von Hochmooren, die unter Naturschutz stehen, z. B. Store Vildmose (S. 334) nordwestlich von Aalborg.

Bedroht sind die Heidelandschaften und ihre typischen Pflanzenarten. Die intensive Landnutzung und damit verbundene Rodung verdrängte die **Tierbestände** von Wolf, Bär und Elch fast vollständig, Wildschweine werden noch vereinzelt gesehen. Ebenso dramatische Auswirkungen auf die Fauna hat die Trockenlegung und Entwässerung vieler Feuchtgebiete durch die Landwirtschaft. Sämtliche dänische Lurcharten sind heute schutzbedürftig.

Meist außerhalb des Wassers, aber eng damit verbunden, leben **Wasser- und Strandvögel**. Besonders auffällig sind die Möwen. Silbermöwen und Mantelmöwen trifft man am häufigsten, aber auch die Lachmöwe und die Zwergmöwe sind nicht selten. Neben den Möwen sind es die Enten, die das Bild der Küsten prägen: Stockente, Eiderente, Reiherente (besonders leicht am Federbusch des Hinterkopfes zu erkennen) und Bergente.

Im Frühling ziehen viele Vögel auf ihrem Weg nach Nordskandinavien, Amerika und Sibirien an der dänischen Küste entlang. Teilweise in solchen Zahlen, dass sich der Himmel dunkel färbt. Die Dänen nennen diese Schwärme *Sort Sol* („Schwarze Sonne"). Auf Ruheplätzen – Vogel-

Zwergsträucher prägen die Heidelandschaft

schutzgebiete, Landzungen o.Ä. – kann man viele verschiedene Vögel erleben, z. B. den Mäusebussard, den Wespenbussard und viele kleinere Arten wie die Küstenseeschwalbe, die ein bekannter Langstreckenflieger ist. Eine ihrer Verwandten, die Raubseeschwalbe, brütet gerne in der Gegend um Bornholm.

Landschaftsformen

Das **Wattenmeer** der Nordsee erstreckt sich 500 km lang von Den Helder (Niederlande) bis Esbjerg (Dänemark). Die Breite des Küstengürtels variiert zwischen 10 und 35 km. Dieses zusammenhängende Gebiet ist weltweit das größte seiner Art und als Weltnaturerbe anerkannt. Der Name „Watt" leitet sich aus dem Niederdeutschen ab und bedeutet „Stelle, die sich durchwaten lässt". Bei Flut transportiert das Meer Sedimente wie Kleinsttiere, Schlick und Sand in Richtung Küste. Mit zunehmender Nähe zur Küste nimmt dabei die Korngröße der Sedimente ab. Beim Rückzug des Wassers lagern sich diese Materialien ab, und das Land vergrößert sich Stück für Stück, mehrere Zentimeter im Jahr.

Die Vegetation des Watts besteht ausschließlich aus Wattpflanzen, die es ertragen, völlig überflutet zu werden. Besonders häufig trifft man den Queller und die Salzmelde an. Zur Tierwelt des Watts gehören der Wattwurm, zu erkennen durch die vielen Kotsandhaufen, Muscheln, Schnecken, Garnelen, Krebse, Fische, Vögel und Seehunde. Wie der Name vermuten lässt, findet man in diesem besonderen Küstenbereich die Watvögel (mit rund 200 Arten weltweit verbreitet). Sie haben oft auffällig lange Beine, damit sie in flachen Gewässern gut waten können. Besonders häufig sind der Rotschenkel mit seinen roten langen Beinen und der Säbelschnäbler, der einen dünnen schwarzen, nach oben gebogenen Schnabel trägt. Mit diesem kann er Würmer und andere Kleintiere aus dem weichen Sand im Watt ziehen. Es lohnt sich, an der Nordseeküste Dänemarks an einer Wattwanderung teilzunehmen.

Große **Dünengebiete** findet man auf Bornholm, im Norden Seelands und an der Westküste Jütlands. Weiße Meeresdünen erstrecken sich dort zum Meer hin. Dahinter liegen überwachsene Grün- bzw. Graudünen. Auch im Landesinneren befinden sich Dünen, die sogenannten Inlandsdünen, auf den Heideflächen. Ein Beispiel hierfür sind die Dünen von Billund in Südjütland.

Steilküsten entstehen dort, wo widerstandsfähiges Gestein direkt an die Küste grenzt, z. B. auf Nordseeland. Das Meer unterspült die Steilküste. Diese Sandmassen werden vom Meer fortgeschwemmt und lagern sich an anderer Stelle wieder an. Solche Stellen können Landspitzen wie Skagens Odde an der Nordspitze Jütlands oder Hundested Odde im Norden Seelands sein. Odde ist die dänische Bezeichnung für Landzunge. Steilküsten sind besonders interessante Lebensräume. Auf felsigem Untergrund können sich verschiedene Makroalgen festsetzen (Tange), etwa die Grünalge „Meersalat" und der „Darmtang", die Braunalge „Blasentang" und der „Fingertang". Auch Rotalgen wie der „Blutrote Seeampfer" und der „Kammtang" lieben felsigen Untergrund.

Je höher die Landstücke am Rande des Watts liegen, umso seltener werden sie von der Flut überschwemmt. Pionierpflanzen, die einen hohen Salzgehalt vertragen, erschließen diese Gebiete für die Flora. Sie befestigen den Boden und machen ihn fruchtbar. Auf diese Weise entsteht die **Marsch**. Durch den Bau von Deichen bleibt der Einfluss des Salzwassers auf diese Landstriche aus und es können sich auch Pflanzen ansiedeln, die eine geringere Salzverträglichkeit zeigen. Man spricht bei diesen weniger salzhaltigen Böden von **Koogen**. Die **Geest** definiert sich gegenüber der tiefer gelegenen, fruchtbaren Marsch durch eine höhere Lage und durch ihren sandigen, wenig fruchtbaren Boden. Geologisch handelt es sich um Altmoränen.

„**Fjord**" wird im Dänischen im Sinne von Förde und Haff gebraucht und bezeichnet eine weit ins Festland eingreifende Meeresbucht, die aus Schmelzwasserrinnen der letzten Eiszeit entstanden ist. Fjorde sind charakteristisch für den Osten Seelands und die jütländische Ostseeküste. Der bekannteste Fjord Dänemarks ist der Limfjord, der quer durch Jütland verläuft und die Halbinsel teilt. Er ist 180 km lang, bis zu 24 m tief und hat eine Fläche von 1.700 km^2.

Im dauernd feuchten, schwammigen und tierarmen **Moor** sind es die feuchtliebenden Pflanzen, die dort auf einer mind. 30 cm mächtigen Torfdecke Fuß fassen können. Typisch sind Torfmoose, Wollgras, Glockenheide, Binse und Haarsimse. Flachmoore bilden sich bei der Verlandung von Seen. Rohrkolben, Seggen, Schilf, Schwarzerle und Weide siedeln sich bevorzugt an. Wie das Moor stellt auch die **Heide** eine historische Landschaft in Dänemark dar und steht heute unter Naturschutz. Sie ist durch eine Pflanzengesellschaft mit vielen Zwergsträuchern charakterisiert. Typische Vertreter sind der bitterschmeckende Ginster und der unempfindliche Wacholder.

Klima und Reisezeit

Das Klima Dänemarks ist geprägt durch seine Lage am Rand des westeuropäischen Kontinents. Es liegt dicht an größeren Meeresgebieten und wird stark durch den **Westwindgürtel** beeinflusst. Dänemark gehört zur gemäßigten Klimazone, daher sind die Winter nicht besonders kalt. Zu dieser Zeit macht sich außerdem der Einfluss des Golfstroms bemerkbar, der wie eine „Warmwasserheizung" wirkt. Die Sommer sind mit Durchschnittswerten um 16 °C angenehm warm. Innerhalb Dänemarks gibt es nur geringe Temperaturunterschiede: Im Winter herrschen die niedrigsten Temperaturen in den Regionen, die etwas vom Meer entfernt liegen, und im Sommer findet man die höchsten Durchschnittswerte im Süden Seelands und auf Lolland-Falster. Der Grund für dieses Phänomen liegt in der ausgleichenden Wirkung des Meeres. Die Lufttemperaturen fallen nur selten unter die Wassertemperaturen.

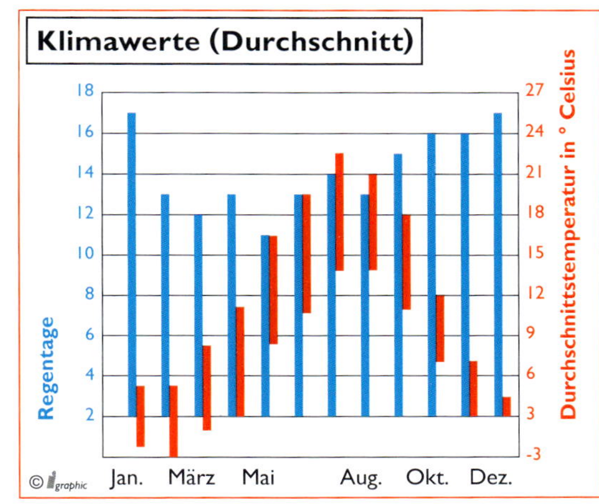

Mit Niederschlägen und Wind, meist aus Westen, muss man das ganze Jahr rechnen. Typisch ist wechselhaftes Wetter, das durch Tiefdruckgebiete bestimmt wird: In wenigen Tagen folgt auf regelmäßigen Niederschlag vor der Warmfront heiteres, oft leicht diesiges Wetter. Durch stabile Hochdruckgebiete über Skandinavien kann es, vorwiegend im Sommer, aber auch zu sehr langen, trockenen Perioden kommen. Die höchsten Niederschläge gibt es im September, Oktober und November, am wärmsten ist es im Juli und August.

Kultureller Überblick

Literatur

Die ältesten einheimischen Schriftzeugnisse stellen die **Runen** dar, die hauptsächlich aus der Wikingerzeit erhalten sind. Solche in den Stein gemeißelten, über tausendjährigen Inschriften finden sich in allen Landesteilen – zumeist in kurzer Form. Aber es gibt auch außerordentlich kunstvolle Runensteine, die weltweit als einzigartig gelten; so z. B. der Stein von Glavendrup und die Jelling-Steine. Im Mittelalter gab es eine umfangreiche Produktion von Handschriften, zu der fast ausschließlich die Klöster beitrugen. Die überragende Gestalt der mittelalterlichen Literatur Dänemarks war **Saxo Grammaticus** (ca. 1160–1208), der von Erzbischof Absalon den Auftrag erhielt, ein umfassendes Geschichtswerk über Dänemark seit den mythologischen Anfängen zu erstellen.

Dieses lateinische Kompendium mit dem Titel **„Gesta Danorum“** wurde nicht nur ein Stück höchster europäischer Literatur, sondern ist bis heute als Fundgrube für nordische Sagen und Mythen von Bedeutung. Auch das Ausland nutzte Saxo als Quelle, z. B. Shakespeare für seinen „Hamlet“. Aus der volkssprachlichen Literatur des Mittelalters sind die Balladen *(Folkeviser)* zu nennen, die schon früh schriftlich fixiert wurden. Die Zeit der **Renaissance**, in der auch der Buchdruck aufkam, sah bedeutende Werke von europaweit bekannten Gelehrten (z. B. dem Mediziner Petrus Severinus und dem Astronom Tycho Brahe), die in Latein geschrieben wurden, während sich das Dänische durch Bibelübersetzungen und Kirchenlieder im Zuge der Reformation durchsetzte. Ein wichtiges autobiografisches Buch dieser Zeit („Jammers Minde“) stammt von Leonora Christina, Tochter Christians IV., die 22 Jahre lang im Gefängnis saß. Ihr ergreifendes, realistisches Zeitzeugnis machte sie zur ersten Schriftstellerin des Landes.

Etwa 100 Jahre später brachte die weltliche Literatur des Landes mit **Ludvig Holberg** (1684–1754) einen Schriftsteller von internationalem Format hervor. Von seinen Reisen nach Italien und Frankreich brachte er den literarischen **Klassizismus** und die Ideen der Aufklärung mit, die er in seinen Aufsätzen verbreitete. Nur einen kleinen, aber ausgesprochen wichtigen Teil seiner enormen Produktion machen Komödien aus, die ihm den Beinamen „Molière des Nordens“ einbrachten. Diese sehr realistischen Lebensbilder mit ihrer robusten Komik begründeten das dänische Schauspiel. Das erste Werk, „Der Politische Kanngießer“, wurde 1722 uraufgeführt. Wegen der pietistischen Strömung war Holberg zunehmender Kritik für seine „leichtfertigen“ Komödien ausgesetzt. Unter Christian VI. war das Theaterspiel de facto verboten (bis 1746), sodass Holbergs Werke nicht aufgeführt wurden.

Eine Initialzündung für die dänische Romantik stellte das Werk von **Adam Oehlenschläger** (1779–1850) dar. Seit seinen „Gedichten“ (1803) herrschte eine neue poetische Sprache in der Lyrik vor. Viele Nachahmer fand auch seine Methode, die nordische Mythologie als Quelle zu nutzen. Dem Theater gab er durch Tragödien oder psychologisierende Stücke neue Impulse.

Oehlenschläger, der u.a. in Weimar Goethe kennengelernt hatte, wurde 1829 vom schwedischen Kollegen Esaias Tegnér zum Dichterkönig des Nordens ausgerufen.

Die vielleicht einflussreichste Persönlichkeit für das dänische Selbstverständnis war in jener Zeit aber **Nikolaj Frederik Severin Grundtvig** (1783–1872). Als Dichter schrieb er vaterländische Lieder, die dem gebeutelten Land nach dem Verlust der Flotte sowie der Landesteile Norwegen und Schleswig eine neue Identität geben konnten. Seine „Mythologie des Nordens“ (1808) wurde auch in den anderen skandinavischen Ländern und in Deutschland viel gelesen. Durch ihn als Wissenschaftler, Politiker und Pädagoge wurde der Kompromiss zu einer politischen und sozialen Umgangsform der Dänen. Als Theologe vertrat Grundtvig eine Mischung aus Aufklärung, Urchristentum und romantischem Glauben an das lebendige Wort Gottes. Seine Anschauungen über die Taufe oder das Abendmahl wurden zu einer breiten Volksbewegung, die als Grundtvigianismus bekannt ist.

Wie alle Dänen wurde auch **Hans Christian Andersen** (1805–75) von Grundtvig beeinflusst. Der aus einfachsten Verhältnissen stammende Schriftsteller (S. 211) ist wohl der bekannteste des Landes und einer der meistgelesenen auf der Welt. Sozusagen als dessen literarischer Gegenpol kann **Søren Kierkegaard** (1813–55) bezeichnet werden, der sein ganzes Leben in seiner Geburtsstadt Kopenhagen verbrachte. Bezeichnenderweise setzte er sich in seinem ersten Buch („Aus den Papieren eines noch Lebenden“, 1838) kritisch mit Andersens Roman „Nur ein Spielmann“ auseinander. Der studierte Theologe wandte sich danach Literatur, Theater, Politik und Philosophie zu und wurde durch Werke wie „Entweder – Oder“ (1843) bald zu einer philosophischen Autorität in Europa. Eigentlich verstand sich Kierkegaard als religiöser Schriftsteller, der in seinem Spätwerk wütende Attacken gegen die offizielle Kirche ritt. Seinen „Kirchenkampf“ führte er in Zeitungsartikeln und Flugschriften. Seine Werke wurden vor allem nach dem Ersten Weltkrieg weltweit gelesen und inspirierten u.a. den Existentialismus.

Der berühmteste Vertreter der nachfolgenden Epoche ist **Jens Peter Jacobsen** (1847–85), der sich zunächst als Naturwissenschaftler und Übersetzer von Darwin einen Namen gemacht hatte. Durch seine Romane „Frau Marie Grubbe“ und „Niels Lyhne“ erreichte er bald internationale Berühmtheit und wurde vor allem in Deutschland als Dichter seiner Generation gelesen. Trotz seines eher schmalen Gesamtwerks gilt Jacobsen als wichtiger Vertreter des „Aufbruchs in die Moderne“ der skandinavischen Literatur und hatte großen Einfluss auf Autoren wie Rilke, Kafka oder Thomas Mann.

Eine Sonderstellung in der dänischen Literatur des **20. Jh.** nehmen der erste große Arbeiterdichter des Landes, **Martin Andersen Nexø** (S. 484), sowie **Karen** (**Tania**) **Blixen** („Jenseits von Afrika“) ein, deren Bücher ab Mitte der 1930er-Jahre zuerst in den USA und danach in Dänemark erschienen. Der bekannteste dänische Autor der Jetztzeit ist **Peter Høeg** (geb. 1957), der 1992 mit dem Roman „Fräulein Smillas Gespür für Schnee“ einen Weltbestseller landete. Der zivilisationskritische Thriller, der die Zerrissenheit einer Frau zwischen europäischer und Inuit-Kultur schildert, wurde in viele Sprachen übersetzt und 1997 von Bille August verfilmt.

Architektur

Bis zum Mittelalter basierte die dänische Baukultur in erster Linie auf Erde und Holz. Das gilt auch für die großartigsten Bauwerke der **Wikingerzeit**, die Wehranlage Danewerk entlang der jütländischen Südgrenze, die kreisrunden Militärlager bei Trelleborg, Aggersborg und Fyrkat sowie für die 700 m lange Ravninge-Brücke in Jütland. Sie alle zeigen eine große handwerkliche Präzision. Nach der Christianisierung wurde zunächst die wikingische Kunst des Holzbaus in den Kirchenbau übernommen – die ersten kleinen Kirchen waren sogenannte Stabkirchen, die sicher noch Ähnlichkeiten mit den hölzernen heidnischen Tempeln oder Königshallen hatten.

Während in der Epoche der **Romanik** die Behausungen der Bauern und Fischer nach wie vor aus Holz errichtet wurden, begann man im 11. Jh. mit dem Kirchenbau aus Stein. Die sakrale Architektur war von Deutschland (Rheinland) stark beeinflusst, insbesondere bei den drei großen romanischen Domen in Lund, Viborg und Ribe. Der Dom in der damals dänischen Stadt Lund wurde kurz nach Errichtung des Erzbischofsitzes im Jahr 1103 begonnen; er ist der stilreinste und mit Sicherheit auch der schönste große Kirchenbau der Epoche in ganz Skandinavien. Daneben entstanden im 12.–13. Jh. in einer geradezu explosionsartigen Bautätigkeit überall im Königreich einfache Dorfkirchen aus grob behauenen Feldsteinen, auf Jütland hingegen i.d.R. aus großen, zugehauenen Quadersteinen. Regionale Besonderheiten ergaben sich aus der Gefährdung der Kirchen durch wendische Seeräuber, die vielen Gotteshäusern die Funktion von Wehr- und Fluchtbauten zukommen ließ. Auf Bornholm und anderswo entstanden auf diese Weise die besonders gut zu verteidigenden Rundkirchen. Um 1160 wurde aus dem Süden der Ziegelstein eingeführt. Noch in romanischer Zeit wurden insbesondere Klosterkirchen ganz aus Ziegeln errichtet, am beeindruckendsten die von Sorø und Ringsted (beide auf Seeland). Als Burgkirche wurde das Gotteshaus von Kalundborg ausgeführt, dessen Architektur mit fünf Türmen in ganz Skandinavien ihresgleichen sucht.

Auch für die größte Kirche des Königreichs, die Kathedrale von Roskilde (S. 162), griff man auf Ziegelstein zurück. Sie zeigt aber bereits den frühen Einfluss der französischen **Gotik**. Im Gegensatz dazu sind andere große Kirchenbauten wie St. Knud in Odense, St. Maria und St. Olav in Helsingør, die Peterskirche von Næstved oder der Aarhuser Dom stark von der norddeutschen Backsteingotik beeinflusst. Die gotische Profanarchitektur setzte nur vereinzelt Stein anstelle von Holz und Fachwerk ein, so am Rathaus von Næstved (ca. 1450) und an den Burgen z. B. in Vordingborg, Nyborg, Korsør, Kalundborg, Spøttrup, Sønderborg und Hammershus.

Ab etwa 1550 kommt der Baustil der **Renaissance** nach Dänemark. Befestigte Einzelhäuser mit flankierenden Türmen (z. B. Hesselagergård auf Fünen) waren zunächst typisch, dann entstanden Doppelhäuser wie beim herrlichen Wasserschloss Egeskov und kurz darauf Mehrflügelanlagen wie bei Holckenhavn. Dies betrifft auch die königlichen Bauten jener Zeit, z. B. Kronborg in Helsingør oder Frederiksborg in Hillerød. Die Bauten im Stil der sogenannten niederländischen Renaissance zeichnen sich fast alle dadurch aus, dass der rote Ziegelstein als Hauptmaterial von reichen Sandsteinornamenten um Portale, Fenster und Giebel eingerahmt wird. Doch entwickelte Dänemark dabei eigenständige Formen, die berechtigen, von einer „dänischen Renaissance" (oder „Christian-IV.-Stil") zu sprechen. Bauwerke wie die Börse und der Runde Turm in Kopenhagen sind einzigartig und mit nichts zu vergleichen, was in den Niederlanden damals üblich war. Die Ideale der königlichen Bauten, am typischsten vielleicht am Kopenha-

Auf ihre Art einzigartig: Bornholmer Rundkirchen

gener Schloss Rosenborg erhalten, wurden von einigen vermögenden Bürgern aufgegriffen und in reichgeschmückte Steingebäude umgesetzt; so z. B. Jens Bangs Stenhus in Aalborg.

Der ebenfalls aus Holland vermittelte **Barock** mit seiner strikten Symmetrie, harmonischen Proportionen und den typisch-barocken Dekorationen erreichte Dänemark um 1660. Wichtigster Baumeister war in dieser Zeit Lambert van Haven, auf den u.a. die Erlöserkirche in Kopenhagen zurückgeht. Auch auf dem Land wurde der barocke Stil modern, sichtbar z. B. an den Schlössern Nysø bei Præstø oder Clausholm bei Randers. Der Bau des Jagdschlosses und heutigen Königsresidenz Fredensborg deutete schon den Spätbarock bzw. **Rokoko** an, der das Aussehen der Hauptstadt nachhaltig bestimmen sollte. Lauritz de Thurah schuf u.a. die Eremitage bei Kopenhagen, die Schlösser Ledreborg bei Roskilde und Lerchenborg bei Kalundborg sowie den spiralförmige Turm der Kopenhagener Erlöserkirche. Sein Kollege und Rivale Niels Eigtved wandte sich dem französischen Rokoko zu. Als Hofbaumeister verewigte er sich in Kopenhagen durch das Prinzenpalais (heute Nationalmuseum) und besonders durch den Stadtteil Frederiksstaden, dessen Zentrum der achteckige Platz mit den vier Palais des Schlosses Amalienborg darstellt.

Der nachfolgende **Klassizismus** wurde zuerst vom Hofbaumeister und Professor der neugegründeten Kunstakademie, C. F. Harsdorff, geprägt. Er zeichnete u.a. die Kapelle Frederiks V. im Dom von Roskilde und die immer noch existierende Schlosskirche von Christiansborg. Noch größere Bedeutung hatte sein Schüler **C. F. Hansen** (1756–1845), der als holsteinischer Landesbaumeister u.a. für mehrere eindrucksvolle Villen in Altona verantwortlich ist. Sein Ideal, eine strenge klassische Form mit einfachen Formen und monumentalen Flächen, konnte er aber erst in Kopenhagen verwirklichen. Hier leitete er den Wiederaufbau nach dem großen Brand von 1795 und dem britischen Bombardement von 1807 (s. S. 68). Das Rathaus und Gerichtsgebäude am Nytorv gehen auf ihn zurück, ebenso der reinste klassizistische Bau Dänemarks, die Liebfrauenkirche.

Ab den 1850ern bedienten sich die Baumeister im **Historismus** fast beliebig aus allen bekannten historischen Stilarten. Bedeutende dänische Vertreter waren Vilhelm Dahlerup (u.a. Königliches Theater, Ny Carlsberg Glyptotek) und Martin Nyrop, dessen Hauptwerk das Kopenhagener Rathaus ist. Um 1930 erfolgte der Übergang zum **Funktionalismus**, dessen Ideal eine rationale, funktionale und soziale Architektur war; als Materialien traten Beton, Stahl und Glas in den Vordergrund. Als führender Modernist machte sich **Arne Jacobsen** (1902–71) einen international bekannten Namen, als Architekt sowie als Städteplaner, Möbelbauer und Industriedesigner. Eines seiner frühesten Projekte war das Bellevue in Klampenborg, ein Ensemble aus Theater, Strandbad und kubistischen, weißen Wohnungen. Im Ausland stammen u.a. das Saint Catherine's College in Oxford, die dänische Botschaft in London und das Mainzer Rathaus von ihm.

Auch **Johan Otto von Spreckelsen** (1929–87) ist weit über Dänemarks Grenzen hinaus bekannt. Der Architekt, der zu Hause hauptsächlich für moderne Kirchen (Hvidovre, Vangede, Farum – alle in der Umgebung von Kopenhagen) verantwortlich zeichnete, variierte in seiner relativ kurzen Karriere immer wieder geometrische Formen wie das Quadrat, aber auch Kugel, Zylinder und Pyramide. Deutlich wird das in seinem 1989 eingeweihten Hauptwerk, dem „Triumphbogen der Menschheit“, im Pariser Stadtteil La Défense, einer 110 m hohen Konstruktion aus Beton, Marmor und Glas.

Neben **Jørn Utzon** (S. 367) ist **Henning Larsen** (1925–2013) ein weiterer international anerkannter Architekt. Er baute u.a. 1978 die neue Universität im norwegischen Trondheim, doch kam der Durchbruch durch die Gestaltung des monumentalen, festungsartigen Außenministeriums in Riad in Saudi-Arabien (1984), das von führenden Architekturkritikern als Wendepunkt in der Architektur des 20. Jh. gewürdigt wurde. In Dänemark baute Larsen u.a. die Zentralbibliothek von Gentofte (Hellerup), die Wirtschaftsuniversität in Frederiksberg, die Oper und das Ferring-Hochhaus in Kopenhagen. Auch das spektakuläre Konzerthaus Harpa in Reykjavík (2011) und das Spiegel-Verlagshaus in Hamburg (2012) stammen von ihm.

Die dänische Architektur der **Moderne** hat damit eine Bedeutung erlangt, die früher innerhalb Skandinaviens nur Finnland zugesprochen wurde. Komplettiert wird die Riege international tätiger Baumeister u.a. durch die Büros Krohn & Hartvig Rasmussens (Nationalmuseum Bahrain), 3xn-Arkitekter (dänische Botschaft Berlin) oder BIG (zwei spektakuläre Wolkenkratzer in New York, 2016/2017).

Moderner Architektur begegnet man häufig

Als zweite Stadt nach Rio de Janeiro verlieh die UNESCO auf Empfehlung des Internationalen Architektenverbandes UIA 2023 **Kopenhagen** den Titel **Welthauptstadt der Architektur**. Kronprinz Frederik sagte bei der Eröffnungszeremonie: „Machen Sie einen Spaziergang, machen Sie eine Radtour oder nehmen Sie einfach die U-Bahn und sehen Sie selbst, wie Kopenhagen zu einem Schaufenster dafür wird, wie Architektur die Welt verändern kann."

Design

Die dänische Formgebung hat viele historische Wurzeln, die z.T. bis in die Bronzezeit zurückgehen. Mit der ersten Fayencefabrik 1722 in Kopenhagen war die Basis für eine nationale Produktion von kunstgewerblichen Gegenständen gelegt. 1775 bekam Dänemark seine erste Porzellanmanufaktur, Den Kongelige Porcelainsfabrik, und nach und nach wurde die Fayence durch das Porzellan verdrängt. Trotz des ausländischen Einflusses entwickelte sich ein eigener Stil, vor allem auf dem Gebiet des Tafelgeschirrs mit Blumenmustern. Damals wurde die Flora-Danica-Kollektion erfunden, die bis heute Liebhaber in aller Welt hat und die die dänische Königsfamilie als Geschenk an gekrönte Häupter zu vergeben pflegt. Nach dem Krieg traten neben die traditionellen Muster neue, schlichte Essgeschirre. Deren Export wurde gefördert, als die größten dänischen Kunstindustrieunternehmen 1985 zum Konzern Royal fusionierten, der bald zum Inbegriff edelsten Porzellans wurde. Seit 2012 gehört Royal Copenhagen zum finnischen Fiskars Konzern.

Gleiches gilt für die eigenständige Möbelproduktion, die im 19. Jh. entstand. Einige ihrer Frühwerke (z. B. die weiße Bank mit Sprossenlehne) verloren nie an Popularität und werden auch heute noch hergestellt. 1924 richtete man an der Königlichen Kunstakademie eine Schule für Möbelkunst ein. Schon damals entstanden die ersten Exportschlager und Designklassiker, u.a. Stühle von Kaare Klint, die legendäre PH-Lampe von Poul Henningsen und Möbel aus Buchenrundhölzern der Firma Fritz Hansen. Nach dem Weltkrieg steigerten sich Produktion und Export weiter. Der Begriff **Danish Design** wurde damals weltweit bekannt, er stand und steht für funktionale Waren von anspruchsvoller Schlichtheit, deren Wert sich aus dem Zusammenspiel von Benutzer, Gerätschaft und Umgebung ergibt. Besonders populär sind Stühle, etwa Arne Jacobsens Sitzgelegenheit mit dem Namen „3107" oder nur „Siebener", von der seit den 1950ern mehr als 5 Mio. Exemplare hergestellt (und wohl noch mehr kopiert) wurden. Die dänische Möbelkunst hat ihr eigenes Museum Trapholt in Kolding erhalten.

Das Danish Design umspannt heute eine breite Produktpalette. Auch weltbekannte dänische Firmen wie Bodum, Danfoss, Grundfos, Kompan, Lego, Novo Nordisk, Velux oder Coloplast legen nicht nur viel Wert auf die Gestaltung ihrer Produkte, sondern leben geradezu von deren Design – beispielhaft dafür stehen auf dem Gebiet der Unterhaltungselektronik die Produkte von Bang & Olufsen.

Bildende Kunst

Die ältesten Zeugnisse von bildender Kunst und Kunsthandwerk in Dänemark stammen aus der mittelsteinzeitlichen Maglemose-Kultur (ab etwa 9300 v. Chr.), und ab etwa 5400 v. Chr. begegnet man schon regionalen Stileigenschaften. Höhepunkte der vorhistorischen Zeit boten die Epochen der Bronze- und Wikingerzeit. Ab etwa 1100 n. Chr. kam die **romanische Kunst** nach Dänemark. Regionale und lokale Kunstgestaltung entfaltete sich vor allem in den Kalkmalereien. Sie zeugen von einer farbenfrohen und sprudelnden religiösen Fantasie und oft auch von hohem Niveau. Bei mehreren Kalkmalereien waren die verwendeten Farben sehr kostbar und wurden von weither importiert. Auch viele der Stein- und Holzskulpturen in romanischen Kirchen sind Importwaren, insbesondere von der Ostseeinsel Gotland. Doch auch hier haben einheimische Künstler gewirkt, vor allem in Jütland bei der Herstellung von Taufsteinen, Portalverzierungen und Bildsteinen aus Granit. Zu den Hauptwerken der romanischen Skulptur in Dänemark gehören die Ausschmückungen im Dom zu Lund (Krypta) und Dalby (beide heute schwedisch) sowie das Relief über der sogenannten Katzenkopftür am Dom von Ribe. Eine besondere Gruppe von Werken der Romanik bilden die sieben sogenannten goldenen Altäre (u.a. Sahl bei Holstebro und Stadil am Ringkøbing-Fjord), die aus feuervergoldeten Kupferplatten über einem Holzkern bestehen.

Ungefähr Mitte des 13. Jh. hält die **Gotik** in der dänischen Kunst Einzug. Da damals in vielen Kirchen Gewölbe eingezogen wurden, ergaben sich für die Kalkmalerei neue künstlerische Herausforderungen. Solche gotischen Malereien sind überall zu finden, wobei sich offensichtlich ganze Werkstätten auf diese Kunst spezialisiert hatten – z. B. der sogenannte Elmelunde-Meister auf Møn (S. 124). Im Gegensatz zu den Kalkmalereien sind die gotischen Holzschnitzereien (Kruzifixe, Heiligenfiguren, Altartafeln) eindeutig vom Ausland inspiriert, vor allem von Norddeutschland.

Die **Renaissance** wurde in erster Linie über die Niederlande vermittelt – das betrifft nicht nur die Übernahme künstlerischer Ideen, sondern auch den „Import" niederländischer Architekten, Kunsthandwerker und Maler. Dazu gehörte auch der führende Bildhauer Cornelis Floris aus Antwerpen, der mehr Werke nach Dänemark als in irgendein anderes Land lieferte, u.a. prächtige Grabmäler für Könige und Adelige in den Domkirchen von Schleswig und Roskilde. Überhaupt erlebte die Grabmalkunst in der Renaissance einen ungeheuren Aufschwung, und auch das neue Bürgertum ließ sich in den Kirchen durch reich dekorierte Grabsteine und gemalte oder gemeißelte Epitaphien darstellen.

Auch im **Barock** wurde die Malerei zunächst durch niederländische Künstler geprägt, so z. B. die Serie großer Ölgemälde für die Decke von Schloss Rosenborg. Das bedeutende Werk der Bild-

Kalkmalerei in einer Bornholmer Rundkirche

hauerkunst dieser Phase war Adriaen de Vries' Neptunbrunnen von Schloss Frederiksborg (heute in Schloss Drottningholm, Schweden). In der sakralen Kunst muss die Künstlerfamilie Schrøder genannt werden, die vor und nach dem Dreißigjährigen Krieg wirkte, insbesondere Abel Schrøder d. J. (1602–76). Dieser schmückte allein auf Seeland mehr als 30 Kirchen mit Altaraufsätzen, Epitaphien, Kanzeln und Skulpturen aus.

Auch im **Rokoko** war das französische Vorbild aktuell, ablesbar am Gastspiel des Malers Louis Tocqué in Kopenhagen oder am Wirken des Bildhauers J.-F.-J. Saly, der nicht nur die berühmte Reiterstatue Frederiks V. auf dem Schlossplatz von Amalienborg schuf, sondern ca. 17 Jahre lang auch als Direktor der Königlich Dänischen Kunstakademie fungierte. Diese war unter Christian VI. 1754 gegründet worden und sollte die erste Generation einheimischer Künstler ausbilden.

Der **Klassizismus** brachte eine Reihe hervorragender dänischer Architekten, Bildhauer und Maler hervor. Zu letzteren gehören vor allem Nicolai Abildgaard (1743–1809) und Jens Juel (1745–1802), die ihre und die nachfolgende Malergenerationen bestimmten. Beide absolvierten die Kunstakademie und wetteiferten um Preise wie die „Große Goldmedaille", die einen längeren Studienaufenthalt in Frankreich und Italien ermöglichte. Abildgaard gelangte auf diese Weise nach Rom, wo er sich zwischen den Kunstwerken der Antike und der Renaissance bewegen und mit den europäischen Künstlern der Zeit Bekanntschaft schließen konnte. Vor allem auf dem Gebiet der Landschaftsmalerei hat er Bahnbrechendes geleistet und Werke von höchstem europäischem Format geschaffen. Das Hauptgebiet von Jens Juel war hingegen die Porträtkunst. Seine Darstellungen der königlichen, adligen und großbürgerlichen Auftraggeber sind von einer leichten, natürlichen Art, wobei oft die Landschaft in die Porträts einbezogen ist. Das heftige Aufblühen einer nationalen Malerei ebenso wie das der Literatur, Philosophie, Architektur und Bildhauerei wird heute als das **Goldene Zeitalter** bezeichnet.

Der berühmteste dänische Künstler dieser Epoche war jedoch kein Maler, sondern ein Bildhauer: **Bertel Thorvaldsen** (1770–1844). Der Sohn eines Isländers wurde in Kopenhagen ausgebildet. Mithilfe eines Stipendiums brach er 1796 nach Rom auf, wo er sich dem Studium antiker Statuen widmete. Obwohl Thorvaldsen große Teile seines Lebens in Italien verbrachte, riss der Kontakt nach Dänemark nie ab. 1818 wurde er Professor an der Königlich Dänischen Kunstakademie, später deren Direktor. Eine Vielzahl seiner Porträtbüsten und -statuen von Persönlichkeiten der Zeit schmücken noch heute Plätze, Gebäude und Museen in ganz Europa, darunter auch monumentale Werke wie der Alexanderfries am römischen Quirinalpalast, die Reiterstatue des Fürsten Poniatowski in Warschau oder das Grabmal für Papst Pius VII. im Petersdom. Sein umfangreiches Gesamtwerk machte ihn neben Antonio Canova zum größten und berühmtesten Bildhauer des Klassizismus. In seiner Heimatstadt gestaltete er ab 1821 die Liebfrauenkirche mit der Marmorstatue des „freundlichen Jesus“, den zwölf Aposteln und dem Taufengel aus. Als Thorvaldsen 1838 nach Dänemark zurückkehrte, wurde er wie ein Held empfangen. Er vermachte seine Arbeiten und seine Kunstsammlung der Stadt Kopenhagen, die dafür in exponierter Lage das Thorvaldsen Museum einrichten ließ.

Reiterstandbild Frederiks V. in Kopenhagen von J.-F.-J. Saly

Eine neue Blütezeit brachte dann ab den 1880er-Jahren das Jahrzehnt des **Realismus** und des **Naturalismus** – vor allem in der Malerei. Hier sind in vorderster Linie die sogenannten **Skagenmaler** (P. S. Krøyer, A. Ancher, V. Johansen u.a.) gemeint, eine Künstlerkolonie, die unter freiem Himmel an der Nordspitze Jütlands arbeitete und deren realistische Personen- und Situations-Darstellungen von Licht, Farbe und Atmosphäre bestimmt waren. Angeregt von Kristian Zahrtmann, einem weiteren bedeutenden Künstler der Zeit, schlossen sich mehrere Maler auf der Insel Fünen zusammen (sogenannte Fünische Maler), auch sie stellten das Licht in das Zentrum ihrer künstlerischen Gestaltung. Eine Sonderstellung innerhalb dieses Umfeldes nahm T. Philipsen ein, der sich als Tiermaler einen Namen machte und durch den persönlichen Kontakt mit Paul Gauguin zum einzigen dänischen Impressionisten seiner Generation wurde.

Im **20. Jh.** stellte nach dem Zweiten Weltkrieg die sogenannte COBRA-Malerei Dänemarks wesentlichsten Beitrag zur europäischen Kunst dar. Die Gruppe **COBRA** (gebildet aus den Städtenamen Copenhagen, Brussels und Amsterdam) war 1948 in Paris von mehreren abstrakten Künstlern aus Dänemark, Belgien und den Niederlanden gegründet worden, als ihr Wortführer und wichtigster Vertreter gilt **Asger Jorn** (1914–73), der ab 1953 im Ausland (vorwiegend in Paris) lebte. U.a. von Paul Klee und Joan Miró beeinflusst, entwickelte er in den 1940er-Jahren eine spontane, impulsive, abstrakt-expressionistische Malerei. Seine Werke (Malerei, Zeichnung, Collage, Keramik, Lithographie, Skulptur) findet man in vielen europäischen und amerikanischen Museen – in Dänemark vor allem im Kunstmuseum von Silkeborg. In den letzten Jahrzehnten erwarb sich vor allem der Maler, Grafiker, Bildhauer, Architekt und Autor **Per Kirkeby** (1938–2018) internationale Reputation. Ab 1962 trat er als experimenteller Künstler bei Happenings auf, die z.T. auf seine Expeditionen nach Grönland zurückgingen.

Aktuell ist wohl der 1967 geborene **Olafur Eliasson** der hellste Stern am Kunsthimmel; er wendet sich besonders natürlichen Phänomenen wie Licht und Wasser, Bewegung und Reflexion zu. Eliasson, ein Künstler mit isländischen Wurzeln, lebt und arbeitet in Berlin sowie Kopenhagen und wurde vor allem durch z.T. riesige Projekte und Installationen weltweit bekannt. In Dänemark stammen u.a. der Regenbogen-Panoramaweg auf dem Aarhuser ARoS-Museum (2011) und die Kopenhagener Brücke Cirkelbroen (2015) von ihm.

Gesellschaftlicher Überblick

Bevölkerung

Dänemark ist einer der Staaten, deren **demografische Daten** von Geburten oder Sterbefällen sehr weit zurückzuverfolgen sind. Seit 1735 ist diese Statistik praktisch lückenlos. Die erste Volkszählung fand 1769 statt und ergab eine Bevölkerungszahl von 798.000 Menschen – 2022 betrug sie rund 5,93 Mio. Seit 1980 ist die Bevölkerungszahl recht stabil geblieben und es hat nur kleine Verschiebungen in der geografischen Verteilung gegeben.

Die dänische Bevölkerung ist verhältnismäßig **homogen**. Eine deutsche Minderheit von etwa 20.000 Menschen findet man in Nordschleswig (0,27 % der Bevölkerung Dänemarks). Die Einwanderung aus Ländern anderer Kulturkreise hat in den vergangenen Jahrzehnten zugenommen, vor allem aus der Türkei, dem früheren Jugoslawien und Asien (besonders Pakistan). Der Anteil ausländischer Staatsbürger an der Bevölkerung beträgt zzt. knapp 8 % gegenüber 2 % 1984. Der Anteil der im Ausland geborenen Bevölkerung liegt zzt. bei ca. 12,5 %. Mehr als die Hälfte der ausländischen Staatsbürger wohnt im Großraum Kopenhagen, nahezu jeder vierte stammt aus den nordischen oder den EU-Ländern; in letztgenannter Kategorie stellen Schweden die größte Gruppe. Wie überall in Europa hat das 20. Jh. auch in Dänemark eine **Veralterung** der Gesellschaft mit sich gebracht, ebenso ist die durchschnittliche Größe einer dänischen Familie deutlich zurückgegangen: von 4,3 Personen im Jahr 1900 auf rund 2,1 Personen 2020. Andererseits ist die **durchschnittliche Lebenserwartung**, die noch 1960 nur von der in Schweden, Norwegen und den Niederlanden übertroffen wurde, weniger stark gestiegen, sodass Dänemark inzwischen auf den 19. Platz der Weltrangliste (79,6 Jahre bei Männern, 83,6 bei Frauen) abgerutscht ist.

Ungeachtet aller politischen oder gesellschaftlichen Schwierigkeiten und Diskussionen sind die Dänen mit sich und ihrem Land offenbar überaus zufrieden. In mehreren Untersuchungen, die das Wohlbefinden der Bürger zum Thema hatten, nahm das Königreich nicht nur europaweit eine positive Spitzenrolle ein. Nach den jährlichen Expertisen des sog. World Happiness Report, basierend auf Daten aus 178 Ländern und 100 Untersuchungen, u. a. der UNESCO und der Weltgesundheitsorganisation WHO, galt Dänemark 2014–16 dreimal hintereinander als „glücklichstes Land der Welt", kam 2017 nach Norwegen auf den 2. Platz, 2018 nach Finnland und Norwegen immerhin noch auf den 3. Platz und belegt seit 2019 wieder den 2. Platz. Nicht unbedeutend dafür ist sicher, dass Dänemark – zusammen mit Schweden – in Relation zur Bevölkerungsgröße die weltweit größte und beste Wohnungsversorgung hat. Die durchschnittliche Wohnungsgröße liegt bei 108 m², im Durchschnitt stehen jedem Dänen 51 m² Wohnfläche zur Verfügung.

Bildungspolitik

Nach den Pisa-Studien der letzten Jahre wurde das dänische Schulsystem im Gegensatz zu den skandinavischen Nachbarländern schwächer beurteilt (18. Platz 2018). Daher bemüht man sich seit 2000 intensiv um eine Modernisierung des gesamten Bildungssystems, entsprechende Gesetze (Reform des Volksschulwesens, Reform der gymnasialen Oberstufe) wurden 2003 bzw. 2005 verabschiedet; erstmals wurden auch landesweit einheitliche Unterrichts- und Leistungsziele eingeführt. Die Kenntnisse in Mathematik und den Naturwissenschaften sollen angehoben und die Lesefertigkeit gestärkt werden. Im universitären Bereich treibt man die Fusionierung von Hochschulen und Forschungsinstituten voran, um größere und wettbewerbsfähigere Einheiten zu schaffen. Seit 2010 wird 1 % des BNP für öffentlich finanzierte Forschungsprojekte ausgegeben. Ziel der Bildungspolitik ist die Schaffung einer wettbewerbsfähigen „Gesellschaft des Wissens", die die Herausforderungen der Globalisierung meistert.

Dämpfer. 2022 betrug es rund 60.400 € pro Kopf – das bedeutete weltweit den neuntbesten Rang (zum Vergleich: Deutschland lag mit ca. 46.200 € pro Kopf auf dem achtzehnten Rang).

Die **Arbeitslosigkeit** war in den wirtschaftlich guten Jahren Anfang des 21. Jh. immer weiter gefallen. In einigen Sektoren – insbesondere der Bauwirtschaft – herrschte Arbeitskräftemangel, der durch ausländische, vor allem deutsche und polnische Arbeitskräfte ausgeglichen wird. Durch die Wirtschaftskrise stieg die Rate allerdings auf knapp 8 % Anfang 2010 an. Danach erholten sich die Werte wieder und lagen 2018 bei 5,5 % und nach der schlimmsten Phase der Corona-Krise bei 4,8 % – langfristig wird ein sektorieller Mangel an Arbeitskräften erwartet. Das Land zeichnet sich durch einen sehr hohen Anteil von Frauen auf dem Arbeitsmarkt aus – nur Schweden weist einen noch höheren Prozentsatz auf. Der demografische Wandel zwingt allerdings auch die dänische Regierung zu unpopulären Überlegungen. 2011 legte der rechtsliberale Ministerpräsident Rasmussen Reformpläne vor, nach denen der Vorruhestand weitgehend abgeschafft wird. Das **Rentenalter** will die Regierung langfristig von derzeit durchschnittlich 67 Jahren bis 2030 auf 68 Jahre anheben, um den unausweichlichen Mangel an Arbeitskräften in kommenden Jahrzehnten zu bekämpfen. Die **Inflationsrate**, die 2008 im Zuge der Krise schon einmal 4,3 % betragen hatte, lag 2013–20 nie höher als bei 1,4 %, steigt jedoch seit 2021 rasant an und lag 2022 bei ca. 7 %.

Das **Bruttoinlandsprodukt** liegt erheblich über dem EU-Durchschnitt – selbst in Zeiten der Krise zählte Dänemark zu den zehn reichsten Ländern der Welt. Lange Zeit hatte das Königreich regelmäßig Haushaltsüberschüsse, 2007 wurde ein Rekordüberschuss in Höhe von 3,9 % des BIP erzielt. Die hohen Überschüsse in früheren Jahren waren in erster Linie durch die Einnahmen möglich, die das Land seit 2002 durch Nettoexporte von Erdgas und insbesondere Erdöl erhielt. Genutzt wurden die Haushaltsüberschüsse zum Schuldenabbau – die Auslandsverschuldung konnte schon 2005 komplett abgebaut werden. Zwischenzeitlich hatte Dänemark Nettoforderungen gegenüber dem Ausland. Mit der Corona-Krise und durch den Ukraine-Krieg wuchs das Haushaltsdefizit wieder, liegt mit ca. 1 % (2022) aber in einem akzeptablen Rahmen.

Die Belastung durch direkte und indirekte **Steuern** ist eine der höchsten weltweit; der Spitzensteuersatz lag bis 2010 bei 63 %, der Durchschnittssatz bei ca. 45 %, wobei der Spitzensteuersatz von vergleichsweise vielen Einkommensteuerpflichtigen erreicht wurde. Zwischen 2010 und 2019 wurde in einer umfassenden Steuerreform der Spitzensteuersatz schrittweise gesenkt auf 59 % und das Jahreseinkommen, ab dem der Spitzensteuersatz greift, erhöht.

Beim **Außenhandel** ist Deutschland mit Abstand Dänemarks wichtigster Partner, gefolgt von Schweden, Großbritannien, den Niederlanden, der USA (Exporte) bzw. China (Importe) und Norwegen. Der öffentliche Sektor hat aufgrund des umfangreichen Sozialsystems einen sehr hohen Stellenwert und beschäftigt ca. 30 % der Erwerbstätigen. Dänemarks Arbeitsmarktmodell besitzt einen vergleichsweise geringen Kündigungsschutz, bietet aber ein hohes Niveau der sozialen Absicherung und zeichnet sich durch eine aktive Arbeitsmarktpolitik mit Umschulungen, Weiterbildungen und anderen Aktivierungsmaßnahmen aus. Dänemark ist traditionell eng in den Weltmarkt eingebunden, ca. ein Drittel des dänischen BIP wird durch Export erwirtschaftet. Exportartikel sind insbesondere Maschinen und –teile (insbesondere im Bereich erneuerbare Energie Windkraftanlagen), Nahrungsmittel, Pharmazeutika und Elektronik. Auch in der Schifffahrt, im Transport- und Handelsbereich und in der Brauereibranche – mit über 200 Brauereien weist Dänemark die höchste Brauereidichte in Europa auf – gibt es weltweit agierende Großunternehmen, die Reederei Mærsk ist inzwischen die größte der Welt. In den letzten Jahren entstanden durch Fusionen auch globale Unternehmen der Tourismusbranche, der Lebensmittelindustrie sowie Großbanken.

Dänemark und Europäische Union

1973 wurde Dänemark nach einem knapp ausgefallenen Referendum in die EG aufgenommen. In mehreren Volksabstimmungen siegten mal die Befürworter, mal die Gegner, sodass die dänischen Regierungen innerhalb der EU immer lavieren mussten. Den Maastrichter Vertrag z. B. akzeptierte die Bevölkerung erst nach Nachbesserungen für die Dänen in einem zweiten Referendum (1993), doch lehnte eine ebenso knappe Mehrheit im Jahr **2000** die Ersetzung der Krone durch den Euro ab – im Gegensatz etwa zu Finnland. Die dänische Krone ist aber im Rahmen der zweiten Stufe der Wirtschafts- und Währungsunion in einem engen Wechselkursverhältnis an den Euro gebunden (Schwankungsbreite: +/- 2,25 %). Und die Regierung musste sich auch damit abfinden, dass die autonomen Gebiete Grönland und Färöer immer schon den Weg in die Europäische Union nicht mitgingen.

Land- und Forstwirtschaft

In der Landwirtschaft sind nur ca. 3 % der gesamten **Arbeitskräfte** des Landes beschäftigt, in einigen Regionen (z. B. auf fast allen kleineren Inseln und in Jütland) liegt die Beschäftigungsrate deutlich höher. Nimmt man landwirtschaftliche Verarbeitungsbetriebe (Molkereien, Schlachthöfe etc.) hinzu, sind es etwa 8 %. Wie in fast allen mitteleuropäischen Ländern leidet die Landwirtschaft unter hohen Finanzierungskosten bei sinkenden Boden- und Produktpreisen.

Etwa 12 % der Landesfläche (insgesamt ca. 4.400 km²) sind mit Wald bedeckt – ein im europäischen Vergleich recht großes Areal, das eine bedeutende **Forstwirtschaft** ermöglicht. Größter Waldeigentümer ist der Staat, der etwa ein Drittel der gesamten Bestände verwaltet. Obwohl der größte Teil der dänischen Waldgebiete unter Naturschutz steht, werden jährlich rund 2,3 Mio. m³ abgeholzt. Der größte Teil wird veredelt und kommt als Bauholz bzw. in verarbeiteter Form (bedeutende Möbelindustrie) auf den Markt. Zudem wird viel Ziergrün zu Schmuckzwecken (Weihnachtsbäume, Tannengrün) produziert und in großem Umfang exportiert – Dänemark ist der führende europäische Exporteur von Weihnachtsbäumen!

Fischerei

Die **Binnenfischerei** ist unbedeutend, sie beträgt nur wenige Hundert Tonnen (hauptsächlich Aal, Barsch und Zander). An Zuchtfisch, vor allem Regenbogenforellen, werden hingegen jährlich etwa 35.000 t produziert und im Limfjord werden Austern gezüchtet. Die **Meeresfischerei** wird in Industrie- und Konsumfischerei unterteilt. Erstere wird mit verschiedenen Arten von Grundschleppnetzen oder dem Schleppnetz betrieben und umfasst Erträge, die nur industriell verwertet werden, also zur Herstellung von Fischmehl und Fischöl. Mit knapp 70 % ist dabei vor allem der Tobis (Großer Sandaal) vertreten. Die wichtigsten Arten der Konsumfischerei für den direkten Verbrauch sind Kabeljau, Scholle und Hering; dazu kommen Arten wie Seehecht, Seezunge und Steinbutt. Große Bedeutung kommt außerdem dem Fang von Kaiserhummern, Tiefseekrabben und Miesmuscheln zu. Rechnet man sämtliche gelöschte Ladungen in ihren Wert um, ergibt sich folgende Reihenfolge: Kabeljau, Tobis, Scholle, Hering und Kaiserhummer. Die Konsumfischerei wird mit stationären Fanggeräten (Treib- oder Stellnetze, Reusen, Angeln) oder Schleppnetzen betrieben. Die wichtigsten **Fischereihäfen** sind Esbjerg, Thyborøn, Hanstholm, Hirtshals, Skagen und Neksø. Mehr als 80 % der Fangerträge stammen aus der Nordsee und dem Skagerrak, ihr weitaus größter Teil wird entweder frisch oder in verarbeiteter Form exportiert. Am gesamten dänischen Export ist die Fischerei mit rund 4 % beteiligt.

Industrie

Kleiner Fischereihafen auf Bornholm

Dänemarks natürliche Ressourcen und Rohstoffe sind begrenzt (Ton, Stein, Kies, Kalk, Kreide, Torf und Braunkohle). Dieser Mangel war die Ursache, dass es nie eine dänische Schwerindustrie von Bedeutung gegeben hat. Deutlich mehr als die Hälfte der industriellen Arbeitsplätze befand sich bis zum Ende der 1950er-Jahre in Kopenhagen und im nordöstlichen Teil von Seeland. Danach drängte vor allem **Jütland** in den Vordergrund. Heute hat Westjütland mehr Industriearbeitsplätze pro Einwohner als jeder andere Landesteil. Davon sind insbesondere die kleinen und mittelgroßen Städte betroffen, wobei die am stärksten expandierenden meist von einem einzelnen großen Betrieb geprägt sind – z. B. Nordborg durch Danfoss, Billund durch Lego (vgl. S. 440) oder Bjerringbro durch Grundfos.

Etwa ein Viertel aller Arbeitsplätze des Sektors sind jedoch immer noch im Großraum Kopenhagen konzentriert, vor allem im Bereich der hoch technologisierten und forschungsintensiven Industrie, die auch die höchsten Löhne zahlt. Der größte Konzern ist dabei der Pharmabetrieb **Novo Nordisk** Kopenhagen ist auch Hauptsitz der Reederei-, Handels- und Industriegruppe **A. P. Møller-Mærsk**. Sie betreibt heute u. a. durch den Zukauf der Reedereien Safmarine oder Hamburg Süd die größte Container-Flotte der Welt. Die über 250 Schiffe des Unternehmens umfassen zudem Rohöl-, Produkt-, RoRo- und Gastankfrachter, Autotransporter, Versorgungsschiffe für Ölplattformen, aber auch Container und Bohrinseln.

Insgesamt ist der **Produktionssektor sehr vielschichtig**. Zu den wichtigsten Betrieben in der Nahrungs- und Genussmittelindustrie gehören Schlachtereien, Meiereien, Getreidemühlen, Fisch verarbeitende Betriebe und Brauereien. Die chemische Industrie exportiert erfolgreich u.a. Benzin, Insulin und Kunststoffprodukte. Die Eisen- und Metallindustrie liefert u.a. Motoren, landwirtschaftliche Maschinen, Pumpen, Thermostate, Kühlschränke, Geräte für die Telekommunikation und Schiffe. Schließlich gehören auch Möbel, Kleidung, Windkraftanlagen und Spielzeug zu den meistexportierten dänischen Industriewaren.

Energie und Umweltpolitik

Dänemarks Energieversorgung basiert hauptsächlich auf importierter Kohle, Öl und Erdgas aus dem dänischen Teil der Nordsee sowie auf Windenergie. Bei letzterer spielt das Königreich weltweit eine Vorreiterrolle und erwarb sich ein weltweit anerkanntes Know-how im Bau und Betrieb von Windkraftanlagen. Zeitweilig stammten 90 % aller global eingesetzten Anlagen aus dänischer Produktion, Hauptabnehmer waren Kalifornien und Deutschland. Zusätzlich zu den vielen Windrädern, die man überall in Dänemark sieht, wurden Offshore-Anlagen riesiger Dimension in Nordsee, Skagerrak und Kattegat gebaut bzw. werden geplant.

Hinzu kommen Stroh und andere biologische Brennstoffe, Sonnenenergie und geothermische Energie, die noch einen kleinen Anteil ausmachen. Dieser steigt indes parallel zur technologischen Entwicklung. Kohle und Erdöl waren einst Schwerpunkt der Elektrizitäts- und Wärmeversorgung, doch beide verlieren rasant an Bedeutung. Im dänischen Teil der Nordsee werden Öl und Erdgas in einer Menge gefördert, die den heimischen Bedarf bei Weitem übersteigt. Die Fördermengen an Öl und Gas werden an Land geleitet, dort verteilt und größtenteils durch Rohrleitungen exportiert. Während das Erdgas nach Schweden und Deutschland exportiert wird, wird der Ölüberschuss in erster Linie auf den Spotmärkten verkauft. Dänemark ist nach Norwegen und England drittgrößter **Ölproduzent** in Westeuropa. Die Öl- und Gasgewinnung findet ausschließlich auf Plattformen im sogenannten „Zentralgraben" in der Nordsee statt. Bis zum Jahr 2012 basierte die Förderung hauptsächlich auf der Monopollizenz des Konzerns A. P. Møller; seitdem haben auch andere Gesellschaften eine Reihe von Vorkommen exploriert. Der Hauptteil des geförderten Öls und Gases wird durch Rohrleitungen nördlich von Esbjerg an Land geleitet. Der größte Teil der Ölprodukte für den dänischen Verbrauch wird in Raffinerien bei Stigsnæs (Fünen) und Fredericia (Jütland) hergestellt. Das Gas wird zur Verarbeitung in das Nybrowerk (9 km nordöstlich von Varde) geleitet, von wo Hauptleitungen nach Deutschland im Süden und nach Fünen, Seeland und Schweden im Osten führen. Allerdings gehen wie auch in Norwegen und Großbritannien die Einnahmen aus dem Erdölexport tendenziell zurück. Maßgeblich dafür ist u. a. ein 2016 in Kraft getretenes Gesetz, das untersagt, beim Austausch Öl- oder Gasheizungen einzubauen. Fernwärme (Kraft-Wärme-Kopplung) gewinnt dagegen an Bedeutung.

Elektrizität wird teilweise noch in regionalen Kohle- bzw. Gaskraftwerken erzeugt, ergänzt durch Öl, Biobrennstoffe und Abfall. Der Energieverbrauch der Industrie ist in Dänemark, gemessen an der Einwohnerzahl, geringer als in den meisten anderen Industrieländern. Schon nach der Ölkrise 1973 wurde eine Reihe von Energiesparmaßnahmen eingeführt, insbesondere bei den privaten Haushalten, die Ende der 1990er-Jahre nochmals per Gesetz forciert wurden. Derzeit werden bereits rund 50 % des Elektrizitätsverbrauchs aus Windkraft erzeugt. Auch der Einsatz von Kraft-Wärmekopplungssystemen und die Energieerzeugung aus Biogas und Biomasse sind inzwischen weit verbreitet. Bis 2025 sollen 30 % des Gesamt-Energiebedarfs aus erneuerbaren Energien gedeckt werden. Ab 2028 soll Dänemark Deutschland mit Grünem Wasserstoff versorgen. Übrigens wurden niemals Kernkraftwerke im Land errichtet.

Die traditionell sehr aktive **Umweltpolitik** Dänemarks wird auch von der derzeitigen Regierung weiterverfolgt. Besondere Aufmerksamkeit kommt in Politik, Medien und Öffentlichkeit dem Klimaschutz zu, u.a. verursacht durch die gut sichtbaren Auswirkungen der globalen Erwärmung in Grönland. Das Königreich, das bereits 1992 als erstes EU-Land eine CO_2-Steuer einführte, hat in den letzten zehn Jahren die staatlichen Investitionen in die Erforschung zukunftsfähiger Energieformen stark erhöht. 2012 vereinbarte man überparteilich, bis 2050 von Öl, Gas und Kohle unabhängig zu werden. Gleichzeitig schlug man auf EU-Ebene vor, die CO_2-Einsparziele zu verschärfen (minus 30 % bis 2020, eine Emissionsreduktion von 70 % bis 2030). Kopenhagen ist Sitz der Europäischen Umweltagentur.

Anreise

Mit dem **Auto** gibt es über Norddeutschland drei Hauptverbindungen: die sogenannte Vogelfluglinie, d. h. die E-47 (A-1) bis Puttgarden mit anschließender Fähre nach Rødbyhavn/Lolland, die E-45 (A-7) nach Jütland bei Frøslev und die E-55 (A-19) bis Rostock mit Fährverbindung nach Gedser/Falster. Bei der Einreise über Jütland gibt es zudem mehrere Nebenstrecken, von denen der Grenzübergang Kupfermühle/Kruså, den man passiert, wenn man die B-200 durch Flensburg nimmt, eine Alternative zur Autobahn bei starkem Verkehr in der Hochsaison ist. Wollen Sie über Husum und Niebüll fahren, nehmen Sie die B-5 und passieren die Grenze bei Sæd, südlich von Tønder. Der landschaftlich schönste und gleichzeitig westlichste Grenzübergang liegt bei Rudbøl.

Die **Haupt-Bahnverbindungen** von Deutschland nach Dänemark führen alle über Hamburg (s. auch S. 46). Von dort aus kommen Sie nach Kopenhagen entweder über Jütland und Fünen oder die Vogelfluglinie. Auf der Vogelfluglinie wird der Zug mit der Fähre nach Dänemark übergesetzt. Dänemark ist auch mit dem ICE erreichbar. Von Hamburg gibt es tägliche Verbindungen nach Kopenhagen und Aarhus, die Fahrtzeit beträgt je etwa 5 Stunden. Derzeit wird an einer Hochgeschwindigkeits-Zugverbindung gebaut, die mit einem Tunnel nach Fehmarn, einer neuen Storstrøm-Brücke nach Kopenhagen, dem Umbau von mehr als 100 Brücken, neuen Bahnhöfen und einer neuen Trasse Kopenhagen-Køge-Ringsted die Fahrtzeit um mehr als 2 Stunden verringern wird; das Gesamtprojekt ist aber noch weit davon entfernt, abgeschlossen zu sein, besonders auf deutscher Seite gibt es Probleme betreffs Genehmigungsverfahren und auch am Tunnel wurde erst vor Kurzem mit den ersten Baumaßnahmen begonnen, Teilstrecken auf dänischer Seite dagegen eröffnen bereits. Auf dem Weg nach Aarhus sind deutsche IC-Stationen Rendsburg und Flensburg. Beachtenswert sind die Europa-Sparpreise der Deutschen Bahn. Hierbei fährt man für € 39 (ab näheren Bahnhöfen wie z. B. Hamburg sogar für € 29) von jedem Bahnhof in Deutschland z. B. bis nach Kopenhagen.

Die schnellste Anreise ist die mit dem **Flugzeug**. Dabei gehen weit über 90 % der internationalen Flugverbindungen nach Dänemark über das Drehkreuz Kopenhagen-Kastrup, das von nahezu allen internationalen Fluggesellschaften angeflogen wird und mittlerweile rund 30 Millionen Passagiere jährlich zählt. Der Flughafen Kopenhagen-Kastrup ist mit dem Zentrum vorbildlich durch seinen Bahnhof und auch mit einer Metrolinie verbunden.

Kopenhagen wird von allen großen Flughäfen in Deutschland, Österreich und der Schweiz direkt angeflogen, u. a. mit SAS, Lufthansa, Austrian Airlines bzw. Swiss. Weitere Verbindungen bestehen von Berlin, Basel und Genf mit Easy Jet. Norwegian kann auch eine Option sein und fliegt z. B. auch Aalborg und Billund an, das im südlichen Jütland zwischen Henne Strand und Vejle liegt. Mit Ryanair kann man von Köln nach Kopenhagen fliegen.

Die größeren **Flughäfen** (Odense, Esbjerg, Billund, Aalborg, Aarhus) sind mehrmals täglich mit Kopenhagen verbunden. Aufgrund der insgesamt geringen Grundfläche Dänemarks dauern die innerdänischen Flüge nur 35–55 Minuten. Flugverbindungen zwischen den Städten laufen meist zentral über Kopenhagen. Zu den kleineren Inseln Læsø und Anholt bestehen Anflugmöglichkeiten per Air-Taxi (https://aircat.dk/taxaflyvning) von Roskilde aus und nach Bornholm gelangt man mit der Airline DAT (https://dat.dk) ab Kopenhagen oder Billund sowie der Airline Alsie Express (https://bornholm.info/de/alsie-express) von Sønderborg.

Das **Bus**-Unternehmen Eurolines bietet Fahrten aus verschiedenen deutschen Städten an nach Aalborg, Aarhus, Herning, Kopenhagen, Kolding, Nykøbing/Falster, Rødby, Vejle und andere Städte. Für die Busfahrt spricht der günstige Preis (abhängig vom Start- und Zielort, Saison und

Wochentag, Internet-Buchung ist im Regelfall billiger, weitere Infos unter www.eurolines.com). Flixbus fährt u.a. von Deutschland aus nach Kopenhagen, Odense, Aarhus, Esbjerg, Aalborg, Vejle und Rødby (www.flixbus.de).

Ärztliche Versorgung

Das dänische Gesundheitssystem ist **hervorragend ausgebaut**, viele Ärzte sprechen Deutsch oder Englisch. Gesetzlich Krankenversicherte sollten vor Reiseantritt die Europäische Krankenversicherungskarte (EHIC) besorgen, mit der man im Krankheitsfall Anspruch auf kostenlose Behandlung hat. Beachten Sie, dass viele in Deutschland verschreibungsfreie Medikamente in Dänemark ein Rezept benötigen. Im Krankheitsfall wenden Sie sich an einen praktischen Arzt (Sprechzeiten normalerweise 8–16 Uhr), außerhalb dieser Zeiten und am Wochenende an den nächsten ärztlichen Notdienst – die entsprechenden Nummern/Adressen findet man im Netz unter www.laegevagten.dk.

Auskunft

Dänisches Fremdenverkehrsamt, Glockengießerwall 2, D-20095 Hamburg, ☏ +49-1805-326463 (0,14 € je Minute), www.visitdenmark.de

An den Haupteinreisestraßen liegen sogenannte **Begrüßungszentren** *(velkomstcenter)*, in denen man oft auch Fähren, Hotels sowie Ferienhäuser etc. reservieren kann. Die Zentren sind i. d. R. von 9–17 Uhr geöffnet, in der Hochsaison auch länger.

Allgemeine Infos (in deutscher Sprache) über die skandinavischen Länder erhält man unter www.skandinavien.de, solche zu Dänemark u. a. unter www.visitdenmark.de/daenemark/diverse/daenemark-reiseplanung. Unter https://tyskland.um.dk/de, der Seite des Außenministeriums bzw. der dänischen Botschaft in Berlin, wird eine Reihe von Publikationen in deutscher Sprache veröffentlicht, die teilweise online eingesehen bzw. kostenlos bestellt werden können.

Autofahren/Straßenverhältnisse/Verkehrsregeln

Das dänische **Straßennetz** mit Fernverbindungsstraßen und Landstraßen ist sowohl auf dem Festland als auch auf den Inseln sehr gut. Selbst viele Schleichwege sind asphaltiert. Mit Ausnahmen der Große-Belt- und Øresund-Querung sind alle Straßen mautfrei. Das Netz der **Autobahnen** *(motorvejer)* reicht von der deutschen Grenze bis nach Kopenhagen (via Jütland–Fünen und über Lolland–Falster), nach Nord-Jütland sowie an die Westküste (Esbjerg) und wird besonders in Jütland noch weiter ausgebaut. Die Autobahnen sind im Wesentlichen mit den Europastraßen identisch. Autobahnen sowie Europastraßen sind durch grüne Schilder mit weißer Schrift gekennzeichnet. Die wichtigsten Fernverbindungen sind die E-45, die an der deutsch-dänischen Grenze bei Flensburg die A-7 fortsetzt und bis Frederikshavn im Norden Jütlands führt (von Aalborg bis Hirtshals als E-39), die E-20, die bei Kolding die E-45 kreuzt und im Westen nach Esbjerg, im Osten über Odense nach Kopenhagen (und weiter nach Malmö/Schweden) führt, sowie die E-47 (ab Rødby) bzw. die E-55 (ab Gedser), die zusammen als E-47 Seeland von Süden nach Norden durchqueren und an Kopenhagen vorbei nach Helsingør führen. Die Beschilderung entlang der Autobahn besteht aus grünen Tafeln, die weiter entfernte Ziele anzeigen, und blauen Tafeln, die Ausfahrten ankündigen. Letztere tragen immer ein sechseckiges weißes Feld mit roter Ziffer, das die Nummer der Autobahnausfahrt angibt.

Die **Hauptstraßen** *(hovedveje, primærruter)* tragen meist zwei Ziffern (selten eine) und werden durch gelbe Schilder angezeigt; sie sind oft gut ausgebaut und schnurgerade. **Neben-** oder **Sekundärstraßen** *(sekundærruter)* tragen drei Ziffern und sind mit weißen Schildern angezeigt. In den Großstädten gibt es sogenannte **Ringstraßen** *(ringveje)*, die gesondert ausgeschildert sind und als Umgehungsstraßen bzw. Hauptausfallstraßen fungieren, ihre Markierung ist gelb mit einem schwarzen Kreissymbol. Straßenschilder mit **gestrichelter Umrahmung** geben die Route zu Europa- (grün), Haupt- (gelb) und Sekundärstraßen (weiß) an.

Tipp: Die Margeritenroute

Bei der Margeritenroute handelt es sich um eine 3.540 km lange Strecke (unterteilt in mehrere Routen) für Autofahrer, die zum größten Teil auf landschaftlich reizvollen Nebenstraßen entlang der bedeutendsten Sehenswürdigkeiten Dänemarks verläuft. Der 50. Geburtstag der dänischen Königin Margrethe II. im Jahr 1990 gab den Anlass zum Streckenentwurf. Da die Straßen oft sehr eng sind und manchmal auch über schmale Brücken führen, ist die Route für Motorräder, Pkws und mittelgroße Wohnmobile geeignet, nicht aber für die ganz großen Wohnmobile oder Wohnwagengespanne. Ausgewiesen ist die Route, die zu ca. 1.000 Sehenswürdigkeiten im ganzen Land führt, durch Schilder mit einer weißen Margeritenblüte auf braunem Grund. Die 325 wichtigsten davon werden kurz in einer Broschüre beschrieben, die beim Dänischen Fremdenverkehrsamt in deutscher Sprache erhältlich ist. Infos sowie die Margeritenroute als interaktive Karte finden Sie auf www.ferienstrassen.info und www.alltrails.com/explore/map/margeritenroute.

Die dänischen **Verkehrsschilder** entsprechen ansonsten internationalem Standard und sind i. d. R. übersichtlich angeordnet. Die weißen Dreiecke auf dem Asphalt vor Straßeneinmündungen („Haifischzähne") bedeuten „Vorfahrt gewähren". Wie überall in Skandinavien wird auf Sehenswürdigkeiten aller Art durch das sogenannte Johanniskreuz hingewiesen. Im Prinzip gelten die gleichen **Verkehrsregeln** wie überall in Europa. Nur müssen Autos und Motorräder rund um die Uhr das **Abblendlicht** eingeschaltet haben. Die Höchstgeschwindigkeit beträgt auf Autobahnen 130 km/h – rund um Kopenhagen und anderen größeren Städten liegt das Limit bei (ausgeschilderten) 110 km/h, Pkw mit Anhänger höchstens 80 km/h (bei entsprechender Zulassung 100 km/h auf Autobahnen). Ansonsten gilt auf den Haupt- und Landstraßen 80 km/h und in den Ortschaften 50 km/h. Geschwindigkeitsüberschreitungen können teuer werden. Wer den Betrag nicht sofort begleicht, muss sein Auto bei der Polizei stehen lassen. Die Promillegrenze beträgt 0,5. Wer mit mehr erwischt wird, muss den Führerschein sofort abgeben und das Fahrzeug wird auf der Stelle konfisziert. Es besteht Helmpflicht für Motorradfahrer. Das Telefonieren mit dem Handy während der Fahrt ist verboten. Ein Warndreieck muss im Auto liegen.

Achtung

Im EU-Ausland ausgestellte Bußgeldbescheide können auch in Deutschland vollstreckt werden. Diese Regelung gilt für alle Bußgeldbescheide über 70 € – also auch für die hohen Bußgelder für falsches bzw. zu langes Parken.

Tankstellen gibt es flächendeckend, sie sind i. d. R. bis 21 Uhr geöffnet, manche auch rund um die Uhr. An den Automaten-Zapfsäulen kann man oft noch mit 50-, 100- und 200-Kronen-Scheinen bezahlen, i. d. R. zahlt man jedoch per Bank- oder Kreditkarte. Manchmal wird die Pin-Nummer Ihrer Kreditkarte verlangt. Eine aktuelle **Übersicht** über die **dänischen Benzin-** und **Dieselpreise** sowie die Preise für Erdgas und Strom gibt es unter https://de.globalpetrolprices.com/Denmark/, eine Liste mit Autogas-Tankstellen (LPG) unter www.mylpg.eu/de/tankstellen/danemark. Zudem existieren über 1.000 Stromtankstellen. Unter www.goingelectric.de/stromtankstellen/Daenemark findet man eine Liste samt Karte.

Autoverleih

Für das Mieten eines Autos muss man über 21 Jahre alt sein (bis 25 Jahre wird evtl. ein Zuschlag fällig) und mind. seit einem Jahr einen nationalen (EU)-Führerschein besitzen. Große Anbieter sind u.a. Avis (www.avis.de), Budget (www.budget.dk), Europcar (www.europcar.de), Hertz (www.hertz.de), Sixt (www.sixt.de). Buchungen über Internetbroker sind i. d. R. günstiger (z. B.

www.holidayautos.com/de). Mietstationen der internationalen Autovermieter gibt es in jeder größeren Stadt, an Bahnhöfen oder Flughäfen. Dazu kommen lokale Mietwagenfirmen (*biludleje*) in den Urlaubsregionen.

Baden, Badestrände

Dänemark kann 7.400 km Küste aufweisen, von denen ein großer Teil aus Sandstrand besteht. Die längsten **Sandstrände** befinden sich auf der Westseite Jütlands zwischen Rømø im Süden bis nach Skagen, dem nördlichsten Punkt Dänemarks. In den Badeorten muss keine Kurtaxe gezahlt werden. Liegestühle und Strandkörbe, die gemietet werden können, gibt es nur selten. I. d. R. werden die Strände in ihrem natürlichen Zustand belassen. In unmittelbarer Nähe befinden sich meist kostenlose, jedoch unbewachte Parkplätze. Auf riskante Strandabschnitte mit gefährlichen Strömungen wird deutlich in mehreren Sprachen hingewiesen.

Beachten Sie unbedingt die Markierungen, Zeichen und/oder Beflaggungen an den Stränden, die auf Strömungen, Winde und hohe Wellen aufmerksam machen. Oft unterscheiden sie sich bei den einzelnen Orten. Allgemein üblich sind die Bedeutungen folgender Flaggenfarben: **Rot** = Möglichst nicht ins Wasser gehen. Keine Kinder alleine ins Wasser lassen. Zumeist bei Schlechtwetter- und Strömungswarnungen eingesetzt. **Gelb** = Vorsicht beim Baden ist geboten. **Grün** = Gute Badebedingungen. Strand wird von Rettungsschwimmern überwacht. Die **Blaue Flagge** an den Stränden bedeutet sauberes Wasser. Die Umweltschutzbehörden prüfen jährlich die Güte des Wassers an jedem Strand. Die aktuelle Wasserqualität kann man auch in der jährlich erscheinenden Badewasserkarte nachlesen, die Sie beim Touristenamt oder im Buchhandel erhalten. Es gibt meist keine extra ausgewiesenen **FKK-Strände**. Unter https://strandguide.dk findet man Infos, an welchen Stränden Nacktbaden normalerweise geduldet wird.

Bahn

In Dänemark beruht das Bahnsystem, das in den Händen der dänischen Staatsbahn (DSB) liegt, auf dem InterCity (IC), dem InterCityLyn, dem Regionaltog (Re) und der S-Bahn. Der **InterCity** verkehrt landesweit halb- oder stündlich zwischen den meisten großen Städten auf Seeland, Fünen und Jütland, mit Ausgangs- und Endpunkt Kopenhagen. In der Hochsaison ist eine Platzreservierung ratsam. Eine Fahrt mit dem IC z. B. von Kopenhagen nach Odense beträgt ca. 1,5 Std., nach Aarhus 3 Std., nach Aalborg 4 Std. Für Kopenhagen und das Umland verkehrt im 15-Minuten-Takt die **S-Bahn**. S-Bahn-Tickets können am Automaten gezogen werden oder an den Ticket-Verkaufsstellen, wo auch die Copenhagen Card erhaltlich ist. Der **InterCity-Lyn** ist auf den dänischen Berufsverkehr ausgerichtet, verkehrt nur werktags zwischen den Landesteilen und zeichnet sich durch seine Arbeitsplätze mit Stromanschlüssen (220 Volt Wechselstrom) aus. Den deutschen Nahverkehrszügen entsprechen in Dänemark die **Regionaltog** (Re). Es gibt eine **IC-Direktverbindung** Hamburg–Kopenhagen und eine von Hamburg und Flensburg nach Aarhus. **Bahnverbindungen** sind unter www.rejseplanen.dk zu recherchieren, Fahrplan- und Tarifinfos findet man auch auf www.dsb.dk.

Botschaften

Botschaften der deutschsprachigen Länder **in Dänemark**:

- **Deutschland**: Göteborg Plads 1, 2150 København/Nordhavn, ☎ +45-35459900, https://kopenhagen.diplo.de
- **Österreich**: Sølundsvej 1, 2100 København, ☎ +45-39294141, www.bmeia.gv.at/oeb-kopenhagen/
- **Schweiz**: Richelieus Allé 14, 2900 Hellerup, ☎ +45-33141796, www.eda.admin.ch/copenhagen

Dänische Botschaft

- in **Deutschland**: Königlich Dänische Botschaft, Rauchstraße 1, 10787 Berlin, ☏ +49-30-5050-2000, https://tyskland.um.dk (auch zuständig für die Schweiz)
- in **Österreich**: Führichgasse 6, 1010 Wien, ☏ +43-1-5127904, www.bmeia.gv.atoeb-kopenhagen
- Honorarkonsulat in der **Schweiz**: Flora Str. 11, CH-8008 Zürich, ☏ +41-765213192, https://schweiz.um.dk.

Bus

Das Bussystem ist in Dänemark auf lokaler und regionaler Ebene hervorragend ausgebaut: Nahezu jedes Dorf hat eine Busanbindung. Aber auch überregional gibt es einige gute Verbindungen. Allerdings ist es für längere Strecken meistens preislich günstiger, die Bahn zu nehmen. Tägliche überregionale **Nonstop-Verbindungen** *(Ekspress-Busser)* sind: Kopenhagen–Aarhus (3,5 Std.) und Kopenhagen–Aalborg (6 Std.) Ein bewährtes Unternehmen auf den Hauptstrecken im Land ist **Kombardo Expressen** (www.kombardoexpressen.dk) und auch Flixbus (www.flixbus.dk). In der Regel befinden sich die **Busbahnhöfe** *(rutebilstation)* neben den zentralen Bahnhöfen. Im **DSB-Fahrplan**, dem *køreplan*, den man sich am Bahnhof besorgen kann, sind neben den Zugverbindungen alle überregionalen Busstrecken aufgeführt. Bus- und Bahnfahrpläne werden immer mehr aufeinander abgestimmt, sodass lange Wartezeiten vermieden werden. Besonders praktisch: Fahrräder werden in der Regel mitgenommen. **Infos** zu Busverbindungen: www.rejseplanen.dk.

Camping und Caravaning

In Dänemark gibt es über **500 Campingplätze**. Egal ob mit Zelt, Caravan oder Wohnmobil, hier findet jeder einen Platz nach seinem Geschmack – am Meer, See oder auf grüner Wiese. Am besten bestellt man sich vor der Reise den Camping-Guide samt Landkarte beim Fremdenverkehrsamt. Auf der Karte sind alle klassifizierten Plätze eingezeichnet. Zudem gibt es im Buchhandel den ausführlicheren DK-Camping Guide, u. a. mit Farbfoto zu jedem Platz und nach Regionen geordnet. Unter www.dk-camp.dk sowie www.daenischecampingplaetze.de kann man Plätze nach speziellen Kriterien suchen.

Vor Ort sind die Plätze gut ausgeschildert und durch eine grüne Fahne mit dem Zeltsymbol leicht zu finden. Es gibt **fünf Kategorien**, wobei alle **–*****-Campingplätze Ver- und Entsorgung speziell für Wohnmobile anbieten. Unterschieden werden die Anlagen wie folgt:

*–**	Standardeinrichtung mit sanitären Anlagen, Waschplatz und Duschen mit warmem und kaltem Wasser
**	zusätzlich ein Empfang, Einkaufsmöglichkeiten im Umkreis von 2 km, Gästeküchen, Aufsicht 8–22 Uhr, Spielplatz
***	bessere Sanitäreinrichtungen, Aufenthalts- und Fernsehräume, nähere Einkaufsmöglichkeiten
****–*****	bestmögliche Ausstattung und zusätzliche Einrichtungen wie Restaurant, Pool, Sportplätze, Entertainment oder Veranstaltungen für Kinder

Tipp

Wenn Sie keinen Platz reserviert haben, sollten Sie den Campingplatz in der Hochsaison möglichst vor 17, am besten spätestens um 16 Uhr ansteuern. Zudem ist es ratsam, immer einige Zwei- bzw. Fünf-Kronen-Stücke für z. B. das Duschen dabei zu haben – zumeist bekommt man heutzutage beim Einchecken aber eine mit einem Guthaben aufgeladene Chipkarte. Duschwasser ist in der Platzgebühr i. d. R. nicht enthalten.

Der Besitz eines internationalen **Campingpasses** (Camping Card International, CCI, www.campingcardinternational.com/de/) bzw. Camping Key Europe, www.campingkeyeurope.com) ist Vorschrift und kann auf jedem Campingplatz (DKK 125), bei einem lokalen Touristikbüro oder für Mitglieder beim ADAC (€ 12) bzw. dem TCS (kostenlos für TCS-Camping-Mitglieder) erworben werden. Er sieht aus wie eine Scheckkarte, gilt für ein Jahr ab Kauf und ist in ganz Europa gültig (für die ganze Familie). Pässe internationaler Organisationen wie AIT/FICC/FIA werden auch akzeptiert. Bei der Mehrzahl von Campingplätzen kann man auch in **Hütten und Wohnwagen** übernachten, doch sind die in der Hauptsaison frühzeitig ausgebucht. Fast alle Anlagen bieten Stellplätze mit Stromanschluss (Zwischenadapter für das Stromkabel nötig). Den Adapter gibt bei jedem Campingausstatter. Die meisten Plätze verfügen über WLAN (zum Teil gegen Gebühr).

info

Natur- und Waldcamping

Wenn man auf Behaglichkeit verzichten kann, gibt es ca. 900 Naturlagerplätze überall in Dänemark, die mit Toilette und fließendem kaltem Wasser versehen sind. Diese kosten DKK 20–25. Einige Plätze verfügen über eine Holzkonstruktion, die bei Übernachtung gegen Wetter und Wind schützt. Ein Reiseführer informiert über die Plätze und ist bei den meisten Buchhändlern, den örtlichen Fremdenverkehrsbüros sowie im Internet erhältlich. Regeln: Man darf nur zwei Nächte auf dem selbem Platz übernachten. Autos, Wohnwagen, Motorräder und Mopeds sind nicht gestattet. **Weitere Infos**: https://friluftsraadet.dk

Freies Zelten in dänischen Wäldern gilt jetzt auch versuchsweise in Dänemark. Man darf dabei in derzeit 40 dänischen Wäldern überall sein Zelt aufschlagen. Hier gilt: keine motorisierten Fahrzeuge, kein offenes Feuer, nur eine Nacht und nicht mehr als 2 Zelte. Weitere Regeln und Infos: https://udinaturen.dk („Overnatning" und „Fri Overnatning").
Achtung: Wildes Campen außerhalb dieser Wälder sowie das Übernachten außerhalb von Campingplätzen in Wohnmobilen und Autos ist im ganzen Land selbst für eine Nacht nicht erlaubt und wird mit hohen Geldbußen geahndet. Das sogenannte „Jedermannsrecht" (Allemansrätt in Schweden), das erlaubt, überall für eine Nacht zu campieren, gilt in Dänemark nicht!

Einkaufen/Souvenirs

Aufgrund der allgemein relativ hohen Preise kommt man nicht unbedingt auf die Idee, zum „Shoppen" nach Dänemark zu fahren. Dennoch: Die meisten fahren nicht ohne ein typisch dänisches **Souvenir** nach Hause. Ob dänische Keramik aus einer der zahlreichen Töpfereien, handgeblasene Gläser und Vasen (besonders die *glasstøberi* in Ebeltoft ist hervorzuheben) oder Kerzen und Kerzenständer aus einer *lysfabrik*, Sie können die **kunstgewerblichen Produkte** preisgünstig direkt in den meist kleinen handwerklichen Betrieben kaufen. Auch Silberschmuck und Bernsteinketten sind durchaus zu vernünftigen Preisen zu erwerben. Ein weiteres dänisches Markenzeichen ist das Danish Design, das für industriell gefertigte Möbel, Porzellan und kleinere Gebrauchsgegenstände, wie z. B. Küchengeräte, Besteck und Geschirr, steht. Ein bekanntes Einrichtungshaus mit Designerware (Möbel und Haushaltswaren) ist Illum Bolighus mit mehreren Filialen im Kopenhagener Großraum. Vielerorts vertreten sind die Ladenketten Kop & Kande sowie Imerco.

Liebhaber alter Möbel und Bücher finden **Antiquitätenläden** und **Antiquare** in ganz Dänemark. Die Auswahl alter Möbel (besonders auf Fünen) und Bücher ist im Land sehr hoch, der Erwerb jedoch nicht unbedingt kostengünstiger als in Deutschland. Zudem gibt es viele **Se-**

condhand-Läden, die sich oft in alte Lagerhäuser oder Geschäfte am Straßenrand auf dem Lande angesiedelt haben. Hier macht Stöbern Spaß, ob nach Geschirr, altem Spielzeug, Büchern, Möbeln usw.

Außerhalb der Städte und Ortschaften gibt es die sympathischen **Hofläden**. Darunter verstehen die Dänen kleine Buden oder Wägelchen, die am Wegesrand stehen und je nach Saison mit frischem Gemüse und Obst gefüllt sind. Dieser unkomplizierte Einkauf und das Wissen, dass z. B. die gekauften Kartoffeln direkt von den umliegenden Feldern kommen, erhöhen die Vorfreude auf das abendliche Kochen und Essen enorm. Die Preise sind meist auf einem Schild angegeben; das Geld wird einfach passend in eine Geldbörse oder Box gesteckt oder per Bezahl-App entrichtet.

Einreise

Für die Einreise nach Dänemark genügt Besuchern aus anderen EU-Ländern, Skandinavien und der Schweiz ein gültiger Personalausweis oder Reisepass. Autofahrer benötigen den **nationalen Führerschein** sowie den **Kraftfahrzeugschein**. Die Grüne Versicherungskarte wird empfohlen, ist aber nicht vorgeschrieben. Alle nordischen Länder sind dem Abkommen von Schengen beigetreten, wobei es wegen der Flüchtlingswelle seit 2015 bis auf Weiteres zu gelegentlichen Passkontrollen kommen kann. Allemal schaut ein Grenzpolizist beim Vorbeifahren kurz durch die Scheibe (s. auch unter „Zollbestimmungen").

Die Corona-Pandemie hat die Einreisebedingungen beeinflusst. Aktuelle Infos finden Sie auf der Seite des Auswärtigen Amtes (www.auswaertiges-amt.de) bzw. der des dänischen Fremdenverkehrsamtes (https://en.coronasmitte.dk/travel-rules/covidtravelrules/de), die auch über Teststationen im Land informiert. Weitere Infos gibt es unter https://en.coronasmitte.dk/general-information.

Elektrizität

Im Königreich gibt es 220V (50Hz) Wechselstrom, die Steckdosen/Stecker entsprechen den mitteleuropäischen, Adapter sind nicht erforderlich. Fast alle Steckdosen haben einen Schalter zum Ein- oder Ausschalten des Stroms.

Essen und Trinken

Selbstversorger haben u.a. die Möglichkeit, sich entlang der Straße an den kleinen Verkaufsständen (Selbstbedienung) mit dem einzudecken, was gerade im Garten reif ist. In vielen Hafenorten kann man die die nächste Fisch-Räucherei aufsuchen oder, mit etwas Glück, frischen Fisch und Krabben gleich vom Boot aus kaufen. Wer zumindest ab und an „auswärts" essen geht, kann selbst als Lowbudget-Reisender an Imbissständen Bekanntschaft mit einer anerkannten dänischen Spezialität schließen: den legendären pølser. Gegrillt (*risted*) oder als knallrote (*røde*) Bockwürstchen sind sie überall als Zwischenmahlzeit erhältlich. Sie werden mit Brot und wahlweise frischen und gerösteten Zwiebeln, Gurken, Senf, Remoulade und Ketchup als **hot dog** gereicht, wobei Kenner oder Unentschlossene einfach alles nehmen *(med alt)*.

Auf deutlich höherem Niveau ist das dänische **smørrebrød**, der im Ausland wohl bekannteste Bestandteil dänischer Gastronomie. Es ist in den letzten Jahren tagsüber wieder häufiger auf den Speisekarten zu finden und mittlerweile gibt es hier und dort auf Smørrebrød spezialisierte Geschäfte. Supermärkte bieten diese vorbereitet in ihren Frischabteilungen als Snack verpackt an. Die profane Übersetzung „Butterbrot" hat mit den hoch aufgetürmten Kunstwerken kaum noch etwas zu tun, denen man ohnehin am besten mit Messer und Gabel zu Leibe rückt.

Viele Restaurants und fast alle Kros haben zumindest einige Smørrebrød-Gerichte auf der Karte (oft als *frokost*-Platte angeboten, bestehend aus drei verschiedenen Broten). Es gibt aber auch spezielle Smørrebrød-Restaurants, bei denen die Speisenkarte bis zu 2 m lang sein kann! Da fällt es schwer, sich zu entscheiden, zumal man dort auch die Qual der Wahl zwischen verschiedenen Brotsorten hat. Die bekanntesten Kreationen sind die mit Krabben, geräuchertem Lachs, mariniertem Hering, geräuchertem Hering mit Eigelb, Radieschen und Schnittlauch, geräuchertem Aal mit Rührei, Schweinebraten mit Rotkohl, Äpfeln und Backpflaumen, Rinderbrust mit Meerrettich, Roastbeef mit Pickles sowie Leberpastete mit eingelegten Senf- oder Gewürzgurken. Oft gibt es auch lokale Spezialitäten, die eigene Beinamen bekommen haben – z. B. *dyrlegens natmad* („Abendessen des Tierarztes"), das aus Salzfleisch und Leberpastete, garniert mit rohen Zwiebeln, besteht. Smørrebrød wird i. d. R. mittags gegessen, gern begleitet von Bier und Aquavit.

info

Mittag ist abends!

Ein Relikt der vergangenen Zeit – und gerade für deutschsprachige Touristen verwirrend – sind die dänischen Bezeichnungen für die einzelnen Mahlzeiten. Denn das ehemalige zweite „Frühstück" (*frokost*) rutschte zeitlich nach hinten und wurde zum „Mittagessen". Und das warme „Mittagessen", das früher am Nachmittag eingenommen wurde, ist trotz seines Namens *middag* heute nichts anderes als das Abendessen, das man üblicherweise gegen 18–20 Uhr zu sich nimmt. Auch sprachlich gibt es zwar noch ein „Abendessen" (*aftensmad*), dieses ist aber ein Abendimbiss im privaten festlichen Rahmen, der gegen 22–23 Uhr serviert wird und der auch aus Kaffee und Kuchen bestehen kann.

Hinweis

Einige Vokabeln zum Verständnis dänischer Speisekarten finden Sie im Anhang, S. 490

Viele dänische Restaurants werben mit „dänische Küche". Die wenigsten werden sich darunter etwas vorstellen können. Und nimmt man wirklich alte dänische Gerichte aus der vorindustriellen Epoche, die immer noch in gewissem Umfang gegessen werden, dann darf man bezweifeln, ob z. B. *øllebrød* (Brotsuppe aus Bier und Zucker), *vandgrød* (mit Wasser gekochte Körnergrütze), *klipfisk* (Stockfisch), *finker* (Innereien, Leber und Lungen) und *blodpølse* (Blutwurst) wirklich viele Gäste in die Restaurants locken können. Andere traditionelle Gerichte, die kulinarische Ansprüche besser bedienen, sind z. B. Enten-, Gänse- oder Schweinebraten mit Äpfeln, Backpflaumen, in Zucker gebräunten Kartoffeln, Rotkohl und brauner Soße oder gekochter Kabeljau in Senfsoße, Buttersoße, gehacktem Ei, Meerrettich und gekochten Kartoffeln. Unter den Begriff „Hausmannskost" fallen hauptsächlich Gerichte mit Schweinefleisch, meist mit Kartoffeln sowie der charakteristischen und kalorienhaltigen dicken Soße gereicht. Sehr oft kommen in Dänemark auch Frikadellen und Bratwurst auf den Tisch.

„Dänische Küche" meint heute aber eher, dass der natürliche Reichtum des Landes an Rohwaren bevorzugt verarbeitet wird. Schließlich ist Dänemark ein Agrarland, das rundum von Wasser umgeben ist, sodass frische Zutaten vom Lande, aus dem Meer und aus Binnengewässern jederzeit zur Verfügung stehen. Zu den ganz großen Delikatessen gehören die frisch gefangenen, kleinen Fjordkrabben, Muscheln aus dem Limfjord oder Austern aus dem Wattenmeer. Oft werden in Restaurants auch **Buffets** angeboten. Eine bekannte und beliebte Buffethaus-Kette, in der man sich zu einem Festpreis satt essen kann, ist **Flammen**, das in nahezu jeder größeren Stadt eine Filiale betreibt.

Einen guten Abschluss des Essens stellen die Käsespezialitäten dar, die Dänemark in reicher Anzahl hervorbringt. Auch ist es üblich, eine festliche Mahlzeit mit Kaffee und hausgemachtem Gebäck abzuschließen. Erwähnt werden müssen schließlich die leckeren traditionellen Kompotts und Obstgerichte wie *rødgrød* (Rote Grütze) oder *sødsuppe* (Obstsuppe) sowie die tolle Auswahl an Kuchen in den zahlreichen Bäckereien.

Seit einigen Jahren hat sich die Restaurant- und Kneipenszene in Dänemark gravierend gewandelt. Die Preise liegen nur noch um ca. 20 % über denen in Mitteleuropa. Lediglich in den Gourmetrestaurants wird man immer noch viel mehr Geld los als bei uns. Die Preise liegen ca. 30 %, die für Weine ca. 50 % über denen in Deutschland. Relativ preiswert und gut speist man in den Gasthöfen (Kros).

Wer Lust hat, bei dänischen Familien zu essen und dabei mehr über Land und Leute zu erfahren, der schaut mal rein bei www.meetthedanes.com.

Tipp
Dass die Dänen in ihren über **200 Brauereien und Mikrobrauereien** gutes Bier produzieren, ist weitgehend bekannt. Das macht das Land auch deutlich auf dem jedes Jahr im Herbst stattfindenden „Tag der Brauereien", dem Øllets Dag (www.ale.dk). Hier werden fast alle Biere des Landes vorgestellt.

Hinzu kommen auch noch gute **Whisky- und Schnapsbrennereien**, wie zum Beispiel:

Skjern (Westjütland):	https://stauningwhisky.com
Öster Assels (Limfjord):	https://braenderiet.dk
Give (Mitteljütland):	https://farylochan.dk
Kolding:	www.trolden.com
Ærøskøbing (Ærø)	https://aeroewhisky.com
Mosgaard (Fünen)	https://mosgaardwhisky.dk
Helsinge (Seeland)	https://thornaes.com

Fähren

Aufgrund der vielen Inseln und der Fjorde sind Fährüberfahrten für Dänen etwas Alltägliches. Die Preise variieren, jedoch nicht unbedingt nach der Dauer bzw. Länge der Überfahrt. Platzreservierungen sind besonders in der Sommersaison, bei Linien mit weniger Überfahrten und am Wochenende zu empfehlen (gilt für die Fähren von Deutschland, Norwegen, Island und Schweden nach und von Dänemark). Aufgrund der direkten Verbindung nach Kopenhagen ist die sogenannte **Vogelfluglinie** zwischen Puttgarden und Rødbyhavn die meistfrequentierte Fährverbindung. In der Hochsaison verkehren die Schiffe rund um die Uhr. Während die reine Fahrzeit unter einer Stunde beträgt, können die Wartezeiten im Sommer erheblich sein, da die Vogelfluglinie auch Hauptverkehrsroute für Norwegen-, Schweden- und Finnland-Urlauber ist.

Achtung
Das Auto sollte unter Deck abgeschlossen werden. Keine Reederei übernimmt die Kosten bei gestohlenem Gepäck. Wertgegenstände und Sachen, die man während der Fahrt benötigt, nimmt man am besten mit an Deck, da es während der Überfahrt sehr schwierig ist, zu seinem Auto/Wohnmobil zu gelangen. Auf den größeren Fähren sollte man sich das Deck merken, auf dem der Wagen steht, sowie die Nummer/Bezeichnung des nächstgelegenen Aufgangs.

Fahrradfahren

Dänemark gilt als **Radlerparadies** und zwar nicht nur wegen der abwechslungsreichen Landschaft, sondern auch wegen der auf Radfahrer zugeschnittenen Infrastruktur. Überall werden

Hervorragend ausgebaut: das dänische Radwegesystem

Sie auf ein gut ausgebautes und ausgeschildertes, über 10.000 km langes Radwegesystem treffen. Die Dänen zollen den Radfahrern großen Respekt. Dadurch ist selbst in Städten wie Kopenhagen, Aarhus oder Roskilde das Fahrradfahren relativ stressfrei, da die meisten Städte mit extra gekennzeichneten, breiten Fahrradwegen ausgestattet sind. Übrigens, im Durchschnitt radelt jeder Däne 1,6 km am Tag. Wissenschaftler haben errechnet, dass wenn die Weltbevölkerung so viel Fahrrad führe, der jährliche CO^2-Ausstoß Großbritanniens eingespart würde!

Als **beste Reisezeit** für Radfahrer gelten die Monate Juni bis August. Im Frühjahr und Herbst muss mit kräftigen Stürmen gerechnet werden. Für längere Touren sollte man eine gute **Ausrüstung** und auch im Sommer Regenbekleidung dabeihaben. Die Fahrradtaschen sollten wasserdicht sein. Zwar gibt es Radgeschäfte zur Reparatur oder Ergänzung der Ausrüstung in fast jedem Ort, doch sollte eine Grundausstattung (Werkzeug, Ersatzteile) in keinem Gepäck fehlen.

Wer glaubt, dass Dänemark nur ebene Landschaft bietet, dem wird auf Møn, Bornholm, Fünen, Langeland und Falster gezeigt, dass es durchaus hügelige und **anstrengende Regionen** gibt. In Jütland kann vor allem die Ostküste einige Steigungen aufweisen, immerhin befindet sich nahe Vejle das „schroffeste Tal" Dänemarks mit Hügeln bis zu 100 m. Und die höchsten „Berge" des Landes um die Seenplatte zwischen Skanderborg und Silkeborg sowie im Nationalpark Rebild haben es ebenfalls in sich. Hinzu kommt ein **stetiger Wind**, der auch Fahrradfahrer mit guter Kondition ins Schwitzen bringen kann, besonders an der Nordseeküste, wo viele Strecken ungeschützt sind.

Vor Ort gibt es im Buchhandel detaillierte **Fahrradkarten** für längere Touren. Viele Touristenämter bieten ebenfalls ausgearbeitete, regionale Karten an. Der ADFC informiert unter www.adfc.de (unter ADFC-ReisenPlus/Ausland) sowie www.radurlaub-online.de. Ausgesuchte und speziell beschilderte, 20–40 km lange Panoramastrecken sowie die elf nationalen Fahrradrouten, Radfernwege, samt Unterkunftsempfehlungen, werden beschrieben unter www.visitdenmark.de/de/daenemark/natur/radfahren-und-fahrradurlaub-danemark. Hier kann man sich zudem die *Bike & Stay*-App oder den neuesten Radguide herunterladen. Auf den Websites www.bettundbike.de und www.feriepartner.de/urlaub-daenemark/anregungen/fahrradurlaub findet man zudem nette Übernachtungsstätten sowie weitere Infos. Gut sind auch www.visitdenmark.de/daenemark/erlebnisse/radfahren/mit-dem-rad-bus-und-bahn und www.visitdenmark.de/daenemark/erlebnisse/radfahren/daenemarks-11-nationale-fahrradrouten.

Feiertage

Der **Nationalfeiertag** der Dänen ist der Verfassungstag am 5. Juni, der an die Einführung des demokratischen Grundgesetzes 1849 erinnert. An diesem Tag schließen die Geschäfte und Büros um 12 Uhr, Banken bleiben den ganzen Tag geschlossen.

Weitere **arbeitsfreie Feiertage** sind: 1. Januar (Neujahr), Gründonnerstag, Karfreitag, Ostersonntag, Ostermontag, Buß- und Bettag, Christi Himmelfahrt, Pfingstsonntag, Pfingstmontag, 24. Dezember (Heiligabend), 25. Dezember (1. Weihnachtstag), 26. Dezember (2. Weihnachtstag), 31. Dezember (Silvester).

Ferienhäuser und Ferienanlagen

Rund 50.000 von den rund 200.000 in Privatbesitz befindlichen Ferienhäusern werden das Jahr über an Touristen durch Reise- und Vermittlungsbüros in Deutschland und Dänemark vermietet. Besonderes Kennzeichen der dänischen Ferienhäuser ist die individuelle, meist sehr liebevolle Bauweise und der sehr hohe Standard der Einrichtung, höher als z. B. in Schweden und Norwegen. Geschirrspüler, Waschmaschine, Musikanlage, TV, WLAN und viele andere Dinge sind sehr oft vorhanden. Die meisten Häuser sind zudem mit einem Kamin ausgestattet, der einem dunkle und kalte Wintertage recht gemütlich erscheinen lässt.

Entscheidende Kriterien bei der Ferienhaussuche sind: Strandnähe, Küchenausstattung, Anzahl der Zimmer und Größe der Betten, Einrichtung (Fernseher, Musikanlage, Kamin, Pool, Sauna), Haustiere sowie eine Reihe von Punkten, die für Sie persönlich wichtig sind, wie z. B. WLAN. Eine breite Auswahl bietet der Skandinavien-Spezialist für Ferienhausurlaub DanCenter, der seit 1957 Feriendomizile mit Schwerpunkt Dänemark, Norwegen, Schweden und Deutschland vermittelt. Auf **www.dancenter.de** finden sich rund 5.000 Ferienhäuser in Dänemark. Weitere interessante Internetadressen für Ferienhäuser, bei denen man ebenfalls gezielt Wünsche (Sauna, Haustiere, Pool etc.) angeben kann, sind u.a. **www.dansommer.de**, **www.novasol.de**, **www.dansk.de**.

Natürlich gibt es auch zahlreiche kleine Anbieter, und nahezu jedes Touristenziel hat seine lokalen Ferienhausvermittler. Auch die Touristenämter helfen bei der Vermittlung eines Hauses. Die **Preise** schwanken stark. So kann ein großes Luxushaus im Hochsommer ab € 1.500 und bis zu € 2.300 pro Woche kosten, während das gleiche Haus in der Zwischensaison € 1.000, in der Randsaison € 800, in der absoluten Nebensaison € 500 und in der Sparsaison sogar unter € 450 gemietet werden kann.

Zu den oben genannten Preisen kommen allerdings noch einige **Zusatzkosten** hinzu, z. B. die Endreinigung (die Sie in den meisten Fällen selbst übernehmen können), der Strom (sehr teuer berechnet, da damit die Abnutzung der Geräte mitgetragen wird; die Stromkosten für ein großes Haus mit Swimmingpool und allen Extras können wöchentlich € 150–200 ausmachen, denn der Pool muss permanent geheizt bleiben, und auch die Heizung läuft über Strom), das Kaminholz (wenn Sie Platz im Auto haben, sollten Sie gutes Kaminholz mitnehmen), Bettwäsche (kann man auch selber mitbringen – Inlets sind vorhanden). Für die Nebenkosten bzw. evtl. Schäden müssen Sie bei Übernahme (manchmal auch schon bei der Buchung) eine **Kaution** hinterlegen.

Besonders entlang der Nordseeküste und in einzelnen Feriengebieten an der Ostsee gibt es sogenannte **Ferienanlagen**. Dabei handelt es sich um Apartmentsiedlungen, in denen Sie die Unterkunft wochenweise mieten können (und müssen). Dabei ergibt sich ein günstigerer Tagespreis, und die Apartments sind mit einer kleinen Küche ausgestattet. Angebot und Qualität sind sehr unterschiedlich und reichen von einfachen Siedlungen über umfangreiche Freizeitanlagen mit Schwimmbad, Freizeit- und Familienparks etc. bis zu geradezu luxuriösen Herbergen.

Tipps zur **Internetrecherche**: www.danland.dk/feriecenter.html, www.folkeferie.dk/danmark/feriecenter, www.landal.de.

Zu **empfehlen** sind z. B. die Anlagen in:
Bork Havn (Ringkøbing Fjord), Lemvig (Westküste, nahe Limfjord), Øster Hurup (Ostküste Jütlands, nördl. von Randers), Rim Rømø (Insel Rømø), Lalandia (Søndervig bei Ringkøbing), Rudkøbing (Insel Langeland), Skagen Strand (Skagen), Koldkær (östlich von Aalborg und nördl. von Hals), Rønbjerg (Limfjord, nahe Vitskøl Kloster) und Søhøjlandet (östlich von Silkeborg).

Fernsehen

In Dänemark gibt es hauptsächlich zwei große Fernsehsender: das öffentlich-rechtliche, werbefreie **DR** (Danmarks Radio/ **TV1**) und den staatlichen, aber als Aktiengesellschaft aufgestellten **TV2** mit 6 Kanälen, wobei der Hauptkanal der meistgeschaute im Land ist. Darüber hinaus gibt es dänische Sender, die nur über einen Kabel- bzw. Satellitenanschluss zu empfangen sind. Im Süden des Landes können auch einige deutsche und im Norden norwegische Fernsehprogramme gesehen werden. Viele Ferienhäuser haben auch Satellitenschüsseln bzw. Kabelempfang. In Dänemark werden ausländische Filme in Originalfassung mit Untertiteln gesendet.

Geld/Umtausch/Währung

Die Landeswährung ist die Dänische Krone (DKK oder dkr), die in 100 Øre unterteilt ist. Im Umlauf sind Scheine zu DKK 1.000 (selten), 500, 200, 100 und 50. Als Münzgeld sind 20, 10, 5, 2 und 1 Kronen sowie 50 Øre zu haben, doch sind die Øre nahezu abgeschafft und dienen nur in seltenen Fällen noch als Wechselgeld. Dänemark, seit 1979 ins europäische Währungssystem (EWS) integriert, gehört zu den EU-Staaten, die nicht den Euro einführten. Aufgrund des Wechselkursmechanismus ist die Krone mit einem Spielraum von 2,25 % an den Euro gebunden. Der Mittelkurs beträgt: € 1 = DKK 7,4440. Den jeweils aktuellen Kurs erfahren Sie in den Banken oder unter www.oanda.com/currency-converter/de.

Wer mit großen ausländischen Scheinen nach Dänemark einreist und diese in einer Bank umtauschen möchte, kann evtl. auf Schwierigkeiten stoßen: Dänische Banken dürfen in diesem Fall den Umtausch ablehnen. Die Gebühr beträgt bei jedem Umtausch ungeachtet der Höhe des Betrages DKK 20–35 (€ 2,65–4,65).

EC- und Kreditkarten werden fast überall akzeptiert. Außerdem kann man mit EC- (VPay und Maestro), Master-, Visa- und oft auch Amexcards an den meisten Geldautomaten Geld abheben (über die Gebühren informiert die ausgebende Bank). Achten Sie darauf, dass Sie die PIN-Nummer Ihrer Kreditkarte kennen. Grundsätzlich wird heutzutage in Dänemark überwiegend mit Karte oder auch Mobilphone-App bezahlt, auch bei kleineren Beträgen. Bargeld gerät immer mehr ins Hintertreffen. So verwundert es auch nicht, dass der Staat seit 2016 kein neues Geld mehr drucken lässt.

Golf

Golfen gilt in Dänemark als weit weniger elitär als in Deutschland. Es gibt 187 Golfclubs und mehr als 200 Plätze. Ausländische Gastspieler sind willkommen, müssen jedoch einen Mitgliedsausweis ihres Heimatclubs und oft auch ein registriertes Handicap vorweisen. Golfbroschüren des Fremdenverkehrsamtes bieten eine Beschreibung der Golfclubs, beinhalten Preise für Tages- oder Saisonkarten und weisen auf Unterkünfte in der Nähe der Golfanlagen hin. Ohne Mitgliedsausweis und Handicap kann man auf etwa 100 Pay & Play-Plätzen spielen. Dort zahlt man einfach die Tagesgebühr des Platzes (DKK 100–200). Infos unter www.1golf.eu/golfclubs/daenemark sowie www.leadingcourses.com.

Haustiere

Hunde (mit Ausnahme von 13 als gefährlich eingestuften Rassen wie u.a. Pitbull-Terrier-/Tosa-Rassen) und **Katzen** dürfen nach Dänemark eingeführt werden. Voraussetzungen: **Chip oder Tätowierung** zur Identifikation (bei Tieren, die nach dem 3. Juli 2011 zum ersten Mal gekennzeichnet wurden, zählt nur noch ein Mikrochip), **EU-Heimtierausweis** und gültige **Tollwutimpfung**. **Jungtiere**, die jünger als drei Monate sind, brauchen ein tierärztliches Gesundheitsattest (Anhang an u. g. Website). Bei Einreise darf dieses höchstens zehn Tage alt sein.

Dänemark gilt als ausgesprochen haustierfreundlich. Beachtet werden sollte das Gesetz, dass Hunde in Ortschaften, Wäldern und am Strand an der Leine zu führen sind. Die Ferienhausagenturen Novasol (www.novasol.de) und DanCenter (www.dancenter.de) vermitteln haustierfreundliche Häuser mit Grundstücken von mindestens 1.000 m² Fläche. Eine Besonderheit sind die fast 500 Hundewälder (*hundeskov*), wo die Vierbeiner in einem eingezäunten Areal ungestört herumstromern dürfen – ohne Leine. Eine Karte gibt es unter www.nordsee24.de/daenemark-urlaub/hund sowie www.hundeskovene.dk. Ausgeschildert sind diese mit einem weißen Schnauzer auf grünem Schild. Eine Karte gibt es unter www.hundeskovene.dk.
Infos zu Reisen mit Haustieren in Dänemark: www.nordsee24.de/nordsee-urlaub/urlaub-mit-hund.

Heiraten

Heiraten ist für viele Ausländer in Dänemark unbürokratischer als in ihrem Heimatland, besonders für Paare (auch gleichgeschlechtliche!), die aus Partnern verschiedener Nationalitäten bestehen. In grenznahen Städten wie Tønder, Ribe und Sønderborg hat sich ein regelrechter **Hochzeitstourismus** entwickelt – 15.000 Deutsche sind es alljährlich! Je nach Kommune muss man sich allerdings 1–3 Tage in Dänemark aufhalten. Es gibt Büros, die die gesamte Hochzeit planen, von der Beratung und Durchführung von Behördengängen bis zur Reservierung eines Tisches im Restaurant und auf Wunsch das Bestellen eines Trauzeugen aus der entsprechenden dänischen Gemeinde (z. B. www.heiraten-dänemark.eu). Wer sich selbst um die Hochzeit kümmern möchte, wendet sich zuerst an die entsprechende dänische Kommune, die alle Unterlagen bereitstellt und Auskünfte gibt. Grundsätzlich kann man als Ausländer überall in Dänemark heiraten. Behilflich in puncto Ausstellung und Übersetzung von Dokumenten ist www.apostille-service.de.

Inselpass

Einige der schönsten Inseln in Nordsee und Ostsee können Urlauber „sammeln": Für den kostenlosen Inselpass haben sich insgesamt 37 Eilande zusammengetan, um Fans von Inseln und Fähren zum Entdecken der abseits der großen Touristenströme gelegenen Ziele einzuladen. Größtes Eiland für das Inselhopping ist dabei Bornholm mit rund 589 km², kleinstes Birkholm mit nur 0,9 km². Neben einem kurzen Inselporträt mit touristischen Informationen enthält das dänisch „**Ø-pas**" genannte Heft auch eine Karte sowie einen QR-Code, der zur Website der entsprechenden Insel führt. Erhältlich ist der Ø-pas in deutscher Sprache zum Download auf www.danischeinseln.de bzw. www.oepas.dk und auf den jeweiligen Inselfähren. Urlauber können im neuen Inselpass alle besuchten Inseln abstempeln. Sie finden dazu vor Ort – oft schon bei der Überfahrt auf der Fähre – eine kleine Messingtafel mit den Umrissen der Insel, die sich in den kleinen Pass durchpausen lässt. Siehe auch: https://danske-smaaoer.dk.

Jugend- und Familienherbergen

In Dänemark sind die übers ganze Land verteilten ca. 100 Jugend- und Familienherbergen (Dan-Hostels) aus Kostengründen eine echte Alternative zum Hotel und bei schlechtem Wetter eine gute Ausweichmöglichkeit für Camper. Wenn möglich, sollte man rechtzeitig vorbuchen. Die Herbergen sind i. d. R. in sehr gutem Zustand und bieten durch Familien-, Vierer- oder Doppelzimmer Privatsphäre. Während die Fassaden der oft historischen Gebäude liebevoll restauriert wurden, überwiegt im Inneren meist moderner dänischer Stil. Ausländer können einen Gästeausweis für eine Übernachtung zum Preis von DKK 35 p. P. oder einen Internationalen Herbergsausweis für ein Jahr zum Preis von DKK 160 erwerben. Der **Jugendherbergsausweis** aus dem Heimatland wird natürlich auch akzeptiert. Dieser ist zu beziehen über die jeweiligen Jugendherbergsverbände: www.jugendherberge.de (Deutschland), www.youthhostel.ch/de/internationale-hostels (Schweiz) und www.oejhv.at (Österreich). Weitere Infos: DanHostel, Vesterbrogade 39, DK-1620 København V, ☏ +45-33313612, www.danhostel.dk.

Kartenmaterial

Für den ersten Überblick gibt das Dänische Fremdenverkehrsamt (Adresse siehe „Auskunft") kostenlos gutes Kartenmaterial mit markierten Camping-Plätzen, Badestränden und Fährverbindungen heraus. Für individuelle Touren empfiehlt sich eine detaillierte Karte. Das beste Kartenwerk ist ohne Zweifel die **Færdselskort Danmark**, die im Maßstab 1:200.000 erscheint und als Kartensammlung sowie als Ringbuchatlas (besser) in fast allen Buchhandlungen in Dänemark (ca. DKK 150) und in vielen Reisebuchläden und Internetshops in Deutschland erhältlich bzw. zu bestellen ist. Hier ist nahezu alles eingezeichnet, was Sie wissen möchten. Dieses Werk gibt es als Atlas und in häufigerer Überarbeitung als Detailkarten (z. B. Nordjylland und Sydsjælland, Møn og Lolland-Falster) auch im Maßstab 1:100.000.

Kinder

Dänemark kann sicherlich als kinder- und familienfreundlichstes Land Mitteleuropas bezeichnet werden. Die Dänen denken bei fast allen öffentlichen oder privaten Einrichtungen an die ganze Familie. So erleichtern z. B. Baby-Wickelräume in Toiletten oder Kindersitze in Restaurants das Reisen mit Kindern erheblich. Neben der sauberen Umwelt und langen Stränden gibt es viele Freizeitparks, Spielplätze und Bauernhöfe mit Tieren. Nahezu jeder Ort bietet Kinderaktivitäten an, Ferienhausanlagen und Campingplätze warten mit speziellen Einrichtungen und Equipment für Kinder auf. Bei den Touristenämtern gibt es Informationen über Unternehmungen, die für Kinder interessant sein können, oder auch zum nächsten Babysitter-Service. Besonders toll ist, dass man mit Familien in jedem Freizeitpark, jeder touristischen Einrichtung und an vielen öffentlichen Plätzen Picknickbereiche vorfindet, wo man sein eigenes Essen mitbringen darf, egal ob es drumherum kommerzielle Imbissbuden o. Ä. gibt.

Kleidung

Dänemarkbesuchern muss eines klar sein: Auch wenn der Sommer noch so schön ist, es kann, abgesehen davon, dass sowieso fast immer ein leichter Wind weht, jederzeit eine starke, die Luft abkühlende Brise aufkommen. Zudem kühlt es am Abend oft erheblich ab, nahe am Wasser kommt meist noch Feuchtigkeit hinzu. Darum: Zu jeder Jahreszeit ein windabweisendes und warmes Fleece, eine winddichte und regenfeste Jacke und auch eine Regenhose mitnehmen! Natürlich hat Dänemark durchaus viele Sonnentage im Jahr, daher die Badehose nicht vergessen! Tipp: Gute, wetterfeste Kleidung ist in dänischen Geschäften, besonders beim „Udsalg" (Schlussverkauf), gar nicht mal so teuer.

Notfall/Unfall/Reparaturen

Die **Notrufnummer** für Polizei, Feuerwehr und Notarzt ist landesweit 112. Bei einem Unfall, an dem ein anderer Unfallgegner beteiligt ist und Personen- oder Blechschaden entstanden ist, sollten Sie auf jeden Fall die Polizei rufen. An den Autobahnen sind Notrufsäulen vorhanden. Der dänische Automobilclub leistet keine Pannenhilfe, dafür gibt es zwei Pannen-Dienste: **Falck**, der einen 24-Stunden-Abschlepp/Reparatur-Service gegen Barzahlung bietet (☏ +45-70102030), und den Verband **Dansk Autohjælp** (DAH, ☏ +45-70108092). Auf KFZ-Werkstätten in Dänemark sollte man nur im äußersten Notfall zurückgreifen, da sie ausgesprochen teuer sind.

Sind Sie der Unfallverursacher, wenden Sie sich bitte an: **Dansk Forening for International Motorkøretøjsforsikring**, ☏ +45-41919069, www.dfim.dk (auch deutschsprachig).
ADAC Auslandsnotruf: ☏ +49-89-222222 (24 Std.), ÖAMTC-Schutzbrief-Nothilfe: ☏ +43-1-2512000. ADAC und TCS-Mitglieder können sich an Forenede Danske Motorejere (FDM) wenden: Firskovvej 32, DK-2800 Kgs. Lyngby, ☏ +45-70133040, https://fdm.dk.

Öffnungszeiten

In Dänemark gibt es für Geschäfte keine festgelegten Öffnungszeiten, i. d. R. aber sind Läden Mo–Do 9/10–17/18, Fr bis 18/20, Sa bis 14/16 Uhr geöffnet, Kaufhäuser und Supermärkte oft länger, z. T. auch am Sonntag. Banken sind Mo–Fr 10–16 und Do bis 18 Uhr geöffnet, Postämter Mo–Fr 9/10–17/18 und Sa 9–12 Uhr, in Kopenhagen auch länger.

Post/Porto

Die dänische Post (PostNord Danmark) ist durch die Farbe Rot an den Amtsgebäuden zu erkennen bzw. an den roten Briefkästen mit goldenem Posthorn und der Aufschrift Postkasse. Im Postamt muss eine Nummer gezogen werden. Für eine Postkarte oder einen Standardbrief bis 100 g ins Ausland, egal ob nach Deutschland oder Japan, kostet das Porto derzeit DKK 36. Die schnellere Zustellung (*quickbreve*) kostet ins Ausland nicht mehr, muss aber auf dem Brief markiert werden. Weitere Infos: www.postnord.dk/en.

Reisezeit

Die beste Reisezeit ist mit den meisten und wärmsten Sonnentagen sowie den kürzesten Nächten **Mitte Juni bis Mitte August**. Dafür müssen Sie zu dieser Zeit auch die Nebenwirkungen der Hochsaison in Kauf nehmen: Sommerferien der Dänen, hohe Preise für Hotelzimmer und Ferienhäuser und natürlich auch die Touristen aus den anderen skandinavischen Ländern und Deutschland, also wird es voll. Wer es lieber ruhiger mag, sollte in der **Nebensaison** Mitte April bis Mitte Juni bzw. Ende August/September reisen. Zudem kann es im Mai und besonders im September schon oder noch angenehm warm sein. Ab Oktober wird es auf den Campingplätzen, die noch geöffnet haben, schlagartig einsam, denn es kann richtig kalt werden – eine gute Zeit jedoch für eine Städtereise. Ab Mitte November kommen mehr Besucher, um die „hyggeligen" Weihnachtsmärkte zu erleben. Um Weihnachten und Silvester herum wird es wieder voll. Wer dann eine lauschige Woche im Ferienhaus verbringen will, sollte früh buchen. In den letzten Jahren ist die Fangemeinde langer Spaziergänge an Nord- und Ostseestränden mit anschließendem Saunagang oder Schmökern am Kamin stetig gewachsen.

Generell wird das Wetter besonders an der Westküste Jütlands durch das ozeanische Klima beeinflusst. Dies bedeutet, dass das Wetter schnell umschlagen kann – zum Guten und zum Schlechten. Ist z. B. der frühe Morgen nebelverhangen, kann der Himmel nur wenige Stunden später aufreißen und klarer blauer Himmel mit Sonnenschein hervortreten.

Segeln

Mit seinen Fjorden, seichten Küstengewässern, Hochseegebieten und reizvollen Buchten ist Dänemark nicht nur ein **einmaliges Segelrevier**, sondern bietet jedem Wassersportler das dem Niveau entsprechende Gewässer. Die kleinen und großen Inseln mit idyllischen Ankerplätzen, aber auch die gut ausgestatteten Jachthäfen offerieren mit historisch gewachsenen Städten auch kulturelle Attraktionen oder Natur und Ruhe pur. Einmal um die Insel Fünen zu segeln oder südlich davon durch die Inseln zu kreuzen (**Dänische Südsee**) gehört zu den Lieblingsrouten vieler Segler. Da es vorherrschend westliche Winde gibt, finden auch Jollensegler an der Ostküste ein geschütztes Revier. Fast alle Fjorde sind befahrbar. Wer von Kiel z. B. nach Bornholm oder Læsø segeln will, braucht jedoch eine hochseetaugliche Jacht, da im Frühling und Herbst schnelle Wetteränderungen auftreten und Windgeschwindigkeiten bis zu 8 Beaufort durchaus möglich sind.

Für dänische Segel- und Motorjachten unter 20 BRT besteht keine Führerscheinpflicht. Eine Jacht zu chartern ist in Dänemark relativ preiswert, doch sollte man sich ohne eigenen Führerschein erkundigen, inwieweit ein Versicherungsschutz besteht. Einfacher ist es, eine Jacht mit Crew zu chartern. **Aktuelles Seekartenmaterial** versteht sich von selbst, auch wenn die meisten Boote heute mit modernen GPS-Geräten ausgestattet sind. Achten Sie darauf, dass ausreichend Rettungswesten in der passenden Größe an Bord sind, auch wenn keine Tragepflicht besteht.

Bei Notfällen zu Wasser und zu Land ist das **UKW-Seefunkradio** die wichtigste Funkverbindung. Den Kanal 16 hört die dänische Küstenfunkstation Lyngby Radio (156,8 MHz/ 2182 KHz) rund um die Uhr ab. Bei Durchquerung der Verkehrsknotenpunkte Großer Belt und Øresund können über Kanal 16 die aktuellen Verkehrs- und Sicherheitsinformationen empfangen werden. Bei der Brückenunterquerung müssen Schiffe mit über 15 m hohen Masten bei der Great Belt Traffic Control angemeldet werden.

Seekarten in Maßstäben von 1:5.000 bis 1:200.000 und nautische Geräte führt: Nautischer Dienst Kapitän Stegmann: Maklerstr. 8, D-24159 Kiel, ☏ +49-431-331772 oder Steintwiete 18, D-20459 Hamburg, ☏ +49-40-33460-4800, www.naudi.de. Das Bundesamt für Seeschifffahrt und Hydrografie gibt Karten heraus, die das Gebiet auf der Linie südlich von Esbjerg bis Nordseeland abdecken: www.bsh.de.

Telefonieren und Internet

Die dänischen Telefonnummern bestehen aus acht Ziffern; eine Ortsvorwahl gibt es nicht, doch lassen die ersten zwei Ziffern immer die Region und die folgenden ein bis zwei Ziffern die nähere Gegend bzw. den Stadtteil erkennen. Das **Mobiltelefonnetz** ist sehr gut ausgebaut und WLAN ist weit verbreitet. Jedes Hotel, die meisten Ferienhäuser und Restaurants und viele Hotspots sorgen für einen guten **Internetempfang** im Land.

Die internationalen **Vorwahlnummern** sind von Dänemark: nach Deutschland: 0049; nach Österreich: 0043; in die Schweiz: 0041. Nach Dänemark wählt man die Ländervorwahl 0045, danach wird keine Ziffer weggelassen.

Trinkgeld

In der Regel wird in Dänemark in Hotels, Restaurants, Taxis oder bei anderen Dienstleistungen kein oder nur wenig Trinkgeld gegeben (in Großstädten max. bis zu 5 %), da der Service im Endpreis inbegriffen ist.

Unterkünfte

Das Angebot an Unterkünften ist ausgesprochen vielseitig, wenn auch die meisten Gäste aus dem Ausland auf Ferienhäuser, Apartments oder Campingplätze zurückgreifen. Hotels und

Gasthöfe sind ein wenig teurer als bei uns, auch wenn im Preis zumeist das Frühstück inbegriffen ist. Wer beabsichtigt, vorwiegend in Hotels und Gasthöfen (Kros) zu nächtigen, sollte, wenn vorhanden, in den historischen Unterkünften einkehren.

Historische Landgasthöfe sind i. d. R. nicht so teuer, verfügen über Charme und ein oft gutes Restaurant. 85 größere Gasthöfe, charmante Hotels sowie historische Unterkünfte u. a. in Herrenhäusern haben sich im Verband der **Small Danish Hotels** (☏ +45-70806500, werktags 8.30–16 Uhr, www.smalldanishhotels.dk) zusammengeschlossen. Sie haben alle mindestens 3 Sterne und widmen sich in vielen Fällen bestimmten Themen (Wellness, gutes Essen, Ruhe, Snapsruten, Sport, Strand, Geschichte etc.). Die sind natürlich etwas teurer.

Doch die meisten Kros sind selbstständig. Irgendwo versteckt in einem kleinen Ort oder Dorf sind sie die „Perlen dänischer Gastlichkeit". Nicht selten nächtigt man hier für unter DKK 800 im DZ mit Frühstück. Natürlich sind die Zimmer nicht besonders groß und manchmal muss man sich auch ein Bad teilen, oder aber die Unterkunft selbst befindet sich im modernen Anbau. Schön ist es allemal, besonders auch in den Gaststuben des historischen Gebäudes. Teurer, aber oft nicht so hochpreisig wie man vermuten würde, sind die Hotels in historischen Schlössern, Burgen oder großen Herrenhäusern. Wann hat man schon die Gelegenheit, in geschichtsträchtigen Gemäuern zu nächtigen, die früher oft Adelige, Könige oder den Märchendichter H. C. Andersen als Gäste hatten, nach dem Dinner im exquisiten Schlossrestaurant einen Spaziergang durch den Park zu unternehmen und womöglich in einem Himmelbett zu schlafen? Die meisten Herrensitze haben sich zusammengeschlossen im Verband der **Danske Slotte & Herregaarde**, ☏ +45-302800, www.slotte-herregaarde.dk, auf deutsch: www.schloesser-herrensitze.dk.

Größere **Stadthotels** sind oft teuer, denn sie dienen nicht selten als Konferenzhotels. In den Sommerferien, wenn die Geschäftsreisenden ausbleiben, gibt es aber oft Sonderangebote. Zudem nimmt die Zahl an historischen Gebäuden zu, die zu kleinen Hotels umfunktioniert wurden. Wer in den Städten sparen möchte, greift auf die mittlerweile bewährte Hotelkette CABINN (www.cabinn.com) sowie in Kopenhagen und Aarhus auf die WakeUps (beide über www.wakeupcopenhagen.de) zurück, die mit schlichtem nordischen Design, kleinen, aber funktionellen Zimmern sowie einem Frühstücksbuffet viele Gäste anlocken. **Internet**: Unter www.weekendophold.dk kann man die Stadt – auch in Schleswig-Holstein – eingeben sowie Preis und Klassifikation. www.trivago.de, www.hotels.com, www.expedia.de und andere Suchmaschinen bieten sich natürlich auch an und ein Preisvergleich bei Stadthotels macht immer Sinn!

Bed-&-Breakfast-Unterkünfte werden in Dänemark überwiegend auf Bauernhöfen angeboten. Dort übernachtet man in Gästezimmern oder in einer Ferienwohnung. Auf Wunsch hat man direkten Anschluss an die Familie und erfährt dadurch etwas von der dänischen Lebensweise. Für Familien mit Kindern sind diese Unterkünfte sicherlich ideal. Bei Gästezimmern ist das Frühstück zumeist, aber nicht immer im Preis enthalten. Bei einer **Ferienwohnung** steht i. d. R. eine kleine Küche, in jedem Fall aber eine Kochgelegenheit zur Verfügung. Reservierungen werden empfohlen, vor allem bei touristisch gefragten Destinationen (z. B. Møn, Bornholm, Nordseeküste) und wenn ein längerer Aufenthalt beabsichtigt ist.

Gezielt B&B-Unterkünfte in Städten – aber auch auf dem Lande – findet man bei **Dansk Bed & Breakfast** (☏ +45-39610405, https://bedandbreakfast.dk/). Natürlich ist auch **AirBnB** (www.airbnb.de) weit verbreitet in Dänemark. Urlaub auf dem Bauernhof/Ferien und Erlebnisse auf dem Lande/ B&B auf dem Land vermittelt **Landsforeningen for Landboturisme** (https://bondegaardsferie.dk).

Eine interessante, preisgünstige Unterkunftsmöglichkeit ist der **Wohnungs-** bzw. **Haustausch**: Die Organisation HomeLink z. B. organisiert für ihre Mitglieder den Tausch untereinander. Vorteile: Durch den kostenlosen Tausch kommt man an Objekte, die sonst sehr teuer wären, wohnt unmittelbar in „dänischer Umgebung", taucht in die Rolle eines Einheimischen, bekommt Kontakte zu dänischen Nachbarn und einen guten Eindruck dänischer Lebensweise. Keine Bange: das eigene Haus/Wohnung ist in guten Händen, da der Tauschpartner sein Heim sicherlich auch in gutem Zustand wieder vorfinden möchte. Infos: HomeLink e.V., ☏ +49-9503-503037, www.homelink.de, www.haustauschferien.at sowie www.homelink.ch/wp.

Noch enger ist der Kontakt zu Land und Leuten beim sogenannten **Couchsurfing**, wo man – meist kostenlos – für einen kurzen Zeitraum (ein oder zwei Nächte) auf „Sofa" bzw. Gästebett eines einheimischen Gastgebers übernachten kann. Dabei lernt man im Idealfall hautnah das Leben im Gastland kennen oder baut eventuell eine neue Freundschaft auf. Im Netz tummeln sich etliche Organisationen, u. a. www.couchsurfing.com.

Und es wäre nicht Dänemark, wenn es nicht auch andere, ausgefallene Übernachtungsmöglichkeiten gäbe. Hier nur ein paar Beispiele, wie und wo man die Nacht noch verbringen kann: Im **Gespensterschloss Dragsholm** auf Seeland (www.dragsholm-slot.dk); hinter Gittern im **ehemaligen Gefängnis von Ribe** (https://dengamlearrest.dk); im **Leuchtturm von Hanstholm** (https://hanstholmfyr.dk); in einem **Planwagen in Skårup auf Fünen** (https://planwagenurlaub-dk.de); in rekonstruierten Häusern und Umgebungen aus der **Steinzeit**, der **Eisenzeit** und der **Wikingerzeit** in Lejre nahe Roskilde (seit der Corona-Pandemie noch nicht wieder im Angebot; https://sagnlandet.dk); **Safari-Übernachtung** im Ree Park Safari bzw. unter Wölfen und Bären im Skandinavisk Dyrepark (https://skandinaviskdyrepark.dk) – beide nahe Ebeltoft (https://reepark.dk); auf der Hindsgavl-Halbinsel bei Middelfart mit der Familie in **Hängematten zwischen Baumwipfeln** / Overnatning I Trætoppen (https://bookinglillebaelt.dk) oder auf einem **Hausboot in Kopenhagen** (u. a. www.airbnb.com).

Andere Unterkünfte finden Sie unter „Camping und Caravaning", „Ferienhäuser" und „Jugendherbergen".

Verhalten als Tourist

Für die Reise nach Dänemark müssen keine besonderen Hinweise für Touristen gegeben werden, da sich die dänische von anderen mitteleuropäischen Kulturen nicht grundsätzlich unterscheidet. Auf Folgendes sollte man dennoch achten:

Wie in den anderen skandinavischen Ländern wird auch in Dänemark besonderer Wert auf den **sorgfältigen Umgang mit der Natur** gelegt. Das bedeutet, dass bei Wanderungen keine Zweige oder Rinde abgerissen, keine Bäume gefällt, Schonungen, Felder, aber auch Privatgrundstücke nicht betreten werden sollen. Seien Sie bitte vorsichtig, wenn Sie Jungtiere oder Nester entdecken und entfernen Sie sich unauffällig. Denken Sie daran, vor einer Wanderung oder einem Picknick eine Mülltüte mitzunehmen.

Wandern

Dänemark bietet wunderschöne und einsame Wanderwege, wenn auch in höchstens hügeliger Umgebung. Reizvoll ist vor allem die abwechslungsreiche Landschaft: Dänemark bietet Wanderwege entlang der Küste mit ordentlich Wind, geschützte Strecken an den Seenplatten, durch Kulturlandschaften oder Wanderungen durch Waldgebiete und über Felder, die in der **Pilz- bzw. Beerensaison** für Fachkundige zudem noch eine Gaumenfreude bieten.

Bei den Touristenämtern gibt es ausreichend Material zum Thema Wanderungen und das Umweltministerium gibt Broschüren über verschiedene „Wanderungen in den staatlichen Wäldern" heraus, die man auch herunterladen kann unter https://de.naturstyrelsen.dk bzw. https://naturstyrelsen.dk/publikationer/oversigt-over-turfoldere/tysk (auf Deutsch und größtenteils mit Zeitangaben, Karten, Erklärungen zur Pflanzenwelt und das Übernachten in der Natur).

Beachtenswert sind auch die **Nationalen Wanderrouten**, die zwischen 70 und 400 km lang sind, so z. B. der Gendarmenpfad (www.gendarmsti.dk/de) entlang der jütisch-deutschen Grenze, der Heerweg/Ochsenweg (www.haervej.de) quer durch Jütland oder der Seelandsweg (www.sjaellandsleden.dk), der sich kreuz und quer durch Seeland zieht.

Wassersport

Seen und Flüsse bieten beste Bedingungen für Kanu- und Kajaktouren

Dänemark verfügt nicht nur über 7.500 km Küste mit sowohl stürmischem und welligem als auch ruhigem Meer, sondern kann darüber hinaus noch zahlreiche Fjorde, Seen und Flüsse vorweisen. Das sind beste Voraussetzungen für Wassersport jeglicher Art. Ob Segeln (siehe dazu S. 57f), Windsurfen, Wellenreiten, Kiten, Stand Up Paddling (SUP), Seakajaking oder Kanufahren, hier findet jeder Wassersportbegeisterte sein Vergnügen. Die schönsten **Windsurfreviere** liegen rund um Fünen, Ærø und Langeland, im Norden Seelands und an Jütlands Nordseeküste. Auch am Limfjord und am Ringkøbing-Fjord sowie auf den Inseln Fanø und Rømø sind die Bedingungen ideal. Der Ringkøbing- sowie der Nissum-Fjord sind besonders bei **Anfängern** bzw. **Stehrevier-Liebhabern** sehr beliebt, da die Fjorde großteils „Stehtiefe" haben. Zudem bläst der Wind hier wie auch über den Limfjord nicht ganz so stark wie z. B. direkt an der Nordseeküste. Windsurfing-Schulen gibt es an allen Surfrevieren.

An den Binnengewässern sind die Bedingungen für **Kanu- und Kajaktouren** bestens, und an den bekanntesten Revieren gibt es eine Reihe von Verleihstationen. Am populärsten ist der Sport an den Flüssen Gudenå (Mitteljütland) und Suså (Seeland), auf dem Kolindsund westlich von Grenå (Jütland) auf der Skjern Å (Jütland) sowie auf der Silkeborger und Skanderborger Seenplatte (teilweise Fluss Gudenå), auf der auch **Stand-Up Paddling** sehr beliebt ist. Zentrum der Seenplatte ist Silkeborg. Boote können tage- und stundenweise gemietet werden (Kanu/Kajak: ab € 50 pro Tag). Gute Infos bietet der DKV-Auslandsführer „Skandinavien" des Deutschen Kanuverbandes. **Sea kayaken** kann man im Grunde überall, wobei sich die Ostsee mit ihren Fjorden, die Reviere um die kleineren Inseln sowie auch der Hafen von Kopenhagen dazu am besten eignen.

Weihnachtsmärkte

Weihnachtsmärkte haben auch in Dänemark Tradition, ob in Städten oder auf Gutshöfen und Schlössern. Verkaufsstände stellen Kunsthandwerkliches aus, z. B. zahlreiche Variationen der Adventskerze: Sie ist in 24 Querabschnitte aufgeteilt – jeden Tag wird ein Abschnitt niedergebrannt. Zum Rahmenprogramm gehören Andersen-Märchenfiguren, die sich unters Volk mischen (Odense), Ballett- und Theateraufführungen, ein eigenes Haus, in dem der Weihnachtsmann die Kinder begrüßt (Kolding), historisches Ambiente in den alten Gebäuden von Den Gamle By in Aarhus, Äpfelbraten über offenem Feuer, Wurfspiele u. v. m. Garantiert ist die typisch dänische *hygge*, also gemütliche Stimmung. An Köstlichkeiten werden traditionell angeboten: der *julegløgg* (heißer Rotwein mit Aquavit und Gewürzen), *ris á l'amande* (Reispudding mit Kirschsauce und einer Glücksmandel), Bratäpfel mit Kokosraspeln oder das starke, dunkle Weihnachtsbier *julebryg*.

Zu den bekanntesten Weihnachtsmärkten in dänischen Städten zählen:

- **Kopenhagen**: Im Tivoli (Mitte Nov. bis Ende Dez.), am Nyhavn (Mitte Nov. bis Weihnachten), Julemarked Christiania (erste drei Wochen im Dez.). Fester Bestandteil der Jule-Zeit in der dänischen Hauptstadt sind auch die festlichen Weihnachtstische der Königlichen Porzellanmanufaktur Royal Copenhagen.
- **Odense**: Hans Christian Andersen Julemarked (erste beiden Wochenenden im Dez.)
- **Aarhus**: Nostalgischer Weihnachtsmarkt im Den Gamle By (Mitte Nov. bis Anfang Jan.)
- **Aalborg**: Weihnachtsmarkt am Gammeltorv (Ende Nov. bis Weihnachten)

Hervorzuheben sind zudem die Weihnachtsmärkte bzw. weihnachtlich geschmückten Einkaufsstraßen in den Städten Tønder, Ribe, Haderslev und Roskilde. Zu den schönsten Weihnachtsmärkten auf Schlössern bzw. Höfen gehören auf Seeland die in Gisselfeld Kloster, Schloss Kronborg, Lerchenborg und Borreby, auf Fünen der „Egeskov Julemarked" auf gleichnamigem Schlossgelände (Nov.-Wochenenden/erstes Dez.-Wochenende, https://egeskov.dk/de) und in Jütland die in Tirsbæk Gods (bei Vejle; www.tirsbaekgods.dk), auf dem Hof Krusmølle bei Aabenraa (https://krusmoelle.dk) sowie die Weihnachtsausstellung bekannter dänischer Designer auf Schloss Schackenborg in Møgeltønder. Infos unter www.visitdenmark.de/daenemark/erlebnisse/weihnachten/weihnachtsmaerkte-daenemark.

Noch etwas: Alljährlich, im für Weihnachtsmänner arbeitsfreien Sommer, treffen sich Weihnachtsmänner aus aller Herren Länder zu einem Kongress, dem **Julemændenes Verdenskongres**, im Freizeitpark Dyrehavsbakken bei Kopenhagen. Und warum in Dänemark? Weil die Dänen sich sicher sind, dass der Weihnachtsmann aus Grönland kommt, das bekanntlich ja zu Dänemark gehört.

Zollbestimmungen

Für die Ein- und Ausfuhr von Zahlungsmitteln aus anderen EU-Ländern gibt es keine Beschränkungen und auch alle anderen Waren, die man während und für den Urlaub braucht, können zollfrei eingeführt werden. Nur bei einigen Genussmitteln, wie **Alkohol** über 22 Vol.-% und **Tabakwaren**, gibt es mengenmäßige Beschränkungen: Pro Tag dürfen Bürger der EU und der skandinavischen Länder jeweils zollfrei einführen 10 l hochprozentigen Alkohol und 800 Zigaretten (oder 400 Zigarillos oder 200 Zigarren oder 1 kg Tabak). Das **Mindestalter** für den Kauf und die Einfuhr von Alkoholika bis 16,5 Vol.-% beträgt 16 Jahre, für den Kauf und die Einfuhr von höherprozentigem Alkohol sowie Tabak 18 Jahre. Wer Silvester im dänischen Ferienhaus verbringen möchte, sollte daran denken, dass die Einfuhr von **Feuerwerks-** und **Knallkörpern** jeglicher Art strikt verboten ist.

Für Reisende aus Nicht-EU-Ländern (z. B. Schweiz) gelten folgende Höchstmengen: Für Reisende ab 17 Jahren: 200 Zigaretten oder 100 Zigarillos oder 50 Zigarren bzw. 250 g Tabak. Zudem 1 l Alkohol über 22 Vol.-% oder 2 l Alkohol (Aperitif, Sekt, Likör etc.) mit weniger als 22 Vol.-%. Zusätzlich erlaubt sind 4 l Wein und 16 l Bier sowie andere Waren im Wert von bis zu € 300, bei Flugreisenden bis zu € 430.
Auch Grönland und die Färöer sind keine EU-Mitglieder!

Das kostet Sie das Reisen in Dänemark

(Stand: Frühjahr 2023)

Die „Grünen Seiten" sollen Preisbeispiele für den Urlaub in Dänemark geben. Die Preisangaben/-tendenzen können aber nur als vage Richtschnur dienen. Bedenken Sie, dass die saisonalen Schwankungen z.T. beträchtlich sind. Die Preise wurden, wenn nicht anders vermerkt, generell zur Hauptsaison erstellt.

Umrechnungskurs: € 1 = ca. DKK 7,44; DKK 1 = ca. € 0,13

Flüge

Kopenhagen/Kastrup wird täglich von allen größeren Flughäfen Mitteleuropas angeflogen. Reguläre Preise beginnen bei € 200. SAS, Lufthansa und vor allem EasyJet bieten oft Sonderpreise. EasyJet fliegt von Berlin, Basel und Genf, Norwegian von Berlin, Düsseldorf, Hamburg, München, Wien und Genf nach Kopenhagen sowie von Berlin nach Aalborg, Rønne und Billund. Mit etwas Glück bekommt man ein Ticket unter € 50 pro Strecke zwischen Berlin und Kopenhagen. **Inlandsflüge** mit SAS Kopenhagen–Aarhus kosten ab € 180 (return), Kopenhagen, Aalborg bzw. Billund–Rønne wird von Danish Air Transport bedient (https://dat.dk, € 100–140 return). Norwegian und SAS bedienen Aalborg (ca. € 160–180).

Fähren

Einfache Fahrt für einen Pkw bis 6 m + 2 Personen, je nach Saison und Ticket (Flex oder fest): Rostock–Gedser € 120–180; Puttgarden–Rødby € 50–115; Durchgangsticket Puttgarden–Rødby–Helsingborg € 110–200; Sassnitz–Rønne (Bornholm) ab € 120 (Di–Fr, HS); ab € 160 (Sa–Mo, HS); Køge–Rønne € 60–120 (NS, Sparticket) bis € 200 (HS, Standard); Fynshav–Bøjden € 35, Hochsaison ab € 43; Schnellfähre Aarhus–Odden (auf Seeland) ab € 54 bis € 100 HS tagsüber.

Mietwagen

Preisbeispiele für 1 Woche in den Sommermonaten, unbegrenzte km (ab Aarhus bzw. Kopenhagen Flughafen): Kategorie A/Mini/Economy, 2-türig: ab € 350; VW-Golf-Klasse/Intermediate: ab € 400; VW-Passat-Klasse /Intermediate: ab € 450. Empfehlung: Buchung im Reisebüro zu Hause oder über das Internet. Alle Preise sind inkl. der nötigen Versicherungen. Insassenversicherung nicht eingeschlossen.

Camper/Wohnmobile

Preisbeispiele für Caravan Krüger, Gutenbergstr. 11, D-24223 Ostseepark Raisdorf, ☏ +49-4307-812540, www.krueger-caravan.de: Pro Tag/unbegrenzte km/Vollkasko m. Eigenbeteiligung: kleines Wohnmobil (5,50–6 m lang): ab € 100–140; großes Wohnmobil (ca. 7,80 m lang): ca. € 170–210; Wohnwagen (Anhänger) pro Woche: ab € 400. Bei Anmietung von über 6 Tagen und über 4 Wochen gibt es Sondertarife. Versicherung: Verkehrsservice-Versicherung. Weitere Tarife auf Anfrage.

Eisenbahn

- International: Basel bzw. Köln–Kopenhagen, ohne Bahncard, 2. Klasse: Köln (ab € 100/Sparpreis; € 185/Normalpreis); Basel (ab € 170/Sparpreis; ab € 200/Normalpreis).
- Der Europa-Spezial-Tarif liegt deutlich niedriger: € 39 (€ 29 ab Norddeutschland).
- National: Kopenhagen–Aarhus (Intercity/Erwachsener): zwischen DKK 300 (günstiges „Orange-Ticket") und DKK 460 (Standard-Ticket). Kinder unter 5 Jahren reisen kostenlos, Kinder zwischen 5 und 12 Jahren zum halben Preis. Senioren ab 65 Jahren zahlen 20–30 % weniger.

Überlandbusse

Von Hamburg bzw. Berlin nach Kopenhagen für einen Erwachsenen mit dem Eurolines Scandinavia: ab € 28 (Spar) bis € 61. MeinFernbus/Flixbus: Hamburg nach Kopenhagen: € 25 (Sparpreis)/ ab € 55 (Normalpreis). Reisen Sie von München an (also München – HH – Kopenhagen), verdoppelt sich der Preis in etwa und man muss in Hamburg umsteigen. Die Strecke Berlin–Aarhus beginnt ab ca. € 42. Von Aarhus nach Kopenhagen kostet es zwischen € 20 (NS) und € 35 (HS).

Taxi/Metro

Taxifahrt vom Flughafen in Kopenhagen in die Innenstadt: DKK 250–320. Bei Beginn einer Fahrt wird der Grundpreis von DKK 39 (abends/nachts DKK 49) berechnet und dann DKK 9 (und bis zu DKK 20) pro Kilometer. Deutlich günstiger ist hier die direkte Metro-Linie vom Flughafen in die Innenstadt: DKK 38–42. Am günstigsten ist das Taxifahren tagsüber unter der Woche, teurer bei Abend- und Nachtfahrten und am teuersten sind die Wochenendabende und -nächte.

Brückenmaut

- Große-Belt-(Storebælt)-Brücke zw. Fünen und Seeland: Pkw bis 6 m ab € 36, mit Anhänger/Campingmobil ab 6 m ab € 55.
- Øresund-Brücke zw. Kopenhagen und Malmö: Pkw bis 6 m ab € 57, über 6 m bzw. mit Anhänger/Campingmobil ab € 114.

Beide Brücken können auch in € bezahlt werden. Kombi-Ticket für beide Brücken: ab € 83. Die Benutzung aller anderen Brücken im Land ist kostenlos.

Übernachtung

Preiskategorien (Doppelzimmer inkl. Frühstück)

€	bis DKK 600 = Jugendherberge, sehr günstiges Hotel (meist Bad auf Flur), kleine Hütten auf Campingplätzen
€€	DKK DKK 600–1.100 = günstiges Hotel bis Mittelklassehotel/„normaler" Landgasthof/DZ in Jugendherberge in Kopenhagen/größere Hütten auf Campingplätzen
€€€	DKK 1.100–1.700 = Hotel der oberen Mittelklasse, Großstadthotel der Mittelklasse
€€€€	DKK 1.700–2.300 = gehobener Standard in der Großstadt, Luxushotel auf dem Land
€€€€€	über DKK 2.300 = Luxushotel

Hotels/Motels: Die Preise hängen stark von der Saison und der Lage ab. Teuer wird es in den Großstädten unter der Woche sowie an der Westküste im Sommer, wo man mit ca. DKK 600 für eine einfache Unterkunft auf dem Lande rechnen muss (oft mit geteiltem Bad). Zwischen DKK 600 und 1.000 finden Sie i. d. R. gute, saubere Herbergen und Hotels in kleineren Städten. Für Kopenhagen und auch Aarhus muss man bei dieser Kategorie nochmals DKK 200–400 hinzurechnen. Oberhalb DKK 1.000 wird es außerhalb der Großstädte dann schon komfortabel, über DKK 1.700 nahezu luxuriös, besonders auf dem Land und während der Nebensaison.

Bed/Breakfast/Bauernhöfe: Die Preise dieser Privatunterkünfte (B&Bs) variieren sehr. Rechnen Sie mit DKK 250–300 pro Person im DZ in der Nebensaison für eine einfache Unterkunft in einer kleineren Stadt bis hin zu über DKK 600 in der Saison in Kopenhagen. Ferienwohnungen auf Bauernhöfen kosten ab DKK 3.000 pro Woche in der Saison, größere auch weit über DKK 3.000. Einzeltage bzw. Wochenenden, wenn angeboten, kosten ab DKK 500 bzw. über DKK 1.000.

Herbergen/Jugendherbergen: Die Preise liegen hier in der Nebensaison zwischen DKK 300 (abgelegener Ort auf dem Land), DKK 600 (Touristenort) und bis zu DKK 1.000 (Kopenhagen Innenstadt bzw. innenstadtnah) für ein oder zwei Person/en/Tag im eigenen Zimmer. Eine Familie mit 2 Kindern zahlt in der Nebensaison zwischen DKK 500 (abgelegener Ort), DKK 850 (Kopenhagen) und bis zu DKK 1.200 (Küste, Kopenhagen, HS). Das Frühstück wird extra berechnet (ab DKK 75/Person).

Ferienhäuser: Hochsaison: Hochsommer und um Silvester: € 900–1.100: einfach, max. 4 Erwachsene, unter 70 m², kleine Küche; € 1.000–2.100: mittlere Kategorie, 70–90 m², gut ausgestattete Küche, 6 Personen; € 1.600 bis weit über € 2.000: Luxushaus, Geschirrspüler, Waschmaschine, Sauna, Whirlpool, Holzofen/Kamin, oft auch Pool, mind. 6 Erwachsene. Achtung! Wer ein Haus mit Pool bucht, zahlt immens viel für den Strom für den Pool, der immer beheizt sein muss.

- Zwischensaison: um Ostern, Ende Mai–Ende Juni, Ende Aug.–Mitte Sept., manchmal Herbstferien und um Weihnachten. In dieser Zeit liegen die Preise bei 60–80 % der Hochsaisonpreise.
- Nebensaison: Rest des Jahres bis auf Sparzeit (s. u.); ca. 35–60 % der Hochsaisonpreise.

- Sparzeit: Wird bei einigen Häusern zu „unattraktiven" Zeiten, z. B. Ende Okt. bis Mitte Dez., Anfang Jan. bis Ostern, angeboten. Hier liegen die Preise teils bei unter 30 % der Hochsaison.

Tipp: Oft gibt es auch kurzfristige Sparpreise im Mai! Aber auch hier gilt es, die Extrakosten (z. B. Beheizen eines Pools, s. o.) mit einzukalkulieren.

Camping: In der Hochsaison sollte man für zwei Personen, ein Zelt bzw. kleinen Camper (VW-Bus) mit mindestens DKK 170 pro Nacht rechnen, wobei es i. d. R. wegen der hochwertigen Ausstattung der meisten Plätze eher bei DKK 220–280 liegen wird. Strom kostet DKK 20 extra, Duschmarken/Duschkarten ebenfalls (ab DKK 2/Min.). Einige Plätze berechnen die Personen und den Stellplatz extra.

Restaurants/Pubs

Fine Dining

- Essen: Suppe = DKK 75–90; Lachsfilet mit Pasta od. Pfeffersteak mit Kartoffeln, Sauce = ab DKK 200. Chateaubriand mit Kartoffeln und Gemüse = ab DKK 280; 3-Gänge-Menü (Suppe, Fleischgericht, Dessert) = DKK 300–420;
- Getränke: 1 Pint Craft-Bier = DKK 65–75, Flasche Carlsberg/Tuborg Pils = DKK 45–50; eine Flasche einfacher Landwein = ab DKK 180, ein Glas guter Wein = ab DKK 80.

Familienrestaurant

- Essen: ½ Hähnchen oder Cordon Bleu mit Pommes frites und Gemüse = DKK 100–130; chinesisches Süß-Sauer-Gericht = DKK 90–100; einfaches Schnitzel mit Kartoffeln = DKK 80–90; Pizza = DKK 90–120; Salat als Beilage = ab DKK 40; Pommes frites als Beilage = ab DKK 25. Oft werden in Restaurants günstige Mittagstische angeboten: Smørrebrød = DKK 50–70 (Käse/Wurst), ab DKK 70 (Lachs) – in der Großstadt wird Smørrebrød eher in Form von Platten angeboten (ab DKK 160, eher DKK 200); 2-Personen-Fish-Lunch = DKK 150–180;
- Getränke: Cola = ab DKK 30; Tasse Filterkaffee = ab DKK 25; Cappuccino/Latte Macchiato = DKK ab 45.

Imbiss/Raststätte/Kneipen

- Essen: Hot Dog = DKK 28–32 (Bio-Hot-Dog ab DKK 35); Pommes frites = DKK 25; Currywurst = DKK 70;
- Getränke: Cola = ab DKK 18; ½ Pint Bier = ab DKK 30; Pint Bier = ab DKK 45; Fl. Landwein (0,7 l) = DKK 120–160, ein Glas Landwein = ab DKK 30.

Lebensmittel- und Getränke (Supermarkt)

Grundsätzlich sind Lebensmittel nur unwesentlich teurer als in Deutschland und liegen unterhalb des Schweizer Preisniveaus. Merklich teurer sind Frischgemüse, Säfte, eingeführte Softdrinks und Zuckerwaren, wobei die Preise für dänische Käsesorten, Leberpastete, Fisch und Roastbeef günstiger sind als in Mitteleuropa. In den Kühlfächern der Frischeabteilungen findet man in größeren Supermärkten abgepackte Fertiggerichte (z. B. Stjerneskud, Roastbeef mit Gemüse und Kartoffelsalat, Frikadellen mit Kartoffelsalat, Fischhappen, Smørrebrød-Platten), die man gut kalt als Picknick essen kann. Sie kosten DKK 70–120.

Das dänische Bier ist kaum noch teurer als das Bier in Deutschland und teilweise günstiger als in den Alpenländern. Selbst Wein ist nur noch um 15–20 % teurer und es gibt oft Sonderangebote. Teuer sind Craft-Biere und die harten Alkoholika, so kostet z. B. ein dänischer Aquavit (0,7 l) ab DKK 130, eher aber DKK 150.

Eintrittspreise für Museen/Attraktionen

Je nach Größe des Museums liegen die Preise zwischen DKK 50 (lokales Heimatmuseum) und DKK 120–200 (z. B. Kattegat Centret in Grenaa DKK 180 (online), zzgl. Parken DKK 30, oder Fischerei- und Seefahrtsmuseum in Esbjerg DKK 175), die großen Kunstmuseen sind oft etwas günstiger als erwartet, da zumeist gesponsert (z. B. Kunstmuseum ARKEN in Kopenhagen DKK 140; Kunstmuseum Louisiana DKK 145). Freizeitparks sind ziemlich teuer: Legoland ab DKK 330 (online), 499 (Schalter) zzgl. Parken DKK 60, oder Fårup Sommerland DKK 210–275 (online). Viele Parks bieten Ermäßigungen, wenn man Tickets online kauft.

2. KOPENHAGEN – DIE GEMÜTLICHE METROPOLE

Überblick

Die **Geschichte** reicht knapp tausend Jahre zurück, eine erste Erwähnung als Hafen (Havn) ist für das Jahr 1043 belegt. Der dänische Name København (sprich: Köbenhaun) bedeutet so viel wie „Hafen der Kaufleute". Bischof Absalon, dem Valdemar I. die kleine Siedlung geschenkt hatte, erkannte den strategischen Wert am schmalen Øresund und ließ hier 1167 eine Burg anlegen – die Keimzelle des Schlosses Christiansborg und der heutigen Stadt –, das Datum gilt offiziell als das der Stadtgründung. Die Verleihung der Stadtrechte durch die Krone erfolgte 1254, doch erst 1416 konnte Kopenhagen aus dem Schatten Roskildes heraustreten. In diesem Jahr machte Erik von Pommern sie zur Residenz- und Hauptstadt des Reiches. Das Mittelalter mit seinen leicht brennbaren Häusern ist nach großen Feuersbrünsten aus dem Stadtbild weitgehend verschwunden, nur die gewundenen Gassen des historischen Zentrums erinnern noch an diese Anfangszeit. Das „königliche Kopenhagen" entstammt vielmehr der Regentschaft des großen Renaissancefürsten Christian IV. und späteren Epochen.

Dank seiner Befestigungen konnte Kopenhagen den Angriffen einer schwedischen Flotte ebenso widerstehen wie einer Kriegsallianz von Schweden, Holland und England.

Christian IV. – Kopenhagens Baumeister

info

Kaum einer hat das Kopenhagener Stadtbild so geprägt wie Christian IV. (1577–1648), seit 1596 König von Dänemark-Norwegen. Er betrieb eine sehr bewusste und aktive Kunstpolitik. Seine Vorliebe galt der gemäßigten Renaissance der Niederlande mit ihrem alternierenden Spiel von Backstein und Sandstein-Ornamenten. Die Vorbilder wurden so umgewandelt, dass man sogar von einem eigenen „**Christian-IV.-Stil**" spricht. Typisch dafür sind z. B. die vielen (meist asymmetrisch angelegten) Türme und überhaupt die Suche nach originellen Turmlösungen – beste Beispiele hierzu liefern Schloss Rosenborg, Börse und Runder Turm in Kopenhagen und Schloss Frederiksborg in Hillerød. Seine Hauptstadt wurde von Christian erheblich erweitert und nicht nur mit markanten Gebäuden ausgestattet, sondern auch mit kompletten Stadtteilen wie Christianshavn (1618), dem Kastell (1625) und den Nyboder (1631).

Bei alldem blieb der König ein typischer Renaissancefürst, dessen Leibesfülle eine Ahnung von den Gelagen gab, an denen er teilnahm. Die wirtschaftliche Grundlage für das ausschweifende Hofleben und die Prachtbauten bildeten zum erheblichen Teil die Einnahmen aus dem Øresund-Zoll. Doch diese Quelle war nicht unbegrenzt, zumal Christian IV. auch außenpolitische Abenteuer einging. Hier zeigte sich die Schattenseite seiner 52 Jahre dauernden Regierungszeit, denn alle Ambitionen endeten in mehr oder weniger großen Katastrophen. Trotz des Ehrgeizes, seine eigene Macht und die Einflusssphäre Dänemarks auszuweiten, waren am Ende seiner Regentschaft die Position als europäische Großmacht geschwächt und die Kassen leer. Die letzte Zeit seines Lebens verbrachte der König einsam auf Frederiksborg – am Ort seiner Geburt.

Doch gegen den Großbrand, der 1728 wütete, war man machtlos. Im 18. Jh. erlebte Kopenhagen nach der Renaissance die zweite Blütezeit; damals arbeiteten Architekten wie Thura und Eigtved mit einer Reihe von Prachtbauten (u.a. Schloss Amalienborg) daran, ihr das Gepräge einer Residenzstadt europäischen Formats zu geben. Rückschläge brachten 1795 ein weiteres Großfeuer, das ein Viertel der Hauptstadt dem Erdboden gleich machte, und vor allem das

Bombardement durch die Engländer im Jahr 1807. Danach wurde die Stadt wieder aufgebaut mit vornehmen klassizistischen Häusern, die das sogenannte „Goldene Zeitalter" widerspiegeln, mit öffentlichen Prachtbauten der Architekten C. F. Hansen und Bindesbøll und nicht zuletzt mit dem Vergnügungspark Tivoli. In dieser einzigartigen Epoche blühte die Kultur und konnte man in den Kopenhagener Straßen auf Persönlichkeiten wie H. C. Andersen, S. Kierkegaard, B. Thorvaldsen und den Physiker H. C. Ørsted treffen.

Die Sogwirkung der Metropole wurde immer stärker, obwohl sie damals bereits hoffnungslos überfüllt war. Denn bei allen Katastrophen und dem prompt folgenden Neuaufbau war seit Christian IV. eines nicht verändert worden: die Grundfläche der Stadt. Immer noch gab es das System der Wälle und Befestigungen. Vor diesem verbot ein Gesetz jede dauerhafte Bebauung, und dahinter drängten sich die Menschen in qualvoller Enge. Die Folge waren unsägliche hygienische Verhältnisse, eine hohe Mortalität durch Seuchen und eine viel niedrigere Lebenserwartung als außerhalb der Stadt. Trotzdem hatte sich die hauptstädtische Gesamtbevölkerung innerhalb eines Jahrhunderts verdoppelt und war auf 130.000 gestiegen. 1852 gab das Militär die Befestigungen auf, die Wälle wurden geschleift, und noch im gleichen Jahr begann man mit dem Bau der Vororte Nørrebro und Vesterbro, in denen das Proletariat der beginnenden Industrialisierung untergebracht werden konnte.

Seit 1864 war Dänemark nur noch ein unbedeutender europäischer Kleinstaat, was aber der Karriere Kopenhagens keinen Abbruch tat. Die Stadt wucherte aus, verschmolz mit den umliegenden Gemeinden und entwickelte sich zur vitalen, auch international bedeutenden Metropole. Schon um 1900 lebten mehr als 15 % der Gesamtbevölkerung im Großraum. Nach dem Zweiten Weltkrieg wurde durch Eingemeindungen zum ersten Mal in Skandinavien die magische Millionen-Marke überschritten. In der eigentlichen Stadt leben derzeit rund 632.000 Einwohner (inkl. Frederiksberg u. Gentofte 817.000); etwa 1,82 Mio. sind es im Großraum (Hovedstadsområdet) und in der Verwaltungsregion Hovedstaden (zu der auch der Nordosten Seelands und Bornholm zählen) ca. 1,9 Mio., also etwa jeder dritte Däne. Oft spricht man auch von der Øresund-Region, der Metropolregion beiderseits des Øresund, zu der neben Kopenhagen und Malmö auch die gesamte Insel Seeland, die schwedische Provinz Schonen und Bornholm gehören. Hier zählt man insgesamt ca. 3,9 Mio. Einwohner.

Gesellschaftspolitisch gilt die Stadt als weltoffen, experimentierfreudig und liberal. Beispiele dafür sind die jahrzehntelange Duldung des Freistaates Christiania (S. 86) und die kosmopolitische Atmosphäre. **Kulturell** ist Kopenhagen sicher die interessanteste Metropole Skandinaviens. Nach 2000 wurden mit der Oper, dem Schauspielhaus und dem Konzerthaus Kopenhagen allein drei riesige Projekte in kürzester Zeit realisiert, die The-

Die Kuppel der Marmorkirche

aterszene bietet auf großen und kleinen Bühnen eine breite Palette von vielbeachteten Aufführungen. Zudem locken zahlreiche Veranstaltungshallen und -plätze sowie Musiklokale zu jeder Jahreszeit international bekannte Künstler aller Stilrichtungen an. Auch sei auf die vielfältigen Kunstgalerien, Möbeldesigner-Boutiquen sowie die große Zahl an kleinen Museen hingewiesen.

Redaktionstipps

➤ **Museen**: Wer nur kurz in der Stadt ist, sollte sich auf die weltweit einmaligen Sammlungen der Ny Carlsberg Glyptotek (S. 71) oder des Nationalmuseums (S. 71) konzentrieren, bei mehr Zeit kann man auch das Thorvaldsen-Museum (S. 72), das Designmuseum (S. 77), das Staatliche Kunstmuseum (Statens Museum for Kunst, S. 79) und die aktuelle Ausstellung im Dänischen Architekturmuseum (S. 84) in die Planung einbeziehen.

➤ Für die vielen **Kirchen** in und um Kopenhagen gilt ähnliches. Von besonderem architektonischem bzw. kulturhistorischem Wert sind die Liebfrauenkirche (Vor Frue Kirke, S. 75), die St.-Petri-Kirche (S. 75), die Erlöser-Kirche (Vor Frelsers Kirke, S. 86) und die Grundtvigskirche (S. 90).

➤ **Kulinarische Highlights**, wie z. B. ein Smørrebrød-Lunch (S. 89, 98), einen Bummel durch die Markthalle Torvehallerne (S. 82) bzw. über den Streetfoodmarket Reffen (S. 98) oder ein Essen in einem Restaurant auf einem Innenstadtplatz sollte man sich nicht entgehen lassen.

➤ Kopenhagen ist die **Fahrradstadt** par excellence. Mieten Sie sich ein Fahrrad (an Mietstationen und in fast jedem Hotel) oder bringen Sie Ihr eigenes mit.

Der **Aufbau der Stadt** folgt der historischen Entwicklung: Am ältesten ist die Keimzelle der Schlossinsel, umringt von der mittelalterlichen Stadt, die zwischen den heutigen „Wallstraßen" Vester Voldgade und Nørre Voldgade sowie der Gothers Gade lag. Nördlich der Altstadt zeugen der Stichkanal Nyhavn, der Königliche Neumarkt, das Kastell und das rechtwinklige Straßenraster von den Erweiterungen, die unter Christian IV. nach barocken städteplanerischen Maßstäben vollzogen wurden. Auch der stimmungsvolle Stadtteil Christianshavn auf Amager gehört dazu. Nach Nordosten begrenzt die Øster Voldgade die erweiterte Stadt, deren Grenzen bis 1852 galten. Innerhalb der Wälle liegen nicht weniger als drei königliche Schlösser, darunter mit Amalienborg eine der schönsten Rokokoanlagen überhaupt.

Außerhalb der ehemaligen Wälle trennt ein Gürtel von Parkanlagen und Seen die alte Stadt von den neuen Vierteln wie Vesterbro, Nørrebro und Østerbro, die ab der Mitte des 19. Jh. entstanden. Lange Zeit galten sie als Arbeiterstädte mit ghettoähnlichen Strukturen und somit als sehr schlechte Adressen, heute sind die Häuser modernisiert, gelten die Viertel als „in" und ziehen vor allem ein junges Publikum an. Hier keimen die neuesten Trends, herrscht eine quirlige Multikulti-Stimmung, eröffnen immer neue Galerien, Clubs und Boutiquen. Beachtenswert sind zudem die in den letzten Jahrzehnten komplett neugestalteten Stadtviertel in den ehemaligen Hafengebieten südlich der Innenstadt (Sydhavnen), um die Brauerei Carlsberg sowie in Nordhavnen, außerdem die modernen Kulturbauten (Universität, Konzerthaus etc.) um den Ørestads Boulevard auf Amager. An der Peripherie verliert Kopenhagen deutlich an Reiz, insbesondere im Süden, wo monotone Wohnsiedlungen aus den 1960er-Jahren vorherrschen. Das gilt jedoch nicht für die nördliche Küste bis Helsingør, an der seit der Wende zum 20. Jh. die Begüterten ihre Traumvillen errichten ließen. Die stete Bautätigkeit erweckt den Anschein, dass sich die Stadt immer wieder neu erfindet und verleiht ihr ein avantgardistisch-modernes Gepräge. Schauen wir mal, wie sich zum Beispiel die ehemalige Werfteninsel **Refshaleøen** in den nächsten Jahren verändern wird. In jedem Fall verwundert es nicht, dass der internationale Architektenverband UIA Kopenhagen 2023 den Titel **Welthauptstadt der Architektur** verliehen hat.

In und um Kopenhagen kann man viele Strecken gut mit öffentlichen Verkehrsmitteln zurücklegen. Die Metro eignet sich dazu hervorragend. Eine neue Strecke (M3), die ringförmig um die

Innenstadt führt, wird ergänzt durch vier weitere Strecken: eine nach Osten, eine nach Westen und zwei nach Süden. Wer weiter nach Norden, Süden oder Roskilde fahren möchte, nimmt die S-Bahn. Auch das Bussystem ist gut ausgebaut, ganz zu schweigen von den vielen tollen Fahrradwegen. Kopenhagen ist bekanntlich Fahrradstadt. Die Hälfte aller Kopenhagener fährt mit dem Rad zur Arbeit, in die Uni, zur Schule oder zum Einkaufen. Dass die Stadt sich vorbildlich für die Ökologie einsetzt, ist hinreichend bekannt. Lange Zeit war das Ziel, Kopenhagen bis 2025 zu 100 % CO^2-neutral zu bekommen. Das wird nicht ganz klappen, aber 2022 lag man immerhin schon bei 82 %.

Trolle überall

Wer Lust auf eine Schnitzeljagd hat, der sollte sich mit Hilfe der Hinweise auf der Internetseite www.trollmap.com auf die Suche nach drei bis zehn Meter großen Trollen aus Holz machen. Sie verstecken sich – vor allem im Raum Kopenhagen, einige aber auch anderswo in Dänemark oder in anderen Ländern –, posieren und lachen in Wäldern, an Brücken, auf Festivalplätzen und in vielen anderen, auch weniger besuchten Gegenden. Am Strand von Amager haust etwa der Wächter der Trollzeit, „Circelsten" (Steinkreis). Der Vogel-Troll, „FrieVilje" (freier Wille), lebt auf Lolland. Urheber aller Holztrolle ist der dänische Künstler Thomas Dambo, er sieht sie als Sprachrohr der Natur. Eine lustige Suche!

Spaziergänge in der Innenstadt

Hinweis
Karten: s. S. 80/81, hintere Umschlagklappe und in der Einlegekarte

Zwischen Bahnhof und Nyhavn

Startpunkt des Rundgangs ist der Kopenhagener **Hauptbahnhof (1)**, ein schöner, unter Denkmalschutz stehender Jugendstilbau. Östlich liegt die breite Bernstorffsgade, die gegenüber von der Längsfront des **Tivoli (2)** begrenzt wird, der wohl berühmtesten Kopenhagener Attraktion. Sein wunderschöner Haupteingang liegt auf der Vesterbrogade. Der alte Märchengarten mitten im Herzen der Stadt stammt aus dem Jahr 1843 und wurde vom König mit dem Hintergedanken erlaubt, dass eine Bevölkerung, die sich amüsiert, gegen Politisierung gefeit sei. Es gibt viele andere, berühmte Vergnügungsparks auf der Welt, und die meisten sind größer als der Tivoli, doch kaum einer besitzt eine solche Poesie. Trotz aller neuzeitlichen Spielgeräte wird die spezielle Stimmung durch altmodische Institutionen bestimmt, z. B. die Pantomimenbühne, auf der allabendlich Pierrot mit Harlekin und Columbine auftritt, die Gaukler und Zauberer, das „kleine Riesenrad" oder

Flanieren im Tivoli

die Achterbahn von 1914. Allerdings kann es in der Hochsaison am späteren Abend brechend voll sein, besonders wenn an Sommerwochenenden Konzerte stattfinden. Samstags bleiben die meisten Gäste bis Mitternacht, wenn das traditionelle Feuerwerk den Tag beschließt. Ab Ende November öffnet der Park seine Tore für ein weihnachtliches Märchenland mit Wichteldörfern.
Tivoli, *Vesterbrogade 3, www.tivoli.dk; Mitte April–Mitte Sept. bis 24 Uhr, Weihnachtsmarkt ab Mitte Nov. Die Eintrittspreise sind hoch, zudem sind zahlreiche Attraktionen nicht frei, sondern müssen zusätzlich mit Wertmarken bezahlt werden, die man zuvor an der Kasse kauft.*

Gegenüber dem Tivoli-Haupteingang erheben sich an der Vesterbrogade als ein weiteres Kopenhagener Wahrzeichen die fünf Rundtürme der **Axel Towers** (3), der 2017 eingeweihte Komplex (Architekten: Lundgaard & Tranberg) verfügt über Büros, ein Café-Restaurant sowie im 8. bis 10. Stock über eine Cocktailbar und ein weiteres Restaurant, beide mit schöner Aussicht. Die unterschiedlich hohen (28–61 m) und miteinander verbundenen Türme, von Kritikern mit Bierbüchsen verglichen, überzeugen u.a. durch die originellen Treppengänge, die Begrünung und den Innenhof.

Östlich stößt die Vesterbrogade auf den H. C. Andersen Boulevard, an dem sich auch einer der Seiteneingänge des Tivoli befindet. Auf der anderen Straßenseite sitzt eine Bronzefigur H. C. Andersens. In ihrem Rücken erhebt sich das **Rathaus** (4), ein monumentaler Komplex, der 1892–1905 nach Entwürfen von Martin Nyrop ausgeführt wurde. Der Architekt ließ sich vom Rathaus der italienischen Stadt Siena anregen und stattete das Gebäude mit umlaufenden Zinnen und einem 106 m hohen Turm aus, dem höchsten Gebäude der Innenstadt. Im Innern kann die Weltuhr besichtigt werden, die Jens Olsen 1955 konstruierte und die Datum sowie alle möglichen globalen Uhrzeiten und astronomischen Konstellationen anzeigt. Das Hauptportal, über dem eine vergoldete Figur des Stadtgründers Absalon angebracht ist, wendet sich dem großen Rathausplatz zu. Er wird von Verlags-, Banken- und Kaufhäusern der Zeit um 1900 flankiert sowie vom altehrwürdigen Palace Hotel, dessen Turm den zweiten hohen Akzent des Platzes setzt. Vor dem Hotel sieht man auf einer 12 m hohen Säule zwei bronzene Lurenbläser (1914).

Am **Drachenspringbrunnen** (1923) vorbei geht man nun über den H. C. Andersen Boulevard ostwärts, bis sich die Straße zum Dante-Platz weitet, dessen Säule von der Stadt Rom geschenkt wurde. Das beherrschende Gebäude zur Rechten ist hier die **Ny Carlsberg Glyptotek** (5), eines der wichtigsten Museen Skandinaviens. Sie verdankt ihre Entstehung dem Bierbrauer Carl Jacobsen und wurde 1892–97 errichtet. Ihr zentraler Raum ist der glasüberkuppelte sogenannte Palmengarten mit einer Brunnengruppe von Kai Nielsen. 1901–06 wurde die Größe des Gebäudes durch einen hinteren Erweiterungsbau mehr als verdoppelt. Dessen Mittelpunkt ist der säulenumstandene Festsaal. Die Architektur allein ist schon einen Besuch wert, der Inhalt des Museums erst recht. Dieser hat zwei Schwerpunkte: erstens die Antike mit einer bedeutenden ägyptischen und etruskischen Abteilung sowie der umfangreichsten Galerie römischer Porträtbüsten und -statuen außerhalb Italiens und zweitens die Malerei und Skulptur des 19./20. Jh. Die von C. Jacobsen gesammelten Impressionisten bilden den Grundbestand, zu dem weltberühmte Werke u.a. von Monet, Degas und Rodin gehören.
Ny Carlsberg Glyptotek, *Dantes Plads 7, www.glyptoteket.dk; Di–So 10–17, Do bis 21 Uhr, unter 18 Jahren freier Eintritt*

Gegenüber dem Museum überquert man den Dantes Plads und geht über die Ny Vestergade auf die Schlossinsel zu. Die Gebäude zur Linken wirken abweisend und schmucklos, ein Eindruck, der am vorderen Teil (zur Schlossinsel hin) verschwindet. Dort sieht man der Rokokoschauseite an, dass es sich hier um das vornehme Prinzenpalais (1741–44) handelt. Heute beherbergt der weitläufige Komplex das **Nationalmuseum** (6), eines der spannendsten histo-

rischen Museen des Kontinents. Möchte man alle Abteilungen sehen, sollte man sich mindestens einen halben Tag reservieren. Tipp: Verzichten Sie auf eine Besichtigung der vielen Räume mit Münzen, Trachten, Kircheninventar und Dokumenten zum Mittelalter sowie zur Bauern-, Fischer- und Bürgerkultur. Konzentrieren Sie sich stattdessen auf die Ausstellungen zur dänischen Vorgeschichte, deren Stücke weltweit einmalig sind. Der Sonnenwagen von Trundholm gilt als vornehmster Fund der nordischen Bronzezeit, die Luren sind die ältesten noch immer spielbaren Blasinstrumente der Welt, der Gundestrup-Kessel ist das wohl wichtigste Relikt der keltischen Mythologie. Lohnend ist zudem ein hier und dort abzukürzender Rundgang durch die gut 20 Räume zur dänischen Geschichte vom 16. Jh. bis heute.
Nationalmuseet, *Ny Vestergade 10, www.natmus.dk; Juni–Sept. tgl. 10–18, sonst Di–So 10–17 Uhr, unter 18 Jahren freier Eintritt*

Gegenüber liegt das historische und politische Herz Kopenhagens bzw. Dänemarks, die vom Schlosskanal umringte **Schlossinsel**. Sie wird überragt vom Turm des Schlosses **Christiansborg (7)**, in dem das Folketing tagt und die Regierung ebenso ihren Sitz hat wie das Oberste Gericht. Tief unter dem heutigen Komplex sind noch die Ruinen jener Burg sichtbar, die Bischof Absalon 1167 anlegen ließ. Aus der Burg entstand mit der Zeit eine königliche Residenz, die wegen verheerender Brände immer wieder neu aufgebaut werden musste. Vom 1733 fertiggestellten Barockbau Christians VI. ist noch die Marmorbrücke und die Reitbahnanlage übrig, die den äußeren Schlosshof umringt. Das „zweite Christiansborg" wurde in den 1820er-Jahren fertiggestellt, ein strenger neuklassizistischer Bau, in den 1849 der neue Reichstag einzog. Nach rund 60 Jahren brannte auch dieser mit Ausnahme der Schlosskirche völlig nieder. Das „dritte Christiansborg" entstand 1907–28 im neubarocken Stil, als Material wurde Bornholmer Granit verwendet. Das Innere ist im Rahmen von Führungen (Folketing,) oder auf eigene Faust (Königliche Repräsentationsräume, Burgruine) zu besichtigen. Im ehemaligen Hoftheater (1766) an der Reitbahn ist ein Theater-Museum untergebracht, und daneben kann man in den einstigen Ställen die königlichen Kutschen seit 1778 bewundern.
Christiansborg Slot, *Prins Jørgens Gård 1, https://kongeligeslotte.dk; i. d. R. Di–So 10–17 Uhr, Kapelle abweichend, unter 18 Jahren freier Eintritt*

Auf dem Weg um die Insel im Uhrzeigersinn passiert man das **Thorvaldsen-Museum (8)**, das den Werken des Bildhauers Bertel Thorvaldsen (S. 32) gewidmet ist. Alle seine berühmten Statuen sind hier vertreten, wenn nicht im Original, dann als Gipsabdruck. Doch auch die Architektur des Museums ist außergewöhnlich. Es wurde 1839–48 vom Architekten Gottlieb Bindesbøll entworfen, wobei dieser für seinen klassizistischen Stil nicht wie üblich die hellenistische Antike zum Vorbild nahm, sondern Ägypten. Achten Sie beim Spaziergang auch auf den umlaufenden Fries, der Thorvaldsens Rückkehr aus Rom illustriert. Auf dem Platz vor dem Museum findet an Sommerwochenenden oft ein Flohmarkt statt.
Thorvaldsens Museum, *Bertel Thorvaldsens Plads 2, www.thorvaldsensmuseum.dk; Di–So 10–17 Uhr, Mi freier Eintritt*

Im Nordosten wendet das Schloss seine geschlossene Front dem Kanal zu, davor erinnert ein Denkmal Frederiks VII. an die Einsetzung des dänischen Grundgesetzes 1849. Von hier ist der Blick über Holmens-Kirche und Börse bis hinüber zum spiralförmigen Turm der Erlöser-Kirche/Vor Frelsers Kirke fantastisch. Doch lohnt zunächst der Weg zurück in den äußeren Schlosshof, weil auf der südlichen Seite noch Gebäude aus der Zeit Christians IV. sichtbar sind, z. B. das **Zeughaus (9)** als Teil des Arsenals, das einst einen inneren Hafen umschloss. Es beherbergt das dem Nationalmuseum unterstellte Kriegsmuseum, das wegen seiner vielen militärhistorischen Raritäten international bekannt ist.
Krigsmuseet, *Tøjhusgade 3, www.natmus.dk; Juni–Aug. tgl., sonst Di–So 10–17 Uhr, unter 18 Jahren freier Eintritt*

Unmittelbar vor dem Zeughaus gelangt man durch einen schmalen Durchgang zu einem kleinen Park, der die Zuschüttung des ehemaligen Kriegshafens besetzt und einen schönen Blick auf das Arsenal freigibt. An seiner Stirnseite liegt die **Königliche Bibliothek (10)**, ein Bau der Zeit um 1900 mit fast 2 Mio. Bänden und wertvollen alten Handschriften. Während der alte Lesesaal an britische Universitäten erinnert, wird die neueste Architektur durch den Erweiterungsbau Den Sorte Diamant (Schwarzer Diamant) repräsentiert (S. 84). In dessen Kellerräumen befindet sich das **Fotomuseum** mit ständig wechselnden Ausstellungen *(Søren Kierkegaards Plads 1, www.kb.dk; Mo–Fr 10–20, Sa bis 18 Uhr).*

Zur Linken schließt sich an die Königliche Bibliothek das sogenannte Bootshaus Christians IV. an, das seit 2004 das **Dänisch-Jüdische Museum (11)** beherbergt. Den Umbau gestaltete kein geringerer als Daniel Libeskind (Architekt des Jüdischen Museums in Berlin). Das wie in Berlin verwinkelte und mit überraschenden Lichteinfällen versehene Museum reflektiert die jahrhundertelange dänisch-jüdische Tradition und wartet mit einer sehenswerten Sammlung religiöser, historischer und kunstgeschichtlicher Dokumente auf.
Dansk Jødisk Museum, *Proviantpassagen 6 (Eingang vom Garten der Bibliothek), www.jewmus.dk; Di–So 10–17, Do bis 19, Sept.–Mai Mi–So 11–17, Do bis 19 Uhr, unter 18 Jahren freier Eintritt*

Nur einen Steinwurf entfernt wartet eins der Renaissancewahrzeichen Kopenhagens, das ebenfalls unter Christian IV. errichtet wurde: Die **Börse (12)** am Nordrand der Schlossinsel, übrigens die älteste der Welt (1619–20), überzeugt allein schon durch das fein abgestimmte Spiel von Backstein, Sandstein-Ornamenten und den neun Quergiebeln mit Kupferdach. Was sie aber zu einer wahren kunsthistorischen Perle macht, ist der 54 m hohe Turm, der aus den ineinander verdrehten Schwänzen von vier Sandstein-Drachen besteht.

Auf der anderen Seite des Kanals liegt die **Holmens-Kirche (13)**, ein eher unscheinbares Bauwerk von 1619, das jedoch schon königliche Hochzeiten gesehen hat. Dass es sich um etwas Besonderes handelt, macht das wunderbar gearbeitete schmiedeeiserne Tor („Königsportal") deutlich, das einst die Kathedrale von Roskilde schmückte. Der benachbarte weiße Klotz ist die **Nationalbank**. Sie ist ein Entwurf des Stararchitekten Arne Jacobsen von 1962, wurde allerdings erst nach dessen Tod (1971) verwirklicht.

Eine Biegung nach links, vorbei am Reiterstandbild Niels Juels und den Kontorhäusern der Ostindischen Kompanie, bringt einen zum kreisrunden **Kongens Nytorv**, dem Königlichen Neumarkt. Die Anlage mit dem Reiterstandbild Christians V. wurde Ende des 17. Jh. angelegt und leitete damals vom Gewirr der mittelalterlichen Gassen zur geradlinigen und hellen Neustadt im Norden über. Das **Königliche Theater/Det Kongelige Teater (14)** im Süden des Platzes wurde 1872–74 errichtet. Über dem Hauptportal, von Denkmälern der Dramatiker Ludwig Holberg und Adam Oehlenschläger flankiert, öffnet sich eine schöne Loggia zum Platz, während zur Linken das Art-déco-Gebäude der „Neuen Szene" in einer gewagten Konstruktion direkt an das Theater angefügt ist.

An die „Neue Szene" schließt sich nördlich das **Palais Charlottenburg (15)** an, ein ehemaliger Adelspalast, dessen Räumlichkeiten lange von der Kunstakademie genutzt wurden und in denen heute Ausstellungen junger dänischer oder internationaler Kunst zu sehen sind. Dahinter liegt der Stichkanal **Nyhavn** (S. 76). Auf dem Weg zurück zum Bahnhof durchquert man auf schmalen Gassen den mittelalterlichen Kern Kopenhagens. Der Eingang zu diesem Gewirr wird am Kongens Nytorv linker Hand vom neuklassizistischen Kaufhaus **Magasin du Nord** flankiert, das nach dem Vorbild der Pariser Galerie Lafayette errichtet wurde. Zur Rechten sieht man die weiße, hochherrschaftliche Luxusherberge **Hôtel d'Angleterre**.

Auf dem Strøget: Amagertorv und Nikolaj-Kirche

Dazwischen beginnt **Strøget** („der Strich“), eine Sammelbezeichnung für fünf Straßen (Østergade, Amagertorv, Vimmelskaftet, Nygade und Frederiksberggade), die eine knapp 2 km lange Fußgängerzone bilden. Sie wurde in den 1960er-Jahren als eine der ersten in Europa eingerichtet und ist immer noch eine der längsten des Kontinents. Der hohe Turm der **Nicolaj-Kirche (16)** stellt einen unübersehbaren Orientierungspunkt dar. Er stammt aus dem 17. Jh., während das Kirchenschiff, in dem heute wechselnde Ausstellungen stattfinden, nach mehreren Bränden immer wieder aufgebaut wurde.

Hinter der Østergade weitet sich die Fußgängerzone zum **Amagertorv**, in dessen Mitte sich der hübsche „Storchenbrunnen“ befindet. Nördlich des Brunnens fällt ein wunderschönes Renaissancegebäude (Nr. 6) auf, das 1616 vom Bürgermeister Hansen errichtet wurde. In ihm befindet sich heute eine Verkaufsstelle für Silberwaren von Georg Jensen, zu der auch das **Georg-Jensen-Museum** gehört. Es zeigt Arbeiten des weltbekannten dänischen Silberschmieds von 1904 bis 1940. Links daneben befinden sich zwei weitere Highlights: das Geschäft der berühmten Porzellanmanufaktur Royal Copenhagen, die bereits im 18. Jh. gegründet wurde, sowie zwei Türen weiter das Designermöbel-Kaufhaus Illums Bolighus, wo es auch viele handlichere Designerwaren zu erwerben gibt. Gegenüber bietet sich das Café Europa für eine Pause an.

Ein Stück weiter auf dem Strøget westwärts passiert man die **Heiliggeist-Kirche/Helligåndskirken (17)**. Sie stammt aus dem Jahr 1400, erhielt aber 1728 ihre heutige Gestalt mit dem 65 m hohen Turm. Das schöne Sandsteinportal ist etwas älter (1620) und am hinteren Ende des Kirchhofs, einer grünen Oase im Häusermeer, trifft man sogar auf den einzigen vollständig erhaltenen Überrest des mittelalterlichen Kopenhagens: das **Heiliggeisthaus** (Helligåndshus), das in der zweiten Hälfte des 15. Jh. erbaut wurde und einst zu einem Kloster gehörte.

Geht man hinter der Kirche die Klosterstræde nordwärts, gelangt man zum **Gråbrødretorv (18)**, den viele für den schönsten Platz der Hauptstadt halten. Er nimmt jene Stelle ein, an der sich einst der Stadtpalast von Corfitz Ulfeldt befand, dem Ehemann der Königstochter Leonora Christina (S. 480). Wegen Kooperation mit den Schweden wurde er hingerichtet und sein Domizil dem Erdboden gleichgemacht. Die bunten Häuser, die den Platz umstehen, sind sogenannte „Feuersbrunsthäuser“, die nach dem Großbrand von 1728 gebaut wurden und darauf ausgelegt waren, dem Feuer besser standhalten zu können.

Eines der interessantesten Gebäude der Stadt liegt zwei Straßenzüge (über Kejser- und Skindergade) weiter nördlich: der **Runde Turm/Rundetårn (19)**. An ihm wird das Interesse

Christians IV. an Kunst und Wissenschaft besonders deutlich: Obwohl er direkt an die **Dreifaltigkeitskirche/Trinitatis Kirke** angebaut ist, stellt er keinen Kirchturm, sondern ein Observatorium dar. Der besondere Clou des 36 m hohen und 1642 vollendeten Bauwerks ist sein spiralförmiger innerer Gang, der einen stufenlosen Aufgang ermöglicht und vom König angeblich mit dem Pferd bewältigt wurde. Mitten in der Altstadt gelegen, bietet die Aussichtsplattform *(www.rundetaarn.dk; tgl. 10–18, Di/Mi bis 21, April–Sept. bis 20 Uhr)* den allerbesten Blick über die Dächer und Türme der Hauptstadt bis hin zu den Pylonen der Øresund-Querung.

Dem Turm gegenüber verlässt die Krystalgade die Fußgängerzone, eine Straße, an der man viele Antiquitätengeschäfte, Buchhandlungen und Galerien findet. Am gelben Klinkerbau der 1833 eingeweihten **Synagoge** vorbei geht man hier bis zur Nørregade, an der sich das von vielen Büsten und Statuen geschmückte Hauptgebäude der **Universität (20)** befindet. Die 1479 gegründete Lehranstalt ist die älteste des Landes, und das von ihr dominierte Viertel heißt immer noch „Lateiner-Quartier“. Das heutige Backsteingebäude ist allerdings deutlich jünger (1831–36). Auf der anderen Seite der Nørregade stellt die **St.-Petri-Kirche (21)** (Sankt Petri Kirke) mit einem stillen Innenhof ein besinnliches Kleinod im Großstadtgetriebe dar. Architektonisch und kulturhistorisch ungewöhnlich sind die Grabkapellen des 17.–19. Jh.

Ein weiteres Gotteshaus liegt gleich südlich der Universität: die **Liebfrauenkirche/Vor Frue Kirke (22)**. Dem glatten, hellen Äußeren der Kirche mit ihrem blockhaften, flach gedeckten Turm sieht man nicht mehr an, dass sie bereits im 12. Jh. entstand und in gotischer Zeit zu einem großen Dom ausgebaut wurde. Nach den Zerstörungen von 1807 beschloss man, die Kirche im neuklassizistischen Stil zu errichten. Mit dem Architekten Christian Friedrich Hansen und dem Bildhauer Berthel Thorvaldsen fand man zwei der bedeutendsten Vertreter dieser Kunstrichtung, sodass die Liebfrauenkirche als „Programmbau des Neo-Klassizismus“ bezeichnet werden kann. Dieses Etikett versteht nur, wer auch den Innenraum gesehen hat. Das helle Tonnengewölbe mit seinen Kassetten, die durchlaufenden Emporen, die schlichte Kanzel und der Altarraum mit seinem geschickten Lichteinfall – all das wirkt äußerst harmonisch und edel. Thorvaldsens Apostelfiguren flankieren das Kirchenschiff, von ihm stammt auch der knieende Engel mit dem Taufbecken und natürlich der „freundliche Jesus“, der den Gläubigen die Hände entgegenstreckt.

Wenige Schritte südlich der Domkirche stößt man wieder auf den Strøget, der hier einen belebten Platz bildet: den **Alten Markt** (Gammeltorv). Die Brunnenanlage in seiner Mitte ist die älteste der Stadt (1609). Südlich schließt sich der **Neue Markt** (Nytorv) an, auf dem immer noch Markt abgehalten wird und der rechts vom mächtigen Säulenportal des klassizistischen Gerichtshauses (1805–17) begrenzt wird. Der letzte Abschnitt des Strøget, die Frederiksberggade, bringt einen vom Alten Markt zum Rathausplatz zurück.

Wer Lust verspürt, abseits des Strøget etwas zu bummeln, dem sei das Gebiet um Sankt Peders Stræde, Studiestræde und Larsbjørnsstræde im nordöstlichen Innenstadtbereich ans Herz gelegt. Hier finden sich urige kleine Geschäfte, Boutiquen, Restaurants und Bars. Und wer Nordeuropas ältestes Teegeschäft (gegr. 1835) besuchen möchte, geht zu A. C. Perch's Thehandel in der Kronprinsensgade 5.

Zwischen Nyhavn und Langelinie

Die schnurgerade Gothersgade, die das Kopenhagener Zentrum von der Seenplatte bis zum Kongens Nytorv durchschneidet, unterteilt die Stadtmitte in einen südlichen und einen nördlichen Teil. Letzterer soll das Thema dieses zweiten Stadtrundgangs sein. Ein geeigneter Start-

Nyhavn – quirliges Kneipenviertel mit maritimer Atmosphäre

punkt ist der Stichkanal **Nyhavn (23)**, der vom Hafen auf den Königlichen Neumarkt zuführt und mit seinen bunten Häusern, alten Schiffen, den Straßencafés und Restaurants sowie dem Schloss Charlottenborg vor allem im Sommer ein malerisches Bild abgibt. Von hier legen die Ausflugsboote zu ihren Hafenrundfahrten ab. Vorbei sind die Zeiten, als am nördlichen Ufer in billigen Kneipen rustikale Unterhaltung für Matrosen geboten wurde und am anderen Ufer christliche Hospize preiswerte Unterkünfte offerierten. Heute flanieren hier Gäste aus aller Welt, frequentieren die Fischlokale und beleben bis weit nach Mitternacht die Außenterrassen. An warmen Sommerabenden ist Nyhavn so beliebt, dass es schon fast zu voll wird. Vom südlichen Ausläufer des Nyhavn aus überspannt die Fußgänger- und Fahrradbrücke **Inderhavnsbroen** (S. 87) den Hafenkanal als Verbindung zu Christianshavn. Am linken Ufer markiert eine Plakette jenes Haus, in dem H. C. Andersen eine Zeit lang wohnte. Auf der Christianshavn-Seite lädt ein Streetfoodmarket zum Pausieren ein.

Geht man am Ausgang des Nyhavn-Kanals nach links, gelangt man zuerst zum Wasserbus-Anleger, danach zum **Schauspielhaus (24)**. Das 2008 eröffnete 120-Millionen-Euro-Gebäude der dänischen Architekten Lundgaard und Tranberg liegt gegenüber der neuen Oper (S. 87) direkt am Wasser und ist von einer Promenade aus Eichenholz umgeben. Auf der Nordseite des Gebäudes finden auf dem Ofelia Plads im Sommer oft Veranstaltungen statt. Geht man von hier aus nordwärts am Wasser entlang, stets mit Blick auf das Riesendach der Oper und vorbei an einigen großen Packhäusern, erreicht man die Parkanlage Amaliehaven. Sie ist ein Geschenk A. P. Møllers, der u.a. durch den Konzern Mærsk zu sagenhaftem Reichtum gekommen war. Vom Garten mit seinen Wasserspielen und modernen Skulpturen hat man einen schönen Blick über den Schlosshof von Amalienborg.

Ein Besuch des **Schlosses Amalienborg (25)** gehört eindeutig zur touristischen Pflicht. Nicht nur, weil die Anlage während des Winterhalbjahrs die offizielle Residenz Ihrer Majestät Margrethe II. ist und hier täglich um 12 Uhr die Wachablösung stattfindet, sondern auch, weil dem Architekten Niels Eigtved mit den vier um 1750 vollendeten und fast identischen Palais, die um den zentralen achteckigen Platz gruppiert sind, eine der schönsten Rokokoanlagen überhaupt gelang. Der Bauherr Frederik V. wird im Zentrum der Anlage durch das erste Reiterstandbild des Landes dargestellt, einem Meisterwerk des französischen Bildhauers Saly (1771). Im Palast von Christian VIII. befindet sich das **Amalienborgmuseet** *(www.kongernessamling.dk/amalienborg; Öffnungszeiten je nach Jahreszeit sehr unterschiedlich, im Sommer tgl. 10–17, sonst meist Mo geschl. und teilw. kürzere Zeiten)*, in dem alle Fans des dänischen Königshauses auf ihre Kosten kommen.

Durch den westlichen Straßenzug findet das Schloss seinen optischen Gegenpol in der 84 m hohen Kuppel der **Marmorkirche (26)**. Achten Sie auf dem Weg dorthin auf das Relief an einem Haus auf der rechten Seite, das an den Architekten Eigtved erinnert und das ursprünglich geplante Aussehen der Kirche wiedergibt. Sie sollte zusammen mit Amalienborg ein zentraler Punkt des neuen Stadtteils Frederiksstaden werden. Nach dem hoffnungsvollen Baubeginn im Jahr 1749 gerieten die Arbeiten aber bald ins Stocken – erst 1894 konnte eine verkleinerte Ausgabe vollendet werden. Aus diesem Grund ist das auch Frederikskirke genannte Gotteshaus ein Zentralbau, nicht viel größer als der Kuppelumfang. Innen überrascht die Farbigkeit, Beachtung verdienen dort das Elfenbeinkreuz und der siebenarmige Leuchter.

Vor der Kirche verläuft die **Bredgade**, an der im Zeitalter des Absolutismus mehrere Adelsfamilien ihre Stadtpalais anlegen ließen. Eines der weiteren auffälligen Gebäude in Richtung Norden ist die **Alexander-Newskij-Kirche**, die sich mit ihren vergoldeten Zwiebeltürmchen als Bau der russisch-orthodoxen Kirche ausweist. Schräg gegenüber befindet sich das eindrucksvolle **Medical Museion** *(Bredegade 62, www.museion.ku.dk, Di–Fr 10–16, Sa/So ab 12 Uhr)*, in dem es einiges über Operationsmethoden und medizinische Behandlungen während der letzten 200 Jahre zu erfahren gibt – manches Detail lässt einem Schauder über den Rücken fahren ... Gleich nebenan liegt die wenig auffällige St.-Ansgar-Kirche, die aber immerhin seit dem Jahr 1942 als Dom des römisch-katholischen Bischofs fungiert, und sofort dahinter erblickt man ein weiteres Rokokopalais (1757), dessen schöner Garten von der Straße allerdings nicht einsehbar ist. Es beherbergt das **Dänische Designmuseum (27)**, das mit einer sehenswerten Sammlung dänischen und internationalen Produktdesigns von heute und aus der Zeit vom Mittelalter bis 1800 aufwartet. Ein „Muss-Museum". Im Innenhof hinter dem Museum liegt der Park Grønnegaard, in dem man sich bei einem Kaffee aus dem Museumscafé über das Gesehene austauschen kann.
Designmuseum Danmark, *Bredgade 68, www.designmuseum.dk; Di–So 10–18, Do bis 20 Uhr*

Am nördlichen Ende der Straße erstreckt sich hinter der Esplanade eine ausgedehnte Grünanlage, deren Zentrum das alte Kastell bildet. Der Teil zur Rechten heißt **Churchill-Park (28)**, zur Erinnerung an die Befreiung von der deutschen Besetzung 1945. Eine Büste des britischen Premiers nimmt auf die damalige Zeit Bezug. Ebenso das **Widerstandsmuseum**. Der Neubau (Architekten: Lundgaard & Tranberg) ist größtenteils unterirdisch angelegt, da sich der Widerstand ja auch „im Untergrund" abspielte.
Frihedsmuseet, *Esplanaden 13, https://natmus.dk/museer-og-slotte/frihedsmuseet, Mai–Aug. tgl. 10–17, sonst Di–So 10–17 Uhr*

Im Churchill-Park ist einer der beiden Zugänge zum Kastell (s. u.), sodass man auch diesen Weg zur Meerjungfrau einschlagen kann. Besser ist es aber, dorthin am 1908 erbauten **Gefion-**

Beliebtes Fotomotiv: der Gefion-Brunnen

Brunnen (29) vorbei zu spazieren, der vielleicht der schönste Springbrunnen der Stadt ist. In der nordischen Sage war Gefion die Tochter eines Riesen, die ihre vier Brüder in Stiere verwandelte und mit deren Hilfe ein riesiges Stück Erde aus Skandinavien heraus pflügte. Das Land blieb in der Meerenge stecken und ist nun die Insel Seeland – während sich das Loch in Schweden mit Wasser füllte und heute noch als Vänersee sichtbar ist. Das Gotteshaus neben dem Brunnen ist die im 19. Jh. errichtete St. Albans-Kirche.

Am Gefion-Brunnen vorbei führt ein schöner Spazierweg durch einen Park mit vielen Statuen (u.a. der aus Kanonen gegossenen Friedensgöttin), dann direkt am Wasser entlang, bis man vor dem Wahrzeichen der dänischen Hauptstadt steht, der **Kleinen Meerjungfrau/Den Lille Havfrue (30)**. Sie führt zwar das „klein" in ihrem Namen, aber dass die 1913 geschaffene Bronzeskulptur so klein ist, hätten manche nicht erwartet. Trotzdem oder gerade deshalb: ein sympathisches, zu Kopenhagen passendes Wahrzeichen, dessen Motiv dem gleichlautenden Andersenschen Märchen entnommen ist. Melancholisch sitzt da die Seejungfrau auf einem Findlingsblock im Wasser und träumt ihrem Prinzen nach. Das Märchen ist so schön, dass man es zumindest in Kurzform gelesen haben sollte, um diese Skulptur wirklich würdigen zu können. Gut, dass die Gussformen des Bildhauers Eriksen bewahrt sind, denn schon mehrfach wurde die Bronzeskulptur Ziel von Anschlägen – die abgesägten Arme und der Kopf konnten so nachgegossen werden.

Oberhalb der Skulptur führt ein Spazierweg am Jachthafen entlang, der zum berühmten Kai **Langelinie (31)** führt, einer Prachtpromenade der Zeit um 1900. Inzwischen wurden hier Apartment- und Bürohäuser sowie Hightech-Betriebe angesiedelt und nach wie vor machen an der Langelinie Kreuzfahrtschiffe, NATO-Boote und z.T. auch kapitale Windjammer fest. Im Hafenbecken auf der Westseite der Langelinie blickt man auf eine moderne Version der Kleinen Meerjungfrau, Den genmodificerede Lille Havfrue. Sie gehört zu der Figurengruppe **Det genmodificerede paradis**, die der Bildhauer **Bjørn Nørgaard** 2000 für den dänischen Pavillon auf der Expo in Hannover schuf. Neben der Meerjungfrau gehört dazu ein 400 m2 großer Brunnen mit einer Madonna, die unter anderen von Christus, Adam und Eva und einem schwangeren Mann umringt wird. Zudem blickt man von hier auf architektonisch interessante Neubauten, die Fähre nach Oslo und ganz im Norden auf das sternförmig angelegte Gebäude der Europazentrale der Weltgesundheitsorganisation (WHO).

Zurück am Jachthafen, kann man jenseits der Straße über eine Holzbrücke den Wallgraben überqueren und das **Kastell (32)** betreten. Diese 1625 angelegte Festungsanlage, die immer noch militärisch genutzt wird, ist von einem doppelten Wassergraben und fünf Zickzack-Bastionen umringt. 1658 wurde sie verstärkt: Damals hatte Dänemark alle Besitzungen östlich des Øresunds an Schweden verloren, und seine Hauptstadt lag nicht mehr mitten im Reich, sondern an dessen östlichem Rand, vis-à-vis zum Erbfeind. Also wurde Kopenhagen mit großem Aufwand zur Festungsstadt gemacht, wobei das Kastell eine zentrale Rolle spielte. Zwischen 6 Uhr und Sonnenuntergang darf man durch die beiden stark gesicherten Eingangstore das Gelände betreten.

Etwas weiter entfernt liegt, gegenüber dem Bahnhof **Østerport**, das hölzerne Ausstellungsgebäude **Den Frie**, das der Maler und Architekt J. F. Willumsen anlegen ließ, um jene Strömungen der dänischen Bildenden Kunst zu zeigen, die im etablierten Kunstbetrieb keine Chance hatten. Von hier aus verläuft der breite Boulevard Øster Voldgade um die Stadt. Südlich der Straße fallen die schnurgeraden und gelbgestrichenen Häuserzeilen auf, die insgesamt den **Stadtteil Nyboder (33)** ausmachen. Architektur- und sozialhistorisch sind diese Häuser äußerst interessant: Ihr Erbauer war Christian IV., der sie für die Mannschaften seiner Flotte errichten ließ, quasi als sozialer Wohnungsbau der Renaissance.

Auf der breiten Hauptverkehrsstraße Øster Voldgade geht es nun nach links zu einem Quartier, das von ausgedehnten Parkanlagen und jeder Menge Kultur dominiert wird. Die **Østre Anlæg** mit ihren Seen, Rasenflächen und altem Baumbestand bildet dabei zusammen mit dem Botanischen Garten und dem Königlichen Garten den wunderschönen Rahmen für den Museumsdistrikt, der seit 2014 unter dem Namen **Parkmuseen** firmiert. Er umfasst das Schloss Rosenborg und fünf Museen, einige davon von internationalem Ruf. Da ist zunächst, an der Kreuzung der Straßen Øster Voldgade und Sølvgade, das **Staatliche Kunstmuseum (34)** (Statens Museum for Kunst SMK), das als größtes Museum Dänemarks einen unübersehbaren Komplex darstellt. Wer einen Überblick über das dänische Kulturerbe erhalten möchte, ist hier richtig, sollte angesichts des riesigen Bestands an Gemälden, Skulpturen und anderen Kunstwerken aber auch die nötige Zeit mitbringen. Der Hauptteil der älteren Sammlung stammt aus den Kunstkammern der dänischen Könige, während die neue Abteilung auch die aktuellsten und avantgardistischen Tendenzen berücksichtigt. 1998 wurde der über 100 Jahre alte Bau des Architekten Dahlerup um einen komplett verglasten und viel diskutierten Neubau erweitert. Auch eine speziell auf Kinder zugeschnittene Kunstabteilung wurde eingerichtet. Jenseits der Østre Anlæg, an der Stockholmsgade, finden die Liebhaber der Kunst in der **Hirschsprung-Kollektion (35)** (Den Hirschsprungske Samling) ein weiteres Museum. In dem schönen, denkmalgeschützten Gebäude werden Gemälde aus dem Goldenen Zeitalter der dänischen Kunst sowie Arbeiten der berühmten Künstlerkolonie in Skagen gezeigt, darunter allein über 100 Gemälde von P. S. Krøyer.

Auf der anderen Seite der **Sølvgade** nimmt der **Botanische Garten (36)** ein Areal der alten Verteidigungsanlagen ein. Der Botanisk Have ist ein Höhepunkt unter den zahlreichen „grünen Lungen" der Stadt und versammelt auf relativ engem Raum viele unterschiedliche Biotope, einen See und einen kunstvollen „Alpengarten". An seinem nordöstlichen Rand liegt das **Geologische Museum (37)** (Geologisk Museum), das als Abteilung des **Naturhistorischen Museums** (Statens Naturhistoriske Museum, *tgl. 10–17, Mi bis 21 Uhr*) in einem historischen, repräsentativen Bau untergebracht und mit einem sehenswerten Bestand u. a. an Mineralien, Fossilien und Meteoriten ausgestattet ist. Trotz des kürzlich fertiggestellten spektakulären Erweiterungsbaus ist aber das schönste Gebäude des Komplexes zweifellos der viktorianische Palmengarten im hinteren Teil des Gartens. Durch die verkehrsreiche **Østervoldgade** vom Botanischen Garten getrennt, erhebt sich in seinem eigenen, großzügigen **Königlichen Garten** (KongensHave) das **Schloss Rosenborg (38)**, das 1606–17 als Lustschloss von und für Christian IV. erbaut wurde. Mit seinen fein abgestimmten Proportionen, dem Spiel von Sandsteinor-

Unterkünfte
2 Radisson Collection Royal Hotel
3 Hotel Copenhagen Island
5 DGI-Byens Hotel
6 Absalon Hotel
7 Ascot Hotel
8 City Hotel Nebo
9 Wakeup Copenhagen
10 Urban House
11 Danhostel Copenhagen City
12 Copenhagen Downtown Hostel
13 A&O Hostel København Sydhavn
Restaurants
2 Street Food Market Reffen
11 Kødbyens Fiskebar
12 Mesteren & Lærlingen
13 BOB
14 Mother
15 Hverdagen – Spise & Gildesal
Einkaufen
4 Fisketorvet Havnestad
Kopenhagen • København
City • Indre By
N
0
300 m
Jørgens Sø
Sankt
Ørsteds Parken
S-Bahn/Eisenbahn unterirdisch
Deutsche Schule
Axel Towers
Eingang Tivoli
Tivoli
Rathaus
Rådhuspl.
Centralstation
Hauptbahnhof
Central Station
Ny Carlsberg Glyptotek
VESTER- BRO
Otto Krabbes Plads
HAVNESTAD
Dybbølsbro
Fisketorvet
Gasværkshavnen
Havnebussen
Københavns Havn
Islands Brygge
Vodroffsvej
Gyldenløvesgade
Nørre Søgade
Nansensgade
Nørre Farimagsgade
Vester Søgade
Kampmannsgade
Dahlerupsgade
Farimagsgade
H.C. Andersens Boulevard
Nørre Voldgade
Sankt Peders Stræde
Larslejsstræde
Studiestræde
Vester Voldgade
Vestergade
Frederiksberggade
Gammel Kongevej
Vesterbrogade
Ved Vesterport
Hammerichsgade
Jernbanegade
Valdemarsgade
Oehlenschlægersgade
Saxogade
Dannebrogsgade
Istedgade
Estlandsgade
Absalonsgade
Eskildsgade
Gasværksvej
Viktoriagade
Cathrinesgade
Abel
Helgolandsgade
Colbjørnsensgade
Reventlowsgade
Bernstorffsgade
Lavendelstræde
Slutterigade
Farvergade
Løngangstræde
Kompagnistræde
Magstr.
Nybrogade
Storm-gade
Vindebrogade
Sønder Boulevard
Halmtorvet
Høkerboderne
Slagterboderne
Slagtehusgade
Staldgade
Flæsketorvet
Kødboderne
Tietgensgade
Godsbanegade
Krusågade
Sommerstedgade
Skelbækgade
Ingerslevsgade
Dybbølsbro
Carsten Niebuhrs Gade
Stoltenbergsgade
Glyptoteket
Mitchellsgade
Puggaardsgade
Rysensteensgade
Hambrosgade
Ny Vestergade
Ny Kongensgade
Frederiksholms Kanal
Christians
Kalvebod Brygge
02
Kalvebod Bølge
Langebro
Lille Langebro
Langebrogade
Amager Boulevard
Stadsgraven
Islands Brygge
Thorhavnsgade
Klakvigsgade
Weidekampsgade
Bryggebroen
Axel Heides Gade
Erik Eriksensg.
Poul Hartlings Gade
Sturlasgade
Snorresgade
Gunløgsg.
Egilsgade
Isafjordsgade
Njalsgade
Leifsgade
Nyggenæsgade
Artillerivej
M3

Øster Farimagsgade
Botanisk Have
Stockholmsgade
Østre Anlæg
S-Bahn/Eisenbahn unterirdisch
Nørreport
Nørre Voldgade
Øster Voldgade
Østerport
Rosenborg
Kongens Have
Frederiksborggade
Rømersgade
Linnesgade
Sølvgade
Hammerskjölds Allé
Oslo Plads
Dag
Rosenborggade
Gothersgade
Nørregade
Krystalgade
Landemærket
Købmagergade
Kronprinsessegade
Ringensgade
Skt. Pauls Gade
Gernersgade
Klerkegade
Fredericiagade
Adelgade
Borgergade
Haregade
Suensonsgade
Elsdyrsgade
Delfingade
Krokodillegade
Store Kongensgade
Grønningen
Kannikestræde
Fiolstræde
Skindergade
Klareboderne
Kronprinsensgade
Gammel Mønt
Valkendorfsg.
Strøget Amagertorv
Silkegade
Dronningens Tværgade
Marmorkirken
Esplanaden
Bredgade
Designmuseum
Kristen Bernikowsgade
Ny Østergade
Kongens Nytorv
Østergade
Lille Kongensg.
Læderstræde
Gammel Strand
Vindebrogade
Vingårdstræde
Dybensg.
Laksegade
Admiralgade
Ved Stranden
Amalienborg
Amaliegade
Larsens Plads
Toldbodgade
Amalienparken
Det Kgl. Teater
CHRISTIANSBORG
Tøjhusgade
Holmens Bro
Holmens Kanal
Børsgade
Bremerholm
Niels Juels Gade
Tordenskjoldsgade
Peder Skrams Gade
Herluf
Nyhavn
Nyhavns Bro
Lille Strandstr.
Skt. Annæ Plads
Kvæsthusgade
Kvæsthusbroen
Holmen
Kgl. Bibliothek
Havnegade
Brygge
Knippelsbro
Asiatisk Pl.
Außenministerium
Papirøen
Ekvipagemestervej
Takkeloftvej
Fabrikmestervej
Dokøvej
Galionsvej
Danneskiold-Samsøes Alle
Trangravsvej
Søartillerivej
Knippelsbrogade
Strandgade
CHRISTIANSHAVN
Wildersgade
Sct. Annæ
Torvegade
Overgaden Neden Vandet
Overgaden Oven Vandet
Andreas Bjørns Gade
Burmeistergade
Prinsessegade
Dronningensgade
Christianshavn
Badsmandsstræde
Refshalevej
Sofiegade
Amagergade
Christianshavns Voldgade
Christiania
Arsenaløen
Enveloppevej
Ved Stadsgraven
Sehenswürdigkeiten
41 Zirkus
42 Tycho-Brahe-Planetariet
43 Øksnehallen
44 Kalvebod Bølge
45 Fisketorvet
46 BLOX
47 Schwarzer Diamant
48 Hafen-Freibad
49 Cirkelbroen
50 Christianskirche
51 Erlöser-Kirche
52 Christiania
53 Nordatlantens Brygge
54 Inderhavnsbroen
55 Oper
56 Amager Bakke
S-Bahnstation
Metro-Station
Wasserbus-Haltepunkt

Schloss Rosenborg während der Krokusblüte

namenten und Backstein sowie den zierlichen Türmchen ist es ein programmatischer Bau der dänischen Renaissance. Bereits 1833 wurde das Schloss in ein Museum des Königshauses verwandelt, das u.a. chronologische Sammlungen mit Porträts, Gobelins, Interieurs etc. enthält. Besonders sehenswert sind der Elfenbeinthron sowie die schwer bewachten Reichsinsignien und Kronjuwelen in der unterirdischen Schatzkammer (eigener Eingang).

Das andere, östliche Ende des Königlichen Gartens wird durch die **Kronprinsessegade** markiert, an der ein weiteres Haus der Parkmuseen liegt: die **David-Kollektion (39)** (Davids Samling) mit ihrem umfangreichen Bestand an islamischer und europäischer Kunst bzw. Kunstgewerbe des 18. Jh. Und schließlich lockt ein paar Gehminuten weiter, auf der Gothersgade, die **Cinemathek (40)** (Cinemateket) Cineasten aus nah und fern an. Die Bücherei zum Thema Film, eine der größten ihrer Art weltweit, ist ebenso sehenswert wie z. B. die Ausstellung von Filmplakaten, und in den drei Kinosälen werden Klassiker und Avantgardistisches der Filmkunst im Original bzw. mit englischen Untertiteln gezeigt. Weitere Argumente zum Besuch des Filmhouse liefern das Café und Restaurant „Sult" (Hunger) sowie die Kinderfilmabteilung Film-X.

Parkmuseerne, *www.parkmuseerne.dk; die Öffnungszeiten der Parkmuseen sind unterschiedlich. Es gibt ein gemeinsames Ticket für alle Museen ebenso wie Einzeltickets. Staatliches Kunstmuseum SMK, Sølvgade 48–50, www.smk.dk, Di–So 10–18, Mi bis 20 Uhr. Hirschsprung-Kollektion, Stockholmsgade 20, www.hirschsprung.dk, Mi–So 11–16 Uhr. Geologisches Museum, ØsterVoldgade 5–7, Di–So 10–17 Uhr. Schloss Rosenborg, ØsterVoldgade 4A, www.kongernessamling.dk/rosenborg, Ende Juni–Aug. tgl. 9–17 Uhr, sonst etwas kürzer und Nov.–März Mo geschl. David-Kollektion, Kronprinsessegade 30, www.davidmus.dk, Di–So 10–17, Mi bis 21 Uhr, freier Eintritt. Cinemateket, Gothersgade 55, www.dfi.dk/cinemateket, Mo–Fr 9–22, Sa/So 11.45–22/19.30 Uhr. Der Botanische Garten ist im Sommer 8.30–18, im Winter bis 16 Uhr geöffnet, der Königliche Garten im Sommer 7–22, im Winter bis 17 Uhr*

Weiter westlich befindet sich übrigens die Food-Market-Halle **Torvehallerne KBH**, in der es an verschiedenen Ständen die leckersten Sachen gibt, z. B. Fischsnacks, vegetarische Raffinessen, Smørrebrød, Kuchen, Käse aus aller Welt, Obst und Gemüse u. v. m. Hier kann man auch gut für ein Picknick einkaufen und sich dann im weniger bekannten, ausgesprochen beschaulichen und baumbestandenen Ørestedsparken ein Stück weiter westlich niederlassen – das ist ein kleiner Geheimtipp!

lands Brygge, das man bequem mit Metro, Wasserbus oder über die Fußgänger- und Fahrradbrücke am **Einkaufszentrum Fisketorvet** erreicht (s. o.). Wer diesen Weg wählt, stößt gleich auf die beiden als „Gemini“ bekannten, 42 m hohen zylindrischen Betonsilos. Wo einst Sojabohnen aus der Mandschurei eingelagert waren, wohnt man nun in Luxusapartments mit Blick auf den Hafen und den Park Amager Fælled. Wer von hier aus unmittelbar am Wasser nach Norden geht/radelt, kommt an weiteren interessanten Beispielen moderner Architektur, am Kulturhaus Islands Brygge und am gleichnamigen **Hafen-Freibad (48)** (Havnebadet Islands Brygge) vorbei. Auf der Wiese davor, dem Island Brygge Havnepark kann man schön picknicken, sich ein Eis aus dem nahen Eisladen holen, im Restaurant einen Kaffee trinken oder auch ein elektrisch betriebenes GoBoat mieten.

Jenseits der Langebro erstreckt sich dann der Stadtteil **Christianshavn**. Seine Geschichte geht auf Christian IV. zurück, dessen Vorliebe für den Renaissance-Stil auch eine Vorliebe für Handwerker und Schiffbauer aus dem Land einschloss, aus dem dieser Stil importiert wurde: Holland. Schon sein Vorgänger Christian II. hatte 1521 holländische Spezialisten zum Deichbau und zur Trockenlegung nach Dänemark geholt, wo sie auf Amager z. B. auch das Dorf Magleby anlegten. Christian IV. gab den Auftrag, den Stadtteil mit Wällen und Gräben zu sichern und nach Amsterdamer Vorbild mit Grachten zu durchziehen. Als 1658 Dänemarks östliche Landesteile an Schweden fielen, baute man die Verteidigungsanlagen mit mächtigen Bastionen aus, die wie ein Kranz von Halbinseln in den breiten Wassergraben im Südosten ragen.

Die moderne Cirkelbroen überspannt den Christiansholm-Kanal

Nähert man sich Christianshavn über den Fußgänger-/Fahrradweg von Süden – aus Richtung Islands Brygge –, hat man immer wieder spektakuläre Blicke auf das jenseitige Ufer. Auf Höhe des Multifunktions-Komplexes BLOX führt eine weitere Fußgänger-/Fahrradbrücke über den Hafenkanal nach Christianshavn. Ein Stück nordwärts beeindruckt die moderne **Cirkelbroen (49)**. Die Brücke überspannt den Christiansholm-Kanal. Es handelt sich dabei um ein Werk des Künstlers Olafur Eliasson, bestehend aus fünf runden Stahl-Plattformen, die von 25 m hohen Masten getragen werden. Die nachts beleuchtete Brücke, über die sich der Weg im Zickzack schlängelt, ist nicht nur die auffälligste in Kopenhagen, sondern bietet auch einen phänomenalen Blick auf den gegenüberliegenden Schwarzen Diamanten, die dänische Nationalbibliothek.

300 m weiter nördlich gelangt man zur vierspurigen Klappbrücke **Knippelsbro**, die in den 1930er-Jahren gebaut wurde und Christianshavn mit der Schlossinsel verbindet. Unmittelbar nördlich schiebt sich das helle Außenministerium ins Bild, das mit seinen Giebeldächern zumindest vage an alte Packhäuser denken lässt. Auf der Suche nach typischer Christianshavn-Idylle sollte man aber zum Christianshavn-Kanal spazieren oder radeln, wo Giebelhäuser, Kopfstein-

Entspannen in Islands Brygge

pflaster, Alleebäume und alte Gaslaternen alle Kopenhagen-Klischees bedienen, ebenso wie die Hausboote, Jachten und Ausflugsboote. Die **Christianskirche (50)** an der Strandgade wurde 1754–59 nach Plänen des Architekten Niels Eigtved im Rokokostil erbaut. Sie ist außen wegen der beiden Pavillons sehenswert und innen vor allem wegen der Emporen. Deutlich spektakulärer erhebt sich an der Annæ Gade der 86 m hohe, ungewöhnliche Turm der **Erlöser-Kirche (51)** (Vor Frelsers Kirke). Er zeichnet sich durch eine an der Außenseite herumgeführte Treppe aus, deren Stufen immer schmaler werden, bis der Aufgang kurz unterhalb der vergoldeten Weltkugel mit Christusfigur zu Ende ist. Von hier oben hat man eine fantastische Aussicht, sollte aber schwindelfrei sein. Innen verdient vor allem die Orgel mit ihren Elefantenbasen aus Gips Beachtung, ebenso der barocke Altar, die Kanzel und die Taufkapelle sowie die alten Opferstöcke im Turmraum. Wer auf die Turmspitze steigen möchte, sollte sich vorher informieren und über das Internet buchen (*www.vorfrelserskirke.dk*). Der Andrang ist groß.

Wenn man auf der Bådsmandsstræde weitergeht, kommt man zu einem großen Areal ehemaliger Kasernen, die nach dem Auszug des Militärs leer standen und Anfang der 1970er-Jahre von Hippies besetzt wurden. Aus der spontanen Aktion entwickelte sich mit der Zeit eine Institution, die Jugendliche aus aller Welt anzog und die unter dem Namen **Freistaat Christiania (52)** berühmt wurde. Nach vielen Auseinandersetzungen mit der Staatsmacht auf der einen und Kriminellen auf der anderen Seite ist es dem harten Kern der „Christianitter" gelungen, ihre Vorstellungen vom freien Leben durchzusetzen – einige waren sogar wirtschaftlich ganz erfolgreich (z. B. mit der Produktion der robusten Christiania-Lastenfahrräder). Vorbei sind die Zeiten, als Besucher nur als Abnehmer von Marihuana oder des hier gefertigten Kunsthandwerks willkommen waren, während Sightseeing-Busse bisweilen sogar mit Steinen beworfen wurden. Heute kann man gefahrlos das Gelände durchstreifen oder in eine der Kneipen einkehren. Wer sich an einem schönen Sommertag hier aufhält, möglichst auch an den Do-it-yourself-Bauten vorbei und bis zum Wallgraben auf der anderen Seite spaziert, wird Christiania wahrscheinlich als ganz gemütlich empfinden. Und wer im Winter hier ist, sollte den Christiania-Weihnachtsmarkt besuchen. Er findet täglich in den ersten drei Wochen im Dezember statt und besticht durch die z. T. außergewöhnlichen Angebote an Kunsthandwerk. Im Loppen (*www.loppen.dk*), dem Jazz Club (*www.christianiajazzclub.com*) oder im Den Grå Hal (*www.dengraahal.dk*) finden oft tolle Konzerte und andere Aufführungen statt. Und eine Craft-Bier-Brauerei gibt es auch noch (*www.christianiabryghus.dk*). Weitere Infos: *www.christiania.org*.

Zurück auf der Strandgade geht man an der Front des Außenministeriums entlang und stößt am **Asiatisk Plads** auf alte Rokoko-Packhäuser, oft mit Reliefs von Merkur und Neptun geschmückt, sowie ein Stückchen weiter auf das „**Alte Dock**", einen monumentalen Speicher von 1882, der heute teilweise von der Kunstakademie genutzt wird. Vorbei am netten Christianshavn Færgecafé geht es über die Wildersbro zum **Nordatlantens Brygge (53)** (Nordatlantikhaus, *Strandgade 91, www.nordatlantens.dk; Mo–Fr 10–17, Sa/So ab 12 Uhr*), einem Kulturzentrum, das in einem historischen Magazin untergebracht ist. Es bietet Ausstellungen, ein Café und stets interessante Kulturveranstaltungen, die alle möglichen Bereiche der ehemaligen Kolonien Grönland, Island und Färöer ausleuchtet. Davor lädt ein Streetfood Market zum Verweilen ein.

Von hier spannt sich die technisch sehr aufwendige, 180 m lange Fußgänger-/Fahrradbrücke **Inderhavnsbroen (54)** hinüber nach Nyhavn im Innenstadtbereich (s. S. 76). Das nach fünfjähriger Bauzeit und vielen Pannen 2016 eingeweihte Bauwerk trägt den Spitznamen „Kussbrücke", weil sich Brückensegmente zurückschieben und aufeinander zubewegen lassen.

Nördlich von Christianshavn erstrecken sich mehrere, von vielen Kanälen getrennte, aber durch Fußgänger- und Fahrradbrücken verbundene Inseln, die man zusammenfassend als Holmen (= die Insel) bezeichnet. Das mit Abstand auffälligste Gebäude auf Holmen ist die **Oper (55)** (Operaen), die auf Entwürfe von Henning Larsen zurückgeht und 2005 eingeweiht wurde. Die kühne Konstruktion aus Jurastein und Glas, die vor allem durch das riesige Dach zu einem architektonischen Highlight wurde, prägt jetzt schon das Stadtbild, da sie eine neue Sichtachse schafft: von der Oper über das Wasser zum Park Amaliehaven und weiter quer über den Platz des Schlosses Amalienborg bis zur Kuppel der Marmorkirche. Das Haus, das dem Königlichen Theater angeschlossen ist, gilt als eine der modernsten Bühnen der Welt. Es ist übrigens ein Geschenk der A.P. Møller und Chastine Mærsk Mc-Kinney Møller-Stiftung, die von dem bekannten Reeder A.P. Møller (Mærsk) ins Leben gerufen wurde. Abseits der Opernvorstellungen sind (extrem teure) Führungen durch das Gebäude möglich. Auf der nördlich der Oper gelegenen Insel Nyholm kann man das **Marinemuseum** besuchen (*www.skibenepaaholmen.dk; nur im Sommer geöffnet*), wo es u. a. eine ausgemusterte Fregatte sowie ein U-Boot zu besichtigen gibt. Fahrradfahrer gelangen über den Wallring und vorbei am weltberühmten Sterne-Restaurant Noma (ab 2025 „nur" noch Testküche samt Garten) zur nördlichsten Holmen-Insel **Refshaleøen**. Sie ist, wie die Oper, auch gut mit dem Wasserbus zu erreichen. Auf dem Terrain ehemaliger Werften wurden in den letzten Jahren Galerien, Kulturzentren, Veranstaltungshallen, ein alternatives Theater und Restaurants eröffnet. Hier stößt man auf den populären internationalen **Street Food Market Reffen** mit Innen- und Außenbereich. Hier besorgt man sich am besten einen Imbiss, ein Craft-Bier oder anderes Getränk, setzt sich damit an die Kaimauer und schaut dem Schiffsverkehr zu – bei Sonnenuntergang besonders schön. Und noch ein kleiner Tipp auf der Insel: La Banchina (*Refshalevej 141, www.labanchina.dk*), im Sommer ein quirliges Hafenbad, im Winter eher etwas für Saunafreunde; das Café-Restaurant samt Weinbar ist das ganze Jahr über geöffnet.

Amager Bakke: Industrie, Natur und Freizeitvergnügen

Weiter östlich erhebt sich **Amager Bakke (56)** wie ein Berg als neues, knapp 100 m hohes Wahrzeichen der Metropole, das man profan als „Müllverbrennungsanlage" bezeichnen könnte, das aber noch viel mehr ist. Der 500-Mio-Euro teure Hightech-Komplex des Architekturbüros BIG, 2018 fertiggestellt, setzt in mehrfacher Hinsicht weltweit neue Maßstäbe. Die moderne und innovative Müllverbrennungsanlage ist nicht nur eine der größten der Welt und versorgt 62.500 Haushalte mit Strom sowie 160.000 mit Fernwärme, sondern wird auch eine der großen Touristen- und Freizeitsport-Attraktionen der Stadt. Das rund 31.000 m² große und stark abgeschrägte Dach trägt im Winter eine Ski- und Snowboardpiste, die mit rund 1.500 m Abfahrt aufwartet und dem Gebäude den Spitznamen „CopenHill" verliehen hat. Im Sommer kann man auf der Fläche Trockenski fahren, wandern, auf Reifenschläuchen rutschen oder Teile der Fassade als spektakuläre Kletterwand nutzen (*www.copenhill.dk*). Es gibt natürlich auch einen Fahrstuhl nach oben und auf der Spitze lockt ein Panorama-Restaurant mit imposantem Rundumblick über Kopenhagen, den Øresund und die schwedische Küste. Um Amager Bakke herum entsteht zudem ein 16 ha großes, zentrumsnahes Parkgelände für weitere Freizeitmöglichkeiten.

Die Peripherie von Kopenhagens Innenstadt

Hinweis
Karte „Großraum Kopenhagen" s. beiliegende Reisekarte

An der Peripherie des historischen Zentrums von Kopenhagen befinden sich unzählige weitere Sehenswürdigkeiten und Museen, die alle möglichen Randgebiete der Kulturgeschichte abdecken. In diesem Überblick sollen nur einige Highlights genannt werden, die leicht erreichbar sind und deren Besuch sich auch für Laien und innerhalb eines kürzeren Kopenhagenbesuchs unbedingt lohnen.

Im Westen: Valby und Frederiksberg

Kopenhagens Hauptausfallstraße in westlicher Richtung ist die Vesterbrogade, die ihren Ausgang am Rathausplatz hat und dann am Tivoli und Bahnhof vorbei durch das gründerzeitliche Viertel **Vesterbro** führt – in der Verlängerung bis nach Roskilde. Biegt man von ihr knapp 2 km hinter dem Rathausplatz links ab, befindet man sich in der Kopenhagener Vorstadt **Valby**, die früher von der weltberühmten **Carlsberg-Brauerei (1)** dominiert wurde. Diese hat ihren festen Platz nicht nur in der Wirtschafts-, sondern auch in der Kulturgeschichte des Landes. Ihre Besonderheit ist schon an der außergewöhnlichen Industriearchitektur ablesbar, die sich mit Skulpturen, schön gestalteten Schornsteinen und vor allem dem imponierenden Elefantentor darstellt. Die vier Ungetüme tragen ein Torhaus, in dessen Loggienöffnung eine Doppelbüste von Carl und Ottilia Jacobsen sichtbar ist. Die als dekoratives Element eingesetzten Hakenkreuze waren offizielle Zeichen der Brauerei, bis ihnen die Nazis in Deutschland eine politische Bedeutung gaben. Hinter dem Elefantentor liegt rechts das klassizistische Haus, das die Alte Carlsberg-Glyptothek beherbergt. Im Besucherzentrum, das sich in den ersten Gebäuden der Brauerei befindet, kann man sich anhand von Infotafeln und Ausstellungsstücken über die Geschichte der Brauerei und den Produktionsprozess informieren. In der ersten Etage befindet sich die Bar, von der aus man einen Blick auf die Kupferkessel und Zapfanlagen der Craft-Bier-Brauerei Jacobsen hat. Wirtschaftlich ist Carlsberg ein erfolgreicher und wichtiger Faktor in Dänemark. Täglich werden 115 Millionen Flaschen verkauft, die aus dem Carlsberg-Konzern stammen. Das Unternehmen zählt heute weltweit etwa 41.000 Mitarbeiter und erzielt einen Umsatz von rund 9 Milliarden Euro; damit steht es auf Platz vier hinter den Brauereigruppen Anheuser-Busch/InBev/SAB Miller, Heineken sowie China Resources Breweries und hat einen Anteil am Weltmarkt von knapp 6 %.

Carlsberg Visitor Center, *Gamle Carlsberg Vej 11, www.visitcarlsberg.dk; derzeit wegen Renovierung geschlossen, die Neueröffnung ist für Mitte 2023 geplant; im Sommer verkehrt ein freier Shuttle Bus vom Royal Hotel am Hauptbahnhof (Vesterbrogade 6) um 12, 13 und 14 Uhr zum Visitor Center, Rückfahrten um 12.25, 13.25 und 14.25 Uhr*

Seitdem die Bierproduktion größtenteils an andere dänische Standorte verlagert wurde, wird auch dieser Stadtteil total auf den Kopf gestellt. Die **Carlsberg-Stadt** (Carlsberg Byen) in Valby wird, ähnlich Ørestad (s. u.), nach dem New-Town-Prinzip in ein Vorzeigeprojekt modernen Wohnungsbaus umgestaltet. Bis 2025 sollen die Parkanlagen, Spiel- und Sportplätze, Schulen, Gastronomie- und Hotelbetriebe, Metro-Stationen sowie Wohnungen für 3.500 Familien fertiggestellt sein. 2017 wurde bereits der Campus Carlsberg mit dem Metropolitan University College UCC (10.000 Studenten) eingeweiht, Ende 2018 folgte die erste Europaschule Dänemarks und schon heute ist hier das meiste in Betrieb bzw. sind viele Gebäude bewohnt. Ein interessantes und ausgesprochen innovatives Projekt, das manch einem jedoch etwas steril erscheinen wird.

Unmittelbar nordwestlich der Carlsberg-Brauerei, jenseits der Valby Langgade, erstreckt sich **Frederiksberg**, das, obwohl komplett von der Stadt Kopenhagen umgeben, eine selbstständige Gemeinde ist. Diese „Stadt in der Stadt" wird vom großen Park des gleichnamigen **Schlosses** dominiert; sein südlicher Teil besteht aus dem Landschaftsgarten Søndermarken mit dem Kopenhagener **Zoo** **(2)**. Er wurde bereits 1859 gegründet und später immer wieder erweitert, sodass er heute als einer der größten Europas gilt. Wer mit Familie reist, wird vom Elefantenhaus (das kein Geringerer als Sir Norman Foster entwarf!), vom einzigartigen Arctic Ring (wo man durch einen Glastunnel unter schwimmenden Eisbären spaziert) und vom Streichelzoo für Kinder begeistert sein.
Zoologisk Have, *Roskildevej 32, www.zoo.dk; tgl. mind. 10–16 Uhr, im Sommer, in den Ferien und an manchen Wochenenden länger*

In nächster Nachbarschaft kommt man auf schönen Spazierwegen dem ockerfarbenen **Schloss Frederiksberg** **(3)** (1699–1710) nahe, das eine Militärakademie beherbergt. Der romantische Schlossgarten (Frederiksberg Have), ehemals der Lustgarten Frederiks IV., wird heute als volkstümlicher Märchengarten für die Hauptstadtbevölkerung genutzt und zeichnet sich u.a. durch eine herrliche Wasserlandschaft aus. Der riesige Park findet nach Osten (zur Innenstadt hin) seine Begrenzung durch die Pile Allé, an der mehrere Museen, Theater und Restaurants (s. u.) aufgereiht sind. Schließlich sollten sich Freunde moderner Architektur den nordwestlich gelegenen, weitläufigen **Komplex der Wirtschaftsuniversität** **(4)** samt Appartementhäusern von Dalgas Have nicht entgehen lassen (vom Fasanvej links auf den Finsensvej abfahren). Die klassisch inspirierten Gebäude sind ein hervorragendes Beispiel für die Arbeiten Henning Larsens, jenes Architekten, der das Außenministerium in Riad entwarf und hier ebenfalls islamische Elemente in seine Baukunst einfließen ließ.

Tipps

An der Pile Allé finden sich zwei alteingesessene Gartenrestaurants, **M.G. Petersens Familiehave** sowie **Hansens Gamle Familiehave**. Hier sitzt man schön, auf den Tischen liegen karierte Decken und es gibt leckerste dänische Kost. Besonders gut sind die Smørrebrød-Platten! Die Ausflugslokale entstanden im 19. Jahrhundert und wurden ursprünglich von Bediensteten des Schlosses Frederiksberg bewirtschaftet. So urdänisch wie hier zeigt sich Kopenhagen sonst kaum noch.
Am Søndre Fasanvej 9, nordwestlich des Schlossparks, befindet sich ein Outlet-Geschäft des Porzellanherstellers **Royal Copenhagen**. Hier kann man das eine oder andere Schnäppchen machen.

Im Nordwesten

Am Bahnhof Nørreport im Nordwesten der Altstadt beginnt die Ausfallstraße Frederiksborggade, die an den Food-Market-Hallen TorvehallerneKBH und nahe am Arbeitermuseum (*Rø-*

mersgade 22, www.arbejdermuseet.dk; tgl. 10–17, Do bis 20 Uhr) vorbeiführt. Letzteres befindet sich in einer Seitengasse und erzählt vor allem aus der Zeit der Industrialisierung, allerdings wird fast alles nur auf Dänisch erläutert. Im Keller gibt es ein altes Arbeiterlokal, wo Bier und Smørrebrød serviert wird. Anschließend überquert man die Seenplatte über die Dronning Louises Bro. Dahinter heißt die Straße Nørrebrogade und hier beginnt der Stadtteil **Nørrebro**, ein altes Arbeiterquartier, das bis weit in die 1980er-Jahre hinein wegen der Wohnverhältnisse als billigster und schlechtester Stadtteil der Hauptstadt galt. Heute hat sich auch Nørrebro einen Ruf als hippes Urban Village mit Indie-Boutiquen und vielen Eateries jeglicher kulinarischer Couleur erworben. Speziell um die Jægersborggade (mit kleinen, exquisiten Kellerrestaurants, Weinhandel und lustigen Geschäften), Elmegade, Rantzaugade und Ravnesborggade sowie an den Plätzen Sct Hans Torv und Blågårds Plads tobt das junge Leben.

Auf der Nørrebrogade lohnt der große, mit vielen Bäumen bestandene und als Park angelegte **Friedhof Assistens Kirkegård (5)** einen Besuch. Hier sind viele bekannte Persönlichkeiten beigesetzt, u. a. Hans C. Andersen (Schriftsteller), Niels Bohr (Physiker), Richard Boone und Ben Webster (amerik. Jazzmusiker), Martin Andersen-Nexø (Schriftsteller), Søren Kierkegaard (Philosoph), Hans Christian Ørsted (Physiker und Chemiker). Gut 2 km außerhalb hat die riesige **Grundtvigskirche (6)**, die den Stadtteil **Bispebjerg** dominiert, einen hohen Stellenwert sowohl als Gotteshaus als auch als Architekturdenkmal und als nationales Monument. Unter großer Anteilnahme der Bevölkerung, die in einer landesweiten Spendenaktion das Baumaterial finanzierte, wurde der Bau nach Plänen des Architekten Jensen-Klint 1921–40 errichtet. Die mit Millionen von gelben Ziegeln errichtete Kirche – die größte des Landes – nimmt zwar zeittypische Strömungen wie den Expressionismus auf, ohne aber wirklich modern zu sein. Stattdessen ist ihre Architektur von einem hohen Symbolwert geprägt: Der riesige Westturm erscheint gleichzeitig als überdimensionierte Treppengiebelkirche und als Orgelprospekt. Grundtvig hatte sich immer für den Erhalt und die Würdigung der dänischen Treppengiebelkirchen eingesetzt und ist einer der wichtigsten dänischen Kirchenlieddichter. Das helle, schmucklose Innere überzeugt durch seine Monumentalität und die Bestuhlung, die bestes dänisches Design der 1930er-Jahre repräsentiert. Zeitgleich mit der Kirche wurden die umgebenden Wohnhäuser gebaut, sodass die Kirche den Mittelpunkt eines geschlossen wirkenden Stadtteils bildet.

In Østerbro geht es geruhsam zu

Im Norden

Der Stadtteil **Østerbro** ist seit dem Ende des 19. Jh. ein bevorzugter Wohnort reicher Hauptstädter und ausgesprochen beliebt bei Familien, die es sich leisten können. Hier geht es deutlich ruhiger zu als im benachbarten Nørrebro. Im innenstadtnahen **Indre Østerbro** finden sich nette Cafés und Boutiquen, jedoch kaum Sehenswürdigkeiten. Westlich davon erstreckt sich der beliebte **Fælledparken**, Kopenhagens größte Grünanlage und im Sommer der ausgedehnteste Grillplatz Skandinaviens, auf dem im Sommer zudem viele

Veranstaltungen stattfinden (u. a. Musik, Open-Air-Kino). Hier kann man sich auch sportlich austoben (Skaten, Fußball, Joggen etc.). Ein Café-Pavillon sowie ein Kiosk bieten Kleinigkeiten für das leibliche Wohl. Südlich des Parks steht die Multifunktionsarena **Telia Parken (8)**, mit einer Kapazität von 55.000 Zuschauern die größte des Landes. Etwas südlich davon lohnt ein Blick in den Olufsvej, der durch das mittlerweile schmucke Viertel Brumleby, einst Arbeiterquartier, führt.

Promenade auf Nordhavnen

Das westlich des Parks gelegene **Zoologische Museum (7)** wurde 2022 geschlossen, in einigen Jahren soll im Park ein neuer großer Museumsbau entstehen. Ein Teil der Ausstellung ist jedoch im o g. Naturhistorischen Museum zu sehen *(www.snm.ku.dk)*. Wer vor weiteren Erkundungen eine Pause einlegen möchte, kann sich in dem gemütlichen Nachbarschaftspark Classens Have (Zugang: Arendalsgade 2) ausruhen.

Spannend wird es nordöstlich von Indre Østerbro zum Øresund hin: **Nordhavnen**, ein Inselgebiet östlich der Ringstraße 02 und oberhalb der Langelinie, wird seit Jahren fleißig umgebaut und neugestaltet. Ähnlich wie in Ørestad im Süden (s. u.). können Liebhaber moderner Architektur und Städteplanung hier auf Fotosafari gehen. Innovativ, klimaneutral und mit interessanten Techniken ausgestattet, entsteht hier ein neuer Stadtteil. Bereits seit 2013 ist z. B. die **UN-City (9)** *(FN Byen; Marmorvej 51)* fertiggestellt, der größte UN-Komplex außerhalb von New York, errichtet in Form eines riesigen, achtzackigen Sterns. Hier arbeiten rund 1.500 Angestellte aus über 100 Ländern, u.a. in der europäischen Zentrale der UNICEF. Die Hafenanlagen bestehen zum Teil noch, doch zunehmend werden sie umgeben von Parks, Badestegen und Jachthafenanlagen. Einen Metroanschluss gibt es auch schon. Der Nordteil der Insel wird weiter aufgeschüttet, soll dann aber komplett der Natur überlassen werden. Im Nordosten der Insel befindet sich heute der Copenhagen Malmö Port (CMP), mit 1.100 m Länge der größte Kreuzfahrtanleger Skandinaviens. Drei große Ozeanriesen können hier gleichzeitig abgefertigt werden. Der Nordwesten der Insel schließlich wird noch von Kleinindustrie und als Baustoffhafen genutzt. Hier befindet sich die Veranstaltungshalle **Docken** (*Færgehavnsvej 35, www.docken.dk*), u. a. bekannt für Techno- und Rave-Partys sowie weitere Veranstaltungen.

Weiter nördlich in Ydre Østerbro, vorbei an Svanemøllestranden, einem der beliebtesten Strände Kopenhagens, gibt es eine Reihe von Sehenswürdigkeiten. Fährt man von dort gute fünf Kilometer aus der Stadt heraus, passiert man die Villen der Reichen, die von hier den Blick auf den Øresund genießen.

Zu den Sehenswürdigkeiten nördlich vom Nordhavnen bis nach Helsingør s. S. 183

Ørestad, Insel Amager und die boomende Øresund-Region

Der Kopenhagener City gegenüber liegt die Insel Amager, zu der auch das zentrumsnahe Quartier Christianshavn gehört (S. 84). Anders als dieses ist das Gepräge der Insel hauptsächlich modern, wozu in der nahen Vergangenheit hauptsächlich der **Universitätscampus**, der Messekomplex **Bella Center**, das **Konzerthaus**, die **Royal Arena** und der **Flughafen Kastrup** beitrugen.

Das größte Aufsehen erzielte die moderne, ca. 6 km lange und 500 m breite Trabantenstadt Ørestad, in der seit der Jahrtausendwende zahlreiche nationale und vor allem internationale Firmen ihr Hauptquartier aufschlugen. Erschlossen ist das Areal durch den Center Boulevard und vor allem den im südlichen Abschnitt schnurgeraden Ørestads Boulevard, der von einem künstlichen Kanal und der als Hochbahn geführten Metro begleitet wird. Entlang dieser beiden Straßen stößt man auf vielfältige und preisgekrönte Bauwerke namhafter nationaler Architekten ebenso wie internationaler Stararchitekten. Im nördlichen Teil von Ørestad gehören die **IT University of Copenhagen (10)** samt dem runden Studentenwohnheim Tietgenkollegiet (Lundgaard & Tranberg), das Hochhaus des Pharmakonzerns Ferring (beide Henning Larsen) sowie das **Konzerthaus Kopenhagen (11)** zu den auffälligsten Gebäuden. Das 2009 eröffnete, kubusförmige Konzerthaus, vom französischen Architekten Jean Nouvel geplant, hat eine kobaltblaue Glasfiberfassade, die nachts leuchtet und bei Veranstaltungen mit Lichtprojektionen überrascht. Im mittleren Teil von Ørestad, zwischen Vejlands Allé und E-20, befindet sich das 118.000 m² große Kongress- und Messezentrum **Bella Center (12)**, in dem u.a. Ende 2009 der UN-Weltklimagipfel stattfand. Bereits 2011 eröffnet wurde das **AC Hotel Bella Sky Copenhagen**, mit 814 Zimmern eines der größten Hotels Skandinaviens, das allein schon aufgrund seiner Silhouette sehenswert ist: Das Hauptgebäude besteht aus zwei 76,5 m hohen schwarz-weißen Paralleltürmen, die eine atemberaubende Neigung aufweisen. Die phänomenale Aussicht von der Skybar ist allemal den Besuch wert! Südlich davon erheben sich am Ørestads Blvd. die zwölfstöckigen „**VM Houses**“ der BIG-Architekten wie ein futuristisches Wohngebirge aus Glas, Stahl und Beton; ihren Namen tragen sie nach ihren geknickten Grundrissen. Nicht weit davon entfernt befindet sich die große Shopping Mall Fields und gleich dahinter hat Daniel Libeskind am Center Blvd. das auffällige Budget-Hotel Cabinn Metro gestaltet.

Jenseits der E-20 beginnt der südliche Teil von Ørestad (Ørestad Syd), zu dem die beiden Hotel- und Bürohochhäuser **Copenhagen Towers** (Norman Foster und Dissing & Weitling) sowie die 2017 eingeweihte **Royal Arena (13)** den Auftakt bilden. Die Arena (Architekturbüro 3XN), mit geschwungener Fassade und bestem dänischen Design ein wahrer Hingucker, fasst bis zu 16.000 Zuschauer und dient als Veranstaltungsort für Konzerte oder Sportereignisse wie das Finale der Handball-WM 2019, bei dem Dänemark Weltmeister wurde. Ganz im Süden bildet der riesige Wohnkomplex **8-tallet (14)** (Acht-Zahl) den – vorläufigen – Endpunkt der futuristischen Trabantenstadt. Das 10-stöckige Gebäude in Form einer großen Acht, dessen einzelne Etagen durch Rampen miteinander verbunden sind, wurde ebenfalls vom Architekturbüro BIG entworfen. Die Gebiete südwestlich dieses beeindruckenden Stadtteils überlässt man der Natur. Hier im sogenannten Kalvebod Fælled grasen Kühe, versammeln sich ganz ungestört Vogelschwärme, laufen Schafe herum und bemüht man sich um eine komplette Renaturierung. Mehr Infos dazu erhält man im Naturcenter Amager (*Granatvej 5*).

Weiter östlich, zu erreichen über den Amager Boulevard/AmagerStrandvej, kann man direkt entlang der Øresund-Küste fahren. Am **Amager Strand (15)** wurde ein Erholungsgebiet mit Fußwegen, Picknickplätzen, Sportplätzen, Surfboard- und Kajakverleih sowie ökologischen Nischen direkt am Øresund angelegt, wofür man eine 400 m breite Lagune, eine 2 km lange Insel sowie zwei Parks einrichtete – insgesamt fast 5 km Badeküste mit gutem Sandstrand.

Südlich des Strandparks passiert man den runden, wie eine Muschel geschwungenen Badesteg des Kastrup Søbad. Er besteht aus salzwasserresistentem Azobé-Holz und ist frei zugänglich. Anschließend und noch vor dem Tunnel der Øresund-Querung stellt das **Dänische Natio-**

nalaquarium Der Blaue Planet (16) ein Highlight von Weltruf dar. Der preisgekrönte Entwurf des dänischen Architekturbüros 3XN löste das nach über 70 Jahren zu klein gewordene Aquarium in Charlottenlund ab und gilt nun mit deutlich mehr als 1 Mio. Besuchern jährlich als touristisches Flaggschiff des Landes. Das größte Aquarium Nordeuropas beeindruckt nicht nur allein durch seine Zahlen von rund 20.000 Meerestieren in 53 Tanks mit insgesamt 7 Mio. Liter Wasser, sondern auch und vor allem durch seine Architektur und seinen Erlebniswert. Aus der Vogelperspektive erscheint der von Wasser umgebene Komplex wie ein riesiger Whirlpool, von der Landseite her wie ein futuristisches, gestrandetes UFO. Von seinem Zentrum aus erstrecken sich fünf Arme mit unterschiedlichen Bereichen. Besonders eindrucksvoll sind das enorme Ozeanbecken mit Hammerhaien, Rochen und Muränen, das Korallenriff und der Amazonasbereich, in dem auch Schmetterlinge und Vögel frei umherfliegen und wo unter einem imposanten Wasserfall 3.000 Piranhas und Anakondas schwimmen. Mehrere Aquarien können ober- und unterhalb der Wasserlinie erlebt werden. Auch ökologisch setzt der Blaue Planet mit seinem niedrigen Energieverbrauch (u.a. durch doppelverglaste Fenster und einem Kühlsystem auf Meerwasserbasis) neue Maßstäbe. Der Außenbereich mit Badeplattform und Liegestühlen, der nahe Strandpark, die Jachthäfen der Umgebung und der wunderschöne Ausblick über den Øresund machen das Aquarium zu einem mehr als lohnenden Ziel für einen Tagesausflug.

Eindrucksvolles Erlebnis: Den Blå Planet

Den Blå Planet, *Jacob Fortlingsvej 1, Kastrup, www.denblaaplanet.dk; tgl. 10–17, Mo bis 21, Ende Juni bis Ende Aug. tgl bis 21 Uhr, am besten mit Buslinie 5C (Richtung Lufthavnen) oder mit der Metrolinie M2 zu erreichen (in 12 Min. ab Kongens Nytorv bis zur Metrostation Kastrup, ab dort nur ein kurzer Fußweg zum Blauen Planeten). Wegen des Besucherandrangs empfiehlt sich der Erwerb eines Tickets im Internet (mit Zeitfenster). Der kostenlose blaue Shuttlebus vom Hauptbahnhof aus verkehrt zurzeit nicht.*

Südlich des Aquariums trennen der **Flughafen Kastrup (17)** und die Autobahn die Halbinsel in einen nördlichen und einen südlichen Teil, zu letzterem kommt man am günstigsten über den Amager Landevej, der durch einen Tunnel unter Start- und Landebahn hindurchgeführt wird. Das dann folgende Dorf **Magleby** verdankt seine Entstehung der Arbeit holländischer Spezialisten, die ab 1521 durch Drainagen und Deiche neues Land schufen. Über diese Zeit berichtet anschaulich das **Amager-Museum (18)** *(Hovedgaden 4, Dragør, www.museumamager.dk)*, doch auch die weiße **Treppengiebelkirche** von Magleby verdient Beachtung. Die Straße endet im ehemaligen Fischerdorf **Dragør (19)**, in dem früher die Fähren ins schwedische Limhamn ablegten. Von dem verwaisten Gelände hat man heute einen schönen Blick auf den Øresund mit der Hochbrücke, auch der turbulente Jachthafen hier lohnt einen Besuch (Empfehlung: das Eis von Dragør Is und 200 m weiter südlich von Nam Nam Is). Am meisten aber reizt die gut erhaltene Altstadt, in der mehrere Dutzend der typischen gelben Häuschen unter Denkmalschutz stehen und deren kopfsteingepflasterte Gassen zum Bummeln einladen. Südlich des Hafens gibt es zudem gute Bademöglichkeiten.

Mit der Malmö-Fähre unter der Øresund-Brücke hindurch

Mit der Eröffnung der Øresund-Querung entstand eine ganz neue Region, die sogenannte **Øresund-Region**, die als Urlaubsziel auch die schwedische Seite einschließt. Die Region, in der mehr als 3 Mio. Menschen zu Hause sind, ist das am schnellsten wachsende Wissenschafts- und Hightech-Zentrum Europas. Die aktive dänische Förder- und Ansiedlungspolitik führte dazu, dass sich ca. 350 nationale und internationale Firmen der Pharmazeutik-, Telekommunikations- oder Hochtechnologie-Branche in der Region niederließen, davon ca. 100 aus dem Biotech-Sektor. Das schwedische Schonen lockt mit traditionsreichen Städten wie Malmö, Helsingborg oder Lund, vor allem aber mit reichlich Natur. Dazu gehören eine 400 km lange Küste, tiefe Wälder, Seen, Flüsse und hervorragende Möglichkeiten für alle Arten von Aktivurlaub. Malmö ist sicherlich die Destination in Schonen, die von den meisten Kopenhagen-Touristen besucht wird. Ihr Wahrzeichen ist schon von der dänischen Seite gut zu sehen: der 2005 eingeweihte 57-Etagen-Wolkenkratzer des spanischen Architekten Calatrava. „Turning Torso" ist nicht nur mit 190 m der höchste Turm Skandinaviens sowie eines der höchsten Wohngebäude in Europa, sondern zählt mit seinen versetzten Geschossen zu den auffälligsten des Kontinents.

info

Das Jahrhundertbauwerk der Øresund-Querung

Pläne zur Querung des Øresunds existieren schon seit Ende des 19. Jh. Schließlich wurden 1991 von der dänischen und schwedischen Regierung die Grundlagen geschaffen, um aus der Vision im Jahr 2000 Wirklichkeit werden zu lassen. Erst nach langen Untersuchungen, vor allem zu den Konsequenzen des Projekts für die Umwelt, war der Weg frei. Die Øresund-Verbindung ist für den Autobahn- und Eisenbahnverkehr gebaut. Die Verbindung zwischen Tunnel und Brücke geschieht auf der künstlich aufgeschütteten, 4 km langen Insel Preberholm. Östlich der Insel wird die Fahrrinne (Flinterenden) von einer 3.014 m langen, zweistöckigen Brücke auf 23 Betonstelzen überquert, wobei die Autobahn über das obere Deck und die Eisenbahngleise über das untere geführt werden. Den Mittelteil der Brücke stellt eine 1.092 m lange Drahtseilbrücke dar, die mit 490 m eine der weltweit längsten Spannweiten einer Schienen-/Autobrücke aufweist. Deren vier Pylonen sind 203,5 m hoch und gehören damit zu den höchsten Bauwerken in Schweden. Die lichte Höhe beträgt 57 m. Insgesamt ist die Øresund-Querung 15,9 km lang. Für den Alltag bedeutete die Verbindung eine große Zeitersparnis auf dem Weg zum jeweiligen skandinavischen Nachbarn: Anstelle der einstündigen Fährfahrt Dragør-Limhamn oder Kopenhagen-Malmö ist man nun nur noch zehn Minuten unterwegs. Allerdings muss man für das Vergnügen auch tief in die Tasche greifen. Die Mautstation heißt Lernacken und befindet sich auf der schwedischen Seite, mit elf Fahrspuren an der Mautstation in jeder Richtung kommen hier so gut wie nie Verzögerungen vor. Es gibt Fahrspuren mit bemannten Zahlstationen, in denen man die Gebühr bar (alle EU-Währungen) zahlt, sowie unbemannte Stationen für Kreditkartenzahler. Die anderen Spuren sind für Abonnenten oder Online-Zahler. Eine einfache Fahrt kostet bei Barzahlung € 65 für Pkw und € 130 für Pkw mit Wohnwagen bzw. Wohnmobile bis 10 m Länge. Infos über Preise und Sondertarife unter www.oresundsbron.com/de/preise bzw. www.oere sund-bruecke.de.

Reisepraktische Informationen Kopenhagen

Information

Copenhagen Visitor Centre, *Vesterbrogade 4B, 1577 Kopenhagen V (gegenüber Tivoli-Haupteingang und nahe Bahnhof), ☏ 70222442,* www.visitorservice.dk *(hier kann man u. a. Fahrradkarten herunterladen), www.visitcopenhagen.dk; Juni–Sept. tgl. 9–20, Jan.–Feb. Mo–Fr 9–17, Sa 9–16, Okt.–Dez. Mo–Fr 9–17, Sa/So 9–16 Uhr.*

Infos über Veranstaltungen findet man im Internet u. a. über: www.allevents.in/copenhagen sowie www.visitcopenhagen.com/explore.

Tipp

Copenhagen Card und City Pass

Die viel beworbene **Copenhagen Card** (CPHCard, www.copenhagencard.de) erlaubt den freien Eintritt in 89 Museen und Attraktionen sowie die kostenlose Nutzung aller öffentlichen Verkehrsmittel im gesamten Großraum Nordseeland (inkl. z. B. Roskilde, Helsingør und Flughafen Kastrup) und bietet Rabatte auf weitere Sehenswürdigkeiten, Aktivitäten, Restaurants und Autovermietungen. Die Karte, die mit ausführlichem Infomaterial und einem Stadtplan geliefert wird, ist 24 (bzw. 48/72/120) Stunden gültig. Erwachsene zahlen für 24 Stunden € 60, Kinder von 10–15 Jahren € 33, kleinere Kinder nichts. Am ehesten lohnt wohl die 48-Stunden-Karte für € 88 bzw. 47, aber man muss schon sehr viele Besuche absolvieren, um durch den Erwerb der Karte etwas zu sparen. Die mehrtägig gültige CPHCard lohnt sich vor allem für exzessive Museumsgänger, die ein Quartier in einem Außenbezirk haben.

Wer weniger an Museen/Attraktionen, sondern mehr an Mobilität interessiert ist, sollte den Kauf eines **City Pass** in Erwägung ziehen, der u. a. an den Ticket-Automaten aller Metrostationen angeboten wird. Der Pass gilt für alle Metro-, Bus- und Zuglinien in Kopenhagen, inkl. zum/vom Airport. Es gibt ihn für unterschiedliche Zeiträume und auch Regionen. Der City Pass Small deckt das Stadtgebiet ab. Infos: www.dinoffentligetransport.dk/citypass_da.

Unterkunft *(Karte S. 80/81 und in der hinteren Umschlagklappe)*

Hotel d'Angleterre €€€€€ (1), *Kongens Nytorv 34, ☏ 33120095, www.dangleterre.dk; in dem renommierten 5-Sterne-Hotel – Mitglied der Kette „leading hotels of the world" – können Gäste mit dem nötigen Kleingeld den französisch inspirierten Luxus in einem der 92 Zimmer und Suiten genießen. Das d'Angleterre, in dem sich bereits unzählige gekrönte Häupter, Staatschefs, Künstler und andere VIPS zur Nacht betteten, lässt keine Wünsche offen, verfügt über ein Spa-Zentrum mit Pool und Sauna, das Michelin-Stern-Luxusrestaurant „Marchal" und die Champagner-Bar „Balthazar", in der man ganz stilvoll Kaviarsnacks oder Austern zu den Klängen einer Jazzcombo genießen kann. Und die Lage gegenüber der Oper ist grandios!*

Radisson Collection Royal Hotel €€€€€ (2), *Hammerichsgade 1, ☏ 33426000, www.radissonhotels.com; das legendäre, 1960 eingeweihte Hotel, das Arne Jacosen außen und innen bis in die kleinsten Details entwarf, ist wieder in den ursprünglichen Stand zurückversetzt worden. Direkt gegenüber dem Bahnhof und Tivoli gelegen, ist das ehemals höchste Gebäude Skandinaviens eine Luxusherberge mit allem Komfort (265 Zimmer und Suiten, mehrere Restaurants und Bars) und enorm hohen Preisen. Ideal für gut verdienende Architekten und andere Gäste mit Faible für unverfälschtes dänisches Design.*

Ein weiteres Radisson Hotel in Kopenhagen ist das **Hotel Scandinavia** *auf dem Amager Blvd., das mit 542 Zimmern bis 2011 das größte (und auch höchste) Dänemarks war. Es beherbergt außerdem u. a. das Kopenhagener Casino, 4 Restaurants, mehrere Bars sowie einen Hallenbad und Wellnessbereich.*

Hotel Copenhagen Island €€€€ (3), *Kalvebod Brygge 53, ☏ 33389600, www.copenhagenisland.dk; hypermodernes, vom Architekten Kim Utzon konzipiertes Haus mit 326 Zimmern und Suiten, am Fisketorvet und nahe dem Bahnhof auf einer künstlichen Insel gelegen und bis in kleinste Details durchgestylt, mehrere Kongressräume, kleiner, aber feiner Fitnessraum im Dachgeschoss, minimalistisch eingerichtetes Restaurant „The Harbour" auf drei Etagen mit einem Glasdach und Blick auf den Hafen.*

71 Nyhavn Hotel €€€€ (4), *Nyhavn 71, ☏ 33436200, www.71nyhavnhotel.dk; das Hotel direkt am betriebsamen Stichkanal besteht aus zwei Speicherhäusern aus dem frühen 19. Jh. mit insgesamt 150 urgemütlichen, mit allem Komfort ausgestatteten Zimmern und Suiten (die Standardzimmer sind für diesen Preis allerdings etwas klein), empfehlenswert auch das sehr gute italienische Restaurant „Il Rosmarino".*

DGI-Byens Hotel €€€€ (5), *Tietgensgade 65, ☏ 33298050, www.dgibyen.com; direkt am Hauptbahnhof und der Øksnehallen gelegener, architektonisch ansprechender Neubau mit 104 komfortablen Zimmern, Fitnessstudio, Bowling-Center und Wellnessangeboten.*

Absalon Hotel €€€ (6), *Helgolandsgade 15, ☏ 33314344, www.absalon-hotel.dk; ehemaliges, grundlegend renoviertes „Missionshotel" mit schöner Fassade, einen Steinwurf vom Bahnhof entfernt angesagten Halmtorvet. Die 161 Zimmer und Suiten sind komfortabel eingerichtet und in unterschiedlichen Farben gehalten, gemütlicher Innenhof.*

Ascot Hotel €€€ (7), *Studiestræde 61, ☏ 33126000, www.ascot-hotel.dk; zentral gelegen bietet dieses edle Oberklassehotel, zusammen mit den moderneren Schwesterhotels Wide und Fiftyseven House gleich nebenan, einen Superstandort. Die Zimmer sind geräumig und für ca. € 40 kann man sein Fahrzeug im Hof parken. Trotzdem ist das Hotel mit seinem leckeren Frühstück noch günstiger, als die meisten anderen der Oberklasse.*

City Hotel Nebo €€ (8), *Istedgade 6, ☏ 33211217, www.nebo.dk; ehemaliges „Missionshotel" mit 96 sauberen und recht preiswerten Zimmern mit und ohne Bad, auch Familienzimmer, zwischen Bahnhof und dem quirligen Halmtorvet gelegen. Aufgrund des guten Preis-Leistungs-Verhältnisses, der zentralen Lage und des freundlichen Personals nicht nur für Low-Budget-Reisende ein Tipp.*

Wakeup Copenhagen €€ (9), *Borgergade 9, ☏ 4480-0000, www.wakeupcopenhagen.com; modernes und zentral zwischen Schloss Rosenborg und Nyhavn gelegenes Budget-Hotel, vom Stararchitekten Kim Utzon entworfen und minimalistisch designt, 498 (kleine) Zimmer mit allem notwendigen Komfort, Bar, Frühstücksrestaurant, Parkmöglichkeit. Rabatte bei Online-Buchung. Zwei weitere, ebenfalls von Utzon entworfene Wakeup-Hotels mit jeweils über 500 Zimmern befinden sich nahe dem Bahnhof: auf der Carsten Niebuhrs Gade 11 sowie in der Bernstorffsgade 35. Alle drei verfügen über Parkhaus-Parkplätze (ca. DKK 200–250/24 Std.).*

In Vesterbro bieten sich einige günstige Hotels an, so z. B. das **Urban House** €€–€€€ (10), *Colbjørnsensgade 5–11, ☏ 332232929, www.meininger-hotels.com; ein Designhotel mit Kultfaktor. Die Bandbreite der 225 Zimmer reicht vom Einzelzimmer (€€€) über Familienzimmer (€€–€€€) bis hin zum 10-Betten-Raum (€). Im Gebäude gibt es ein günstiges Burger-Restaurant mit Bar, einen Waschsalon, einen Fahrradladen (inkl. Verleihstation), ein Tattoo-Studio, eine Selbstbedienungsküche u. v. m.*

Jugendherbergen

DanHostel Copenhagen City (11), *H. C. Andersen Boulevard 50, ☏ 33118585, www.danhostelcopenhagencity.dk; sehr zentral an der Langebro gelegene Familien- und Jugendherberge der Luxusklasse, mit 15 Etagen und 1.020 Betten eine der größten Europas. Die 4-, 6- und 10-Betten-Zimmer sind mit Designermöbeln ausgestattet, viele bieten einen fantastischen Blick über die Stadt. Toll sind die Apartments im 17. Stock. Außerdem gibt es gemütliche Loungezonen mit TV und Internetcafé, ein modernes Restaurant (Lunch und Dinner auf Anfrage!) und eine Bar sowie ein hervorragendes Frühstücksbuffet.*

Copenhagen Downtown Hostel (12), *Vandkunsten 5, ☏ 70232110, www.copenhagendowntown.com; mitten in der Altstadt in einem historischen Haus. Klein, gemütlich, sehr lebhaft, nette Bar/Restaurant. Besonders günstige Doppelzimmer sowie preiswerte „Private Capsules" für Alleinreisende. Günstig wohnt man auch in einem Dorm des modernen* **A&O Hostel København Sydhavn (13)** *(Sydhavns Pl. 4, ☏ 32701210, www.aohostels.com), die Doppelzimmer liegen dagegen eher im Bereich eines Mittelklassehotels.*

Camping

Viele zentrumsnahe Anlagen wie die von Dragør auf Amager haben nur bescheidenen Standard, außerdem sind sie im Sommer voll. Schön gelegen, aber oft ausgebucht ist der Platz **Charlottenlund Fort** *7 km nördlich der Innenstadt (im Fort selbst, Strandvejen 144, Charlottenlund, ☏ 44220065, www.campingcopenhagen.dk, siehe auch S. 185). Ansprechend ist auch die Anlage in Ishøj Strand, ca. 20 km südlich des Zentrums:* **Tangloppen** *(Ishøj Havn, ☏ 43540767, www.tangloppencamping.dk); ein moderner Platz mit 105 Stellplätzen, außergewöhnlich guten Hütten für 4–8 Personen und nahe zu Strand, Marina und Kunstmuseum Arken gelegen. Nahebei befindet sich das schöne* **Ishøj Danhostel** *(Ishøj Strandvej 13, Ishøj, ☏ 43535015, www.ishojstrand.dk, Sanitäreinrichtungen, Restaurant, einfaches Camping). Für beide gilt: Bus- und S-Bahnverbindung nach Kopenhagen alle 10 Minuten. Die Station Ishøj ist zwei bzw. einen Kilometer entfernt (Fahrradmitnahme in S-Bahn möglich). Sehr einfach ausgestattet (Freifläche ohne Bäume), nur Juni–Aug. geöffnet, aber günstig, nur knapp 5 km vom Zentrum entfernt und wegen seiner Größe immer spontan anfahrbar ist* **Bellahøj Camping** *(Hvidkildevej 66, ☏ 38101150, www.bellahoj-camping.dk).*

Essen und Trinken *(Karte S. 80/81 und in der hinteren Umschlagklappe)*

Auf mehr als 20.000 wird die Zahl der Restaurants, Cafés und Imbiss-Gaststätten in Kopenhagen geschätzt. Touristen müssen also nirgendwo lange nach einer Speise-Möglichkeit suchen. Allgemein kann man sagen, dass sich im historischen Kern die Traditions-Gaststätten und Familienrestaurants die Waage halten. In Nørrebrofindet man wegen der vielen Einwanderer und Studenten die günstigsten und vielfältigsten Gaststätten. In den boomenden Stadtteilen Vesterbro und Østerbro gibt es besonders viele trendige Lokale mit vorwiegend jungem Publikum. Das Sträßchen **Værnedamsvej** *in Vesterbro wurde unter die 33 coolsten Straßen der Welt gewählt, die Szene hier im alten Schlachterei- und Lagerviertel sucht ihresgleichen.*

Restaurants

Die Gastronomie der dänischen Hauptstadt hat in den letzten zwei Jahrzehnten einen wahren Quantensprung gemacht. Die Zahl der Michelin-Sterne für Restaurants im Kopenhagener Großraum summierte sich zuletzt auf 41, verteilt auf 29 Gourmet-Lokale. Darunter befindet sich (noch) das legendäre **Noma**, *das 2010–15 mehrfach und 2021 wiederum zum „besten Restaurant der Welt" gekürt wurde, und das 2018 im nördlichen Teil Christianias (Refshalevej 96, www.noma.dk) neu eröffnet hat – samt Kräuter- und Gemüsegarten. 2025 wird das Noma jedoch als Restaurant schließen und die Besitzer werden hier eine Versuchsküche für Ernährungsinnovationen und die Entwicklung neuer Geschmacksrichtungen einrichten. Mit drei Michelin-Sternen ausgezeichnet ist u. a. das* **Geranium (1)** *(Per Henrik Lings Allé 4, ☏ 69960020, www.geranium.dk; Mi/Do 18–23, Fr/Sa 12–15.30 u. 18.30–*

23.30 Uhr), der höchste aller Gourmettempel, untergebracht im 8. Stock der Arena im Fælledparken. Dessen Maître de Cuisine, Rasmus Kofoed, der als einziger Koch überhaupt bei der inoffiziellen Weltmeisterschaft Bocused'Or die Gold-, Silber- und Bronzemedaille holte, ist der Shooting-Star der internationalen Küchen-Szene.

Während das Geranium fast unbezahlbar ist und ein Tisch hier viele Wochen im Voraus reserviert werden muss, kann man für deutlich weniger Geld auf der nördlich der Oper gelegenen Insel Refshaløen auf kulinarische Expedition gehen. Hier stößt inmitten eines über 5.000 m² großen ehemaligen Industriegeländes auf den **Street Food Market Reffen (2)** *(Refshaløen, Refshalevej 167A, www.reffen.dk, ab ca. Ende März tgl. 12–20/22, die Zeiten können variieren, Jan./Feb. geschl.). In den über 50 Lokalen, Bars und Ständen werden dänische und internationale Leckereien aller Art angeboten – und in den benachbarten Kreativläden bekommt man zusätzliche Inspiration.*

Dänische Spezialität: Smørrebrød

Smørrebrød-Gaststätten

In der City selbst ist die dänische Küche – von traditionell bis modern – natürlich reichhaltig vertreten, wobei eine Definition dieses Begriffs schwierig wird. Es gibt eine Reihe von Smørrebrød-Gaststätten, also Restaurants für ein typisches Mittagsgericht, doch wird dieses oft auch noch spät abends serviert, z. B. im kleinen **Café Sorgenfri (3)** *(Brolæggerstræde 8, ☎ 33115880, www.cafesorgenfri.dk; Mo–Sa 11–17, So 12–16 Uhr) im historischen Zentrum, das schon längst kein Insidertipp mehr ist und u. a. leckere Smørrebrød anbietet.*

Was aber Smørrebrød bedeutet, wird am besten bei **Ida Davidsen (4)** *(www.idadavidsen.dk, derzeit vorübergehend geschl. und auf der Suche nach neuem Standort) deutlich. Dort reicht die Fantasie aus, um über 170 verschiedene belegte Brote zu kreieren, sodass die Speisekarte annähernd 2 m lang ist.*

Deutlich weniger umfangreich, aber auch sehr gut ist die Smørrebrød-Karte im **Slotskælderenhos Gitte Kik (5)** *(Fortunstræde 4, ☎ 33111537, http://slotskaelderen.dk; Di–Sa 10–17 Uhr), der dem Folketing gegenüberliegt. Der Laden ist fast immer voll, denn hier speisen gerne die Parlaments-Abgeordneten, außerdem Journalisten und andere, die wissen, dass hier viele Politiker sind, und schließlich Touristen, die von all dem gehört haben.*

Ein weiterer, wenn auch nicht preisgünstiger Klassiker für Smørrebrød ist das vornehme **Schønnemann (6)** *(Hauser Plads 16, ☎ 33120785, www.restaurantschonnemann.dk, Mo–So 11.30–17 Uhr; unbedingt reservieren!). Als keine reinen Smørrebrød-Lokale (und auch abends geöffnet), aber ebenfalls mit traditioneller dänischer Küche, empfehlen sich z. B. das* **Peder Oxe (7)** *(Gråbrødretorv 11, ☎ 33110077, www.pederoxe.dk, tgl. 11–23, Küche bis 21 Uhr), in dem man sämtliche Facetten der einheimischen Kochkunst kennenlernen kann. Das Dekor des gemütlichen Restaurants ist angemessen altmodisch. Für manch einen ist das Peder Oxe vielleicht zu überlaufen mit Touristen, doch die Speisen – allen voran der Oxe-Burger und das Oxe-Steak – sind sehr lecker zubereitet, zudem befindet sich das Lokal am schönsten Platz der Stadt.*

Das **Restaurant Puk (8)** *(Vandkunsten 8, ☎ 33111417, www.restaurantpuk.dk, tgl. 12–24 Uhr) ist ein rustikales Kellerrestaurant (im Sommer mit Außenservierung) in einem der ältesten Häuser der Stadt und nichts für Gäste auf der Suche nach anspruchsvollem und elegantem Ambiente. Für boden-*

dem Rad zur Arbeit, an die Uni, zum Einkaufen etc.! Dafür gab die Stadt viel Geld aus – u. a. für neue Radwege, darunter die erste Fahrrad-Autobahn der Welt, Abstellplätze und sichere Kreuzungen. Eine gute Möglichkeit, es den radelnden Kopenhagenern gleich zu tun, bieten die **Donkey Bikes** *(www.donkey.bike/cities/bike-rental-copenhagen), die man mit Hilfe einer App im gesamten Stadtgebiet finden und aktivieren kann. Verschiedene Mitgliedschaften und Abrechnungsmodelle sind verfügbar. Außerdem bieten viele Hotels eigene Mietfahrräder an.*

Daneben stehen ein gutes Dutzend weiterer Anbieter zur Verfügung, z. B.:
Bike Rental Copenhagen, *Kongens Nytorv 8, ☏ 93911893, www.bikerentalcopenhagen.dk; hier kann man für einen Tag, aber auch für mehrere Tage und sogar Monate Fahrräder mieten. Es gibt jedoch keine E-Bikes. Das Geschäft ist tgl. 10–13 Uhr geöffnet. Abgabe jederzeit an einer Docking Station. Günstige Preise für Online-Buchungen.*
Baisikeli, *Ingerslevsgade 103, ☏ 26700229, http://baisikeli.dk; wer bei Baisikeli (Suaheli für „Fahrrad") einen Drahtesel mietet, unterstützt gleichzeitig ein interessantes Afrika-Projekt. Denn das Unternehmen verschifft jährlich rund 1.200 gebrauchte dänische Räder nach Tansania, Sierra Leone und Ghana, wo sie für afrikanische Verhältnisse umgebaut und der einheimischen Bevölkerung zur Verfügung gestellt werden. Hier kann man auch Lastenräder, aber keine E-Bikes buchen.*
Christiania Cykler, *Fabriksområdet 91, Christiania, ☏ 70707680, www.christianiacykler.dk; die alternative Firma repariert und vermietet Fahrräder, vor allem Lastenräder und Räder mit Kindersitzen. Von besonderem Interesse sind natürlich die in Christiania handgefertigten Pedersen-Räder, die man nur hier mieten kann.*
KGS Have Cykler, *Sølvgade 26, ☏ 27243993, www.kgshavecykler.dk; hier kann man auch E-Bikes mieten, sogar Christiania-Lastenräder mit Elektromotor. So geschl.*

Fähre und Wasserbusse

Der DFDS-Terminal liegt nordöstlich der Innenstadt am internationalen Fährhafen, an der Haupt-Ringstraße 02 (30 Dampfaergevej, ☏ 33423000). Die Fähre der DFDS Seaways nach Oslo legt tgl. meist um 15 Uhr in Kopenhagen ab und erreicht Oslo am Folgetag um 10 Uhr. Infos unter www.dfds.com/de-de/passagierfaehren.
Es gibt auch eine **fahrplanmäßige Route für Wasserbusse** *(Havnebusser) mit neun Stationen zwischen Teglholmen im Süden und Refshaleøen im Norden (u. a. KalvebodBrygge, Knippelsbro, Schwarzer Diamant, Nyhavn, Oper, Papirøen); die im 30-Minuten-Takt verkehrenden Boote gelten als „normale Busse" (Linie 991, 992 u. 993), sind also bei HT-Rabatt-Tickets oder der Copenhagen Card enthalten.*

Bootsausflüge und Kanutouren

Die beliebten **Kanalrundfahrten** *(u. a. zur Meerjungfrau) von* **Strömma** *(www.stromma.dk) starten ganzjährig tgl. ab 10 Uhr (in der Saison im 30-Minuten-Takt) ab Nyhavn und Gammel Strand, Dauer: 1 Std., mehrsprachige Kommentare. Es gibt auch 48 Stunden gültige Kombitickets (Hop-on-hop-off-Busse und -Boote). Ein preisgünstigerer Anbieter ist* **Nettobådene** *(http://havnerundfart.dk; ebenfalls ganzjährig, ebenfalls ca. 1 Std.), Startpunkte sind hier die Holmen-Kirche gegenüber der Börse und Nyhavn. Von Nyhavn gibt es in der Saison auch mehrmals tgl.* **Minikreuzfahrten** *zum alten Fort und zur Insel Ven. U. a. am Nordhafen hat man Gelegenheit, mit* **Kuttern zum Hochseeangeln** *auszulaufen. Sportlich Aktive sollten wissen, dass die Anbieter* **Kajak Ole** *(Havkajakvej 8 am Strand der Insel Amager sowie Kalvebod Brygge 7 in der Innenstadt, ☏ 40504006, www.kajakole.dk) und* **Kayak Republic** *(Børskaj 12 in der Innenstadt, ☏ 22884989, www.kayakrepublic.dk) geführte Sightseeing- oder Themen-Kanutouren in der Innenstadt, in Christianshavn/Holmen, aber auch in der Amager-Lagune durchführen sowie Kajaks verleihen.* **GoBoat** *vermietet kleine, elektrisch betriebene Ausflugsboote (bis zu 8 Personen, Islands Brygge 10, www.goboat.dk). Ein Bootsführerschein ist für die Anmietung nicht erforderlich. Perfekt für eine Picknicktour mit 3 Knoten pro Stunde!*

3. SEELAND UND DIE INSELN ZWISCHEN GROSSEM BELT UND ØRESUND

Lolland

Mit einer **Fläche** von 1.242 km^2 ist Lolland (ca. 58.000 Einwohner) nach Seeland und Fünen die drittgrößte dänische Insel. Mit der östlichen Nachbarinsel Falster ist Lolland durch zwei **Brücken** und einen Autobahntunnel verbunden, **Fährverbindungen** gibt es von Rødbyhavn nach Fehmarn (Puttgarden), von Tårs nach Langeland (Spodsbjerg), von Kragenæs zu den vorgelagerten Inselchen Fejø und Femø sowie von Bandholm zum Eiland Askø. Ebenso wie Falster ist Lolland in ökonomischer Hinsicht ein strukturschwaches Gebiet, das hauptsächlich von Landwirtschaft (vor allem Zuckerrübenanbau) und Tourismus lebt. Die Insel, auf der sich kein Hügel höher als 30 m erhebt, ist eine der flachsten Dänemarks. Was heute ein Glücksfall für Fahrradfahrer ist, war in den vergangenen Jahrhunderten oft Anlass banger Sorgen, da häufig Sturmfluten Teile der Insel überschwemmten. Am schlimmsten traf es Lolland und Falster im Jahr 1872, als nur wenige Gebiete nicht „Land unter" vermelden konnten. Die Folge waren umfangreiche **Deicharbeiten**, die manche einstige Hafenstädtchen vom Meer abschnitten.

Als größte **natürliche Attraktionen** können die Sandstrände, einige Steilufer, schmale Landzungen, das Naturparadies des Nakskov Fjordes, vereinzelte Wälder und die Seenplatte um das Städtchen Maribo gelten. Was Lolland in erster Linie zu einem schönen Reiseziel macht, ist natürlich die allgegenwärtige Ostsee, die besonders in dem schmalen Guldborgsund zwischen Lolland und Falster ein äußerst attraktives Segelrevier bildet, ergänzt durch die ebenfalls schönen Gewässer des Langelandbelt und des Fehmarnbelt sowie insbesondere das sogenannte Smålands-Fahrwasser im Norden mit seinen beschaulichen Eilanden. Auch schmucke Städtchen oder **touristische Highlights** wie den Safaripark Knuthenborg, die Brauerei Krenkerup, die Postbootfahrten von Nakskov aus sowie den Biohof Den Grønne Verden in Søllested hat Lolland zu bieten.

Redaktionstipps

➤ Die schönsten **Städtchen** sind Maribo (S. 106), Nysted (S. 109) und Nakskov (S. 110).
➤ Die zu Recht meistfrequentierten **Touristenmagneten** sind der Safaripark Knuthenborg (S. 113), das Mittelalterzentrum von Sundby (S. 110) und das Kunstmuseum Fuglsang (S. 109).
➤ Die interessantesten **Kirchen** sind der Dom von Maribo (S. 107), die Nikolaikirche von Nakskov (S. 111) sowie die Landkirchen von Tirsted (S. 106) und Løjtofte (S. 111f.).
➤ Die besten **Strände** auf Lolland sind die an der Südküste, und zwar von Albuen über Kramnitze und Rødbyhavn (Lalandia) bis zu den Dünen von Brunddragene klit (alle S. 111ff).

Von Rødbyhavn nach Falster über die E-47

Immer noch ist die Scandlines-Fährverbindung von Puttgarden nach Rødbyhavn (ca. 45 Min.), Teil der sogenannten **Vogelfluglinie**, die meistfrequentierte von Deutschland in den Norden, und das wird sich wohl erst dann ändern, wenn das geplante Tunnel-Projekt zwischen Fehmarn (dän.: Femern) und Lolland Wirklichkeit geworden ist. Die **Unterquerung des Fehmarnbelt** soll bis 2029 realisiert werden – ein Projekt, das von seiner Bedeutung und Größenordnung her mit der Øresundquerung zu vergleichen ist. Lange Zeit war dabei eine doppelstöckige Auto- und Eisenbahnbrücke favorisiert worden, seit 2011 ist aber u.a. aus Umweltschutzgründen eine reine Tunnellösung beschlossene Sache. Vor allem in Dänemark und Schweden wird diese Verbindung gewünscht, da sie die kürzeste von Südskandinavien nach Westeuropa ist. Das Gesetz über den Bau des Tunnels hat im April 2015 das dänische Parlament passiert, die erwarteten Kosten von über 9 Mrd. € übernimmt Dänemark allein; sie sollen innerhalb von 25 Jahren durch Mauteinnahmen zurückfließen. Die Maut soll etwa bei 50–55 € liegen, also auf dem Niveau der jetzigen Fährkosten. Deutschland trägt die Kosten für eine Autobahnanbindung einschließlich einer zweiten Fehmarnsund-Brücke sowie die für den zweigleisigen Ausbau der Eisenbahnlinie in Schleswig-Holstein (Kosten: zwischen 1–1,5 Mrd €). Die neue Vogelflugverbindung soll die Fahrzeit von 4:15 Stunden auf 2:50 Stunden reduzieren, die Verlängerung der E-47 zwischen Neustadt und Puttgarden soll weitere 20 Minuten Reisezeit einsparen.

Nach der Fährstation in **Rødbyhavn** setzen Autotouristen ihre Fahrt unmittelbar auf der Autobahn fort und haben kurz darauf erstmals die Möglichkeit zu Abstechern. Beispielsweise zum **Ferienzentrum Lalandia**, das nur wenige Kilometer weiter westlich am Sandstrand liegt und unter dessen Glaskuppel ein tropisches Badeparadies ganzjährig Wasserfreuden garantiert. Oder zur Ortschaft **Kramnitze**, die wegen ihrer guten Badebedingungen viele Stammgäste hat. Auch wer dem Städtchen **Rødby** einen Besuch abstatten möchte, nimmt am besten die erste Ausfahrt. In der ehemaligen Hafenstadt können Dänemarkneulinge wenige Fahrminuten hinter der Fährstation erstmals die landestypische Atmosphäre erleben. Bei einem Rundgang unbedingt zu beachten ist die Säule in der Nørregade, deren Markierung den Höchststand der Sturmflut von 1872 anzeigt. Die schöne, gut 6 km nordwestlich gelegene **Tirsted-Kirche (1)** mit ihrem auffälligen Turm wurde in romanischer Zeit aus Backstein errichtet und weist im Innern noch gut erhaltene Kalkmalereien aus dem 15. Jh. auf.

Etwa 15 km nordöstlich von Rødby liegt das sehenswerte Städtchen **Maribo**, das man von der Autobahn über die Ausfahrt 48 erreicht. Ein Besuch lohnt sich wegen der wunderschönen Lage an der lolländischen Seenplatte sowie aufgrund vieler interessanter Bauwerke. Auch für eine Zwischenübernachtung ist Maribo geeignet, die Bandbreite möglicher Quartiere reicht vom Campingplatz über Familienherbergen bis hin zum First Class-Hotel. Musikfans wird interessieren, dass im Juli hier das viertägige Maribo-Jazzfestival stattfindet, das alljährlich gut 4.000 Jazzfreunde nach Maribo lockt.

Wer sich für die bäuerliche Kultur der Inseln Lolland und Falster interessiert, sollte im Kreisverkehr am Ortseingang dem Hinweisschild zum Freilichtmuseum **De Gamle Huse** (2) folgen, das am Ufer des idyllischen Søndersees liegt. Hier findet man außer einer Bockwindmühle einige der typischen reetgedeckten und weißgestrichenen Gehöfte vom Anfang des 19. Jh., von denen manche noch über die originale Möblierung und Gerätschaften verfügen.
De Gamle Huse, *Meinckesvej 5, www.museumlollandfalster.dk/de-gamle-huse; Mai–Sept. sowie Herbstferien Di–So, im Sommer auch Mo 10–16 Uhr*

Die größte Sehenswürdigkeit der Stadt ist aber die **Domkirche**. Diese war ursprünglich die Klosterkirche für den Birgittenorden, einen Orden, den die hl. Birgitta im schwedischen Vadstena gegründet hatte und der klare Regeln sowohl für das Zusammenleben von Mönchen und Nonnen als auch für die architektonische Gestaltung der Klöster hatte. Es war vorgeschrieben, dass der gesamte Kirchenraum unter einem Dach vereint war und dass Mönche und Nonnen in der Kirche getrennt vor jeweils einem eigenen Altar beteten. Dies ist der Grund, warum das mächtige Backsteingebäude so breit wirkt, das spitze Dach erhebt sich über den Gewölben aller drei Schiffe. Außerdem betritt man ungewöhnlicherweise die Domkirche im Osten: Hier befand sich ehemals der Chor der Nonnen, während der heutige Hochaltar im Westen den Mönchen vorbehalten war. Das Innere ist gemäß den Ordensregeln äußerst schlicht gehalten. In den drei Schiffen, von denen das mittlere höher und breiter ist als die Seitenschiffe, gibt es nur wenige Schmuckstücke: ein Kruzifix aus dem 15. Jh. im Chorbogen, eine sehr edle Kanzel aus der Hochrenaissance, der Barockaltar im Westchor und ein kleines Taufbecken von etwa 1600. In den Kirchenboden sind mehrere Grabplatten eingelassen; darunter das von Leonora Christina, der Tochter Christians IV. (S. 480), die nach ihrer Gefangenschaft die letzten 13 Jahre ihres Lebens im hiesigen Nonnenkloster zubrachte.

Nach Westen hin neigt sich vor dem Dom ein hübscher Park zum Ufer des Søndersees hinab, dem Kernstück der **Seenplatte** um Maribo. Deren Schönheiten kann man am besten auf einem ein- bis dreistündigen Ausflug mit dem Boot „Anemonen" kennenlernen, das direkt unterhalb der Kirche ablegt *(www.naturparkmaribo.dk/aktiviteter/turbaaden-anemonen, im Sommer mehrere Abfahrten tgl., Infos im Touristenbüro oder im Kiosk neben der Kirche)*. Auf diesen Touren legt man u. a. auf der Insel Borgø, auf der noch die Ruinen der Burg Refshale aus dem 12. Jh. zu besichtigen sind, eine kurze Pause ein. Wer den Wagen am Parkplatz vor dem Dom stehen lässt, kann einen Altstadtbummel durch jenes malerische Viertel unternehmen, das sich vom Friedhof bis zum Markt mit Rathaus (Touristeninformation) erstreckt und in dem etliche typische Häuser des 17.–18. Jh. zu bewundern sind.

200 m nördlich des Marktes bringt einen die Jernbanegade zum Bahnhof, von dem im Sommer auf historischer Trasse die **Museumsbahn Maribo–Bandholm** startet. Die 1869 eingeweihte, gut 8 km lange Strecke von Maribo nach Bandholm war eine der ersten Dänemarks und immer noch verfügt die Museumsbahn über einige Waggons aus der Pionierzeit. Auch die älteste funktionstüchtige Dampflok des Königreichs (1879) wird dabei eingesetzt, sie benötigt gut 1 Stunde bis zum Ziel. Der gesamte Fuhrpark kann übrigens in der **Remise** aus dem Jahr 1923 (35 Dampf- und Dieselloks, Draisinen, Personen- und Güterwagen) besichtigt werden, die unweit des heutigen Bahnhofs steht. Architektonisch noch reizvoller ist der alte Bahnhof in Bandholm (vgl. S. 113), der ebenfalls 1869 eingeweiht wurde und heute als Museum genutzt wird.
Museumsbanen Maribo–Bandholm, *Maribo Station, www.museumsbanen.dk; Mitte Juni bis Mitte Aug. 3 Abfahrten jeden So, Juli auch Mi und Do*
Remisen, *C. E. Christiansvej; Mitte Juni–Anfang Sept. Mo–Do 12–15 Uhr*

Auch die Ufer des **Søndersees** und die seines südlichen Trabanten, des eichenumstandenen **Røgbøllesees**, sind ein lohnendes Ziel für eine Rundfahrt per Wagen oder Fahrrad. Die Seenplatte gehört zweifellos zu den schönsten Stücken Natur der Insel und hat auch kulturell einiges zu bieten, beispielsweise den Herrenhof Engestofte östlich von Maribo (nahe der Ortschaft Olstrup) und das von einem gepflegten Park umgebene Schloss Søholt am südlichen Ufer.

Die nächste Station entlang der E-47 ist das Städtchen **Sakskøbing**, das an einer fjordähnlichen Bucht gelegen ist und über einen Jacht-Hafen sowie einige alte Packhäuser verfügt. Der Marktplatz ist der Mittelpunkt des Ortes und ganz in der Nähe befindet sich eine spätromanische Backsteinkirche. Unterkünfte bieten außer Campingplatz und Familienherberge ein gemütliches, 200 Jahre altes Hotel am Markt. In Sakskøbings Umgebung befinden sich gleich drei interessante Schlösser bzw. Herrenhöfe:

In den ehemaligen Stallungen des Schlosses Krenkerup wird tolles Bier gebraut

- Südöstlich der Stadt das weiße **Schloss Krenkerup**, das schon im 14. Jh. erwähnt und im 17. Jh. um einen achteckigen Turm erweitert wurde. Ein Juwel moderner Zeiten ist hier die kleine **Krenkerup-Brauerei** (Bryggeri, *www.krenkerupbryggeri.dk*), die aus dem hauseigenen Hopfen zwölf leckere Biersorten herstellt. Auf dem Weg dorthin lohnt ein Besuch des steinzeitlichen Dolmen von Radsted.
- Nordöstlich der **Herrenhof Berritsgård (3)**, der im 16. Jh. im Stil der Renaissance errichtet wurde und ebenfalls einen charakteristischen Turm besitzt.
- Nordwestlich direkt am Ausgang des Sakskøbing-Fjordes das Schloss **Orebygård (4)**, das aus dem 16. Jh. stammt, 1872–74 historisierend umgebaut wurde und nicht nur mit einer herrlichen Umgebung aufwartet, sondern auch die große Oreby-Mühle (heute Hotel) und die alte Gaststätte Oreby-Kro als nächste Nachbarn hat.

Fährt man von Sakskøbing auf der alten Landstraße in Richtung Nordosten, kommt man zum netten Städtchen **Guldborg**, das über einige hübsche, gelbgestrichene Häuser und ein bescheidenes Angebot an Unterkünften verfügt. Die Marina bietet sich Seglern als Zwischenstation an.

Von Rødbyhavn nach Falster entlang der Südwestküste

Auf dem Weg von Rødbyhavn nach Falster kann anstelle der E-47 auch die südwestliche Variante gewählt werden, auf der sich mehrere Sehenswürdigkeiten befinden. Wer dieser Strecke folgen möchte, sollte bereits die erste Ausfahrt an der Fährstation nehmen und sich dann nach Osten orientieren. Von hier sind es rund 10 km bis zum Ostseebad Hyldtofte, noch ein wenig weiter östlich ragt hinter den Dünen von **Brunddragene klit** (den größten Lollands) die schmale Landzunge **Hyllekrog** ins Meer, die sich bestens für geruhsame Strandspaziergänge eignet. Auf gleicher Höhe, aber einige Kilometer landeinwärts, locken nah beieinander das **Schloss Lungholm (5)**, ein weißes Herrenhaus mit schönem Park, und die **Mittelalterkirche von Olstrup** Besucher an. Von hier geht es über schmale und kurvenreiche Fahrwege nach Osten oder bequemer über die nördlich verlaufende Straße 297 und davon abzweigend die Straße 283, auf das idyllische Städtchen Nysted zu.

Nysted wird nicht umsonst „Märchenstadt" *(eventyrbyen)* genannt. Die kleinen Häuschen ducken sich vor der Backsteinkirche mit Zwiebelturmhaube und wenden sich dem Hafen zu. Auf dem Uferweg, der *Paradisroute*, lässt sich die Gegend besonders gut erkunden. Ansonsten verfügt die Stadt über einige nette Restaurants, Fischbuden, Unterkünfte verschiedener Art, einen ehemaligen Wasserturm mit Kunstausstellungen, einen nahen Sandstrand, die Kerzenfabrik Svane Lys und die Möglichkeit, Kanus und andere Boote für Fahrten in der Bucht zu mieten. Im Meer erhebt sich die Hightech-Ära in Gestalt von 162 Offshore-Windkraftanlagen gut 110 m hoch in den Himmel. Die Gratis-Ausstellung Vindens Verden (Welt des Windes, *Strandvejen 18B*) informiert über das Projekt. Im Restaurant Ö, nicht weit von hier (*Strandvejen 10*) gibt es bestes Softeis und leckeres Smørrebrød!

Am westlichen Stadtrand steht das düstere **Schloss Aalholm (6)**, das ursprünglich aus dem 12. Jh. stammt und eine der ältesten Burgen Dänemarks ist. Die früher komplett von Wasser umgebene Feste (heute mit Nysted durch einen Damm verbunden) diente der Verteidigung gegen wendische Piraten, allerdings auch als Gefängnis. Im Jahr 1232 wurde hier König Christoffer II. sieben Monate von seinem Halbbruder, dem Herzog von Holstein, in einem immer noch existierenden Verlies gefangen gehalten. Unter Margrete I. wurde die Anlage modernisiert und spiegelte als Königsburg 450 Jahre lang die wechselvolle Geschichte des Landes wider. Im Jahr 1725 kaufte die Adelsfamilie Raben-Levetzau Aalholm. Im 19. Jh. legte man den Park Christianslyst an und baute 1890 den Nordflügel im historisierenden Stil um. Das Schloss ist im Privatbesitz und kann nicht besichtigt werden, dafür aber der Schlossgarten.

Knapp 3 km in nördlicher Richtung sind es vom Ortszentrum Nysted bis zum Dorf **Kettinge**, dessen schöne Windmühle links der Straße liegt. Hier zweigt man rechts ab, passiert nach wenigen Hundert Metern die Mittelalterkirche mit ihren gut erhaltenen Kalkmalereien und kommt kurz darauf in die Ortschaft **Frejlev.** Diese ist landesweit bekannt wegen ihres „Schalkskreuzes" (Skalkekors), einem hohen, weißgestrichenen Holzkreuz. Im 16. Jh. stritten die Bauern von Frejlev mit einem Vogt über einen Wald, den Königin Margrete der Bevölkerung geschenkt hatte. Die Bauern brachen dem Vogt schließlich auf einem Findlingsblock das Rückgrat – der „Rückgratbrecherstein" (Knækkerygsten) ist am Ende der Straße (*4 km östlich*) immer noch zu sehen. Unter der Bedingung, dass sie ein weißes Holzkreuz errichteten: das „Schalkskreuz", wurden die Bauern begnadigt. Auch für frühgeschichtlich Interessierte ist Frejlev eine überaus lohnende Station: Verschiedene Grabformen können in Danmarks Oldtidcenter *(Plantagevej, ausgeschildert, freier Eintritt)* besichtigt werden und etwa 2 km östlich des Kreuzes lockt im Wald Frejlev Skov eine der umfangreichsten Ansammlungen von **Grabhügeln**, Ganggräbern und Schiffssetzungen aus Stein- und Bronzezeit des ganzen Landes.

Nördlich von Frejlev erreicht man über die Landstraße **Fuglsang,** bekannt wegen seines traditionsreichen **Herrenhofs**. Die drei Hauptgebäude mit ihren Treppengiebeln wurden 1868–69 auf dem Platz einer mittelalterlichen Burg errichtet und sind heute Sitz der „Musischen Gesellschaft". Das ganze Jahr über finden im schönen Musiksaal Konzerte statt. Ansonsten kann man die alten Wallgräben besichtigen und einen Spaziergang durch den herrlichen Park machen.

Nicht weit entfernt steht das **Fuglsang Kunstmuseum** mit einer beachtlichen Sammlung dänischer Gemälde und Skulpturen ab Ende des 18. Jh. sowie einem Museumscafé.

Schöner Park Fuglsang

Fuglsang Kunstmuseum, *Nystedvej 71, Toreby, www.fuglsangkunstmuseum.dk; Nov.–März Mi–So 11–16, April–Okt. Di–So 11–17, Juli–Aug. tgl. 10–17 Uhr*

Wenige Fahrminuten entfernt kommt man nach **Sundby** und von dort über die Eisenbahn-/Autobrücke (Frederik IX. bro) nach Nykøbing auf Falster. Der ansonsten recht unspektakuläre Ort besitzt in seinem **Middelaldercentret (7)** (Mittelalterzentrum) eine weithin bekannte Attraktion. Hier wurde ein komplettes Dorf vom Ende des 14. Jh. nachgestellt – Handwerker wie Schmied, Färber, Schuhmacher und Näher gehen in zeitgenössischen Kostümen ihrer Arbeit nach, zum Markt strömen Kauflustige, Ritter in voller Montur üben ihr Kriegshandwerk und im Hafen liegen Nachbauten historischer Schiffe vor Anker.
Middelaldercentret, *Ved Hamborgskoven 2, Sundby, www.middelaldercentret.dk; Juni–Aug. tgl. 10–16, Mai/Sept. Di–So 10–16, im Juli Mi bis 20.30 Uhr*

Von Nakskov nach Maribo: quer durch Lolland

Wer von Westen kommt, erreicht Lolland über die Insel Langeland, wo in Spodsbjerg (S. 242) einmal stündlich eine Fähre nach **Tårs** abgeht; die Überfahrt dauert 45 Minuten. Da Tårs außer der Fährstation und dem kleinen Fischerei- und Jachthafen kaum etwas zu bieten hat, kann man schnell die Fahrt fortsetzen, z. B. zum 3 km nördlich gelegenen **Frederiksdal**, einem Herrenhaus mit schönem Garten und Wallgräben. Das weiße Palais ist bekannt für vielbeachtete Schlosskonzerte sowie für seinen Kirschwein (kirsebærvin).

Von Tårs aus führt einen die „Margeritenroute“ auf immer schönen, oft aber auch schmalen und kurvenreichen Landstraßen abseits der großen Touristenströme über Pederstrup und Bandholm nach Maribo. Die gesamte Route ist durch das Margeritenzeichen gut markiert.

Nicht auf der Margeritenroute liegt **Nakskov**, die mit rund 12.500 Einwohnern größte Stadt auf Lolland. Obwohl Nakskov Industriestandort ist und über den größten Hafen der Insel verfügt, ist das Erscheinungsbild des Städtchens doch eher gemütlich-behäbig. Von Tårs aus fährt man einige Kilometer auf der Rute 9 nach Osten, dann auf dem Tårsvej nach Süden und wird

so ins Ortszentrum geleitet. Die über 700 Jahre alte Stadt wurde in erster Linie von Händlern und Reedern geprägt. In der Neuzeit war vor allem die Zuckerfabrik wichtig für die wirtschaftliche Entwicklung und es ist daher kein Zufall, dass sich in Nakskov das **Dänische Zuckermuseum** befindet, welches beim letzten Besuch recht vernachlässigt wirkte. Ein neues Museum ist jedoch in Planung. Zuletzt machte sich Nakskov zudem einen Namen als Standort für die Herstellung von Rotorblättern für Windräder.
Danmarks Sukkermuseet, *Løjtoftevej 22, www.sukkermuseet.dk; Juni–Sept. Di–So, März–Mai, Okt. bis Mitte Dez. nur Sa 13–16 Uhr*

Während das Museum etwas außerhalb im Osten liegt, kann man die eigentliche Altstadt gut zu Fuß erkunden. Auf der vorliegenden Route erreicht man sie hinter dem Nørrevold, wo am Gänsemarkt (Gåsetorvet) Parkmöglichkeiten vorhanden sind. Wenige Meter von hier erhebt sich der hohe Turm der **Nikolaikirche**, die aus dem 13. Jh. stammt, im 15. Jh. jedoch im spätgotischen Stil umgebaut wurde. Sehenswert sind im Innern u.a. die kunstvoll geschnitzte, siebeneckige Barockkanzel und der dreistufige Altar aus der gleichen Zeit. Südlich der Kirche breitet sich der **Marktplatz** Axeltorv aus, an dem man u.a. das Rathaus und in der alten Apotheke die Touristeninformation findet. Von diesem zentralen Platz führen schmale Gassen und Straßen in alle Himmelsrichtungen und überall stößt man auf alte Fassaden, kunstvoll geschmiedete Ladenschilder und die charakteristischen Fachwerk-Packhäuser. Nur wenige Schritte nördlich des Rathauses lohnt ein Besuch in dem „arbeitenden Museum“ der Alten Schmiede, noch etwas weiter ist die Alte Druckerei *(Jernbanegade 8)* zu besichtigen. Südlich des Rathauses gibt es die besten Einkaufsmöglichkeiten in der Fußgängerzone Søndergade.

Am allerschönsten aber ist Nakskov am Wasser. Der **Nakskov Fjord** verengt sich hinter der „Mühlenbucht“ (Møllebugt) immer mehr und grenzt die Altstadt schließlich als schmales Wasserband vom jenseitigen Ufer ab. Die Straße, die hier am Wasser entlang führt, heißt Havnegade; an ihr befinden sich das alte Zollhaus, das Hafenkontor und das sehenswerte **Marinemuseum**. Nach Westen geht sie in die Strandpromenade über, die die Mühlenbucht mit Marina und kleinem Sandstrand passiert und nach 2 km die grüne Halbinsel Hestehoved erreicht.
Skibs- & Søfartsmuseum, *Havnegade, www.skibsmuseum-nakskov.dk; Mai–Mitte Okt. Mo–Do 13–16 Uhr*

Die schönsten Badestrände liegen an der nicht weit entfernten Südküste. Auf schmalen Wegen geht es in weniger als 10 km zu Urlaubsorten wie Næsby Strand oder Maglehøj Strand. Im Westen ragt die schmale Landzunge **Albuen** mit ihren Dünen und dem Sandstrand weit in den Nakskov Fjord hinein. Von hier bis hinab nach Rødbyhavn (S. 106) verläuft auf den Ostseedeichen der schöne Radwanderweg Østersøstien.

Tipp

Schön ist eine Tour mit dem **Postboot** (Postbåden) von Nakskov durch den Fjord u. a. zu den Inseln Slotø und Vejlø sowie mit 1 Std. Landgang auf der Halbinsel Albuen. Die Postbootfahrten mit der „MS Vesta“ starten Juni–Aug. Mo–Sa um 9 Uhr am Anlegeplatz Havnegade 27 und dauern ca. 4½ Std. Auch eine „kleine Inselrundfahrt (Inselhüpfen)“ (4 Std., Mo, Di, Do ab 14 Uhr) sowie Mi um 14 Uhr eine 2-stündige Fahrt zur Insel Slotø sind möglich. Man kann auch sein Fahrrad mitnehmen. Auf Slotø gibt es eine alte Burgruine und hier wurde 1510 Dänemarks erste Marinewerft eingerichtet. Vejlø eignet sich gut für einen geruhsamen Ferienaufenthalt. Es empfiehlt sich, eine Tour mit der „MS Vesta“ zu reservieren (www.postbaaden.dk).

Ein schöner Weg führt an der Nordküste Lollands entlang bis nach Maribo. Von Nakskov aus nutzt man dazu am besten die Straße 289, die nach wenigen Kilometern den Weiler **Løjtofte**

Überall auf Lolland gibt es kleine Straßenstände mit selbstgemachten Produkten

erreicht. Hier sollte man sich das kleine Kirchlein anschauen, das im Innern einen kunsthistorischen Schatz birgt: einen gotländischen Taufstein aus romanischer Zeit.

Fährt man von hier in östlicher Richtung weiter, passiert man nach wenigen Minuten die wunderschöne Windmühle von **Vindeby**. Über Utterslev gelangt man dann auf die Straße 289 zurück, auf der es weiter Richtung Osten geht. Unweit der Straße (ausgeschildert) lohnt bald ein Halt an einem der größten steinzeitlichen Gräber des Landes, dem **Kong Svends Høj**. Die vor ca. 5.200 Jahren angelegte, 12 m lange Grabkammer kann besichtigt werden (sehr niedrig, Taschenlampe!). In den 1990er-Jahren hat man einen Teil der Anlage restauriert und die großen Randsteine freigelegt. Südlich erstreckt sich der Park des Herrensitzes **Pederstrup**, der eng mit der Geschichte des Staatsmannes und Reformers Christian Ditlev Reventlow (1748–1827) verknüpft ist. Dessen Familie nahm das Gut, das bereits 1354 erwähnt wurde, 1725 in Besitz. Heute dient das weiß gekalkte Hauptgebäude, ein 1813–22 errichteter klassizistischer Bau, als **Reventlow-Museum**. In dem 20 ha großen Park findet jeweils im August ein bekannter Jahrmarkt statt. Jedes Jahr Anfang September bildet Pederstrup den Rahmen für die Kulturveranstaltung „Licht über Lolland" mit Konzerten, Darbietungen und Ausstellungen.
Reventlow-Museet Pederstrup, *Pederstrupvej 124, www.museumlollandfalster.dk/de/pederstrup; Juni–Mitte Sept. Di–So 11–16 Uhr; der Park ist ganzjährig frei zugänglich*

Wenige Kilometer weiter östlich liegt der Hafenort **Kragenæs** mit Campingplatz, Hafenpromenade, Restaurant und **Dodekalitten**, einem Kunstwerk aus 12 Steinfiguren, die aus Granit gemeißelt wurden. Jede Figur ist 7–9 m hoch und 25–45 t schwer. Die Köpfe der Figuren zeigen alle zum Zentrum des Kreises, der einen Durchmesser von 40 m hat. Zwischen den Steinfiguren gibt es Sitzsteine, aus denen heraus eine eigens komponierte Musik abgespielt wird. Von Kragenæs aus fahren Autofähren zwei schöne vorgelagerte Inseln an: Zum einen ist da **Fejø**, das direkt vor Kragenæs liegt und innerhalb von nur 15 Minuten erreicht werden kann. Das Eiland verfügt über einen Campingplatz, Ferienhäuser, ein Feriencenter, einen Jachthafen, Cafés und Restaurants, Fahrradverleih u. v. m. Zu sehen gibt es eine Töpferwerkstatt, eine Kerzenfabrik, eine Kunstgalerie, ein Inselmuseum in der alten Schule, eine 250 Jahre alte Dorfschmiede und eine Bootswerft, die sich auf Nachbauten historischer Segelschiffe spezialisiert hat. Bekannt ist die Insel auch für ihr Obst und den daraus gewonnenen Cidre. Und natürlich gibt es hier eine Kirche, sogar eine der ältesten auf den Inseln überhaupt: Das direkt am Wasser errichtete Gotteshaus stammt von etwa 1200, man findet es an der Südostküste. Tagesausflügler sollten sich ein Fahrrad leihen, um die Insel mit ihren beiden Dörfern Vesterby und Østerby zu erkunden. Auf einer Besichtigungstour sollte auch das reizvolle Inselchen **Skalø** im Nordwesten berücksichtigt werden, das durch einen Damm mit Fejø verbunden ist und ebenfalls über einen kleinen Hafen verfügt.

Etwas weiter nordöstlich liegt das 1.183 ha große Eiland **Femø**, das rund 175 Einwohner hat. Die Landschaft stellt sich deutlich hügeliger als die auf Lolland dar. Die Küstenlinie ist von Sandstränden, Steilufern und Strandwiesen geprägt, während das Inselinnere landwirtschaftlich genutzt wird. Touristisch spielt Femø seit geraumer Zeit eine bescheidene Rolle wegen des Jazzfestivals, das jährlich Anfang August stattfindet. Trotzdem sind es bislang hauptsächlich Segler, die dem Eiland einen Besuch abstatten; Unterkünfte sind rar (Ferienhäuser, private Zeltplätze sowie das Gasthaus Femø Kro, *www.femoekro.dk*). Wer für einen Tagesausflug hierhin kommt, sollte ein Fahrrad mitbringen und sich die beiden Ortschaften Nørreby und Sønderby mit ihren hutzeligen Häuschen und schmalen Gassen anschauen; zwischen den beiden Ortschaften liegt die 1527 eingeweihte Kirche, die noch über einige spätgotische Kalkmalereien sowie Inventarstücke einer älteren Kirche verfügt.

Bei der Weiterfahrt ab Kragenæs bringt einen ein schmaler Fahrweg an der Burgruine **Ravnsborg** vorbei, die im einzigen Hügelgebiet der Insel liegt und einen schönen Ausblick auf das Inselmeer bietet. Auf Höhe der hübschen, gelb gehaltenen Birket-Kirche stößt man dann wieder auf die Landstraße 289, auf der man schließlich zum Hafenort **Bandholm** gelangt. Das nette Dorf war früher als Hafen von Maribo bedeutend, wovon immer noch herrschaftliche Häuser und hohe Magazingebäude künden. Der alte Bahnhof wurde 1869 eingeweiht, von hier startet die erwähnte Museumsbahn nach Maribo (vgl. S. 107). Das luxuriöse **Bandholm Badehotel** (*Havnegade 37, www.bandholmbadehotel.dk*), das bereits mehrfach zu den besten Hotels Europas gewählt wurde, befindet sich in einem restaurierten Gebäude von 1692. Neben den geschmackvoll eingerichteten Zimmern besticht auch die exquisite Küche. Gemessen an Qualität und Ambiente ist der Preis für eine Übernachtung samt Dinner hier durchaus gerechtfertigt.

Die größte Touristenattraktion von ganz Lolland befindet sich in unmittelbarer Nähe von Bandholm: der **Safaripark Knuthenborg (8)**, der insbesondere Familien mit Kindern einen unvergesslichen Ausflug garantiert (s. u.). Mindestens einen halben Tag sollte man einplanen, um die einzelnen Gehege in Ruhe zu durchfahren und genügend Zeit für weitere Stopps (Tiergehege, Spielplätze, Essen und Trinken) zu haben. Ca. 900 Tiere afrikanischen Urpsrungs leben hier, zudem gibt es in der Dinosaurierausstellung das Skelett eines 9 m langen und zu Lebzeiten 1,5 t schweren Allosaurus („Big Joe") zu bewundern. Dieser lebte hier vor etwa 155 Mio. Jahren.
Safaripark Knuthenborg, *Knuthenborg Allé, Bandholm, www.knuthenborg.dk; April–Mitte Okt. tgl. 10–17, in der Hauptsaison bis 18 Uhr, die Ausfahrten des Parks sind bis 1 Std. nach Parkschließung passierbar*

Diesseits von Afrika – im Safaripark Knuthenborg

info

Der Safaripark erstreckt sich auf rund 630 ha rund um das Schlösschen Knuthenborg, das im 19. Jh. errichtet wurde. Schon damals hatte der Lehnsgraf Eggert Christoffer Knuth die Idee, einen der Öffentlichkeit zugänglichen Park anzulegen. Viele der Gewächse und Bäume aus allen Teilen der Welt, die dabei im Park angepflanzt wurden, sind heute noch zu sehen. Damals schon bevölkerten Hirsche, Kühe und Schafe den Park, doch erst 1969 wurden die ersten Antilopen, Zebras und Strauße per Schiff von Kenia nach Knuthenborg gebracht. Seitdem wurden immer neue Tierarten (auch nordische wie Wölfe, Elche und Bisons) aufgenommen und viele andere Attraktionen geschaffen.

Der Eingang des Parks ist das eindrucksvolle Torhaus Maglermerporten. Im Gelände selbst durchfährt man zunächst ein savannenartiges Areal, in dem man von friedlichen Kamelen, Eseln, Ziegen, Schafen, Zwergzebus oder Lamas begrüßt wird – hier

info

ist es erlaubt, das Auto zum Fotografieren oder Streicheln der Tiere zu verlassen; außerdem können diese Bereiche auch von Fahrradfahrern erkundet werden. Bei sonnigem Wetter an Zebras, Giraffen, Straußen, Gnus und Büffeln vorbeizufahren, ist ein überwältigendes und zugleich unwirkliches Erlebnis: Die Tiere und die steppenartige Landschaft lassen an Afrika denken, die im Hintergrund blitzende Ostsee, ein vereinzeltes Hünengrab oder Kühe und Schafe stehen dazu in merkwürdigem Kontrast. Als besondere Attraktion gilt der Tigerwald, in dem mehrere Exemplare des Sibirischen Tigers (in freier Wildbahn gibt es schätzungsweise weniger als 500) leben und der hermetisch abgeriegelt ist. Wegen der strengen Sicherheitsvorkehrungen kommt es dabei häufig zu Wartezeiten. Wer wenig Zeit hat, sollte daher auf diesen recht kleinen Teil des Parks verzichten. Unbedingt lohnend ist hingegen ein Stopp am Affenwald, der von Pavianen bevölkert wird und ein Besuch im Vogelparadies, das in 21 geräumigen Volieren unzählige exotische Vögel beherbergt. Unverzichtbar für Besucher mit Kindern ist schließlich ein Halt am künstlichen See Smålandshavet und vor allem am „Limpopo-Land“, das mit einer Wildwasserbahn, Kletterhügel, Kinder-Achterbahn, einem großen Wasser- und Naturspielplatz, großem Labyrinth sowie anderen Attraktionen aufwartet. Im Safaripark gibt es außerdem ein Restaurant, ein Café und einen Souvenirladen.

Von Bandholm aus geht es schließlich nach Maribo (S. 106) weiter, wo man die Fahrt nach Sakskøbing und Falster fortsetzt.

Reisepraktische Informationen Lolland

Information

Maribo Turistbureau: *Banegårdspladsen 11 (Stiftsmuseet), 4930 Maribo, ☏ 54780496, www.visitlolland-falster.com.*

Nakskov Turistbureau: *Axeltorv 3, 4900 Nakskov, ☏ 54922172, www.visitlolland-falster.com.*

Hotels

Den gamle Digegaard Kro €€€€, *Diget 1, Dannemare, ☏ 54946040, www.dengamle digegaard.dk; sehr schönes Fachwerk-Anwesen, nahe zu Lalandia (16 km) und auch der Safaripark Knuthenborg ist von hier gut erreichbar (31 km). Am Wasser gelegen, 7 sehr gut ausgestattete Apartments für bis zu 4 Personen mit Balkon bzw. Terrasse, Vermietung von drei Luxus-Sommerhäusern (alle 90 m² mit Platz für 6 Personen), vorzügliches Restaurant.*

Skovridergaarden €€€, *Svingelen 4, Nakskov, ☏ 54920355, www.skovridergaarden.dk; inmitten eines wunderschönen Parks mit See gelegenes Gasthaus, etwa 2 km vom Stadtzentrum entfernt, mit 20 gemütlichen und komfortabel eingerichteten Doppel- und Einzelzimmern. Sehr gutes Restaurant mit vielseitiger Speisekarte.*

Hotel Saxkjøbing €€, *Torvet 9, Sakskøbing, ☏ 54704039, www.hotel-saxkjobing.dk; schöne, 200-jährige Herberge im Zentrum mit 24 guten Doppel- und Familienzimmern im Haupthaus sowie im Annex. Vor allem durch das Restaurant mit bürgerlich-dänischer Feinschmecker-Küche überregional bekannt geworden.*

Jugendherberge

DanHostel Sakskøbing, *Saxes Allé 10, Sakskøbing, ☏ 54704566, www.sakskoebing-vandrerhjem.dk; relativ moderne Anlage am Stadtrand mit 20 Mehrbett- und Familienzimmern (fast alle mit eigenem Bad/WC), Fahrradverleih, Kaminzimmer, viele Sportmöglichkeiten. Zwei weitere Dan-Hostels gibt es in* **Nakskov** *und* **Maribo**.

Camping

Hummingen Camping, *Pumpehusvej 1, Dannemare, ☏ 54946161, www.hummingen camping.dk; großzügige Anlage in Südlolland, 800 m vom Strand entfernt, 250 Einheiten mit Zelten, Hütten, Ferienhäusern und Wohnwagen, kleiner Streichelzoo, viele Spielplätze, großer moderner Pool mit Rutsche, April–Mitte Okt. geöffnet.*

Western Camp, *Noret 2, Kramnitze, ☏ 54946100, www.westerncamp.dk; großer Platz im Western-Stil (mit „echtem Sheriff, Saloon und Gefängnis"), nahe dem Strand, dem Lalandia-Erlebnisbad und einem See gelegen, außer dem üblichen Angebot auch mehrere gut ausgestattete „Präriehütten" und Western-Eisenbahn (Achtung! Überfälle!).*

Nysted Camping, *Skansevej 38, Nysted, ☏ 5487091 7, https://nystedcamping.dk. Toll am Ausläufer der Bucht gelegen. Schattige Plätze, 100 m zum kinderfreundlichen Sandstrand und nur wenige Minuten vom Ortskern entfernt. Modern ausgestattete Ferienhäuser, -hütten und -apartments, Fahrradverleih.*

Restaurants

Oreby Kro, *Orebygaard 2, Sakskøbing, ☏ 54174466, www.orebykro.dk; herrschaftliches Mühlenhaus nördlich von Sakskøbing, direkt am Wasser und nahe dem Schloss Orebygård, abends bodenständige 2-3-Gänge-Menüs, leckeres Mittagessen, Do–Sa 12–22, So 12–16 Uhr.*

Restaurant Ö, *Strandvejen 10, Nysted, ☏ 28340144, www.restaurantoe.com; am Hafen in Nysted gelegenes, populäres und nicht ganz günstiges Restaurant mit innovativer dänischer Küche, nette Einrichtung. Bestes Softeis weit und breit und leckeres Smørrebrød (nur tagsüber). Reservierung empfohlen.*

Restaurant Fjorden, *Hestehovedet 5, Nakskov, ☏ 54922348, www.restaurant-fjorden.dk; Pavillon nahe der Marina und dem Campingplatz, bodenständige Küche u. a. mit leckeren Smørrebrød (12–16 Uhr), tgl. 12–20, Sa bis 21 Uhr geöffnet.*

Fähren

Die internationale Fährstrecke **Rødbyhavn-Puttgarden** *(„Vogelfluglinie") wird von der Reederei Scandlines bedient. Abfahrten mindestens alle 30 Minuten, Überfahrtsdauer ca. 45 Minuten. Reservierungen und Buchungen außer im Reisebüro in Deutschland unter ☏ 01805-116688 bzw. 0381-77887766 und in Dänemark unter ☏ 33151515 oder online unter www.scandlines.de.*

Die Route **Tårs-Spodsbjerg** *zur Nachbarinsel Langeland bedient einmal stündl. Langelandslinjen (☏ 70251025, www.langelandslinjen.de), die Überfahrtszeit beträgt ca. 45 Minuten. Zu anderen Inseln gibt es mit Lolland Færgefart (☏ 88321212, https://lollandfaergefart.lolland.dk) folgende Routen:* **Bandholm-Askø** *(bis zu 9-mal tgl.),* **Kragenæs-Fejø** *(bis zu 22-mal tgl.) sowie* **Kragenæs-Femø** *(Abfahrten alle 2 Stunden).*

Falster

Die östlich von Lolland gelegene Insel steht hinsichtlich ihrer **Größe** (514 km²) und Einwohnerzahl (ca. 42.000) deutlich hinter ihrer Nachbarin zurück. Dass sie trotzdem vor allem bei deutschen Urlaubern bekannter und populärer ist, liegt an den herrlichen Sandstränden an der Ostküste und besonders an dem Seebad Marielyst. Landschaftlich hat Falster – von den Stränden einmal abgesehen – ebenso wenig Spektakuläres zu bieten wie Lolland: Das Land ist weitgehend flach und die fruchtbaren Böden wurden immer schon landwirtschaftlich intensiv genutzt, insbesondere für den Anbau von Zuckerrüben. Mit Lolland ist Falster durch zwei **Brücken** und einen Autobahntunnel über bzw. unter dem Guldborgsund verbunden, mit dem nördlichen Nachbarn Seeland durch die zwei mächtigen Brücken über die Meerenge Storstrømmen. **Fährverbindungen** gibt es von Gedser nach Rostock sowie von Stubbekøbing nach Nyby auf Bogø, von wo es eine Dammverbindung nach Møn gibt.

Redaktionstipps

➤ Die schönsten Städtchen sind **Nykøbing** (S. 118) und **Stubbekøbing** (S. 119).
➤ Die **interessantesten Kirchen** sind die Franziskanerkirche von Nykøbing (S. 118) und die Kirche von Stubbekøbing (S. 119).
➤ Besuchenswert sind zudem das **Motorrad- und Radiomuseum** (S. 119) sowie das **Traktormuseum** (S. 120). Toll ist die Fahrt mit der **Færgen Ida** zur **Insel Bogø** (S. 119).
➤ Unter den vorzüglichen Stränden der Insel ist der 18 km lange Sandstrand von **Marielyst** (S. 116) weit über die Landesgrenzen hinaus bekannt, doch auch an der Südspitze bei **Gedesby** (S. 116) gibt es einen kilometerlangen, feinsandigen Küstenabschnitt.

Von Süden nach Norden durch Falster

Die Scandlines-Fähren haben viele europäische Touristen an Bord, die nach einer 2-Stunden-Überfahrt von Rostock aus in **Gedser** (sprich: jesser) zum ersten Mal dänischen bzw. skandinavischen Boden betreten. Das nur 720 Einwohner zählende Städtchen ist das südlichste des Königreichs (und damit Skandinaviens). An diese geografische Lage wird man eindrücklich am **Südstein** (Sydstenen) erinnert, einem 5 t schweren Findlingsblock, den die eiszeitlichen Gletscher von Schweden hierhin transportierten. Der Südstein liegt rund 2 km von der Fährstation entfernt, nahe dem Steilufer (Gedser Odde). Dort thront ebenfalls der Leuchtturm, der seit 1801 ununterbrochen in Betrieb war und der in der Saison bisweilen besichtigt werden kann. Eine genauso gute Aussicht über Stadt und Meer bietet aber auch der markante **Wasserturm**.

Vom Südkap erstreckt sich ein kilometerlanger Sandstrand an der Ostküste entlang, im Herbst kann man hier riesige Schwärme von Zugvögeln beobachten und auf den Sandbänken tummeln sich manchmal Robben. Ansonsten lohnt sich eine Besichtigung der 1915 im Jugendstil errichteten **Kirche**. Oder man schaut in die alte **Remise** direkt nördlich des Bahnhofs am Fähranleger, in der historische Lokomotiven, Draisinen und Motorzüge ausgestellt sind und im Sommer Fahrten mit einem historischen Schienenbus auf der ansonsten stillgelegten Trasse zwischen Gedser und Nykøbing angeboten werden. Draisinen-Touren gibt es auch (i. d. R. zwischen Marrebæk und Væggerløse). Gedsers touristisches Leben kulminiert gut 1 km nordwestlich der Stadt, wo es an der Westküste eine große Marina, einen Ferienpark mit Spaßbad, den Campingplatz und viele Ferienhäuser gibt.
Jernbanemuseet Remisen, *Stationsvejen 20, www.gedserremise.dk; Mitte Juni–Aug. und in den Herbstferien Di–So 11–16 Uhr sowie wenn die dänische Fahne gehisst ist, im Winter Sa/So 11–16 Uhr*

Gedsers „Vorgängerin" als Hafenstadt war der wenige Kilometer weiter nördlich gelegene Ort **Gedesby**. Über Jahrhunderte wurden hierhin Waren und Menschen über die Ostsee transportiert, bis der Hafen, der bezeichnenderweise in alten Karten als „Rostocker Fährhafen" eingezeichnet ist, versandete. Die Neugründung von Gedser war das Ende der Karriere von Gedesby, das auch heute noch im Schatten des „Emporkömmlings" steht. Das größte Kapital der Ortschaft ist der knapp 30 km lange Sandstrand, der sich über Marielyst bis hinauf nach Sildestrup erstreckt. Noch gibt es in Gedesby keine großen Hotelanlagen und nur wenige Restaurants. Das touristische Leben spielt sich hauptsächlich in den Ferienhäusern ab, von denen es hier Hunderte gibt. Fährt man von der Europastraße in Richtung Strand, kommt man am Ortseingang an Gedesbys Wahrzeichen vorbei, einer großen **Windmühle** holländischen Typs, die bis 1947 in Gebrauch war. Sie beherbergt nunmehr einige Läden mit Kunsthandwerk und Souvenirs.

Gut 5 km weiter nördlich nähert man sich einem der größten Tummelplätze des sommerlichen Fremdenverkehrs in ganz Dänemark: **Marielyst**. Es gibt zwar wirklich ein Dorf dieses Namens, doch ist Marielyst zur Sammelbezeichnung für alle Strandabschnitte, Ferienhauskolonien

Falster
Vordingborg
Danmarks Borgcenter
Rosenfeldt
Nykøbing F
Sundby
Stubbekøbing
Nørre Alslev
Bogø
Farø
Væggerløse
Nysted
Ostsee
Guldborg Sund
Storstrømmen
Storstrømsbroen
Kalve Strøm
Grønsund
Kippinge Kirke
Reste Strand
Vennerslund
Berritsgård
Middelaldercentret
Krenkerup
Fuglsang
Skalkekors
Frejlev Skov
Ålholm
Corselitze
Motorcykelmuseum
Bogø Mølle
Kong Asgers Høj
Klekkendehøj
Petersgaard
Madses Klint
Halskov Vænge
Åstrup Kirke
Gedser Odde
Sehenswürdigkeiten
1 Schloss Corselitze
2 Aastrup-Kirche
3 Oldtimer-Fähre Ida
4 Wallfahrtskirche von Kippinge
0
10 km

und sonstigen Einrichtungen zwischen Gedser und Tromnæs geworden. Heute gibt es hier einen schönen Sandstrand mit sauberem Wasser, Unterkünfte jeder Art (vor allem aber Campingplätze und Ferienhäuser), Diskotheken und Restaurants, Go-Cart-Bahn und Bowling-Center, Reitstall und Kunsthandwerker, Fahrrad-, Boots- und Autoverleih. Nur das von mediterranen Seebädern bekannte Gedränge gibt es nicht, Platz ist für alle da.

Nykøbing F liegt an einer schmalen Stelle des Guldborgsundes und ist mit 17.000 Einwohnern die bei weitem größte Stadt von Falster. Das „F“ steht übrigens für Falster und ist nicht überflüssig, da es auch auf Seeland und auf der Insel Mors ein Nykøbing gibt. Die Geschichte des Ortes reicht bis ins 12. Jh. zurück, als die Dänen eine Burg gegen wendische Piraten anlegten, in deren Schutz sich langsam eine prosperierende Siedlung entwickelte. Traditionsreiche Baudenkmäler locken zusammen mit der quirligen kulturellen Szene und den vorzüglichen Freizeitmöglichkeiten (Wanderungen, Segelsport, Golf, Baden etc.) jedes Jahr viele Besucher hierhin – dementsprechend gut ist daher auch das Angebot an Unterkünften, Restaurants und Boutiquen.

Die eigentliche Innenstadt liegt südwestlich des Bahnhofs, von wo man über die Fußgängerzone zum großen **Marktplatz** (Torvet) kommt. Er ist Schauplatz der Nykøbing-Festwoche Anfang August und außerdem hallt er von Juni bis August jeden Freitag von den swingenden Jazzmelodien landesweit bekannter Bands wider. Nicht weit entfernt stößt man auf das Rathaus und die **Klosterkirken** (Franziskanerkirche), die 1419 errichtet wurde und sich stündlich durch ein Glockenspiel mit Melodien dänischer Psalmen meldet. Der spätgotische Bau verfügt über zwei herausragende Kunstwerke: ein Gemälde von Lukas Cranach d.Ä. von 1540 und an der Nordwand des Chores die „Mecklenburgische Ahnentafel“ von 1627. Sie geht zurück auf Sophie von Mecklenburg, die Gemahlin Frederiks II., und zeigt ihre Abstammung über fünf Generationen. Wenige Schritte weiter nördlich erhebt sich als eigentliches Wahrzeichen der Stadt der 43 m hohe gelbe **Wasserturm**. Bei seiner Einweihung im Jahr 1908 war er das höchste Betongebäude Dänemarks. Von oben hat man einen herrlichen Rundblick und in den unteren vier Etagen werden interessante Wechselausstellungen präsentiert.

Im Hafen von Nykøbing

In unmittelbarer Nachbarschaft von Kirche und Wasserturm findet man auch einige der schönsten und ältesten Fachwerkhäuser. So z. B. in der St. Kirkestræde (Ritmestergården) und vor allem in der Langgade, wo sich das älteste Profangebäude der Stadt befindet (Nr. 18). Ebenfalls auf dieser Straße gibt es das **Museum Falsters Erinnerungen**, das am besten die Vergangenheit von Stadt und Insel erzählen kann. Das Fachwerkgebäude von 1700 wird seit einem Besuch Peters des Großen **Haus des Zaren** genannt. Hier und

in den benachbarten Häusern werden Sammlungen aus vorhistorischer Zeit und Mittelalter gezeigt sowie Exponate zur bäuerlichen und bürgerlichen Kultur von 1800 bis 1900. Für Erfrischungen sorgt ein historisches Restaurant mit originaler Einrichtung. Dem Museum angeschlossen ist ein alter, englischer Teeladen. Hier kann man Tee, Kaffee, Kandiszucker, handgemachte Bonbons, ökologische Lebensmittel, Körbe und Flechtwerk sowie Küchengegenstände erstehen.
Czarens Hus & Museet Falsters Minder, *Langgade 2/Færgestræde 1A, https://museumlolland falster.dk/engelsk-tesalon-i-czarens-hus; Di–Fr 10–16, Sa 10–14, Juli/Aug. Mo–Fr 10–17, Sa 10–14 Uhr*

Die **Margeritenroute** führt auf gewundenen Straßen abseits der Touristenströme an der Ostküste entlang. Hier lohnt ein Stopp am **Schloss Corselitze (1)**, einem weißen, 1777 erbauten Adelssitz, der von einem 7 ha großen, herrlichen Naturpark umgeben ist. In **Bregninge** stellt 2 km abseits der Straße das Hügelland von Halskov Vænge das Ziel für einen lohnenden Abstecher dar. Das eindrucksvolle Ensemble umfasst fünf jungsteinzeitliche Dolmen und nicht weniger als 75 Grabhügel aus der Bronzezeit! Über **Hesnæs** (Leuchtfeuer, schöne Aussicht) geht es nach Stubbekøbing weiter, doch sollte man unterwegs links zur mittelalterlichen **Aastrup-Kirche (2)** abbiegen, die behutsam restaurierte und sehr eindrucksvolle Fresken des sogenannten Elmelunde-Meisters zeigt. Diese zierten jahrelang dänische Briefmarken.

Ein Abstecher in die Mitte der Insel führt zu dem Ort Virket, wo in jüngster Zeit Ausgrabungen begonnen haben. Festungsanlagen (Alt-Nordisch *wirki* = Festung) aus dem 12. Jahrhundert wurden freigelegt. Hier im **Falster Virke** verschanzten sich die Einwohner der Insel bei Angriffen. Eine Siedlung aus der Eisenzeit sowie Wikinger-Gräber hat man im Umkreis des Ortes ebenfalls entdeckt. Ein Museum ist in Planung.

Stubbekøbing ist Falsters älteste Stadt. Während der Wendenkriege war hier die dänische Kriegsflotte stationiert, später im Mittelalter erlangte Stubbekøbing als Zentrum der Heringsfischerei Wohlstand und Reichtum. Doch immer wieder aufflammende Großbrände machten der Blütezeit ein Ende. Größte Sehenswürdigkeit ist die romanische **Kirche** von etwa 1200, die die älteste der Insel ist. Das Backsteingotteshaus mit seinem starken Treppengiebelturm birgt im Innern einige kostbare Kalkmalereien. Die andere bekannte Attraktion des Städtchens ist das **Motorrad- und Radiomuseum**, das eine der größten Sammlungen von Oldtimer-Motorrädern in Europa besitzt. Sehenswert ist auch die Sammlung von Grammophonen und Radioapparaten, die nicht zufällig hier beheimatet ist. Schließlich wurde Peter L. Jensen in Stubbekøbing geboren, der später nach Amerika auswanderte, 1914 die Firma Magnavox mitgründete und als Erfinder des Schwingspulenlautsprechers, auf dessen Prinzip die großen HIFI-Lautsprecher basieren, weltberühmt wurde.
Danmarks Motorcykel Museum, *Nykøbingvej 54, www.danmarksmotorcykelmuseum.dk; April–Mitte Juni u. Mitte Sept.–Ende Okt Sa/So 10–16, Mitte Juni–Aug. So–Do 10–16/17, Anfang–Mitte Sept. So, Di–Do 10–16 Uhr*

Ansonsten kann man in Stubbekøbing durch die Altstadt bummeln, der Marina einen Besuch abstatten und auf einem Spaziergang durch die Parkanlage sowie über den Weg Dosseringen den Blick auf den Grønsund genießen. Außerdem gibt es mit der gemütlichen **Oldtimer-Fähre „Færgen Ida"** **(3)** eine Verbindung nach Nyby auf Bogø (S. 123), von wo ein Damm zur Nachbarinsel Møn hinübergeht. Autofahrer, die den Umweg über die Farø-Falster-Brücke meiden möchten, können hier von Mitte Mai bis Mitte September sowie während der dänischen Herbstferien übersetzen *(9–18 Uhr stdl., Fahrzeuggewicht oft auf 3,5 t begrenzt)*, vor allem aber sollten Fahrradfahrer die Fähre nutzen, denn für sie wäre sonst nur die Benutzung der viel weiter entfernten Storstrøms-Brücke möglich! Und wer die Fähre gerade verpasst hat, kann sich im Hafenimbiss einen Fischsnack genehmigen.

Über die E-47 durch Falster

Wer Falster über den Autobahntunnel der E-47 erreicht und die Insel auf schnellstmöglichem Weg durchquert, benötigt nur ca. 15 km bis zur Falster-Farø-Brücke. Interessante Haltepunkte gibt es dabei kaum, mit Ausnahme des Städtchens **Eskilstrup**, das man über die Ausfahrt 44 erreicht. Sein Wahrzeichen ist eine gut erhaltene Windmühle holländischen Typs, doch kommen die meisten Besucher, um den **Krokodilzoo** zu besuchen, in dem es Alligatoren, Krokodile und viele andere Tiere zu sehen gibt.
Krokodille Zoo, *Eskilstrup, Ovstrupvej 9, www.krokodillezoo.dk; Mitte Juni–Aug. tgl. 10–17, sonst kürzer und nicht an allen Tagen geöffnet, im Juli auch „Nachtzoo" Do–Sa 20–22 Uhr*

Autofans werden das einzigartige **Traktor- und Motormuseum** attraktiver finden. Die Sammlung von mehr als 100 Traktoren und 65 Motoren ist wegen vieler Raritäten Eingeweihten aus ganz Europa ein Begriff.
Danmarks Traktormuseum, *Eskilstrup, Nørregade 17B, www.traktormuseum.dk; Mitte Mai–Juni Sa–Mo 10–16, Ostern u. Juli–Mitte Okt. tgl. 10–16 Uhr*

Über die Straße 153 durch Falster

Die westlichste Variante einer Falsterdurchquerung ist die Straße 153, über die bis Ende der 1980er-Jahre fast der gesamte Autoverkehr zwischen Süd und Nord verlief. Wegen des Neubaus der E-47 wirkt die gut ausgebaute Landstraße heute nahezu verwaist. Immerhin liegt an der westlichen Halbinsel ein schöner Strandabschnitt (Reste Strand) ebenso wie bei Orehoved an der Storstrøms-Brücke. Und auch die **Wallfahrtskirche** von **Kippinge (4)** lohnt den kleinen Abstecher. Das heutzutage rund 3 km von der Küste entfernte Gotteshaus konnte früher von Pilgerbooten direkt auf dem Wasserweg erreicht werden. Wer von Sakskøbing anreist und als nächstes Vordingborg auf Seeland einen Besuch abstatten möchte, hat über die Straße 153 die beste Verbindung. Für Technikbegeisterte gibt noch einen weiteren Grund: die **Storstrøms-Brücke**. Diese stählerne Straßen- und Eisenbahnverbindung über den „Großen Strom" zwischen Falster und Seeland war bei ihrer Fertigstellung im Jahr 1937 und noch lange danach mit 3.199 m die längste Auto-/Zugbrücke Europas. Da das Bauwerk veraltet ist und man außerdem mit der zukünftigen Fehmarnbeltverbindung deutlich mehr und deutlich schnellere Züge bewältigen muss, wurde 2013 das 550-Mio.-Euro-Projekt einer neuen Storstrømbrücke beschlossen. Diese soll eine knapp 4 km lange, kombinierte Straßen- und Eisenbahnbrücke mit Fuß- und Radwegen sein. Mit der Betonstelzen-Konstruktion, die unmittelbar westlich der heutigen Brücke in einem weiten Bogen über den Storstrøm geschlagen wird, wurde 2018 begonnen. Nach ihrer Fertigstellung 2026/27 soll das historische Bauwerk abgerissen werden.

Reisepraktische Informationen Falster

Information

Nykøbing F.Turistbureau: *Færgestræde 1 A, 4800 Nykøbing F. (im Museumsladen Falsters Minder), ☏ 54851303, www.visitlolland-falster.com.*
Marielyst Turistinformation: *Marielyst Strandvej 54, 4873 Væggerløse, ☏ 54136298, www.visitlolland-falster.com, www.marielyst.dk.*

Hotels und Restaurants

Oldfruen Apartments €€€€, *Marielyst Strandvej 25, Væggerløse, ☏ 54131380, www.oldfruen.dk; sehr schöne Apartments mit voll ausgerüsteter Küche, Schlafbereich z. T. auf Empore, ei-*

gene Terrasse, 10 Gehminuten zum Sandstrand. Ganzjährig geöffnetes **Café***, u. a. mit Smørrebrød (Mi–Fr 11–17, Sa/So 10–16 Uhr) und Außengastronomie.*

MejeriGaarden €€€*, Gammel Landevej 87, Gedser, ☏ 70237040, www.mejerigaarden.com. Von außen unscheinbarer Bauernhof, doch sehr charmant und modern eingerichtet. Übernachtung als B&B möglich oder als Paket mit einem Dinner. Letzteres ist der eigentliche Clou hier! Ausgezeichnete Weinkarte, leckere dänische Gerichte mit mediterranem Hauch zubereitet und erstklassiges Setting.*

Højmølle Kro €€*, Nykøbingvej 112, Eskilstrup, ☏ 54436306, www.hojmolle-kro.dk; in einer alten Mühle samt Anbauten untergebrachtes Hotel/Motel mit 22 guten Zimmern, schöner Garten und Gartenterrasse, empfehlenswertes Restaurant (Mo–Sa 17–20 Uhr), nahe dem 18-Loch-Golfplatz gelegen (Green-fee-Arrangement).*

Jugendherberge

Vandrerhjem Nykøbing F.*, Østre Allé 110, Nykøbing F, ☏ 54856699; komfortable 4-Sterne-Herberge mit 22 Familienzimmern, zentrumsnah, aber trotzdem ruhig im Vesterskov-Park nahe dem Zoo gelegen.*

Camping

Ulslev StrandCamping*, Ulslev Strandvejen 3, Idestrup, ☏ 54148350, http://ulslevstrandcamping.dk; große, moderne Anlage am Strand mit breitgefächertem Sportangebot, Sauna, zwei guten Küchen, Laden, Cafeteria, Vermietung von Ferienhäusern und Campinghütten, Fahrradverleih.*

Restaurant/Essen

Panino*, Jernbanegade 20, Nykøbing/F., ☏ 54854414, www.panino-nyk.dk; modern aufgemachter Italiener in Bahnhofsnähe, authentische Pizza, leckere Antipasti, Pasta und Salate, auch zum Mitnehmen, Mo–Sa 10–21, So 14–20 Uhr.*

Mindbjergs*, Jernbanegade 17A, Nykøbing F., ☏ 61415669, www.mindbjergs.dk; tagsüber leckeres Smørrebrød, ansonsten Burger, Salate, Schnitzel, Hakkebøf, vegane Bolognese etc.*

Hesnæs Havn Spisebord & Bageri*, Bønnetvej 65B, 4850 Stubbekøbing, ☏ 54445131, schönes Restaurant und fantastische Bäckerei im kleinen Hafen von Hesnæ. Die alten Fischerhütten wurden modern umgebaut, ohne den rustikalen Charme zu verlieren. Neben Brot, Gebäck und Kuchen gibt es hier auch lokale Produkte von regionalen Erzeugern.*

Fähren

Die internationale Fährstrecke **Gedser-Rostock** *wird von der Reederei Scandlines bedient. In der Hochsaison bis zu 10 Abfahrten tgl., Überfahrtsdauer ca. 2 Stunden. Auch die Hybrid-Fähre „MS Berlin“ wird auf dieser Strecke eingesetzt. Reservierungen und Buchungen unter ☏ 0381-77887766 und in Dänemark unter ☏ 33151515 oder online unter www.scandlines.de.*

Farø, Bogø und Møn

Das Königreich Dänemark besitzt viele schöne Inseln, doch außer Bornholm wohl keine andere, die im Verhältnis zu ihrer Größe eine solche Bandbreite an kulturellen und natürlichen Sehenswürdigkeiten aufweist wie Møn. Allein schon die Vielzahl und der gute Erhaltungszustand der hiesigen Hünengräber (ca. 90 Dolmen und Langgräber!) wären Grund genug, die Insel zu besuchen, und das gilt erst recht für die Landkirchen mit ihrem Reichtum an Kalkmalereien. Naturliebhaber finden hier Vogelreservate und Naturstrände, Kalkhügel und dichte Laubwälder, vor allem aber die berühmten Kreidefelsen. Die touristische Infrastruktur ist sehr gut: Es gibt Unterkünfte und Restaurants aller Arten. Sportlich Aktive können auf Møn nach Herzens-

Redaktionstipps

➤ Ein Besuch der **Kreidefelsen** Møns Klint (S. 129) ist natürlich touristische „Pflicht". Nehmen Sie sich Zeit: Die Schönheit des Gebietes erschließt sich am besten auf langen Spaziergängen an den Klippen entlang, zum Strand hinunter und im Hinterland mit seinen Seen, Kalkhügeln und Orchideenwiesen. Von der Seeseite aus wirken die Klippen besonders interessant, sodass ein Törn mit dem Segelkutter „Discovery" ab/bis Klintholm Havn sehr zu empfehlen ist.

➤ Møn besitzt einige der beeindruckendsten **Megalithbauten** Skandinaviens. Wer sich dafür interessiert, darf einen Besuch zumindest der Anlagen Klekkendehøj, Kong Asgers Høj und Grøn Jægers Høj (alle S. 124/125) nicht verpassen.

➤ Weithin bekannt sind die **Kalkmalereien und Fresken** der Møner Landkirchen, vor allem die des sogenannten Elmelunde-Meisters. Die meisten und schönsten davon findet man in der Fanefjord-Kirche (S. 124), doch lohnt auch ein Besuch der Kirchen Keldby und Elmelunde (beide S. 127).

➤ An allen Küsten der Inselgemeinde gibt es vorzügliche **Naturstrände**. Am besten sind Hårbølle-Strand (S. 124) im Südwesten, Ulvshale-Strand (S. 126) im Nordwesten und Klintholm Havn (S. 130) im Südosten.

➤ Ein ganz besonderer Tip für Naturfreunde ist das Inselchen **Nyord** (S. 127) mit seinem Vogelreservat und dem schmucken Dorf Nyord By.

Falster-Farø-Brücke

lust radeln, segeln, wandern, reiten, angeln, baden und golfen. Außerdem sind viele der interessantesten Ausflugsziele ohne Fähre zu erreichen und nicht weit von Møn entfernt (Kopenhagen z. B. nur 1 ½ Autostunden), sodass sich das Eiland auch als festes Standquartier für den Dänemarkurlaub eignet.

Die Verwaltungseinheit Møn umfasst außer der Haupt- noch vier weitere Inseln und hat damit die längste Küstenlinie einer dänischen Gemeinde überhaupt. Vom südlichen Nachbarn Falster sind Farø, Bogø und Møn durch den Grønsund, von Seeland im Nordwesten durch den Ulvsund getrennt. Das eigentliche Møn ist 217 km² groß und hat rund 120 Einwohner. Viele arbeiten bei der Großbäckerei Kelsen, die heute dem italienischen Konzern Ferrero gehört. Hier werden u. a. die bekannten Royal-Dansk-Butterkekse in der runden blauen Dose sowie Gebäck der Marke Karen Volf hergestellt. Ansonsten bilden Fischerei, Land- und Forstwirtschaft sowie Tourismus die Grundlage der Inselökonomie. Letzterer setzt verstärkt auf umweltbewussten Tourismus und kennzeichnet entsprechende Übernachtungsstätten, ökologisches Essen, Strandreinigung etc. durch Umweltzertifikate.

Farø

Von Falster her kommend erreicht man auf der E-47/55 zunächst Farø, das lange Zeit nichts weiter war als ein karges, isoliertes Inselchen im Sund. Dies änderte sich 1985, als zwei großartige Brückenbauten eingeweiht wurden, die die autobahnuntaugliche Storstrøms-Brücke (vgl. S. 120) entlasten sollten: Im Süden ist dies die 1.726 m lange **Falster-Farø-Brücke (1)**, deren mittleres Segment als elegante Schrägseilbrücke gestaltet ist. Die nördliche Verbindung von Farø hinüber nach Seeland ist mit 1.596 m etwas kürzer und mit ihren Betonstelzen gleichzeitig auch deutlich weniger imponierend. Farøs verkehrstechnische Bedeutung liegt also darin, dass die Insel der Autobahn sozusagen als Sprungbrett von Falster nach Seeland dient. Nach Osten hin sind die Nachbarinseln Bogø und Møn jeweils durch einen Damm untereinander und mit Farø verbunden. Es lohnt sich, hier am **Rastplatz** vor dem einzigen größeren Gebäude zu halten: Vom Rasen zum Sund hin hat man eine gute Aussicht auf die Brücke und erblickt bei gu-

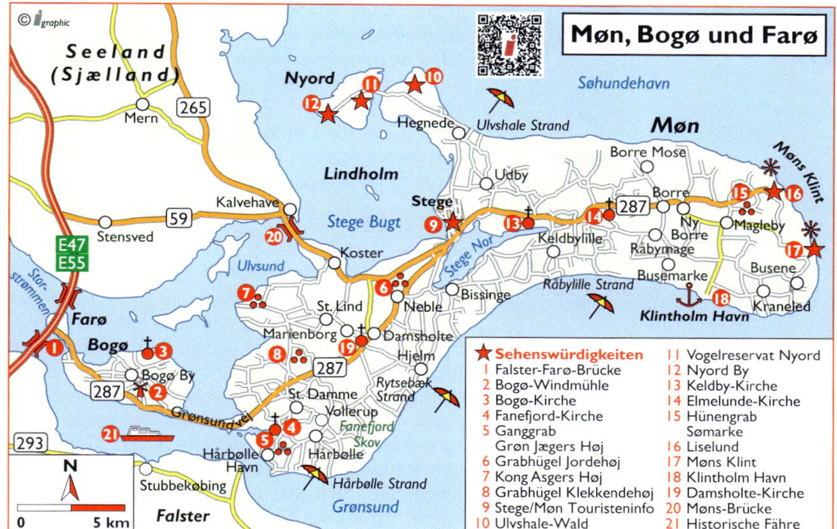

tem Wetter weiter westlich auch die Storstrøms-Brücke (der beste Panoramablick auf beide Brückenanlagen ergibt sich allerdings rund 1 km weiter an der Straße nach Bogø). Das Gebäude selbst, immerhin ein Werk des Star-Architekten Henning Larsen, hat als Raststätte mit Cafeteria und Touristeninformation nicht funktioniert, es stand zuletzt zum Verkauf.

Bogø

Nur wenige Fahrminuten sind es von Farø zur Nachbarinsel Bogø, die man auf schöner Strecke am Grønsund entlang und über einen Damm erreicht. Dieses etwas größere Eiland war wahrscheinlich schon zur Wikingerzeit bewohnt. Die Bevölkerung (um 1770 ca. 450 Menschen) stieg im 19. und 20. Jh. stetig an, heute sind es rund 1.200 Menschen, die dauerhaft auf Bogø leben. Einen gewissen überregionalen Ruf erwarb sich das Eiland durch seine Schulen: Bereits 1727 richtete Frederik IV. hier eine Reitschule ein, von 1865 bis 1929 bildete eine Navigationsschule Lotsen und Steuermänner auf Bogø aus, und seit 1887 besteht hier ein Internat samt Sportschule.

Von Farø her kommend, durchquert man das hübsche Inselchen auf der Landstraße von Nordwesten nach Südosten und fährt dabei auf den letzten Kilometern nah am Grønsund vorbei. Die eigentliche Bebauung, die im Wesentlichen aus dem Doppelort Gammelby und Nyby besteht, streift man allerdings nur am Rande. Daher empfiehlt es sich, wenn man etwas von dem sympathischen Inselidyll sehen möchte, auf Höhe der Fährstation in Nyby nördlich auf die alte Hauptstraße einzubiegen, die die beiden Ortsteile miteinander verbindet. Als Erstes passiert man dort rechter Hand und auf dem höchsten Punkt der Insel eine **Windmühle (2)**, die aus dem Jahr 1852 stammt (Bogø Mølle) und ein kleines Museum beherbergt.

Weiter nach Norden gelangt man auf der Hauptstraße an einigen hübschen Häusern vorbei bis zur **Bogø-Kirche (3)**. Das Gotteshaus geht auf das 13. Jh. zurück, wurde aber mehrfach um-

Willkommen auf Bogø und Møn

gebaut. Dabei wurden auch Gewölbe eingezogen, für die die Architektur eigentlich zu niedrig war – das Resultat ist ein ungewöhnlicher und gemütlich wirkender Kirchenraum. In diesem gibt es ein uraltes Taufbecken zu bewundern, das wahrscheinlich aus einem heidnischen Opferstein hergestellt wurde. Vor allem aber sind die drei Schiffsmodelle aus dem 19. Jh. sehenswert, darunter ein riesiger Dreimaster mit Namen Bogø.

Møn

Von Bogø aus erreicht man Møn über einen 1943 eingeweihten Damm. Während einen die Straße schnell zur „Hauptstadt" Stege und zu den berühmten Kreideklippen weiterbringt, lohnt es sich für Besucher mit etwas mehr Zeit, den Südwesten der Insel intensiver zu erkunden. Dazu biegt man rund 2 km hinter dem Damm rechts in Richtung **Hårbølle** ab und passiert nach weiteren 2 km die **Fanefjord-Kirche (4)**. Das Gotteshaus liegt auf einer flachen Anhöhe oberhalb des hübschen Fanefjordes. Der älteste Teil der von einem großen Friedhof umgebenen Kirche ist das breite Schiff, das aus der Mitte des 13. Jh. stammt und damals noch eine flache Holzdecke hatte. Um 1350 zog man zweimal vier Kreuzgewölbe ein, die in der Mitte von Pfeilern getragen werden und die Kirche in zwei Schiffe teilen. Rund 150 Jahre später wurden auf den 8 Backsteingewölben jene Fresken angebracht, die heute Besucher aus nah und fern anziehen. Ihre bäuerlich-naiven, aber stets farbenprächtigen und fantasievollen Szenen sind ein Werk des sogenannten Elmelunde-Meisters (S. 127). Dargestellt sind Szenen aus dem Alten und Neuen Testament. Zuletzt wurden Anfang des 16. Jh. der mächtige Westturm und der dreiteilige Chor angebaut. In nachreformatorischer Zeit wurde schließlich das Innere im Stil des Barock umgestaltet; damals erhielt die Kirche auch ihre reich geschnitzte Altartafel und die Kanzel.

Nach dem Kirchenbesuch empfiehlt sich ein kleiner Schlenker zum südlichen Ufer (Richtung Hårbølle Havn), auf dem man schöne Strandszenerien und Vorzeitdenkmäler sehen kann. Unweit der Kirche ist das landesweit bedeutendste neolithische Langgrab zu bewundern: **Grøn Jægers Høj (5)** (Hügel des Grünen Jägers). Der Jäger war der Sage nach ein riesenhafter König, der in heidnischer Zeit über West-Møn herrschte. Das Langgrab ist über 100 m lang, ca. 10 m breit und von 134 fast mannshohen Randsteinen umgeben. Das (ausgeschilderte) Monument ist auf einem kurzen Fußweg von der Straße aus zu erreichen.

Die Straße endet im Süden an der Ortschaft **Hårbølle Havn**. Östlich davon gibt es gute Wander- und Bademöglichkeiten. Letztere befinden sich vor allem jenseits des Uferabschnitts **Hårbølle Pynt**, vor dem das tiefe Fahrwasser bis dicht an den Strand reicht und Hobbyanglern beste Bedingungen bietet. Der sandige **Hårbølle-Strand** ist schmal, doch größtenteils feinsandig und kinderfreundlich. Den besten Zutritt hat man vom Parkplatz an der Ferienkolonie Grønsund. Möchte man den gesamten Strand und sein Hinterland erkunden, muss man wandern, da es keine Uferstraße gibt. Oder man fährt bis zur Ortschaft **Hårbølle** und nähert sich auf diversen Stichstraßen dem Ufer. Besonders schön wird es am **Fanefjord Skov**, einem ausgedehnten Waldgebiet mit Wanderwegen – und im Spätsommer bzw. Herbst ein idealer Platz zum Pilze sammeln. Der Wald trennt den Hårbølle Strand vom breiteren **Rytsebæk Strand** (S. 131). Lohnend ist ein Stopp im Gasthof Fanefjord Skovpavillon (*Do–So, im Sommer tgl., siehe S. 132*).

Weitere Sehenswürdigkeiten im Südwesten der Insel liegen diesseits und jenseits der Landstraße. Am besten fährt man von Hårbølle bzw. dem Fanefjord Skov zum Weiler **Vollerup**, wo ein sogenanntes **Hünengrab**, bestehend aus drei Tragsteinen, niedrigen Schwellensteinen und einem mächtigen Deckstein zu besichtigen ist. Knapp 2 km sind es von hier zur Ortschaft **St. Damme**, die **Dänemarks Schmuckmuseum** beherbergt In einem weißgestrichenen, ehemaligen Bauernhaus wird die Entwicklung des Schmucks von der Vorgeschichte bis zur heutigen Zeit dokumentiert; die Ausstellung ist die einzige ihrer Art in Dänemark.
Smykkemuseum, *Askeby, Hjørnet 6, Öffnung nach Absprache*

Zurück in die Vorgeschichte geht es nördlich der Landstraße, wo unweit des Weilers Tostenæs der Grabhügel **Klekkendehøj (8)** am Wegrand liegt *(Klekkendevej, Parkplatz, dann 5-Minuten-Fußweg durch die Felder; ausgeschildert)*. Dieses doppelte Ganggrab aus der Jungsteinzeit lohnt den Besuch, denn der Grabhügel ist durch die bei den Ausgrabungen gemachten Funde historisch bedeutsam. Um 1800 entschloss sich der Gutsbesitzer Calmette, Spross einer eingewanderten Hugenottenfamilie (vgl. Liselund, S. 128), den Erdhügel auf seinem Hof auszugraben. Es stellte sich heraus, dass die Konstruktion aus zwei etwa 7 m langen Gängen bestand, die beide in eine 4½ m lange Grabkammer mündeten. Die aufgefundenen Skelette und Artefakte wurden 1807 nach Kopenhagen gebracht, wo sie einen Grundstock des damals neuen Nationalmuseums bildeten. Heutigen Archäologen ermöglichten sie die Datierung der Grabanlage auf etwa 2500 v. Chr. Klekkendehøj ist das besterhaltene Ganggrab dieses Typs überhaupt. Der Raum unter den mächtigen Deckplatten ist nur 1,25 m hoch, der erste Deckstein des Ganges noch niedriger. Es gibt kein Tageslicht – also Taschenlampen mitbringen.

Folgt man nun der bisherigen Richtung nordwärts und biegt im Dörfchen Sprove links zum Ulvsund ab, gelangt man zum ebenfalls sehenswerten neolithischen Grabhügel **Kong Asgers Høj (7)**. Die landschaftlich schönste Alternative für die anschließende Weiterfahrt ist die schmale Straße, die parallel zur Küste verläuft. Auf Höhe der Ortschaft **Koster** stößt man auf die Landstraße 59 (Kostervej), auf die man rechts in Richtung Stege einbiegt. 3 km vor Stege in Nybølle liegt der Grabhügel **Jordehøj (6)** (Erdhügel), der vom Kostervejen aus erreichbar ist. Dieses Hünengrab besteht aus einem 8 m langen, nach Südosten gewandten Gang und einer enorm dimensionierten Kammer (10 m lang, 2½ m breit).

Stege

Stege (sprich: Steije) liegt auf einer schmalen Landzunge, die die Stege-Bucht vom Boddengewässer Stege-Nor trennt. Den Durchlass bewachte einst eine Burg, die um 1175 errichtet worden war und in deren Schutz die Siedlung entstand. Der schon im Mittelalter durch die Fischerei erworbene Reichtum zeigt sich u.a. an der mächtigen St.-Hans-Kirche und daran, dass man um 1400 begann, die gesamte Stadt mit einer Wehranlage zu umgürten. Durch den Mauergürtel gewährten jene drei Tore Durchlass, die immer noch das Wappen der Kommune zieren (von denen allerdings nur noch eines erhalten ist). Dem mittelalterlichen Wohlstand folgte eine Phase des Niedergangs, bis im 18./19.Jh. die Handelsschifffahrt eine erneute Blüte einleitete – viele Patrizierhäuser und Kaufmannshöfe sind aus dieser Zeit noch erhalten. Heute ist Stege eine sympathische Kleinstadt, in der sich modernes Leben und historische Baudenkmäler ergänzen.

Wer aus westlicher Richtung nach Stege einfährt, passiert zunächst im Stadtteil Thorsvang das **Danmarks Samlermuseum**, das in einer ehemaligen Milchfabrik untergebracht ist. In 18 Themenräumen (Schmiede, Tabakladen, Bank, Eisladen etc.) aus den 1920er-Jahren zeigt das urige Museum höchst unterschiedliche Sammlerstücke, so z. B. die größte Sammlung an James-Bond-Memorabilia in Nordeuropa. Ein Stück weiter kommt man zur Brücke Storebro an der schmalsten Stelle zwischen Bucht und Stege Nor. Dahinter geht die Straße in die Storegade

über, an der sich die meisten Sehenswürdigkeiten befinden. Von Juli bis Mitte August finden hier die traditionellen Dienstagsmärkte statt.
Danmarks Samlermuseum, *Thorsvangs Allé 7, www.thorsvangsamlermuseum.dk; Mitte März–Mitte Okt. tgl. 10–17, sonst Do–So 10–17 Uhr, Mitte Dez.–Mitte Jan. geschl.*

Hinter der Brücke beherbergt das erste Gebäude zur Rechten die **Touristeninformation (9)**. Zur Bucht hin gelangt man in wenigen Minuten am Postamt vorbei zum kleinen Hafen, während zur anderen Seite der Busbahnhof liegt. Folgt man der Hauptstraße gen Osten, kommt man zum Marktplatz, vor dem sich der mächtig-gedrungene Turm der **St.-Hans-Kirche** erhebt. Das romanische Gotteshaus wurde nach einem Feuer um 1460 dreischiffig ausgebaut und ist eines der größten Sakralgebäude einer dänischen Handelsstadt.

Unweit davon ist in einem Patrizierhaus von 1780 das **Møns Museum** untergebracht, das die Geschichte der Insel dokumentiert. Funde aus der Stein-, Bronze- und Eisenzeit sowie Trachten, Seemannskisten, Bauern- und Bürgerstuben etc. sind ausgestellt. Dahinter schließt sich ein Backsteinturm mit Pyramidendach an. Dabei handelt es sich um das „Mühlentor" **Mølleporten**, das einzig erhaltene Stadttor von Stege und zudem eines der beiden Mittelalterstadttore, über die Dänemark überhaupt noch verfügt (das andere befindet sich in Fåborg, vgl. S. 227).
Møns Museum, *Storegade 75, www.moensmuseum.dk; April–Juni u. Okt. Di–Sa 10–14, Aug./Sept. Di–Sa 10–16, Juli tgl. 10–16 Uhr*

Von Stege aus fahren die meisten Besucher auf schnellstem Weg nach Osten, den Kreidefelsen entgegen. Wer einen rund 25 km langen Abstecher nicht scheut, sollte sich aber die herrliche Landschaft von Nord-Møn nicht entgehen lassen. Dazu im folgenden eine **Wegbeschreibung**, die in Stege beginnt und an der Keldby-Kirche wieder auf die Hauptroute stößt:

Mølleporten in Møns Hauptstadt Stege

In Stege folgt man hinter der Brücke der Uferstraße, von der später links der Ulvshalevej abgeht. Nach gut 5 km erreicht man auf diesem die nördliche Küste der Halbinsel **Ulvshale**, an der sich gleichzeitig der beste Badestrand auf Møn befindet. Campingplatz, Minigolf, Restaurant und Kiosk sowie eine lange Reihe kleiner Ferienhäuser stehen zur Verfügung. Der Zugang zum Strand durch die Dünen ist nur auf markierten Wegen gestattet, daher sollten Badegäste einen der Parkplätze auf beiden Seiten des Campingplatzes ansteuern.

An dieser Stelle verlässt der Ulvshalevejen die Küste und bewegt sich quer durch eines der ersten dänischen Naturschutzgebiete auf die Insel Nyord zu. Das „**Ulvshale-Wald**" **(10)** (Ulvshale Skov) genannte Gebiet besteht aus Wiesen, schilfrohrbestandenen Teichen, Mooren, Heide und natürlich auch Wald. Insbesondere der westliche Teil wird von Laubbäumen dominiert, auf den Lichtungen blühen ganze Blumenmeere und die Naturwiesen sind ein Eldorado für Vögel aller Art. Auf markierten Wegen lässt sich wunderbar wandern, wenn auch in regenreichen Sommern die Mücken zu einer echten Plage werden können. Auf der Straße passiert man linker Hand ein „Naturcenter", in dem man sich über dieses einzigartige Gebiet informieren kann.

Ein unbedingtes Muss ist für ornithologisch Interessierte die benachbarte **Insel Nyord**, die man über einen einspurigen Damm erreicht. Die dortigen Strandwiesen sind auf einer Fläche von 135 ha als **Vogelreservat Nyord (11)** geschützt und damit für Besucher nicht zugänglich, doch kann man die vielfältige Vogelwelt auch vom Wagen oder dem Beobachtungsturm aus studieren (Fernglas und/oder Teleobjektiv nicht vergessen!). Beim Touristenbüro in Stege ist eine Broschüre über das Naturreservat erhältlich.

Fährt man von hier aus noch knapp 2 km weiter nach Westen, gelangt man zum 100-Seelen-Dörfchen **Nyord By (12)**. Die Häuschen und Höfe sind von viel Grün umgeben, das gemütliche Gartenrestaurant Lolles Gård lädt zum Besuch ein. Inmitten dieses ländlichen Idylls erhebt sich eine achteckige Kirche, die 1847 eingeweiht wurde. Und im winzigen ehemaligen **Lotsenhaus** weihte Königin Margrethe II. 2013 das „kleinste Museum des Landes" ein, in dem u.a. die Geschichte vom Hafen Nyord sowie der Postboote, die hier anlegten, erzählt wird. Eines davon, das Boot Røret, kam 2011 frisch renoviert zurück und kann heute im Hafen bewundert werden. **Lotsenmuseum** (Lodsudkigshus Møllestangen), *Møllestangsvej 13; April–Nov., freier Eintritt*

Der Rückweg zur Hauptroute führt mangels Alternativen wieder am Ulvshale-Strand vorbei, um aber nicht die ganze Strecke doppelt zu fahren, sollte man sich anschließend über die Weiler Hovedskov, Udby und Ullemarke orientieren. Den Klintevej erreicht man auf Höhe der Ortschaft **Keldby**, wo südlich der Landstraße die **Keldby-Kirche (13)** liegt, die aufgrund ihrer Kalkmalereien unbedingt sehenswert ist. Das kleine Backsteinschiff des Gotteshauses wurde unter Lehnsmann Jacob Suneson 1225–46 errichtet. Die Kalkmalereien im Innern stammen aus verschiedenen Epochen. Am ältesten sind die Bildfriese an den Chorwänden (ca. 1275), um 1325 wurde das große Bild vom Jüngsten Gericht auf der Ostwand zum Chor hin angebracht, etwas später die Darstellungen an den übrigen Wänden des Schiffes. Die Dekoration der Gewölbe ist auf die Werkstatt des sogenannten Elmelunde-Meisters (s. u.) zurückzuführen.

Auch die nächsten Stationen entlang des Klintevejs sind gute Beispiele der Møner Landkirchen-Baukunst. Zunächst passiert man, etwa 2 km hinter Keldby, die **Elmelunde-Kirche (14)**, die mit dem Baudatum 1085 als ältestes Gotteshaus auf der Insel gilt. In spätromanischer Zeit erweiterte man das Gebäude nach Westen und begann um 1300 mit dem Turm. Anfang des 16. Jh. wurden dessen obere Stockwerke samt Giebeln und Schmuckblenden sowie der heutige Chor fertiggestellt. Vorher schon, um 1460, waren innen die spitzbogigen Gewölbe eingezogen worden. An ihnen fand man 1885 bei Restaurierungsarbeiten jene berühmten Fresken, die dem anonymen Künstler seinen kunsthistorischen Namen gaben.

Bibel für Arme – die Fresken des „Elmelunde-Meisters"

info

Obwohl aus arbeitstechnischen und klimatischen Gründen skandinavische Profan- und Sakralbauwerke nur selten mit Fresken, sondern mit Kalkmalereien (Malereien auf dem schon abgebundenen, trockenen Kalk) geschmückt sind, handelt es sich bei vielen Darstellungen in Møner Landkirchen um echte Fresken, d. h., dass hier auf einer neubeworfenen, nassen Wand ein *fresko* (ital. = „frisch") angebracht wurde, dessen Farben dadurch in den Putz eindrangen. Den Fresken des sogenannten Elmelunde-Meisters kommt eine ganz besondere Bedeutung zu. Aufgrund ähnlicher Motive,

info

einer gleichen Formensprache und vor allem wegen identischer Hausmarken, mit denen die Maler ihre Arbeiten „signierten", ist sicher, dass die spätmittelalterliche Ausmalung der Landkirchen von Elmelunde, Fanefjord und Keldby auf die gleiche Werkstatt zurückzuführen ist.

Gemalte Bibeln – Fresken auf Møn

Der Name „Elmelunde-Meister" hat sich nur deshalb etabliert, weil man dessen Kalkmalereien 1885 zuerst in der Elmelunde-Kirche entdeckte – er soll aber nicht bedeuten, dass als Urheber der Arbeiten ein einziger, individueller Künstler angenommen wird oder dass die Malereien von Elmelunde am bedeutendsten sind. Es wird wohl eine ganze Werkstatt mit diesen Kunstwerken beschäftigt gewesen sein, deren „Meisterwerk" hinsichtlich Qualität und Umfang in der Fanefjord-Kirche (s. o.) zu bewundern ist.

Formal können sich die Darstellungen nicht mit der „großen Kunst" des Kontinents jener Zeit messen, sie sind im Gegenteil bäuerlich und naiv, fast schon im Stil von Comicstrips gehalten. Dafür aber wimmelt es von Leben, was die damaligen Kirchenbesucher angesprochen haben muss. Die Aufgabe dieser Malereien war, leseunkundigen Bauern die Heilige Schrift zu erklären. Ob Schöpfungsgeschichte, Christi Geburt, Passion oder Jüngstes Gericht: Die einzelnen Darstellungen des Elmelunde-Meisters sind von wunderbarer Eindringlichkeit und setzen manchmal sogar Witz ein. Für Kulturhistoriker und interessierte Laien geben sie außerdem Aufschluss über Vorstellungswelt und Alltag (z. B. Kleidung, Essen, Werkzeuge, Ackergerät) im ausgehenden 15. Jh.

Von Elmelunde sind es nur wenige Fahrminuten zum Städtchen **Borre**, das früher als Handelsort von größerer Bedeutung war. Die Kirche rechts der Straße stammt aus dem 13. Jh. und weist mehrere hübsche Details auf, so z. B. die von der norddeutschen Backsteingotik beeinflussten Dekorationen des Mauerwerks, die reich geschnitzte Kanzel oder das Altarbild von 1627. Auch in der folgenden Ortschaft **Magleby** gibt es eine sehenswerte Kirche, nämlich einen Ziegelsteinbau des 15. Jh. mit älterem Turm und jüngerem Chor, der über einen aus Gotland stammenden, frühgotischen Taufstein verfügt.

Dem Ziel der Kreidefelsen hat man sich nun schon bis auf ca. 5 km genähert, wer aber noch etwas Geduld und Lust auf weitere Sehenswürdigkeiten hat, dem sei vorher ein kleiner nördlicher Schlenker empfohlen, der auf Höhe der Magleby-Kirche links vom Klintevej abzweigt und kurz darauf im Dörfchen **Sømarke** nach rechts geht. Auf diesem Weg passiert man das **Hünengrab Sømarke (15)** („Seezeichen"), ein außerordentlich gut erhaltenes Vorzeit-Denkmal, das Seefahrern früher als Landmarke diente. Die Tragsteine des Runddolmens umschließen eine offene, achteckige Grabkammer, die die beiden kolossalen Decksteine förmlich zu erdrücken scheinen. Auf deren Oberseite wiederum entdeckt man ca. 200 schalenförmige Vertiefungen aus der Bronzezeit. Offenbar war nach 1500 v. Chr. die Heiligkeit des Platzes ungebrochen, sodass die neuen Herren der Insel ihre magischen Fruchtbarkeitssymbole an dem alten Grabstein anbrachten.

Der bis hierhin schon schmale Weg wird kurz hinter dem Dolmen noch „rustikaler", ist aber befahrbar und erreicht nach einer langgezogenen Linkskurve schließlich den Liselundvej, der einen rechter Hand zum idyllischen Lustschlösschen **Liselund (16)** bringt. Dessen Geburtsstunde schlug im Jahr 1783, als der einer Hugenottenfamilie entstammende Inselvogt Antoine de la Calmette einen Teil des Klintwaldes kaufte und ihn nach seiner Frau Lise taufte (lund = „Hain"). Das Ehepaar studierte auf einer Europareise im Jahr 1790 romantische Gärten und setzte diese Erfahrungen nach der Heimkehr um: Bäche wurden aufgestaut und zu kleinen Seen erweitert, Kanäle angelegt, Grotten, Kapellen und Ruinen im romantischen Stil errichtet. Längst nicht alle Gebäude und Parkanlagen haben der Erosion an den Klippen standgehalten und sind inzwischen ins Meer gestürzt. Aber immer noch findet der Besucher ein sogenanntes Schweizerhaus (in dem H. C. Andersen eines seiner Märchen schrieb), einen Teepavillon im chinesischen Stil und eine norwegische Almhütte. Das eigentliche Hauptgebäude (Liselund Gamle Slot), ist wenig größer als ein normales Bauernhaus und vermutlich weltweit das einzige „Schloss" mit einem Reetdach, strahlt aber mit seinem Dachreiter und den schlanken Säulen zweifellos Eleganz aus. Am Parkplatz am „Schweizerhaus" schimmert links der zweistöckige, gelb-weiße Bau des „neuen Schlosses" *(Liselund Ny Slot)* durch die Bäume. Es wurde Ende des 19. Jh. errichtet und beherbergt heute ein kleines, romantisches Hotel und Restaurant (S. 132).

Møns Klint (17)

Eigentlich bedeutet Møns Klint die „Klippen von Møn", der Begriff meint aber insgesamt ein großes naturgeschütztes Areal, das aus forstwirtschaftlich genutzter Fläche, dem buchenreichen Klintenwald (Klinteskov), Trockenwiesen, Kalksteinbergen, Seen, Grashügeln und dem rund 12 km langen Steilufer samt schmalem Klapperstein-Strand besteht. Das Hinterland der Kreidefelsen ist mit einer Reihe von Wander- und Reitwegen durchzogen, auf denen man auch zu weiteren Sehenswürdigkeiten gelangt – u. a. verstecken sich etliche vorhistorische Grabhügel und eine Fliehburg des frühen Mittelalters im Wald. Mit dem Wagen kommt man über einen unasphaltierten Waldweg zum gebührenpflichtigen Parkplatz Store Klint, der mit Cafeteria und GeoCenter so etwas wie das touristische Zentrum des Geländes darstellt. Es ist möglich, sowohl oberhalb als auch unterhalb der berühmten Kreidefelsen entlang zu gehen, verbunden sind die Pfade durch insgesamt fünf z. T. recht steile Treppen-Abstiege zum Strand – den nördlichsten findet man bereits im Park von Liselund. Da die Kreidefelsen sehr bröckelig sind, verläuft der obere Wanderweg aus Sicherheitsgründen ca. 2 m von der Steilkante entfernt, sodass man von oben nur selten gute Fotomotive findet. Der anstrengende Ab- und später nicht minder schweißtreibende Aufstieg über die steilen Holztreppen lohnen sich also unbedingt!

Naturwunder Møns Klint

info

Jährlich kommen über 200.000 Besucher, um sich die bis zu 128 m hohen Kreidefelsen anzusehen – die meisten natürlich im Sommer, wenn bei Bilderbuchwetter das strahlende Weiß der Klippen im Zusammenspiel mit dem Blau der Ostsee und dem Grün des Waldes seine volle Wirkung entfaltet. Doch auch im Winter oder im herbstlichen Nebel ist die Wirkung grandios: ein Reiseziel für alle Jahreszeiten also.

In der Kreidezeit, vor ca. 75 Millionen Jahren, bedeckte ein etwa 200 m tiefes und tropisch warmes Meer die heutigen Inseln. Auf dem Grund lagerten sich nach und nach die Kalkschalen abgestorbener Kleinstlebewesen ab und wurden im Lauf von Millionen Jahren zu einer mehr als 100 m dicken Schicht bester Kreide (Schreibkreide) zusammengebacken. Bewegungen der Erdkruste hoben die Schicht immer mehr an, bis sie schließlich frei lag und von den Gletschern der Eiszeit bearbeitet werden konnte. Das Inlandeis über Møn war vor ca. 200 Jahren abgeschmolzen, doch erneut begann eine Kälteperiode, und zwei mächtige Gletscherzungen schoben sich auf die Ostküste der Insel vor. Dabei pressten sie die Kreideschollen zusammen, verbogen

info

sie und türmten sie zu einem hohen Steilufer auf. Die Kreide ist außerordentlich reich an Versteinerungen (z. B. Korallen, Schwämme, Seeigel, Muscheln, Tintenfische und Schnecken).

Wind und Wetter, Hitze und Frost, Wellen und Strömungen nagten an dem Steilufer und modellierten das filigrane Naturwunder, das heute die Besucher anzieht. Stabil

sind diese Formationen freilich nicht, die Erosion geht weiter, und immer wieder kommt es zu Bergrutschen und -abstürzen. So brach 1988 beispielsweise die viel fotografierte Klippe Sommerspirspynten ab und liegt nun unterhalb des Klints auf dem Strand. Im Januar 2007 brach auf einer Breite von 200 m die Klippe Store Taler ab und rutschte 300 m weit ins Wasser. Dieses Ereignis wurde schnell als der „Große Klippenrutsch" (Det store klinteskred) von Møn bekannt.

Wer vom Lustschloss Liselund anreist, nimmt den Langebjergvej, der auf Höhe der Jugendherberge und dem **Hunosee** (schöner Rundwanderweg, Angeln) in 400 m Entfernung am Aborrebjerg vorbeiführt. Kurz darauf stößt man auf den Klintevej, der ostwärts nach Stege und südwestwärts zu den Klippen führt. Nur einen Steinwurf entfernt passiert man anschließend den Campingplatz (rechts) und den idyllischen **Aborresee** (links), kurz darauf erreicht man den Parkplatz am **Store Geddesee**, von wo ab die Straße als Waldweg weitergeführt wird (langsames Fahren mit dem Pkw erlaubt). Schließlich gelangt man zum Parkplatz Store Klint am **GeoCenter**. Dieser architektonisch auffällige Bau wurde von der Königin eingeweiht und zeigt nicht nur prächtige Fossilien, sondern auch beeindruckende Fotos, Dokumentationen zur geologischen Situation und aufwendige Filme. Das Erlebniscenter will die natürlichen Kräfte, die in 70 Millionen Jahren die einzigartige Steilküste geschaffen haben, spielerisch und interaktiv nachvollziehen. Nur wenige Meter sind es vom GeoCenter zum Steilabhang, unweit erhebt sich die fotogene Klippe Dronningestolen (128 m), und ein Abstieg zum Strand ist gleich vis-à-vis.
GeoCenter Møns Klint, *Stengårdsvej 8, 4791 Borre, www.moensklint.dk; Ostern–Okt. meist tgl. 10–17, Juli–Mitte Aug. bis 18 Uhr, Nov.–Ende März geschl.*

Nach dem Besuch der Kreidefelsen bietet sich ein Abstecher zur Südküste in **Klintholm Havn (18)** an. Dazu fährt man vom Parkplatz am Hotel Store Klint in der bisherigen Richtung weiter und biegt auf den asphaltierten Busenevej links ein, der in der Verlängerung bis zum Leuchtturm und einem hübschen Strandgarten (Busene have) führt. Vom Leuchtturm, dem südlichsten Punkt der Kreidefelsenküste, kann man sowohl oberhalb als auch unterhalb der Klippen weit nach Norden wandern. Wer direkt nach Klintholm Havn gelangen möchte, nimmt jedoch den ersten Abzweig nach rechts über den Weiler Kraneled. Und wer diesen Abstecher vor dem Besuch der Klippen unternehmen will, kann von Magleby aus über den Klintholm Havnevej direkt nach Klintholm Havn gelangen. Der Fischereihafen war 1878 als Versorgungs- und Exportstation für das Gut Klintholm gebaut worden. Seit 1918 im Besitz der Gemeinde, sind Hafen und Fischerei von Klintholm ein wesentlicher Faktor der insularen Wirtschaft. Mit der Errichtung des Jachthafens samt Ferienhotel im Jahr 1988 begann der Tourismus. Besucher finden hier ein lebhaftes Ambiente vor mit vielen Fischkuttern und Freizeitbooten; schöne 2-Stunden-Ausflüge mit einem Segelkutter zu den Kreidefelsen werden angeboten.

Will man bei der Rückfahrt die schon bekannte Strecke meiden, sind die kleinen Nebenstraßen im Süden eine gute Alternative. Über **Råbymagle** und **Råbylille** findet man schnell zum **Råbylille-Strand**. Der Sandstreifen ist recht schmal und von steinigen Passagen durchsetzt, doch gibt es auch hier schöne, feinsandige Abschnitte. Weiter südwestlich, zu erreichen über die Ortschaft **Hjelm**, können Strandwanderer die Steilküste von Hvide Klint bewundern, eine Miniversion der Kreideklippen im Osten. Dahinter beginnt der langgestreckte **Rytsebæk-Strand**, der recht breit, aber nicht durchgängig sandig ist. Schöne Abschnitte wechseln mit solchen voller Kies und kleinen Steinen ab; außerdem fällt das Wasser schnell tief ab. Hierhin gelangt man von Hjelm aus am besten über den Rytsebækvej, wo es auch Parkmöglichkeiten gibt. Nach Süden hin schließen sich das Waldgebiet Fanefjord Skov und dahinter der Hårbølle Strand an (S. 124).

Ob von Hjelm aus oder vom Rytsebæk-Strand, die Wege zurück zur Landstraße 287 erreichen diese an der Ortschaft **Damsholte**. Als größte Sehenswürdigkeit des Ortes kann die **Damsholte-Kirche (19)** gelten, deren rechteckiger, gelb-weiß gehaltener Bau mit Ziegeldach schon von außen deutlich macht, dass er seinen Ursprung nicht im Mittelalter hat. Die Kirche wurde 1743 eingeweiht, also zur Zeit des Pietismus. Das spiegelt vor allem die Innenarchitektur wider: Der dreischiffige Raum ist hell, klar und nüchtern. Die Gipskopie des „Freundlichen Jesus" von Bertel Thorvaldsen (S. 32) auf dem Altar kam erst später hinzu.

Westlich der Kirche zweigt der Æbelnæsvej in nördlicher Richtung ab und stößt nach 2 km auf die Landstraße 59. Hier fährt man nach links und kommt gut 1 km hinter der Ortschaft **Koster** zur sogenannten **Møns-Brücke (20)**, deren offizieller Name „Königin Alexandrines Brücke" lautet. Die 26 m hohe und 750 m lange Stahlkonstruktion mit ihrem charakteristischen Mittelbogen wurde schon 1943 in Betrieb genommen

Reisepraktische Informationen Møn

Information

Møns Turistbureau, *Storegade 2, 4780 Stege, ☏ 55860400, www.sudseeland-mon.de, www.sydkystdanmark.dk*

Wandern

Der 175 km lange **Wanderweg Camønoen** *auf den Inseln Møn, Bogø und Farø ist einer der schönsten Wanderwege im Königreich. Auf den einzelnen Etappen des markierten Weges (weiße Schrift auf braunem Grund) erlebt man die eindrucksvollsten Szenerien sowohl der Küste als auch des Binnenlandes – und natürlich auch die Kreidefelsen! Infos: www.camøno.dk.*

Hotels

Møn Golf Resort €€€€, *Klintevej 116, ☏ 55868788, www.møngolfresort.dk; schönes, relativ modernes Haus unmittelbar am 18-Loch-Golfplatz östlich von Stege gelegen, komfortable, zweckmäßig eingerichtete Zimmer (auch Familienzimmer), Innenpool mit Sauna, gutes Restaurant.*

Villa Huno €€€–€€€€, *Langebjergvej 1, 4791 Borre, ☏ 55812030, www.villahuno.com; in dieser reizend in die Landschaft eingefügten Anlage, großenteils mit Blick auf den gleichnamigen See, kann man bezaubernde Apartments mieten, aber auch in gut ausgestatteten Zelten „Glamping" betreiben. Vorzügliches Restaurant (Öffnungstage aktuell erfragen). Nur 3 km vom GeoCenter Møns Klint.*

Liselund Ny Slot €€€, *Langebjergvej 6, 4791 Borre, ☏ 55812081, www.liselundslot.dk; romantisches Schlosshotel mit 17 historisch ausgestatteten Zimmern, rustikales Café (bis 17 Uhr), herrliche Umgebung (Liselund-Park) mit Wandermöglichkeiten zu den Kreidefelsen und Badestränden der Umgebung. Abgesehen vom Restaurant der u. g. Villa Huno muss man zum Essen jedoch nach Stege fahren.*

Bygagergaard €€, *Hårbøllevej 70, Askeby, ☏ 40563866, www.bygagergaard.dk. Abseits des Rummels und urgemütlich kann man hier auf einem Bauernhof nächtigen – in kleinen, gemütlichen Zimmern im Farmhaus oder in einem gut ausgestatteten Safari-Zelt. Kleines Selbstbedienungs-Café (Honesty System) und Küche zum Selbstkochen vorhanden. Der Knüller sind die Außendusche und die Außenbadewanne. Ein typisches Dänemark-Erlebnis und preiswert.*

Pension Elmehøj €, *Kirkebakken 39, Elmelunde, ☏ 55813535, www.elmehoj.dk; schöne, efeuberankte Dreiflügelanlage mit 23 einfach ausgestatteten Zimmern, in der Inselmitte an der Elmelunde-Kirche gelegen, schöner Garten.*

Jugendherberge

Møns Hostel & Vandrerhjem, *Klintholm Havnevej 17, Magleby, Borre, ☏ 55812434, https://danhostel-mons-klint-borre.ibooked.dk, www.facebook.com/moenhostel; gut ausgestattete Jugendherberge mit 29 Zimmern, 8 davon mit eigenem Bad, 5 km von den Kreidefelsen entfernt nahe der Magleby-Kirche gelegen (Bushaltestelle vor der Tür), schöner Garten, April–Aug. geöffnet.*

Camping

Camp Møns Klint, *Klintevej 544, ☏ 55812025, www.campmoensklint.dk; schöne, großzügige Anlage mit Vermietung von Hütten und Ferienhäusern, Sportangebot, Reitstall, nah an den Binnenseen, den Stränden und den Kreidefelsen gelegen. Pizzeria auf dem Gelände.*

Mønbroen Camping, *Klostervej 86, Stege, ☏ 55811808, www.moenbroen.dk; nahe der Brücke nach Seeland gelegener Platz mit einer tollen Aussicht auf die Stege-Bucht.*

Møn Strand Camping, *Ulvshalevej 236, Stege, ☏ 55815325, www.moenstrandcamping.dk; nördlich von Stege an der Zufahrt zur Nyord Insel gelegen. Sandstrand, Blick auf die Faxe Bucht. Großzügig angelegt, Bäume als Schattenspender und Windfang, ansonsten rustikal.*

Restaurants

Lolles Gaard, *Hyldevej 1, Nyord, ☏ 55818681; von Ostern bis zum Herbst geöffnete Gaststätte, gemütlicher Garten, Spezialität gebratener Aal. Übernachtungsmöglichkeit im Nyord Bed and Breakfast.*

Restaurant Klintholm, *Klintholm Havn, ☏ 55819290, www.restaurantklintholm.dk; Restaurant mit sehr guter Fischräucherei und Biergarten, dänische Spezialitäten, im Sommer tgl. geöffnet, mittags und abends rustikales Fischbüfett.*

Slagter Stig, *Storegade 59, Stege, ☏ 55814267, www.slagterstig.dk; das Restaurant ist angeschlossen an die Schlachterei Stig. Dort stellt man ein Menü zusammen, sucht sich ein Stück Fleisch aus und garniert alles mit Zutaten vom Büfett (Kartoffeln, Salate, Gemüse etc.). Serviert wird das Essen drinnen oder im Hinterhof. Mo–Sa 8–21, in der NS nur bis 17 Uhr.*

Fanefjord Skovpavillon, *Fanefjord Skovvej 6, Askeby, ☏ 55817367, www.fanefjordskovpavillon.dk; wunderschön im Fanefjord Skov, abseits des wuseligen Møn-Tourismus gelegen. Gehobene Küche, aber bezahlbar. Ein kleiner Geheimtipp.*

Bahn/Busse

Bahnreisende aus Richtung Deutschland (Vogelfluglinie) fahren am günstigsten bis zum Bahnhof von Vordingborg und nehmen dort den Linienbus nach Møn.

Fähren

Zwischen Nyby auf Bogø und Stubbekøbing auf Falster verkehrt von Mitte Mai bis Mitte Okt. die gemütliche historische **Fähre M/F IDA (21)** *im Pendelbetrieb (9–18.15 Uhr, Überfahrtszeit ca. 12 Minuten, ☏ 55362560, www.bogoe-stubbekoebing.dk) – wichtig auch und vor allem für Fahrradfahrer, da die Falster-Farø-Autobahnbrücke keinen Radweg hat! In der HS werden größere Fahrzeuge (über 3,5 t) nicht immer zugelassen.*

Seeland

Seeland (dän.: Sjælland, ausgesprochen „ßjällänn", abgekürzt Sj.) ist mit gut 7.000 km² nicht nur die größte Insel des eigentlichen Königreichs, sondern hat mit rund 2,35 Millionen Menschen auch die mit Abstand größte Bevölkerungsdichte. Spätestens seit Wikingerkönig Harald Blåtand („Blauzahn") in Roskilde bestattet wurde, ist Seeland auch die „Insel der Könige" und das historische Herz Dänemarks. Hier befinden sich die Hauptstadt Kopenhagen und die ehemalige Hauptstadt Roskilde, die schönsten Königsschlösser und die größten Adelssitze. Allein schon wegen Kopenhagen kann man Seeland auch als kulturelles, politisches und wirtschaftliches Zentrum Dänemarks bezeichnen.

In Seeland gibt es besonders im Norden schöne Strände und Uferlandschaften

Die Landschaft ist nicht so flach wie die auf Lolland oder Falster. Als sich vor mehr als 150 Jahren das Eis quer über Dänemark schob, entstand durch Ablagerungen von Geröll und Sand eine hügelige Moränenlandschaft, die vor allem in der nordwestlichen Region Odsherred, südlich von Sorø und zwischen Ringsted und Roskilde charakteristisch ist. Auch die vielen Binnenseen (u. a. Arresø und Esrum Sø im Norden, Tissø im Westen und die Seenplatte bei Sorø) gehen auf die Eiszeit zurück. Von besonderem landschaftlichem Reiz ist die Küste, die durch Halbinseln und Landzungen, Förden, Nehrungen und Buchten reich gegliedert wird. An den Küsten findet man so unterschiedliche Naturräume wie die ebenen Heideflächen an der Sejerø-Bucht, die kilometerlangen Sandstrände an der Kattegatküste oder das Steilufer von Stevns Klint.

Seeland ist durch zwei Brücken über den Storstrømmen mit Falster im Süden, durch die Große-Belt-Querung mit Fünen im Westen und durch die Øresund-Querung mit Schweden im Osten verbunden. Zu einer Reihe anderer Nachbarinseln (z. B. Møn, Amager) gibt es ebenfalls Brücken.

Redaktionstipps

➤ Die schönsten **Städte**: Præstø (S. 136), Vordingborg (S. 139), Næstved (S. 141), Køge (S. 144), Skælskør (S. 152), Sorø (S. 156), Roskilde (S. 162), Kalundborg (S. 171), Helsingør (S. 187), Frederiksværk (S. 200).
➤ Die interessantesten **Museen**: Dänisches Burgzentrum (S. 140), Kunstmuseum Arken (S. 147), Straßenbahnmuseum Skjoldnæsholm (S. 161), Sagnlandet Lejre (S. 162), Hempels Glasmuseum und Kulturzentrum Annebergspark (S. 178), Kunstmuseum Louisiana (S. 186).
➤ Die schönsten **Kirchen**: Liebfrauenkirche Vordingborg (S. 140), St.-Peder-Kirche Næstved (S. 141), St.-Nicolai-Kirche Køge (S. 145), Klosterkirche Sorø (S. 156), Rundkirche Bjernede (S. 159), Dorfkirche Fjenneslev (S. 159), St.-Bendts-Kirche Ringsted (S. 160), Dom in Roskilde (S. 165), Liebfrauenkirche Kalundborg (S. 171), Dorfkirche Tveje Merløse (181), Marienkirche Helsingør (S. 190).
➤ Die eindrucksvollsten **Schlösser**: Vallø (S. 138), Gavnø (S. 143), Gisselfeld (S. 144), Borreby (S. 154), Ledreborg (S. 162), Lerchenborg (S. 171), Dragsholm (S. 176), Jægerspris (S. 182), Kronborg (S. 189), Fredensborg (S. 193), Frederiksborg (S. 194).
➤ Die interessantesten **Zeugen der Wikingerzeit**: Ringburg Trelleborg (S. 155), Schiffsmuseum Roskilde (S. 164).
➤ Die beliebtesten **Attraktionen für Kinder**: BonBon-Land und Camp Adventure (S. 144), Sommerland Sjælland (S. 178), Bakken (S. 185).
➤ Die **reizvollsten Landschaften**: Im Westen die Halbinseln Reersø, Asnæs, Røsnæs und Sjællands Odde sowie die Seen Tissø, Skarresø, im Norden die Hügelkette an der Nekselø-Bucht und die vorgelagerten Inseln sowie die Landschaft Odsherred. Im Nordosten das gesamte Fjordland, die Seen Arresø und Esrum Sø und der Grib-Wald. Im Osten die Steilküste von Stevns. Im Süden die Fjorde vor Næstved, Knudshoved Odde und der Præstø-Fjord. In der Inselmitte die Seenplatte von Sorø und die Hügelkette nördlich von Ringsted.

Von Südseeland über Køge nach Kopenhagen

Der schnellste Weg für Reisende aus dem Süden nach Kopenhagen ist die E-47/E-55, die Südseeland von Falster/Farø aus erreicht und die man als „Vogelfluglinie“ kennt. Von den Schönheiten der Region sieht man dabei wenig. Dabei ist Südseeland reich an Schlössern, netten Städtchen oder schönen Küstenszenerien. Im Folgenden werden einige interessante Strecken zur dänischen Hauptstadt vorgeschlagen, wobei bis Køge eine östliche Variante (Route A, aus Møn) und eine westliche (Route B, über die Storstrømsbrücke) zur Verfügung stehen.

Route A: über Præstø und Stevns Klint nach Køge

Besucher der Insel Møn erreichen Südseeland über den Brückenschlag der Straße 59 in Kalvehave. Kommt man stattdessen über die Europastraße, zweigt man kurz hinter der Autobahnbrücke auf die Landstraße 59 in östlicher Richtung ab. Am Kulsbjerg (mit 107 m der höchste Punkt Südseelands) vorbei gelangt man zum Weiler **Stensved (1)**, wo man sich die Peterskirche von 1891 anschauen kann. Bleibt man auf der Straße, könnte man nach der Durchfahrt von Langebæk links nach **Petersgaard** abzweigen, wo der Dänische Skulpturenpark Agerholm liegt. Von hier gelangt man in einigen Fahrminuten nach **Kalvehave (2)**. Doch könnte man ebenso gut der Margeritenroute folgen und auf der südlichen Parallelstraße am Herrenhof Stensbygård vorbei nach Kalvehave fahren oder auf der Margeritenroute in nördlicher Richtung direkt Præstø ansteuern. Vom Jachthafen Kalvehave ergibt sich ein schöner Blick auf die „Königin Alexandrines Brücke“, den Ulvsund und die Nachbarinsel.

Der **Kalvehave Labyrinthpark** bietet sechs unterschiedliche, z. T. riesige Labyrinthe sowie 3D-Puzzlespiele; auch ein Laden und ein Café stehen zur Verfügung.
Kalvehave Labyrintpark, *Hovvejen 12, www.kalvehave-labyrintpark.dk; Ende April–Juni Mi–Fr 11–16, Sa/So 10–17, Juli–Mitte Aug. tgl. 10–18, Mitte–Ende Aug. u. Herbstferien tgl. 10–17 Uhr*

1 Stensved
2 Kalvehave
3 Schloss Nysø
4 Fakse
5 Vemmetofte
6 Rødvig
7 Stevns Klint
8 Schloss Gjorslev
9 Schloss Vallø
10 Storstrøms-Brücke
11 Herrengut Rosenfeldt
12 Knudshoved Odde
13 Geburtshaus von N.F.S. Grundtvig
14 Næstved
15 Schloss Gavnø
16 Holmegaard
17 BonBon-Land
18 Kloster Gisselfeld
19 Schloss Bregentved
20 Greve
21 Kunstmuseum Arken

Von Kalvehave aus geht es auf der gut ausgebauten 265 nach Norden weiter, wobei man nach einigen Kilometern erneut die Margeritenroute kreuzt. Biegt man auf diese rechts ab, fährt man auf z. T. sehr schmalen Straßen die gesamte östliche Halbinsel ab – eine schöne Strecke mit netten Ausblicken, aber auch eine arge Kurverei. Alternative: direkt nach Præstø.

Præstø

Præstø („Priesterinsel") ist eine pittoreske Klein- und Hafenstadt, die auf ein Kloster aus dem 15. Jh. zurückgeht. Die Klosterkirche ist noch erhalten. Das historische **Hotel Frederiksminde** am östlichen Ortskern ist eine Topadresse, auch in Bezug auf das Essen. König Frederik VII. weilte vor über 150 Jahren gerne hier, um tagsüber in der Bucht auf Schwanenjagd zu gehen. Seither wurde das Hotel immer weiter ausgebaut. Am und um den Hafen locken zahlreiche Restaurants. Die größte Sehenswürdigkeit stellt jedoch das **Schloss Nysø (3)** dar, das hinter Præstø fast unmittelbar an der Uferstraße liegt. Es wurde 1673 im barocken Stil nach dem Vorbild von Charlottenburg in Kopenhagen errichtet und war das erste Schloss Dänemarks, das nur zu Wohnzwecken diente. Zudem war der Bauherr ein Bürgerlicher: Jens Lauridsen. Dass sich ein Kaufmann aus Præstø der Architektursprache bediente, die eigentlich für einen absoluten Herrscher gedacht war, ist schon ein bemerkenswertes Zeitdokument. Anfang des 19. Jh. erwarb Staatsminister Stampe das Schloss, dessen Gattin einen Kreis der bedeutendsten Wissenschaftler, Politiker, Philosophen, Maler und Dichter des Königreichs um sich versammelte. Besonders förderte sie den Bildhauer Bertel Thorvaldsen, dem hier 1838–44 ein Atelier eingerichtet wurde – aus diesem Grund befindet sich das kleine Thorvaldsen-Museum im Schloss.

Vom Schloss aus führt die Küstenstraße in weitem Bogen am Ufer des Præstø-Fjordes entlang und zum Abzweig der 209 nach **Fakse (4)**. Die Ortschaft ist u. a. wegen ihrer Bierbrauerei bekannt. Auffälligste Landmarke ist der über 70 m hohe Berg aus Korallenkalk (Kalkbakken), der seit dem Mittelalter genutzt wird und immer noch den größten dänischen Tagebau darstellt. Die schönsten dabei gefundenen Fossilien aus der Kreidezeit sind im Geologischen Museum ausgestellt. Auch die Pfarrkirche lohnt einen Besuch; u. a. wegen einiger gut erhaltener Kalkmalereien und Holzschnitzereien von Abel Schrøder d. J.

Fakse Ladeplads

Auf der vorliegenden Route wird aber empfohlen, sich, wenige Fahrminuten nachdem man das Fjordufer verlassen hat, erneut rechts zu halten und in Richtung Fakse Ladeplads wieder die Küste anzusteuern. Das **Seebad** (u. a. Campingplatz, Hotel, Jugendherberge, Touristeninformation) liegt am südlichen Ende der Stevns-Halbinsel inmitten ausgedehnter Buchenwälder. Es verdankt seine Existenz dem Hafen, der immer schon zur Verschiffung des Fakse-Kalksteins genutzt wurde. Nördlich des Waldes, der sich herrlich für Wanderungen oder Fahrradtouren eignet, kommt man auf der Margeritenroute am historischen Platz **Vemmetofte (5)** vorbei. Im Mittelalter gab es hier eine stark befestigte Burg, von der noch zwei Kellergewölbe erhalten sind. Die Burg wurde nach und nach zu einem Schloss umgewandelt, das Angehörigen der vornehmsten dänischen Familien gehörte. 1694 erwarb Charlotte Amalie, Gattin Christians V., den Herrensitz. Ihre Kinder, Prinz Carl und Prinzessin Sophie Hedevig, ließen ihn zu einem Vierflügel-Barockschloss umbauen und richteten hier ein „Stift für adlige Fräulein" und andere soziale Institutionen ein. Seit 1976 heißt das Anwesen **Vemmetofte Kloster** und steht einkommensschwachen „Normalbürgern" als Wohnsitz offen. Ansonsten beherbergen Kloster und Wirtschaftsgebäude einen florierenden land- und forstwirtschaftlichen Betrieb. Von der Margeritenroute kommt man auf einer hübschen, 300-jährigen Lindenallee zum zentralen Parkplatz des Klosters. Der Stiftsgarten ist tgl. für Besucher geöffnet, ebenso kann man den Burghof betreten, am kleinen, reetgedeckten Teehaus vorbei dem Lauf der Kildeå folgen oder einen Spaziergang durch den Tiergarten (Dyrehaven) mit seinen mächtigen, alten Eichen zum schön gelegenen Friedhof unternehmen. Auch ein Blick in die Kirche lohnt sich, der intime Raum mit niedrigen Gewölben besitzt u.a. eine Barock-Kanzel mit eleganter Schlingornamentik, Wappenschilder, Taufbecken und eine Gemäldesammlung des Hofmalers Henrik Krock.

Alter Wehrturm in Fakse Ladeplads

Ebenfalls einen Besuch wert: der kinderfreundliche Sandstrand (**Vemmetofte Strand**) mit seiner uralten Mole, Campingplatz und Restaurant. Der Felsbrocken am Strand (Mussestenen) ist Gegenstand vieler Balladen über Zauberkunst und Hexerei. Weiter geht es über die Margeritenroute auf schmalen und oft auch sehr kurvenreichen Straßen durch den Strandskoven mit seinen ausgedehnten Buchen- und Eichenwäldern, Waldwiesen, Mooren und Weideland. Nach einer Weile gelangt man zum Hafenstädtchen **Rødvig (6)** mit seinem interessanten **Schiffsmotorenmuseum**. Die Sammlung umfasst ca. 300 Schiffsmotoren ab 1903 sowie weitere Seefahrts- und Fischereigegenstände. Wanderlustige können von hier bis zum **Kalkbruch** Boesdal an der Küste entlanggehen und unterwegs die verschiedenen Schichten von Stevns Klint (s. u.) beobachten.
Skibsmotormuseum, *Havnevej 7, www.skibsmotor.dk; Mai–Aug. Fr–So 10.30–16 Uhr*

Auf der küstennahen Landstraße zwischen Rødvig und Højerup zieht das „Kalte-Kriegs-Museum" **Stevnsfort** Besucher in seinen Bann. Die Anlage hätte in einem kriegerischen Ernstfall als eins der NATO-Hauptquartiere fungieren sollen. Bis zu 300 Männer verrichteten hier ihren Dienst und auch nach dem Zusammenbruch des Warschauer Paktes wurde von hier aus der „Feind" auf der anderen Ostsee-Seite beobachtet. Erst im Jahr 2000 verließ das Militär das Fort. Die Tour in den Untergrund ist nur mit Guide möglich, wobei man auf die Wegstrecke *(ca. 3 km, Dauer 1½ Stunde)* und die konstant niedrigen Temperaturen von ca. 10 °C gefasst sein sollte.
Koldkrigsmuseum Stevnsfort, *Korsnæbsvej 60, Rødvig, www.oesm.dk/koldkrigsmuseum-stevnsfort; April–Mitte Dez. tgl. 11–15, Juli–Sept. tgl. 10–17 Uhr, Febr./März nur ein bestimmten Tagen (s. Website)*

Stevns Klint (7)

Nächste Station ist Stevns Klint, eine insgesamt fast 20 km lange und maximal 41 m hohe Steilküste aus Kreide und Kalkstein. Unter den verschiedenen Schichten, die über Jahrmillionen hier abgelagert wurden, findet man ganz unten Schreibkreide. Darüber liegt eine dünne Schicht Fischlehm – abgelagert vor 66 Millionen Jahren nach einem Meteoriteneinschlag, dem eine Klimakatastrophe folgte. Letztere hatte, so schätzt man, die Ausrottung von 50 % aller Tier- und Pflanzenarten (u.a. der Dinosaurier) zur Folge. Zuoberst liegen Kalkstein und Ablagerungen aus der Eiszeit. Das moderne Besucherzentrum **Stevns Klint Experience** befindet sich im südlichen Abschnitt, im Boesdal Kalkbruch. Es beeindruckt mit einer interaktiven Dauerausstellung zur Natur- und Kulturgeschichte Dänemarks. Die geologische Geschichte wird in einem Film erklärt, ausgestellt sind Fossilien, Dinosaurierskelette, Meteoriten und Vieles mehr. Ein unterirdischer Pfad führt die Besucher im Anschluss bis zur Steilküste.

Der markanteste Punkt bei Stevns Klint ist **Højerup**. Die kurze Stichstraße, die von der Margeritenroute nach Osten abzweigt, endet hier an einem großen Parkplatz. Auf der anderen Straßenseite erhebt sich die Dorfkirche, die 1912–13 im neuromanischen Stil aus Kalk- und Flintstein errichtet wurde. Daneben befinden sich die hübsche Gaststätte Højeruplund, deren Kern ein Gebäude von 1842 bildet, und ein großer Park mit Gedenksteinen für Persönlichkeiten, die sich für die Gemeinde verdient gemacht haben. Die spektakulärste Attraktion ist hier jedoch die **alte Kirche** (**Gamle Kirke**) nah an der Klippe, deren Chorraum und ein Teil des Friedhofs bereits 1928 ins Meer stürzten. Sie wurde Mitte des 13. Jh. über der Steilküste errichtet.
Stevns Klint Experience, *Boesdalsvej 14, 4673 Rødvig Stevns, www.stevnsklint.com; Ende Juni–Aug. sowie Herbstferien tgl. 9–18, sonst Di–So 10–17 Uhr. Veranstaltungen s. Website.*

Von Store Heddinge könnte man weiter auf der Margeritenroute bleiben, die aber einen ziemlich umständlichen Bogen durchs Landesinnere unternimmt und über Hårlev nach Køge führt. Möchte man an dieser Stelle etwas abkürzen, sollte man die 261 nutzen, auf der es zunächst nach **Klippinge** geht. Dort hat Preben Svendsen in seinem Terrarium Riesenschlangen, Warane, Krokodile und viele andere Kriechtiere versammelt. Ein Abstecher zum Meer bringt einen zum weißen **Schloss Gjorslev (8)** (*www.gjorslev.dk*), das den Zugang zum umliegenden Park gestattet. Der Kern der Burg wurde 1402 vom Roskilder Bischof Lodehat gebaut, doch schon um 1287 ist an dieser Stelle ein Herrensitz bezeugt. Das von einem Burggraben umringte Schloss hat einen kreuzförmigen Grundriss; in der Mitte erhebt sich der 30 m hohe Turm, an den in jede Himmelsrichtung Flügel angebaut sind. Der Schlossherr besitzt Ländereien von rund 1.650 ha, die hauptsächlich land- und forstwirtschaftlich genutzt werden. Auch der riesige Buchenwald mit nicht weniger als 55 Hünengräbern gehört dazu.

Letzte Station vor Køge ist die Ortschaft **Valløby**, von der eine Allee auf das hübsche **Renaissanceschloss Vallø (9)** zuführt. Schon seit dem 15. Jh. gehörte der Ort dem mächtigen Adelsgeschlecht Rosenkrantz. 1708 erwarb Frederik IV. das Anwesen für seine Konkubine. Dies stieß natürlich auf Kritik im Reich. Als der König starb, gründete die Gemahlin des Nachfolgers Christian VI. anno 1737 das „königliche Jungfrauenstift Vallø“, in dem 12 unverheiratete, adelige Damen ein „züchtiges“ Leben führen sollten. Das gesamte Bauwerk wurde Ende des 19. Jh. bei einem Brand schwer beschädigt und 1893 aufwendig restauriert.

Das Etappenziel **Køge** ist nun nicht mehr weit entfernt; folgt man immer der Landstraße, gelangt man geradewegs in dessen Zentrum.

Route B: über Vordingborg und Næstved nach Køge

Aus südlicher Richtung führt die Landstraße 153 auf Vordingborg zu. Sie war vor dem Bau der Fårø-Falster-Brücke die wichtigste Nord-Süd-Verbindung Dänemarks. Ihr beeindruckendster Streckenabschnitt ist die 1937 eingeweihte **Storstrøms-Brücke (10)** (S. 120). Sie bringt einen von Falster zunächst zum Inselchen **Masnedø**, das zu Vordingborg gehört und auf dem sich u.a. ein Kraftwerk, Windanlagen, der Südhafen und ein Fort befinden. Letzteres wurde 1912–15 an der Westseite der Insel errichtet, um den Storstrømmen zu schützen und zu bewachen. 1940 eroberten deutsche Fallschirmtruppen die Festung, nach dem Krieg war es u.a. Minendepot. Heutzutage dient das restaurierte **Masnedø-Fort** *(www.masnedoefort.dk)* für sommerliche Kunstausstellungen und Kulturveranstaltungen *(www.sommerudstillingen.dk)*. Bis ca 2026 soll die alte Storstrøms-Brücke durch eine neue ersetzt werden. Baubeginn war 2019.

Vordingborg

Die heute ca. 12.000 Einwohner zählende Stadt blickt auf eine lange Geschichte zurück. Schon Valdemar der Große ließ im 12. Jh. eine Burg anlegen, die zu den größten des Landes zählte. Im Mittelalter residierten hier mehrere Regenten und Bischof Absalon brach Ende des 12. Jh. von Vordingborg zu seinen Feldzügen gegen die Wenden auf. 1241 wurde hier das erste dänische Gesetzbuch niedergeschrieben. Auch der Danehof, eine alljährliche Zusammenkunft der wichtigsten Adligen und des Königs, tagte in der Burg, bis diese Institution nach Nyborg umzog. Im Schutz der Burg entstand die Siedlung, deren Bedeutung durch den Fährverkehr nach Falster ständig wuchs. Dies änderte sich allerdings nach dem Mittelalter und 1658 musste sich die Stadt den Truppen des Schwedenkönigs kampflos ergeben.

1871 wurde Vordingborg an das Eisenbahnnetz angeschlossen, 1886 eine ständige Fährverbindung nach Travemünde und Warnemünde eingerichtet und 1937 die riesige Storstrøms-Querung fertiggestellt. Seit 1985 gehen die Hauptverkehrsströme an Vordingborg vorbei und nicht nur auf der großen Brücke, sondern auch im Zentrum ist es seitdem ruhiger geworden. Trotzdem kann von einem Dornröschenschlaf keine Rede sein: Mit einer Vielzahl von Ausbildungsstätten und Schulen der „Internationalen Brigade", die Soldaten für die Friedensarbeit in Europa ausbildet, als TV-Standort sowie mit einem aktiven Wirtschaftsleben bleibt die Stadt zumindest für die Region bedeutsam. Badestrände in der Nähe, nette Unterkünfte und ein Spitzenrestaurant laden ebenso zum Bleiben ein wie ein Veranstaltungskalender, dessen Höhepunkte die Vordingborg-Festwoche Mitte Juli und das Nordische Folkfestival Ende Juli sind.

Die **Burg** besteht aus einer weitläufigen Grünanlage, in der Fußwege und Holztreppen zu den Überresten der alten Anlage führen. Valdemar der Große hatte hier im 12. Jh. die Burg „Worthing" bauen lassen, wo er auch anno 1182 starb. König Valdemar IV. Atterdag ließ 1362–65 die Anlage modernisieren. Ihre Hauptaufgabe war die Kontrolle des Seefahrtswegs durch den Storstrømmen, aber auch die Verteidigung vor wendischen Seeräubern und der Schutz der dänischen Flottenstützpunkte machten die großen fortifikatorischen Arbeiten notwendig. Zudem diente die Burg als eine der königlichen Residenzen, unter Valdemar Atterdag war sie dann sogar der Hauptsitz der Krone. Der König wurde auch in Vordingborg beigesetzt, doch ließ dessen Tochter Margrete I. seine sterblichen Überreste nach Sorø bringen. Überhaupt setzte unter der Königin, die sich nach Roskilde und Kopenhagen orientierte, für Stadt und Burg der Niedergang ein. Trotz gelegentlicher königlicher Besuche verfiel nach der großen Zeit des Mittelalters das Gebäude zusehends und wurde schließlich auch als Steinbruch genutzt.

Selbst die Mauerreste vermitteln eine Ahnung davon, welch gewaltige Dimensionen die alte Burg hatte. Zudem ist da der eindrucksvolle **Gänseturm** (Gåsetårnet). Dieser einzige unversehrte Gebäudeteil der Festung und gleichzeitig auch das Wahrzeichen der Stadt erhebt sich 36 m hoch über das Terrain und gilt als besterhaltener Mittelalterturm des Landes. Er verdankt seine Entstehung und seinen Namen Valdemar Atterdag, der anlässlich der Kriegserklärung der Hanse 1368 eine vergoldete Gans auf das kupferne Spitzdach setzen ließ. Diese spöttische Geste unterstrich seinen Ausspruch, dass die Hansestädte nichts weiter als „eine Schar schnatternder Gänse" seien. Heute kann man den Turm mit den 3 ½ m dicken Mauern besteigen und die fantastische Aussicht auf Vordingborg, Masnedø, Storstrømmen und die Brücke genießen.

Dem Gänseturm gegenüber nutzt das **Dänische Burgzentrum** (Danmarks Borgcenter) einen Flügel des Barockpalais aus dem 18. Jh. sowie einen keilförmigen, etwas abweisend wirkenden Neubau für spannende und multimedial in Szene gesetzte Erkenntnisse über den dänischen Burgenbau und das Mittelalter. Kleine und große Besucher werden mit einem iPad-Guide ausgestattet, mit dem man das Außengelände, den Gänseturm und den Untergrund erkunden kann. Das angeschlossene Kinder-Burgzentrum sorgt dafür, dass auch die Kleinsten keine Langweilige und Museumsfrust bekommen, sondern stattdessen Sport, Spiel und Spannung genießen. Ebenfalls vorhanden ist ein Café.
Danmarks Borgcenter, *Slotsruinen 1, www.danmarksborgcenter.dk; Juni–Aug. tgl. 10–17, April, Mai, Sept.–Mitte Okt Di–So 10–16 Uhr*

Einen schönen Blick auf Burggraben, Gänseturm und Ruine hat man vom östlichen Glambæksvej. Möchte man noch ein wenig mehr vom Städtchen kennenlernen, sollte man zur mittelalterlichen, mehrfach umgebauten **Liebfrauenkirche** (Vor Frue Kirke) spazieren. Haupt- und Seitenschiffe stammen von 1432–60, der Treppengiebel-Turm von etwa 1600, und die ebenfalls mit Treppengiebeln verzierte Sakristei kam 1700 hinzu. Im Innern sind interessante hochgotische Kalkmalereien zu bewundern (fast eine Karikatur ist der „durstige Maurer Jeppe", der sich ein Bier genehmigt) und eine wunderschöne geschnitzte Altartafel von 1642. Sie wurde von Abel Schrøder d. J. gefertigt, der zu den größten Barockkünstlern des Landes gehört und allein auf Seeland mehr als 30 Kirchen mit Altaraufsätzen, Epitaphien, Kanzeln und Skulpturen geschmückt hat.

Nördlich der Kirche verbindet die **Hauptgeschäftsstraße** Algade den Burgkomplex mit dem Bahnhof; hier findet man außer vielen Modeboutiquen und Kaufhäusern auch mehrere Restaurants, Skulpturen und einige nette ältere Häuser. Eine stimmungsvolle Szenerie erwartet einen auch unterhalb des Burgkomplexes, wo sich die trotz ihres Namens Nordhaven südlichste **Marina** Seelands befindet.

Reisepraktische Informationen Vordingborg

Information

Vordingborg Turistinformation, *Slotsruinen 1, 4760 Vordingborg, ☏ 55341111, www.sydkystdanmark.dk, gleiche Öffnungszeiten wie Danmarks Borgcenter.*

Hotel

Hotel Kong Valdemar €€€, *Slotstorvet, Algade 101, ☏ 55311210, www.hotelkongvaldemar.dk; angenehmes 3-Sterne-Haus gegenüber dem Gänseturm, 60 gut ausgestattete Zimmer, Restaurant, Terrasse.*

Jugendherberge

DanHostel Vordingborg, *Præstegårdsvej 16, ☏ 51852455, www.danhostel-vordingborg.dk; 3 km nördlich des Zentrums am Svend Heinilid Center gelegene 4-Sterne-Herberge mit 66 Betten, darunter 11 Familienzimmer mit Du/WC, große Gästeküche.*

Restaurants

Gemütlich geht es im **Café Oskar** *am Hafen (Nordhavnsvej 8) zu, das vor allem für die Fischspezialitäten, tagsüber das Smørrebrød und abends das wechselnde Menü bekannt ist. Fans dänischer Imbisse sollten unbedingt* **Tyttes Pølser** *(Havnevej 17) am Fuß der Schlossruine und vor dem Cafe Oskar einen Besuch abstatten. Für die Hot Dogs kommen Leute aus dem gesamten Umland her. Und wer guten Fisch oder asiatische Spezialitäten mit Blick auf den Jachthafen genießen möchte, geht noch einige Schritte weiter nach Osten zum schnörkellosen* **Restaurant Snekken** *(Nordhavnsvej 32).*

Nordwestlich der Stadt liegt inmitten von Weiden, Feldern und Wäldern das **Herrengut Rosenfeldt (11)**, das zu den größten landwirtschaftlichen Betrieben Dänemarks zählt. Die riesigen Ländereien umfassen auch die langgestreckte Halbinsel **Knudshoved Odde (12)**, die den Avnø-Fjord vom Storstrømmen trennt und sich für einen Ausflug anbietet. Ein Ganggrab samt Langdolmen am Anfang der Landzunge beweisen die lange Besiedlung dieses schönen Fleckens, der ansonsten einen dichten Wald (Knudsskoven), viele Wildblumen und Heidekraut, Tümpel mit seltenen Fröschen und insgesamt eine naturbelassene, karge Landschaft bietet. Die einzige Zugabe, die die Besitzer von Rosenfeldt hierhin brachten, ist eine kleine Herde amerikanischer Bisons. Das gesamte Gelände ist frei zugänglich, die Straße endet allerdings am gebührenpflichtigen Parkplatz vor dem Knudsskoven, von wo ab es nur zu Fuß weitergeht.

Alternativ fährt man weiter nach **Udby** nahe der Europastraße. Hier wurde der Historiker, Bischof und Pädagoge **N. F. S. Grundtvig** geboren (S. 27). Sein **Geburtshaus (13)** ist der Vierflügel-Pfarrhof neben der Kirche, der von etwa 1600 stammt und gut erhalten ist. Im sogenannten Kapelanflügel wurde eine Gedenkstube an den großen Volkserzieher eingerichtet, der nicht nur Kindheit und Jugend hier verbrachte, sondern später zur Pflege seines Vaters zurückkehrte und 1811–13 eine Reihe seiner frühen Werke schrieb. Grundtvig ist in Køge begraben, aber auf dem Friedhof steht ein Gedenkstein.

Næstved (14)

Næstved, die „Hauptstadt Südseelands“, ist ein lebhafter, mit gut 44.000 Einwohnern recht großer Ort, dessen wirtschaftliche Grundlage Industrie (u. a. Maschinenbau, Holz, Papier) und Hafen bilden. Im Mittelalter war die Stadt einer der größten Handelsplätze Dänemarks mit Verbindungen nach Schottland, Norwegen und zu den Hansestädten. Im 19. Jh. wurde Næstved an das Eisenbahnnetz angeschlossen, außerdem baute man einen Kanal von dem Fluss Suså zum Karrebæksminde-Fjord. Auch als alter Garnisonsstandort der Gardehusaren ist Næstved bekannt. Immer noch reitet jeden Mittwoch eine Schwadron des Leibgarde-Husarenregiments durch die Straßen. Die gut erhaltene Altstadt, ein breit gefächertes Angebot an Unterkünften und Gaststätten sowie eine wunderbare landschaftliche Umgebung ziehen Touristen an.

Guter Ausgangspunkt für einen **Altstadtbummel** sind die Parkmöglichkeiten an der Sortebrødregade. Als erstes besucht man von hier aus die **St.-Mortens-Kirche**, eine in warmen Farben gehaltene Ziegelsteinkirche mit Treppengiebeln, die jedoch im 18. Jh. nicht sonderlich pietätvoll restauriert wurde. Das Innere zeigt vor allem die barocke Handschrift der Künstlerfamilie Schrøder. Für die schön geschnitzte Kanzel (1602) ist Abel Schrøder d. Ä. verantwortlich, während Abel Schrøder d. J. das Altarbild fertigte (1667). Ansonsten sind einige Grabmäler und eine Kalkmalerei beachtenswert, die den Schutzheiligen St. Martin von Tours zeigt.

In der Nachbarschaft zur Mortens-Kirche findet man auf der Riddergade sehr schöne **Fachwerkgebäude**. So z. B. das zweistöckige Ridderhuset (Nr. 3), ein typisches Haus aus der Zeit Christians IV., das 1800 zuletzt renoviert wurde. Daneben (Nr. 5) wurde der zweite Stock des Apostelhuset schon vor langer Zeit entfernt. Geblieben sind die geschnitzten Apostelfiguren vor den Tragebalken von ca. 1500, die dem Haus den Namen gaben. Beachtung verdient auch das 1493 gebaute, zweistöckige **Kompagnihuset** auf der Kompagnistræde, das in den 1620er-Jahren als Lagerhaus der von Christian IV. gegründeten spanischen Handelskompagnie diente. Das auffälligste Gebäude am Sct. Peders Kirkeplads ist die im 13./14. Jh. errichtete **Kirche St. Peder**. Das dreischiffige Backsteinhaus mit treppengiebelbekröntem Westturm gilt als größte gotische Kirche des Landes. Besonders schön ist die Chorpartie aus dem 14. Jh., die im Innern einige Kalkmalereien bewahrt hat, u. a. eine berühmte Darstellung König Valdemar Atterdags und seiner Gemahlin Helvig, die nach dem Tod des Herrschers 1375 angebracht wurde.

Einladend: Hotel Kirstine

Rechts um das Gotteshaus herum findet sich das ehemalige **Rathaus** – landesweit das einzige, das noch aus dem Mittelalter stammt. Es wurde 1450 als zweites der Stadt errichtet und beherbergte lange auch das Stadtgefängnis. Vorbei am alten **Weinhaus** (Vinhuset, heute Hotel und **Touristeninformation**) stößt man an der Südseite des Kirchplatzes auf den Komplex Mogens Thuesens Stenboder, die einzig erhaltenen mittelalterlichen Reihenhäuser Dänemarks. In dem Backsteingebäude von 1440 mit seinen schön gemauerten Tür- und Fenstereinfassungen befindet sich heute eine Reihe von (Kunst-) Handwerksstätten.

Nördlich des Kirchplatzes ist auf dem Axeltorv die **Löwenapotheke** (Løve Apotek) sehenswert, deren Fassade aus den 1850er-Jahren nicht verrät, dass im Innenhof noch ein schönes Fachwerk aus dem 17. Jh. und ein Kräutergarten zu bewundern sind. Die Apotheke wurde übrigens 1640 gegründet und ist damit die Älteste Dänemarks. Westlich der Kirche kommt man auf der Ringstedgade zum großen **Heiliggeisthaus** aus dem 15. Jh., das damals Hospital, Wohnstätten und kirchlichen Beistand für alte und kranke Menschen bereithielt. Das fünfstöckige, ebenfalls geschickt den Hang ausnutzende Treppengiebel-Haus birgt heute das **Næstved Museum**, in dem u.a. mittelalterliche und neuere Holzschnitzereien zu sehen sind.
Næstved Museum, *Ringstedgade 4, www.museerne.dk/naestved-museum; März–Weihnachten Di–Fr 11–16, Sa 10–15 sowie jeden ersten So im Monat 10–15 Uhr*

Außerdem sehenswert ist die alte **Kaserne** auf der Grønnegade, deren älteste Bauteile von 1799 stammen und in der sich heute ein Museum befindet. Ein anderer interessanter Spaziergang führt die Teatergade entlang bis zum **Munkebakken**, einem großen Park mit Aussichtsturm. Zudem fällt der alte **Wasserturm** Sjølundstårnet ins Auge, der heute zur Sternenbeobachtung genutzt wird. Und schließlich stellt südlich der Altstadt das **Automobilmuseum** ein Ziel für Oldtimer-Fans dar. Mit rund 60 Motorrädern und 160 Autos, Lkws, Bussen, Traktoren und Feuerwehrwagen, die hier in relativ schmucklosem Ambiente präsentiert werden, ist das Museum immerhin das größte private dieser Art im Norden. Dazu gibt es etwa 50 Läden und Werkstätten aus den 1950ern sowie ein Café.
Næstved Automobilmuseum, *Skellet 19, www.naestvedautomobilmuseum.dk; Juni–Sept. Mo–Fr 12–16.30, Sa/So 10–16.30 Uhr*

Die **M/S Friheden** ist ein kleiner Ausflugsdampfer, der bis zum Schloss Gavnø und meist weiter nach Karrebæksminde (s. u.) verkehrt *(www.hammershipping.dk)*.

3 km westlich von Næstved (Herlufsholm Alle) lohnt der Herrenhof **Herlufsholm** einen Besuch. Das 1135 gegründete frühere Benediktinerkloster Skovkloster, das als Keimzelle der Stadt gelten kann, kam nach der Reformation in den Besitz der Krone. Frederik II. tauschte es 1560 gegen Hillerød (S. 194) mit Reichsadmiral Herluf Trolle, und seit dieser Zeit heißt das Gut Herlufsholm. Schon fünf Jahre später wurde in einem Flügel eine Lateinschule eingerichtet, aus der sich die heutige international renommierte Internatsschule entwickelte (*www.herlufsholm.dk*). Der idyllische Park ist von Sonnenauf- bis -untergang frei zugänglich.

6 km südwestlich der Stadt gelangt man zum herrlichen **Schloss Gavnø (15)** auf der gleichnamigen Insel, zu der eine Brücke hinüberführt. Dort stand einst ein Nonnenkloster, das Margrete I. 1402 bauen ließ. Nach der Reformation diente das Kloster als Adelssitz der Familie Trolle, bis Otto Thott 1737 das Gut übernahm. Dieser ließ 1755–58 das heutige Rokoko-Schloss errichten, zu dem Niels Eigtved die Pläne zeichnete, der Architekt der königlichen Residenz Amalienborg. Der große Park ist für seinen Rosengarten berühmt, aber mehr noch wegen der Tulpen und anderer Zwiebelpflanzen, die den Park im Frühjahr zu einem Blütenmeer werden lassen. Das Innere des Schlosses ist in Teilen zugänglich. Imposant sind die kostbare Gemäldesammlung (u.a. das älteste Porträt Skandinaviens sowie Bilder von Rubens und Jardin) und die Bibliothek mit 1.380 Bänden. Die Schlosskapelle, die aus der Klosterkirche des 14. Jh. hervorgegangen ist, verfügt über ein Rokoko-Interieur, das als das farbenprächtigste des Landes gilt. Zum Anwesen gehören das „Café Tulipanen", eine Schlossbrauerei sowie Kinderattraktionen wie das Seeräuberland oder ein Kletterpark von Baumkrone zu Baumkrone (Gavnø Go Fly).
Gavnø Slot, *Gavnø 2, www.gavnoe.dk; Mitte April–Mitte Okt. Schlosspark und Gavnø Go Fly tgl. 10–17, Schloss und Kirche 10–16 Uhr*

Lohnend ist ein Abstecher zu dem 10 km südwestlich von Næstved gelegenen charmanten **Hafenstädtchen Karrebæksminde**, das bezaubernd an dem Ausflusskanal des Karrebæk Fjord liegt. Hier herrscht die Idylle eines Fischerorts mit kleinen Restaurants, Stränden sowie dem weithin bekannten Eis der Enø Bageri (*Ved Broen 6, www.enobageri.dk*), die natürlich auch leckeres Brot und besten Kuchen anbietet sowie ein paar Zimmer vermietet. Auf der anderen Kanalseite locken Martens Røgeri (*Alleen 28*) und gleich nebenan Ditlevsens Fiskehus mit Räucherfisch.

Reisepraktische Informationen Næstved

Hotels

Hotel Kirstine €€€–€€€€, *Købmagergade 20, ☏ 55774700, www.hotelkirstine.dk; ehemaliges, wunderschönes Bürgermeisterhaus von 1746, sorgfältig restauriert, 31 gut ausgestattete Zimmer, renommiertes Gourmet-Restaurant, zentral gelegen.*
Menstrup Kro Resort Hotel €€€, *Menstrup Bygade 29, Menstrup, 10 km westlich von Næstved, ☏ 55443003, www.menstrupkro.dk; über 200 Jahre alter, königlich konzessionierter Gasthof, 80 gut ausgestattete Zimmer, traditionsreiches Restaurant, Innenpool, am Wochenende oft Tanz (und dann ziemlich laut …), 2 km vom Strand entfernt gelegen.*

Camping

De Hvide Svaner Camping, *Karrebækvej 741, Karrebæksminde, ☏ 55442415, www.dehvidesvaner.dk; westlich von Næstved und nah zum schönen Sandstrand gelegener, komfortabler Platz mit u.a. Hüttenvermietung, Pool, Minimarkt, Badesteg und vielen Sportangeboten. Die Hütten sind sehr geräumig, jedoch während der dänischen Sommerferien nur wochenweise zu mieten.*

Von Næstved nach Køge

Auf der vorliegenden Route in Richtung Køge bleibt man zunächst auf der Margeritenroute, die einen 9 km nordöstlich der Stadt und kurz hinter Fensmark am sehenswerten Fachwerkgebäude **Holmegaard (16)** vorbeibringt, das Reichsadmiral Claus Daa 1635 errichten ließ. Ganz in der Nähe befindet sich eine der ältesten Glasbläsereien Dänemarks, das Holmegaard Glasværk A/S *(Glasværksvej 54, www.museerne.dk/holmegaard-vaerk)*. Nach Konkurs und Zwangsversteigerung im Jahr 2010 baute man das Werksgelände in einem ambitionierten Projekt zum Kulturhaus **Det Ny Holmegaard** um, in dem neben der Industriearchitektur des 19. Jh. umfangreiche Bestände des Næstved-Museums, Design- und Glaskunst-Ausstellungen (u. a. die älteste Fayence Nordeuropas) sowie Glasbläserei-Demonstrationen zu sehen sind. Ein Café und ein Restaurant (*Di–So 11–16.30 Uhr*) gibt es ebenfalls.

In **Holme-Olstrup**, das sich als dänische Heimat des Weihnachtsmannes *(julemanden)* vermarktet, erreicht man wieder die Straße 54. Direkt an der Landstraße liegt eine viel besuchte Touristenattraktion, nämlich das **BonBon-Land (17)** – quasi „Dänemarks Antwort auf Disneyland". Familien mit Kindern können sich auf gut 70 Vergnügungen für Groß und Klein freuen – Riesenrutschbahnen, Karussells, Wildwasserabfahrten etc. –, aber auch auf ruhigere Angebote wie **Goldschürfen** und **Kindertheater**. Der Vergnügungspark hat ein eigenes Hotel.
BonBon-Land, *Gartnerwej 2, Holme-Olstrup, www.bonbonland.dk; im Sommer tgl. 10–19, Vor- und Nachsaison bis 17 Uhr*

Wenige Kilometer östlich verlässt die Margeritenroute wieder die Landstraße 54, führt hinter Boserup hügelaufwärts und wenige Fahrminuten später am Abzweig zum Kloster **Gisselfeld (18)** vorbei. Die ursprünglich mittelalterliche Klosterburg erwarb der damals 25-jährige Peder Oxe 1545, ließ sie zwei Jahre später abtragen und etwas weiter entfernt am heutigen Platz das stolze Renaissanceschloss errichten. Oxe war einer der eifrigsten Schlossbauer des 16. Jh., später Kanzler im Reichsrat und vor seinem Tod 1575 der mächtigste Mann im Königreich. Das eindrucksvolle Anwesen hat einen riesigen Park (40 ha), Ende des 19. Jh. vom englischen Gartenarchitekten H. E. Millner angelegt, der zu den schönsten in Skandinavien zählt. Mit dem hübschen Klostercafé und dem Feinschmeckerlokal Villa Gallina wartet das Schloss zudem mit zwei guten kulinarischen Adressen auf. Und der Weihnachtsmarkt ist weithin bekannt.
Gisselfeld Kloster, *Gisselfeldvej 12 A, Haslev, www.gisselfeld-kloster.dk; der Park kann April–Mitte Juni, Mitte Aug.–Okt. Fr–So 11–16, Mitte Juni–Mitte Aug. Do–So 11–17 Uhr besichtigt werden (Eintritt), Weihnachtsmarkt an zwei Wochenenden im Nov.*

Wenige Fahrminuten südlich des Klosters stellt das **Camp Adventure** einen lohnenden Anziehungspunkt für Sportlich-Aktive dar: Hier wartet inmitten einer wunderschönen Natur ein 7,5 ha großer Kletterpark mit zehn unterschiedlichen Courses aller Schwierigkeitsgrade auf Besucher ab 4 Jahre. Das architektonische Wahrzeichen des Parks ist ein spektakulärer, 45 m hoher Aussichtsturm *(Effekt Architects)* aus Stahl und Eichenholz, den man auf einer langen Wendel-Rampe besteigt. Der Turm erinnert an eine überdimensionale Sanduhr; da er sich auf einem der höchsten Punkte Seelands befindet, ist die 360°-Aussicht fantastisch!
Camp Adventure, *Denderupvej 19, Haslev, www.campadventure.dk; Kletterpark April–Okt. Do–So 10–18 Uhr, Juni–Aug. tgl., Turm Nov.–März tgl. 10–15, April–Okt. bis 18 Uhr*

Zur anderen Richtung, nördlich von Gisselfeld, liegt in der seenreichen Gegend von Haslev das **Schloss Bregentved (19)**, das seit 1746 Hauptsitz des bekannten Geschlechts Moltke ist.

Køge

Køge entstand im 13. Jh. als Anlandeplatz der Heringsfischer. Der wachsende Wohlstand fußte vornehmlich auf dem Handel. In der Stadt selbst blühte das Handwerk, die hiesigen Bierbrauer,

Goldschmiede und Holzschnitzer waren im ganzen Norden bekannt. Die Schwedenkriege setzten eine schmerzliche Zäsur, trotz der berühmten Seeschlacht vor Køge. Diese fand am 1. Juli 1677 unter Führung des Admirals Niels Juel (S. 240) statt und brachte der schwedischen Flotte eine vollständige Niederlage bei. Seit dem 19. Jh. setzte durch Industrieansiedlung und Eisenbahnanschluss ein erneuter Aufschwung ein, dessen Dynamik in den letzten Jahrzehnten noch zugenommen hat, nicht zuletzt durch die Konzeption neuer hypermoderner Stadtviertel wie Torvebyen und Køge Kyst. Heute leben etwa 62.000 Einwohner in der Kommune und 38.000 in der Stadt selbst. Touristisch interessant wird Køge durch sein unzerstörtes und behutsam restauriertes Stadtzentrum, in dem rund 300 Häuser unter Denkmalschutz stehen. Einen Überblick über dieses Ensemble, wie es im Jahr 1865 aussah, bietet die Miniaturstadt **Kjøge Mini-By** südlich der Altstadt (ausgeschildert), die historisch akkurat im Maßstab 1:10 aufgebaut wurde – ein auch für Kinder interessanter Besichtigungspunkt!
Kjøge Mini-By, *Strandvejen 101, www.koegeminiby.dk; Mai–Sept. sowie Ostern und Herbstferien tgl. 10–16 Uhr*

Køge setzt sich aber nicht etwa museal in Szene, sondern harmoniert mit modernem Kultur- und Handelsleben. Beispielhaft dafür sind die vielen Geschäfte, die sich hinter den geschichtsträchtigen Fassaden verbergen, alte Kaufmannshöfe, die heute Galerien oder Restaurants beherbergen oder kopfsteingepflasterte Gassen, auf denen Trinkwasser-Springbrunnen, Skulpturen oder andere Kunstwerke unter freiem Himmel zu sehen sind. Die Altstadt breitet sich zwischen dem verkehrsreichen Ringvej im Westen, dem Flüsschen Køge Å im Süden und der Bahnlinie bzw. dem reizvollen alten Fischereihafen im Osten aus. Das natürliche Zentrum ist der **Markt** (Torvet), zu dem man vom Ringvej über die Vestergade gelangt. Er ist der größte des Landes und an den Markttagen Mittwoch und Samstag auch der betriebsamste. An seiner Stirnseite sieht man das **Rathaus**, das seit 1552 seinen Zweck erfüllt – auf eine längere Geschichte kann kein Rathaus im Königreich zurückblicken! Vom Markt geht man über die Kirkestræde nach Norden, wobei man auf das Fachwerkhaus Nr. 20 achten sollte: Es stammt aus dem Jahr 1527 und ist damit das älteste Dänemarks.

Die Straße bringt einen zur sehenswerten **Nikolaikirche** (Sct. Nicolai Kirke) aus dem 15. Jh., deren Interieur von ungewöhnlich reicher Ausstattung ist, vor allem die Altartafel von 1624 verdient Beachtung. Vom hohen Turm bietet sich eine wundervolle Rundumsicht, was schon König Christian V. wusste, der von dieser Warte aus das Geschehen der erwähnten Seeschlacht verfolgte.

Östlich der Kirche verläuft die Nørregade (Fußgängerzone), die an zwei Museen vorbei zum Markt zurückführt. Zunächst ist da das spannende **Museum für Kunst im öffentlichen Raum KØS**, das einzige dieser Art im Land, das Fotos, Skizzen, Modelle oder Filme über Denkmäler, Installationen oder Kunst am Bau im In- und Ausland sowie Skizzen und andere Vorstudien zu einer Vielzahl dänischer Kunstwerke des 20./21. Jh. zeigt. Das Museum verfügt über einen entsprechenden Museumsladen und ein angenehmes Café.
KØS, *Nørregade 29, www.koes.dk; Di–So 11–17 Uhr, 1. So im Monat freier Eintritt*

Es folgt am Bahnhof das **Køge-Museum** mit seiner Sammlung kulturhistorischer Gegenstände und Möbel (u. a. ein altsteinzeitliches Grab mit acht Skeletten, eine komplette Stube aus der Renaissance und zwei Silberschatzfunde aus dem Mittelalter), es ist in zwei alten, pittoresken Gebäuden untergebracht: dem Spinnhaus (Spindehus) von 1619 und dem Metzgerhof (Slagtergården) von etwa 1500.
Køge Museum, *Nørregade 4, www.museerne.dk/koge-museum; Di–Fr 10–16, Sa/So 10–15, Juni–Aug. Di–Fr bis 17 Uhr*

Reisepraktische Informationen Køge

Information

Køge Turistbureau, *Vestergade 1, 4600 Køge, ☏ 69156170, www.visitkoege.dk; Mi–Fr 10–16, Sa 10–13, Juni–Okt. u. Dez. auch auch Mo/Di 10–16 Uhr*

Hotels

Zleep Hotel Køge €€€, *Toldboldvej 20, ☏ 56631800, www.zleep.com; modernes Hotel im Packhausstil, direkt am Hafen und 5 Gehminuten vom Zentrum entfernt, 100 gut ausgestattete Zimmer, darunter auch Familienzimmer, freies Parken, gutes Frühstück, Bar.*

Central Hotellet €€, *Vestergade 3, ☏ 56650696, www.centralhotellet.dk; zentral am Marktplatz gelegenes, kleineres Haus mit 12 individuell eingerichteten Zimmern (davon 6 mit Bad). Das älteste Hotel am Platz bietet Parkmöglichkeiten einen Frühstücksraum und ein Café.*

Camping

Køge & Vallø Camping, *Strandvej 102, ☏ 56652851, www.valloecamping.dk; schöne Anlage in Strand- und Stadtnähe, 25 Campinghütten, Café, Kiosk, Spielplätze. 1,5 km zum Bahnhof, gute Verbindung nach Kopenhagen – auch mit Fahrradmitnahme.*

Restaurant

Café Vivaldi, *Torvet 30, ☏ 56635366, www.cafevivaldi.dk; älteres, rotes Stadthaus direkt am Marktplatz mit internationalem Angebot vom Frühstück bis zum Abendessen, jeden So beliebter Brunch, lebhafter Barbetrieb, tgl. 10–22, Fr/Sa bis 23 Uhr.*

An der Straße Havnen, direkt am Hafen, reihen sich mehrere Restaurants aneinander, so z. B. das **Bossa Nova** *(☏ 51704633, www.bossa-nova.nu, etwas feiner, gute Fischgerichte) und das* **Jenners Dockside** *(☏ 43699339, www.jenners-dockside.dk, bekannt für das Smørrebrød tagsüber).*

Fähre

Bornholmslinjen *(Sandvej 1, ☏ 70900100, www.bornholmslinjen.de) bietet ab Køge die letzte verbliebene innerdänische Fährstrecke zur Insel Bornholm. Überfahrt: 5 ½ Std. (Nachtfahrten).*

Bahn/Busse

Am Bahnhof **Køge Station** *(Jernbanegade 12) starten sowohl Stadt- und Überlandbusse (viele Abfahrten nach Kopenhagen) als auch die Regionalzüge u. a. nach Fakse Ladeplads, Kopenhagen und Roskilde. Von früh bis spät fährt alle 10 Minuten eine S-Bahn von Køge nach Kopenhagen. Für die S-Bahn gilt auch die Copenhagen Card.*

2019 wurde der neue Bahnhof **Køge Nord Station** *eingeweiht, ein futuristisches Bauwerk nach dem Vorbild französischer TGV-Stationen. Es besteht aus einer 225 m langen, verglasten Stahlröhre über der Autobahn und ist u. a. mit P&R-Plätzen und Fahrrad-Parkhaus ausgestattet. Der neue Bahnhof ist ein Knotenpunkt, der den Autoverkehr sowie Vorortzüge, die S-Bahn und die neue Hochgeschwindigkeitsstrecke Kopenhagen–Ringsted miteinander verknüpft.*

Von Køge nach Kopenhagen

Nach Norden hin wird die Bucht von langgestreckten Sandstränden gesäumt, die in früheren Zeiten den Bau von Häfen und Ansiedlungen erschwerten. Ortschaften mit historischem Kern finden sich deshalb in einiger Entfernung zur Küstenlinie, jenseits von Autobahn und Landstraße. In jüngerer Zeit dehnten sich deren **Gewerbegebiete** jedoch nach Osten aus, errichtete man **Wohnsiedlungen** und „Schlafstädte" für die Kopenhagener und wurden **Naherholungsgebiete** erschlossen, die im Sommer einen regen Verkehr von und zu der nahen Millionenme-

Nyborg aus nur eine Zugfahrt übrig bleibt – und dabei auch der Verzicht auf den schönsten Ausblick, denn die Eisenbahnlinie nutzt anstelle der Hängebrücke einen 8 km langen Untersee-tunnel. Wer an einem schönen Blick auf das Riesenbauwerk interessiert ist, sollte als Autofahrer in Richtung Seeland sofort hinter der Mautstelle bei Halsskov/Korsør die E-20 verlassen und parallel zur Autobahn ein Stückchen zurück bis zum kleinen **Isbådsmuseum** *(Storebæltsvej 122)* fahren. Es befindet sich am Naturrastplatz direkt am Strand hinter den ehemaligen Anlagen der alten Fährstation Halsskov. Rund um den alten Fährhafen wird (seit Jahren) ein hypermodernes Wassersportzentrum von internationalem Rang geplant, auch ein mögliches neues Großer-Belt-Ausstellungszentrum ist im Gespräch.

Die folgende Tour von Korsør nach Kopenhagen orientiert sich nicht an der schnellen Autobahnverbindung, sondern berührt die wichtigsten kulturellen und natürlichen Sehenswürdigkeiten Mittelseelands. Von der Distanz her wäre die Route bequem an einem Tag zu schaffen, nicht aber, wenn man auch nur ansatzweise das vielfältige Angebot wahrnehmen möchte. Wer am Ende das Wichtigste gesehen haben möchte, sollte für die Etappe 3 Tage einplanen (z. B. mit Übernachtungen in Sorø und Roskilde).

Korsør

Die Bedeutung des heute 14.000 Einwohner zählenden Städtchens liegt in seiner strategischen Lage zwischen dem Haff Korsør Nor und dem Großen Belt, die schon im 12. Jh. zum Bau einer Burg führte. Im Schutze der Burg etablierte sich eine Siedlung, der 1425 die Stadtrechte verliehen wurden. Die weitere Entwicklung verlief ohne großen Höhen und Tiefen; man lebte gut von der Fischerei, dem Handel und später auch den ersten Industrien (Schiffsbau, Glas). Mit der Einweihung der Eisenbahnstrecke nach Kopenhagen gewann die Stadt 1856 überregionale Bedeutung als Verkehrsknotenpunkt, da nun fast der gesamte Ost-West-Verkehr über Korsør geleitet wurde. Und mit der Zeit kamen neben der wichtigsten inländischen Fährverbindung (nach Nyborg) weitere Strecken hinzu, z. B. nach Langeland und nach Kiel. Seit Fertigstellung der Große-Belt-Querung spielt die Fährschifffahrt überhaupt keine Rolle mehr, dafür aber nach wie vor der Hafen, der als Marinestützpunkt auch von der NATO genutzt wird. Nette Straßenzüge und Häuser, eine naturschöne Umgebung und eine recht gute touristische Infrastruktur bieten sich sowohl für eine Stadtbesichtigung als auch für eine Übernachtung an.

Das Stadtgebiet hat eine natürliche Zweiteilung durch den Kanal, der den Großen Belt im Westen mit dem Haff Korsør Nor im Osten verbindet. Nördlich des Kanals liegt der Stadtteil **Halsskov**, der lange Zeit durch die Trasse der Eisenbahn zusätzlich vom eigentlichen Zentrum getrennt war. Zwar ist die Eisenbahn mit dem Bau der Große-Belt-Querung nach Norden verlegt worden, doch führt Halsskov immer noch ein Eigenleben: Es hat seinen eigenen Marktplatz, seine eigene Fußgängerzone etc. Hier befinden sich auch die von Skulpturen umgebene große Bibliothek der Stadt, das schlossartige Postamt und zum Haff hin ausgedehnte Sport- und Grünanlagen mit 18-Loch-Golfplatz, Fischteichen, Jugendherberge und 4-Sterne-Hotel.

Von Norden her gibt es nur einen Zugang zur **Altstadt** des eigentlichen Korsør, nämlich den Tårnborgvej, der einige Hundert Meter hinter dem Postamt den Kanal mit der Klappbrücke Halsskov Bro überquert. Sofort auf der anderen Seite biegt man rechts auf den Caspar Brands Plads (Parkmöglichkeiten) ein, von wo ab man die interessantesten Ecken auf einem kleinen **Rundgang** kennenlernt. Unübersehbar wird der Platz vom **Rathaus** beherrscht, das 1941 eingeweiht wurde und innen mit Marmorböden und Säulen dekoriert ist. Noch auffälliger ist der moderne Komplex der **Hafenarkaden**, die nach dem Vorbild holländischer Giebelhäuser am Wasser errichtet wurden und Kinos, Wohnungen, Supermarkt, Geschäfte und Büros beherbergen. Zusammen mit dem Neubau wurde auch eine Hafenpromenade angelegt, an der

Auf der Große-Belt-Brücke Korsør entgegen

manchmal alte Holzboote und sogar große Kreuzfahrtschiffe festmachen. Dort sieht man auch den „Hafenstein", einen Findling, den man 1912 aus dem Hafen holte und mit Inschrift, Stadtwappen und Wellenmotiv verzierte.

Hinter dem Rathaus findet man an der Nygade 7 nahe der Kreuzung Havnegade die **Touristeninformation**. An der Kreuzung sollte man dann der Jens Baggesens Gade folgen. Das Kino **Korsør Biograf Teater** (*Nr. 17*), das seit 1908 ununterbrochen bespielt wird, steht als ältestes Kino der Welt im Guiness-Buch der Rekorde. Einen Block westlich liegt der **Vognmands-Park**, von wo einen ein Durchgang zum **Kongegården** bringt, dem vornehmsten Bürgerhaus der Stadt. Der hiesige Schiffsreeder Rasmus Langeland ließ es 1761 im Rokokostil errichten; außer seiner Funktion als Kaufmannshof sollte das Gebäude auch Reisenden von Adel eine komfortable Unterkunft bieten, wenn die Segelfähren den Belt bei Windstille oder Sturm nicht überqueren konnten. Der Name verrät, dass dies auch zumindest ein König (Christian VII.) in Anspruch nahm. Von dem einstmals großen Komplex ist nur noch das Vorderhaus erhalten, dessen Details (Uhr, Sandsteinornamente, Türklingel) und die vier großen, 1901 hinzugekommenen Skulpturen Beachtung verdienen – letztere sollen die vier Jahreszeiten symbolisieren. Im Kongegården werden wechselnde Kunstausstellungen und Werke aus dem Nachlass des Bildhauers Harald Isenstein gezeigt; im Erdgeschoss gibt es auch ein Café.

Von hier aus folgt man der Algade nach rechts, die bald darauf zur Fußgängerzone wird und in der man auf manche schönen Höfe mit provinziellem Kleinstadtcharme stößt. Am Ende der Straße betritt man den **Marktplatz** (Torvet), wo im Sommerhalbjahr jeden Samstag Markt abgehalten wird. Das auffällige Gebäude am südlichen Ende des Platzes wurde 1850 als Rathaus errichtet. Auf der anderen Seite sieht man den hohen Turm der **Pfarrkirche St-Povl**, die 1871 einen Vorgängerbau ablöste. Das außen recht schmucklose Gotteshaus, dessen Turm ungewöhnlicher Weise im Osten steht, besitzt noch einige Einrichtungsgegenstände aus der alten Kirche.

Vom Markt bzw. der Kirche kann man nach links zum **Jachthafen** wandern, der sich im Südwesten der Altstadt befindet. Ein Stück weiter passiert man **Korsør Miniby** (*Sylowsvej 2, www.korsoerminiby.dk*) mit ein paar historischen Gebäuden im Maßstab 1:10, die aber an nur wenigen Tagen im Sommner zu besichtigen sind. Nahebei befinden sich die zwei Becken der **Marinebasis**, wo fast die Hälfte der dänischen Flotte stationiert ist. Darüber liegt der **Industriehafen**, der von vielen Firmen zum Export genutzt wird (u. a. vom global operierenden Seekabelunternehmen der TeleDanmark). Am Ende schließt sich neben der Festung der **Fischereihafen** an. Alle genannten Häfen bieten eine schöne Sicht auf die riesige Hängebrücke. Allerdings ist wegen der militärischen Sperrzone kein Spaziergang am Wasser entlang möglich, sodass man auf dem Weg vom Jachthafen zur Burg (ca. 800 m) den nicht sehr attraktiven Sylowsvej benutzen muss. Ohne diesen Abstecher spaziert man auf dem Kirkeplads zur Rückfront der Kirche, wo am Be-

ginn der Slottensgade die alte **Apotheke** von 1710 bemerkenswert ist. Dann folgt man der gewundenen Straße, an der viele hübsche Häuser aus dem 18. Jh. und das traditionsreiche Lokal Hvide Svane stehen, macht nach links einen Schlenker über die nicht minder schöne Rosenstræde und geht auf dem Sylowsvej nach rechts auf den Fischereihafen zu. Sofort östlich davon versteckt sich hinter Wassergraben und kanonenbewehrten Wällen (schöne Aussicht) die **Festung**, die im 14. Jh. anstelle der alten Burg angelegt wurde. Von den ehemaligen Gebäuden, die u. a. dem König samt Gefolge auf den Reisen durchs Reich als Wohnung dienten, gibt es nur noch den mächtigen, fensterlosen Viereck-Turm. Am zweitältesten ist das Große Magazin aus der Zeit Christians IV., das im 2. Stock das interessante **Stadt- und Überfahrtsmuseum** beherbergt. Außer Dokumenten zur Stadtgeschichte und der Festung zeigt es Anschauungsmaterial zur Epoche der Fährschifffahrt, u. a. einen 1.-Klasse-Speisesalon einer alten Belt-Fähre.
By og Overfartsmuseet, *Søbatteriet 7, www.byogoverfartsmuseet.dk; Di–So 11–16 Uhr, Nebensaison nur Fr–So*

Ansonsten sieht man auf dem Gelände verschiedene Batterie- und Wirtschaftsgebäude, in denen sich auch das lokalhistorische Archiv befindet. Durch den westlichen Ausgang der Festung kommt man dann wieder zur Hafenpromenade und geht an den Hafenarkaden vorbei zum Ausgangspunkt des Spaziergangs zurück.

Eine **Umrundung des Haffs Korsør Nor** ist sowohl mit dem Auto als auch mit dem Fahrrad reizvoll. Dazu biegt man in Halsskov nach Osten ab und fährt auf dem Ørnumvej ein Stück ganz nah am Ufer entlang. Später geht es wiederum nach rechts zum Weiler **Tårnborg**. Hier befand sich auf einem Hügel die alte Burg, die um 1441 abgerissen wurde, als die Festung von Korsør deren militärische Stellung eingenommen hatte. Heute werden Ausgrabungen unternommen, die Überreste der Burg und der damaligen Siedlung freilegen.

Oberhalb des hügeligen Geländes von Tårnborg Banke ist die schlichte Tårnborg Kirke einen Besuch wert. Sie wurde um 1250 zusammen mit der Burg errichtet, der jetzige Turm und Chor kamen in gotischer Zeit hinzu. 1993 entdeckte man im Innern Kalkmalereien, die nun restauriert sind. Zum sehenswerten Inventar gehören außerdem der mittelalterliche Taufstein aus Gotland, ein großes Holzkruzifix aus dem 14. Jh. und zwei Schiffsmodelle, von denen eines ein Wikingerschiff darstellt.

Am Ostufer des Haffs stößt man auf den Slagelse Landevej, auf dem man die Fahrt in Richtung Slagelse (s. u.) fortsetzen kann, oder man komplettiert die Runde und stattet im Süden dem Waldgebiet Korsør Skov einen Besuch ab. Dieses von einem See begrenzte Ausflugsziel (Campingplatz, Restaurant) liegt gut 2 km südöstlich des Zentrums. Wer von dort direkt zum Wald fahren möchte, nimmt entweder den Skovvej, dessen Verlängerung auch nach Skælskør führt (s. u.), oder den schmalen Fahrweg direkt am Strand entlang.

Reisepraktische Informationen Korsør

Information

Turistbureau Korsør, *Nygade 7, 4220 Korsør, ☏ 58350211, www.destinationsjaelland.dk.*

Hotel

Comwell Klarskovgaard €€€€, *Korsør Lystskov 30, 4220 Korsør, ☏ 72162000, www.comwell.com; gepflegtes und modernes 4-Sterne-Konferenzhotel 5 km südöstlich der Innenstadt. Am Waldrand, nahe dem Wasser gelegen, geräumige Zimmer, gutes Restaurant mit Bar, gemütliche Aufenthaltsräume; am schönsten aber ist die umliegende Natur. Toll zum Spazierengehen. Strandzugang.*

Jugendherberge

Korsør Vandrerhjem Svanegården, *Tovesvej 30F, ☎ 58371629, www.korsorvandrerhjem.dk; außerhalb der Stadt gelegene Familienherberge und Ferienzentrum rund um den Bauernhof Svanegården, 400 m vom Strand entfernt, mit Restaurant.*

Camping

Storebælt Camping- & Feriecenter, *Storebæltsvej 85, ☎ 58383805, www.storebaeltferiecenter.dk; in den Monaten Nov.–Feb. nur nach Vereinbarung; vor der Riesenbrücke am Strand gelegene 3-Sterne-Anlage u. a. mit Pool, Restaurant, Spielplatz, Fahrradverleih und Minigolf.*

Restaurant

Madam Bagger, *Solens Plads 6, ☎ 58370149, www.madambagger.dk; französisch inspirierte Küche zu moderaten Preisen in einer ehemaligen Zimmermannsscheune nahe dem Markt, tgl. außer So 12–15 u. 17.30–21/22 Uhr.*

Bahn/Busse

Der Bahnhof von **Korsør** *liegt rund 3 km nördlich des Zentrums (Storebæltsvej 2, ☎ 58371133); tagsüber starten jede Stunde 2 Züge in Richtung Fünen (Nyborg, Odense) und 2 Züge nach Roskilde und Kopenhagen, außerdem mehrere Regionalzüge. Ein Bahnticket nach Fünen ist deutlich billiger als die Brückenmaut für Pkw. Vom Bahnhof bestehen Busverbindungen zum Zentrum.*

Große-Belt-Brücke

An den Mautstationen gibt es ausgeschilderte Fahrspuren für Barzahler (Kontant/Cash), Kreditkartenzahler (Kun kort/Credit Cards) und Abonnenten (BroBizz), die einen günstigeren Tarif haben. Eine einfache Fahrt kostet ab DKK 250 für Pkw, DKK 380 für Pkw mit Wohnwagen, DKK 610 für Wohnmobile über 6 m Länge. Infos und aktuelle Tarife unter www.storebaelt.dk.

Über Skælskør nach Sorø

Zugegeben: Der 67 km lange Bogen, den die Margeritenroute von Korsør nach Sorø beschreibt, ist ein ziemlicher Umweg, und der Programmpunkt Slagelse würde dabei entfallen. Andererseits ist dies landschaftlich die wohl reizvollste Strecke im Südwesten der Insel und auch für kulturelle Sehenswürdigkeiten ist allein schon wegen des Städtchens Skælskør gesorgt.

Von **Korsør** bringt einen zunächst der Skovvej aus dem Zentrum am schönen Korsør Skov (s. o.) vorbei, dann geht es auf dessen Verlängerung Næstved Landevej bis **Boeslunde** weiter, dessen hochgelegene Kirche als Seezeichen genutzt wurde. Hier zweigt die Margeritenroute nach Süden ab und passiert den Herrensitz **Espe**, dessen heutiges Hauptgebäude von 1848 stammt und von dessen Grund und Boden aus man die Große-Belt-Brücke und Fünen sieht.

Nur wenige Minuten sind es von hier zum hübschen Städtchen **Skælskør**, das im Mittelalter einer der Haupthäfen nach Fünen war und über viele alte Fachwerkhäuser, kopfsteingepflasterte Innenhöfe sowie einen pittoresken Hafen verfügt. Zudem gibt es jede Menge Ausflugsmöglichkeiten zu Fuß, mit dem Fahrrad oder per Boot.

Der älteste Teil liegt westlich des Kanals rund um den **Alten Markt** (Gammeltorv). Der hübsche Platz wird vom roten, neugotischen **Rathaus** flankiert und wenige Schritte von hier erhebt sich der Treppengiebelturm der **Kirche**. Geht man den Rådmandsvej, an dem die Kirche liegt, einige Hundert Meter weiter nach Westen, kommt man zur neuen Volkshochschule, deren Räumlichkeiten im Sommer von einer Glasbläserei genutzt werden. Auf der Parallelstraße südlich des Gammeltorv geht es rechts zum Anleger des Ruder- und Jachtclubs und links zum alten Hafen, wo sich noch eine ehemalige Dampfmühle von 1853 befindet. Das denkmalgeschützte Industriegebäude ist wie die meisten Häuser der Stadt in gelben Farben gehalten. Vor dem Eingang ankert das Ausflugsboot **Skjelskør V**, das saisonal den 7 km langen Fjord nach Agersø, Omø oder zur Großen-Belt-Brücke befährt.

Der Hafen von Skælskør

Über die Brücke unweit des Touristenamtes gelangt man zum östlichen Stadtteil. Dort ist an der Strandgade in einem alten Fachwerkhaus das lokalhistorische **Stadtmuseum** (Bymuseum) untergebracht. Zwei weitere Anziehungspunkte sind das Internationale Keramik-Forschungszentrum **Guldagergaard** mit Ausstellungsräumen und Skulpturenpark (*Heilmannsvej 31A, www.ceramic.dk*) sowie **Danmarks Busmuseum** mit Gefährten aus der Zeit von 1931 bis etwa 2000 (*Fabriksvej 1, www. danmarks-busmuseum.dk; Mitte Juni–Mitte Aug. tgl. 10–16.30 Uhr, sonst meist nur Sa/So*).

Reisepraktische Informationen Skælskør

Information

Skælskør Turisme (Skælskør Bykontor), *Algade 11, 4230 Skælskør, ☎ 30363066, www.bykontoret.dk.*

Hotel

Hotel Postgården €€€, *Strandgade 4–6, ☎ 58191439, www.postgaarden-skaelskoer.dk; gemütliche Unterkunft in der ehemaligen Post mit 14 Zimmern, Café und Restaurant.*

Camping

Skælskør Nor Camping *Kildehusvej 1, ☎ 58194384, www.campnor.dk; wunderschön am Ufer des Sees und nur wenige Gehminuten vom Zentrum entfernt gelegene Anlage mit 12 Campinghütten, nettem Restaurant und guten Sanitäranlagen.*

Fähren

Vom Hafen **Stigsnæs**, *der 15 Autominuten von Skælskør entfernt liegt, verkehrt eine Fähre bis zu 16-mal tgl. zur Insel* **Agersø** *(Überfahrtsdauer 15 Minuten) und bis zu 16-mal tgl. zur Insel* **Omø** *(Überfahrtsdauer 45 Minuten). Infos und Buchungen für beide Linien unter ☎ 58574740, https://aofaerger.slagelse.dk.*

Bootsausflüge

Von Frühling bis Herbst verkehrt das Motor-Ausflugsboot Skjelskør V nach Agersø, Omø und zur Große-Belt-Brücke (3 ½ Stunden), auch 1 ½-stündige Fjordfahrten werden angeboten. Fahrplan-, und Preisinfos sowie Buchungen beim Touristenbüro und unter www.skjelskoer5.dk. Jeden Sa in den Sommerferien fährt die Skjelskør V außerdem durch den Fjord und zum Hafen Stigsnæs, von wo aus es mit einem Oldtimerbus nach Tjæreby geht. Von dort bringt einen die historische Eisenbahn zum Bahnhof Skælskør und eine Straßenbahn weiter zum Hafen. Diese 3-stündige Tour, bei der man vier Verkehrsmittel kombiniert und viel von der schönen Landschaft zu Wasser und auf dem Landweg erlebt, wird ebenfalls vom Touristenbüro organisiert (auch in umgekehrter Richtung).

Die Landstraße 157 verbindet Skælskør mit Sorø, wobei man nach 3 ½ km an **Kanehøj (1)** vorbeikommt. Das dortige Hügelgrab aus der Bronzezeit wurde jahrhundertelang als „Galgenberg" genutzt, und noch 1825 wurden an dieser Stelle ein 17-jähriges Mädchen, ihr Liebhaber und dessen Diener hingerichtet – unter den Zuschauern befand sich auch H. C. Andersen.

Die Margeritenroute bringt einen ab Skælskør über eine schöne Allee am Fjord entlang zu dem 2 km außerhalb gelegenen **Schloss Borreby (2)**, einer monumentalen Renaissanceburg, die wie der fünische Hesselagergård (S. 235) auf den mächtigen Kanzler Johan Friis zurückzuführen ist. Er erbaute Borreby 1556, größer und stärker noch als Hesselagergård. Nach der „Grafenfehde" 1534–36 wollte er sich gegen die aufrührerischen Bauern und Bürger verteidigen, die damals viele der mittelalterlichen Burgen angriffen und überrannten. Im 17. Jh. kam Borreby in den Besitz des unermesslich reichen Valdemar Daae, der allerdings mit seinen Versuchen, künstlich Gold herzustellen, keinen Erfolg hatte, sich schließlich ruinierte und Haus und Hof verlassen musste. H. C. Andersen, der oft auf Borreby weilte, war von dem Schicksal so fasziniert, dass er die Erzählung „Der Wind berichtet von Valdemar Daae und seinen Töchtern" schrieb. An allen Wochenenden im Sommer besteht freier Eintritt zum alten Pferdestall, wo wechselnde Ausstellungen von hochwertigem Kunstgewerbe, manchmal auch Antiquitätenausstellungen gezeigt werden und im Winter wird hier ein feiner Weihnachtsmarkt abgehalten *(www.borrebygods.dk).*

Bei Borreby gibt es einen Abzweig zu Ölraffinerie, Kohlekraftwerk und Hafen von **Stigsnæs**, der 15 Autominuten von Skælskør entfernt liegt. Trotz der Industrie-Umgebung ist der Ort interessant, da sich erstens neben dem Hafen eine Vogelstation befindet, von der Ornithologen ca. 300 Raubvögel und über 1 Million Singvögel beobachten, die alljährlich diese Region überfliegen. Zweitens bemerkt man ebenfalls nahe dem Hafen die Reste einer Kanonenbatterie, die in den Schwedenkriegen und im dänisch-englischen Krieg von 1807–08 genutzt wurde. Und drittens gibt es von hier Fährverbindungen zu zwei Inselchen (Tagesausflüge möglich):

- Die größere (684 ha) und nächstgelegene ist **Agersø**, zu der die Fähre nur 15 Minuten benötigt. Vom Fähr-, Fischerei- und Jacht-Hafen geht man über eine Ulmenallee zum Hauptort Agersø By, wo die meisten der knapp 200 Einwohner leben. Der pittoreske Ort wirkt wie aus dem Bilderbuch und wird deswegen gerne besucht. Die Landschaft ist dagegen wenig spektakulär, doch gibt es gute Badestrände (im Norden) und auf vier Wander- und Fahrradwegen kann die Insel (7 km lang, 3 km breit) bequem an einem Tag erkundet werden. Wer länger bleiben möchte, findet Ferienhäuser, Privatunterkünfte sowie den teilweise historischen Agersø Kro (*www.agersøkro.dk*, Restaurant). Am Hafen lockt gleich bei Ankunft eine Fischräucherei (Agersø Røgeri).
- Etwas weiter (45 Fährminuten) liegt **Omø** südlich von Agersø im Belt. Der Fähranleger heißt Kirkehavn, daneben liegen der Fischereihafen und die moderne Marina. Das 4 ½ km²

große Inselchen hat etwa 150 Einwohner, von denen die meisten im Ort Omø By wohnen. Die abwechslungsreiche Natur mit sandigen Strandabschnitten, Moor und Feldern kann auf drei Wanderwegen erkundet werden, wobei man unbedingt den 24 m hohen Skovbanke „erklimmen" sollte, von dem sich das gesamte Eiland überblicken lässt. Am Jachthafen kann man Fahrräder leihen und auch campen. Unterkünfte bieten Privathaushalte, ein Bauernhof und die Ferienhütten von Omø Perlen (*www.omoeperlen.dk, Restaurant*).

Bei der Weiterfahrt auf der Margeritenroute geht es hinter Borreby an der Dorfkirche von **Ørslev** (sehenswerte Kalkmalereien von etwa 1350) und dem treppengiebelgeschmückten Gut **Snedinge Hovedgård** (3) vorbei, dessen Geschichte bis ins 16. Jh. zurückreicht.

Kurze Zeit später gelangt man über die längste – wenn auch durch eine Baumkrankheit arg ausgedünnte – Kastanienallee Dänemarks (knapp 3 km) zum Schloss **Holsteinborg** (4). Die Familie Trolle ließ das märchenhafte Anwesen 1598–1649 errichten; die Architektur und die schöne Lage reizten H. C. Andersen häufiger zu einem Besuch – insgesamt 37-mal hielt er sich hier auf! Seine Gemächer sind bis heute unberührt und können ebenso besichtigt werden wie die Schlosskapelle. Der 16 ha große Park wurde im 18. Jh. im Barockstil mit guter Aussicht auf das Holsteinborg Nor angelegt.

Wenige Fahrminuten weiter östlich liegt **Bisserup**, ein Fischerdorf mit vielen strohgedeckten Fachwerkhäusern, einem netten Restaurant, Campingplatz und Sandstrand. Hier verlässt die Margeritenroute die Küste und orientiert sich nordwärts, quert die Verkehrsstraße 22 und bringt einen schließlich nach **Vinstrup**, das am Ufer der wohl schönsten Binnenseelandschaft von Seeland liegt. Weiter geht es durch den Weiler Frederiksberg und am Sorø-See entlang nach **Sorø**.

Über Slagelse nach Sorø

Auf dieser Route verlässt man Korsør entweder auf der empfohlenen Rundfahrt um das Korsør Nor über Tårnborg (s. o.), oder über den Skovvej in Richtung Næstved, von dem hinter dem Campingplatz links der Slagelse Landevej abzweigt. Auf diesem gelangt man nach einigen Minuten im Dorf **Vemmelev** unmittelbar an der schönen Treppengiebelkirche vorbei. Noch schöner ist die romanisch-gotische Dorfkirche von **Hemmeshøj Sogn**, die 2 ½ km südöstlich liegt. Hinter Vemmelev quert die Landstraße die E-20 und führt weiter auf Slagelse zu.

Kurz hinter der Autobahn sollte man den Hinweisen folgen, die einen Abstecher nach Norden ausschildern: Nahe dem Weiler Hejninge liegt die tausend Jahre alte Ringburg **Trelleborg** (5), eine der größten Sehenswürdigkeiten Dänemarks aus der Wikingerzeit. Sie ist mit einer Fläche von ca. 6 ha die größte der nachgewiesenen vier dänischen Burgen; größer also auch als Fyrkat (S. 378). Wie jenes Fort wurde auch dieses um 980 unter Harald Blauzahn erbaut. Die kreisrunde Wallanlage von Trelleborg misst 134 m und beherbergte 4 x 4 identische Langhäuser um einen geschlossenen Hof. Der Wall hat einen streng geometrischen Grundplan mit vier Toröffnungen, die durch schnurgerade Straßen verbunden sind. Neben dieser Hauptburg gab es eine ebenfalls mit Wall gesicherte Vorburg. Auch ein Gräberfeld wurde hier ausgegraben; die Toten waren überwiegend jüngere Männer (Soldaten?), doch auch Frauen- und Kindergräber sind nachgewiesen. Eins der Gebäude sowie ein historisches Dorf (Slagløse) wurden rekonstruiert und sind nahe dem Museum zu besichtigen. Die modernen Ausstellungsräume zeigen u. a. Filme (auch auf Deutsch) und viele Exponate, die die Wikingerzeit wieder aufleben lassen. Natürlich kann man einige der vielen Funde bewundern, die die Ausgrabungen 1934–42 zutage förderten. Rund um das Fort und im Dorf finden in der Sommersaison viele interessante **Aktivi-**

täten und Vorführungen statt. Bogenschießen, Brotbacken, Holzhacken, Schmieden, Fischerei und Wikingerbootsfahrten auf dem Tude Å vermitteln ein anschauliches Bild davon, wie der Alltag in Trelleborg aussah. Viel besucht ist etwa das 10-tägige „Wikinger-Festival" in der 29. KW. Das hypermoderne Ausstellungs- und Erlebniszentrum „**Nye Trelleborg**" ist ein spektakulärer Rundbau jenseits des Tude Å mit Café und multimedialer Präsentation.
Vikingeborgen Trelleborg & Museum, *Trelleborg Allé 4, Hejninge, www.natmus.dk/museer-og-slotte/trelleborg; Ostern–Okt. Di–So 10–16, Juni–Aug. bis 17 Uhr, freier Eintritt*

Slagelse

Eine kurze Fahrstrecke führt von Trelleborg nach Slagelse, einer der ältesten Städte des Landes. Denkbar, dass der Ursprung des Ortes im Bau des Wikingerforts von Trelleborg lag, zu dem riesige Ressourcen und viele Arbeitskräfte notwendig waren. Jedenfalls richtete schon wenig später Knud der Große (1018–1035) eine feste Münze in Slagelse ein und 1288 wurden die Stadtrechte verliehen. Aus dem mittelalterlichen Handelsplatz entwickelte sich im Laufe der Zeit ein Industrieort und die führende Einkaufsstadt Westseelands. Außerdem ist die 35.000-Einwohner-Stadt eines der wichtigsten Kulturzentren der Region, das u.a. ein ansprechendes Musikhaus, ein Stadttheater und zwei Amateurbühnen besitzt.

Aufgrund vieler Brände ist der Ortskern weniger gut erhalten, als man es von vielen anderen Städten Dänemarks gewohnt ist. Trotzdem hat Slagelse durchaus etwas zu bieten, u.a. zwei sehr sehenswerte Kirchen. Die große gotische **St.-Michael-Kirche** von etwa 1330 befindet sich nahe der Touristeninformation und dem Nytorv (*Mi/Sa Markt*). Dass alt und jung gut harmonieren können, zeigen rund 35 Skulpturen an unterschiedlichen Stellen in der Stadtmitte. Auch das Museum für Handel, Handwerk und Industrie im Zentrum ist sehenswert. Hier kann man zahlreiche Werkstätten und einen alten Kaufmannsladen bewundern. Etwas weiter südlich befindet sich die romanische St.-Peter-Kirche. Hier war der Heilige Anders Pfarrer, der 1205 starb und in einer Kapelle beigesetzt ist.

Bei der Weiterfahrt nach Sorø nutzt man am besten die Landstraße 150, die Slagelses Zentrum durchschneidet. Die Autobahn bringt keinen großen Zeitgewinn.

Sorø

Ein Besuch des kleinen 8.000-Einwohner-Provinzstädtchens lohnt sich allein schon wegen seiner bedeutenden Kirche und der Akademie, aber auch die naturschöne Umgebung macht diesen Abstecher reizvoll. Auf der vorliegenden Route oder der Autobahn fährt man von Norden auf das Stadtzentrum zu, wobei man auf die Hauptgeschäftsstraße Storgade geleitet wird. An deren Ende, sofort hinter dem hübschen **Marktplatz** (Parkmöglichkeit) zur Rechten, fährt oder geht man durch ein mittelalterliches Ziegelstein-**Torhaus**. Angeblich soll schon Saxo hier gewohnt und Teile seiner Dänemarkchronik geschrieben haben – Tatsache aber ist, dass das Klosterporten die älteste immer noch genutzte Wohnung Dänemarks darstellt.

Hinter dem Portal erstreckt sich der große Mönchsgarten, der im Osten von der **Klosterkirche** begrenzt wird. Dass in einem kleinen Nest wie Sorø eine Kirche von solchen Ausmaßen errichtet wurde, liegt daran, dass das mächtige Geschlecht der Hvide seinen Stammsitz im nur 8 km entfernten Fjenneslev hatte. Dessen berühmtester Sohn war Absalon, Gründer der Stadt Kopenhagen und Bischof von Roskilde. Er veranlasste, dass in Sorø ein großes Zisterzienserkloster errichtet wurde. Als Absalon 1210 starb, war es bereits fertiggestellt. Absalon erhielt sein Grabmal vor dem Hochaltar. Der Ruf des Klosters wuchs, da seine Ländereien immer umfangreicher wurden und sich über ganz Seeland erstreckten. So wählte schließlich das Königshaus das vornehme Gebäude als letzte Ruhestätte: Beigesetzt wurden hier Christoffer II., Valdemar Atterdag und Olaf, der Sohn von Margrete I. Die Königin war ursprünglich auch hier bestattet, ist aber später in den Dom von Roskilde überführt worden. Nach der Reformation wurde das Kloster aufgelöst und die Ländereien gingen an die Krone über. Die Klostergebäude dienten lange Zeit der berühmten Akademie (s. u.), bis sie 1813 einem Brand zum Opfer fielen.

Die romanische Kirche, einer der ersten reinen Ziegelsteinbauten im Norden, ist heute Gemeindekirche von Sorø. Sie ist dreischiffig, hat einen kreuzförmigen Grundriss und keinen Turm. Nach einem Brand wurde noch im 13. Jh. die Balkendecke durch frühgotische Gewölbebögen ersetzt. Aus jener Zeit stammen auch die (restaurierten) Kalkmalereien, von denen der Fries der Wappenschilder am bemerkenswertesten ist. Ein schönes Detail ist die Mönchstreppe im südlichen Querschiff, die die Kirche mit dem Schlafsaal der Mönche verband. Darunter ist heutzutage ein kleines Absalon-Museum eingerichtet, in dem die Grabbeigaben (Bischofsstab, Textilien, Goldring, Altarkelch etc.) ausgestellt sind. Das Kruzifix, das größte in Dänemark, schnitzte der berühmte Claus Berg anno 1527. Ansonsten ist die Inneneinrichtung barock: Altar, Kanzel und Chorgitter stammen aus den 1650ern und alle aus der Hand des Henrik Werner aus Maribo. Eine besondere Erwähnung verdient noch der Sarkophag im nördlichen Querschiff: Er ist die letzte Ruhestätte des großen Ludvig Holberg (s. u.).
Sorø Klosterkirke, *Akademigrunden 4; tgl. 9–16 Uhr*

Südlich der Kirche geht man an einem Professorenhaus vorbei zum wunderschönen Park Akademihaven, der sich sanft dem Sorø-See zuneigt. Das auffälligste Gebäude hier ist die 1826 errichtete **Akademie**. Schon Frederik II. hatte 1586 eine Schule für 30 Adelige und 30 Bürgerliche in den ehemaligen Klostergütern eingerichtet, der Christian IV. 1623 eine Ritterakademie hinzufügte. Von deren wachsendem Ruhm profitierte auch das kleine Dörfchen Sorø, das nun durch die neugebauten Professorenwohnungen zu einer Kleinstadt wurde. Als die Akademie 1737 ihren Lehrbetrieb einstellen musste, schaltete sich der Komödiendichter Ludvig Holberg ein. Er wohnte unweit von Sorø und verfügte als Gutsherr sowie als Professor an der Kopenhagener Universität über erhebliche finanzielle Mittel. Sein Vermögen vermachte er der Akademie, die 1750 neugegründet werden konnte und für die der Architekt Laurids de Thurah die Klostergebäude in prachtvolle Barockpalais umbauen ließ. Holberg wurde zum Baron ernannt, bekam eine Grabstätte in der Kirche und später auch ein Denkmal im Akademihaven. 1813 brannten drei Flügel nieder, nur die Pavillons, die heute neben dem Hauptgebäude zu sehen sind, blieben unbeschadet. Auf den Fundamenten der zweiten entstand schließlich die dritte Akademie, die bis heute fortbesteht und deren Träger die Stiftung Sorø Akademi ist.

Das Torhaus von Sorø

Außer der Kirche und Akademie gibt es noch manches hübsche Haus in Sorø, auch Museumsfreunde kommen hier auf ihre Kosten. Im Ortszentrum z. B. besitzt das **Kunstmuseum Sorø** eine erstaunliche Bandbreite, von mittelalterlichen Holzschnitzereien über Gemälde des 18.–19. Jh. bis hin zu experimenteller dänischer Kunst der 1980er-Jahre. Im Erweiterungsbau des Architektenbüros Lundgaard & Tranberg befindet sich u. a. das Museumscafé.
Sorø Kunstmuseum, *Storgade 9, wwww.sorokunstmuseum.dk; Di–So 11–16, April–Okt. bis 17, Do ganzjährig 12–18 Uhr*

Auf der Hauptstraße, nicht weit vom Marktplatz entfernt, lohnt der Gang zum **Stadtmuseum Sorø** allein schon wegen dessen Architektur. Bei dem hübschen Fachwerkgebäude handelt es sich um einen ehemaligen Kro, der für Christian IV. 1624–25 gebaut wurde. Gezeigt werden verschiedene Interieurs (alte Bauernstuben, Küchen, Kaufmannsladen etc.). Im Sommer finden im Innenhof Theatervorstellungen statt.
Sorø Museum, *Storgade 17, www.vestmuseum.dk; Ende Juni–Mitte Aug. u. Herbstferien tgl. 10–16 Uhr, sonst Mo u. häufig auch an anderen Tagen geschl.*

Besonders schön ist die wald- und seenreiche Umgebung der Stadt. Das Wasser der **drei Seen** im Stadtgebiet ist äußerst rein und bietet gute Angelmöglichkeiten. Der größte der Seen liegt direkt südlich der Klosterkirche: der Sorø Sø mit einer 8,2 km langen Uferlinie. Der berühmte Sorø-Ruderclub hat hier sein Übungsgebiet. Im Sommerhalbjahr werden Bootstouren angeboten. Nördlich des Stadtzentrums liegt der Tuel Sø mit einer Uferlinie von 6 km, umgeben von einem schönen Buchenwald. Ganz in der Nähe befindet sich das mit 2 ½ km kleinste Gewässer der Stadt, der Pedersborg Sø. An seinem Ufer erhebt sich die **Pedersborg-Kirche**, die mindestens aus dem frühen 14. Jh. stammt. Auch der Campingplatz und das Hotel Comwell Sorø mit Dänemarks größtem Reetdach befinden sich am Pedersborg Sø.

Im 9 km nordwestlich gelegenen Herrenhaus **Tersløsegaard** bei Dianalund gibt es eine Ausstellung über den Dichter Ludvig Holberg zu sehen.
Tersløsegaard, *Holbergsvej 101, Dianalund, www.tersloesegaard.dk; Juni–Mitte Sept. Sa/So 12–16 Uhr*

Reisepraktische Informationen Sorø

Information

Sorø Turistkontor *(Sorø Bibliotek & Bykontor), Storgade 7, 4180 Sorø, ☏ 57877000, www.soroebib.dk.*

Hotels

Comwell Sorø €€€€, *Abildvej 100, ☏ 57835600, www.comwellsoroe.dk; interessanter Bau, bei dem traditionelle und moderne Bauweise kombiniert wurden (viel Glas und das größte Reetdach Dänemarks), 93 komfortable Zimmer, geschmackvolles Interieur, sehr gutes Restaurant, Fahrradverleih, nördlich des Zentrums und nahe der Autobahn, aber trotzdem ruhig gelegen.*
Krebshuset €€€, *Ringstedvej 87, ☏ 57820181, www.krebshuset.dk; traditioneller Landgasthof seit 1719 – einst beliebter Stopp auf der Strecke von Kopenhagen nach Korsør. Etwa 3 km nordöstlich des Ortszentrums, gemütliches Menü-Restaurant mit feiner dänischer Küche (meist nur für Hotelgäste). Schick mit alten Möbeln eingerichtete Allgemeinräume, die Zimmer eher schlicht.*

Camping

Sorø Sø Camping, *Udbyhøj, ☏ 57830202, www.soroecamping.dk; 1 ½ km vom Ortskern entfernt und am Seebad gelegene 3-Sterne-Anlage mit „Luxus"- und „Familienhütten", ganzjährig.*

Restaurants

Støvlet Katrines Hus, *Slagelsevej 63, ☏ 57835080, www.stovletkatrineshus.dk; reetgedecktes und mit Antiquitäten ausgestattetes Fachwerkhaus, schön mit Aussicht auf den Sorø-See gelegen. Das Haus wurde ursprünglich für die Geliebte von Christian VII. gebaut, die im Volksmund „die gestiefelte Katrin" hieß – also eine Gaststätte mit Geschichte und Flair. Geboten wird dänisch-internationale Küche, die dem Ort angemessen ist, also auf hohem Niveau und mit hohen Preisen, Mo–Sa 12–16 und 17.30–21.30 Uhr.*

Café Ristorante Valencia, *Storgade 6A, ☏ 31889889, www.valencia.dk; typisch italienische Gerichte, aber auch Suppen, Sandwiches, Tapas, Fischgerichte sowie Steaks. Trotz der großen Bandbreite alles lecker zubereitet und gern besucht von den Einheimischen.*

Von Sorø nach Ringsted

Für die knapp 20 km zwischen Sorø und Ringsted lohnt es nicht, die weiter nördlich verlaufende Autobahn zu benutzen. Die Landstraße 150 führt außerdem an drei sehenswerten Gotteshäusern vorbei. Das erste ist kurz hinter Sorø die **Landkirche von Slaglille (6)**, die aus romanischer Zeit stammt und bedeutende Kalkmalereien aufweist. Von Slaglille aus in einem kurzen Abstecher nach Norden ist in **Bjernede** die einzige Rundkirche Seelands zu erreichen. Das 1150–75 errichtete Bauwerk war wie die berühmteren Bornholmer Rundkirchen (S. 477) ein Wehrbau. Anders als auf Bornholm ist die Bjernede-Kirche aber nicht weiß gekälkt und besitzt über dem Kegeldach einen kleinen achteckigen Turm (weite Aussicht).

Auf dem Weg nach Ringsted passiert man den Weiler **Fjenneslev** (kurzer Abstecher nach rechts), dessen Landkirche zu den bekanntesten des Landes gehört – klar, dass man am Hauptsitz des Hvide-Geschlechts auch einen besonderen Kirchenbau erwarten kann. Der Stammvater der Familie, Skjalm Hvide, starb 1113. Sein Sohn Asser Rig ließ wahrscheinlich die Kirche erbauen, denn die Kalkmalereien zeigen ihn mit seiner Frau Inge. Der Sage nach gebar Inge die Zwillingssöhne Absalon und Esbern Snarre, daher soll das Gotteshaus die beiden „Zwillingstürme" haben. Tatsächlich wurde Absalon 1127 und sein Bruder ein Jahr später geboren. Heute geht man von 1120 als Entstehungszeit der Feldsteinkirche aus, die „Zwillingstürme" wurden ca. 1160 angefügt. In jedem Fall aber innen wie außen ein eindrucksvolles Gotteshaus und der Kirche von Tveje Merløse (S. 181) ähnlich.

Ringsted

Der heute eher kleine und behäbig wirkende 23.000-Einwohner-Ort war einst eine der mächtigsten Städte des Landes. Schon in der Eisenzeit trafen sich hier die freien Bauern zum seeländischen Landesthing, und auch bei den Wikingern wurde in Ringsted Recht gesprochen. Die Siedlung war außerdem ein wichtiger Kultplatz, an dem zu Odin, Thor und Freya gebetet wurde. Schließlich übernahm das Christentum den heiligen Platz und baute hölzerne Stab-, später romanische Steinkirchen. Bereits 1080 bekam Ringsted seine Steinkirche aus Travertin, sie gehörte zu einem Benediktinerkloster und war dessen Schutzheiligem (dän.: St. Bendt) geweiht.

Wenige Kilometer von Ringsted wurde im 11./12. Jh. bei Haraldsted ein prächtiger Königshof errichtet. Immer wieder gab es damals tödliche Machtkämpfe zwischen verschiedenen Thronanwärtern. So erschlug Magnus der Starke, Sohn von König Niels, im Wald von Haraldsted seinen Vetter, den mächtigen und beliebten Herzog Nordschleswigs, Knud Lavard. Knuds Sohn **Valdemar I.** schwor Rache und setzte sich erfolgreich gegen alle Konkurrenten durch. Als er den Thron bestieg, endete die Epoche der Gewalt und begann die sogenannte „Große Zeit der

St.-Bendts-Kirche

Valdemare", die glanzvollste in der dänischen Geschichte. Dass es damals schon Gerüchte um Wunder an Knuds Grab gab, konnte Valdemar nur recht sein. Er erreichte schließlich beim Papst die Heiligsprechung seines Vaters und ließ in Ringsted eine weit größere Klosterkirche bauen, in der sein Vater eine neue Ruhestätte bekam. Auch Valdemar I. wurde später hier beigesetzt und bis zum Anfang des 14. Jh. blieb St. Bendt die Grabkirche des Königshauses.

Der Aufstieg Roskildes und später Kopenhagens ließen Ringsted in seiner Bedeutung stetig sinken. Heute lohnt ein Besuch allein schon wegen der **St.-Bendts-Kirche**. Sie ist einer der ältesten Backsteinbauten Skandinaviens. Das Gotteshaus auf kreuzförmigem Grundriss hat den Aufbau einer Basilika, über der Vierung erhebt sich ein gedrungener Turm mit Pyramidendach, der Chor läuft in einer Apsis aus. Das harmonische Innere wird von romanischen Rundbögen, hellen Farben und wunderschönen Kalkmalereien bestimmt, die z. T. aus dem 13. Jh. stammen. Romanisch ist der aus Gotland importierte Taufstein, aus gotischer Zeit stammt das edle Chorgestühl, die Renaissance ist durch die Kanzel und Epitaphien vertreten, und der Altaraufsatz wurde 1699 im Barockstil geschnitzt. In der südlichen Apsis zeigt ein kleines Museum verschiedene Kirchenschätze. Besonders achte man hier auf die Kopie des „Dagmar-Kreuzes", einer feinen, byzantinischen Gold- und Emaille-Arbeit von ca. 1000, die im Grab der Königin Dagmar (gest. 1212) gefunden wurde. Eine Replik des Dagmar-Kreuzes ist ein Dänemark ein traditionelles Taufgeschenk für Mädchen.

Die Kirche ist in einen schönen Park eingebettet. Kirchennachbar im Osten ist das moderne **Rathaus** (1936–37, Architekt: S. E. Rasmussen), das zum Zeitpunkt seiner Entstehung für Aufsehen sorgte. Dahinter blickt ein Standbild von Valdemar I. auf den **Marktplatz** (Torvet), dessen drei Findlinge als uralte Thingsteine interpretiert werden. Teilweise über Fußgängerzonen, auf denen im Sommer oft Straßenmusikanten aufspielen, bringt einen die St. Hansgade vom Markt zur Møllegade. Einige Hundert Meter weiter östlich gelangt man auf dieser zur schönen

Windmühle holländischen Typs, in der noch heute Mehl gemahlen und verkauft wird. Die Mühle ist Teil des **Ringsted Museums**, das heimatgeschichtliche Sammlungen und Wechselausstellungen zeigt und über ein modernes Café verfügt.
Ringsted Museum, *Køgevej 41, www.vestmuseum.dk; Ende Juni–Mitte Aug. Di/Do 10–16, Sa/So 10–15 Uhr, sonst häufig wechselnde Tage und Zeiten (s. Website)*

Reisepraktische Informationen Ringsted

Information
Ringsted Turist Information, *Tvær Allé 1–3 (in der Ringsted Bibliotek), 4100 Ringsted, ☏ 57626600, www.visitringsted.dk.*

Hotels
Sørup Herregaard €€€, *Sørupvej 26, Sørup, ☏ 57643002, www.sorup.dk; einige Kilometer südl. der Stadt (über die Landstraße 14 zu erreichen, dann Abzweig nach Osten) schön an einem See gelegenes 4-Sterne-Herrenhof-Hotel mit 102 komfortablen Zimmern und Suiten, Konferenzeinrichtungen, erstklassigem Restaurant, Innenpool, Spa, Sauna, Tennis u. v. m.*

Jugendherberge
DanHostel Ringsted, *Sct. Bendtsgade 18, ☏ 57611526, www.danhostelringsted.dk; sehr schöne Herberge in einem historischen Herrenhof, unmittelbar an der Domkirche gelegen, 88 Betten (23 Familienzimmer mit Du/WC), Restaurant, Fahrradverleih, großer, parkähnlicher Garten.*

Camping
Skovly Camping, *Ortved, Nebsmøllevej 65, ☏ 57528261, www.skovlycamping.dk; der schönste Platz in Ringsteds Nähe liegt nördlich der Stadt, ist modern ausgestattet und bietet u. a. gute Hütten und einen Pool. Von Wald umgeben, einen Angelsee gibt es obendrein.*

Bahn
Die Bahnstrecke von Ringsted nach Kopenhagen über Køge ist für bis zu 250 km/h schnelle Hochgeschwindigkeitszüge geeignet.

Von Ringsted nach Roskilde

Die schnellste Verbindung von Ringsted nach Roskilde ist die Landstraße Nr. 14 – ein uralter Heer- und Handelsweg, der im Lauf der Zeit zu einer gut ausgebauten, fast schnurgeraden Straße wurde. Sie durchschneidet zwar einige reizvolle Gegenden, ist aber im Großen und Ganzen recht uninteressant. Wer möchte, kann deshalb unterwegs auf die Margeritenroute abbiegen, die auf Höhe von **Jystrup** einen ca. 30 km langen Bogen nach Roskilde schlägt, wobei die landschaftlich schönsten Punkte Mittelseelands und einige kulturelle Sehenswürdigkeiten berührt werden. Nur einige Fahrminuten von Jystrup entfernt liegt z. B. **Skjoldenæsholm** mit einem neoklassizistischen Herrenhof von 1766 (heute Hotel, Park frei zugänglich), in dessen Nähe sich das **Straßenbahnmuseum** **(7)** befindet, eines der ungewöhnlichsten Museen des Landes! Aarhus, Odense und Kopenhagen haben ihre ausgemusterten Straßenbahnen von 1863–1949 zur Verfügung gestellt, andere aus dem Ausland sowie Busse wurden hinzugekauft. Das Betriebswerk kann man ebenfalls besichtigen. Vom Parkplatz fahren alle 10 Minuten historische Straßenbahnen zur Ausstellungshalle (altes Straßenbahndepot), mit einer anderen Linie kann man eine Fahrt in den Wald unternehmen, wo am Wendepunkt ein lauschiger Picknickplatz so-

wie eine kleine Caféteria in einem Straßenbahnwaggon wartet. Für dieses Museum sollte man sich mindestens einen halben Tag Zeit nehmen.
Sporvejsmuseet Skjoldenæsholm, *Skjoldenæsvej 107, 2 km außerhalb von Jystrup, www.sporvejsmuseet.dk; Mitte April–Mitte Aug. und in den Herbstferien Sa/So 10–17, in den Sommerferien auch Di–Fr 10–17 Uhr*

Danach durchquert die Margeritenroute eine hügelige Waldlandschaft, in der sich auch **Gyldenløves Høj** befindet, mit 126 m ü. d. M. der höchste Punkt von ganz Seeland (schöne Aussicht). In der Nähe geht ein Fahrweg zum eindrucksvollen Rokoko-Anwesen **Ledreborg (8)** ab, das am Ende der längsten Herrenhofallee Dänemarks (7 km bis Roskilde) liegt. Ein älteres Barockgebäude wurde 1741–44 vom damaligen Ministerpräsidenten J. L. Holstein vollständig umgebaut und erweitert, gleichzeitig konzipierte man die kunstvoll terrassierten Gartenanlagen. Insgesamt wirkt Ledreborg weniger wie ein Herrenhof als vielmehr wie ein Schloss, und das war durchaus beabsichtigt: Der Erbauer erhoffte sich eine Anerkennung als „Graf", die prompt vier Jahre später erfolgte. 1747 konnte die hochaufragende „Hauskapelle" eingeweiht werden. Sowohl der Park als auch die Schlosskirche können besichtigt werden, gelegentlich auch die Küche und ausgewählte Räume. Angeboten werden zudem Seilzug-Fahrten („Fly-High") und man kann im Hochseilgarten seine Höhentauglichkeit testen. Zu bestimmten Terminen finden Festivals, Ausstellungen und Konzerte statt.
Ledreborg Slot & Park, *Ledreborg Allé 2 D, Lejre, www.ledreborg.dk; der Park ist tgl. 11–16 Uhr geöffnet. Als gepflegte Gaststätte bietet sich 1 km nördlich das* **Restaurant Herthadalen** *am See Knapsø an (☏ 46480157, www.herthadalen.dk), nahe dem sich der u. g. Park Sagnlandet Lejre befindet.*

In Ledreborg ist bereits der Weg zum Parkplatz des nahen **Sagnlandet Lejre**, dem Land der Legenden ausgeschildert. Ausgrabungen belegen in dem großen Areal eine weit zurückreichende Siedlungsgeschichte. Nahe von Gräberfeldern begann man, Häuser und Höfe aus der Eisenzeit und älteren Epochen zu rekonstruieren. In dem ehemaligen historisch-archäologischen Versuchszentrum wurde u. a. eine eisenzeitliche „Oltidsbyen", ein komplettes vorgeschichtliches Dorf rekonstruiert, in dem Besucher nun z. B. bei der Herstellung eisenzeitlichen Werkzeugs, beim Bogenschießen, Axtwerfen, dem Bau von Einbäumen oder beim Weben von Textilien dabei sein und selbst Hand anlegen können. Es ist sogar möglich, in den frühgeschichtlichen Behausungen zu übernachten. Die nachgebaute königliche Wikingerhalle ist übrigens die größte Dänemarks. Lejre hat besonders in Sagen und Legenden Spuren hinterlassen. Der Ort wird oft mit der mythischen Königsfamilie Skjoldunger in Verbindung gebracht, zu der die Könige Skjold, Roar, Helge, Rolf Krake, Regnar Lodbrog und Harald Hildetand gehörten. Diese Geschichten zeugen zusammen mit den archäologischen Funden von Lejres Bedeutung in der Eisen- und Wikingerzeit. Die wohl berühmteste Sage um die Siedlung ist die Geschichte von Beowulf und dem übermächtigen Troll Grendel, die J.R.R. Tolkien einst übersetzte. Diese Beschäftigung mit den nordischen Mythen veranlasste ihn schließlich, die weltbekannte Trilogie „Herr der Ringe" zu schreiben.
Sagnlandet Lejre, *Slangealleen 2, Lejre, www.sagnlandet.dk; Juli–Mitte Aug. sowie in den Oster- u. Herbstferien tgl., sonst Mai–Sept. Di–Do u. Sa/So 10–17 Uhr; das (teure!) Ticket ist für 1 Saison gültig*

Roskilde

Roskilde, das 1998 seine Tausendjahrfeier hatte, wird zu Recht als Dänemarks erste Hauptstadt bezeichnet und hat durch alle Zeiten hindurch eine politisch und kulturell bedeutende Rolle gespielt. Zahlreiche Hügelgräber belegen, dass bereits in der Vorgeschichte die Gegend dicht bevölkert war, und im nahen Lejre (s. o.) ist ein uralter Stammessitz bezeugt. Damals stellte wohl eine der hiesigen Quellen (dän.: *kilde*) einen Opfer- und Kultplatz dar; der Sage

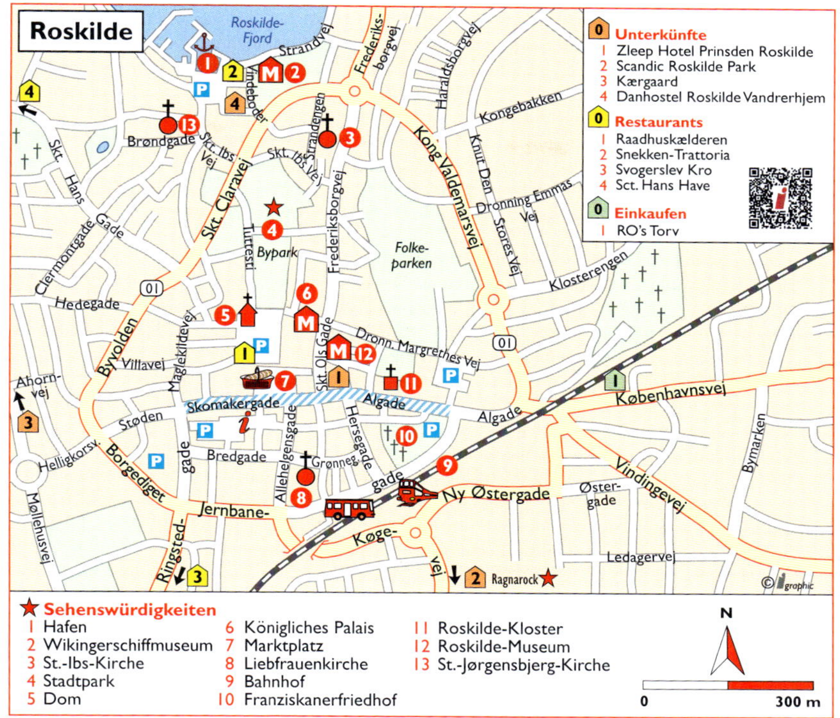

nach ließ König Roar an einer Quelle eine Siedlung anlegen. „Roskilde" bedeutet also „Roars Quelle". Als eigentlicher Stadtgründer gilt aber Wikingerkönig Harald Blauzahn, der auch den Runenstein in Jelling und die Ringburgen anlegen ließ. Auf seinen Befehl entstand ein Königshof und an der Stelle des heutigen Doms die erste Holzkirche, in der er auch bestattet wurde. Sehr schnell begann danach Roskildes Aufstieg zum Zentrum der Königs- und der kirchlichen Macht in Dänemark. Bereits um 1020 wurde die Stadt Bischofssitz und schwang sich bald zu einer der größten und wichtigsten Städte Nordeuropas auf.

Nachdem der Leichnam von Königin Margrete I. anno 1413 aus Sorø in den Dom von Roskilde überführt worden war, wurde die Kirche zur bevorzugten Grabstätte der Königsfamilie. Nach dem Abschwung durch die Folgen der Reformation ging es erst ab 1847 wieder aufwärts, als die erste Eisenbahnverbindung in Dänemark (nach Kopenhagen) eingeweiht werden konnte und sich in der Folge Handwerksbetriebe, Banken und Industrien ansiedelten. Heute hat Roskilde 51.000 Einwohner und ist trotz seines provinziellen Ambientes eine lebendige, moderne Stadt mit überregionaler Bedeutung. Eine wichtige Rolle spielt sie als Ausbildungs- und Forschungszentrum (Schulen und Fachhochschulen, Universität, Risø Center zur Erforschung alternativer Energien, Dänisches Umweltinstitut etc.). Auch als touristisches Ziel und als Kultur-

stadt ist Roskilde von Bedeutung. Das viertägige **Rockfestival** Ende Juni zieht alljährlich bis zu 115.000 Zuschauer aus dem In- und Ausland an. Das tragische Unglück, als im Jahr 2000 neun Fans von der Masse erdrückt wurden, war nicht nur für die Dänen ein großer Schock. Nahe dem Festivalgelände, südlich der Innenstadt im Viertel Musicon, wurde das Kulturhaus **Ragnarock** eröffnet, ein interessanter Bau mit einer goldglänzenden Verkleidung. Hier finden Musikinteressierte ein breites Angebot an Veranstaltungen, Jam Sessions, Konzerten, ein Café (toller Brunch), einen Shop und das neugeschaffene **Nationale Museum für Pop, Rock & Jugendkultur**, das sich u. a. jahresaktuell mit dem Roskilde-Festival beschäftigt.
Ragnarok *(Museet for pop, rock og ungdomskultur), Rabalderstræde 16, Musicon, www.museumragnarock.dk; Di–So 10–17, Mi bis 21/22 Uhr, Café: Di–So 11–16, Mi bis 20 Uhr*

Für die Stadtbesichtigung steuert man am besten den großen Parkplatz am Roskildefjord an, nahe dem Wikingerschiffmuseum, an dem die Straße 14 vorbeiführt (ausgeschildert). Fußwege bringen einen von hier am geschäftigen Treiben des **Hafens (1)** vorbei, wo immer etwas zu sehen ist – Jachten, Ausflugsboote sowie arbeitende Werkstätten, in denen historische Schiffe rekonstruiert werden (darunter auch ein riesiges Wikingerschiff, s. u.). In einer Grünanlage mit Blick auf den Fjord liegt dann eine der beiden größten Sehenswürdigkeiten von Roskilde gleich vis-à-vis: das **Wikingerschiffmuseum (2)**. Der 1969 eingeweihte Betonbau mit seiner Glasfront zum Wasser hin ist neben Oslo die wichtigste Adresse weltweit, um sich anhand originaler Funde über die wikingische Seefahrt zu informieren. Im Jahr 1957 hatte das Nationalmuseum Untersuchungen im Roskildefjord angestellt, da einer alten Überlieferung zufolge Margrete I. bei Skuldelev ein Schiff habe versenken lassen. Es stellte sich heraus, dass der unterseeische Steinrücken einen viel älteren Schatz barg, nämlich fünf Wikingerschiffe. Die Schiffe – offensichtlich ausgediente Fahrzeuge – waren mit Steinen gefüllt und Mitte des 11. Jh. hier versenkt worden, um eine der Fahrrinnen zur wichtigen Handelsstadt Roskilde zu sperren, vermutlich zur Abwehr norwegischer Piraten. In einer aufsehenerregenden Aktion legten die dänischen Unterwasserarchäologen daraufhin eine Sperre um den Schiffsfund an, pumpten das Wasser ab und legten die Schiffe, die in Tausende von Teilen zerfallen waren, frei. Über die mühselige Arbeit der Konservierung und Rekonstruktion informiert ein ausgezeichneter Film. Das Ergebnis ist im Hauptraum des Museums zu bewundern, wo die Skuldelev-Schiffe auf zwei Ebenen präsentiert werden. Dem Eingang am nächsten befindet sich ein kräftiges Frachtschiff von 16 ½ m Länge und 4 ½ m Breite. Solche „Knarr" genannten Boote waren hochseetüchtig und segelten u. a. auf dem Nordatlantik bis nach Island, Grönland und Nordamerika. Es konnte 20–25 t Ladung befördern und war mit einem Rahsegel von rund 86 m^2 Fläche ausgestattet. Hinter dem Knarr liegt ein kleineres und eleganteres Handelsschiff. Das Fahrzeug war für die Fahrt in den dänischen Gewässern und auf der Ostsee konzipiert, konnte eine Ladung von 5 t aufnehmen und hatte eine Besatzung von fünf bis acht Mann.

Rechts neben dem Knarr sieht man ein sogenanntes **Langschiff**, ein Kriegsschiff von rund 30 m Länge und 3,8 m Breite, das ein etwa 112 m^2 großes Rahsegel sowie Platz für 30 Riemenpaare und eine 60–70 Mann starke Besatzung hatte. Und schließlich befindet sich hinter dem Langschiff ein kleineres Kriegsschiff aus Eichen-, Eschen- und Fichtenholz. Außer den Schiffen und dem Filmsaal bietet das Museum eine ständige Ausstellung über die Wikingerzeit, Ausfahrten mit rekonstruierten Wikingerbooten, Vorführungen in den Werkstätten und einen Museumsshop.
Vikingeskibsmuseet, *Vindeboder 12, www.vikingeskibsmuseet.dk; tgl. 10–16, Mai–Mitte Okt. bis 17 Uhr*

Vom Fjord steigt das Gelände sanft zu jener Anhöhe an, die im Mittelalter die mauerumwehrte Stadt trug, sodass die spitzen Türme der Domkirche vom Museum aus gut zu sehen sind. Sie

Das Wikingerschiffsmuseum begeistert alle Generationen

weisen den Weg, der zunächst auf der Gasse Strandengen an der **St.-Ibs-Kirche** (3) vorbeiführt. Das aus Quellenkalk errichtete Gebäude mit rotem Ziegeldach sieht wie ein mittelalterliches Profangebäude aus, weil im Lauf der Zeit Turm, Chor und andere Anbauten abgerissen wurden. Das auch innen leere Gotteshaus *(frei zugänglich)* stammt von etwa 1100. Von hier aus geht man ein kurzes Stückchen den St.-Ibs Vej hinunter und biegt dann links in den stimmungsvollen **Stadtpark** (4) (Byparken) ein. Langsam spaziert man hier durchs Grüne und an den spärlichen Überresten der St.-Hans-Kirche vorbei hinauf zur Kathedrale.

Der mitten in der Stadt gelegene **Dom** (5) (Roskilde Domkirke) ist die größte Kirche Dänemarks. Die Tatsache, dass hier nicht weniger als 38 dänische Könige und Königinnen beigesetzt sind und deren Monumente einen einzigartigen Vergleich der künstlerischen Gestaltung von Grabdenkmälern aus dem 15.–20. Jh. ermöglichen, sorgte dafür, dass die Kirche in die UNESCO-Liste des Weltkulturerbes aufgenommen wurde.

Das dem hl. Lukas geweihte Bauwerk steht an der Stelle von Harald Blauzahns Stabkirche, hatte aber noch zwei weitere Vorgänger. Darunter war die romanische Basilika, die Bischof Absalon um 1170 aus Backstein errichten ließ. Bereits 30 Jahre später, als die Kunde von der gotischen Bauweise nach Skandinavien drang, veränderte man das Konzept nachhaltig, sodass der Kern der Kirche durch einen romanisch-frühgotischen Mischstil geprägt ist. Vergrößerungen um 1300, vor allem aber der Kranz von Kapellen, die im Lauf der Jahrhunderte angebaut worden sind, bestimmen das Äußere. Ein **Gang um den Dom** ist daher wie eine Wanderung durch 800 Jahre dänischer Baugeschichte. Beginnen sollte man auf dem Domplatz, der ein wenig Distanz zur Betrachtung der beiden hohen Westtürme gibt. Sie wurden im 14. Jh. angefügt und ihre charakteristischen schlanken Kupferhelme 1635–36 aufgesetzt. Zwischen den Türmen befindet sich das „**Königsportal**", der Haupteingang, der allerdings nur bei königlichen Begräbnissen geöffnet wird. Von hier geht es auf die Südseite, wo eine **Vorhalle** der heutige Besuchereingang ist. Daneben passiert man die hochgotische **Dreikönigskapelle**, die mit ihren Backsteintreppengiebeln um 1450 der Kirche angefügt wurde. Die anschließende **Kapelle Frederiks V.**, die mit der Kuppel und den hohen Fenstern vom Pantheon inspiriert ist, stellt ein gutes Beispiel für den klassizistischen Stil (1774–78) dar. Das **Kapitelhaus** geht wieder aufs Mittelalter zurück, ebenso wie der gotische, halbrunde Chorumgang. Er ist außen durch den **Absalomsbogen** mit dem Palais (s. u.) verbunden, ein frühgotischer, aus Feldstein gemauer-

lich ein Herrensitz von 1560 ist. Anno 1699 wurde hier das erste Adelige-Fräulein-Kloster in Dänemark eingerichtet. Besichtigungen sind nach Anmeldung im Touristenbüro möglich.

Vom Kloster orientiert man sich wieder westlich in Richtung Dom und stößt dabei an der St. Ols Gade auf das **Roskilde-Museum (12)**. Das kultur- und lokalhistorische Museum (mit Café und Shop) ist in einem ansehnlichen Bürgerhaus von 1804 untergebracht und dokumentiert die Geschichte der Stadt anhand archäologischer Exponate, Sammlungen zur Bauern- und Bürgerkultur, Stickereien und Volkstrachten sowie einer Spielzeugausstellung.
Roskilde Museum, *Sankt Ols Stræde 18, www.roskildemuseum.dk, Di–So 10–16 Uhr*

Ein weiteres interessantes Sakralbauwerk ist die **St.-Jørgensbjerg-Kirche (13)**, die in ihrer jetzigen Form 1080 eingeweiht wurde. Da es aber noch Baurelikte aus dem Jahr 1035 gibt (u.a. am Nordportal), gilt sie als ältestes steinernes Bauwerk in Dänemark. Interessante Details sind der rote Treppengiebelturm und die dekorativen Dreiviertelsäulen, die die Ecken des Chores und des Schiffes umschließen.

Reisepraktische Informationen Roskilde

Information

Roskilde Turistbureau, *Stændertorvet 1, 4000 Roskilde, ☏ 46316565, www.visitfjordlandet.dk. Hinweis: Das Turistbureau plant einen Umzug.*

Hotels

Zleep Hotel Prinsden Roskilde €€€ (1), *Algade 13, ☏ 70235635, www.zleephotels.com/da/hotel/roskilde; das ehemalige „Hotel Prindsen“ ist das älteste bestehende Stadthotel Dänemarks, schon H. C. Andersen wohnte hier. Es verfügt über 74 Zimmer und Suiten mit modernem Komfort, ein Restaurant, freie Parkplätze und ist zentral in der Altstadt gelegen.*
Scandic Roskilde Park €€€ (2), *Ved Ringen 2, ☏ 46324632, www.scandichotels.com; knapp 100 saubere und funktional eingerichtete Zimmer, Restaurant, Bar, Sauna, Fahrradverleih, gutes Preis-Leistung-Verhältnis.*
Kærgaard €€–€€€ (3), *Margrethehåbsvej 117, ☏ 28626010, www.kaergaard-roskilde.dk; liebevoll geführtes B&B auf einem ca. 5 km westlich der Innenstadt gelegenen Bauernhof mit Galloway Rindern. 4 schöne Zimmer, Gemeinschaftsküche, Terrasse, Garten.*

Jugendherberge

Danhostel Roskilde Vandrerhjem (4), *Vindeboder 7, ☏ 46352184, www.danhostelroskilde.dk; moderne und architektonisch anspruchsvolle Herberge am Hafen, 500 m vom Dom und 1 km vom Bahnhof entfernt, 176 Betten (40 Familienzimmer mit Du/WC), Restaurant, Fahrradverleih, während des Roskilde-Festivals viele Monate im Voraus ausgebucht.*

Camping

Roskilde Camping, *Veddelev, Baunehøjvej 7, ☏ 46757996, www.roskildecamping.dk; sehr schöne und moderne Anlage 4 km nördlich des Zentrums am Vigen Strandpark, Hüttenverleih.*

Restaurants

Raadhuskælderen (1), *Fondens Bro 3, ☏ 46360100, www.raadhuskaelderen.dk; sehr stimmungsvolles Café und Restaurant am Marktplatz, wo unter prächtigen Gewölben dänische und französische Küche à la carte serviert wird, zum Lunch (11–15.30 Uhr) auch leckere Smørrebrød, abends (17–21 Uhr) Grillgerichte, Fisch und Schalentiere. Im Sommer auch Biergarten im Atriumhof.*

Snekken-Trattoria (2), *Vindeboder 16, ☏ 46359816, www.snekken.dk; am Hafen, dem Wikingerschiffsmuseum und der Jugendherberge gelegenes modernes und sehr großes Restaurant, u. a. mit gutem Brunch – ziemlich stylish, aber nicht abgehoben, auch was die Preise anbelangt. Wer einen Fensterplatz erwischt, kann schön auf den Hafen schauen. Mo–Fr 11.30–22, Sa/So 10–22 Uhr.*
Gegenüber am Pier liegt übrigens der historische Dampfer **M/S Sagafjord**, *auf dem man während der Ausfahrten speisen kann (s. u.)*
Svogerslev Kro €€ (3), *Hovedgade 45, Svogerslev, ☏ 46383005, www.svogerslevkro.dk; urgemütlicher, roter Kro mit Reetdach, 4 km westlich der Stadt an der Straße nach Holbæk, Restaurant mit traditioneller dänischer Küche.*
Sct. Hans Have (4), *Bistrup Allé 36, ☏ 27845666, www.scthanshave.dk; nordwestlich der Innenstadt gelegener Bauernhof mit Gewächshausanlagen, vor allem für Blumen, mit nettem Café. Sa/So 12–17, im Sommer Di–So 11–17 Uhr.*

Einkaufen

RO's Torv (1), *Københavnsvej, www.rostorv.dk; Mo–Fr 10–19, Sa/So 10–17 Uhr; größtes Shoppingcenter der Stadt mit 60 Geschäften, 10 Restaurants, Fitnesscenter, Großmarkt, Kino und vielen Parkplätzen.*

Bahn/Busse

Roskilde ist ein Verkehrsknotenpunkt der DSB, an dem sich viele der IC-, Regionalzug- und S-Bahnlinien nach Kopenhagen, Nord-/Westseeland, Schweden und Vordingborg (Vogelfluglinie) kreuzen. Der wunderschöne Bahnhof befindet sich südlich der Altstadt an der Jernbanegade. Ihm gegenüber liegt der Busbahnhof mit Überlandverkehr zu allen wichtigen Ortschaften Seelands. Stadtbusse operieren zwischen den bekanntesten Sehenswürdigkeiten und Unterkünften.

Ausflüge/Unternehmungen

Empfehlenswert ist ein Ausflug mit der **M/S Sagafjord** *(☏ 46756460, www.sagafjord.dk), die vom Stadthafen April–Okt. bis zu 3-mal tgl. ausläuft. Der historische, mit viel Mahagoni und Messing ausgestattete Dampfer verfügt über drei Salons und ein Speiselokal.*
Wer den Fjord sportlich-aktiv erkunden möchte, kann sich bei **Outdoor Adventure** *(Baunehøjvej 7–9, am o. g. Campingplatz, ☏ 53890585, www.outdooradventures.dk) Kajaks und Stand-Up-Boards ausleihen.*
Fans von historischen **Eisenbahnen** *sollten sich eine Tour mit den stillgelegten Waggons der DSB nicht entgehen lassen, die auf einer Schmalspurbahn durch das Heidegebiet von Hedeland östlich von Roskilde fahren (Mai–Sept., mehrere Abfahrten nur So), Info bei: Hedelands Veteranbane, Brandhøjgårdsvej 2, 2640 Hedehusene, ☏ 22800899 bzw. 36469412, www.ibk.dk.*

Von Roskilde nach Kopenhagen

Möchte man von Roskilde auf schnellstem Weg die Hauptstadt erreichen, nimmt man die Straße Nr. 21, die größtenteils als Autobahn ausgebaut ist. Parallel dazu verläuft die alte Landstraße 156, die im Großraum Kopenhagen Roskildevej heißt und am Schloss Frederiksberg vorbei zur Vesterbrogade führt (Bahnhof, Rathaus) – während des Berufsverkehrs ist von der Straße allerdings abzuraten. Wer mag, kann auf dieser Strecke die Fahrt kurz hinter Roskilde in **Hedehusene** unterbrechen. Dort wurde eine 1.500 ha große Kiesgrube in ein Natur- und Erholungsgebiet verwandelt und 1996 sogar mit einem Amphitheater ausgestattet. Eine ungewöhnliche Art, die Landschaft des „Heidelandes" (Hedeland) kennenzulernen, bieten Touren mit der historischen Schmalspur-Eisenbahn (s. o.). Auf dem Friedhof der St. Ansgar-Kirche findet man den „Kallerup-Stein", einen der ältesten Runensteine des Landes (ca. 800–825 n. Chr.).

Von Korsør entlang der Westküste bis zum Fjordland (s. Karte S. 148)

Nördlich der E-20, also in einer Linie von Korsør bis Køge, liegt eine in Dänemark äußerst populäre Urlaubsregion, die aus den drei Teilen Westseeland, Fjordland und Nordseeland besteht. Geschichtsträchtige Städte, Schlösser und Burgen, Inseln und Halbinseln, Wälder und Seen sowie nicht zuletzt einige der landesweit schönsten Strand- und Dünengebiete ziehen jeden Sommer dänische Touristen in Massen an.

Von Korsør nach Kalundborg

Einen Abstecher auf die liebliche Halbinsel Reersø sollte man nicht auslassen

Startpunkt der Route ist die Hafenstadt **Korsør** (S. 149), an der Reisende aus westlicher Richtung Seeland auf der imposanten Große-Belt-Querung erreichen. Sofern man nicht Korsør einen Besuch abstatten möchte, könnte man über die Autobahn nach Slagelse fahren und dann auf der Straße 22 in Richtung Kalundborg. Oder man nimmt die Landstraße 277, auf die man vorher von der E-20 abzweigt (Ausfahrt 41) und die näher zum Ufer verläuft. Welche Straße man auch wählt: Einen Besuch der Wikingerburg **Trelleborg** (S. 155), die von beiden gleich weit entfernt ist, sollte man sich auf keinen Fall entgehen lassen. Bei der Weiterfahrt hat man in **Høng** die Möglichkeit, rechts abzubiegen und über **Sæby (9)** (sehenswerte Dorfkirche mit romanischen Kalkmalereien) das Ufer des schönen Tissø zu erreichen. Von dort bringt einen die Margeritenroute auf reizvollen Wegen nach Kalundborg. Wer als Richtlinie die Landstraße 277 gewählt hat, sollte sich auch hier an die Nebenstraßen halten, die näher zu den Stränden an der Bucht von Musholm liegen, und über **Drosselbjerg** nach Norden fahren. Die Gegend hier ist äußerst geschichtsträchtig: Wenige Fahrminuten nördlich von Drosselbjerg liegt z. B. bei Mullerup das Moor von Maglemose, wo 1900–02 archäologische Ausgrabungen die erste Siedlung auf dänischem Boden ans Tageslicht brachten. Die Funde eines Fischer- und Jägerdorfes aus der älteren Steinzeit (9000–6800 v. Chr.) revolutionierten damals das Geschichtsbild und gaben der ganzen Epoche den Begriff „Maglemose-Kultur". Die Fundstellen sind heute durch zwei Gedenksteine markiert. Der Zentralort **Gørlev**, wo sich die Straßen 277 und 22 vereinen, verfügt über einige Unterkünfte und Geschäfte.

Auf der vorliegenden Route bleibt man jedoch in Meernähe, wo einen ebenfalls die Vorgeschichte nicht loslässt: Wer von Mullerup am Gut Mullerupgård vorbei nach Dalby fährt, entdeckt dort drei **Hügelgräber (10)**, von denen das südlichste als Rævehøj bekannt ist. Seine jungsteinzeitliche Grabkammer ist 7 m lang, 2 m breit, und ungewöhnliche 2 ½ m hoch – damit ist es das höchste Dänemarks! Ganz in der Nähe erhebt sich der Bronzezeithügel Fledhøj, und westlich davon führt der Fahrweg Reersøvej über eine schmale Landzunge zur Halbinsel **Reersø**. Sie bietet u. a. einen hübschen, gleichnamigen Ort mit reetgedeckten Fachwerkhäusern und urgemütlichem Kro, Sandstrände, Wanderwege, ein Vogelreservat, ein kleines Lokalmuseum, einen kleinen Fischereihafen samt Fischräucherei, einen Campingplatz und als zoologische Rarität eine Rasse schwanzloser Katzen, die vermutlich von der Isle of Man stammt. Die Halbinsel ist wirklich ein Idyll und derzeit noch ein Geheimtipp!

Nördlich der Halbinsel kommt man am schönen, kinderfreundlichen Bjerge Sydstrand vorbei und sieht auf dem Weg nach Bjerge das **Ganggrab** Regnershøj, das auf einem 55 m hohen Hügel thront. Wer das Innere sehen möchte, muss gut kriechen können und sollte eine Taschenlampe dabei haben. Danach bleibt man auf der Hauptverkehrsstraße bis hinter Svallerup. An der Windmühle Svella stößt man wieder auf die Margeritenroute, der man nun das letzte Stück bis Kalundborg folgen sollte. Sie verlässt bald die 22 und biegt zum Ufer der Jammerland-Bucht ab, die im Norden von der langgestreckten Halbinsel **Asnæs** begrenzt wird. Die beherrschende Attraktion ist das großzügige **Herrengut Lerchenborg (11)** und der zugehörige riesige Park. Die streng symmetrische Anlage, die von General Christian Lerche 1743–53 errichtet wurde, gilt als einer der besterhaltenen Barockbauten im Königreich. Das Anwesen wird heute als hochherrschaftliche B&B-Unterkunft und für Events genutzt *(www.lerchenborg.dk)*.

Kalundborg

Auf den ersten Blick wirkt die 16.000-Einwohner-Stadt wegen ihrer Industrieanlagen untypisch für Dänemark, es kommen Zweifel auf, ob ein Besuch Kalundborgs lohnen kann. Die Frage ist spätestens beantwortet, wenn man sich den Türmen der **Liebfrauenkirche** (Vor Frue Kirke) nähert, und ein Rundgang durch den mittelalterlichen Stadtkern überzeugt schließlich völlig. Der Hafen war schon in der Wikingerzeit einer der wichtigsten Dänemarks. Kalundborgs mittelalterliche Rolle begann mit dem Aufstieg der schon häufiger erwähnten Adelsfamilie Hvide, die auf den Stammvater Skjalm Hvide (gest. 1113) zurückgeht. Sein Sohn Asser Rig tat sich bereits als Kirchengründer hervor, noch mehr aber dessen Söhne, die der Sage nach Zwillinge gewesen sein sollen: Absalon und Esbern Snarre. Doppelturmkirchen wie die von Fjenneslev (S. 159) und Tveje Merløse (S. 181) werden mit den „Zwillingen" in Verbindung gebracht. Bischof Absalon machte sich durch die Gründung der Stadt Kopenhagen und den Bau des Sorø-Zisterzienserklosters sowie der Domkirche von Roskilde unsterblich. Sein Bruder Esben Snarre konzentrierte sich auf die Region: Hier ließ er um 1170 eine mächtige Festungsstadt anlegen und als deren Krönung die ungewöhnliche fünftürmige Kirche (s. u.). Die Stadt betrieb im 13. Jh. ausgedehnten Seehandel und war zur Zeit Valdemar Atterdags de facto die Hauptstadt des Reiches. Als 1658 die Schweden vor Kalundborg auftauchten, gelang es ihnen, die Stadt zwei Jahre lang besetzt zu halten; dabei sprengten sie auch die mächtige Burg. Noch im 17. Jh. begann die Epoche der regelmäßigen Fährverbindungen nach Jütland und seit 1874 gibt es einen Bahnanschluss nach Kopenhagen. Mehr als alles andere aber veränderte die Industrialisierung der Nachkriegszeit Lebensgrundlage und Aussehen der Kommune.

Immer schon war der **Hafen** der Lebensnerv der Stadt. Heute gilt das umso mehr, da vor wenigen Jahren im Südwesten ein neuer Container-Hafen angelegt wurde, der vor allem auch zur Belieferung von Kopenhagen dient, denn dort ist das Wasser nicht mehr tief genug für die ganz großen Schiffe. Frachter, Jachten und Fähren (mehrere Abfahrten tgl. nach Samsø) nutzen weiterhin den natürlichen Schutz der Halbinsel **Gisseløre**. Von der Halbinsel, die von 140 m hohen Radio-

Wie eine Krone: die fünf Türme der Kalundborger Liebfrauenkirche

masten überragt wird, hat man einen herrlichen Blick auf die Stadt mit ihrer berühmten Kirche; dort und im Westhafen gibt es auch Anlagen für Segler (insgesamt gut 300 Liegeplätze). Jedes Jahr findet auf Gisseløre das zweitägige Festival **Kalundborg Rocker** statt, bei dem sich alles trifft, was in der dänischen Rockszene Rang und Namen hat *(Fr/Sa in der KW 33, www.kalundborg-rocker.dk)*. Die **Kordilgade** ist die Fußgängerzone der Stadt. Hier gibt es eine Reihe von Lokalen aller Art, jedoch nur wenige attraktive Geschäfte. Bunt geht es zu im Candy Shop *(Kordilgade 8)* mit allerlei Bonbons, Fruchtgummi, Keksen, Eis etc.

Die eigentliche Alt- oder „hohe Stadt" (Højbyen) ist nicht zu verfehlen, da sie leicht erhöht auf einer flachen Bergkuppe liegt. Dort gibt es nur drei Straßenzüge (Adelgade, Lindegade und Præstegade), an denen die wesentlichen Baudenkmäler aufgereiht sind, darunter ein mittelalterliches Steinhaus, das zu den ältesten Dänemarks zählt. Geht man vom **Markt** hinauf zur Kirche, passiert man an der Adelsgade den Bispegården, das alte Rathaus, das ein Bistro sowie eine Kunstgalerie beherbergt. Auch pittoreske Fachwerk-Kaufmannshöfe findet man hier, so z. B. den denkmalgeschützten **Lindegården**. Dieser stammt aus dem 17. Jh. und ist nun Sitz des stadtgeschichtlichen Museums.

Neben dem Museum enthält der Ruinparken noch Spuren der Burg, die von den Schweden gesprengt wurde. Als größte Sehenswürdigkeit ragen die fünf Türme der romanischen **Liebfrauenkirche** (Vor Frue Kirke) über der Altstadt auf. Sie beweist einmal mehr die kulturelle Eigenständigkeit Dänemarks im Mittelalter. Einmalig im Norden ist der Grundriss, der auf einem griechischen Kreuz fußt, wobei die Kreuzenden jeweils einen achteckigen Turm tragen. Höher und breiter als diese ist der viereckige Mittelturm, der auf Granitsäulen im Kirchenschiff ruht. Viel ist gerätselt worden, woher die Idee zu diesem Bauwerk stammt. Sicher ist nur, dass das 1170 vollendete Gotteshaus nie als Dom- oder Pfarrkirche geplant war, sondern als Bestandteil und Höhepunkt der Burg – was liegt da näher, als an eine symbolische Krone zu denken. Das Backsteingebäude wirkt innen und außen eher schlicht, aber durch die warmen Farben der Steine auch anheimelnd. Schmuckstücke sind ein romanischer Taufstein und ein barocker Altaraufsatz.

Reisepraktische Informationen Kalundborg

Hotel

Ole Lunds Gaard €€€, *Kordilgade 1–3, ☎ 59510165, www.hotelolelundsgaard.dk; ein zentral gelegener, 270 Jahre alter Kaufmannshof aus Fachwerk mit 33 gemütlichen Gästezimmern, z. T. sehr einfach ohne Bad im Altbau, z. T. sehr komfortabel im Neubau „Kornmagasinet"; stimmungsvolles Restaurant mit Innenhof (Mo–Fr 12–21 Uhr).*

Jugendherberge

JH

DanHostel Kalundborg, *Stadion Allé 5, ☎ 59561366, www.kalundborg-vandrerhjem.dk; sehr moderne und helle Herberge, 500 m vom Zentrum entfernt an Sporthalle, Fußballplätzen und*

Stadion gelegen, 28 geräumige Familienzimmer mit Du/WC, Restaurant, Spielplatz, Fahrradverleih – die beste Herberge in Westseeland!

Restaurants

Café Hangover, *Elemegade 19, ☏ 24771066, www.cafehangover.dk; Kneipenrestaurant mit den besten Burgern der Stadt, man kann auch draußen sitzen.*
Mexicanske Bøfhus, *Kordilgade 29, ☏ 59523230, www.detmexicanske.dk; in dem eher rustikalen Lokal gibt es neben den üblichen mexikanischen Speisen (Burritos, Fajitas, Enchiladas, Nachos) auch eine große Steakauswahl. Nur für Vegetarier gibt es leider nicht viel.*
Von der Atmosphäre her ansprechender ist das für Dänemark typische Familienrestaurant **Gisseløre** *(Radiovej 2, ☏ 59510745, www.restaurant-gisseloere.dk), etwas teurer, dafür aber stets frisch zubereitete Gerichte und eine gute Weinauswahl. Teilweise Blick auf das Wasser.*

Bahn/Busse

Vom Bahnhof Kalundborg (☏ 59560909) starten mehrmals tgl. Züge über Jyderup, Holbæk und Roskilde nach Kopenhagen. Entlang der Hauptverkehrsstraßen 21, 22 und 23 verkehren Überlandbusse, auch nach Sjællands Odde.

Fähren

Nach Ballen auf **Samsø** *gibt es ab* **Kalundborg** *je nach Saison 4–11 Abfahrten tgl. (☏ 70251025, www.samsoelinjen.dk, Dauer 1 Std., 50 Min.).*

Samsø

Von Kalundborg ist ein Ausflug zur großen Insel Samsø möglich, die nicht mehr im Großen Belt, sondern bereits im Kattegat liegt. Angesichts einer Fläche von 112 km² stellt sich allerdings die Frage, ob Samsø nur Ziel eines kurzen Ausflugs oder nicht besser eines längeren Urlaubs sein sollte. Campingplätze, Ferienhäuser, Hotels und Pensionen bieten Gelegenheit, das ländlich-idyllische Samsø zu erkunden. Samsø liegt relativ isoliert in der Ostsee. Die Insel hat nicht nur ihren eigenen Bürgermeister, sondern auch ihre eigene Zeitung und sogar zwei eigene Dialekte (Nord- und Sydsamsk). Sie misst vom Leuchtturm Lushage im Süden bis Isselhoved im Norden gut 28 km. Ihre Küsten sind durch weite Buchten gegliedert, haben schöne Strände mit besten Segel-, Surf- und Angelbedingungen. Das Inselinnere ist von sanften Hügeln, Feldern sowie Buchen- und Nadelwäldern geprägt. Bunt in der Landschaft verstreut liegen die kleinen Fischer- und Bauerndörfchen mit reetgedeckten Fachwerkhäusern und insgesamt sieben weißen Treppengiebelkirchen.

In den letzten Jahren hat die Insel wegen ihrer Umstrukturierung hin zu einer vollständigen Eigenversorgung mit Ökostrom u. a. durch Wind- (auch Offshore), Solar- und Biogaskraftwerke von sich Reden gemacht. Mittlerweile exportiert die Insel sogar größere Mengen Strom. Auf die Nutzung fossiler Brennstoffe wird fast ganz verzichtet. Wichtig für die Umsetzung war, dass die Bewohner der Insel an einem Strang zogen und dass möglichst viele von ihnen (Mit-)Eigentümer der neuen Anlagen wurden. Das sorgte für die nötige Motivation.

Willkommen auf Samsø

Historisch gesehen ist Samsø ein uraltes Kulturland. Davon zeugen die vorgeschichtlichen Denkmäler insbesondere im Südteil, wo fast jede Hügelkuppe von einem Steinzeitdolmen oder bronzezeitlichen Hügelgrab bekrönt wird. Im Mittelalter und in der frühen Neuzeit wurde die Insel dreimal als Hochzeitsgeschenk an dänische Könige vergeben. Perioden großen Wohlstandes wechselten mit Zeiten von Armut und Seuchen. Hinzu kamen vor allem im 18. Jh. Missernten, die die Krone zwangen, stetig die Steuern zu senken. Damals bekamen die hiesigen Bauern als einzige im Königreich das Eigentumsrecht an ihrem Grund und Boden zugesprochen. Immer noch ist die Landwirtschaft das wichtigste Standbein der Inselökonomie und die Samsø-Kartoffeln sind im ganzen Land beliebt.

Für eine **Inselrundfahrt** bietet sich eine Umrundung entgegen dem Uhrzeigersinn an. Von Kalundborg aus erreicht man das Ziel im Fährhafen **Kolby Kås** an der Südwestküste. Der Hauptstraße nach Kolby folgend, kommt man an einer schönen Mühle holländischen Typs vorbei. Südlich davon steht der **Leuchtturm** Vesborg an einer Stelle, von der man bei klarem Wetter mit bloßem Auge Seeland, Fünen und Jütland erkennen kann. Der Turm wurde 1894 aus dem Material einer Burgruine errichtet, die vermutlich auf Valdemar Atterdag zurückgeht.

Etwas östlich des Leuchtturms führt die Straße am großzügigen Anwesen von **Brattingsborg** vorbei. Es wurde 1676 von Christian V. seiner Konkubine Sofie Amalie Moth geschenkt. Das heutige Aussehen geht allerdings auf Umbauten aus dem Jahr 1870 zurück. Brattingsborg ist nach wie vor in Privatbesitz. Nicht weniger als ein Fünftel der Insel (2.350 ha) gehört zum Gut, u.a. auch die Wälder der Umgebung und die Inseln im Stavns Fjord. Der Park ist zugänglich, ebenso das kleine Spielzeugmuseum im Schloss.

Einige Kilometer nördlich führt ein weiterer Weg zur Ostküste, wo die Ortschaft **Ballen** so etwas wie ein „touristisches Ballungszentrum" darstellt. Hier findet man einen Jachthafen, gute Sandstrände, Musikcafés, Restaurants und Geschäfte sowie in der Ortsmitte einen hübschen Kaufmannshof von 1845. Der Kalkofen am Hafen stammt aus dem Ersten Weltkrieg und beherbergt heute ein kleines Museum. In der Nähe von Ballen findet Ende Juli das viertägige Samsø-Festival (dänische und internationale Musik) statt.

Bei **Brundby** stößt man wieder auf die Hauptstraße und sollte dort der Bockwindmühle Beachtung schenken, die aus dem 17. Jh. stammt und damit Dänemarks älteste ist. Dann kommt man nach **Tranebjerg**, wo direkt hinter dem Postamt das Samsø Museum liegt. Es beherbergt eine beachtliche lokalhistorische Sammlung. Die Hauptstraße wendet sich hinter Tranebjerg der Westküste zu und bringt einen zunächst nach **Sælvig**, dem zweiten Fährhafen der Insel. Bald darauf erreicht man hinter **Stavns** (Flugplatz) Samsøs „Wespentaille". Die Landenge zwischen den beiden Küsten ist hier nur 600 m breit und wird vom Kanhave-Kanal durchschnitten. Untersuchungen haben ergeben, dass der Kanal 726 n. Chr. angelegt wurde, also zu Beginn der Wikingerzeit. Er war damals von Eichenpalisaden gesichert, 800 m lang, 11 m breit und nur 1 ½ m tief. Offenbar hatte er die Funktion eines Fluchtweges, der der lokalen Bevölkerung mit ihren leichten Booten die Durchfahrt erlaubte, während potentielle Verfolger steckenblieben. Östlich mündet der Kanal in den sogenannten Stavns Fjord, eine halbkreisförmige Bucht, der zum Belt hin ein Kranz kleinerer unbewohnter Inselchen vorgelagert ist.

An **Mårup** vorbei, wo manchmal Personenfähren zur Insel **Tunø** (S. 426) starten, gelangt man nach **Nordby**, dessen Kirche schon wegen des Altaraufsatzes und der schön geschnitzten Renaissance-Kanzel zu den eindrucksvollsten von Samsø gehört. Von dort geht es auf dem Markvejen ein Stück weiter bis zur äußersten Nordspitze. Unterwegs kommt man am sagenumwobenen „Teufelsstein" vorbei, wo früher werdende Eltern durch Opfergaben das Geschlecht ihres Kindes vorbestimmen wollten. Über einige Hügel mit herrlicher Aussicht er-

reicht man dann das Kap **Issehoved**, das wie eine Miniaturausgabe des jütländischen Kap Skagen wirkt. Hauptattraktion hier im Norden ist das riesige **Samsø-Labyrinth**, das an Harry Potters magisches Universum erinnert – besonders im Herbst, wenn die Dunkelheit das Ganze zu einem unheimlichen Erlebnis macht.
Samsø Labyrinten, *Issehoved 1, 1 km nördlich von Nordby, www.samsolabyrinten.com; April–Okt. meist tgl. 10–16/17 Uhr*

Reisepraktische Informationen Samsø

Information

Samsø Turistcenter, *Anton Rosens Plads 3, Tranebjerg, 8305 Samsø, ☏ 86590005, www.visitsamsoe.dk.*

Hotels

Flinchs Hotel €€€, *Langgade 23, Tranebjerg, ☏ 86591722, www.flinchshotel.dk; traditionsreiches und geschmackvoll restauriertes Haus, mit 23 Zimmern die größte und gleichzeitig auch die beste Herberge auf der Insel, sehr gutes Restaurant, schöner Garten.*
Ballen Badehotel €€€, *Aavej 21, Ballen Havn, ☏ 20349319, www.ballenbadehotel.dk; charmantes Ferienhotel von 1914, im Südosten der Insel wenige Schritte vom Jachthafen, Cafés und Stränden von Ballen, Außenterrasse, gutes Restaurant, (vorzüglicher Fisch), Café Emil B., renovierte DZ im Haupthaus oder Annex.*
Tante Tut og Onkel E €€, *Kaasen 71, ☏ 29877771, www.tantetuthotel.dk; kleines Hotel mit einfachem Bistro (meist nur Lunch) am Jachthafen ganz im Südwesten der Insel. Etwas trutschig, hyggelig, sauber und adrett. Die Zimmer sind recht klein, aber tiptop und einige haben Ausblick auf den Hafen.*

Camping

Sælvigbugtens Camping, *Staunsvej 2, ☏ 21676309, www.saelvigbugtens-camping.dk; sehr schöne Anlage in der Inselmitte nahe zum Stavnsfjord und am Wald gelegen, toller Sandstrand, viele Sportangebote, Vermietung von Hütten dreier Kategorien sowie von Fremdenzimmern (DZ mit Bad ab €€ in der Hochsaison).*

Fähren

Die Reederei Samsø Rederi unterhält mit der gasbetriebenen Fähre „Prinsesse Isabella" eine Verbindung von Sælvig nach **Hou in Jütland** *sowie mit einer Schnellfähre eine Verbindung nach* **Aarhus** *(Fahrzeit 60 Min., keine Autos), Abfahrten je nach Saison 3–11 mal tgl.; Infos/Buchungen: ☏ 70225900, www.tilsamsoe.dk. Die Reederei Samsølinjen befährt ebenso häufig die Route von Ballen nach* **Kalundborg** *auf Seeland (☏ 70251025, www.samsoelinjen.dk, Dauer 1 Std., 50 Min.).*

Von Kalundborg nach Sjællands Odde

Von Kalundborg führt die vielbefahrene Straße 23 in östlicher Richtung nach Holbæk und von dort aus als Autobahn weiter nach Roskilde und Kopenhagen. Wer diesen Weg z. B. als Abkürzung nimmt, kann die Fahrt z. B. bei Mørkov unterbrechen, wo unweit der Landstraße das weiße **Schloss Torbenfeldt (12)** mit angeschlossenem Schmiedemuseum unbedingt sehenswert ist. Auf der vorliegenden Route folgt man jedoch im Wesentlichen der Küstenlinie nach Nordosten, wobei man zunächst noch einen Abstecher nach **Røsnæs** einlegen könnte. Diese ist die größte der drei Halbinseln, die Seelands Westküste gliedern. Als sich die Eiszeitgletscher von der Ostsee durch den heutigen Großen Belt schoben, führten sie große Mengen gefrorener Erde mit sich. Als das Eis abschmolz, blieben die drei Halbinseln als sogenannte Randmoränen zurück. Røsnæs ist wenig besiedelt, bietet aber neben großem Vogelreichtum Campingplatz, Golfplatz und schöne Sandstrände. Der 1845 errichtete und 25 m hohe Leuchtturm Røsnæs Fyr kennzeichnet den westlichsten Punkt der Halbinsel sowie von ganz Seeland.

Sofern man auf Røsnæs war, führt der Weg zurück wieder über Kalundborg, denn die schmale, eingedeichte Landzunge, die nördlich davon die große Saltbæk Vig vom Meer abtrennt, kann nicht mit dem Wagen befahren werden. Ab Kalundborg richtet man sich erneut nach der Beschilderung der Margeritenroute, die einen nach **Eskebjerg** und dann zum Rand des Naturschutzgebiets Vesterlyng bringt. Dabei handelt es sich um Dänemarks größte Fläche (326 ha) von Strandheide und natürlichen Strandweiden. Nördlich davon geht es ins schmucke Dorf **Havnsø** mit kombiniertem Fischerei-, Jacht- und Fährhafen. Hier gibt es Hotel, Kro, Campingplatz (etwas außerhalb) und Touristenbüro, Cafés, einen Købmand, Möglichkeiten zu Angeltouren und im Sommer samstags einen Krämermarkt.

Vom Hafen von Havnsø gibt es fahrplanmäßige Fährverbindungen (*https://sejeroe-ferry.teambooking.dk*) zu **zwei Inselchen** im Großen Belt, die beide sehr reizvoll sind und jeweils auf einem Tagesausflug besucht werden können:

- Die kleinere (223 ha) und nächstgelegene ist **Nekselø**, die nur 1 km vor der Küste liegt und zu der die Personen- und Fahrradfähre gerade mal 25 Minuten benötigt. Am Ziel erwartet einen eine sehr abwechslungsreiche Natur, deren höchste Erhebungen 41 m aufragen und eine weite Rundumsicht ermöglichen. Nekselø befindet sich in Privatbesitz der 22 Einwohner, steht unter Naturschutz und eignet sich für Wanderungen, auf denen man das gesamte Eiland (4 km lang, 1 km breit) kennenlernen kann. Unterkünfte sind nicht vorhanden und für Erfrischungen sorgt allenfalls das im Sommer sporadisch geöffnete Café am Fähranleger. Im Grunde lohnt die Mitnahme eines Fahrrads nicht, denn die kleine Insel lässt sich viel besser auf einem Spaziergang erleben.
- Etwas weiter vor der Küste liegt die Insel **Sejerø** (*www.sejero.dk bzw. www.sejeroe.dk*). Die Fähre von Havnsø braucht 60 Minuten, bis zum Hauptort Sejerby an der Westküste. Die langgestreckte Insel misst 11 km vom Leuchtturm im Nordwesten bis zur südöstlichen Landzunge, während die Breite nur maximal 2 km erreicht. An der Küste gibt es sandige Strandabschnitte (vor allem im Norden) und überall gute Angelbedingungen. Ein Großteil der ca. 330 Einwohner lebt von Landwirtschaft und/oder Fischerei. Inzwischen gibt es eine gute Infrastruktur (Marina, Campingplatz, Jugendherberge, Kro, Supermarkt, Ferienhäuser, Fahrradverleih, Ausritte mit Island-Pferden etc.). Vereinzelte Steinzeit-Grabhügel, Grabhügel aus der Bronzezeit sowie eisenzeitliche Bautasteine künden von der langen Besiedelungsgeschichte. Im Ortskern von Sejerby erhebt sich die wunderschöne Treppengiebelkirche über den umfriedeten Kirchhof; sie stammt aus dem 13 Jh. und besitzt Kalkmalereien von 1558.

Übrigens: Die besten Sandstrände an diesem Küstenabschnitt liegen entlang der Nekselø- und der Sejerø-Bucht im Westen sowie im Osten zum Isefjord hin.

Kurz hinter **Havnsø** folgt man dem nur wenige Hundert Meter langen Abstecher zum weißen **Schloss Dragsholm (13)**. Bereits im 13. Jh. besaß der Roskilder Bischof hier eine Burg, die selbst während der „Grafenfehde" von den Aufständischen nicht eingenommen werden konnte. Damals diente sie als Staatsgefängnis, in dem u.a. der Earl of Bothwell einsaß, der dritte Gemahl von Maria Stuart. 1573 wurde er in eine Zelle auf Dragsholm gesperrt, wo er wenige Jahre später als Geisteskranker starb. Das Verlies ist noch zu sehen, doch hat die Burg ihr Aussehen stark verändert. 1658–60 eroberten die Schweden die Festung und sprengten sie in die Luft. Über den alten Außenmauern, Kellern und Wächtergängen errichtete der Geheimrat F. C. Adeler 1697 die Burg neu, in dieser Form ist sie bis heute bewahrt. Die Schlosskirche, die 1731 hinzukam, Teile des Hauptgebäudes (Rittersaal, Jagdzimmer) und das Verlies können zu gewissen Zeiten besichtigt werden. Gelegentlich wird es dabei gruselig: Schloss Dragsholm ist Heimat von über 100 Geistern und manchmal werden nach Einbruch der Dunkelheit Führungen mit Geisterbegegnungen angeboten. Ansonsten sind Kräuterwanderungen, Weinproben, Fitnessprogramme sowie Golf mögliche Aktivitäten. Das exquisite Restaurant wurde bereits zum besten Dänemarks sowie zum „Food Lover's Hotel" gewählt und in mehreren Jahren mit einem Michelin-Stern ausgezeichnet. Legerer sind das Slot Bistro, in dem ausschließlich Bioprodukte auf den Tisch kommen, sowie das tagsüber geöffnete Food House (Hofladen, Weinbar, Snacks). Im Hotel stehen luxuriöse Zimmer und Suiten zur Verfügung.

Dragsholm Slot, *Dragsholm Allé 1, 4534 Hørve, www.dragsholm-slot.dk*

Die Strände im Nordwesten Seelands sind schön und ziemlich einsam

Odsherred

Die Besitzer von Dragsholm waren es, die vom 13. Jh. bis heute die Entwicklung der breiten Halbinsel Odsherred beeinflussten, die nördlich ins Kattegat ragt. Ihre Aufforstung, landwirtschaftliche Erschließung und auch die Trockenlegung von Teilen des Lammefjords (s. u.) – all das wurde von Schloss Dragsholm aus gesteuert. Auf der Margeritenroute kommt man zu den schönsten Flecken der Halbinsel, zusätzlich kann man die schmale Landzunge Sjællands Odde bis zum Fährhafen durchqueren. Überall wird man auf Spuren der reichen Vorgeschichte von Odsherred stoßen, teils in den vier kulturgeschichtlichen Museen, teils vor Ort in der Landschaft (Hügelgräber). Die landschaftliche Vielfalt mit Heideflächen, markanten Steilküsten, Mooren, Feuchtgebieten, Seen und aufgeforsteten Waldgebieten ist von großem Reiz. Odsherred wurde übrigens als erste Region in Dänemark von der UNESCO als „Geopark" anerkannt.

Dem Schloss gegenüber gen Ostsee befindet sich der wunderschön am Wasser gelegene Campingplatz Sanddobberne (*www.sanddobberne-camping.dk*). Sofort nördlich von Dragsholm folgt man unterhalb einer Steilklippe der Margeritenroute durch eine herrliche Hügel- und Waldlandschaft nahe der Landzunge Ordrup Næs und weiter zum bezaubernden **Ordrup Strand**. Dieser ist wie die gesamte Region Odsherred noch ein Geheimtipp. Wer den Schlenker der Küstenstrecke nicht mitmacht, kann an der Straße 225 die hochgelegene **Fårevejle-Kirche (14)** besuchen, in deren Seitenkapelle der Sarkophag des Earl of Bothwell (s. o.) steht; nahebei liegt auch ein kleines lokalhistorisches Museum. Anschließend kann man rechts nach **Asnæs** abzweigen und den nahe dem Ort gelegenen **Odsherred Zoo (15)** besuchen. Hier werden auf fast 8 ha Land ca. 100 unterschiedliche Tierarten präsentiert. Besonders eindrucksvoll sind das große Affenhaus, das Terrarium und der Streichelzoo.

Odsherred Zoo, *Esterhøjvej 94, 4550 Asnæs, www.odsherreds-zoo.dk; April–Okt. tgl. 10–15/17/18 Uhr*

Kurz sei noch auf die beiden Weingüter in der Region hingewiesen: **Vejrhøj Vingård** (*Vejrhøjvej 9, Fårevejle, www.vejrhoj.dk*) sowie **Ørnberg Vin** (*Drusbjergvej 2, Sjællands Odde, www.oernbergvin.dk*). Die meistfrequentierte Attraktion der Gegend ist das **Sommerland Sjælland**: Märchenwald, Dschungel- und Wild-West-Kulissen, Achterbahn, Badeland mit Wasserrutschen, Spielplätze, Ballonfahrten u. v. m. werden hier geboten. Zur Übernachtung stehen einige gut ausgestattete Familienhütten zur Verfügung.
Sommerland Sjælland, *Gl. Nykøbingvej 169, 4572 Nr. Asmindrup, Nykøbing Sj, www.sommerlandsj.dk; Juli tgl. 10–19, sonst Mitte Mai–Mitte Sept. bis 17/18 Uhr*

Weiter nördlich passiert die Margeritenroute das Dörfchen **Højby**, dessen Kirche sehenswerte mittelalterliche Kalkmalereien besitzt. Der See in der Ortschaft ist Heimat vieler Vogelarten sowie ein populäres Ausflugsziel. Am Golfplatz vorbei kann man nun zurück zur Hauptstraße und auf ihr fast bis zum Ende der schmalen und landschaftlich reizvollen Halbinsel **Sjællands Odde** fahren. Von hier aus starten Fähren auf der schnellsten und kürzesten Kattegat-Überquerung nach Jütland (Ebeltoft, Aarhus), doch lohnt sich ein Ausflug auch, um Strandspaziergänge zur äußeren Spitze Gniben zu unternehmen oder um den gemütlichen Hafen **Havnebyen** an der Nordküste zu besuchen, wo man noch ein ursprüngliches Fischermilieu mit Kuttern und Räucherei erleben kann. Außerdem werden dort Hochseeangeltouren angeboten, die vor allem im Spätsommer sehr populär sind, wenn die Jagd auf Makrelen stattfindet.

Auf der Rückfahrt von der Landzunge sollte man dann bei **Lumsås** von der 21 abbiegen und, am netten Seebad **Klint** (Kro, Hotel, Restaurant) vorbei, über **Nyrup** zu den schönen Sandstränden an der Kattegatt-Küste fahren. Diese bieten alles, was attraktive Badestrände in Dänemark auszeichnet: Dünen, Wald, Strandhafer, sauberes Wasser und sandigen Meeresboden. Die kleine Stadt **Nykøbing Sj.** – „Sj." steht für „Sjælland" – mit ihrem Jachthafen, Touristenbüro, einem einfachen Kro und ein paar Restaurants ist kaum erwähnenswert, sieht man einmal ab vom Museum in der Lindealle 21. Das gelbe Gebäude mit rotem Ziegeldach hat sich der Stadtgeschichte und vor allem der Entwicklung des Bäckerei-Gewerbes gewidmet. Aus dem alten Backofen kommen stets warme Brötchen oder leckerer Kuchen in den Museumsladen.

Dafür jedoch sind die Attraktionen südlich des Städtchens echte Highlights: Der **Anneberg Kulturpark** (*www.annebergkulturpark.dk*) befindet sich in den Gebäuden einer ehemaligen Psychatrischen Anstalt. Hier gibt es heute kleine Museen, u. a. ein Psychiatrie-Museum, eine Mikrobrauerei sowie das **Sterne-Restaurant Mota** (*www.restaurant-mota.com*) von Claus Henriksen, dem ehemaligen Koch aus Schloss Dragsholm (s. o.), außerdem finden Musik- und Kunstveranstaltungen sowie Märkte statt. Die im Kulturpark ansässige Firma **Dansk Tang** sammelt vor Dänemarks Küsten Tang sein und bereitet ihn als Nahrungsmittel zu – richtig zubereitet ist er erstaunlicherweise ausgesprochen lecker! Etwas südlich vom Annebergpark beeindruckt im **Hempel Glasmuseum** die größte private Sammlung an Glaswaren, Gläsern und Glaskunstwerken. Eindrucksvoll!
Hempel Glasmuseum, *Annebjerg Stræde 2, www.hempelglasmuseum.dk; Mai–Sept. u. Herbstferien Di–So 10–16/17 Uhr*

Die Straße 225 endet in **Rørvig** (Feriencenter, Cafés und Restaurants), dessen quirliger Hafen ein idealer Ausgangspunkt für Bootstouren in den Isefjord darstellt. Der Hafen ist auch wegen der Eisverkäufer und der Fischräucherei ein beliebtes Ziel sowie bei Kindern, die hier unter Anleitung Krebse fangen dürfen. Von hier geht zudem die vielfrequentierte Fähre nach **Hundested** ab. Nach einer 25-minütigen Überfahrt hat man am jenseitigen Ufer Anschluss an die Stationen der Nordseeland-Rundfahrt (S. 183ff).

Reisepraktische Informationen Odsherred

Information

Visit Odsherred, *Holtets Pl. 1, 4500 Nykøbing Sj., www.visitodsherred.dk*

Unterkünfte

Neben den tollen **Campingplätzen** *(meist auch mit Hütten) und dem o. g.* **Schloss Dragsholm** *empfehlen sich:*

Højby Sø Badehotel €€€–€€€€, *Ellingebjergvej 1, Højby, ☏ 70201133, www.hotelhoejbysoe.dk; gemütliches Familienhotel der gehobenen Mittelklasse, an einem See gelegen, gutes Restaurant. Ein Ort zum Entspannen. Nicht weit von hier lädt der nette historische* **Højby Kro** €€€ *(Højby Hovedgade 28, Højby, ☏ 59302051, www.hojbykro.dk) zu Speis, Trank und Übernachtung ein.*

Myrehøj B&B €–€€, *Vilhelmshøjvej 1, Eskebjerg, ☏ 59290026, www.myrehoj.dk. Hier wohnt man einfach und günstig auf einem ehemaligen Bauernhof. Einige Stallungen stammen aus dem beginnenden 19. Jahrhundert, das Haupthaus von 1686. Die 15 Zimmer sind nach Länderthemen dekoriert. Mit Antikshop. Mal etwas anderes und abseits der üblichen Touristenpfade.*

Restaurants

Auf die hervorragende Restaurants **Mota** *und im* **Schloss Dragsholm** *sowie auf die* **Fischräucherei** *am Hafen von Rørvig wurde bereits hingewiesen. Außerdem gibt es in Nykøbing Sj. noch einen* **Street Food Market** *(Rørvigvej 225) mit Fisch, Burgern, asiatischer und italienischer Küche, Bar etc.*

Rund um das Fjordland

Unter „Fjordland" versteht man das gesamte Gebiet rund um den großen Isefjord (nach dem Limfjord der größte Dänemarks!) samt Seitenfjorden und dem kleineren Roskildefjord, die durch die waldreiche Halbinsel Hornsherred getrennt sind. Beide Gewässer zusammen haben nur einen einzigen, sehr schmalen Ausgang zum Kattegat, nämlich den Sund zwischen Hundested und Rørvik. Zum Fjordland zählen im Westen auch die Inland-Küsten der Halbinsel Odsherred und im Osten die von Nordseeland. Insgesamt ist die Region ein sehr beliebtes Urlaubsziel der Dänen und ein Eldorado für Segler.

In Fortsetzung der bisherigen Route nach Rørvik fährt man alternativ zur Fährfahrt nach Hundested an der östlichen Uferlinie von Odsherred hinab bis Holbæk und ab dort wieder hinauf bis zum Ende der Halbinsel Hornsherred. Ab Nykøbing hält man sich wieder an die Margeritenroute, die dem Küstenverlauf der gleichnamigen Bucht folgt und später eine Halbinsel zum Lammefjord durchquert – immer wieder kann man dabei zu kleinen Stränden abzweigen, die oft von alten Buchenwäldern gesäumt sind. Südlich der Halbinsel stößt man auf die 21 und durchquert auf ihr eine fruchtbare Niederung, wo früher der Lammefjord weit ins Land hineinragte. Die heutige Bucht ist nur der südliche Abschnitt eines Gewässers, das Ende des 18. Jh. umfassend trockengelegt wurde – unter Leitung des Schlosses Dragsholm, dessen Gutsherren neues Acker- und Weideland schaffen wollten. Dämme im Norden und Südwesten zeugen davon. Das charakteristische, flache Gelände wird von etlichen Kanälen durchzogen, die heute Hobbyangler von weit her zum Karpfenfang anlocken. Die mineralhaltige Schlickerde in den trockengelegten Gebieten eignet sich hervorragend für den Anbau von Kartoffeln und Karotten.

Nach Süden geht es auf der 21 weiter, die bis zum Ufer des Holbæk-Fjordes die Halbinsel **Tuse Næs** durchschneidet. Sie ist ein beliebtes Naherholungsgebiet der Holbæker. Südlich der Halbinsel, an der Einmündung der 155, sollten Kirchen- und Kunstfreunde ca. 2 km nach Westen fahren, um sich die herrlichen Kalkmalereien der **Tuse Kirke** anzuschauen. Sie stammen von etwa 1450 und wurden vom anonymen sogenannten „Isefjordmeister“ ausgeführt. Am bekanntesten sind die Bethlehem-Szene und jene Darstellung, in der drei Könige sich selbst als drei Tote begegnen.

Holbæk

Noch vor Holbæk beginnt die Autobahn nach Roskilde und Kopenhagen, deswegen sollte man hier am Ufer des Holbæk-Fjordes bleiben, wo eine kürzere Straße direkt ins Zentrum des hübschen Holbæk führt. Das aufgeräumt und grün wirkende 30.000-Einwohner-Städtchen blickt auf eine lange Geschichte zurück. Es entwickelte sich im Schutz einer Burg, die König Valdemar Sejr zu Beginn des 13. Jh. errichten ließ. Seine große Zeit aber war das 17.–19. Jh., als durch den Getreideexport Kaufleute zu Reichtum gelangten und in der Stadt ihre großen Höfe errichteten. Heute ist Holbæk kulturelles und ökonomisches Zentrum von Nordwestseeland, Heimat einer privaten, weithin anerkannten Kunsthochschule (*Kunsthøjskolen i Holbæk*) und hat sich mit über 250 Geschäften im Zentrum sowie dem Holbæk Megacenter (*Stenhusvej 54*) an der Peripherie einen Namen als Einkaufsstadt gemacht. Touristisch ist Holbæk vor allem für Segler interessant, es stehen aber auch die verschiedensten Unterkünfte zur Verfügung. Nahe am Hafen gibt es den **Holbæk Jazz Club** (*Gasværksvej 9, www.holjazz.dk*) sowie die **SoHo Food Lounge** (*Kanalstræde 14, www.soho-lounge.dk/holbaek*), beide überregional bekannt für musikalische Events, letztere auch als Restaurant und Late-Night-Spot (*Fr/Sa bis 5 Uhr morgens*).

Holbæk ist naturgemäß dem Wasser zugewandt, der **alte Hafen** ist das „Herz der Stadt“. Hier und in der neueren Marina machen Freizeitkapitäne fest, legt die Fähre nach Orø (s. u.) ab und startet die 1901 gebaute Galeasse Hjalm zu ihren Schiffsausflügen in den Fjord (*zurzeit keine Fahrten, sollen jedoch wieder aufgenommen werden*). Ein Pfad führt am Fjord entlang zum Seebad Venedig und zum Strandbad. Doch auch in der Altstadt lassen sich schöne Spaziergänge unternehmen. Geht man vom Hafen am Kinocenter Grand Bio vorbei zum Ortskern, stößt man auf die **Hauptstraße** Ahlgade. Geht man von dieser die Klosterstræde hinauf, ist man mitten im „historischen Quartier“. Ihren Namen hat die Gasse nach dem 1269 gegründeten **Dominikanerkloster**, das ursprünglich aus einer geschlossenen Vierflügelanlage samt Kirche bestand. Von dieser Anlage sind nur noch zwei Etagen des Süd- und Westflügels erhalten, aber immerhin hat damit Holbæk neben Aarhus und Ribe überhaupt noch Klosterreste dieses Ordens bewahren können. Alle anderen der einst 22 Dominikanerklöster sind nach der Reformation verschwunden! Noch interessanter ist die Häuserreihe von Nr. 8–18, mit der ein kompletter Stadtkern nicht nur unter Denkmalschutz steht, sondern insgesamt das **Holbæk Museum** bildet. In den Ausstellungsräumen der 13 historischen Gebäude werden vorgeschichtliche Funde ebenso präsentiert wie Interieurs aus Bürger- und Bauernhäusern oder Werkstätten. Auch ein Kaufladen aus der Zeit um 1810 ist originalgetreu eingerichtet. Das Museum betritt man durch das ehemalige Rathaus, dort befinden sich auch der Museumsshop und ein kleines Café.
Holbæk Museum, *Klosterstræde 18, www.vestmuseum.dk; Ende Juni–Mitte Aug. tgl. 10–16, sonst an einem oder mehreren Tagen geschl., Mitte Okt.–Mitte Feb. geschl.*

Ein weiterer markanter Blickfang ist die **St.-Nikolai-Kirche** auf der Kirkestræde, die 1872 eingeweiht wurde. Das neoromanische Ziegelstein-Gotteshaus, das auf einem Granitsockel ruht, entwarf der berühmte Architekt Christian Hansen, von dem auch einige repräsentative Gebäude in Kopenhagen und Athen stammen. Nahebei steht das alte **Rathaus**, das 1911 unter großem Pomp vom König eröffnet wurde, aber nie als Rathaus diente.

Das Freilichtmuseum **Genossenschaftsdorf Nyvang** liegt südöstlich der Stadt und beleuchtet die wichtige Zeit der Genossenschaften (1870–1959). Diese Bewegung veränderte

nachhaltig die Landwirtschaft und die ländliche Gesellschaft Dänemarks in der zweiten Hälfte des 19. Jh. Damals wurde die alte bäuerliche Kultur, in der Großgrundbesitzer und Pächter eine dominierende Rolle spielten, abgelöst und von kleineren oder mittleren Betrieben ersetzt. Im Museum werden nicht nur Räumlichkeiten konserviert, sondern auch die einzelnen Arbeitsprozesse dargestellt. U.a. findet man auf dem weitläufigen Gelände Sägerei, Meierei, Schmiede, Radio- und Fahrradwerkstatt, Bauernhof, Museumsshop und Café.
Oplevelsescenter Nyvang, *Nyvangs Alle 4 (auf GPS auch Oldvejen 25), www.oplevelsescenternyvang.dk; Mitte April–Mitte Okt. Di–Do und Sa/So 10–16, in den Schulferien Sa–Do 10–16 Uhr, Ende Nov./Anfang Dez. Weihnachtsmarkt*

4 km südlich von Holbæk liegt die Kirche von **Tveje Merløse** – die Straße 57 führt direkt dorthin. Das von einer Mauer umgebene Gotteshaus zählt zu den eindrucksvollsten und ältesten Landkirchen Seelands. Von außen sind durch die unterschiedlichen Materialien – unbehauene Feldsteine unten und Quellkalkstein oben – deutlich zwei Phasen zu unterscheiden. Die älteste lässt sich auf das Jahr 1100 zurückführen, als Bischof Absalons Vater Asser Rig sie als Hofkirche für das mächtige Hvide-Geschlecht erbauen ließ. Damit wird sie die direkte Vorgängerin der Kirche von Fjenneslev (S. 159) gewesen sein, und wie diese hat auch sie ein eindrucksvolles Westwerk mit steinüberkuppelten „Zwillingstürmen“. Im Innern finden sich schöne romanische Kalkmalereien von etwa 1200.

Orø

Nördlich von Holbæk liegt die herzförmige Insel Orø im Fördegewässer, die auch „Perle des Fjordlandes“ genannt wird. Ihre 14 km^2 sind relativ dicht besiedelt, fast alle Insulaner leben in den vier Dörfern Bybjerg, Brønde, Gamløse und Næsby. Im Sommer kommen zahlreiche (meist dänische) Touristen dazu. Neben Hotel, Kro und dem schön an der Westküste gelegenen Campingplatz Orø Strand *(www.oroecamping.dk)* beherbergt die Insel gut 1.200 Sommerhäuschen! Dabei sind die Sandstrände eher bescheiden, man kommt hierher zum Angeln, Fahrradfahren und Wandern. Die Wanderpfade sind insgesamt 14 km lang und mit vielen Infotafeln ausgestattet. Sehenswert sind aber vor allem die hübschen Dörfchen mit viel Fachwerk, Reetdächern und Bewohnern, die zum Teil eine Art Aussteigerleben zelebrieren. Besonders schnuckelig ist Næsby im Norden der Insel.

Von Holbæk erreicht man Orø nach ca. 30 Minuten Fahrt am idyllischen Fährhafen **Brønde**. Noch schneller ist die Kabelfähre von Hammer Bakke auf Hornsherred, die weniger als 10 Minuten braucht und an der Ostküste anlegt. Von beiden Fährstationen ist es nicht weit bis zur „Hauptstadt“ **Bybjerg**, wo man auch den gemütlichen Orø Kro (*Hotel, Restaurant, www.oroekro.dk*) findet. Dieser bildet mit der Dorfschule, einem Versammlungshaus, der Kirche, dem Heimatmuseum und einem Stück westlich davon dem Museum Hestebedgård das Zentrum. Die weiße Treppengiebelkirche aus dem 12. Jh. besitzt u.a. einen mittelalterlichen Taufstein und eine schön geschnitzte Marienfigur.

Zwei kleine Fähren verbinden Orø mit dem Festland

Östlich von Bybjerg liegt das schmucke Dorf **Gamløse**, dessen Straßen auf die alte Schmiede und den Dorfteich zuführen. Weiter nördlich befindet sich **Næsby**, dessen Dorfmilieu seit 200 Jahren fast unverändert ist. Die Naturschule samt Tierpark Orøstrand im Westen der Insel beherbergt u. a. Lamas, Strauße und tropische Vögel (*www.oroestrand.dk*).

Hornsherred

Sofern man von Holbæk nicht Ziele wie Roskilde oder Kopenhagen ansteuert, sollte man die Route von hier ab in nördlicher Richtung fortsetzen, wo die lang gestreckte Halbinsel Hornsherred weit in den Fjord hineinragt. Von der betriebsamen Stadt folgt man der Margeritenroute nach Osten, passiert den Herrensitz Eriksholm und überquert auf der 1952 gebauten Munkholmbrücke die romantische Bucht von Bramsnæs. Aus gutem Grund trägt die Landschaft hier den Beinamen Dejligheden (= „Herrlichkeit"). Wer in Eile ist, nimmt anschließend die Straße 53, die die Halbinsel in Längsrichtung bis Jægerspris durchquert. Demgegenüber orientiert sich die Margeritenroute an der Ostküste, also dem Ufer zum Roskildefjord hin. Dabei passiert man das Kirchdorf **Hyllinge (16)**, dessen romanisches Gotteshaus sehenswerte Kalkmalereien aus seiner Bauzeit (1150–75) besitzt. Über Gershøj (Kro) geht es dann zum Zentralort **Skibby** weiter, wo ebenfalls ein Blick auf und in die Kirche lohnt. Sie hat Kalkmalereien von etwa 1175 bewahrt, die Kunsthistoriker als von Ravenna beeinflusst ansehen.

Auf Höhe von Skibby macht die Margeritenroute einen Bogen nach Osten und führt zum **Schloss Selsø (17)**. Es entstand 1570, wurde jedoch 1734 baulich stark verändert. Von außen wirkt es streng und abweisend, doch der Eindruck täuscht: Das prachtvolle Interieur bildet heute den Bestand eines Herrenhofmuseums. Vor allem der Rittersaal mit großen Versailles-Spiegeln und riesigen Gemälden imponiert. Zuletzt wirkte das Museum allerdings etwas vernachlässigt.
Selsø Slot, *Selsøvej 28, 4050 Skibby, www.selsoe.dk; Mai–Mitte Sept. und Herbstferien Di–So 11–16 Uhr*

Weiter nördlich, kurz hinter der Stelle, an der die 53 den engen Fjord überbrückt und nach Frederikssund in Nordseeland weiterführt, ist das rote **Schloss Jægerspris (18)** einen Besuch wert. Es liegt am Rand des gleichnamigen Weilers, der schon seit 1318 unter dem Namen Abrahamstorp nachgewiesen ist und bis zum Ende des 19. Jh. im Privatbesitz des dänischen Königshauses war. Die wald- und wildreiche Umgebung war zum Jagen ideal. Also musste ein repräsentatives Jagdschloss her, das unter Frederik V. anno 1745 in der heutigen Form vollendet war. Ab 1848 wurde das Schloss schließlich die offizielle Sommerresidenz. Nach dem Tod des Königs 1863 vermachte seine bürgerliche Gattin, Louise Danner, das Anwesen einer „Stiftung für hilflose und verlassene Mädchen,

Schloss Jægerspris

insbesondere aus der armen Bevölkerung", für die ein Kinderheim auf dem Gelände errichtet wurde. Der Schlosspark mit dem runengeschmückten Grabhügel von Louise Danner und der „Königlichen Eiche", dem ältesten Baum Skandinaviens (ca. 1.500–2.000 Jahre alt), ist ganzjährig frei zugänglich. Für eine Erfrischung empfiehlt sich das hübsche Café Danner. Das Schlossmuseum zeigt Gedenkräume für Frederik VII., eine Abteilung zur Geschichte des Kinderheimes sowie Sonderausstellungen.
Jægerspris Slot, *Slotsgården 20, 3630 Jægerspris, www.kongfrederik.dk; Museum und Schlossführungen Ende Juni–Mitte Sept. u. Herbstferien tgl. 11–16 Uhr, sonst Mo/Di geschl., Ende Okt.–Anf. Mai geschl.*

In Jægerspris ist man bereits weit im Norden der Halbinsel Hornsherred angelangt. Von hier aus haben Sie drei Möglichkeiten:

- Entweder fahren Sie über die Straße 53 (wahlweise an der Westküste entlang) wieder nach Süden zurück und setzen die Fahrt mit Besichtigungen von Roskilde und weiteren Zielen fort.
- Oder Sie überqueren unmittelbar südlich von Jægerspris den Roskildefjord, wo Sie in Frederikssund Anschluss an die Programmpunkte der Nordseeland-Rundfahrt (s. u.) haben.
- Drittens können Sie bis zur nördlichen Spitze von Hornsherred vordringen und unterwegs noch eine Wanderung durch den herrlichen **Nordwald** (Nordskoven) mit seinen tausendjährigen Eichen unternehmen. In **Kulhuse** bringt Sie eine knapp 10-minütige Fährüberfahrt nach Sølager, von wo man ebenso die Stationen der Nordseeland-Rundfahrt abfahren kann.

Schlösser und Strände: Nordseeland-Rundfahrt

Lyngby

Die zum Großraum Kopenhagen gehörende, jedoch selbständige Gemeinde Lyngby liegt 12 km nordwestlich des Zentrums und ist mit der S-Bahn oder über die autobahnähnlich ausgebaute Straße 19 schnell zu erreichen. Dieser Ort sei dem Kapitel vorangestellt, weil er sich einerseits als eigenes Ausflugsziel eignet, andererseits aber in die Nordseeland-Rundfahrt (etwa ab Hillerød oder Frederiksværk) integriert werden kann. Sehenswertes gibt es hier genug, z. B. die Kirche im Ortskern, die reich mit Kalkmalereien verziert ist und einen schönen Altaraufsatz sowie eine Kanzel von etwa 1600 besitzt. Westlich des Städtchens lockt eine herrliche Seenplatte zu Bootstouren. Am Bagsværd Sø lohnt der Besuch des Landschlösschens Sophienholm mit wechselnden Ausstellungen. Und am Lyngby Sø stellt der Park des **Schlosses Sorgenfri** ein beliebtes Ausflugsziel dar. Etwas weiter nördlich (Richtung Brede, ausgeschildert) liegt das **Freilichtmuseum Sorgenfri (1)**, wo in einem 36 ha großen Park über 50 alte Bauernhöfe, Mühlen, Katen und Häuser versammelt sind. Das vom Nationalmuseum unterhaltene Gelände vermittelt einen einzigartigen Eindruck der bäuerlichen, bürgerlichen und Fischerkultur vergangener Tage.
Frilandsmuseet, *Kongevejen 100, Lyngby (Haupteingang; der Nordeingang liegt am I.C. Modewegsvej), www.natmus.dk/museer-og-slotte/frilandsmuseet; je nach Saison wechselnde Öffnungszeiten, in den Ferien meist tgl. 10–16/17 Uhr*

Auf der Küstenstraße nach Helsingør

Die Straße vom nördlichen Kopenhagen nach Helsingør heißt in der Landessprache profan Strandvejen, wird aber auch als „Traumstraße an der dänischen Riviera" bezeichnet. Das mag zwar übertrieben sein, doch lassen an warmen Sommertagen der blaue Øresund mit seinen Badestränden, Strandparks und Jachthäfen sowie das Grün des waldreichen Hinterlandes

durchaus mediterrane Assoziationen aufkommen. Seit dem 19. Jh. gibt es an der Uferlinie diese Straßen- und Eisenbahnverbindung, und schon damals wurde die gesamte Küstenstrecke zwischen den beiden Städten zu einem beliebten Haupt- oder Zweitwohnsitz der Hauptstädter. Heute führt zudem ein asphaltierter Fahrradweg parallel zur Straße, mal am Wasser, öfter jedoch auf der Waldseite und neben der Bahnlinie bis nach Helsingør. Während die südliche Einfahrt nach Kopenhagen von oft monotonen Wohnsilos und Arbeitervierteln geprägt ist, kann diese nördliche Seite also als gutbürgerliche, wenn nicht sogar hochherrschaftliche Visitenkarte gelten. Dabei durchquert man auf dem Weg zunächst den Stadtteil Østerbro, der seit seiner Entstehung im 19. Jh. proletarisch geprägt war und wo noch vor nicht allzu langer Zeit schlechte sanitäre Verhältnisse herrschten und Hausbesetzer von der Polizei bekämpft

Im Experimentarium gibt es viele Ausprobierstationen

wurden. Heute ist die Gegend „in", hat viele Boutiquen und Galerien und gilt als beliebter Wohnort. Østerbro durchquert man vom Zentrum aus auf der Ringstraße 02 oder über die Østerbrogade, beide kommen im nördlich angrenzenden Stadtteil Hellerup am **Tuborg Havn** zusammen, dem ehemaligen Exporthafen der berühmten Bierbrauerei, die hier aber nicht mehr braut. Die 26 m hohe Bierflasche (Weltrekord!) wurde anlässlich der nordischen Industrieausstellung 1888 als Aussichtsturm aufgestellt. Innovativ damals: ein Fahrstuhl im Inneren! Rund um den Tuborg-Hafen gibt es mit dem alten Hauptgebäude der Brauerei, dem Waterfront Shoppingcenter, neuen Hafenbecken für Jachten und modernen, wenn auch etwas steril wirkenden Apartment- und Bürohäusern viel zu sehen. Die meisten Besucher zieht aber das **Experimentarium** an, in dem sich kleine und große Besucher spielerisch mit Technik, Natur, Umwelt und Gesundheit auseinandersetzen können. Der Bau der größten Attraktion dieser Art im Norden wurde 2017 eingeweiht und allein schon die spannende Außen- und Innenarchitektur lohnen den Besuch – die gewundene freischwebende Treppe ist wirklich spektakulär! Innen wird jede Menge Erstaunliches aus 16 Themenwelten präsentiert, auf dem neuesten Stand der Technik, digital und interaktiv – alles ist spannend, lehrreich und animiert genauso zum Staunen wie zum Mitmachen.

Experimentarium, *Tuborg Havnevej 7, Hellerup, www.experimentarium.dk; tgl. 9.30–17 Uhr*

Nördlich von Hellerup kommt man nach **Charlottenlund**, das von schicken Boutiquen und einem recht mondänen Wohnumfeld geprägt ist und wo rechter Hand das offene Meer sichtbar wird. **Kopenhagens schönster Campingplatz** schmiegt sich hier in eine alte Festungsanlage, ein Strand und das **Charlottenlund Søbad** (nur im Hochsommer zugänglich) laden zum Baden ein. An einem Kajakautomaten kann man spontan ein Kajak oder SUP mieten. Gegenüber der Festungsanlage am Strandvejen lockt Emil's *(Strandvejen, Ecke Jægersborg Alle)*, ein Pølserstand, den es bereits seit 1933 gibt. In Charlottenlund gibt es vor allem im Norden vorzügliche Restaurants. Das große Waldgebiet dahinter gehört zum frei zugänglichen Park des Schlosses Charlottenlund, das 1731–33 erbaut wurde und bis 1826 als königliche Residenz diente. Heute beherbergt es das dänische Fischereiforschungsinstitut. Die Kopenhagener Trabrennbahn ist ebenfalls nicht weit.

Zur Küste hin ist die Margeritenroute ab Charlottenlund mit der Uferstraße identisch, und diese bringt einen einige Kilometer weiter nördlich nach **Klampenborg**, wo Dimension und Zustand der Villen zeigen, welche soziale Schicht hier zu Hause ist. Zu den Vorzügen der Gegend gehören der Strand und der riesige Park, der sich westlich der Straße erstreckt. Ein populäres Ausflugsziel für Familien aus der Hauptstadt ist dort der Vergnügungspark **Bakken (2)** (eigentl.: Dyrehavsbakken = „Tiergartenhügel"), der nicht weit von der Küstenstraße entfernt und gut ausgeschildert ist. Bereits im Jahr 1583 erwähnt, gilt er als ältester Vergnügungspark

der Welt. Heute zählt er über zwei Millionen Besucher jährlich. Hier gibt es allerlei Spielgeräte, wie z. B. das Karussell mit den überdimensionierten Kaffeetassen, die riesige hölzerne Achterbahn aus dem Jahr 1932, Varieté-Shows, Bierzelte, Imbissbuden und ca. 50 (recht preisgünstige) Restaurants. Im Vergleich zum Tivoli ist die Atmosphäre im Bakken rustikaler und lockerer, sodass man sich hier wie auf einem Volksfest fühlt.
Bakken, *Dyrehavevej 62, www.bakken.dk; Oster- und Herbstferien sowie ca. Ende April–Sept., unterschiedliche Öffnungszeiten der einzelnen Attraktionen und Restaurants; man kauft All-Inclusive-Bändchen, die für alle Attraktionen gelten, oder zahlt jeweils Einzeltickets*

Bakken ist südlicher Bestandteil des alten Forstgebietes **Dyrehaven** **(3)**, eines ehemaligen Jagdreviers der Könige. Immer noch grasen hier Rehe, Hirsche und Damwild. An warmen Wochenenden strömen die Kopenhagener zum „Tiergarten", picknicken dort oder erkunden das Gelände zu Fuß, mit dem Fahrrad oder in einer Pferdekutsche. Schon von Weitem zu sehen ist das Jagdschlösschen **Eremitagen** **(4)**, das 1736 unter Christian VI. vom Architekten Laurids de Thurah im sächsischen Rokoko-Stil errichtet wurde. Das kompakte Gebäude ist nicht öffentlich zugänglich, doch kann man es auf einem Spaziergang aus nächster Nähe bewundern.

Auf der herrlichen Strecke der Margeritenroute geht es nach **Strandmøllen** und weiter zum Badeort **Vedbæk**, der zur Küste hin vom Jachthafen und vom Hotel- und Kongresszentrum Marina dominiert wird. Südlich des Hafens mündet das Flüsschen Mølleåen, das die Seenplatte (u.a. Furesø, Lyngby Sø) passiert hat und an seinem Lauf viele Mühlen unterschiedlichen Typs aufweist. Die gesamte Gegend ist ein herrliches Erholungsgebiet, das man am besten auf einer Radwanderung oder Kanutour kennenlernt. Weiter auf der Margeritenroute gelangt man bald zum ehemaligen Fischerort **Rungsted**, der nach dem Weltkrieg mit seinem großen Jachthafen und mehreren Unterkünften zu einem betriebsamen Urlaubsort geworden ist. Viel besucht wird hier das **Karen-Blixen-Museum** **(5)**. Leben und Werk der Schriftstellerin werden u.a. durch Mobiliar, Privatgegenstände, Fotografien und Originalmanuskripte dokumentiert. Karin Blixen ist bekannt für „Jenseits von Afrika", hat jedoch auch viele andere Romane geschrieben, war begeisterte Ornithologin und hat sich zeitlebens für Menschen in Kenia eingesetzt. Es gibt ein Café und im angeschlossenen Park einen netten Rundweg, der an Blixens Grab vorbeiführt.
Karen Blixen Museet, *Rungsted Strandvej 111, www.blixen.dk; Di–Do 11–21, Fr–So 11–17 Uhr*

Einige Kilometer nördlich von Rungsted passiert der Strandvejen die Ortschaft **Nivå**, die im Hinterland einen hübschen See ihr Eigen nennt und wo im Herrensitz Nivågård eine beachtliche Privatsammlung besichtigt werden kann (ital. und holländ. Renaissance-Malerei). Dann führt die Küstenstraße durch **Sletten** und schließlich zur Ortschaft **Humlebæk**. Am Ortseingang weisen Schilder zu deren größter Sehenswürdigkeit, dem weltberühmten Museum für Moderne Kunst **Louisiana** **(6)**. Es entstand auf Privatinitiative des Kaufmanns Knud W. Jensen und besitzt eine bedeutende Sammlung dänischer und internationaler Kunst des 20. Jh. Hauptgebäude des 1958 eingeweihten Museums ist eine weiße Villa, die mitsamt einem wunderschönen Park direkt oberhalb des Øresunds liegt. Teile der Sammlungen und Wechselausstellungen sind in den modernistischen Erweiterungsgebäuden zu sehen. Der Bestand umfasst Künstler wie Jean Arp, Francis Bacon, Alexander Calder, Jean Dubuffet, Max Ernst, Sam Francis, Alberto Giacometti, Anselm Kiefer, Henry Moore, David Hockney, Robert Rauschenberg und Andy Warhol. Als einzigartig darf der Skulpturenpark bezeichnet werden. Bei einem Spaziergang spürt man, welch harmonische Einheit Kunst, Architektur und Landschaft hier bilden.
Louisiana, *Gl. Strandvej 13, Humlebæk, www.louisiana.dk; Di–Fr 11–22, Sa/So 11–18 Uhr*

Bis zum Etappenziel Helsingør sind es nun nur noch wenige Fahrminuten, wobei die Badeorte **Espergærde** und **Snekkersten**, beide mit Hotels und Kros, am Wegrand liegen.

Helsingør

Das helle, freundliche 47.000-Einwohner-Städtchen liegt an der schmalsten Stelle des Øresundes, gegenüber dem schwedischen Helsingborg. Der hier nur 4½ km breite Sund bot sich für eine Befestigung auf beiden Seiten an, konnte man hier doch eine der wichtigsten Wasserstraßen der Ostsee kontrollieren und von jedem Schiff bei der Passage Steuern erheben. Daher geht die Geschichte der Siedlung auch weit zurück, doch Überfälle von Wikingern sorgten immer wieder für Rückschläge. Erik von Pommern schließlich ließ 1420 eine neue, stärkere Burg bauen, die auch der Ortschaft wirkungsvoller Schutz geben konnte. Diese erhielt bereits sechs Jahre später die Stadtrechte. Seinen Reichtum verdankte Helsingør der Fährschifferei, dem Handel und vor allem dem Sundzoll. Erst im Jahr 1857 wurde er endgültig abgeschafft. Mittlerweile hatte sich Helsingør zu einer bedeutenden Handels- und Hafenstadt gemausert und besaß mehrere Kirchen und Klöster. Seit dem 19. Jh. wurden Industrie (Werften, Maschinenbau) und Fremdenverkehr zu wichtigen Aktivposten der städtischen Wirtschaft. Die Auto- und Eisenbahnfähren, die bis Mitte der 1990er-Jahre der DSB gehörten und dann privatisiert wurden, stellen die meistfrequentierte Verbindung zwischen Dänemark und Schweden dar. Solange es noch Preisunterschiede (vor allem auf Alkohol und Zigaretten) zwischen Dänemark und Schweden gibt, wird die Stadt weiterhin ein bevorzugtes Ziel schwedischer Shoppingtouristen bleiben, weshalb in Läden und Restaurants Preise oft doppelt ausgezeichnet (DKK und SEK) sind. Helsingør hat nicht nur ein weltberühmtes Schloss, sondern ist auch sonst ein nettes Städtchen, das mit seiner Fußgängerzone, vielen alten Häusern und Kirchen, interessanten Museen, schönen Stränden und einer Tradition als Seebad den Aufenthalt unbedingt lohnt.

Auf der vorliegenden Route kommt man aus südlicher Richtung in die Stadt. Wenn Sie von der 152 im Kreisel in Richtung Fähren/Centrum abbiegen, passieren Sie die Terminals der beiden **Fährgesellschaften** (1), die in kurzen Intervallen und rund um die Uhr die kurze Passage nach Schweden bewältigen. Links der S-Kurve liegt der schöne **Bahnhof** (2) im Stil der dänischen Renaissance, davor der Hafenplatz, der von der monumentalen **Toldkammer** (3) begrenzt wird. Das 1857 errichtete Gebäude beherbergte bis 1976 die Zollverwaltung und dient nun als Kulturhaus mit Ausstellungen, Café und Restaurant *(Havnepladsen 1, www.kuto.dk/toldkammeret)*. Die auffällige, grüne und knapp 12 m hohe Säule davor wurde 1947 als **Sveasøjlen** aufgestellt – als Erinnerung daran, dass Schweden während des Zweiten Weltkrieges viele – meist jüdische – Flüchtlinge aus dem besetzten Dänemark aufnahm.

Man bleibt hier auf der Uferstraße Havnegade und biegt am Hinweis zum **Kulturhavn Kronborg** rechts ab. Dieser „Kulturhafen“ wurde nach einer langwierigen und kompletten Neugestaltung des Hafens 2013 eröffnet und vereint einige der wichtigsten Sehenswürdigkeiten der Region. Am bekanntesten ist dabei natürlich das auf der UNESCO-Welterbe-Liste stehende Schloss Kronborg.

Geht man von den Parkplätzen auf das Schloss zu, passiert man zunächst das **M/S Museet for Søfart** (4) (Seefahrtsmuseum), das größtenteils unterirdisch in der Betonwanne eines ehemaligen Trockendocks platziert wurde. Es enthält die Bestände des ehemaligen Handels- und Seefahrtsmuseums im Schloss, stellt aber zusätzlich viele neue und multimedial spektakulär in Szene gesetzte Exponate vor. Vor allem begeistert in diesem Museum die Architektur, die von überraschenden Ausblicken und verschiedenen Ebenen lebt. Ein großer Buchladen und ein Café runden das Angebot ab.

Helsingør
Sehenswürdigkeiten
1 Fährgesellschaften
2 Bahnhof
3 Toldkammer
4 M/S Museet for Søfart
5 Kulturværft, Stadtmuseum, Værftsmuseet
6 Skulptur HAN
7 Schloss Kronborg
8 Marienkirche
9 Axeltorv
10 St. Olai Domkirche
11 Rathaus
12 Museum Skibsklarerergaarden
13 Schloss Marienlyst
14 Aquarium
15 Nordhavn
16 Technisches Museum
Fußgängerzone
Übernachtung
1 Marienlyst Strandhotel
2 Hotel Skandia
3 Hotel Sleep2Night
4 DanHostel Helsingør
Restaurants
1 Francisco
2 Restaurant Kaj
Einkaufen
1 Helsingør Bycenter
Nordre Strandvej
Campingvej
Sundtoldvej
Lappen
Strandpromenaden
Nordhavensvej
Grønnehavevej
Grønnehavne
Gl. Hellebækvej
Lundegade
Allégade
Marienlyst Alle
Ny Kronborgvej (Nicht für Autos befahrbar)
Esrumvej
Møllebakken
Nygade
Kronborgvej
Gurrevej
Montebello Sternwarte
Helsingør Kirkegård
Sct. Anna Gade
Bjergegade
Stjernegade
Sophie Brahes Gade
Sct. Olai Gade
Værfthalvøen
H. Tvedes Vej
Rosenhøjvej
Rosenkildevej
Sudergade
Stjernegade
Bramstræde
Strandgade
Havnegade
Helsingborg
Stürups Pl.
Fiolgade
Stengade
Hovedvagtsstr.
Skyttenstr.
Gyldenstr.
Strandgade
Jernbanevej
Trækbanen
Gl. Banegårdsvej
Færgevej
Øresund
Kongevejen
Stubbedamsvej
Flynderborgvej
Küstenstraße nach Kopenhagen
E47 E55
237
03
205
01
6
152
N
0
300 m
© graphic

M/S Museet for Søfart, *Ny Kronborgvej 1, www.mfs.dk; Juli–Aug. tgl. 11–18, sonst Di–So 11–17 Uhr; am selben Tag 25 % Rabatt auf Schloss Kronborg, unter 18 Jahren freier Eintritt*

Blick auf Helsingør

Einen Steinwurf entfernt präsentiert sich die auffällige Glasfassade der **Kulturværft (5)**, die mehrere Backsteingebäude der ehemaligen Werft verbindet. Das Projekt mit Konzertsälen, Bibliothek, einem Museum, Büros und internationalen Streetfood-Leckereien im Værftets Madmarked ist Helsingørs zweites Wahrzeichen und schafft es, den Schlossbereich enger an die Altstadt zu binden. Auch die Touristeninformation befindet sich in dem Gebäude. Gleich nebenan, an der Allegade befindet sich jetzt das **Stadtmuseum**, in dem die Stadtgeschichte sehr anschaulich erzählt wird. Im Nebengebäude kann man im **Værftsmuseet** einiges über die Geschichte der mehr als 400 Frachtschiffe, Fähren und Fregatten, die zwischen 1882 und 1983 in Helsingør gebaut wurden, erfahren – und auch über die Menschen, die sie entworfen, gebaut und zu Wasser gelassen haben.

Kulturværft, *Allegade 2, www.kuto.dk; Mo–Fr 10–21, Sa/So 10–16 Uhr*
Helsingør Bymuseum, *Allegade 2, www.helsingormuseer.dk; Di–Fr u. So 12–16, Sa 10–14 Uhr*
Værftsmuseet, *Allegade 4, www.helsingormuseer.dk; Do–So 11–15, im Sommer Di–So 11–16 Uhr*

Am äußersten Ende des Piers direkt vor der Kulturwerft zieht die blankpolierte **Edelstahlskulptur HAN** (= ‚Er') **(6)** die Touristen an, ein Werk des dänisch-norwegischen Künstlerduos Elmgreen & Dragset. Als (unübersehbar!) männliches Gegenstück zur kleinen Seejungfrau schaut hier ein junger Er träumerisch aufs Wasser, während sich Hafen, Stadt und Himmel auf seinem Körper widerspiegeln. Und wenn man Glück hat oder etwas warten kann, erlebt man, dass die Skulptur mit einem Auge zwinkert.

Trotz der hohen Wälle ist die größte Sehenswürdigkeit der Stadt von allen genannten Punkten gut zu sehen: Das **Schloss Kronborg (7)**. „At være elle ikke at være …" – mit diesem Zitat werden die wenigsten etwas anfangen können. Dabei ist das nur die dänische Übersetzung des Satzes „To be or not to be", den William Shakespeare seinen Dänenprinz auf dem Schloss von Helsingør sprechen lässt. Die Burg hat Shakespeare nie gesehen, aber sein Drama führte dazu, dass die Festung besser als „Hamlet-Schloss" denn als Schloss Kronborg bekannt ist. Ihr Kern ist jene Burg, die 1420 unter Erik von Pommern errichtet und die von zwei holländischen Architekten zu einem Renaissanceschloss aus- und umgebaut wurde. Einen Brand 1629 überstanden nur die Außenmauern und die Schlosskapelle, doch Christian IV. ließ das mächtige Gebäude restaurieren. Es folgten Bombardierung, Besetzung und Plünderung des Schlosses durch die Schweden, der erneute Wiederaufbau samt Erweiterung mit einer Vorburg unter Christian V. und 1735 schließlich der Verlust als Stellung eines Königsschlosses: Das dänische

Militär zog ein, nutzte die Räumlichkeiten als Kaserne und verließ Kronborg erst im Jahr 1923. Das Schloss ist eine Mischung aus trutziger Festung und elegantem Palais, mit Innenhof, Ornamenten und Räumlichkeiten im Stil von Renaissance und Barock. Den Komplex betritt man über die Brücke des ersten Wassergrabens, der zu der Vorburg („Württembergs Festungsmauer") führt. Nach dem zweiten Wassergraben kommt man zum Kronwerkstor, einem wuchtigen Sandsteinportal, das einen schönen Blick auf das ganze Schloss bietet. Dieses ist von einem weiteren Graben umringt, über den nur ein schmaler Zugang auf der nördlichen Seite führt. Ihm gegenüber sollte man auch die Festungsbatterien besteigen und den herrlichen Blick auf die Umgebung genießen. Durch das Hauptportal gelangt man in den wunderschönen Innenhof mit seinem Renaissancebrunnen.

Wer auch das Innere besichtigen möchte, muss Eintritt zahlen. Da ist z. B. die Schlosskirche gegenüber dem Eingang, die noch komplett aus dem 16. Jh. stammt und über ein reiches Inventar verfügt. Auch der großzügige, 63 m lange Rittersaal ist eindrucksvoll, ebenso die unterirdischen Kasematten, wo eine Steinfigur den schlafenden Holger Danske darstellt. Der Sagenheld, der angeblich mit Karl d. Gr. gegen die Araber kämpfte, soll dem Volksglauben nach wieder erwachen, wenn ein äußerer Feind Dänemark bedroht. Im August werden im Schlosshof Dramen als Gastspiele anerkannter ausländischer Bühnen aufgeführt – natürlich von Shakespeare!
Kronborg Slot, *www.kronborg.dk; Juni–Sept. tgl. 10–17, April–Mai u. Okt. tgl. 11–16, Jan.–März Di–So 11–16 Uhr. Vorburg, Seebatterien etc. sind tgl. von 6 Uhr bis Sonnenuntergang frei zugänglich, am selben Tag 25 % Rabatt beim Besuch des M/S Museet for Søfart.*

Dem Kulturhafen gegenüber liegt die pittoreske Altstadt. Zu den Sehenswürdigkeiten gehört das **Karmeliterkloster** mit der **Marienkirche** (Sct. Mariæ Kirke) **(8)**, einer der bestbewahrten Klosteranlagen in ganz Skandinavien. Das komplett aus Backstein errichtete und mit Treppengiebeln verzierte Gebäude aus dem 15. Jh. umschließt einen Innenhof mit schönem Kreuzgang. Der Südflügel wird von der turmlosen Marienkirche eingenommen, deren Inneneinrichtung sehenswert ist, besonders die Orgel verdient Beachtung. Der Kirchenliedkomponist Dietrich Buxtehude war hier 1660–68 Organist. Im edlen Kapitelsaal werden oft Ausstellungen und Konzerte veranstaltet. Schräg gegenüber der Kirche steht ein interessantes Gebäude, das 1550 vom holländischen Kaufmann Matheus Rubensaat errichtet wurde und sich durch mehrere bauliche Details von der Umgebung abgrenzt. Ein Abstecher nach Westen endet am **Axeltorv** **(9)** *(Mi/Fr/Sa Markt)*. Das Brunnendenkmal stellt Erik von Pommern dar, den Erbauer des Schlosses Kronborg.

Nur wenige Schritte südlich der Sct. Mariæ Kirke kommt man auf der Sct. Anna Gade bzw. der Kirkestræde zur zweiten großen Kirche der Innenstadt, **St. Olai** **(10)**. Mit ihrem Bau wurde bereits um 1200 begonnen, doch konnte das Gotteshaus erst 1559 fertiggestellt werden. Im Innern des langgestreckten und von einem hohen Turm bekrönten Gebäudes sieht man viele Grabsteine wohlhabender Bürger aus verschiedenen Epochen, auch die Taufkapelle ist sehenswert. Seit 1961 fungiert St. Olai als lutherische **Domkirche** (*www.helsingoerdomkirke.dk*). Südlich des Doms stößt man auf die Stengade, die Haupteinkaufs- und Fußgängerstraße, die viele alte Häuser aufweist, so z. B. Nr. 20, das bestbewahrte Fachwerkhaus aus der Zeit William Shakespeares. Oder Nr. 76, ein Renaissance-Bürgerhaus von 1579, das auf spätgotischen Kellergewölben steht. Am nächsten zum Dom liegt jedoch das alte **Rathaus** **(11)**, das über den Resten eines abgebrannten Vorgängerbaus in den 1560ern errichtet wurde. Wer an den meisten Häusern mit historischer Substanz entlang spazieren möchte, sollte vom Rathaus hinunter zur Strandgade gehen.

Im **Museum Skibsklarerergaarden** **(12)** (*Strandgade 91, www.helsingormuseer.dk*) kann man sich ein Bild davon machen, wie die Menschen vor gut 200 Jahren hier in der Stadt gelebt haben. U. a. gibt es einen Krämerladen aus der Zeit um 1820 und kostümierte Darsteller erzählen von damals, oft finden auch kleine Konzerte statt.

Weitere Attraktionen befinden sich nördlich der Altstadt, können von ausdauernden Wanderern aber auch zu Fuß erreicht werden. Etwa 1 km ist es z. B. vom Axeltorv über Nygade und Marienlyst Allé zum **Schloss Marienlyst (13)**. Es wurde ursprünglich unter Frederik II. 1587 als Aussichtspavillon errichtet, dann aber vom berühmten französischen Architekten Jardin um- und ausgebaut. Der Park im englischen Stil ist frei zugänglich, auf einem Rundgang entdeckt man dort auch einen Granitsarkophag, der 1926 zur Erinnerung an den Prinzen Hamlet aufgestellt wurde. Im Schloss selbst mit seinen originalen Louis XVI-Interieurs finden wechselnde Ausstellungen statt. Geht man vom Schloss über den Lindevej aufs Meer zu, stößt man dort auf den ausladenden Komplex des Strandhotel Marienlyst (s. u.), das schon seit vielen Jahren zu den bekanntesten Resort-Hotels Skandinaviens gehört und eines der wenigen Casinos Nordeuropas beherbergt. Von hier aus kehrt man auf der schönen Strandpromenade zum Ausgangspunkt zurück. Dabei passiert man den Campingplatz und kurz darauf das **Aquarium (14)**, das die Unterwasserflora und -fauna der hiesigen Gewässer zeigt. Hier wird also ein anderer Schwerpunkt als beim Blauen Planeten in Kastrup (S. 93) gesetzt, doch ist jenes deutlich größer und interessanter.
Øresundsakvariet, *Strandpromenaden 5, www.oresundsakvariet.ku.dk; im Sommer tgl. 10–17, sonst Mo–Fr 10–16, Sa/So 10–17 Uhr*

Letzte Station vor Schloss Kronborg ist die **Marina Helsingør Nordhavn (15)**, die zu den größten und schönsten Anlagen Seelands gehört. Sie bietet Platz für alle Bootsarten – von kleinen Jollen bis hin zu großen Galeassen. Segler finden hier außer guten sanitären Einrichtungen u.a. auch Schiffsausrüster, Segelmacher, Fischhändler, einen Kiosk sowie das Restaurant Kaj, von dessen Terrasse man gut das Treiben in der Marina beobachten kann. Oft ist der Hafen Schauplatz großer Regatten, so z. B. der internationalen Rund-um-Seeland-Regatta, die meist im Juni stattfindet. Den Höhepunkt des Jahres stellt aber die viertägige **Baltic Sail** in der zweiten Augusthälfte dar. Die Windjammer aus aller Welt werden gebührend empfangen (u.a. Ballonsteigen, Feuerwerk), und das gleichzeitig abgehaltene **Jazzfestival** trägt dazu bei, dass Helsingør in dieser Zeit die turbulenteste Festivalstadt des Landes ist.

Schließlich noch ein Museumstipp (nicht nur) für Regentage: 2 km südwestlich der Altstadt befindet sich Dänemarks **Technisches Museum (16)**, eins der besten Europas, das sich mit interessanten wechselnden Ausstellungen zu Technik und Naturwissenschaften präsentiert, aber auch einen enorm großen Bestand an Oldtimern und anderen Verkehrsmitteln aufweist.
Danmarks Tekniske Museum, *Fabriksvej 25, www.tekniskmuseum.dk; Di–So 10–17, Nov.–Jan. 10–16 Uhr*

Reisepraktische Informationen Helsingør

Information

Helsingør Turistbureau, *Allegade 2 (in der Kulturwerft), 3000 Helsingør, ☏ 49283620, www.visitnordsjaelland.com, Mo–Fr 10–21, Sa/So 10–17 Uhr.*

Hotels

Marienlyst Strandhotel €€€€–€€€€€ (1), *Ndr. Strandvej 2, 3000 Helsingør, ☏ 49214000, www.marienlyst.dk; langgestreckter Komplex aus den 1860ern am Wasser mit Blick aufs Schloss, 204 Zimmer mit allen Annehmlichkeiten, Kasino, berühmte „Brasserie 1861", Cocktail-Bars, Musikclub, Erlebnisbad, Sauna, Spa und Fitnessräume, im Sommer Grillbar und kleine Palmen am Sandstrand.*
Hotel Skandia €€€ (2), *Bramstræde 1, 3000 Helsingør, ☏ 49210902, www.hotelskandia.dk; mitten in der Innenstadt gelegen, 10 Minuten zu Fuß zum Kronenborg Schloss, zahlreiche Restaurants im Umkreis. Funktional, sauber und gutes Frühstück. Begrenzte Anzahl an Parkplätzen.*

Hotel Sleep2Night €€ (3), *Industrivej 19, ☏ 49270100, www.sleep2night.com; angenehmes Budget-Hotel mit 64 geräumigen Doppelzimmern, Bar, Parkplatz, 3,5 km südlich des Zentrums gelegen.*

Jugendherberge

DanHostel Helsingør (4), *Ndr. Strandvej 24, 3000 Helsingør, ☏ 49284949, http://danhostelhelsingor.dk; direkt am eigenen Strand und 2 km nordwestlich des Ortszentrums gelegene, sehr schöne Herberge mit 42 Zimmern (26 Familienzimmer mit Du/WC), 8 Campinghütten, gut ausgestattete Gästeküche, viele Freizeitangebote, Fahrradverleih, S-Bahn und Bus nur 100 m entfernt.*

Camping

Helsingør Camping, *Strandalleen 2, 3000 Helsingør, ☏ 49284950, https://helsingor-camping-gronnehave.worhot.com; recht kleine, überschaubare und gemütliche Anlage direkt am Sandstrand mit Blick auf Jachthafen und Schloss, 12 Ferienhütten, Sauna, Shop, Fahrradverleih.*

Restaurants

In der Innenstadt gibt es eine Vielzahl an Restaurants aller Preisklassen und Kategorien.

Francisco (1), *Bramstræde 5, am Hamlet Hotel, ☏ 71997000, www.francisco.dk; gehobene internationale Küche, kreativ und nahezu Fine Dining. Schönes Ambiente. Tagsüber gibt es bestes Smørrebrød.*

Restaurant Kaj (2), *Strandpromenaden 6, Nordhavn Marina, ☏ 49202045, www.rkaj.dk, gute Fischgerichte, toller Blick auf die Marina. Auch für Lunch gut geeignet, denn die Smørrebrød sind wirklich lecker. Austern und Hummer gibt es ebenfalls.*

Einkaufen

Helsingør Bycenter (1), *Stürups Plads 1, www.helsingorbycenter.dk; das größte Einkaufszentrum nahe der Innenstadt, an der Fußgängerzone Stengade gelegen, verfügt über einen Supermarkt, ca. 30 Shops und Gastronomie-Betriebe; Mo–Fr 10–19, Sa/So 10–16 Uhr.*

Bahn/Busse

Der Bahnhof von Helsingør (☏ 49211255) ist ein wichtiges nordseeländisches Eisenbahndrehkreuz. Entlang der Øresund-Küste fährt die Kystbanen (Helsingør–Kopenhagen–Flughafen Kastrup; alle 20 Minuten), außerdem die Lille Nord auf der Route Helsingør–Fredensborg–Hillerød. Eine weitere Bahn, die Hornbækbanen, *fährt entlang der Kattegat-Küste: Helsingør–Hornbæk–Gilleleje (www.lokaltog.dk).*

Fähren

Trotz der Øresundbrücke ist Helsingør einer der betriebsamsten Ostseefährhäfen, wo praktisch rund um die Uhr Auto- und Personenfähren vom Pier am Bahnhof zum schwedischen **Helsingborg** *auslaufen. Etwa alle 20 Minuten macht sich eine Forsea-Fähre auf den Weg, die Überfahrt dauert ca. 20 Minuten (Forsea, ☏ 88711900, www.forsea.dk). 2018 wurden die Forsea-Fähren „Tycho Brahe" und „Aurora af Helsingborg" auf elektrischen Betrieb umgerüstet. Daneben fahren jede Stunde die „Sund-Busse" (Sundbusserne, ☏ 53737010, www.sundbusserne.dk), die Überfahrt dauert ebenfalls ca. 20 Minuten.*

Ab Helsingør hat man mehrere Möglichkeiten, die Fahrt fortzusetzen. Erstens könnte man über die Margeritenroute zunächst den Königsschlössern Fredensborg und Frederiksborg einen Besuch abstatten und dann nach Kopenhagen zurückkehren. Oder man bleibt hinter Hillerød auf der Margeritenroute bis Frederiksværk und fährt dann am Roskildefjord nach Süden. Oder man besucht zunächst die Seebäder an der Kattegat-Küste bis nach Frederiksværk und steuert die Schlösser auf der Rückfahrt an. Die folgende Routenführung ist der Versuch, sowohl die Schlösser als auch die Küste und die schönsten Orte unter einen Hut zu bekommen. Nur die 25 km lange Strecke **von Helsingør bis Gilleleje** ist nicht darin enthalten, die, wie oben erwähnt, auch von der Eisenbahn befahren wird.

Wer die Küstenstraße 237 nach Gilleleje befährt, passiert zunächst 2½ km westlich von Helsingør den schönen Strandabschnitt von Julebæk, dann Ort und Strand Hellebæk. Anschließend geht es durch einen weitläufigen Strandwald zum Seebad **Hornbæk**, mit 5.300 Einwohnern die größte Ortschaft entlang der Route. Das ehemalige Fischerdorf wurde in den 1870ern von Künstlern wie Zahrtmann, Krøyer, Drachmann und Johansen entdeckt – und in der Folge auch von Feriengästen. Vor allem ab 1906, nach der Eröffnung der Hornbækbahn, entwickelte sich ein lebhaftes Bade- und Urlaubsleben. Bei der Durchfahrt kommt man an der hübschen Kirche von 1737 vorbei, die im Innern ein mittelalterliches Taufbecken und vier Schiffsmodelle aufweist. Ansonsten ist aber der kilometerlange, feinsandige Strand, der sich zu beiden Seiten des Hafens erstreckt und von Dünen gesäumt wird, Hornbæks größte Attraktion (Toiletten, Kioske, Rettungsschwimmer, Beach Volley, Tretboote, Surfen etc.).

Auf der Weiterfahrt auf der 237 geht es durch Villingebæk nach **Dronningmølle**, auch dies ein sehr populärer Badeort mit entsprechender Infrastruktur. Ein bekanntes Ausflugsziel ist hier das **Museum** samt Skulpturenpark des Malers und Bildhauers Rudolph Tegner (1873–1950). Der Künstler war vor allem in den 1920er-Jahren durch seine realistischen, oft klassisch überhöhten Werke in Europa eine zwar umstrittene, aber feste Größe. Das kathedralenartige, achteckige Museum befindet sich auf einem Hügel 2 km südlich des Orts. Rund 300 der poetischen Skulpturen Tegners aus Gips, Ton, Marmor und Bronze sind zu sehen.
Rudolph Tegners Museum og Statuepark, *Museumsvej 19, www.rudolphtegner.dk; Mitte April–Ende Herbstferien Di–So 11–16, Juni–Aug. 10–17 Uhr; Skulpturenpark ganzjährig*

Rund 5 km vor Gilleleje passiert man das hölzerne **Munkerup-Haus**, eine unter Denkmalschutz stehende, 1916 von den Architekten Terkel Hjejle und Niels Rosenkjær erbaute Villa im Kolonialstil, die heute Ausstellungsort für Kunst, Architektur und Design ist (*www.munkeruphus.dk*). Sie liegt in einem parkähnlichen Garten mit alten Bäumen, gewundenen Pfaden und einer herrlichen Aussicht bis hinüber nach Schweden. 1 km dahinter geht ein Fahrweg zum 54 m hohen Steilufer **Nakkehoved** ab, das von den zwei Leuchttürmen Østre Fyr und Nakkehoved Fyr bekrönt wird. Der westliche **Leuchtturm Nakkehoved Fyr** ist heute ein Museum (S. 198) und eines der ganz wenigen kohlebefeuerten Leuchtfeuer in der Welt. Am östlichen Leuchtturm gibt es das Restaurant Fyrkroen (*www.fyrkroen.dk*) und man kann im BBLighthouse Bed & Breakfast €€–€€€ nächtigen (*Fyrvejen 29B, 3250 Gilleleje, https://bblighthouse.dk/*).

Von Helsingør nach Hillerød (s. Karte S. 184)

Der schnellste Weg von Helsingør nach Fredensborg ist die knapp 15 km lange, gut ausgebaute Straße 6, die wegen einiger Wälder unterwegs auch landschaftlich schön ist. Nur unwesentlich länger, dafür aber noch reizvoller ist die Margeritenroute, die einen vom Ortszentrum nach Südwesten bringt, nahe an der Schlossruine Gurre sowie am Ufer des hübschen Gurre Sø vorbeiführt und schließlich Fredensborg von Norden her erreicht.

Der Ort **Fredensborg (7)** verdankt seine Entstehung (ähnlich wie Hillerød) dem Bau des **königlichen Schlosses**. Die breite Allee Slotsgade führt auf dessen Eingangspforte zu, flankiert von schmucken Häuschen und Villen, die für Angestellte, Bedienstete oder militärische Würdenträger errichtet wurden. Das Schloss stammt von 1719–22. Als Bauherr sorgte

Frederik IV. gleichzeitig für den Namen: Als „Friedensburg“ sollte das Schloss für immer an das Ende des Nordischen Krieges erinnern. Der gesamte Komplex ist in Weiß gehalten und besteht aus dem Hauptgebäude mit Kupferkuppel sowie einem achteckigen Vorplatz, der links und rechts von einer zweistöckigen Front mit schwarzen Ziegeldächern begrenzt ist. Außerhalb der strengen Symmetrie steht die Schlosskirche, die sich rechts an das Hauptgebäude anschließt. Bärenfellsoldaten deuten darauf hin, dass das Königshaus hier immer noch präsent ist, und zwar in den Sommermonaten (außer Juli). Deshalb ist das Innere auch meist nicht zu besichtigen, dafür aber der grandiose Park, der sich hinter dem Schloss bis zum Esrum-See erstreckt und der vor 200 Jahren vom französischen Gartenarchitekten Jardin angelegt wurde. Man sollte schon einige Stunden Zeit mitbringen, wenn man alle der fächerförmig angelegten Alleen und Wanderpfade (16 km!) erkunden und bis zu den 69 Sandsteinfiguren norwegischer und färingischer Fischer vordringen möchte – für einen Überblick reicht es aber, wenn man an der Absperrung entlang bis zum Barockgarten mit den Marmorplastiken spaziert.
Fredensborg Slot, *https://kongeligeslotte.dk; Schloss und Schlosskirche sind Mitte Juli–Mitte Aug. bei Führungen (tgl. 13–16.30 Uhr) zugänglich. Der Park kann ganzjährig besichtigt werden, der für die Königsfamilie reservierte Teil ebenfalls Mitte Juli–Mitte Aug.*

Als bevorzugte Residenz der Königin ist der kleine Ort auch ein beliebtes Ziel vor allem dänischer Bustouristen, doch nach dem nur wenige Stunden währenden Trubel kehrt wieder Ruhe und Beschaulichkeit. Der 9 km lange und 3 km breite **Esrum-See**, zu dem viele Wander- und Radwege führen, ist nach dem Arresø der zweitgrößte und wasserreichste des Landes und sowohl bei Badegästen als auch bei Hobbyanglern und Freizeitkapitänen beliebt.

Hillerød

Die Geschichte der Stadt weist Parallelen mit der von Versailles auf – beide entstanden im 16. Jh. in einem Waldgebiet, das z. T. gerodet und von der Krone als Jagdrevier genutzt wurde. Beide Orte sind mit der Geschichte des jeweiligen Schlosses verknüpft, das hier wie da erst ein Jagdschloss war und später eine prächtige Königsresidenz. Schwedenkriege, Pestepidemie und Großbrände waren deutliche Zäsuren in der Stadtentwicklung, doch als das Königshaus seine Residenz zur Mitte des 18. Jh. nach Fredensborg verlegte, war das der schlimmste Schicksalsschlag. Erst ab der Mitte des 19. Jh. begann für Hillerød eine unabhängige Entwicklung, verbunden mit dem Eisenbahnbau nach Helsingør und Kopenhagen (1864). Heute ist das Städtchen Mittelpunkt einer modernen, pulsierenden Kommune mit ca. 35.000 Einwohnern, die außer dem Schloss viel Natur, nette Straßenzüge, kulturelle Veranstaltungen und gute Einkaufsmöglichkeiten zu bieten hat. Hillerød trägt den Beinamen „Herz von Nordseeland“. Im Süden entsteht derzeit mit Favrholm ein ganz neuer Stadtteil, in dem das **Nyt Hospital Nordsjælland** als größtes Krankenhaus des Landes etwa 2025 eingeweiht werden soll. Es ist in einem Waldstück in Form eines vierblättrigen Kleeblattes angelegt und wird mit einem großen Gartenbereich in seiner Mitte versehen. Das Ganze soll ein architektonisches Meisterwerk werden.

Auf der Margeritenroute (Fredensborgvej) gelangt man von Norden in die Stadt, passiert das Lustschlösschen Badstuen von 1580, dann die Parkplätze des herrlichen Barockgartens und fährt schließlich in einem Bogen auf das Schloss zu. In der Altstadt stehen ausreichend Parkplätze zur Verfügung.

Am Standort des heutigen **Schloss Frederiksborg** **(8)** war schon um 1275 ein Adelsgut Hillerødsholm belegt, das Reichsadmiral Herluf Trolle im Jahr 1560 mit Frederik II. gegen die Burg Herlufsholm (S. 143) tauschte. Dessen Sohn Christian IV. ließ die alten Gemäuer

Schloss Frederiksborg

abreißen und 1600–20 nach Plänen des Architekten Steenwinckel d. Ä. die prächtigste Residenz des Landes errichten, er nannte dieses Schloss nach seinem Vater „Frederiksborg“. Im Laufe der Jahrhunderte sahen die eleganten Gemäuer viele königliche Besucher und Gesandtschaften aus ganz Europa, große Staatsereignisse und Hochzeiten, aber auch Plünderungen und Intrigen. Während des Absolutismus wurden die Könige hier und nicht in Kopenhagen gesalbt. Das letzte bedeutende historische Ereignis auf Frederiksborg war anno 1840 die Krönung Christians VIII., des letzten absoluten Herrschers. Christians Sohn Frederik VII. war für seinen Eigensinn bekannt – er war es auch, der am 17.12.1859 ein Kaminfeuer brennen ließ, wodurch das ganze Schloss Feuer fing und mit Ausnahme der Kirche fast komplett niederbrannte. Mit erheblichem finanziellen Aufwand wurde der originalgetreue Wiederaufbau vorangetrieben. 1865 zeigte Frederiksborg bereits wieder von außen das alte Bild, 20 Jahre später war auch der Innenausbau komplett. Was dann 1885 eingeweiht wurde, war allerdings keine Königsresidenz mehr, sondern das dänische Nationalhistorische Museum.

Die mächtige Anlage, die auf drei Inseln fußt, gilt als bestes Beispiel für die nordische Renaissance. Von der Ortsmitte her kommend, betritt man den Komplex durch das Stadttor und spaziert an den alten Ställen sowie Rundtürmen vorbei, die noch aus der Zeit Frederiks II. stammen und als trutzige Wehrbauten im Kontrast zur verspielten Eleganz der Umgebung stehen. Über eine S-förmige Brücke gelangt man zur zweiten Insel, die von Verwaltungsgebäuden (Kanzlei) eingefasst ist. In der Mitte des Hofes steht eine Kopie des Neptunbrunnens, einem Meisterwerk von Adrian de Vries (1623). Die quadratische Anlage des Hauptschlosses auf der dritten Insel liegt nun direkt vor einem, und sobald man den Innenhof betreten hat ist die von Sandsteinskulpturen geschmückte „Große Galerie“ zu bewundern. Sie zieht sich am Königsflügel entlang, während der hohe Turm zur Linken die Schlosskirche markiert und die Fassade zur Rechten zum Prinzessinnenflügel gehört. Eine Brücke mit „Geheimgang“ verbindet den Königsflügel mit dem Audienzhaus, das zur Zeit Christians IV. die eigentliche Schaltstelle der Macht war. Zu besichtigen sind die Räumlichkeiten des Palastes, Möbel, Paradebetten, Rüstungen etc., aber auch eine Unmenge von Portraits berühmter Persönlichkeiten („Nationale Porträtgalerie“). Die größte Sehenswürdigkeit stellt jedoch die unversehrte Schlosskirche dar, ein überreich dekorierter, zweistöckiger Raum, der u.a. die einzige Compenius-Orgel der Welt (1610) enthält.

Nördlich des Schlosses erstrecken sich die wunderbaren Gartenanlagen mit Parterrebeeten, Königsmonogrammen in Buchsbaum, Kaskaden und Springbrunnen. Der Park (Slotshaven) wurde 1996 vollständig in seinen ursprünglichen barocken Zustand zurückversetzt.

Frederiksborg Slot, *Hillerød, www.dnm.dk; April–Okt. tgl. 10–17, sonst 11–15 Uhr. Das Äußere samt Innenhof ist frei zugänglich, Barockgarten tgl. ab 10 Uhr bis Sonnenuntergang*

Hinweis

Wegen seiner einmaligen Lage im See kann die Architektur des Schlosses auch auf einem Bootsausflug bewundert werden. Die kleine „M/F Frederiksborg" befährt im Sommer tgl. 11–17 Uhr die „schönste Seemeile Dänemarks" zwischen Marktplatz, Schlossanlegebrücke und Barockgarten.

Nach der Schlossbesichtigung lohnt ein Bummel durch die unmittelbar östlich gelegene **Altstadt**, die in den letzten Jahren durch Fußgängerzone (Slotsgade, Helsingørsgade, Møllerstræde), viele Skulpturen und Brunnen verschönert wurde. Auf dem Nordstensvej beherbergt eine alte Eisengießerei (Støberihallen) nun das Kulturhaus der Stadt. Daneben wird ein ganzer Block vom Einkaufszentrum „Schlossarkaden" (Slots Arkaderne) eingenommen, ein gelungener, heller Komplex mit Shoppingcenter und 47 Läden bzw. Restaurants. 1993 erhielt das Gebäude einen Preis als „schönstes Einkaufszentrum Europas". Auf dem Dach sind 50 kleine Reihenhäuser mit Rasen und Bäumen nach dem Prinzip der Hängenden Gärten errichtet, die ihren Bewohnern eine tolle Aussicht bieten. Im Bereich der Fußgängerzone liegen der ehemalige Fischmarkt und der Markt (Torvet, Markttage: Mo, Do und Sa), an denen man hübsche Springbrunnen, das ehemalige Rathaus und das Bankhaus findet, das wegen seines charakteristischen Eckturmes im Volksmund „Klein-Frederiksborg" heißt. Wer noch mehr über die Geschichte der Stadt wissen möchte, besucht am besten das **Hillerød Bymuseum & Grafisk Museum** 700 m nordöstlich des Stadtzentrums.

Hillerød Bymuseum & Grafisk Museum, *Helsingørsgade 65, https://museumns.dk; Apr.–Okt. Do–So 11–16 Uhr, kleines Café*

Reisepraktische Informationen Hillerød

Information

Hillerød Turistbureau, *Frederiksværksgade 2 A, 3400 Hillerød, ☏ 49211333, www.visitnordsjaelland.com.*

Hotel

Best Western Hillerød €€€€, *Milnersvej 41, ☏ 48240800, www.hotelhillerod.dk; südlich des Zentrums gelegene, moderne Anlage, 113 gut ausgestattete, helle Zimmer, davon 63 mit Kochnische und Terrasse, viele Familienzimmer, angenehmes Restaurant „Krydderiet".*

Jugendherberge

DanHostel Hillerød, *Lejrskolevej 4, ☏ 48261986, www.hillerodhostel.dk; inmitten eines parkähnlichen Geländes am Stadtrand, aber in Gehweite zu Schloss und Innenstadt gelegen, moderne Anlage mit Doppel- und Familienzimmern mit und ohne Bad, viele Sportmöglichkeiten.*

Camping

Hillerød Camping, *Blytækkervej 18, ☏ 48264854, www.hillerodcamping.dk; gepflegte und schöne Anlage am Waldrand mit u. a. Kiosk sowie Fahrradverleih und Hütten.*

Restaurant

Spisestedet Leonora, *Frederiksborg Slot 5, ☎ 48267516, www.leonora.dk; Sommer tgl. 10–17, Winter 11.30–15 Uhr; schöne Lage innerhalb des Schlossgeländes. Die dänische Küche ist gut, die rustikalen Räumlichkeiten ebenso, der Terrassenblick unschlagbar.*

Bahn/Busse

Der Bahnhof von Hillerød (☎ 48260365) ist wichtiges Drehkreuz mit Verbindungen u. a. nach Fredensborg, Frederiksværk, Frederikssund, Helsingør, Hundested, Tisvildeleje und Kopenhagen. Hillerød ist ab Kopenhagen außerdem mit den S-Bahnlinien A & E (tagsüber alle 10 Min.) zu erreichen.

Nach Gilleleje und entlang der Kattegat-Küste bis Hundested

Auf der hier vorgeschlagenen Route geht es von Hillerød erst einmal wieder nach Norden, in Richtung Kattegat. Dazu verlässt man die Margeritenroute und nimmt die Straße 227, die den Grib-Wald (Gribskov) durchquert. Mit 5.500 ha stellt er das zweitgrößte Waldgebiet Dänemarks dar. Im 17.–18. Jh. veranstalteten hier die Regenten ihre Hetzjagden. Immer noch gehören die schnurgeraden, sich sternförmig kreuzenden Hetzjagdwege zu den Charakteristika des Waldes, doch braucht der heutige Wildbestand – ca. 800 weißgepunktete Damhirsche – vor solchen Jagden keine Angst mehr zu haben. Die abwechslungsreiche Natur (Buchen-, Fichten- und Kiefernwälder, Moore, Seen, Heide) kann man vom Parkplatz aus auf markierten Wanderwegen erkunden. Am Nordende des Sees liegt das 1151 eingeweihte Zisterzienserkloster **Esrum (9)**. Nach der Säkularisierung war es königliches Jagdschloss, dann war hier das Dragonerregiment stationiert, schließlich diente es als Gestüt, als Steueramt, Postamt und Kinderheim. Im erhaltenen Südflügel von 1350 werden Konzerte und Theatervorführungen gegeben.

Nach dem kleinen Abstecher geht es auf der 227 weiter nach Norden, vorbei an einer flachen, von Kanälen durchzogenen Ebene. Ihr Name Søborg Sø deutet darauf hin, dass es sich um einen ehemaligen, trockengelegten See handelt. Eine schmale Landstraße führt nach links am Rand des ehemaligen Sees entlang zum alten Weiler **Søborg (10)**, in dessen Zentrum eine schöne Dorfkirche steht. Das romanische Ziegelsteingebäude wurde 1350 mit Treppengiebeln und gotischen Kreuzgewölben ausgestattet. Ca. 800 m nordwestlich der Kirche sind Überreste einer Festung zu erkennen, die Erzbischof Eskil im 12. Jh. als mächtige Wasserburg erbauen ließ. Bevor sie verfiel, beherbergte die Burg lange das Staatsgefängnis, heute stehen die Ruinen unter Denkmalschutz (Søborg Slotsruin, ausgeschildert, frei zugänglich, Infotafeln).

Wieder auf der 227, könnten Freunde der Vorgeschichte nach rechts auf das Sträßchen nach **Bregnerød** abbiegen, das an einem Campingplatz und dem Golfplatz vorbei zu einem mächtigen bronzezeitlichen Grabhügel mit herrlicher Aussicht führt (Hesbjerghøj). Die Hauptstraße mündet kurz darauf in die Küstenstraße 237, die einen nach rechts zum Steilufer Nakkehoved sowie dem Munkerup-Haus (S. 193) und links ins Ortszentrum von Gilleleje bringt.

Gilleleje ist ein traditionsreiches und lebendiges Seebad mit Sandstränden und dem historischen Gilleleje Badehotel (*www.gillelejebadehotel.dk*), das 30 m über dem Meer liegt. Der Ort hat zudem einen weithin bekannten Ruf als größter Fischereihafen Seelands und ist Endstation zweier Bahnlinien (nach Helsingør und nach Hillerød). Unverzichtbar bei einem kleinen Stadtspaziergang ist natürlich ein Besuch des betriebsamen Hafens, wo sich zu den

Gilleleje hat den geschäftigsten Hafen Nordseelands und hier gibt es viele Fischimbisse

einheimischen Trawlern Jachten aus aller Welt gesellen und wo man am Ufer die Fischhalle, Räuchereien, Segelclubhaus und viele Restaurants findet. Gehen Sie auch auf die Mole, wo an schönen Tagen der Blick weit übers Kattegat bis hin zur schwedischen Küste schweift. Die Altstadt mit ihren Gassen, gut erhaltenen Häusern sowie ansprechenden Geschäften und Boutiquen bietet sich ebenfalls für einen Bummel an. Hier stößt man auf die Kirche, eine richtige Seemannskirche, deren Bauholz aus Schiffswracks stammt. Auf ihrem Speicher wurden während der Besatzung viele Juden versteckt, die 1943 unter Mithilfe breiter Bevölkerungskreise nach Schweden evakuiert werden konnten. Rund 20 Leben wurden so gerettet, und zum Dank ließ ein Überlebender, der israelische Mäzen Yuli Ofer, 1997 eine mächtige Bronzestatue im Park aufstellen. Museumsgänger haben in Gilleleje zwei interessante Adressen: Einmal das **Skibshallerne Gilleleje-Museum**, das in einem Fischerhaus aus den 1820ern untergebracht ist und den Alltag der Fischer und Anwohner des Ortes vom Mittelalter bis heute veranschaulicht, und zum anderen das **Museum im Leuchtturm von Nakkehoved**, der auf das Jahr 1772 zurückgeht (siehe S. 193).

Skibshallerne Gilleleje Museum, *Østergade 20, www.museumns.dk; Ende Juni–Anf. Sept Di–So 11–16 Uhr, Mai/Juni u. Sept.–Mitte Okt. Do–So*

Fyrhistorisk Museum, *Fyrvejen 25A, www.museumns.dk; Ende Juni–Anf. Sept. Di–So 11–16 Uhr, sonst Mitte März–Ende Nov. Do–So bzw. nur Sa/So*

Bei der Weiterfahrt bringt einen die Küstenstraße an den von Ferienhaussiedlungen eingefassten Smidstrup Strand und Udsholt Strand vorbei nach Rågeleje. Alternativ kann man auch einige Kilometer landeinwärts parallel zur Küste fahren, wobei nahe dem Weiler **Smidstrup (11)** ein Doppelganggrab von ca. 3000 v. Chr. zu besichtigen ist, außerdem das gemütliche Dörfchen **Udsholt** mit Dorfteich und bei **Hesselbjerg (12)** eine Gruppe von zehn Grabhügeln aus der Bronzezeit (Bakkebjerghøjene).

Rågeleje liegt an der Mündung des Højbro-Baches und wurde schon im 16. Jh. als Fischerdorf erwähnt. Ähnlich wie bei Hornbæk, wenn auch in bescheidenerem Ausmaß, wurde aus dem Dorf ein traditionsreiches Seebad, in dessen Umfeld man nun ein paar Unterkünfte – schön ist das historische Havgaarden Badehotel (*www.havgaarden.dk*) im benachbarten Vejby –, Campingplätze und Cafés vorfindet. Westlich von Rågeleje bringt einen die Uferstraße an den heidebewachsenen Heatherhills vorbei, die zeigen, wie früher die gesamte Küstenzone ausgesehen hat. Danach kommt man über Vejby Strand nach **Tisvilde**, das ebenfalls ein charakteristisches Fischerdorf war und vielleicht der beste Ort für einen Aufenthalt ist, da es hier ruhiger zugeht und ausreichend Cafés, Restaurants, Boutiquen und vor allem ein schöner

Strand zum Besuch einladen. Die größte Gefahr für die Bevölkerung ging hier immer von Sandstürmen aus, woran eine 1738 errichtete hohe Säule erinnert. Heute ist der feine Sand das größte Kapital, nicht umsonst zählen die kilometerlangen Strände von Tisvildeleje zu den besten Seelands. Das Strandleben ist beschaulicher als in den Seebädern weiter östlich und statt von großen Hotelanlagen werden hier die Dünen von altmodischen, farbenfrohen Badehäuschen verziert. Von besonderem Reiz ist vor allem aber die landschaftliche Umgebung: Das große Waldgebiet Tisvilde Hegn, das vor mehr als 200 Jahren als Schutz gegen den Flugsand angelegt wurde, ist ebenso für Wanderungen geeignet wie die Hügelkette Tibirke Bakker und der naturgeschützte „Zauberwald“ (Troldskov). Lohnend ist auch ein Spaziergang zur alten Wallfahrtsquelle Helenes Kilde. Unterkünfte bietet in Tisvildeleje u.a. die Ferienanlage Sankt Helene mit Naturschule, Familienherberge, Hütten und vielen Lagerfeuerplätzen (*www.helene.dk*).

In Tisvildeleje endet die Küstenstraße, da sich der erwähnte Wald Tisvilde Hegn direkt bis zum Strand erstreckt. Möchte man bis zum nordwestlichen Ende Seelands vordringen, muss man ihn in einem großen Bogen umfahren, wobei man im Süden bereits den blauen Arresø (s. u.) durch den Wald schimmern sieht. Über Asserbo könnte man dann auf der anderen Seite dem Strand von **Liseleje** einen Besuch abstatten, der ähnliche Qualitäten hat wie der von Tisvildeleje. Hier befindet man sich bereits auf der Halbinsel Halsnæs, die das Kattegat im Norden vom Roskildefjord im Süden trennt.

An ihrem westlichen Ende liegt der auf drei Seiten von Wasser umgebene betriebsame Fischerei- und Jachthafen von **Hundested**, von wo man auch per Fähre nach Rørvig auf der anderen Fjordseite (S. 178) übersetzen kann. Der Ort bietet mit seinen bunten Häuschen, dem urgemütlichen Kro, dem gern besuchten Halsnæs Bryghus (*www.halsbryg.dk, Mikrobrauerei und Restaurant*) und einer Fischräucherei eine Fülle an Erlebnissen, doch für einen längeren Übernachtungsaufenthalt sind eher Rørvig bzw. die Ortschaften südlich oder östlich zu empfehlen. Hundesteds berühmtester Sohn war der Polarforscher **Knud Rasmussen** (1879–1933), dessen Haus am Leuchtturmhügel als Museum hergerichtet ist (*Knud Rasmussensvej 9, www.knudrasmus.dk*). Ein schöner Spaziergang führt vom Haus auf dem Nordküstenpfad am Leuchtturm Spodsbjerg Fyr vorbei zum Dorf **Kikhavn** – samt Panoramablick über das Meer. **Lynæs**, ein alter Fischerei- und Fährhafen unmittelbar südlich von Hundested, lädt mit einem guten Badestrand (beste Surfbedingungen), einer Marina und zwei Campingplätzen – einer davon östlich nahe der Fähre in Sølager – ein. Der historische und schmuck eingerichtete Lynæs Kro ist eine beliebte Adresse. Einige Zimmer mit Blick aufs Wasser, Restaurant im Hause (*www.lynaeshotel.com*).

Schön windet sich der Nordküstenpfad am Leuchtturm Spodsbjerg Fyr vorbei

Von Hundested bis Frederikssund

Sofern man nicht die Fähre von Hundested nach Rørvig genommen hat oder die von Sølager (sofort östlich von Lynæs) zur Halbinsel Hornsherred (S. 182), geht es auf der Hauptverkehrsstraße 16 einige Kilometer nach Osten zurück, wo der Ort **Frederiksværk** unbedingt sehenswert ist. Der Ort, der malerisch zwischen dem Arresø und dem Roskildefjord platziert und von wunderschöner Natur umgeben ist, trägt seinen Namen nach Frederik V. Im Jahr 1717 ließ der König den Kanal bauen, der das Wasser aus dem Arresø ableiten sollte. Der neue Wasserweg war dem Handel förderlich und zog außerdem bald die ersten Industriellen an – angesichts der damaligen Kriege wundert es nicht, dass diese dabei vor allem militärisch nutzbare Projekte im Auge hatten.

Zunächst erhielt der französische Kanonenschmied Peyrembert die Erlaubnis, in Frederiksværk eine Kanonenfabrik zu errichten, die allerdings keinen Erfolg hatte. Dann bat Frederik V. den Kanzleirat J. F. Classen, die Kanonengießerei zu übernehmen, und mit ihm blühte die Stadt dann richtig auf (wofür Classen zum Generalmajor ernannt wurde). Im Jahr 1756, als der Ort offiziell den Namen „Friederichswerk" erhielt, gab es neben Kleinindustrie und Handwerk bereits ein Schießpulverwerk in der Stadt, 1761–67 kam eine neue Kanonengießerei hinzu, das sogenannte Gjethus (vom Niederdeutschen gjeten = „gießen"). Bis 1976 war das später für die Schwerindustrie genutzte Gjethus das wirtschaftliche Standbein des Ortes.

An dem Fabrikgebäude lässt sich auch Frederiksværks Strukturwandel vom Industrie- zum malerischen Fremdenverkehrsort ablesen. Nach vielen Jahren des Verfalls wurde das Gjethus umfassend renoviert und als **Touristen- und Kulturzentrum** eingeweiht *(www.gjethuset.dk)*. Auch andere Zeugnisse der industriellen Vergangenheit wurden in ihren ursprünglichen Zustand versetzt, so z. B. das **Pulverwerkmuseum** (*Krudtværksmuseet, Krudtværksalleen 1*) am Freilandpark und das **Industriemuseum Frederiks Værk** (*Torvet 1, beide www.indmus.dk*). Wie Perlen an einer Schnur reihen sich Pulvermühlen auf beiden Seiten des Kanals in Frederiksværk aneinander und in vielen der sorgsam restaurierten Gebäude sieht man die alten Maschinen bei der Arbeit – angetrieben durch Wasserkraft oder durch Elektromotoren. Die Arbeit hier war früher sehr gefährlich. Überall sind Schutzwälle aufgeschüttet und hohe Bäume gepflanzt, die im Fall von Explosionen die Umgebung vor herumfliegenden Gegenständen schützen sollten. Der von vielen gut erhaltenen Gebäuden des 18. Jh. flankierte Kanal, der am Anfang der Entwicklung stand, fließt heute ruhig und gemächlich dahin und verleiht dem Ort seinen besonderen Charme. Es gibt Ferienhäuser, Hotels, Jugendherberge sowie einen Campingplatz – die beiden letzteren bedürfen aber einer Renovierung.

Ein großes Plus ist die wunderschöne Landschaft mit Fjord, Wäldern und dem großen See, zu dem ab Frederiksværk in der Saison dreimal tgl. Ausflugsfahrten mit dem Motorboot „M/S Frederikke" angeboten werden. Die Tour geht auf dem historischen Kanal und durch das grüne Arresø-Tal. Auch wer nicht an einem solchen Ausflug teilnimmt, sollte keinesfalls den besonderen Naturgenuß des **Arresø** versäumen, der mit 41 km² immerhin Dänemarks größter Binnensee ist und ursprünglich eine Bucht des Roskildefjordes war. Nahe der Betriebsamkeit der Städte ringsum findet man hier eine ganz eigene, ruhige Stimmung, deren Stille manchmal nur durch die Stimmen von Fischreiher, Rohrweihe oder Fischadler unterbrochen wird. Auf der Margeritenroute ergibt sich die Möglichkeit, den Arresø zu umrunden; diese folgt dem nördlichen sowie dem östlichen Ufer, wo sich an der Annisse Kirke ein wunderschöner Blick auf den See ergibt. Über die Straße 16 kehrt man anschließend nach Frederiksværk zurück oder setzt die Fahrt in entgegengesetzter Richtung nach Hillerød fort.

Wer letztere Variante wählt, sollte 6 km vor Hillerød einen Halt einlegen: Dort lag das 1175 errichtete Augustinerkloster von **Æbelholt (13)**, von dem heute nur noch Kellergewölbe und Ruinen erhalten sind. Die Sammlung des hier untergebrachten **Klostermuseums** ist ziemlich speziell, denn ausgestellt sind fast nur menschliche Skelette, die man zu Hunderten auf dem Klosterfriedhof gefunden hat und an denen man häufige Krankheiten bzw. Behandlungsformen des Mittelalters studieren kann. Schön ist der Klostergarten mit seinen bunten Blumen, Gemüsepflanzen und Kräutern.
Æbelholt Klostermuseum, *Æbelholt 4, www.museumns.dk; Ende Juni–Mitte Aug. u. Herbstferien Di–So 12–16 Uhr, sonst Anf. Mai–Ende Okt. Mi u. Sa/So*

Reisepraktische Informationen Frederiksværk

Hotel

Hotel Frederiksværk €€€, *Torvet 6, ☏ 47722288, https://frederiksvaerk.worhot.com; über 200 Jahre alter, herrlicher Bau im Ortszentrum, der bereits Schauplatz einer dänischen TV-Serie war, 29 renovierte, gut und individuell eingerichtete Zimmer und Suiten.*

Jugendherberge/Camping

Camping og Vandrehjem, *Strandgade 30, ☏ 23448844, www.fredfyldt.dk; 500 m außerhalb der Stadt in grüner Umgebung, aber in Gehweite zu Jachthafen und Bahnhof gelegene Herberge, Zimmer mit und ohne Bad verfügbar, außerdem Campingplatz mit Stellplätzen und einfachen Hütten. Viele Sportmöglichkeiten, schöner Garten, Cafeteria, Vermietung von Fahrrädern und Kanus. Leider etwas renovierungsbedürftig.*

Bei der Weiterfahrt nach Süden orientiert man sich am besten wieder einmal an der Margeritenroute, die als Straße 211 unmittelbar am Ufer des Roskildefjordes entlangführt. Sie bringt einen auch ins Zentrum des Städtchens **Frederikssund**, das an der schmalsten Stelle des Roskildefjordes liegt. Seit dem 19. Jh. gibt es daher auch eine Brückenverbindung zur gegenüberliegenden Halbinsel Hornsherred, die man u.a. für einen kurzen Ausflug zum Schloss Jægerspris (S. 182) nutzen könnte. Frederikssund verfügt über einen netten Jacht- und Verkehrshafen, vielfältige Kulturveranstaltungen und ein interessantes Museum. Der Hafen ist im Sommer Startpunkt verschiedener Ausflugsschiffe. Die Rundfahrten mit dem romantischen Museumsdampfer Skjelskør sind allerdings zurzeit wegen einer aufwendigen Restaurierung ausgesetzt (*www.dampskib.dk*).

Als Höhepunkt des Veranstaltungskalenders seien die Wikingerfestspiele (*Fredrikssund Vikingerspil, www.vikingespil.dk*) genannt, die alljährlich zu wechselnden Terminen – meist um Mittsommer – stattfinden und zu deren Anlass man eine komplette Wikingersiedlung aufbaut. Frederikssunds interessantestes **Museum** ist dem in seiner Zeit umstrittenen Maler J.F. Willumsen gewidmet. Der Kopenhagener Künstler (1863–1958) lebte zwar lange Zeit in Frankreich, beeinflusste aber als symbolistischer, expressionistischer und naturalistischer Erneuerer der dänischen Malerei maßgeblich das Kunstschaffen in seiner Heimat. 125 seiner Werke vermachte er der Stadt Frederikssund unter der Bedingung, dass sie diese angemessen präsentiert – und so entstand nach dem Krieg dieses Museum als erster moderner Ausstellungsraum in Dänemark.
J. F. Willumsen Museum, *Jenriksvej 4, www.willumsensmuseum.dk; Di–So 10–17 Uhr*

4. FÜNEN UND DIE INSELN ZWISCHEN KLEINEM UND GROSSEM BELT

Die Inseln Fünen, Langeland, Tåsinge, Ærø und ihre vielen kleineren Trabanten sind geografisch das Zentrum Dänemarks, vom jütländischen Festland durch den Kleinen Belt und vom östlichen Nachbarn Seeland durch den Großen Belt getrennt. Viele halten dieses „Grüne Herz" des Königreichs für die dänische Ideallandschaft schlechthin. Das heißt: keine spektakulären Szenerien, stattdessen Ruhe und Harmonie. Fast immer mit dem Blau des Meeres oder irgendeines Sundes im Hintergrund wird die Natur von der sprichwörtlichen Knicklandschaft bestimmt, in der es auf sanft geschwungenem Profil hügelauf und hügelab geht. Wald wechselt mit Feldern, auf denen Raps und Gerste gedeihen, Apfelbaumwiesen setzen ihre bunten Akzente, Wege werden von akkurat gestutzten Hecken oder Steinwällen eingefasst, und am Horizont grüßen stets alte und neue Windmühlen, Treppengiebelkirchen und Bauernhöfe wie aus dem Bilderbuch. Nie ist das nächste Hafenstädtchen mit blitzblanken Bürgerhäusern und alten Fachwerkgebäuden, urgemütlichen Kros und Fischräuchereien, kopfsteingepflasterten Gassen und Stockrosen weiter als einige Fahrminuten entfernt.

Redaktionstipps

➤ Die interessantesten **Ortschaften** sind auf Fünen Middelfart (S. 204), Odense (S. 207), Nyborg (S. 216), Fåborg (S. 227) und Svendborg (S. 232) sowie auf Langeland Rudkøbing (S. 241). Ein Besuch der „Märchenstadt" Ærøskøbing (S. 248) zählt zu den Highlights eines Dänemarkurlaubs.

➤ **Landschaftlich** haben alle Inseln einiges zu bieten. Sehenswert auf Fünen sind im Binnenland die sogenannten „Fünischen Alpen" (S. 230), an den Küsten die Halbinseln Enebærodde (S. 222), Hindsholm (S. 222) und Horneland (S. 230) sowie die Steilküste Fyns Hoved (S. 223). Auf Ærø lohnt ein Abstecher zur Landzunge Eriks Hale oder zur geologisch interessanten Steilküste von Voderup Klint (S. 251).

➤ Mit über 130 **Herrensitzen und Schlössern** sind die Inseln wirklich reich gesegnet. Die schönsten sind Hvedholm (S. 230), Egeskov (S. 230) und Tranekær (S. 242).

Fünen

Fünen (dän.: Fyn) ist mit 3.483 km² die zweitgrößte dänische Insel. Ihre Landschaft ist weitgehend eben, wenn auch durch sanfte Hügel selten monoton; vor allem die Moränenkette der „Fünischen Alpen" im Südwesten hat durchaus ihre Reize. Im Norden dringt der Odense-Fjord weit ins Inselinnere hinein, im Nordosten begrenzt von der 25 km langen Halbinsel Hindsholm, und überall säumen längere und kürzere Sandstrände die Küsten. Das Land ist äußerst fruchtbar und wird intensiv genutzt, was auch im Beinamen „Dänemarks Garten" zum Ausdruck kommt. Vor allem die kulturell dichte Atmosphäre Fünens ist interessant. Vorgeschichtliche und wikingische Relikte haben sich ebenso erhalten wie Mittelalterkirchen und geschlossene Ortsbilder. Lohnend ist insbesondere ein Besuch der Städte, die sämtlich verwinkelte Gassen, Fachwerkhäuser, historische Gasthöfe und reich ausgestattete Museen besitzen. Auffällig ist auch die Vielzahl an Schlössern und Herrensitzen. Gut 120 dieser Prachtbauten aus Gotik, Renaissance, Barock und Klassizismus sind auf engem Raum versammelt, davon sind etwa 30 der Öffentlichkeit (als Parks, Museen, Unterkünfte etc.) zugänglich.

Über die E-20 – schnelle Fünendurchquerung mit Besuch von Odense

Die meisten Autofahrer überqueren den **Kleinen Belt** auf der E-20, die über die elegante, 1,7 km lange Hängebrücke **Ny Lillebæltsbro** nach Fünen führt. Sie ermöglicht einen weiten Blick über den Belt und die **alte Lillebæltsbro** von 1935. Über die 1,2 km lange Eisenbahn- und Autobrücke führt von Jütland aus die Landstraße 161 nach Fünen. Heute dient sie auch als eine Art Abenteuerspielplatz: Beim Bridgewalking genießt man auf geführten Touren in Klettermontur aus 60 m Höhe den Ausblick über den Kleinen Belt *(www.bridgewalking.de)*. Der Bridgewalking-Infoshop *(Galsklintvej 2)* zeigt eine Dokumentation zum Bau der beiden Brücken.

Middelfart

Der Name des 16.000-Einwohner-Städtchens deutet an, dass sich hier in vergangener Zeit die mittlere von drei Überfahrten zwischen Fünen und dem Festland befand. Bereits im Zusammenhang mit der Flucht des Heiligen Knud nach Odense wurde die Stadt in dieser Funktion erwähnt. Die Fährschifferei nach Jütland, Fischfang und im 15./16. Jh. auch die Jagd auf Tümmler bildeten die Lebensgrundlage der Bevölkerung. Aus der Vergangenheit konnte sich der Ort einiges erhalten, und neben dem idyllischen Stadtbild, Kulturdenkmälern und Museen laden die Jachthäfen, Badestrände und zahlreiche Unterkünfte zu einem Aufenthalt ein. Beliebt sind zudem die Schweinswal-Safaris *(u. a. www.galeasen-aventura.dk, siehe auch S. 447)*.

Natürlicher Mittelpunkt und „gute Stube“ des Ortes ist der **Hafen**. Hier kann man sich ein Kajak mieten oder an organisierten Angelfahrten teilnehmen. Auch Whalewatching-Touren zur Beobachtung der hier lebenden Schweinswale werden angeboten. Wer daran interessiert ist, folge der Ausschilderung zum **Touristenbüro** an der Havnegade, dessen Umgebung gleichzeitig das neue Middelfart mit seiner fast schon futuristischen Architektur darstellt. Das Amt befindet sich im einzigartigen Kulturhaus **KulturØen**, für das man im Kleinen Belt eine künstliche Insel geschaffen hat. Der Komplex besteht u.a. aus Konferenzräumen, Bibliothek, einem sehr guten Restaurant mit Außenterrasse sowie einem Kino und ist von einer hypermodernen Marina umgeben. Das Gebäude ist mit seiner geschwungenen Fassade, der organischen Formgebung und mit der tollen Aussicht auf Belt und Brücken wirklich sehenswert. Nur einen Steinwurf entfernt sieht man auf der Parallelstraße Algade das preisgekrönte Hauptgebäude der **Middelfart Sparekasse**, dessen Wahrzeichen ein dramatisch gestyltes Dach mit 83 Dreiecksfenstern ist. Hier finden Besucher nicht nur die Einrichtungen einer Bank, sondern auch einen Buchladen, ein Café und eine Plaza mit moderner Kunst u.a. von Olafur Eliasson.

Schlendert man am Hafen entlang nach Westen, erreicht man nach wenigen Hundert Metern das mittelalterliche Middelfart. Dessen Wahrzeichen ist der hohe Treppengiebelturm der **St.-Nicolai-Kirche**. Das Gotteshaus datiert aus dem 12. Jh., doch wurde der romanische Bau immer wieder verändert. Sehenswert im Innern sind u.a. eine Renaissance-Kanzel und ein barocker Altaraufsatz. Nahe der Kirche befinden sich der **Markt** mit dem Denkmal „Der kleine Tümmler“ und sofort davor das rote **Henner-Friiser-Haus** *(Brogade 8, www.middelfart-museum.dk; Mitte Mai–Mitte Sept. Di–Sa 12–16 Uhr)*, ein gut erhaltener Fachwerkgiebelbau von ca. 1575, in dem heute ein Lokalmuseum eingerichtet ist. Interessant sind dabei die Dokumente zur Tümmlerjagd und die maritimen Gegenstände, zudem werden Gläser, Porzellan, Wohneinrichtungen aus dem 19. Jh. u. v. a. gezeigt. Besondere Beachtung verdient die große Sammlung von Damenhüten aus der Zeit von 1850–1960. An die Tradition einer Werft- und Brückenstadt erinnern im Zentrum zwei weitere Museen: zum einen die **Bootswerft Kleiner Belt** (Lillebæltsværftet) aus den 1850ern, die sich am alten Hafen befindet. Die Werft, in der immer noch gearbeitet wird, wurde vom Middelfart Museum gekauft und weitergeführt. Das **Middelfart-Museum** zeigt Wechselausstellungen zu lokalhistorischen Themen *(Algade 8, www.middelfart-museum.dk; Mitte Mai–Mitte Sept. Di–Fr 12–16, Sa 11–17 Uhr)* und hat mit dem original möblierten Café Inga eine charmante Adresse für Kaffee und Kuchen.

Geht man vom alten Hafen über den Kongebrovej in westlicher Richtung auf die alte Brücke zu, stößt man auf das rot-weiße Herrenhaus **Grimmerhus** von 1857; es beherbergt heute das in Skandinavien einzigartige **CLAY Keramikmuseum**, dessen Schwerpunkt die moderne Studiokeramik ist, u.a. von der Königlichen Porzellanmanufaktur. Von den gut 55.000 Werken des Bestandes werden jeweils rund 1.000 ausgestellt.

CLAY Keramikmuseum Danmark, *Grimmerhus, Kongebrovej 42, www.claymuseum.dk; Di–So 10–17 Uhr*

Sehenswürdigkeiten

Schloss Hindsgavl
Schloss Langesø
Schloss Erholm
Frøbjerg Bavnehøj
Vogelpark Frydenlund
Halbinsel Stavrhoved
Harritslevgård
Gyldensteen
Halbinsel Flyvesandet
Landzunge Enebærodde
Herrenhaus Hofmansgave
Glavendrup
Schloss Ulriksholm
Herrensitz Scheelenborg
Fyns Hoved
Romsø
Ladby
Rynkeby-Kirche
Fønsskov
Schloss Wedellsborg
Sønderby Klint
Dreslette
Voldtofte
Schloss Krengerup
Freilichtmuseum Gummerup
Vester Hæsinge
Schloss Hvedholm
Svanninge Bakker
Brahetrolleborg
Schloss Egeskov
Kirche von Ringe
Vejstrup Gård
Schloss Broholm
Hesselagergård
Schloss Lykkesholm
Schloss Glorup
Schloss Holckenhavn

In Middelfarts kleiner Altstadt gibt es eine Reihe schöner Häuser

Westlich der Stadt, hinter Grimmerhus, dem Jachthafen Kongebro, dem Kongebro-Wald (mit Tierpark) und der alten Beltbrücke, breitet sich die waldbestandene und von Stränden gesäumte **Halbinsel Hindsgavl** aus. Die Landschaft wird von einem repräsentativen Herrenhaus beherrscht, das 1784 im streng klassizistischen Stil aus Ziegelstein errichtet wurde. Das sogenannte **Schloss Hindsgavl (1)** mit seinen Salons und Räumen voller Antiquitäten beherbergt heute ein Hotel und Konferenzzentrum, doch können auch die Gäste des vorzüglichen Restaurants das Innere bewundern (*Dinner wird jedoch nur Hotelgästen angeboten*). Der herrliche Park ist ohnehin öffentlich zugänglich, sodass jeder die weite Aussicht auf den Kleinen Belt, die Insel **Fænø** und den schmalen Fænø-Sund genießen kann. Auf der Halbinsel gibt es zwei Campingplätze, ein Seebad und an den Zufahrten von der Hauptstraße drei beliebte Imbissrestaurants.

Abstecher Højfyn

Zu Recht zählt Hoch-Fünen, auch „Das grüne Herz Fünens" genannt, zu den schönsten Landschaften der Insel, in der Hügel, Täler und Wälder einander abwechseln. Zudem locken viele botanische und zoologische Attraktionen. Auf der Straße 329 gelangt man zunächst am Herrenhof **Schloss Erholm (3)** vorbei, dessen Park zu besichtigen ist *(tgl. 9 Uhr bis Sonnenuntergang, Eintritt)*. Weiter nördlich locken die idyllisch gelegenen Aalsbogaarde-Seen stets viele Hobbyangler an.

Südlich des Schlosses führt die Landstraße nach **Aarup**, einer Ortschaft mit traditionellem Kro (*www.hotelaarupkro.dk, Jugendherbergszimmer und einfache, aber gute Küche*) und Bahnhof. Noch schöner wird es im folgenden **Skydebjerg**, einem dänischen Dorf wie aus dem Bilderbuch, mit Kirche, Fachwerkhäuschen und Höfen rund um einen malerischen Dorfteich. Hier zweigt man östlich in Richtung **Frøbjerg Bavnehøj (4)** ab, mit 131 m ü. d. M. der höchste Punkt Fünens, der eine gute Rundumsicht bietet. Der Name – von der nordischen Fruchtbarkeitsgöttin Freja abzuleiten – deutet darauf hin, dass sich auf dem Frøbjerg einst eine Kultstätte befand. Heute werden hier alljährlich Freilichtspiele abgehalten, die in ganz Dänemark bekannt sind.

Östlich des Hügels gelangt man auf schmalen Straßen nach **Tommerup**. Die größte Attraktion hier ist, noch vor dem Ort selbst, der **Vogelpark Frydenlund** (Fugle Zoo) **(5)**. Auf dem 6 ha großen Gelände und Waldareal eines Bauernhofes leben in geräumigen Volieren rund

700–800 Vögel aus aller Welt, die man auf einer 2 km langen Wanderstrecke passiert. Dass Frydenlund als Fünens reizvollster Vogelpark bezeichnet wird, liegt sowohl an der ornithologischen Auswahl als auch an dem gepflegten Naturpark *(Skovvej 50, www.danmarksfuglezoo.dk; März–Nov. tgl. 10–16, Juni–Aug. bis 18 Uhr).*

In Tommerup nimmt man die Straße 335 nordwärts und kommt nach wenigen Kilometern zur **Tommerup Stationsby**. Sobald man am Ortseingang die Tommerup-Hallen (Sport- und Schwimmhalle) passiert hat, lohnt ein Abstecher nach links zur stillgelegten Ziegelei Lilleskov Teglværk, die heute als **Ziegeleimuseum** (Werkzeuge, Gerätschaften, Öfen etc.; *www.lilleskov.dk*) und Kulturhaus fungiert und in der man im Sommer Flohmärkte, Musikfestivals, Zirkusveranstaltungen u. v. m. abhält. Es werden auch Fahrten mit der alten Kippwagenlokomotive zur ehemaligen Lehmgrube angeboten. Über die Hauptstraße fährt man zum Bahnhof im Ortskern. Am benachbarten **Cykel Info Punkt Fyn** kann man Informationen einholen, insbesondere zu Fahrradtouren. Am Bahnhof werden im Tommerup Skinnecykler (*Stationsvej 15*) Draisinen für Touren auf der alten Eisenbahnstrecke vermietet.

In Tommerup St. hat man die Wahl, unmittelbar vor der Kirche die Hauptstraße nach rechts zu verlassen und über **Dyred Banke** zur E-20 zu gelangen. Der Hügel ist mit 123 m ü. d. M. der zweithöchste Fünens und bietet einen schönen Panoramablick. Oder man folgt der Straße weiter nach Norden und erreicht als letzte Station vor der Autobahn **Vissenbjerg** (mit guter Touristeninformation). Nur 400 m entfernt bietet sich ein Besuch des **Terrariums** an, mit über 900 Tieren aus mehr als 110 verschiedenen Arten von Reptilien, Amphibien, Wirbellosen, Fischen, Vögeln und Säugetieren immerhin das größte Skandinaviens! Im Anschluss kann man sich im schönen Außengelände zum Picknick niederlassen.
Terrariet Vissenbjerg, *Kirkehelle 5, www.terrariet.dk; im Sommer tgl. 9–17, sonst 10–16 Uhr*

Nur einen Steinwurf vom Terrarium entfernt liegt ein schöner Aussichtspunkt (Udsigten). Etwas weiter südlich kann man eine kurze Wanderung durch die geologisch interessante Formation Afgrunden („der Abgrund") unternehmen; dabei handelt es sich um eine Kluft, die nach der letzten Eiszeit vom Schmelzwasser ausgewaschen wurde.

Auf einen weiteren schönen Herrenhof, nämlich **Schloss Langesø (2)** (*privat, keine Innenbesichtigung, Golfanlage*), stößt man 8 km nördlich von Vissenbjerg auf dem Weg über die Margeritenroute in Richtung Odense.

Odense

Die mit rund 181.000 Einwohnern größte Stadt Fünens und nach Kopenhagen und Aarhus drittgrößte des Königreichs blickt auf eine mehr als tausendjährige Geschichte zurück. Bereits 988 wurde sie urkundlich erwähnt, doch deutet ihr Name (von *Odins vi* = „Heiligtum Odins") auf einen noch viel älteren nordgermanischen Kultplatz hin. Das Christentum gelangte vergleichsweise früh nach Odense, das bereits 1020 Bischofssitz wurde. Die junge christliche Kirche Dänemarks fand ihren wichtigsten Märtyrer in König Knud IV., den 1086 Bauern vor dem Altar der St.-Albani-Kirche erschlugen, weil sie mit seiner Steuerpolitik nicht einverstanden waren. 1101 erfolgte die Heiligsprechung. Knuds Grabstätte in der nach ihm benannten Kathedrale sicherte Odense früher einen stetigen Strom von Pilgern und den bis heute andauernden Status eines kirchlichen Zentrums, der nur von Roskilde übertroffen wird.

Über Jahrhunderte hinkte Odense der wirtschaftlichen Entwicklung immer ein wenig hinterher, weil es – untypisch für Dänemark – eine reine Binnenstadt ohne eigenen Seehafen war. Um

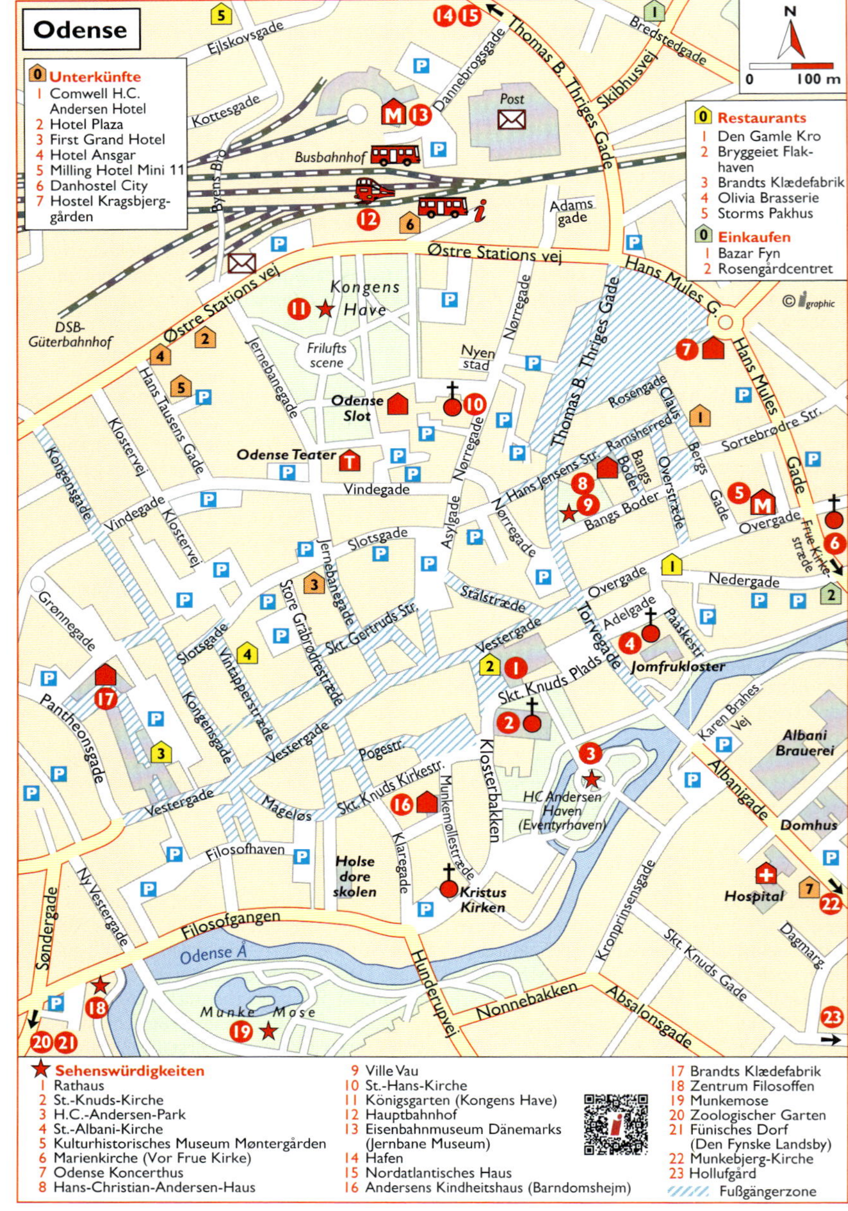
Odense
Unterkünfte
1 Comwell H.C. Andersen Hotel
2 Hotel Plaza
3 First Grand Hotel
4 Hotel Ansgar
5 Milling Hotel Mini 11
6 Danhostel City
7 Hostel Kragsbjerg-gården
Restaurants
1 Den Gamle Kro
2 Bryggeiet Flak-haven
3 Brandts Klædefabrik
4 Olivia Brasserie
5 Storms Pakhus
Einkaufen
1 Bazar Fyn
2 Rosengårdcentret
N
0 100 m
© graphic
Ejlskovsgade
Kottesgade
Byens Bro
Dannebrogsgade
Thomas B. Thriges Gade
Bredstedgade
Skibhusvej
Post
Busbahnhof
Adams gade
DSB-Güterbahnhof
Østre Stations vej
Hans Mules G.
Hans Mules Gade
Kongens Have
Frilufts scene
Jernebanegade
Nyen stad
Nørregade
Odense Slot
Rosengade
Claus Bergs Gade
Ramsherred
Sortebrødre Str.
Hans Tausens Gade
Klostervej
Kongensgade
Odense Teater
Vindegade
Hans Jensens Str.
Bangs Boder
Overstræde
Overgade
Frue Kirke stræde
Asylgade
Slotsgade
Nedergade
Grønnegade
Store Gråbrødrestræde
Skt. Gertruds Str.
Stålstræde
Vestergade
Adelgade
Paaskestr.
Torvegade
Jomfrukloster
Skt. Knuds Plads
Slotsgade
Vintapperstræde
Pantheonsgade
Karen Brahes Vej
Albani Brauerei
Pogestr.
Klosterbakken
Skt. Knuds Kirkestr.
Munkemøllestræde
HC Andersen Haven (Eventyrhaven)
Albanigade
Domhus
Mageløs
Filosofhaven
Holse dore skolen
Klaregade
Kristus Kirken
Hospital
Søndergade
Ny Vestergade
Filosofgangen
Odense Å
Hunderupvej
Kronprinsensgade
Skt. Knuds Gade
Dagmarg.
Munke Mose
Nonnebakken
Absalonsgade
Sehenswürdigkeiten
1 Rathaus
2 St.-Knuds-Kirche
3 H.C.-Andersen-Park
4 St.-Albani-Kirche
5 Kulturhistorisches Museum Møntergården
6 Marienkirche (Vor Frue Kirke)
7 Odense Koncerthus
8 Hans-Christian-Andersen-Haus
9 Ville Vau
10 St.-Hans-Kirche
11 Königsgarten (Kongens Have)
12 Hauptbahnhof
13 Eisenbahnmuseum Dänemarks (Jernbane Museum)
14 Hafen
15 Nordatlantisches Haus
16 Andersens Kindheitshaus (Barndomshejm)
17 Brandts Klædefabrik
18 Zentrum Filosoffen
19 Munkemose
20 Zoologischer Garten
21 Fünisches Dorf (Den Fynske Landsby)
22 Munkebjerg-Kirche
23 Hollufgård
Fußgängerzone

Der Munkemose-Park ist die grüne Lunge der Stadt

das zu ändern, legte man 1796–1804 einen tiefen Kanal zum Odense-Fjord (und damit zum Großen Belt) an, womit dem Aufstieg zu einem bedeutenden Handels- und Industriezentrum nichts mehr im Wege stand. Auch als Stadt von Forschung und Lehre hat Odense heute mit seinen Hochschulen einen guten Namen. Für das kulturelle Leben stehen u.a. etliche Museen, ein bekanntes Symphonieorchester, mehrere Theater, das Internationale Filmfestival und eine aktive Galerieszene. Gut erhaltene Fachwerkviertel, Baudenkmäler, viele Parks sowie Unterkünfte, Restaurants und Shoppingmöglichkeiten lassen keine Wünsche offen. Als Geburtsort H. C. Andersens nimmt Odense für sich den Titel „Märchenstadt" in Anspruch und es werden Attraktionen auch für die jungen und ganz jungen Gäste angeboten. Das Eisenbahnmuseum ist ebenso sehenswert wie der Hafen nördlich der Innenstadt, in dem in Zukunft Wohnen, Arbeiten und Freizeit miteinander verbunden werden sollen.

Ein guter Startplatz für eine Stadtbesichtigung ist das **Rathaus (1)**. Es breitet zum Platz Flakhaven seine Schaufassade im florentinisch beeinflussten neogotischen Stil aus, die an das Kopenhagener Rathaus erinnert, mit dem Baudatum 1881–83 allerdings etwas älter ist. Der zinnengekrönte Bau wird von der allegorischen Skulptur mit dem Titel „Fünischer Frühling" bekrönt, zu der auf dem Freiplatz davor die Plastik eines liegenden Riesen aufschaut. Neben dem Rathaus erinnert die Statue „Knud der Heilige" an die bedeutendste Figur des Mittelalters.

Hinweis

Die Entfernungen in Odense sind nicht besonders groß. Wer es trotzdem bequem haben möchte, nimmt einfach den **kostenlosen City Bus**, der im 10-Minuten-Takt fährt und an den wesentlichen Sehenswürdigkeiten vorbei kommt. Man erkennt ihn an der pinken Farbe und den aufgedruckten Andersen-Märchen-Motiven.

Südlich des Rathauses erhebt sich jenseits der verkehrsreichen Straße der gedrungene Turm des wichtigsten Sakralbaus, der **St.-Knuds-Kirche (2)**. Der Baubeginn des Gotteshauses fiel noch in die Zeit des Heiligen, dessen Namen sie trägt, doch brannte die romanische Kirche ebenso ab wie ihre Nachfolgerin im 12. Jh. Der heutige Bau im Stil der Backstein-Gotik wurde im 13. Jh. in Angriff genommen und benötigte mehr als 200 Jahre bis zur Vollendung. In der Krypta des Domes sind der Namenspatron König Knud der Heilige und sein Bruder Benedikt sowie die Könige Hans und Christian II. beigesetzt. Prächtigstes Inventarstück ist der Flügelaltar, dessen überreiche Holzschnitzarbeiten von Claus Berg stammen. Der gebürtige Lübecker kam Anfang des 16. Jh. nach Dänemark, wo er von seiner Werkstatt in Odense aus viele Kirchen und Klöster mit Holzschnitzereien ausstattete. Komposition und Details seines Stils waren süddeutsch geprägt und werden aufgrund ihrer dramatischen Bewegungen bisweilen als „barocke Gotik" beschrieben. Zu Recht zählt Claus Berg zu den größten Bildschnitzern des

mose (19). In diesem „Mönchsmoor" fand H. C. Andersen viele Anregungen zu seinen Märchen; heute starten an der Brücke die beliebten Bootsausflüge flussaufwärts, auf denen man bis zum Zoo und zum Stadtwäldchen **Fruens Bøge** (mit idyllischem Teich und Restaurant) schippern kann. Auch Tretboote, Kanus und Kajaks werden dort vermietet.

Auf der Flussfahrt kann man an der Haltestelle des **Zoologischen Gartens (20)** aussteigen, der zu den schönsten Dänemarks gehört. Vor allem die afrikanische Tierwelt ist reichhaltig vertreten – und das Schimpansenhaus ein ganz besonderes Erlebnis.
Odense Zoo, *Sdr. Boulevard 306, www.odensezoo.dk; ganzjährig tgl. ab 9 Uhr, im Sommer bis 19, sonst je nach Saison bis 16, 17 oder 18 Uhr*

Wer mit dem Flussboot bis zur Endstation fährt, kann auf einem kurzen Fußweg das **Fünische Dorf (21)** erreichen, eines der interessantesten Freilichtmuseen des Landes. Rekonstruiert und in idyllischer Landschaft aufgestellt wurden rund 20 alte Bauernhöfe und Wohnhäuser, Armenhaus, Zwergschule, Pfarrhof, Wasser- und Windmühle, Ziegelwerk sowie Werkstätten. Vom Balkon des modernen Besucherzentrums hat man einen herrlichen Panoramablick über das Dorf.
Den Fynske Landsby, *Sejerskovvej 20, www.denfynskelandsby.dk; April–Mai u. Sept.–Okt. Di–Fr 10–16, Sa/So 10–17, Juni–Aug. tgl. 10–17/18 Uhr*

Ein interessantes Besichtigungsziel für Freunde moderner Architektur ist die südöstlich der Stadt gelegene, sechseckige **Munkebjerg-Kirche (22)**, die wie ein riesiges Betonzelt aussieht. Das Gotteshaus wurde 1961 eingeweiht, geht allerdings auf preisgekrönte Pläne eines Wettbewerbes von 1942 zurück. Das damals zu revolutionäre Projekt scheiterte immer wieder an Protesten der Bevölkerung. Im Innern fällt das Glasmosaik auf, das die Altarwand bildet.

Am südöstlichen Stadtrand befindet sich der schöne Gutshof **Hollufgård (23)** samt Park *(Hollufgårds Allé 26, ganzjährig zwischen Sonnenauf- und -untergang frei zugänglich)*, der in eine waldreiche Landschaft eingebettet ist. Heute beherbergt der Herrensitz u. a. eine Niederlassung des internationalen Modeunternehmens Day Birger et Mikkelsen sowie Gastateliers für bildende Künstler und einen Skulpturenpark. Auch ohne Interesse an der Kunst lohnt der Besuch – sei es, um auf der schönen Anlage Golf zu spielen *(www.odensegolfklub.dk)* oder um das weitläufige System an Pfaden und Wanderwegen zu nutzen.

Reisepraktische Informationen Odense

Information
VisitOdense im Borgernes Hus (Community Center), *Østre Stationsvej 15, 5000 Odense C, ☏ 63757520, www.visitodense.de*

Hotels
Comwell H. C. Andersen Hotel €€€€ (1), *Claus Bergs Gade 7, 5000 Odense C, ☏ 66147800, www.comwell.com; das teuerste und mit 145 Zimmern größte Hotel der Stadt liegt unmittelbar am H. C. Andersen-Haus, mit Parkhaus, Sauna, Fitnessräumen sowie Gourmet-Restaurant.*
Hotel Plaza €€€€ (2), *Østre Stationsvej 24, ☏ 66117745, www.millinghotels.dk/hoteller/milling-hotel-plaza; die Grande Dame der Odenser Hotellerie, ein komplett renovierter Prachtbau von 1915, zentrumsnah dem Königsgarten und Schloss gegenüber, 68 mit englischen Möbeln und modernstem Komfort ausgestattete Zimmer, Fitnessraum und ein auch architektonisch überzeugendes Restaurant, zum Teil mit Ausblicken über den Kongens Have.*

First Grand Hotel €€€ (3), *Jernbanegade 18, ☏ 66117171, www.firsthotels.com; mitten in der Altstadt und am Kunstmuseum gelegener Bau aus der Zeit um 1900 mit geschmackvoller Einrichtung einschl. Bibliothek, 137 Zimmer, empfehlenswerte „Brasserie Grand" mit klassischer Bistro-Küche, Cocktail-Bar und Fitnessraum.*

Hotel Ansgar €€ (4), *Østre Stationsvej 32, ☏ 66119693, https://millinghotels.dk/hoteller/milling-hotel-ansgar, zentrums- und bahnhofsnah gelegener charmanter Altbau mit 74 gut ausgestatteten, renovierten Zimmern, Frühstücksrestaurant.*

Milling Hotel Mini 11 €€ (5), *Hans Tausens Gade 11, ☏ 66121131, https://millinghotels.dk/hoteller/milling-hotel-mini-11; 1904 errichtetes, komplett renoviertes Haus nahe dem Bahnhof und der Fußgängerzone, 25 gute Einzel-, Doppel- und Familienzimmer, netter Innenhof; auf Wunsch Frühstück im benachbarten Hotel Windsors.*

Jugendherbergen

Odense Danhostel City (6), *Østre Stationsvej 31, ☏ 63110425, www.danhostel.dk/hostel/danhostel-odense-city; an den Bahnhof angeschlossener Altbau eines ehemaligen Hotels mit 4 Etagen, alle 39 Zimmer mit Du/WC, gemütliches Café, gutes Frühstücksbüfett, ideale Verkehrsanbindungen, aber an lauter Straße gelegen.*

Kragsbjerggården (7), *Kragsbjergvej 121, ☏ 42415230, www.odv.dk; schöner, alter Fachwerkgutshof samt Park mit 32 Familienzimmern ohne Bad, 2 km südöstlich des Zentrums und ruhig gelegen. Nebenan befindet sich das* **Bunkermuseum** *(www.odensebunkermuseum.dk). Der Bunker stand während des Kalten Krieges als Atombunker zur Verfügung.*

Camping

DCU-Camping Odense, *Odensevej 102, 5260 Odense S, ☏ 66114702, www.dcu.dk/de/dcu-camping/odense; ganzjährig geöffneter Campingplatz mit u. a. Swimmingpool, modernen Sanitäranlagen und 14 heizbaren Hütten, etwa 4 km südlich des Zentrums.*

Restaurants

Den Gamle Kro (1), *Overgade 23, ☏ 66121433, www.dengamlekro.dk; in historischer Umgebung des Stadtmuseums Møntergården gelegener Gasthof von 1683, der mit seiner Patina vergangener Jahrhunderte als einer der schönsten des Landes gilt. Er bietet internationale und gute dänische Küche, u.a. eine vielfältige Smørrebrød-Karte (auch zum Mitnehmen!), tgl. 11.30–21, So bis 15 Uhr geöffnet.*

Bryggeriet Flakhaven (2), *Flakhaven 2, ☏ 66120299, www.flakhavengastro.dk;, gastronomischer Betrieb auf zwei Etagen in einer alten Brauerei hinter dem Rathaus, große Auswahl in- und ausländischer Biere, Brasserie mit ambitionierter dänisch-französischer Küche, tgl. bis 22 Uhr.*

Lokale in und um Brandts Klædefabrik (3), *Brandts Passage/Kongestien, z. B.* **Café Biografen** *(Amfipladsen 13), in dem es beste dänische Bio-Küche, u. a. Smørrebrød, Burger und Steaks gibt – und natürlich auch Kuchen.* **Nelles Coffee & Wine** *(Rosenbæk Torv 1) ist bekannt für das vegane Frühstück. Im* **Seaweed** *(Brandts Passage 36) gibt es in Seegras eingewickeltes Sushi, auch ohne Fisch.* **Marcello's** *(Kongensgade 10) ist ein beliebter Italiener am Parkplatz des Komplexes.*

Olivia Brasserie (4), *Vintapperstræde 37, ☏ 66178744, www.olivia-brasserie.dk; klassische dänische und französische Küche in angenehmer Umgebung auf zwei Etagen und mit Biergarten, Mo–Sa 10–23 Uhr, So Brunchbuffet 10–15 Uhr.*

Storms Pakhus (5), *Lerchesgade 4, www.stormspakhus.dk; toller Streetfood Market mit Ständen aus aller Welt in einem alten Lagerhaus. Abends oft Livemusik.*

Einkaufen

Bazar Fyn (1), *Thriges Plads 3–7, www.bazarfyn.dk; interessanter und quirliger Basar in einer ehemaligen, 7.000 m² großen Fabrikhalle, mit Gebrauchtwarenläden aller Art, verschiedenen Lebensmittelständen, Bäckerei, Textil- und Schmuckboutiquen sowie Cafés und Restaurants, die Geschäfte sind geöffnet Di–So 10–18, die Restaurants bis 21 Uhr.*

Rosengårdcentret (2), *Ørbækvej 75, www.rosengaardcentret.dk; eines der größten und kundenfreundlichsten Shoppingzentren von ganz Skandinavien, 2012 modernisiert, modern und freundlich, mit über 150 Geschäften unter einem Dach, darunter 16 Cafés und Restaurants, Kino, Fitness-Center, Indoor-Spielplatz, Post, Apotheke, 24-Stunden-Tankstelle etc., im Südosten der Stadt gelegen, Mo–Fr 10–19, Sa/So 10–17 Uhr, Kinos, Restaurants etc. längere Öffnungszeiten.*

Bahn/Busse

Der **Hauptbahnhof** *(Odense Banegård Center) ist ein Verkehrsknotenpunkt mit Intercity-Verbindungen u. a. nach Kopenhagen und Kolding; auch ab Hamburg direkt zu erreichen. Tickets und Infos unter ☏ 70131415. Im Bahnhof befindet sich auch die zentrale Kartenverkaufsstelle der* **innerstädtischen Busse** *(Odense Bytrafik, ☏ 66148814). Im Innenstadtbereich verkehrt der kostenlose* **CityBus**. *Seit 2022 gibt es in Odense auch wieder eine* **Straßenbahn** *(Letbane). Sie verkehrt zwischen Tarup im Nordwesten und Hjallese im Süden und durchquert die Innenstadt. Eine zweite Linie ist in Planung. Hinter dem Bahnhof ist der* **Busbahnhof** *für den Überlandverkehr (u. a. der regional bis Langeland verkehrende Fyn Bus, ☏ 63112233, www.fynbus.dk).*

Flugzeug

Der **Flughafen** *(Hans Christian Andersen Airport, Lufthavnevej 131, ☏ 65955072, www.hca-airport.dk) befindet sich 12 km nördlich des Stadtzentrums. Hier starten hauptsächlich Charterflüge sowie saisonale Flüge u. a. nach Bornholm.*

Nyborg

Nyborg ist ein geschichtsträchtiger 17.500-Einwohner-Ort, der schon 1271 mit Stadtrechten ausgestattet wurde und der sich um jene „Neue Burg“ gebildet hatte, die im Mittelalter zur Überwachung des Großen Belt entstanden war. In dieser Festung hatten die wichtigsten Adeligen des Reiches mit dem König bereits um 1200 zum ersten Mal ein Jahrestreffen abgehalten. Die Danehof genannte Institution tagte bis 1413 in Nyborg, das dadurch quasi zur Hauptstadt des Reiches avancierte. Im 19./20. Jh. erlebte das Städtchen als Seefahrts-, Handels-, Industrie-, Fähr- und Garnisonsstandort seine zweite Blütezeit. 1842 verlegte man das 3. Jägerkorps von Kopenhagen hierhin, das sich besonders in den Schleswigschen Kriegen ausgezeichnet hatte. Daran erinnert im Sommer noch der Nyborger Zapfenstreich, bei dem Korpsmitglieder unter Militärmusik durch die Straßen ziehen.

Wer Nyborg aus südlicher Richtung ansteuert, passiert am Ortseingang linker Hand die gut erhaltene **Dyrehave-Mühle** von 1858, in der noch bis 1976 Getreide gemahlen wurde. Das Innere der Windmühle holländischen Typs ist im Sommer zugänglich, außerdem hat man von hier einen schönen Blick auf das Stadtzentrum. Anschließend erreicht man über die Havnegade das Zentrum, könnte aber vorher nach rechts einen Abstecher zum **Jachthafen** an der Holckenhavn-Bucht unternehmen. Über die Hafenpromenade lassen sich schöne Spaziergänge unternehmen.

Für eine Innenstadtbesichtigung steuert man am besten den zentralen **Marktplatz** an, der im Mittelalter der Turnierplatz des Schlosses war. Das alte **Rathaus** von 1584 brannte bei einer großen Feuersbrunst nieder und wurde 1803 im neugotischen Stil wiedererrichtet, das Obergeschoss kam 1862 hinzu. Für Besucher mit wenig Zeit empfiehlt sich ein kurzer Spaziergang über die Slotsgade, die vom Touristenbüro und am Schlosssee vorbei zunächst zum wunderschönen Fachwerkhof **Borgmestergården** (früher: Mads Lerches Gård) führt. Dieses zweistöckige Haus, das der Kaufmann und Bürgermeister Mads Lerche im Jahr 1601 errichten ließ, ist eines der ältesten der Stadt und enthält sogar noch Kellergewölbe eines gotischen Vorgän-

Nyborgs Wahrzeichen – Festung oder Schloss?

gerbaus. Die Räumlichkeiten, in denen heute eine interessante lokalhistorische Sammlung aufgebaut ist, können besichtigt werden.
Borgmestergården, *Slotsgade 11, www.nyborgslot.dk/borgmestergaarden; April–Okt. Di–So 10–16 Uhr, Juni–Aug. tgl.*

Die Slotsgade endet an der **Festung Nyborg**. Kernstück der Anlage ist das sogenannte Schloss, das um 1200 errichtet wurde und von dem noch ein Flügel erhalten ist. Als Schauplatz des Danehofes, durch den König und Adelige gemeinsam Dänemark regierten, schrieb Nyborg Geschichte, u.a. besiegelte hier König Erik Klipping 1282 das erste dänische Grundgesetz und wurde 1326 die Unteilbarkeit von Nord- und Südschleswig beschlossen. Nach mehreren Restaurierungen ist das mittelalterliche Interieur wieder hergestellt, sodass man heute im Erdgeschoss den alten Danehof-Saal und das königliche Gemach (ca. 1200) sowie den Rittersaal von ca. 1549 besichtigen kann und im ersten Stockwerk u.a. den spätmittelalterlichen Rittersaal, weitere königliche Gemächer und Wächtergänge. An das Schloss schließen sich verschiedene Wehranlagen an. Nach der Besetzung Nyborgs durch schwedische Truppen wurde die Festung ab 1660 modernisiert; die heute noch sichtbaren Bastionen, Kanonenstellungen und Wallanlagen stammen aus jener Zeit. Dazu gehört auch das imponierende, 40 m lange **Torhaus** im Norden der Festung, das bis zur Mitte des 19. Jh. der einzige Zugang zur Stadt war. Zwischen 2016 und 2023 wurde der Burgkomplex umfassend renoviert und völlig neugestaltet. Das Innere der Burg wurde dabei komplett restauriert und dient nun für Ausstellungen. Auf dem Burggelände finden alle möglichen Festivals und Musikveranstaltungen statt. Nyborg Slot hat sich mittlerweile für die Anerkennung als UNESCO-Weltkulturerbe beworben.
Nyborg Slot (**Danehofslottet**), *Slotsgade 34, www.nyborgslot.dk; bis zur Wiedereröffnung Mitte 2023 keine Innenbesichtigung möglich*

Östlich der Festung liegt der Marktplatz. Möchte man noch einige der schönsten Straßenzüge und Gebäude Nyborgs kennenlernen, empfiehlt sich ein Spaziergang am Rathaus vorbei zum Kleinen Marktplatz mit der **Vor Frue Kirke** (Liebfrauenkirche). Das wie aus einem Guss wirkende Backstein-Gotteshaus (1388–1428) mit seinem großen West- und kleinem Ostturm besitzt einen hellen Innenraum mit sehenswerten Einrichtungsgegenständen. Rechts der Kirche sieht man den **Korsbrødregård** („Hof der Kreuzbrüder"), ein Anwesen des Johanniterordens von 1432. Gegenüber beginnt die Fußgängerzone Kongegade, die einen zurück zur Slotsgade bringt.

Nyborgs schönste **Strände** liegen östlich der Autobahn am Großen Belt; dort findet man auch Campingplätze, Hotels und im Norden den von Wanderwegen durchzogenen Buchenwald Christianslund mit dem charmant-eleganten Restaurant Lieffroy. Wer vom Hafen über Havnegade und Storebæltsvej fährt, passiert das subtropische Spaßbad Aqualand.

Reisepraktische Informationen Nyborg

Information

Nyborg Turistbureau, *Torvet 2B, 5800 Nyborg, ☏ 63338090, www.visitnyborg.dk.*

Hotels

Hesselet *€€€€€, Christianslundsvej 119, ☏ 65313029, www.hotel-hesselet.dk; exklusives Haus wenige Hundert Meter nördlich vom Nyborg Strand-Hotel. Es stammt aus den 1960ern, wurde aber vom britisch-dänischen Eignerpaar grundlegend restauriert und zu einer der besten Adressen in ganz Skandinavien gemacht. Alle 59 Zimmer und Suiten sind mit Stil- und dänischen Designermöbeln, Kunstwerken und modernstem Komfort ausgestattet, die Aufenthaltsräume mit Orientteppichen, offenem Kamin und Bibliothek. Innenpool, Sauna, Tennisplätze und nahebei ein 18-Loch-Golfplatz stehen ebenso zur Verfügung wie kostenlose Fahrradbenutzung. Im herrlichen Buchenwald oder am Sandstrand vor dem Hotel kann man joggen und wandern. Das Gourmet-Restaurant Hesselet ist wohl das beste Fünens, der Maître Mitbegründer der Neuen Dänischen Küche. Für das Dinner unbedingt reservieren.*
Nyborg Strand *€€€€, Østerøvej 2, ☏ 65313131, www.nyborgstrand.dk; ausladendes Ferien- und Konferenzhotel, östlich von Stadt und Autobahn sowie direkt am Strand und am schönen Buchenwald gelegen. Es verfügt über 426 komfortable bis luxuriöse Zimmer, zwei vorzügliche Restaurants, Bistro und Bar, Innenpool, Sauna, Solarium. Hübsche 1930er-Jahre-Herberge (mit modernen Anbauten), deren Grand-Hotel-Tradition man vor allem den Speiseräumen ansieht, sehr familienfreundlich.*

Camping

Nyborg Strandcamping, *Hjejlevej 99, ☏ 65310256, www.strandcamping.dk; am nächsten zur Innenstadt gelegener, schöner Platz direkt am Strand mit Badesteg, großem Spielplatz, Hütten, kleinem Laden und guten Sanitäranlagen.*

Restaurant

Café Anthon, *Mellemgade 25, ☏ 65311664; zentrales, nettes Café, in dem Livemusik gespielt wird, dänische Küche, auch für den kleinen Hunger.*

Bahn

Der **Hauptbahnhof** *liegt östlich des Stadtzentrums, ca. 1 km vom Rathaus entfernt (Banegårdsalléen 100). Ca. alle 30 Min. Züge in Richtung Odense und nach Seeland (Korsør, Roskilde, Kopenhagen). Ein Bahnticket nach Seeland ist deutlich billiger als die Brückenmaut für Pkw, und von der Westbrücke ist auch im Zug die Aussicht fantastisch. Allerdings nimmt die Bahn im Ostteil statt der Hochbrücke eine unterseeische Tunnelverbindung.*

Große-Belt-Brücke

Die Mautstationen liegen auf seeländischer Seite, dort gibt es ausgeschilderte Fahrspuren für Barzahler (Kontant/Cash), Kreditkartenzahler (Kun kort/Credit Cards) und Abonnenten (BroBizz), die einen günstigeren Tarif haben. Infos und aktuelle Tarife unter www.storebaelt.dk.

Knudshoved

Östlich von Nyborg ragt die Halbinsel Knudshoved einige Kilometer in den Großen Belt hinein. Der früher geschäftige Fährhafen liegt heute mehr oder weniger verwaist da, dafür macht die breite Trasse von Autobahn und Bahnschienen deutlich, dass nach Beendigung der etwa tausendjährigen Epoche der Fährschifffahrt Knudshoveds verkehrspolitische Bedeutung eher noch gestiegen ist. Der Grund dafür ist natürlich die spektakuläre Verbindung über den Großen Belt, deren weithin sichtbare Hängebrücke das Wahrzeichen der Region ist.

Noch ein Jahrhundertbauwerk: die Große-Belt-Querung

info

Es bedurfte mehrerer Anläufe, bis der lange gehegte Traum einer festen Querung über den Großen Belt, die das Eisenbahn- und Straßennetz auf Fünen und Seeland miteinander verknüpfen würde, in einem der weltgrößten Bauprojekte endlich Wirklichkeit werden konnte. Mit den ersten großen Arbeiten wurde 1988 begonnen. Sie umfassten die Bohrung und den Bau eines 8 km langen Eisenbahntunnels, des **Osttunnels**, zwischen Seeland und der Insel Sprogø, der nach dem Tunnel unter dem Ärmelkanal der **zweitlängste unterseeische Eisenbahntunnel Europas** werden sollte. Das Projekt sah zwei Tunnelröhren vor, jede mit einem Innendurchmesser von 7,7 m und einem Abstand von 25 m zueinander. Zwischen den beiden Röhren gibt es alle 250 m einen Quertunnel, teils für eisenbahntechnische Installationen, teils als Rettungswege bei Unfällen.

Die Große-Belt-Brücke – Skandinaviens höchstes Bauwerk

1989–93 entstand die kombinierte Straßen- und Eisenbahnbrücke zwischen Fünen und Sprogø, die **Westbrücke**. Mit einer Länge von 6,6 km war sie bei ihrer Fertigstellung **die längste Brücke Europas**. Sie ist eine Niedrigbrücke aus Spannbeton mit vielen identischen Brückengliedern mit einer Spannweite von je 110 m. Die bis zu 60 t schweren Brückenelemente wurden in Nyborg vorgefertigt und dann von dem weltweit stärksten Schwimmkran für Brückenmontagen vor Ort in Position gebracht. Neben den drei Hauptkomponenten – Westbrücke, Osttunnel und Ostbrücke – umfasste die Verbindung über den Großen Belt auch erhebliche Eindämmungsarbeiten um die **Insel Sprogø**, deren Fläche sich nach der Anlage der Brücken- und Tunnelrampen vervierfacht hat. Auf Sprogø wurde 1167 die Waldemars Burg, die erste dänische Festung gebaut. Heute sind davon nur Überreste zu finden und der Leuchtturm steht auf dem Hügel. 1922–1961 stand hier die Kellersche Anstalt, ein Pensionat für „unangepasste Mädchen". Dazu gehörten u. a. nicht vermittelbare bzw. „in der Gesellschaft auffällige" Waisenkinder sowie damals als „geistig behindert" bezeichnete Mädchen. Der Umgang mit ihnen wird heute oft diskutiert, kritisiert und ist auch Thema in dem Kriminalroman Verachtung (Originaltitel: Journal 64) von Jussi Adler-Olsen sowie dem Film Ustyrlig („Unkontrollierbar") von Malou Reymann.

info

Der spektakulärste Bauteil ist die sogenannte **Ostbrücke** zwischen Seeland und Sprogø, eine 6,8 km lange Autobahnbrücke (Baubeginn 1991). Über die östliche Fahrrinne baute man eine Hängebrücke mit einer freien Durchfahrtshöhe von 65 m und einer Spannweite von 1.624 m; damit ist sie **die zweitlängste Hängebrücke Europas und die viertlängste der Welt**, nur übertroffen von der Canakkale-1915-Brücke über die Dardanellen, der Akashi-Kaikyo-Brücke in Japan und der Xihoumen-Brücke in China. Die Ostbrücke wurde mit einem Brückenüberbau aus Stahl gebaut, der in Italien hergestellt, in Portugal zu 40–48 m langen Segmenten zusammengesetzt und schließlich in Aalborg zu Brückenglied-Elementen endmontiert wurde. Die größten Elemente haben ein Gewicht von rund 2.500 t. Von norwegischen Bohrinseln einmal abgesehen, ist die Hängebrücke **das höchste Gebäude in Dänemark und ganz Skandinavien**. Allein die Hauptkabel der Hängebrücke haben ein Gewicht von annähernd 2.000 t!

Mit Investitionskosten von rund 25 Mrd. Kronen ist das Projekt über den Großen Belt teurer geworden als alle früheren dänischen Brücken zusammen, es wurde komplett privat vorfinanziert und soll innerhalb von ca. 35 Jahren allein durch die Mauteinnahmen bezahlt werden. Insgesamt hat die Storebælts-Querung die Reisezeiten zwischen dem östlichen und westlichen Dänemark um mehr als eine Stunde verkürzt. Die beste Aussicht auf das Jahrhundertbauwerk hat man von der Raststätte bei Knudshoved und vor allem vom Naturrastplatz Halsskov auf der seeländischen Seite.

Für den Auto- und Bahnverkehr gelten bei **Starkwind Geschwindigkeitsbeschränkungen** bzw. kann die Brücke komplett **gesperrt** werden, was im Durchschnitt an vier Tagen im Jahr passiert. Trotzdem kam es hier im **Januar 2019** zum bislang schlimmsten **Eisenbahnunglück** in Dänemark, bei dem acht Menschen starben und 16 verletzt wurden. Als Folge des Unfalls wurden die Sicherheitsbestimmungen verschärft, bei Starkwind von mehr als 25 m/s wird nun der Gesamtverkehr eingestellt.

Von Middelfart nach Nyborg entlang der Nordküste (s. Karte S. 204)

Startpunkt dieser Tour ist **Middelfart**, das man entweder direkt in Richtung Båring verlässt oder zunächst einen Zwischenstopp auf der **Halbinsel Stavrhoved (6)** einlegt, die nördlich von **Strib** ins Meer ragt und wegen der Marina und weißsandiger Badestrände ein beliebtes Ausflugsziel darstellt. Unbedingt besuchen sollte man dort die 40 m hohe Steilküste **Røjle Klint**, die einen schönen Blick auf Fredericia, Kleinen Belt und Kattegat bietet. Die Halbinsel ist die westliche Begrenzung der Bucht von Båring, die vor allem Campingurlauber anzieht. Den schnellsten Weg von der Ortschaft **Båring** nach Bogense stellt die Landstraße dar, doch lässt es sich auf den kleinen Straßen nördlich davon geruhsamer reisen. Allerdings bringt einen die 317 näher an lohnenden Zielen vorbei. Eines der ersten Dörfer, die man hierbei durchquert, ist **Ore**, das eine sehenswerte Dorfkirche aufweist.

Im folgenden **Skovby** zweigt eine Seitenstraße zum Kunstgården ab (Wechselausstellungen, Verkauf von Kunsthandwerk, gemütliches Café, *www.kunst-gaarden.dk*). Und schließlich passiert man als letzte Station vor Bogense den **Harritslevgård (7)**. Schon im 13. Jh. wurde hier eine Burg erwähnt, doch stammt das heutige Schloss aus der Renaissance und wurde 1606 bezogen. Verschiedene Räumlichkeiten wie der größte dänische Rittersaal in Privatbesitz und die original er-

haltene Renaissance- und Barock-Einrichtung können ebenso besichtigt werden wie die großzügige Parkanlage. Zudem kann man hier in Selbstversorger-Apartments nächtigen.
Harritslevgård, *Assensvej 3, Harritslev, www.harridslevgaard.dk; Schloss und Park im Sommer Mo–Fr 13–17, So 13–17 Uhr*

Bogense

Der gemütliche Ort gilt als Fünens kleinste Handelsstadt, deren Reiz von der Lage zwischen Wasser und Wald und vielen idyllischen Straßenzügen bestimmt wird. Für einen kleinen Rundgang steuert man am besten zunächst den langgestreckten, schmalen **Hafen** an, in dem malerisch die Fischerboote dümpeln und wo man sofort nördlich einen kleinen Strand sowie den Kyst Campingplatz direkt am Wasser, kleine Hotels, Ferienwohnungen und den empfehlenswerten Fischimbiss Fiskehuset Bogense vorfindet. Südlich des alten Hafens breitet sich die moderne Marina aus. Auf dem Weg vom Hafen zur Altstadt passiert man die spätgotische **St.-Nikolai-Kirche**. Das dem Schutzpatron der Seefahrer geweihte, weißgekälkte Gotteshaus reckt seine holzschindelgedeckte Turmspitze deshalb so hoch hinauf, weil diese gleichzeitig als Seezeichen dienen sollte. Da an stürmischen Tagen das Meer im Westen das Glockengeläut übertönen würde, errichteten die pragmatischen Bürger den Turm im Osten der Kirche.

Vor dem mauerumgürteten Kirchhof beginnt der mit Lindenbäumen bepflanzte und von einer ununterbrochenen Reihe kleiner Häuschen begrenzte **Markt**, der zweifellos zu den schönsten in Dänemark zu zählen ist, in seiner Mitte sieht man die Kopie einer alten Wasserpumpe. Nördlich des Marktes stößt man auf den Wasserturm *(an Sommerwochenenden begehbar)*. Besonders idyllisch ist Bogenses Stadtbild immer dort, wo man auf den schmalen Stadtbach Bybækken trifft, der sich an Fachwerkhäusern und kopfsteingepflasterten Gassen mit alten Gaslaternen vorbeiwindet. Schön sind auch die Häuser auf der Østergade, u. a. der **Erik Menveds Kro** von 1543; immerhin einer der ältesten Gasthöfe Dänemarks! Am Ende der Adelgade befindet sich eine genaue Kopie des Brüsseler **Manneken-Pis**.

Fünen hat im Norden schöne Strände

Hinter Bogense kommt man auf der Straße 162 nach ca. 4 km nahe am 1640 errichteten Renaissance-Schloss **Gyldensteen (8)** vorbei (*kein Zutritt*). Ein Abstecher zur Küste ist dann wieder in Vester Egense möglich, wo die Stichstraße über Jersore nach **Lindøhoved** führt. Hier hat man nicht nur einen schönen Blick auf drei vorgelagerte Eilande, sondern kann bei Niedrigwasser zu diesen auf dem sogenannten Ebbevej hinüberwaten. Auf einer langgestreckten, nur wenige Meter schmalen Landzunge erreichen Wanderer mit guter Kondition die Insel **Æbelø**. Das 207 ha große Eiland ist dicht bewaldet, hat im Norden ein 24 m hohes Steilufer nebst Leuchtturm und steht unter Naturschutz. Es lässt sich nur bei Ebbe und zu Fuß erreichen, die Entfernung beträgt ca. 4 km, von denen 1½ km durch seichtes Wasser führen. Manchmal werden von Lindøhoved aus bei Niedrigwasser auch Touren mit Pferd und Wagen nach Æbelø angeboten.

Auch der Abstecher zur nordfünischen Kattegat-Küste hat einiges zu bieten: Ganz im Westen z. B. liegt die **Halbinsel Flyvesandet (9)**: Über 24 km zieht sich von hier ein fast ununterbrochener Sandstrand bis hinunter nach Enebærodde im Osten, wobei das Hinterland alle möglichen Landschaftsformen umfasst. Die Bedingungen für sommerliche Aktivitäten (u.a. Strandwanderungen, Baden, Segeln, Surfen und Angeln) sind gut, und eine entsprechende Infrastruktur ist ebenfalls vorhanden. Wer hier länger bleiben möchte, hat die Wahl zwischen mehreren Campingplätzen und jeder Menge Ferienhäuser, die selten mehr als 300 m vom Wasser entfernt sind. Im Südosten ragt die 5 ½ km lange **Landzunge Enebærodde (10)** ins Meer und trennt den stillen Odense-Fjord vom bisweilen stürmischen Kattegat. Keine Autostraße führt zu diesem naturschönen Flecken, sodass nur Wanderer oder Fahrradfahrer die von Heide bedeckte Landschaft genießen können. Das Gebiet gehört zum nahen **Herrenhaus Hofmansgave (11)** (*Hofmansgavevej 27, Otterup, www.hofmansgave.dk*), das sich inmitten von Wiesen und Feldern auf einer ehemaligen Insel am Odense-Fjord befindet. Der sehenswerte Park mit seltenen Pflanzen und Bäumen ist ganzjährig frei zugänglich, hier stößt man auch auf eine Grotte, eine „Alpenlandschaft“ im Miniformat und eine norwegische Hütte des Grafen Hofman-Bang. Zudem gibt es auf dem Hof Dänemarks einziges **Kartoffelmuseum** (*www.kartoffelmuseum.dk*), das leider nur unregelmäßig geöffnet ist.

Oder aber man unternimmt einen westlichen Schlenker zu zwei weiteren Sehenswürdigkeiten. Als erstes der Weiler **Glavendrup (12)**, den man über schmale Nebenstraßen erreicht. In einem Waldstück verbirgt sich dort die größte dänische Schiffssetzung (Skibssætning) aus der Wikingerzeit. Dies war offenbar ein heiliger Ort, denn gleich in der Nähe befindet sich ein bronzezeitlicher Grabhügel. Dahinter markieren ovale Findlingsblöcke das 60 m lange Totenschiff, das den hier beigesetzten Häuptling ins Totenreich trug. Allerdings fand man außer einfachen Brandspuren keine Anzeichen eines Herrschergrabes innerhalb der Steinsetzung: Vermutlich starb der Wikinger Alle der Bleiche während eines Feldzuges im Ausland. Anstelle eines Stevens sieht man am Ende des Monuments einen zugehauenen Stein mit einer außergewöhnlich langen Runeninschrift.

Auch der Besuch des beschaulichen Städtchens **Søndersø** lohnt, das sich einige Kilometer südwestlich von Glavendrup befindet. Es bietet einige nette Häuser, das weiße Schlösschen Dallund und eine mittelalterliche Kirche, die schon äußerlich mit ihren Treppengiebeln und dem massiven Westturm besticht. Im Innern sind gotische Kalkmalereien und ein Taufbecken von etwa 1500 zu bewundern.

Hindsholm

Das Örtchen Munkebo ist vor allem bekannt durch den weithin beliebten historischen Munkebo Kro (hervorragendes Restaurant, Unterkünfte, *www.munkebokro.dk*). Südlich des Ortes begeistert das sehenswerte **Schloss Ulriksholm (13)**, welches jedoch nur von Weitem zu bewundern ist, da es privat genutzt wird. Erbauen ließ es Christian IV 1632 für seinen unehelichen Sohn Ulrik Christian Gyldenløve. Von dort, vorbei am Wikingermuseum in Ladby und Kerteminde (siehe S. 223), lohnt ein Abstecher über Mesinge und die Straße 315 zur 25 km langen Halbinsel Hindsholm. An der Kirche von Mesinge zweigt rechts eine Stichstraße nach **Lods-**

Das Kap bei Fyns Hoved

huse ab, das nur einen Steinwurf weit vom jenseitigen Ufer Enebærodde entfernt ist. Beide Punkte flankieren die Zufahrt zum Odense-Fjord. Zurück fährt man an der Dalby-Bucht (Strände) vorbei und gelangt an der Kirche von Dalby wieder auf die Hauptstraße.

Weiter nördlich passiert man den **Herrensitz Scheelenborg (14)** und **Martofte** mit kleinem Lokalmuseum, und kurz darauf erhebt sich bei Snave östlich der Hauptstraße der **Mårhøj** über die gelben Rapsfelder: Unter ihm verbirgt sich das mit über 10 m Kammerlänge größte steinzeitliche Einkammer-Hügelgrab des Landes (Taschenlampe!). Anschließend passiert man zur Linken das hochherrschaftliche Gut Brockdorff und nähert sich den grünen Hügeln des Nordzipfels, wo die gut 25 m hohe Klippe **Fyns Hoved (15)** steil zum Meer hin abfällt. Geologisch und landschaftlich zählen das Kap und die umgebenden Naturhäfen zu den interessantesten Flecken Fünens, weite Teile sind wegen seltener Pflanzen und der Vogelwelt unter Naturschutz gestellt. Auf dem Fynshovedvej fährt man hier zunächst am Campingplatz und dann am Ufer der runden Bucht Korshavn mit ihrem Bootsanleger vorbei. Hinter dem „Jägerhotel" am Binnensee Pugesø gibt es Parkmöglichkeiten, Wanderwege zu einem Aussichtspunkt und einen nahen Badestrand. Man kann auch über die Landbrücke Halsen auf das eigentliche Kap zufahren. Rechter Hand sieht man dabei die Bucht Fællesstrand mit dem jenseitigen Uferstreifen Tornen. Am Fyns Hoved hat man einen weiten Blick übers Meer und kann mit bloßem Auge Seeland, Samsø, Jütland, Nordfünen sowie Æbelø erkennen. Wegen des trockenen (jährlicher Niederschlag nur 480 mm!) und milden Klimas wachsen an der Klippe Pflanzen, die eigentlich in Südosteuropa zu Hause sind.

Auf der Rückfahrt nach Süden kann man bei **Stubberup** die Straße verlassen und sich weiter östlich orientieren. Dort locken mehrere Strände und zwei ausnehmend schöne Dörfchen: **Måle** und **Viby** (u. a. mit einer pittoresken Windmühle). Gegenüber im Großen Belt blickt man auf das waldbedeckte Eiland **Romsø (16)**. Im Sommer fährt zweimal wöchentlich ein Boot von Kerteminde aus auf die Insel. Dort kann man wandern, die Natur genießen und eines der wenigen Ferienhäuser mieten. Nachdem man anschließend den Herrensitz Hverringe mit seiner uralten Kulturlandschaft passiert hat, gelangt man wieder auf die 315 und in nur wenigen Fahrminuten nach Kerteminde.

Kerteminde

Das beschauliche Kerteminde, das 2020 seine 670-Jahr-Feier beging, war einst die drittgrößte Stadt der Insel. Eine Quelle des Reichtums war der Hafen, von wo u.a. Getreide nach England und Norwegen verschifft wurde. Der sogenannte Schwedenkrieg 1660 zerstörte fast die ge-

Im Hafen von Kerteminde

samte Stadt, und die Eröffnung des Odense-Kanals beendete die Bedeutung als Umschlagplatz. Dass hier auch später noch Wohlstand herrschte, ist den Kerteminde Rådemænd („Kerteminder Ratsherren") zu verdanken – so heißen im Volksmund die fetten Flundern, die hier in rauen Mengen gefangen wurden.

Bei der Einfahrt aus nördlicher Richtung passiert man den großen Jachthafen mit seinem lebhaften Treiben. Auf gleicher Höhe kann man rechts zum nahen **Møllebakken** abbiegen. Dort befindet sich das interessante **Johannes-Larsen-Museum**. Larsen war einer der bekanntesten sogenannten Fünen-Maler. 1901 ließ er in seinem Geburtsort auf dem Møllebakken eine Villa bauen, in der er bis zu seinem Tod 1961 lebte. Auch die hübsche Windmühle (Svanemølle) gegenüber in einem Park gehörte ihm. Sie veranschaulicht als Teil des Museums Konstruktion und Technik des holländischen Mühlentyps. Vom drehbaren Oberteil hat man eine herrliche Aussicht über Stadt und Bucht, das ehemalige Waschhaus ist als stimmungsvolles Café eingerichtet. Das originalmöblierte Heim des Malers (besonders schön ist das mit Fresken geschmückte Esszimmer) kann besichtigt werden.
Johannes Larssen Museet, *Møllebakken 14, www.johanneslarsenmuseet.dk; Juni–Aug. tgl. 10–17, sonst Di–So 10–16 Uhr*

Weiter südlich breitet sich die pittoreske Altstadt mit ihren roten Dächern aus. Nahe der Touristeninformation kann man die **Laurentiuskirche** von 1400 und die verwinkelten Gassen mit ihren Galerien, Antiquitätenläden und Lokalen besuchen. Die Langegade wird von vielen alten Häusern flankiert, sogar einen alten Brunnen gibt es. Dort befindet sich auch das Kulturhistorische Museum **Farvergården** in einem prächtigen Fachwerkhof von 1630.
Farvergården, *Langegade 8, www.ostfynsmuseer.dk; April–Ende Okt. Di–So 10–16 Uhr, Juni–Aug. tgl., freier Eintritt*

Auf der Trollegade stößt man u.a. auf den alten Kramladen **Høkeren**, der wie zur Zeit der Wende zum 20. Jh. eingerichtet ist. Nach Osten hin bringt einen die Trollegade zu einem Platz direkt am geschäftigen **Fischereihafen**, der vom **Fjord-&-Belt-Center** besetzt wird. Die moderne Anlage ist der Unterwasserwelt gewidmet, und kaum eine Tierart, die im Großen Belt oder Odense-Fjord zu Hause ist, ist hier nicht vertreten. Krebse, Krabben, Stichlinge, Muscheln und Quallen sind zu sehen und wer dem Meeresgrund ganz nah kommen möchte, kann das auf einem Spaziergang durch den 50 m langen Plexiglastunnel. Zudem gibt es Fütterungen von Seehunden und Schweinswalen sowie Bootstouren hinaus aus der Bucht, wobei man oft Schweinswale beobachten kann.
Fjord & Bæltcentret, *Margrethes Plads 1, www.fjordbaelt.dk; Mitte Feb.–Mitte Dez. meist tgl. 9–16, Ferien und Hochsaison bis 17 Uhr, Ende Dez.–Mitte Feb. geschl.*

Reisepraktische Informationen Kerteminde

Information

Kerteminde Turistbureau, *Strandvejen 6, 5300 Kerteminde, ☏ 6532 1121, www.visitkerteminde.dk.*

Hotel

Tornøes Hotel €€€, *Strandgade 2, ☏ 65321605, www.tornoeshotel.dk; schöne Anlage moderner Giebelhäuser mitten im Zentrum und nur 700 m vom Strand entfernt, hübsche Aussicht über Hafen, Fjord und Stadt, 59 gut ausgestattete Zimmer, empfehlenswertes Restaurant mit Fischspezialitäten und typisch dänischen Gerichten.*

Jugendherberge

DanHostel Kerteminde, *Skovvej 46, ☏ 65323929, www.dkhostel.dk; sehr schöne Herberge mitten im Wald sowie nahe zu Strand und Stadt, 30 Familien- und Doppelzimmer mit Du/WC.*

Camping

Camp Hverringe, *Bøgebjerg Strand, Blæsenborgvej 200, 5380 Dalby, ☏ 6534 1053, www.camphverringe.dk; 8 km nördlich von Kerteminde gelegene 5-Sterne-Anlage am Strand mit vielen Sport- und Abenteuermöglichkeiten (Pool, BMX-Räder, Unterwasserpfad, Aqua Action, Floßbau, Lagerfeuer, Bastelwerkstatt etc.), Vermietung von komfortablen Hütten, Spielplatz, kleiner Laden, April–Okt. geöffnet.* **Kerteminde Camping**, *ein weiterer Campingplatz, befindet sich am nördlichen Ausgang der Stadt, Hindsholmvej 80, www.kertemindecamping.dk.*

Restaurant

Restaurant Rudolf Mathis, *Dosseringen 13, ☏ 653223233, www.rudolf-mathis.dk; architektonisch auffälliges, Di–Sa, Sommer auch So geöffnetes Lokal direkt am Wasser mit vorzüglichen Fischgerichten zum Mittag- und Abendessen, die allerdings auch ihren Preis haben.*

Bei der Weiterfahrt nach Nyborg sei ein kleiner Abstecher nach **Ladby (17)** empfohlen. 5 km von Kerteminde entfernt befindet sich dort einer der wichtigsten Plätze in Dänemark, die Aufschluss über die Wikingerzeit geben können. 1935 durchgeführte Ausgrabungen an einem Grabhügel belegten, dass an dieser Stelle vor gut tausend Jahren ein 22 m langes **Schiff** an Land gezogen und vor der Küste in eine flache Grube gelegt wurde. Das Schiff hatte einen Mast, einen furchterregenden eisernen Drachenkopf auf dem Vordersteven und ein hölzernes Dreieckhaus auf dem Achtersteven. Hier wurde ein Wikinger zusammen mit reichen Beigaben beigesetzt, während man auf das Vordeck die Leichen von 11 Pferden und einigen Hunden legte. Das Schiffsgrab bedeckte man mit schweren Planken und schüttete darüber einen großen Hügel auf. Die Archäologen konnten rekonstruieren, dass später (vielleicht von getauften Nachfahren) das Grab geöffnet und der Leichnam des Wikingers sowie einige Grabbeigaben entfernt wurden. Während man die erhaltenen Funde nach Kopenhagen ins Nationalmuseum brachte, wurde in Ladby das Grab selbst zum **Museum** umfunktioniert. Die Erdbedeckung des Hügels wurde fortgenommen und durch eine Kuppel ersetzt, sodass das Innere von allen Seiten sichtbar ist. Das Museum dokumentiert die Geschichte der Ausgrabung und das Thema „Die Wikinger auf Fünen", außerdem sieht man an der Küste unterhalb des Hügels eine genaue Kopie des Schiffes.

Vikingemuseet Ladby, *Vikingevej 123, Kerteminde, www.vikingemuseetladby.dk; Juni–Aug. tgl. 10–17, sonst Di–So 10–16 Uhr*

Ebenfalls sehenswert ist einige Kilometer südlich von Ladby die reich mit Kalkmalereien geschmückte **Rynkeby-Kirche (18)**.

Entlang der Südküste bis Svendborg (s. Karte S. 204)

Assens

Hat man hinter Middelfart auf der Küstenstraße die langgestreckte und naturschöne Halbinsel **Fønsskov (19)** passiert, erreicht man anschließend das **Schloss Wedellsborg (20)**, eine nüchtern wirkende Mehrflügel-Anlage mit einer der größten Parkanlagen Dänemarks. Zurzeit kann man die Liegenschaft, die mittlerweile zu einem ökologisch aufgestellten Agrar-Konzern gehört, jedoch nicht besichtigen. Danach gelangt man nach Assens, einem mittelgroßen Städtchen mit netten Geschäften und Kneipen, Unterkünften, großem Jachthafen und Badestränden in unmittelbarer Nähe.

Der früher so bedeutende **Hafen** spielt für die Fährschifffahrt nur noch eine untergeordnete Rolle, ist ansonsten aber nach wie vor betriebsam. Hier blickt Assens berühmtester Sohn, Peter Willemoes, von seinem hohen **Denkmal** auf die Stadt, in der er 1783 geboren wurde. In den Kriegen gegen England wurde er als Seeheld berühmt, insbesondere bei der Schlacht von Kopenhagen gegen den britischen Admiral Horatio Nelson (1801). Sein Geburtshaus in der Østergade ist der im 16. Jh. errichtete **Willemoesgård**, der ebenfalls an den Seehelden erinnert und darüber hinaus eine Gemäldeausstellung von Künstlern zeigt, die Assens verbunden waren. Sehenswert ist auch die strahlend weiße, dreischiffige **Vor Frue Kirke** (Liebfrauenkirche), die 1488 eingeweiht wurde und als zweitgrößtes Gotteshaus Fünens gilt. Im Innern können Gemälde von D. Dreyer und J. Jerichau bewundert werden. Ansonsten lohnt es sich, an den restaurierten Häusern und Höfen der gepflasterten Hovedgade entlang zu schlendern, sich den wunderschönen Bahnhof mit seinem Café anzuschauen, im Stadtwald mit Riesenfiguren Schach zu spielen oder einfach das quirlige Treiben am Hafen zu genießen, wo u. a. auch die urige kleine Fähre zur **Insel Bågø** ablegt (*30 Minuten Überfahrt*). Die 6 km² große, im Winter sehr stürmische Insel ist bei Naturfreunden beliebt, besonders wegen der Wanderwege und der Vogelwelt. Es gibt hier eine kleine Marina, Ferienwohnungen, einen einfachen Campingplatz sowie einen Hafenkiosk.

Auf diesem Weg von Assens nach Fåborg folgt man immer dem Küstenverlauf. D. h., dass man sich ab Assens südwärts orientiert, die Biegung der kleinen Torø-Bucht mitmacht und dann auf schmalen Wegen die bis zu 38 m hohe Steilküste von **Sønderby Klint (21)** passiert – für Steinesammler ein wahres Eldorado! Vom Parkplatz (*Å Strandvej*) muss man etwa 500 m zu den Klippen laufen.

Auf der Höhe von **Ebberup** sollte man sich nicht den Abstecher zur langgestreckten Halbinsel **Helnæs** entgehen lassen. Dieses friedliche Idyll war ursprünglich eine Insel, ist jetzt aber durch einen 1.200 m langen Steindamm mit Fünen verbunden. Hinter dem Damm begrüßt einen Helnæs mit der Hügelkette Brobakker, deren Wiesen im Sommer von einem wahren Blütenteppich bedeckt sind. Weiter südlich gelangt man zum schmucken Dorf Helnæs, das im Westen von einem riesigen Heidegebiet begrenzt wird. Und ganz im Südwesten sendet der Leuchtturm seinen Lichtkegel über den Kleinen Belt.

Bei der Rückfahrt sollte man hinter dem Damm der roten, auf einem flachen Hügel gelegenen Kirche von **Dreslette (22)** einen Besuch abstatten, die sich durch ihren viereckigen Westturm von allen anderen fünischen Kirchen unterscheidet (Aussichtsplattform). Außerdem beherbergt sie die älteste Kirchenorgel des Königreichs. Ganz in der Nähe bietet das ausnehmend hübsche Dorf **Voldtofte (23)** auch den vorgeschichtlich Interessierten etwas: der sogenannte **Lysehøj** ist ein imponierender Grabhügel aus der späten Bronzezeit, unter dem ein einziger reicher Fürst beigesetzt wurde.

Ebenfalls interessant in dieser Region sind drei weitere Punkte:
Zum einen das **Schloss Krengerup (24)**, ein neuklassizistisches Anwesen der Adelsfamilie Rantzau aus dem 18. Jh. Neben dem weißen Hauptgebäude und dem ganzjährig zugänglichen Park lohnt der Besuch wegen zweier Museen, die in den Wirtschaftsgebäuden untergebracht sind: dem Flachs- und Leinenwebmuseum sowie dem Skoda-Museum, in dem bestens erhaltene Oldtimer ausgestellt sind.
Krengerup Slot, *Krengerupvej 96, Glamsbjerg, www.krengerup.dk. Hørvævsmuseet, www.hoervaevsmuseet.dk. Skoda Museum, www.skodamuseum.dk. Beide Museen: Juni–Aug. sowie Herbstferien Di–So 13–17, Mai u. Sept. Sa/So 13–17 Uhr*

Zum anderen das **Freilichtmuseum in Gummerup (25)** (*Vestfyns Hjemstavnsgard, Klaregade 23, Gummerup*), das von Sonnenauf- bis -untergang frei zugänglich ist und sich zu einem Spaziergang oder Picknick zwischen westfünischen Bauern- und Fachwerkhäusern eignet (nur Außenbesichtigung). Und drittens die schönste Kirche der Gegend, die gut 10 km weiter südöstlich liegt: die romanische **Treppengiebelkirche von Vester Hæsinge (26)** *(Borkevej 21, Vester Hæsinge, Broby, Mo–Sa 9–16 Uhr)*.

Übernachtungstipps:
Falsled Kro €€€€, *Assensvej 513, Millinge, ☎ 62681111, www.falsledkro.dk; toll restaurierter Kro mit schönem Garten und Gourmet-Restaurant, wo selbst das Frühstück ein Erlebnis ist. Zimmer mit schickem historischem Ambiente. Wer die hohen Preise scheut, findet 1 km südlich auf dem Campingplatz* **Falsled Strand** *(www.falsledstrandcamping.dk) ein Plätzchen direkt am Wasser. Hütten gibt es hier auch.*

Fåborg

Die oft auch Faaborg geschriebene Handels- und Seefahrtsstadt liegt am gleichnamigen Fjord, westlich erstreckt sich die Halbinsel Horneland. Das geschichtsträchtige und schöne 7.000-Einwohner-Städtchen, das einst zum Herzogtum Schleswig gehörte, besitzt viel historischen Charme und gilt als eines der beliebtesten Reiseziele auf Fünen. Für eine Besichtigung steuert man am besten den Fährhafen an, wo die Inselfähren nach **Avernakø, Lyø, Ærø** und **Bjørnø** starten und wo gelegentlich auch Kreuzfahrtschiffe anlegen. Am Hafen erfreut das **Øhavs Museet** (*Havnegade 3, www.ohavsmuseet.dk, Di–So 10–16 Uhr*) besonders Familien mit Kindern durch eine interaktive Ausstellung zu den Themen Natur, geologische Entstehung der Region, Gewässer und Inseln des Kleinen Belt. Angeboten werden u. a. Schnorchel-Safaris und Exkursionen durch die von der Eiszeit geformte Landschaft (jedoch nur auf Dänisch). Gleich dahinter, direkt am Hafen, lockt die Røgeri Café Faaborg mit leckeren Fischsnacks. Am Südende der Hafenanlage, hinter dem Fähranleger, befindet sich ein Hafenbad.

Ein kleiner Rundgang bringt einen vom Hafen in die schmalen Gassen der Altstadt. Nicht zu verfehlen ist hier der **Glockenturm** in der Tårnstræde (*www.klokketaarnet.dk*), der die gesamte Stadt samt Hafen dominiert. Fåborgs Wahrzeichen stammt vom Ende des 15. Jh. und gehörte einst zur Stadtkirche St. Nicolai. Nach der Reformation riss man die verfallenen Kirchengebäude ab und ließ nur diesen Turm als Seezeichen stehen. Das bekannte Glockenspiel, mit 38 Glocken das größte auf Fünen, ertönt tgl. um 8, 12 und 22 Uhr mit Melodien dänischer Psalmen. Der

Historischer Charme in Fåborg

Turm kann im Sommer bestiegen werden. In der Hauptsaison starten am Glockenturm auch die schwarzgewandeten **Stadtwächter** zu ihrem abendlichen Rundgang, der erstmals 1592 belegt ist. Einem dieser Herren, die oft amüsante Geschichten zum Besten geben, kann man sich anschließen und dabei Fåborg auf interessante Weise kennenlernen.

Westlich des Turms betritt man den **Marktplatz**, in dessen Mitte eine Brunnenskulptur den nordischen Urzeit-Riesen Ymir zeigt. Eine Seite des Platzes nimmt das alte **Rathaus** ein; es enthält nun das lokalhistorische Archiv, das älteste seiner Art in Dänemark, mit vielen interessanten Büchern, Karten und anderen Dokumenten (freier Zugang) sowie **Faaborg Arrest**, das alte Gefängnis, das bis 1989 in Gebrauch war. Einige Schritte auf der Torvegade nach Westen stößt man auf den ausnehmend schönen Hof **Den gamle Gaard**, der heute als lokalhistorisches Museum besichtigt werden kann. Der Hof wurde 1725 fertiggestellt und innen im Rokoko-Stil eingerichtet. Möbel und schöne Sammlungen von Glas, Porzellan und Fayencen erzählen von der reichen Zeit des 18.–19 Jh., als die Handelsflotte von Fåborg auf allen Weltmeeren zu Hause war. Geht man von hier aus die Fußgängerzone aufwärts, kommt man zu einem interessanten Gebäude, in dem sich heute Geschäfte befinden. Dieser **Voigtske Gaard** stammt aus dem Mittelalter, doch wurde das 60 m lange Vorhaus samt Seiten- und Hintergebäuden unter dem Kaufmann Lars Peter Voigt 1837–38 zum größten Packhaus der Stadt umgebaut. Zur Familie gehörte übrigens das Mädchen Riborg Voigt, in das sich H. C. Andersen während eines Besuches in der Stadt verliebte und daraufhin das Gedicht „Zwei braune Augen …“ schrieb.

Vom Packhaus sollte man noch einige Schritte die Vestergade entlang spazieren, da die Stadt dort eines ihrer mittelalterlichen **Stadttore** bewahrt hat, das Vesterport. Zusammen mit dem in Stege auf Møn ist das von Treppengiebeln bekrönte Torhaus eines der beiden Mittelalter-Stadttore, die es überhaupt noch in Dänemark gibt.

Anschließend schlendert man die Vestergade zurück und deren Verlängerung, die Grønnegade, entlang. Über die Kirkestræde kann man dann links der **Heiliggeistkirche** (Helligåndskirke) einen Besuch abstatten, dem übrig gebliebenen Teil eines 1477 eingeweihten Mönchsklosters. Auf der Grønnegade gelangt man zum **Faaborg-Museum** von 1915, das allein schon wegen seiner Architektur bemerkenswert ist: Es gilt als Programmbau der neuklassizistischen Baukunst im Königreich und vermittelt eine „bescheidene Monumentalität“. Die Sammlungen, die ausschließlich Gemälde und Skulpturen dänischer Künstler enthalten – darunter viele der sogenannten Fünen-Maler –, wurden von einem einzigen reichen Kaufmann zusammengetragen.
Faaborg-Museum, *Grønnegade 75, www.faaborgmuseum.dk; Juli–Aug. Di–So 10–17/18, sonst Mi–So 11–16 Uhr*

Wenige Schritte später endet der Rundgang durch die Stadt am ehemaligen Bahnhof. Die 1882 eingeweihte Eisenbahnlinie verband Fåborg mit Odense via Korinth und Ringe; 1962 jedoch legte man die Strecke für den Personen-, 1987 dann für den Güterverkehr still. Heute wird die idyllische Linie bis Korinth im Sommer von einer **historischen Eisenbahn** (*www.veteranbanen-faaborg.dk*) wieder zum Leben erweckt, wobei eine Lok samt Teakholz-Personenwaggons aus den 1930ern oder eine Diesellok aus den 1950ern zum Einsatz kommen.

Reisepraktische Informationen Fåborg und Umgebung

Information

Faaborg Turistbureau, *Torvet 19, 5600 Fåborg, ☎ 72531818, www.visitfaaborg.dk.*

Hotels

Hotel Faaborg Fjord €€€€, *Svendborgvej 175, ☎ 62611010, www.hotelfaaborgfjord.dk; 2½ km östl. des Zentrums gelegene Villa mit modernen, architektonisch ansprechenden Anbauten, 128 helle Zimmer und Suiten, alle mit Terrasse oder Balkon, Restaurant mit Fjordblick, eigener Strand mit großer Liegewiese.*

Hotel Hvedholm Slot €€€, *Hvedholm Slot 1, Horne, ☎ 63601020, https://hvedholm.slotshotel.dk; nächtigen wie ein Fürst: Eins der schönsten und größten Privatschlösser des Landes (S. 230) bietet 62 Zimmer mit Himmelbett und allen Bequemlichkeiten sowie 27 Suiten – viele Zimmer wurden im Annex neu gebaut. Das À-la-carte-Restaurant ist eine absolute Top-Adresse – im Ritter- und Spiegelsaal werden französisch inspirierte Fisch- und Wildspezialitäten serviert, den Kaffee zum Abschluss trinkt man in den ebenso schön eingerichteten Salons (tgl. 12–22 Uhr, unbedingt reservieren). Nach einem opulenten Mahl kann man durch den 10 ha großen Park wandern. Wunderbar auch der Blick vom Schlossturm über das Inselmeer. Weinkeller und Boutique mit Kunsthandwerk. Der Sinebjerg Strand ist 3,5 km entfernt und 8 km entfernt gibt es den Fåborg-Golfplatz (Buchungspakete möglich).*

Jugendherberge

DanHostel Faaborg, *Grønnegade 71–72, ☎ 31270980, www.danhostelfaaborg.dk; zentral gelegene Herberge in zwei Fachwerkgebäuden aus dem 19. Jh. mit viel Flair (ehemals Armenhaus bzw. Kino), 69 Betten, 18 einfache Familienzimmer, Okt.–März geschl.*

Restaurants

Det Hvide Pakhus, *Chr. D. IXs Vej 2, ☎ 62610900, www.dethvidepakhus.dk; sehr schön in einem alten Packhaus untergebrachtes Restaurant mit feiner dänischer Küche. Meist nur Menüs, im Sommer aber auch À-la-carte.*

Frk. Jensens Café, *Mellemgade 10, ☎ 61107020, www.frkjensens.nu; unkompliziertes, nettes und kinderfreundliches Café-Restaurant im Zentrum mit internationaler Küche. Di–Do 17.30–21, Fr/Sa ab 12 Uhr.*

Fähren

Ab Fåborg *gibt es regelmäßige Fährlinien zu den vorgelagerten Inseln, z. B. nach* **Avernakø** *und* **Lyø** *4–8-mal tgl. mit der kleinen Autofähre Faaborg III (Færgeveje 23, ☎ 62612307) und nach* **Bjørnø** *(☎ 62618299). Nach* **Søby** *auf* **Ærø** *unterhält die Reederei Ærøfærgene (☎ 62524000, www.aeroe-ferry.dk) eine Linie, die bis zu 6-mal tgl. bedient wird, die Überfahrt dauert 1 Stunde. Zwischen* **Bøjden** *westl. von Fåborg und* **Fynshavn** *auf (Autostraße nach Südjütland) operiert die Reederei AlsLinjen (Infos/Buchung unter www.alslinjen.dk) 6–7-mal tgl., die Überfahrt dauert 50 Minuten.*

Ausflug Horneland

Als Ziel eines Halbtagesausflugs bietet sich die westlich gelegene Halbinsel Horneland an, auch deshalb, weil sich hier die besten Bademöglichkeiten befinden. Auf der Landstraße, die die Halbinsel durchquert, kommt man zunächst nahe an der schwarzen **Grubbe Mølle** vorbei *(www.grubbemoelle.dk)*, einer der schönsten und interessantesten Windmühlen der Region. Die nächste, wunderschön am Wasser gelegene Attraktion ist **Schloss Hvedholm (27)**, mit ca. 50 Etagenmetern gehört es zu den größten des Landes und mit seinem ausguckbekrönten Turm auch zu den eindrucksvollsten. Der 10 ha große Park mit den alten Platanen, die schon H. C.Andersen in seinen Erzählungen erwähnte, ist tagsüber zugänglich, ebenso das exquisite Restaurant und der Weinkeller. Wer einmal fürstlich nächtigen möchte, kann im Schlosshotel ein Zimmer mit Himmelbett buchen (S. 229).

Etwas weiter westlich liegt **Horne**, dessen größte Sehenswürdigkeit die Dorfkirche ist. Der ungewöhnliche Bau besteht aus der einzigen Rundkirche Fünens, die wie die Bornholmer Rundkirchen (S. 477) in romanischer Zeit als Wehrbau errichtet wurde. Die Feldsteinmauern sind fast 2 ½ m dick. Im Inneren steht Marmor-Taufbecken von Bertel Thorvaldsen.

Fährt man die Landstraße weiter, kommt man nach **Bøjden**, dessen Fährhafen von der modernen Fähre M/F Fynshav aus Richtung Fynshav (Insel Als) angelaufen wird (AlsLinjen, Überfahrtszeit 50 Minuten).

Von Fåborg nach Svendborg (s. Karte 204)

Direkt nördlich der Stadt breiten sich die Wälder und Höhenzüge der **Svanninge Bakker (28)** aus, Ablagerungen und Moränen der letzten Eiszeit. Obwohl hier kein Hügel 130 m ü. d. M. übersteigt, wird die einst nur von Heidekraut bewachsene Landschaft als „Fünische Alpen" bezeichnet und ist tatsächlich ein wunderschönes Stückchen Natur – ideal, um zu wandern, aber auch Angler kommen an den Binnenseen auf ihre Kosten. Ebenso wie die historische Eisenbahn (*www.veteranbanen-faaborg.dk*) durchquert auch die Landstraße nach Korinth die Hügel. Empfehlenswerter ist es jedoch, zunächst der Straße 43 zu folgen und vom Aussichtsturm bei Tyveknap (85 m) die weite Sicht auf das Grün der Wälder und das Blau des Meeres zu genießen. Einige Kilometer danach kann man dann auf eine kleine Straße nach **Korinth** abzweigen, einem als „Schulstadt" bekannten Ort mit einem alten Kro, der heute als nettes Hostel dient. Kurz vorher bei **Gærup** ist eine der Ausbildungsstätten, die Reventlow ins Leben gerufen hatte (s. u.), als Schulmuseum zugänglich. Der Reiz des Ortes liegt in den von Wäldern umringten vier Seen, die teils unter Naturschutz stehen, teils von Rundwanderwegen erschlossen sind und die alle ein reiches Vogelleben aufweisen. 9 km hinter Fåborg passiert man das Gut **Brahetrolleborg (29)**, das mit Kirche und Park ein schönes Ensemble bildet.

Schloss Egeskov (30)

Hinter dem Gut geht es zum **Schloss Egeskov**. Das Wasserschloss gehört zu den größten Attraktionen auf Fünen; sein Name („Eichenwald") weist auf das Baumaterial hin, mit dem man in einem See ab 1524 eine starke Konstruktion aus unzähligen Stämmen errichtete, die dann den gleichermaßen repräsentativen und wehrhaften Ziegelsteinbau trug. Von Wasser umschlossen sowie mit Schießscharten, Pechnasen und Geheimgängen ausgestattet, war der erste Zweck der Burg, unliebsame Gäste fernzuhalten, auch wenn man dies mit Türmen, Rundbögen, Treppengiebeln und schönen Fenstereinfassungen ästhetisch äußerst eindrucksvoll verpackte.

Das 1554 vollendete Egeskov Slot gilt als besterhaltene Renaissancewasserburg überhaupt. Es ist seit über 200 Jahren im Privatbesitz eines Adelsgeschlechts. Die Burg erhielt im Lauf der

Egeskov – wunderbares Wasserschloss

Zeit eine edle und kostbare Innenausstattung, die während der Hauptsaison besichtigt werden kann. Die großzügig gestalteten Parkanlagen wurden aus den erhaltenen Überresten des ursprünglichen Gartens von Prof. Duprat (Gartenakademie Versailles) im Stil der Renaissance rekonstruiert. Wer nur einen kurzen Blick auf Schloss oder Park werfen möchte, wird am Einlass enttäuscht, denn Hecken und Bäume versperren die Aussicht.

Man sollte einige Stunden mitbringen, damit sich der hohe Eintrittspreis lohnt, denn die Reihe der hier versammelten Attraktionen ist lang. Zunächst gibt es im Park nicht nur farbenprächtige Blumenbeete und Themengärten zu bewundern, sondern auch mehrere kunstvoll angelegte Heckengänge. Wer in diesem grünen **Labyrinth** – einem der weltweit größten! – nicht den richtigen Weg findet, kommt schon zu Anfang in Zeitverzug. Einige Etagen darüber verbinden Hängeseilbrücken mehrere Baumkronen miteinander, sodass man in luftiger Höhe von 15 m „Tree Top Walking" betreiben kann. Und Oldtimerfans werden sich kaum entscheiden können, welches der fünf (!) **Fahrzeug-Museen** sie zuerst besuchen wollen. Unter einer mächtigen hölzernen Dachkonstruktion stehen in den einzelnen Hallen automobile Raritäten, eine prächtige Sammlung von Feuerwehrautos sowie Kranken- und Rettungswagen seit den 1920ern (Falck-Museum), außerdem andere Gefährte vom Kinderwagen über fahrbereite *Knallerter* (Puch-Mopeds und Polizei-Motorräder) bis hin zu Flugzeugen und Fahrrädern. Jedes Jahr im August wird ein Wettrennen alter Motorräder abgehalten, an dem über 200 historische Fahrzeuge teilnehmen.

Zudem gibt es auf dem Gelände auch noch ein **Camping-Outdoor-Museum**, das sich mit der Geschichte des Outdoor-Urlaubs befasst. Ein großer Spielplatz mit Minizoo, Picknicktische, Souvenirshop und ein stilvolles Café runden das Angebot ab. Wer Zeit und Geld sparen möchte, verzichtet auf die Innenbesichtigung des Schlosses, die zusätzlichen Eintritt kostet.
Egeskov Slot, *5772 Kværndrup, www.egeskov.dk; Ende April–Okt. 10–17, in der Hochsaison bis 18/19 Uhr, im Winter nur Ausstellungen und Spielplätze geöffnet, Park und Schloss geschl.*

Naturama, *Dronningemaen 30, www.naturama.dk; Mitte Feb.–Mitte Nov. tgl. 9–16, in den Schulferien bis 17, jeden Do bis 19 Uhr*

Hat man Lust, aus erhöhter Warte einen Blick auf die Stadt zu werfen, könnte man von der Havnegade links in die Møllergade einbiegen und in einiger Entfernung an zwei wichtigen maritimen Lehranstalten vorbei (Svendborg Navigationsskole und Svendborg Søfartsskole) bis zum Møllevanget wandern. Die dortige **Windmühle**, die von vielen Stellen in der Stadt zu sehen ist, bietet eine wirklich schöne Aussicht, die die etwas beschwerliche Wanderung hierhin lohnt.

Wer auf einem ausgedehnteren **Spaziergang** maritime Atmosphäre schnuppern möchten, hat zwei Möglichkeiten: Erstens kann man der Verlängerung der Vestergade zum Meer hin folgen, wo man hinter der Bahnlinie zum äußeren Jachthafen (Lystbådehavnen) gelangt. Die vielen Freizeitboote, eine Rasenfläche mit Granitdenkmal und Grillmöglichkeit, schöne Villen, der Blick auf den Svendborgsund und vor allem das Motiv der 1966 eingeweihten, 35 m hohen und 1.220 m langen **Svendborgsundbrücke** machen diesen Spaziergang reizvoll. Als längere Alternative bietet sich eine Wanderung um das nördliche Hafenbecken (Jessens Mole, Kajgade) an, auf der man zur Küstenpromenade nach **Christiansminde** gelangt. Der gut 2 ½ km lange Weg gibt herrliche Blicke auf Thurø und Tåsinge frei, passiert ein gutes Hotel und Seebad und endet an einem Wald. Unterwegs kann man im Sommerhalbjahr die historische Zollkreuzer-Jacht Viking sehen, die 1897 von Stapel lief und oft an einer Landungsbrücke in Christiansminde liegt.

Reisepraktische Informationen Svendborg und Tåsinge

Information

Visit Svendborg, *Havnepladsen 2, 5700 Svendborg, ☏ 62236951, www.visitsvendborg.de; Mo–Fr 10–16 Uhr.*

Hotels

Best Western Hotel Svendborg €€€–€€€€, *Centrumpladsen 1, ☏ 62211700, www.hotelsvendborg.dk; renommiertes, wenn auch architektonisch wenig aufregendes 4-Sterne-Hotel im Zentrum, 135 gut ausgestattete Zimmer unterschiedlicher Größe, sehr gutes Restaurant, Radverleih.*

Hotel Ærø €€€–€€€€, *Brogade 1, ☏ 62210760, www.hotelaeroe.dk; das schönste Hotel der Stadt ist ein Bau von 1860 in toller Lage an Hafen und Schiffsbrücke. Das Haus bietet 58 klassisch ausgestattete Zimmer, darunter auch Apartments und Suiten. Im Restaurant gibt es traditionelle dänische Küche und Seefahrerambiente; Di–Sa 11–21 Uhr.*

Hotel Troense €€–€€€, *Strandgade 5, in Troense auf der Insel Tåsinge, ☏ 62225412, www.hoteltroense.dk; kleines, schmuckes und familienfreundliches Hotel direkt mit Blick auf den Sund und den kleinen Hafen von Troense. Restaurant im Haus. Ein Spar-Tipp.*

Jugendherberge

DanHostel Svendborg, *Vestergade 45, ☏ 62216699, www.danhostel-svendborg.dk; moderne Herberge nahe dem Zentrum, die gelungen mit älteren Gebäuden verbunden wurde, 84 Familienzimmer mit Du/WC (etwas klein), große Küche, Fahrradverleih, Jan.–Feb. geschl.*

Camping

Thurø Camping, *Smørmosevej 7, Thurø, ☏ 62205254, www.thuroecamping.dk; großzügige, familienfreundliche Anlage auf der Insel Thurø mit Sandstrand und Badesteg, großem Spielplatz, Wasserrutsche, Minigolf u. a., Vermietung von Wohnwagen und komfortablen Ferienbungalows.*

Svendborg Sund Camping, *Vindebyørevej 52, ☏ 21720913, www.svendborgsund-camping.dk; auf der gegenüberliegenden Seite des Sunds gelegen, direkt am Anleger des Dampfers M/S Helge und nahe beim Restaurant Øret (s. u.). Große, gepflegte Anlage, auch Hütten.*

Restaurant

Svendborgsund, *Havneplads 5, ☏ 62210719, www.restaurantsvendborgsund.dk; originales Restaurant aus Alt-Svendborger Zeiten mit Krostube (gutbürgerliche und klassisch-dänische Küche), Speisesaal mit Aussicht auf den Sund (gehobene, französisch inspirierte Küche), Straßencafé und rustikaler Abendkneipe – geeignet also zu jeder Tageszeit und für unterschiedliche Wünsche, tgl. 11–23 Uhr.*
Restaurant Øret, *Vindebyørevej 50, auf der Südseite des Sunds gelegen, ☏ 22903132, www.øret.dk; gute dänische Küche, hyggeliges Ambiente, wenige Touristen und verhältnismäßig günstige Preise.*
Um den **Hafen** und in der **Innenstadt** *von Svendborg bieten sich zudem noch viele andere Restaurants an.*

Bahn/Busse

Svendborg ist Endpunkt einer Bahnlinie von Odense, die über Ringe und nahe am Schloss Egeskov vorbei führt, zudem Verkehrsknotenpunkt der Fyn-Bus-Linien (www.fynbus.dk).

Fähren

Vom Svendborger Hafen aus operiert die Reederei Ærøfærgene (Info-/Buchungsnr. 62524000, bzw. www.aeroe-ferry.dk) auf der Strecke nach **Ærøskøbing** *(Ærø). Abfahrten gibt es bis zu 6-mal tgl., die Überfahrt dauert 75 Minuten. Vom gleichen Anleger starten Autofähren zu den Inseln* **Skarø** *und* **Drejø** *(4–5-mal tgl., 80 Minuten Überfahrt, ☏ 62210262) sowie zur Insel* **Hjortø** *(☏ 62541208). Die historische* **M/S Helge** *legt mitten im Hafen der Stadt ab, an der Brücke hinüber zur Frederiksø, www.svendborg-havn.dk/faerger/ms-helge.*

Von Svendborg nach Nyborg (s. Karte S. 204)

Die rund 40 km lange Etappe nach Nyborg bringt einen, vorbei an den Herrensitzen **Vejstrup Gård (32)** und **Schloss Broholm (33)**, nach **Gudme** mit seinem schönen Dorfsee, zum urgemütlichen Fischerort **Lundeborg** und der Stopp sowie zum beeindruckenden Adelssitz **Hesselagergård (34)**. Das heutige Gebäude stammt von 1538 und hat mit dicken Mauern, Wassergraben, Pechnasen und Schießscharten einen trutzigen, abweisenden Charakter. Da der Bauherr Johan Friis, Kanzler unter Christian II. und zwei weiteren Königen, ein kunstsinniger Mensch der Renaissance war, stattete er die Burg innen jedoch wie ein Schloss aus. Das Anwesen kann nur nach Anmeldung in einer geführten Tour besichtigt werden. Von der Straße aus hat man aber einen Blick auf die Gemäuer.
Hesselagergård, *Hesselagergårdsvej 20a, 5874 Hesselager, www.hesselagergaard.dk*

Von der Ortschaft **Hesselager** lohnt der 1 km lange Abstecher auf einem schmalen Fahrweg zum **Damesten**, einem 12 m hohen Findlingsblock von 46 m Umfang und einem Gewicht von rund tausend Tonnen. Unglaublich, dass die eiszeitlichen Gletscher in der Lage waren, diesen größten Findling Dänemarks von der skandinavischen Halbinsel bis hierher zu transportieren!
Auf der letzten Etappe ist der Abstecher zum eindrucksvollen **Schloss Lykkesholm (35)** nicht unbedingt notwendig, denn es ist nur von außen zu besichtigen und öffnet einzig für Konferenzen. Auch so ist die Wegstrecke von zwei Schlössern gesäumt: zum einen vom barocken **Schloss Glorup (36)**, dessen beeindruckender Park mit altem Baumbestand, symmetrischen Teichen, Götterstatuen, „toskanischem Liebestempel" und Wasserfontänen zugänglich ist. H. C. Andersen verbrachte übrigens 30 Jahre lang fast jeden Sommer Zeit auf Glorup, schrieb

Schloss Holckenhavn

hier viele seiner Märchen, bewunderte den edlen Garten und nervte bisweilen den Grafen mit seinen ständigen Zahnschmerzen. Und zum andern, 3 km vor Nyborg, vom **Schloss Holckenhavn (37)**, das zu Recht als eines der schönsten der Insel gilt. Manchmal kann man Rittersaal, Kapelle etc. besichtigen; ansonsten sind auch Übernachtungen im Schloss-Hotel (18 Zimmer und Suiten) und ein Dinner im Gourmet-Restaurant möglich *(www.holckenhavn.dk)*.

Langeland und Tåsinge

Von der Vielzahl an Inseln und Inselchen, die eng beieinander in den Gewässern zwischen Langelands-Belt und Svendborgsund liegen, sind Langeland und Tåsinge die größten, touristisch bedeutendsten und kulturell wichtigsten. Mit einem Areal von 185 km² stellt **Langeland** (12.100 Ew.) den Löwenanteil an der Landfläche der hier versammelten Inseln. Der Name des hügeligen Gebietes ist treffend, denn einer **Nord-Süd-Ausdehnung** von 58 km steht eine Breite von nur 3–11 km entgegen. Dänen kennen Langeland auch als die Insel mit den 15 Mühlen *(møller)*, 15 Hügeln *(bøller)* und 15 Pfarrbezirken.

Gegenüber Langeland ist **Tåsinge**, von diesem durch den Siøsund getrennt, mit einer Fläche von 70 km² und etwa 6.100 Einwohnern deutlich kleiner. Viele durchqueren das überschaubare Eiland auf der Rute 9, als kurze Transitstrecke zwischen Fünen und Langeland. Wer sich aber ein wenig mehr Zeit nimmt, wird überrascht sein, welche natürlichen und kulturellen Schönheiten Tåsinge bereit hält. Das leicht hügelige Inselland wird von Feldern und Weiden dominiert, besitzt aber auch Waldgebiete und wird von einigen kleinen Sandstränden gesäumt, und fast überall ist im Hintergrund das Blau des Svendborgsunds oder Siøsunds zu sehen.

Tåsinge

Von Fünen aus erreicht man Tåsinge über die **Svendborgsundbrücke (1)**, eine 1966 eingeweihte, 1.220 m lange und 35 m hohe Betonstelzenkonstruktion. Ihre Architektur wird von der Straße aus zwar nicht sichtbar, dafür bietet sie aber einen herrlichen Panoramablick auf den Svendborgsund und die Stadt. Sofort hinter der Brücke geht eine kleine Straße zum Fremdenverkehrsort **Vindeby** ab, der mit Marina, Campingplatz, Hotel und Badestrand sowie einer wunderbaren Aussicht hinüber nach Svendborg schon seit langem viele Gäste anzieht. Am Ende des Ortes, im Nordosten, gibt es den schönen Campingplatz Svendborg Sund (s. o.), an dem in der Saison der historische Dampfer M/S Helge (s. S. 232) an- und ablegt.

Langeland und Tåsinge
Sehenswürdigkeiten
1 Svendborgsbrücke
2 Valdemars Schloss
3 Langelandsbrücke
4 Simmerbølle-Kirche
5 Schloss Tranekær
6 Stoense-Kirche
7 Herrenhof Steensgård
8 Tabakscheune
9 Herrenhof Skovsgård
10 Humble-Kirche und Kong Humbles Grav
11 Ristinge Klint
12 Langelandsfort
Svendborg
Tåsinge
Langeland
Thurø
Thurø By
Lolland
Langelandsbælt
Rudkøbing
Marstal
Strynø
Marstal Bugt
Nakskov Fjord
Damesten
Hesselagergård
Broholm
Vejstrup Gård
Hou Fyr
Steensgård
Stoense Kirke
Nedergård
Valdemars Slot
Tranekær Slot
Tabakscheune
Simmerbølle Kirke
Langelandsbroen
Frederiksdal
Skovsgård
Humble Kirke / Kong Humbles Grav
Søfartsmuseum
Ristinge Klint
Langelandsfort
Kels Nor Fyr
Dovns Klint
N
0
10 km

Die M/S Helge vekehrt regelmäßig auf dem Svendborg Sund bis hin zu Valdemars Schloss

Am Ortsende von Vindeby weist an der nächsten Ampelkreuzung ein Schild nach Troense (s. u.). Diese Strecke, eine Etappe der Margeritenroute, ist die schönere und bringt einen später wieder zurück zur Hauptstraße. Bleibt man jedoch auf letzterer, gelangt man nach einigen Minuten durch das Dorf **Bregninge**. Ein kurzer Abstecher nach links führt zu einer erhaben gelegenen mittelalterlichen Kirche, die jedoch im 18. Jh. grundlegend verändert wurde. Im Innern findet sich u. a. ein romanischer Taufstein aus Granit. Wenige Hundert Meter entfernt steht am höchsten Punkt des Hügels die alte Windmühle, von der man die Aussicht auf Insel und Sund genießt. Zwischen Windmühle und Kirche liegt das **Taasinge Museum**, das in fünf wunderschönen Gebäuden, z. B. dem ehemaligen Schifferhaus, der Dorfschule von 1790 und einem alten Kaufladen, untergebracht ist. Das Lokalmuseum zeigt u. a. eine alte Laden- und Schuleinrichtung, Schiffsmodelle, alte Logbücher, Informationen zu alten Werften auf der Insel und zum Ostindienhandel sowie Erinnerungsstücke an das Liebespaar Sparre und Madigan (s. u.).
Taasinge Museum, *Kirkebakken 1, www.taasinge-museum.dk; Mai–Ende Herbstferien Di–So 10–16 Uhr*

Auf Höhe von Bregninge, westlich der Rute 9, bietet der Weiler **Landet** eine andere mittelalterliche Kirche, deren romanisches Interieur zu großen Teilen erhalten ist. Auf dem Friedhof findet man interessante Gräber, wobei es skandinavische Besucher vor allem zur letzten Ruhestätte von Sixten Sparre und Hedvig Jensen zieht. Deren dramatische Liebesgeschichte beschäftigt bis zum heutigen Tag die Gemüter. Der schwedische Leutnant aus dem Grafengeschlecht Sparre und seine 16 Jahre jüngere Geliebte, die unter dem Künstlernamen Elvira Madigan eine bekannte Seiltänzerin war, verbrachten im Juli 1889 ihr letztes Picknick auf Tåsinge, bevor der Leutnant mit seiner Dienstpistole zuerst Hedvig bzw. Elvira und dann sich selbst erschoss.

Von der Rute 9 führen mehrere Wege nach Troense, u. a. auch von Bregninge aus. Doch ist jene als Margeritenroute gekennzeichnete Strecke am schönsten. Breite Wohnmobile können diese Strecke wegen der engen Tordurchfahrten allerdings nur bis zum Schloss befahren. Kommt man aus nördlicher Richtung, durchquert man auf dieser Tour zunächst in seiner ganzen Länge die Kleinstadt-Perle **Troense**, die von Obstbauern im 18. Jh. angelegt wurde. Bald darauf siedelten sich hier jedoch viele Reeder, Kapitäne und Seeleute an, deren schöne Fachwerkvillen vom Reichtum in der Ära der Segelschiffe berichten. Die Fahrt durch das idyllische Städtchen geht über die Strandgade direkt am Wasser entlang, mit einem herrlichen Blick auf den Sund und den Jachthafen zur Linken. Zur Rechten passiert man das schmucke Hotel Troense (s. o.) sowie manches reetgedeckte Fachwerkhaus. Kurz hinter dem Hotel geht rechts die **Grønnegade** ab, deren viele kleine Fachwerkhäuser sämtlich unter Denkmalschutz stehen und die manchmal als „schönste Dorfstraße Dänemarks“ bezeichnet wird.

Von Troenses Ortsausgang führt eine schöne Allee geradewegs auf das **Valdemars-Schloss (2)** zu, das zu Recht als größte kulturelle Sehenswürdigkeit der Insel gerühmt wird, aber mittlerweile nur noch von außen zu besichtigen ist. Nach Streitigkeiten innerhalb der Besitzerfamilie, vor allem zwischen den Schwestern Louise Iuel Albinius (*1979) und Caroline Fleming (*1975), wurde 2022 der größte Teil des historischen Inventars – darunter antike Möbel, Gemälde und zahlreiche wertvolle Bücher – versteigert. Die Museumstätigkeit des Schlosses wurde eingestellt. Was im und mit dem Schloss weiterhin passieren wird, ist noch ungewiss. Auf dem Gelände davor zum Ufer hin kann man sich aber umschauen. Zugang zum Schlossgelände selbst wird zurzeit nicht gewährt.

Torhaus ...

Unmittelbar vor dem ersten Torhaus gibt es einen Parkplatz, von wo aus man zu Fuß laufen kann. Die rechte Querseite des zentralen Schlosshofs wird von dem schlichten, aber nichtsdestotrotz repräsentativen Hauptgebäude begrenzt.

... und Hauptgebäude von Schloss Valdemar

Der spätbarocke Ziegelsteinbau wurde 1639–44 unter Christian IV. errichtet, der seinem Sohn Valdemar Christian eine angemessene Residenz schenken wollte. Deswegen gewann er auch den berühmten Architekten van Steenwinckel für dieses Projekt, der sich u. a. durch den Runden Turm in Kopenhagen und das Schloss Frederiksborg einen Namen gemacht hatte. Nachdem das Gebäude samt Ländereien in den Besitz des Seehelden Niels Juel (s. u.) übergegangen war, baute dessen Enkel Mitte des 18. Jh. die beiden Torhäuser, die Stallungen und den entzückenden Teepavillon am anderen Ende des Schlosshofes und veränderte die Inneneinrichtung des Haupthauses im Stil der Zeit. Ein Besuch lohnt allein schon wegen der Außenarchitektur der Anlage. Bei gutem Sommerwetter sollte man zum kleinen Sandstrand hinter dem sogenannten Teepavillon hinuntergehen (Tipp:

Picknick mitnehmen). Wer von Svendborg aus ohne Auto hierhinkommen möchte, kann die Strecke mit der Nostalgiefähre M/S Helge zurücklegen. Der Schiffs-Oldie von 1924 nimmt auch Fahrräder mit, sodass das Valdemars-Schloss zusammen mit Troense Ziel eines Tagesausflugs per Boot und Fahrrad ab/bis Svendborg sein könnte.

Valdemars Slot, *Slotsalleén 100, Troense, www.valdemarsslot.dk; ganzjährig freier Zugang zu den Außenanlagen, Strand und Park. Man sollte sich unbedingt vorher darüber informieren, wie der aktuelle Stand der Dinge ist.*

info

Die Juels und das Valdemars-Schloss

Der 2017 verstorbene Herr des Valdemars-Schlosses, „Hofjägermeister und Lehnsbaron" Niels Juel-Brockdorff, führte die Namen zweier bekannter Adelsgeschlechter, wobei vor allem der Name Juel in Dänemark einen ganz besonderen Klang hat. Die Töchter Louise Albinus und Caroline Fleming mit ihrem Sohn Alexander erbten das Schloss zu gleichen Teilen. Die Familie ist eine der ältesten des Königreichs und war schon im 13. Jh. in führenden Positionen vertreten. Der berühmteste Spross der Familie war sicher jener **Niels Juel**, den man in Dänemark immer „Seeheld" nennt und dessen zeittypische Geschichte erklärt, wieso die Juels jenes Schloss bewohnen konnten, das eigentlich für den Sohn des Königs errichtet worden war.

Als Dänemark während des 30-jährigen Krieges von den kaiserlichen Truppen Wallensteins überrannt wurde und dessen Soldateska plündernd und mordend durchs Land zog, flohen viele Bauern in die Sümpfe oder, wer es sich leisten konnte, in die dänische Provinz Norwegen. Dies tat auch die Adelige Sophie Sehested, die auf dem Anwesen ihres Bruders in Trondheim am 8. Mai 1629 den Sohn Niels Juel zur Welt brachte. Als die Familie zurück in Dänemark war, besuchte der inzwischen 18-Jährige die Eliteschule Sorø (vgl. S. 157). Nach seinem Studium zog es Niels Juel nach Holland, wo er vom berühmten Admiral Tromp zum Seeoffizier ausgebildet wurde. Anschließend befehligte der talentierte Offizier eine Fregatte im Mittelmeer, als ihn der königliche Ruf zurück nach Dänemark holte. 1655 übernahm Juel das Kommando auf seinem ersten dänischen Schiff, zwei Jahre später wurde er Admiral. Seine große Stunde kam am 1. Juli 1677. Wieder einmal war eine starke schwedische Flotte in der Bucht von Køge in Stellung gegangen – die Verteidigung lag in den Händen des Admirals Juel. Mit einer unkonventionellen, genialen Taktik konnte er nicht nur die schwedischen Angreifer vollständig besiegen, sondern verlor auch kein einziges seiner eigenen Schiffe – was ihm die Bezeichnung des ewigen Seehelden der Dänen einbrachte.

König Christian V. sah diesen Sieg natürlich überaus gern, hatte damit allerdings auch ein Problem: Denn nach damals geltendem Recht gehörten dem Befehlshaber einer siegreichen Schlacht 10 % vom Wert eines jeden eroberten Schiffes, die Summe – 22.460 Reichstaler – ging jedoch über die Möglichkeiten der Krone hinaus. Wo das Bargeld nicht reichte, halfen Immobilien, und das königliche Schloss auf Tåsinge wechselte zusammen mit umliegenden Ländereien und Bauernhöfen den Besitzer.

Nach dem Besuch des Valdemars-Schlosses geht auf der anderen Seite die Fahrt auf der Margeritenroute weiter. Diese Strecke zurück zur Rute 9 ist besonders naturschön, bringt einen durch Waldstücke und nahe dem Schloss auch an der vierhundertjährigen, riesigen Ambrosius-Eiche vorbei, die ihren Namen nach dem Dichter Ambrosius Stub erhielt.

Zur östlichen Nachbarinsel führt schließlich die 1962 erbaute **Langelandsbrücke (3)** hinüber, die einschließlich der Dämme 1.700 m lang ist und die sozusagen als „Sprungbrett" das Eiland **Siø** benutzt. Der schönste Teil der Brücke ist der kühn geschwungene Bogen unmittelbar vor Langeland, den man am besten vom Rudkøbinger Jachthafen aus bewundern kann.

Langeland

Schon von der Brücke mit ihrem charakteristischen Rundbogen aus sind rechts Hafen und Häuser der „Hauptstadt" **Rudkøbing** zu sehen. Mit ihren verwinkelten Gassen, pittoresken Treppenstiegen, malvenbestandenen Fachwerkhäuschen und großen Kaufmannshöfen ist die urgemütliche, sympathische Kleinstadt ein lohnendes Ausflugsziel. Um das Städtchen zu besuchen, könnte man den Wagen am **Jachthafen** abstellen und von hier die kurze Strecke zu Fuß gehen. Dabei spaziert man am Wasser entlang zum Fischereihafen und gelangt zum alten, stattlichen **Bahnhof** (heute Café und Inselarchiv), an dessen Rückseite immer noch die merkwürdige 24-Stunden-Uhr hängt. Die Eisenbahn, die Anfang des 20. Jh. eingerichtet wurde, gab man mit Eröffnung der Langelandsbrücke ebenso auf wie die Fährverbindung nach Tåsinge.

Blick vom Rudkøbinger Jachthafen auf die Langelandsbrücke

Gegenüber dem Bahnhof beginnt die eigentliche Altstadt, der man sich über die steile Brogade nähert, die später in eine Fußgängerzone übergeht. Auf dem Weg passiert man den Gänsemarkt (Gåsetorv), der von der alten **Apotheke** flankiert wird. In einem Nebenraum gibt es dort eine Ausstellung mit Apothekeninventar verschiedener Jahrhunderte zu sehen, und hinter dem Gebäude befindet sich der 300-jährige Garten mit Kastanien, Tulpenbaum, Chinabaum und Kräuterbeeten. Der Gänsemarkt selbst wird vom Bronzestandbild des Physikers Hans Christian Ørsted dominiert. Der berühmte Entdecker des Elektromagnetismus wurde in der hiesigen Apotheke geboren. Links hinter der Straße erhebt sich der charakteristische Turm der **St.-Benedikts-Kirche** über das Gassengewirr. Im Innern der recht großen Backstein-Kaufmannskirche sieht man u.a. die Modelle zweier Fregatten.

Wenige Schritte nach Osten weitet sich die Brogade zum **Markt** mit dem eleganten, weiß gehaltenen Rathaus, hier zweigt auch die Østergade und an deren Ende der Jens Winthersvej ab. Dort liegt das interessante **Langelands Museum** *(Jens Winthersvej 12, www.langelandsmuseum.com; Mai–Okt. Mi–Fr 10–15, in den Ferien auch Di sowie Sa 10–13 Uhr, sonst nur an best. Tagen)*, das der Hobby-Archäologe Jens Winther 1905 gründete, u. a. um einen Ausstellungsraum für seine ausgegrabenen Steinäxte zu haben. Die heutigen Sammlungen zeigen manch unerwartete Rarität, so z. B. Gerätschaften der Mittelsteinzeit, Funde aus Wikingergrabstätten auf Langeland sowie einige Schießgeräte des Rudkøbinger Stadtschreibers Rasmussen, die im Vergleich zu den damals üblichen Vorderladern mit ihrem Trommelmagazin revolutionär waren. Dass sie dennoch nie verkauft wurden, lag wohl daran, dass gleichzeitig in Amerika Samuel Colt den handlicheren Revolver präsentieren konnte. Auf dem Rückweg zum Hafen sollte man schließlich durch die Gassen nördlich von Markt und Gänsemarkt spazieren, an denen einige der schönsten Häuser der Stadt zu finden sind.

Inselhopping nach Strynø

Vom Fährhafen in Rudkøbing aus gibt es nicht nur eine reguläre Verbindung zur Insel Ærø, sondern auch zum vorgelagerten Eiland Strynø; die Überfahrt dauert ca. 30 Minuten. Das 3 km lange und 2 km breite Inselchen ist völlig flach und ragt an der höchsten Stelle nur 10 m über Ostseeniveau hinaus – gut geeignet für eine Erkundung per Fahrrad also. Das landwirtschaftlich und touristisch (Ferienhäuser, Marina) intensiv genutzte Strynø hat einen Hauptort, der Strynø By heißt und wo sich die hellgraue Strynø-Kirche befindet. Nahe der Kirche kann man auch den Maibaum bewundern, der jedes Jahr Pfingsten neu geschmückt wird – ähnliches sieht man in Dänemark nur noch auf der Insel Avernakø. Ansonsten ist das Øhavets Smakkecenter nahe dem Hafen interessant. Hier wurde ein kleines Museum eingerichtet, in dem einige alte Holzjollen („Schmacken", dän.: *smakker*) ausgestellt sind. Solche Nussschalen wurden früher von den Inselbewohnern zum Warentransport und zur Fischerei eingesetzt. Das Center vermietet übrigens auch originale Schmacken (mit oder ohne Skipper), sodass einer Inselumrundung auf dem Wasser nichts im Wege steht. In der Gammle Mejeri kann man während der Saison tagsüber speisen und es gibt auch einfache Zimmer (*www.strynoe-mejeri.dk*).

Wie Rudkøbing in der Inselmitte, aber am östlichen Ufer, liegt **Spodsbjerg**, von wo bis zu 22-mal tgl. eine moderne Autofähre nach Tårs (S. 110) ablegt – nach der 45-minütigen Fährpassage kann man dort auf der Rute 9 quer durch Lolland bis Nykøbing fahren. Außer seinem Ruf als Anglerparadies locken auch einige gute Badestrände in der Nähe und ein Jachthafen Besucher hierhin, sodass das Fischerdorf Spodsbjerg heute ein kleiner, aufstrebender Fremdenverkehrsort geworden ist.

Von Rudkøbing nach Norden

Wer den etwas längeren, dafür aber auch schmaleren Nordteil der Insel erkundet, passiert zunächst die Mittelalterkirche **Simmerbølle (4)**, die im Innern Kalkmalereien aufweist, und kurz darauf **Tullebølle**, in dessen Zentrum sich ebenfalls eine romanisch-gotische Dorfkirche befindet. Nach einigen Kilometern hat man die Möglichkeit, links zu einem ausgeschilderten Badestrand abzuzweigen, wobei der Strand selbst wenig einladend, die Fahrt durch den Wald dorthin aber zauberhaft ist.

Im Dörfchen **Tranekær** gibt es auffallend viele gelbgestrichene Häuser – die meisten davon wurden für Bedienstete des nahen Schlosses errichtet. Von der gleichen Farbe ist auch die zentral gelegene Kirche, die seit ihrer Einweihung im Jahr 1450 dem Schloss als Gotteshaus diente. Die größte Sehenswürdigkeit aber stellt das leuchtend rot gestrichene, wuchtige **Schloss Tranekær (5)** dar, das bereits im 13. Jh. als Burg Erwähnung fand. Seit über 350 Jahren gehört der Adelssitz der Familie Ahlefeldt-Laurvig, eine Besichtigung ist aber auf geführten Rundgängen

Massiver Bau, eindrucksvolle Optik: Schloss Tranekær

möglich. Der 75 ha große **Park**, der 1850 im englischen Stil angelegt wurde, ist der Öffentlichkeit zugänglich *(tgl. 8–20 Uhr)*. Von ihm aus ergibt sich immer wieder ein bezaubernder Blick über den See hinüber zum Schloss. Der heutige Besitzer hat seinen Park 21 in- und ausländischen Künstlern zur Verfügung gestellt, die hier landschaftsbezogene Arbeiten aus natürlichen Materialien errichteten. Die Schlossherrin, Grevinde Mette Ahlefeldt-Laurvig, ist zudem bekannt für den eigens produzierten Kirschwein (Kersebærvin), der vor allem zu Weihnachten gereicht wird. Am Parkplatz vor dem Schloss befindet sich das sehr empfehlenswerte, wenn auch nicht gerade günstige Restaurant Generalen, für das man abends besser reservieren sollte (☏ *62533303, www.pichardts.dk*). Günstiger speist man ein Stück weiter südlich im historischen Tranekær Kro, in dem man auch nächtigen kann. Ebenfalls zum Schloss gehört die alte **Windmühle Tranekær Slotsmølle** nördlich des Parks, die als Mühlenmuseum Besucher empfängt.

Tranekær Slot, *Slotsgade 86, www.tranekaergods.dk; Schlossführungen möglich, meist Di u. Do 11 u. 15 Uhr (ca. 60 Minuten) nach Voranmeldung per Email: tours@tranekaerslot.dk. Oft gibt es auch interessante Abendtouren („Licht im Dunkeln“) verbunden mit einer „düsteren“ Mahlzeit (Chili con Carne, Dunkelbier und dunkle Schokolade). Buchungen ☏ 62533303 oder 31241911. Toll!*

Tranekær Slotsmølle, *Lejbøllevej 3, www.slotsmoelle.dk; Juli/Aug. Mo–Do 12–17, Mai–Juni u. Sept. sowie Herbstferien Di u. Do 12–17 Uhr*

Auf dem Weg weiter nach Norden kommt man nach wenigen Kilometern zum Weiler **Bøstrup** mit weißer Mittelalterkirche. Interessant ist ihr Interieur im Renaissance-Stil, vor allem der Altar und die Kanzel. Bei Bøstrup führt eine Stichstraße nach links zum Herrenhof Nedergaard mit eigenem Strand und eine andere etwas weiter nördlich zum Hafen **Dageløkke**, dessen beschauliche Marina viele deutsche Segler anzieht.

Anschließend bringt einen die Hauptstraße durch das Dörfchen **Snøde**, wo in aussichtsreicher Lage Langelands höchstgelegene, aber sehr schlichte Kirche thront. Nur einige Minuten danach passiert man in **Stoense** eine weitere **Kirche (6)**, die wegen ihres 1848 erneuerten Turms jünger aussieht als sie ist. Falls zufällig geöffnet, lohnt ein Blick ins Innere, wo im mittelalterlichen Chor ein geradezu üppiger Altaraufsatz aus frühbarocker Zeit steht. Der 1 km lange Sandstrand an der Westküste ist über eine Stichstraße erreichbar.

Nach dem **Herrenhof Steensgård (7)** endet die Straße im beschaulichen Fischerort **Lohals**, in dessen Hafen früher Obstkähne aufbrachen, um die begehrten Exportartikel nach Fünen zu exportieren. Obwohl auch heute noch Obstanbau, Landwirtschaft und Fischerei betrieben werden, steht die schmale Nordspitze Langelands deutlich im Zeichen des Tourismus: Lokale, allen voran das feine Restaurant Kaos und die urige Hafentaverne Den Gyldne Hund in Lohals sowie die Strände locken einige Urlauber an. Das umliegende ausgedehnte Waldgebiet ist wie geschaffen für Rad-, Angel- oder Wandertouren. Die absolute Nordspitze der Insel ist jedoch nicht hier, sondern am Leuchtfeuer Frankeklint erreicht. Der sich östlich davon über 500 m ersteckende „Nordstrand" mit seinen flachen Dünen gilt als einer der besten der Insel und lässt den Blick bis zur mächtigen Belt-Brücke zwischen Fünen und Seeland schweifen. Wichtiger für die Seefahrt ist der 12 m hohe Leuchtturm in **Hou** im Nordosten, dessen Blinklicht sowie der angeschlossene Radarturm senden Signale in den Großen Belt. Wenn man auf dem Rückweg ab Schloss Tranekær wieder den Markierungen der Margeritenroute nach Osten folgt, gelangt man zu einem Sandstrand, der gut über den Bukkeskovvej Richtung Tranekær Leuchtturm und weiter südlich über den Vinklædervej zu erreichen ist. Anschließend passiert man auf der Margeritenroute die einzige erhaltene, mit Reetdach und -wänden versehene **Tabakscheune (8)** des Landes. Im Zweiten Weltkrieg bauten findige Insulaner die Mangelware Tabak einfach selbst an und trockneten diesen hier.

Von Rudkøbing nach Süden

Auch für die Fahrt nach Bagenkop folgt man im Wesentlichen der Straße 305, obwohl der breitere Südteil durch mehr Nebenstrecken erschlossen ist. Einen ersten Halt könnte man in **Skrøbelev** einlegen, das unmittelbar neben Rudkøbing, jenseits der Hauptverkehrsstraße liegt. Hier gibt es eine der schönsten Mittelalterkirchen der Insel: Das St. Nikolaus geweihte Gotteshaus wurde im 15. Jh. umgebaut, hat aber noch eine Reihe von skulptierten Granitsteinen aus romanischer Zeit. Im Innern fallen gut erhaltene Kalkmalereien (15. Jh.) und das jüngste Votivschiff Langelands auf, das der Kirche 1991 geschenkt wurde.

Wenige Kilometer weiter südlich taucht bereits der treppengiebelgeschmückte Turm der Kirche von **Lindelse** auf. Das auf einem Hügel neben dem Pfarrhaus gelegene Gotteshaus stammt im Wesentlichen von etwa 1200, hat aber viele spätgotische Erweiterungen. Auch der südlich gelegene Kirchhof verdient Beachtung.

Auf der Hauptstraße empfiehlt sich dann unweit südlich der Kirche von Lindelse wieder einmal ein Abstecher nach Osten, wo man über eine Stichstraße zum Herrenhof **Skovsgård (9)** gelangt. Das schlossartige Anwesen, das 1889 im historisierenden Stil errichtet wurde, kam durch eine Schenkung 1979 in den Besitz des dänischen Naturschutzverbandes. Dieser nutzt das große Areal für landwirtschaftlichen Öko-Anbau. Die Produkte kann man im Laden und Café/Restaurant „Madmarket" kaufen bzw. probieren. Ansonsten sind das Herrenhaus, die Nebengebäude und der Park für Besucher geöffnet. Im Hauptgebäude informieren Schautafeln über Geschichte, Gegenwart und Zukunft des Anwesens, während z. B. Herrenzimmer und Keller noch original eingerichtet sind und die spezifische Atmosphäre der dänischen Adelsgüter vermitteln. Der ehemalige Pferdestall und das Gartenhaus beherbergen eine Naturkundeausstellung samt Erlebnisprogrammen für Kinder. Hier kann man sich über Langelands Wälder und deren Nutzung sowie über die Ökologie der Region informieren *(Kågårdsvej 12, www.skovsgaard.dn.dk; Ausstellung sowie Café-Restaurant April–Okt. tgl. 10–17 Uhr)*.

Die nächste Station auf dem Weg nach Süden ist die Ortschaft **Humble**, ein kleines Städtchen mit mehreren Geschäften und dem gemütlich-modernen Humble Kro (*zurzeit kein Restaurant*).

Von der Hauptstraße geht es nach links zur weißen **Mittelalterkirche (10)**, die in spätromanischer Zeit auf kreuzförmigem Grundriss über einem massiven Granitsockel errichtet wurde. Das Gotteshaus ist nicht nur das größte der Insel, sondern liegt auch inmitten eines malerischen Friedhofes wunderschön auf einem Hügel. Vom gleichen Parkplatz führt ein Pfad zur eindrucksvollsten steinzeitlichen Grabanlage Langelands, dem sogenannten **Kong Humbles Grav**. Der von 77 Randsteinen begrenzte Hügel mit nur einer Grabkammer hat immer schon die Fantasie der Inselbevölkerung angeregt, und die Sage weiß, dass hier der mächtige Vorzeitkönig Humble beigesetzt sein soll.

Wer kurz darauf bei Hesselbjerg von der Hauptstraße zur westlich gelegenen Halbinsel von **Ristinge** abbiegt, tut dies wohl nicht, um sich die neugotische Backsteinkirche anzuschauen, sondern um den 4 km langen Sandstrand zu genießen, der von Dünen begrenzt wird und dessen seichtes Wasser nur von wenigen Steinen durchsetzt ist. Der Strand endet am 20 m hohen, naturgeschützten Steilufer **Ristinge Klint (11)** (Treppenaufstieg), von wo sich ein herrlicher Blick auf die vorgelagerten Sandbänke und auf Ærø ergibt.

Auf dem letzten Stück in den Süden passiert die Straße die mittelalterliche, jedoch im 19. Jh. grundlegend restaurierte Kirche von **Tryggelev**, die Zufahrt zum 18-Loch-Golfplatz von Østerskov und schließlich das schmucke, ebenfalls aus dem Mittelalter stammende Kirchlein von **Magleby** mit hübschem Votivschiff im Innern. Das Südkap der Insel ist ein windzerzauster, herb-schöner Flecken Natur mit der Steilküste Dovns Klint, Salzwasserseen, Mooren und Wäldern – nur zum (Sonnen-)Baden ist der Geröllstrand nicht geeignet. Dafür kann man im Vogelschutzgebiet unzählige Nist- und Zugvögel beobachten, zum Leuchtturm Keldsnor Fyr wandern und die Wälder von Gulstav durchstreifen. Auf den Wiesen sieht man manchmal die ausgewilderten, zotteligen Exmoor-Ponys, die seit 2003 hier leben und sich prächtig vermehren. Mittlerweile sind es über 60 und um Inzucht zu vermeiden wird des Öfteren der Leithengst ausgetauscht. Das Exmoor-Pony ist dem ursprünglichen Wildpferd genetisch ähnlich, ca. 130 cm groß, kräftig gebaut, hat muskulöse schwarze Beine und ein bräunliches Fell. Wildpferde gibt es auch nördlich von Bagenkop, beim Gut Skovsgård und südlich von Tranekær.

Die Route endet im Fischerdorf **Bagenkop**, das sich an die Hänge und Steilufer der rauen Südküste schmiegt und bis 2003 wegen einer Fährverbindung nach Kiel von Bedeutung war. Hier gibt es eine kleine Flotte an Kuttern, eine Marina mit Livemusikprogrammen, einer Kunstausstellung, einer Ausstellung zur Geschichte der Fischerei im **Fiskeriets Huset** (*Havnegade 2*) sowie eine ausnehmend naturschöne Umgebung. Die Kirche auf dem ehemaligen Mühlenhügel ist zwar die jüngste der Insel (1920), hält sich mit ihren weißen Treppengiebeln aber bewusst an die Tradition.

Drei Kilometer östlich von Bagenkop ist seit 1998 ein ungewöhnliches Museum zugänglich, nämlich das ehemalige **Langelandsfort (12)**. Die im Kalten Krieg stark befestigte Küstenstellung zur Überwachung der Ostsee wurde nach der veränderten politischen Großwetterlage aufgegeben. Heute stellen die 150-mm-Kanonen, Mannschaftsräume, Granatenlager und anderen Gerätschaften eine viel besuchte Attraktion dar. Mit der in der Sowjetunion gebauten MIG 23 ist auch ein Düsenjäger ausgestellt, außerdem das letzte dänische U-Boot sowie ein Minensuchboot. Nächtigen und gut speisen lässt es sich im netten Bagenkop Kro. Frischen Fisch zum Mitnehmen und Fischbrötchen gibt es 100 m vom Hafen in den Ort hinein bei Fiski (*Østergade 4*).
Museum Langelandsfort, *Vognsbjergvej 4 b, Søndenbro (Bagenkop), www.langelandsfortet.dk; Mai–Sept. tgl. 10–17, April u. Okt. bis 16 Uhr*

Reisepraktische Informationen Langeland

Reisepraktische Informationen Tåsinge s. S. 234

Information

Langelands Turistbureau, *Torvet 5, 5900 Rudkøbing, ☎ 62513505, www.destination langeland.dk.*

Hotels

Hotel Rudkøbing Skudehavn €€–€€€, *Skudehavnen 21, ☎ 62514600, www.rudko bingskudehavn.dk; das direkt am Jachthafen gelegene Ferienzentrum ist architektonisch anspruchsvoll gestaltet, es verfügt über 16 Apartments für bis zu 6 Personen, Ferienhäuser sowie ein Hotel mit 24 gut ausgestatteten Zimmern, Spielplatz, Restaurant und maritimer Atmosphäre.*

Hotel Skandinavien €€–€€€, *Brogade 13, Rudkøbing, ☎ 20141495, www.hotelskandinavien.dk; sympathisches, historisch angehauchtes Stadthotel mit 9 Zimmern und gutem Restaurant. Zentral gelegen.*

Bagenkop Kro €€, *Østergade 15, Bagenkop, ☎ 62561304, www.bagenkopkro.dk; die Zimmer liegen in einem neuen Anbau und verfügen fast alle über eine eigene Terrasse. Das Restaurant ist ebenfalls empfehlenswert, im Sommer sollte man reservieren.*

Humble Kro/Bui Hotel €€, *Ristingevej 2, Humble, ☎ 42650448, www.buihotels.dk; vorne beeindruckt die Fassade des historischen Kros, während die Zimmer sehr schön und schlicht im modernen dänischen Stil eingerichtet sind. Auch ein Touch vietnamesischer Kultur ist spürbar und den vietnamesischen Wurzeln des Besitzers Flemming Bui zu verdanken. Ein Restaurant gibt es nicht, gegenüber aber eine einfache Pizzeria.*

Jugendherberge/Camping

Rudkøbing Camping & Vandrerhjem, *Engdraget 11, ☎ 21331888, www.rudkobing-camping.dk; am Rand der Inselhauptstadt gelegener kleiner Campingplatz mit 35 Stellplätzen, 5 Campinghütten und 5 Ferienhäusern. Angeschlossen ist eine gemütliche 3-Sterne-Jugendherberge mit u. a. 14 Familienzimmern.*

Feriepark Langeland, *Emmerbøllevej 24, ☎ 62591226, www.feriepark-langeland.dk; die einzige 4-Sterne-Anlage (TopCamp) der Inseln liegt am Strand nahe von Tranekær, bietet viel Platz, einen Minimarkt, einen großen Pool und viele Freizeitangebote, Vermietung unterschiedlicher Unterkünfte von einfachen Campinghütten bis zu sehr komfortablen Ferienhäusern.*

Restaurant

GæstGiverGården (ehem. Lindelse Kro), *Langegade 21, Lindelse, ☎ 60604590, www. gæstgivergården.dk; 9 km südlich von Rudkøbing gelegener, wunderschöner Kro mit sehr überschaubarer Speisekarte, doch mit leckerem Essen, das freundlich serviert wird. Tagsüber gutes Smørrebrød. Geöffnet tgl. 12–20 Uhr. Der Kro bietet auch zehn Doppelzimmer und Unterkunft in zwei Ferienhäusern an. Unter Hotels, aber auch in der Routenbeschreibung sind weitere Restaurants genannt. Die Fischbude* **Spodsbjerg Kutterfisk** *in Spodsbjerg (Spodsbjergvej 244) ist noch erwähnenswert: Hier kommt der Fisch frisch auf den Teller, Take-Away fürs Picknick ist ebenfalls möglich.*

Fähren

Die wichtigste **Inlandsfähre** *ist die von Spodsbjerg nach Tårs (Lolland) mit mindestens einer stündlichen Abfahrt, die Überfahrt dauert ca. 45 Minuten. Reservierungen und Buchungen im Reisebüro oder bei der Reederei Langelandslinjen unter ☎ 70251025 bzw. www.langelandslinjen.dk. Ansonsten fährt von Rudkøbing eine Fähre zum Inselchen Strynø (bis zu 9 Abfahrten tgl., Überfahrtszeit 30 Mi-*

nuten, ☏ 63516000, www.strynoe.dk) und eine andere nach Marstal auf Ærø (bis zu 6 Abfahrten tgl., Überfahrtszeit 50 Minuten, ☏ 73707800, www.aeroexpressen.dk). Tipp für Tagesfahrten: Auf dem Parkplatz beim Havnekiosken Sekskanten kann man 8 Stunden kostenlos parken, in der Straße Bellevue länger.

Wassersport/Kajak

Kajakbiksen, *Broløkken 1/ Havnegade, Rudkøbing, ☏ 30565685, www.kajakbiksen.dk; Verleih von seetüchtigen Kajaks unterschiedlicher Typen sowie Zubehör, für einen Tag, ein Wochenende oder eine Woche.*

Ærø

Ærø verkörpert den Idealfall einer typisch dänischen Insel: Das 30 km lange und maximal 9 km breite Areal (88 km²) ist überschaubar, bietet andererseits aber drei schmucken Städtchen und mehreren Dörfern Platz. Man erreicht Ærø mit dem eigenen Boot oder einer Fähre, eilige Gäste auch per Flugzeug. Am Reiseziel selbst kann man sich außer mit dem Auto kostenlos mit dem

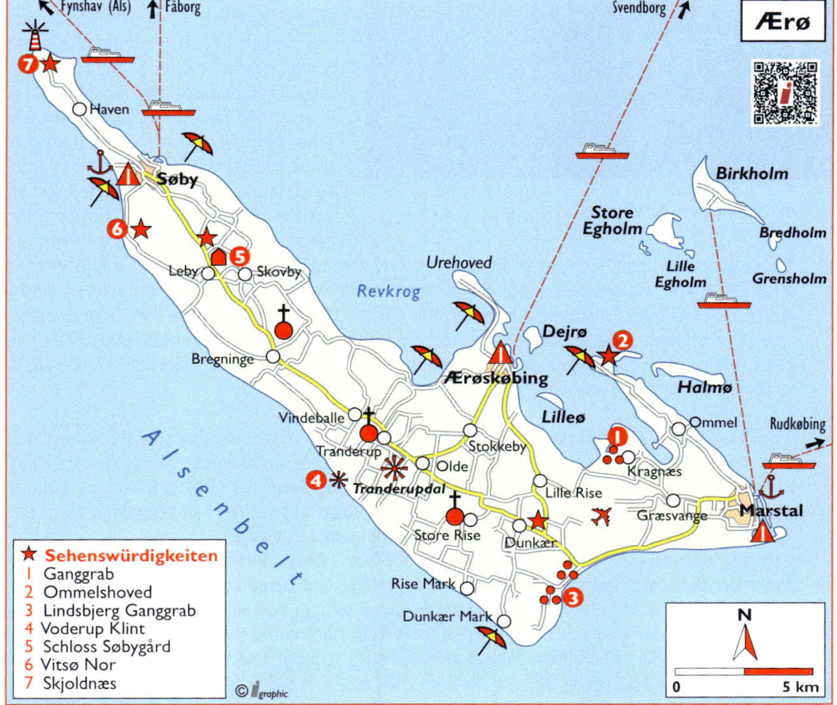

Fachwerkromantik pur auf Ærø

Linienbus fortbewegen. Die schmalen Straßen führen durch fruchtbare Felder, vorbei an malerischen, strohgedeckten Bauernhöfen und Windmühlen. Immer wieder ergeben sich wunderbare Aussichten über Insel und Meer. Am besten aber ist die Insel zur Erkundung per Fahrrad geeignet, weshalb man das Auto getrost am Fährhafen auf Fünen, Langeland oder Als stehen lassen und sich in Marstal, Søby oder Ærøskøbing ein Fahrrad mieten sollte. Über vorbildlich ausgeschilderte Radwege lernt man auch die abgelegenen Ecken Ærøs kennen.

Ærøskøbing

Der schmucke Hauptort, der 2020 seine 770-Jahr-Feier hatte, ist gleichzeitig die bekannteste Sehenswürdigkeit der Insel. Nach Aussage des amerikanischen Schriftstellers Temple Fielding soll Ærøskøbing einer jener fünf Plätze auf der Welt sein, die man einmal besucht haben sollte. Tatsächlich geben die kopfsteingepflasterten Gassen, die farbenprächtig getünchten Fachwerkhäuschen mit ihren meterhohen Stockrosen, die Pfarrkirche und der Marktplatz ein solch charmantes Bild ab, dass die oft genannten Attribute „Märchenstadt“ oder „schönstes Städtchen Dänemarks“ nicht zu hoch gegriffen scheinen. Der Grund dafür, dass sich die im 13. Jh. gegründete Ortschaft mit ihren winzigen „Puppenstuben-Häuschen“ seit Jahrhunderten kaum veränderte, ist einerseits die lange Zeit der Armut, die den Bürgern kostspielige Um- oder Neubauten nicht erlaubte, und andererseits eine beachtenswerte öffentliche und private Einstellung zur Bewahrung der Tradition, die u. a. dazu führte, dass heute 36 Häuser aus dem 17. und 18. Jh. unter Denkmalschutz stehen.

Vom **Hafen** aus (Bushaltestelle, Touristeninformation, Ærøskøbing Fisk Røgeri) nähert man sich der Innenstadt über die Brogade und die Smedegade, deren Nummer 37 das kleinste Häuschen der Stadt ist, das reizende, nur 33 m² große **Puppenhaus** (Dukkehuset). Es kann als meistfotografiertes Wohnhaus der Insel, vielleicht sogar des ganzen Landes gelten. 50 m entfernt fällt das gelb getünchte **Flaschenschiffmuseum** auf, dessen Sammlung die Geduldsarbeit des legendären „Flaschen-Peter“ (1873–1960) darstellt. Dieser, mit eigentlichem Namen Peter Jacobsen, arbeitete von früher Jugend an auf See und lernte von einem finnischen Matrosen die Flaschenschiff-Herstellung, von der er bis zu seinem Tod nicht mehr lassen konnte. Auf mehr als 1.700 der kleinen Kunstwerke brachte es der gelernte Schiffskoch, außerdem fertigte er gut 50 ansehnliche Schiffsmodelle an *(Flaske-Peters Samling, Smedegade 22, www.flaskepeters-samling.dk; Mitte April–Ende Okt. Mo–Sa 11–15, Mitte Juni–Aug. tgl. 10–16 Uhr).*

Entlang der Vestergade stößt man auf viele vornehme Schiffer- und Reederhäuser, deren Giebel nach holsteinischer Tradition der Straße zugewandt sind. Beachtenswert sind u. a. der schwarz-weiße Fachwerkbau Nr. 23 mit seiner wunderschönen Doppeltür und das 1784 erbaute Doppelhaus Nr. 44/46, das Rainer Werner Fassbinder in seinen Film Effi Briest genutzt hat. In der Nr. 44 befindet sich heute eine schicke kleine Pension. Über die pittoreske Gasse Gyden geht es von der Vestergade wieder nach links bis zur Straße Brogade. An der Ecke lohnt ein Blick in das sogenannte **Hammerichs-Haus**, in dem eine bemerkenswerte Sammlung von Antiquitäten und Kacheln ausgestellt ist, die der Bildhauer Gunnar Hammerich zusammengetragen hat *(Gyden 22, www.arremus.dk; Juni–Okt. Mo–Sa., Juli/Aug. tgl. 11–14 Uhr).*

Das **Ærø-Museum** befindet sich schräg gegenüber auf der Brogade und bietet eine umfassende kulturhistorische und historische Sammlung mit Gegenständen aus Ærøs Vorgeschichte und der lokalen Kultur sowie einer alten Apotheke *(www.arremus.dk; Juli–Aug. Mo–Fr 10–16, Sa/So 11–15, sonst Mo–Sa 11–15 Uhr).*

Tipp
Im Hinterhof am Torvet 5, Den Gamle Købmandsgård, gibt es übrigens die **Ærø Whisky Destilleri** (www.aeroewhisky.com), in der man Whisky verkosten und eine kurze Erläuterung zur Produktion bekommen kann. Zudem laden hier ein kleines Restaurant mit Außenbereich und eine Bierbar zur Pause ein.

Whisky-Destillerie und Biergarten in Ærøskøbing

Der **Marktplatz** (Torvet), der zwei altertümliche Marktpumpen besitzt, wird im Süden vom Richterhof und dem alten **Rathaus** von 1863, heute die Stadtbibliothek, sowie im Westen vom **Alten Handelshof** (Den Gamle Købmandsgård, 1848) begrenzt. Gegenüber fällt ein hübsches Haus mit Linden auf, das den ironischen Namen Visdommens Kiled („Weisheitsquelle") trägt, da es 1782 als Schule errichtet wurde. Dahinter erhebt sich die 1756 eingeweihte **Pfarrkirche**, in der u.a. eine ältere Renaissance-Kanzel Beachtung verdient. Weitere gut erhaltene pittoreske Häuser sind auf der Søndergade das **Priors Hus** (Nr. 32) von 1690 und das **Kjøbing Hus** (Nr. 18) von 1645, das älteste der Stadt. Dessen Eichenholztür gilt als die älteste erhaltene eines dänischen Bürgerhauses überhaupt. Etwa 600 m südlich des Zentrums, in der Verlängerung der Vestergade, ist die malerische **Windmühle** Bymøllen (Tivoli 4B) von 1848 sehenswert, eines der Ærøskøbinger Wahrzeichen.

Hinter Ærøskøbing geht es auf der nördlichen Küstennebenstrecke in Richtung Marstal eine Anhöhe hinauf, wo kurz vor **Lille Rise** der Rastplatz eine schöne Aussicht über das Inselmeer bietet. Der nächste Abzweig bringt einen zum Dörfchen **Kragnæs**, das wegen seines offenen **Ganggrabes (1)** von ca. 3000 v. Chr. einen Halt lohnt. Das restaurierte und bekannteste Vorzeitdenkmal Ærøs war rund 800 Jahre lang in Gebrauch, seine Grabkammer misst ca. 8 x 2 m. **Ommel** ist ein gut erhaltenes Dorf mit Gasthaus und den Häfen Standby und Kleven. Von hier aus führt eine schmale Straße weit hinauf nach **Ommelshoved (2)**, das am Ende einer Halbinsel liegt und einen schönen Blick auf die Bucht von Ærøskøbing und die drei Eilande Lilleø, Dejrø und Halmø freigibt – ein abgelegenes, schönes Stückchen Natur mit guten Bademöglichkeiten.

Marstal

Die größte der drei Inselstädte ist bestens auf Gäste eingestellt, hat eine nette Kneipen- und Restaurantszene und verfügt mit der schmalen Halbinsel **Eriks Hale**, die südlich der Stadt in die Ostsee ragt, über einen der besten Sandstrände der Insel, wo die z. T. farbenprächtig bemalten Badehäuschen ein beliebtes Fotomotiv darstellen. Marstals besonderer Reiz liegt in der reichen Tradition des **Hafens**, der einst für mehr Großsegler Heimat war als Kopenhagen. Der sogenannte Marstal-Schoner, der später die Welt eroberte, verdankte seinen Erfolg einer Konstruktion, die ihrer Zeit um 20 Jahre voraus war. Damals umfasste die hiesige Segler-Flotte nicht weniger als 320 Schiffe, und einige davon transportierten auch nach Einführung der Dampfschiffe noch erfolgreich Stockfisch aus Neufundland zu europäischen und südamerikanischen Häfen. Seit den 1930er-Jahren gibt es keine Großsegler mehr in Marstal, doch wurde die Tradition durch eine Flotte von Küstenmotorbooten fortgesetzt, die heute etwa 40 Schiffe umfasst, was knapp einem Fünftel aller dänischen Coaster entspricht! Typisch für den Ruf Marstals als „Seefahrtsstadt" ist, dass viele der 52 Sträßchen nach Seehelden benannt sind. Klar, dass der städtische Lebensnerv der Hafen ist, der im Jahr 2025 seinen 200. Geburtstag feiert und an seinen acht Brücken Frachter, Fähren sowie jede Menge Jachten oder andere Freizeitboote aufnimmt.

Die gemütliche Altstadt setzt sich nicht ganz so pittoresk in Szene wie Ærøskøbing, versprüht aber trotzdem viel Charme und typisch-dänische *hygge*. Als Marstals größte Sehenswürdigkeit gilt das **Seefahrtsmuseum**, es besteht aus vier Gebäuden mit 35 Ausstellungsräumen sowie mehreren Schiffen, die z. T. im Innenhof ausgestellt sind, z. T. aber auch im Hafen vertäut liegen. Der Besucher reist in dem didaktisch hervorragend aufgebauten Museum durch die dänische Seefahrtsgeschichte vom 16. Jh. bis zum heutigen Tag.
Marstal Søfartsmuseum, *Prinsensgade 1, www.marmus.dk; Mitte April–Okt. tgl. 10–16, Juni–Aug. 9–17, sonst Mo–Sa 11–15 Uhr*

Eine ganz andere Sehenswürdigkeit liegt etwas westlich der Stadt: **Marstal Solfangeranlæg**, eine der größten Solaranlagen der Welt. Das riesige Feld mit Sonnenkollektoren, deren Energie zur Fernwärme genutzt wird, findet man am Skolevej 13; Führungen sind möglich *(auf Englisch und Dänisch, Infos unter www.aeroe-emk.dk)*.

Ab Marstal folgt man der Hauptverkehrsstraße, die parallel zur weitgeschwungenen Bucht und dem Waldgebiet Egehoved Skov verläuft. Beim Weiler **Drejet** kann man auf einer schmaleren Straße noch etwas weiter die Küste entlang fahren, wobei man den **Lindsbjerg** passiert, wo es ein **Ganggrab (3)** und einen Dolmen gibt und man die Aussicht bis nach Langeland genießt. Weiter westlich und nur über das Dörfchen Bro zu erreichen, lockt bei **Risemark** einer der schönsten ærøischen Sandstrände (Sydstrand), in dessen Hinterland ein Windradpark steht. Wieder auf der Hauptstraße, gelangt man als erstes durch **Dunkær**, ein Dorf mit traditionsreichem Kro. Der hiesige Galgenberg war ursprünglich ein riesiger bronzezeitlicher Grabhügel von 7 m Höhe und 30 m Durchmesser. Kurz darauf lohnt ein Halt in **Store Rise**, dessen Kirche von etwa 1150 die älteste der Insel ist. Der weißgetünchte Bau mit Treppengiebeln über Chor, Langhaus und Waffenhalle steht inmitten einer der für Ærø charakteristischen runden

Ærø begeistert durch seine tollen Küstenlandschaften

Kirchhofsmauern. Im Ort lockt ein Besuch bei der Ærø Bryggeri (*Vandværksvej 5, www.aeroebryggeri.dk*), deren Bier im ganzen Land Anerkennung findet. Im Sommer werden Brauereitouren, Bierverkostungen und mittags kleine Speisen angeboten. Nicht weit entfernt erhebt sich bei **Tingstedet** ein 6.000 Jahre altes Hügelgrab mit zwei Grabkammern und 55 Randsteinen. Der 54 m lange Dolmen weist einen Stein auf, der noch 20 schalenförmige Vertiefungen aus Stein- oder Bronzezeit trägt. Das nächste größere Dorf entlang der Strecke heißt **Tranderup** und besitzt als größte Sehenswürdigkeit ebenfalls ein Gotteshaus. Die mittelalterliche Kirche stammt aus dem 13. Jh., doch wurde ihr Turm erst 1832 vom berühmten Architekten C. F. Hansen entworfen.

Eine schmale Stichstraße führt kurz darauf zur Südküste, die bei **Voderup Klint (4)** eine der interessantesten geologischen Formationen der Insel präsentiert. Es handelt sich dabei um eine Steilküste aus treppenförmigen Rutschterrassen, die während der letzten Eiszeit entstanden. Wanderer werden von der wunderschönen Aussicht begeistert sein, und auch botanisch Interessierte kommen wegen der vielen seltenen Pflanzen an dieser Stelle auf ihre Kosten. Wenige Kilometer nordwestlich passiert die Hauptstraße das Dorf **Bregninge** mit einer weiteren mittelalterlichen Kirche samt Ringmauer. Sie stammt aus dem 13. Jh. Die oktogonale Turmspitze ist mit Eichenschindeln gedeckt. Sehenswert im Innern sind u. a. Reste der ursprünglichen Kalkmalereien und ein Altaraufsatz von ca. 1530, der aus der Werkstatt des Holzschnitzers Claus Berg stammt. Am nordwestlichen Ortsausgang steht eine gut erhaltene Windmühle.

Danach lohnt sich ein kleiner Schlenker nach Norden zum idyllischen Weiler **Skovby**. An dessen Eingang steht ein Runenstein, der 1994 aufgefunden wurde und bemerkenswert wegen seiner ungewöhnlich kurzen Inschrift ist. Diese besteht nur aus dem Kürzel „PN“ – vielleicht die Initialen eines Bauern, der hier starb. Auch das benachbarte Dörfchen **Leby** ist nett anzu-

Ein Auto braucht man auf Ærø nicht

schauen. Hier befindet sich in kurzer Entfernung das sehenswerte **Schlösschen Søbygård (5)** mit seinen alten Wirtschaftsgebäuden und Schlossgrabenbefestigungen. Die beachtlichen Wälle umschlossen im frühen Mittelalter eine Festung, die im Kampf gegen wendische Piraten eine Rolle spielte. Nicht nur wegen seines historischen Wertes ist Søbygård, das Fachleute zu den zehn wichtigsten Kulturplätzen Dänemarks zählen, ein lohnendes Ausflugsziel, sondern auch wegen der schönen Aussicht. In der Nähe befindet sich die Vestermølle, die mit dem Baudatum 1834 eine der ältesten Windmühlen holländischen Typs in Dänemark ist.

Die Hauptstraße endet in **Søby**, dessen Reparaturdock weithin sichtbar ist. Auch diese dritte „Stadt" der Insel ist mit ihren verschlungenen Gassen und hübschen Häusern durchaus gemütlich. Am lebhaftesten geht es am Hafen zu, wo die Fähren aus Fünen und Als anlegen, und wo sich die Marina befindet. Vom Café Arthur aus, das eher ein Fischimbiss mit Sitzgelegenheiten ist, kann man das Treiben im Hafen gut verfolgen. Östlich des Jachthafens erstreckt sich ein schöner Strand. In der Altstadt, wo es Ferienapartments, aber kaum Gaststätten gibt, lohnt ein Besuch der Kirche, die außen und innen streng pietistisch geprägt ist, sowie der strohgedeckten Windmühle von 1881. Letztere ist landesweit eine der schönsten des holländischen Typs.

Südlich von Søby kommt man in wenigen Fahrminuten zu einem weiteren Sandstrand mit dem Wäldchen Låddenbjerg Plantage, hinter dem sich die Nehrung **Vitsø Nor (6)** ausbreitet. Nördlich davon erfreut sich einer kleiner, liebevoll geführter Campingplatz nahe am Wasser großer Beliebtheit. Wer auch Ærøs äußerste Nordspitze kennenlernen möchte, macht sich auf den Weg zur Landzunge **Skjoldnæs (7)**. Inmitten einer zwar rauen, dennoch aber schönen Natur erhebt sich direkt an der Spitze als Wahrzeichen ein mächtiger Leuchtturm, der 1881 aus Bornholmer Granitquadern erbaut wurde. Bei klarem Wetter hat man von hier eine großartige Aussicht auf das südfünische Inselmeer, wo sich der Kleine Belt zur Ostsee öffnet. Empfehlenswert ist ein Spaziergang vom Leuchtturm zum Vogelschutzgebiet und Badestrand Næbbet. Golfenthusiasten finden nahe dem Leuchtturm in der herrlichen 18-Loch-Par-72-Anlage einen der attraktivsten **Golfplätze** Europas vor. Er wird an drei Seiten vom Meer umspült und hat eine traumhafte Aussicht auf das Inselmeer im Nordosten, den Kleinen Belt im Nordwesten und die Ostsee im Süden *(www.aeroegolf.dk)*.

Reisepraktische Informationen Ærø

Information

Ærø Turistinformation, *Havnen 4, 5970 Ærøskøbing, ☏ 62521300, www.visitaeroe.dk. Weitere Touristeninformationen gibt es in Marstal, Skolegade 26, und in Søby, Havnen 6 (nur im Sommer).*

Hotels

Hotel Ærøhus €€€, *Vestergade 38, Ærøskøbing, ☏ 62521003, www.aeroehus.dk; sehr schönes, romantisches Familienhotel in Ærøskøbings Altstadt, aber ruhig gelegen, 18 komfortable und*

11 einfachere Zimmer, idyllischer Garten mit Terrasse, gutes Restaurant, Fahrradverleih. Zum Hotel gehören auch 37 Ferienwohnungen (alle mit WC/Du und Terrasse) am Hafen (Ærø Marina).

Pension Vestergade 44 €€€, *Vestergade 44, Ærøskøbing, ☏ 62522298, www.vestergade44.com; wunderschöne Pension in einem denkmalgeschützten Kapitänshaus von 1784, rund 200 m vom Hafen entfernt. Im ersten Stock befinden sich drei Bäder und sechs Zimmer, die alle ihre persönliche Note haben und romantisch eingerichtet sind. Da das Haus auf Ærøskøbings höchstem Punkt liegt, hat man eine tolle Aussicht auf Wasser, Stadt oder Garten. Im Zimmerpreis sind Begrüßungskaffee/-tee, Frühstück und WLAN eingeschlossen.*

Badehotel Harmonien €€–€€€, *Brogade 1, Ærøskøbing, ☏ 42500004, www.badehotelharmonien.dk, geöffnet März–Okt.; schön am Hafen der Stadt gelegenes historisches Hotel. Terrasse und schöner Garten. Pizza-Restaurant im Haus. Gutes Frühstück mit Blick auf das Wasser – sollte man einen Fensterplatz ergattern.*

Die Fähre von Søby nach Fynshavn fährt rein elektrisch

Jugendherberge

Villa Blomberg, *Smedevejen 15, ☏ 625 21044, www.villablomberg.dk; in Ærøskøbing nahe zur Innenstadt und zum Meer gelegene Herberge mit Familienzimmern, großer Garten am Wald.*

Camping

Ærøskøbing Camping, *Sygehusvejen, Ærøskøbing, ☏ 4562521854, www.aeroecamp.dk; geschützt am Vesterstrand nahe dem Hauptort gelegener und schönster Platz der Insel, sehr kinderfreundlich, bietet außer Fahrradverleih, Pétanque, Billard, Minigolf und Spielplatz auch 27 Hütten unterschiedlichen Standards.*

Wer es etwas ruhiger und bodenständiger mag, wählt den kleinen Campingplatz **Søby Strand**, *Vitsø 10, Søby, ☏ 62581470, www.soeby-camping.dk; er liegt nur ein paar Meter entfernt vom Wasser und einem Badesteg. Gleich dahinter beginnt die Naturregion der Nordspitze von Ærø (s. o.). Wer selbst kocht, darf sich an den Kräutern in den Hochbeeten bedienen.*

Restaurants

Ærøskøbing Røgeri, *Havnen 15, Ærøskøbing, ☏ 62524007, www.ærørøgeri.dk; gemütliche Fischräucherei am alten Hafen von Ærøskøbing, hier isst man frischgeräucherten Hering, Makrele oder Lachs, dazu gibt's Brot oder Kartoffelsalat, April–Mitte Okt. tgl. 11–19, im Sommer tgl. 10–20 Uhr.*

Etwas feiner speist man in Ærøskøbing im Restaurant **MUMM** *(Søndergade 12, ☏ 62521212, www.restaurant-mumm; dänische Küche) oder in* **Bang's Mad & Vinbar** *(Vestergade 39, ☏ 44163320, www.bangsvinbar.dk, provenzalische Leckereien).*

In Marstal ist das einfach erscheinende **Restaurant Fru Berg** *(Havnepladsen 6, www.bergsrestauranter.dk) bekannt für seine Schollengerichte und den Ærø Pandekager (Pfannkuchen in viel Schweinefett gebraten).*

Fähren

Die **Reederei Ærøfærgene** *(☏ 62524000, www.aeroe-ferry.dk) unterhält drei Verbindungen: die Linie von* **Søby nach Fåborg** *(Fünen, 60 Minuten Fahrzeit, bis zu 6-mal tgl.), die von* **Søby nach Fynshavn** *(Als, 60 Minuten Fahrzeit mit Elektro-Fähre, bis zu 6-mal tgl.) sowie die von* **Ærøskøbing nach Svendborg** *(Fünen, 75 Minuten Fahrzeit, bis zu 6-mal tgl.).*
Die **Reederei Ærøexpressen** *(☏ 73707800, www.aeroexpressen.dk) verkehrt mit einer Schnellfähre zwischen* **Marstal und Rudkøbing** *(Langeland, 50 Minuten Fahrzeit, bis zu 12 Abfahrten tgl.). Alle vier Routen sind für Autos geeignet.*

Weitere Inseln

Hinweis

Auf fast allen Inseln gibt es Ferienhäuser und einen kleinen Laden, der den Bewohnern auch als alltäglicher Treffpunkt dient. Wichtig ist, sich zu erkundigen, wann die Saison endet. Das gilt vor allem für die Restaurants und Cafés.

Bjørnø

Das etwa 150 ha große, 3 ½ km südlich von Fåborg gelegene Bjørnø ist im Gegensatz zu vielen Nachbarn nicht flach, sondern leicht gewellt und hat seinen höchsten Punkt bei 24 m ü. d. M., Felder und kleine Wäldchen, vereinzelte Strände und flache Wiesen mit reichem Vogelleben, Steilküsten, schmucke Bauernhöfe (zwei bieten „Ferien auf dem Bauernhof") und ein im Sommer geöffnetes Café.

Lyø

7 km südwestlich von Fåborg liegt das 605 ha große Lyø (*www.lyø.dk*). Frühgeschichtliche Opfersteine, Grabhügel und Dolmen, die sich über den Feldern erheben, belegen die lange Siedlungsgeschichte, doch die heutigen Einwohner stammen fast alle von 24 Bauernfamilien ab, die man um 1540 wegen eines Aufstandes gegen ihren Pachtherren nach Lyø verbannte. Gute Badestrände und Angelmöglichkeiten, ein reichhaltiges Tier- und Pflanzenleben, schöne Wander- und Radwege, all das prädestiniert die Insel für einen erholsamen Tagesausflug. Größte Sehenswürdigkeit ist das schmucke Dorf Lyø By, ein wahres „Ærøskøbing en miniature"! In der Kirche sitzen Frauen und Männer beim Gottesdienst übrigens getrennt. Am Hafen kann man Fahrräder ausleihen und für Übernachtungen bieten sich einige Ferienwohnungen an. Sehr schön sind die Lyø Ferielejligheder (*www.lyoe-ferie.dk*), zwei Bed&Breakfast-Unterkünfte sowie ein Campingplatz. Essen kann man in dem kleinen Lokal Oase Lyø (*Revvej 5, Juni–Okt.*) sowie etwas feiner im Café Hlý in der alten Schule (*Roestoftvej 8, Mai–Sept. Do–Sa, So nur bis 16 Uhr*).

Avernakø

Das gut 600 ha große Avernakø (*www.avernak.dk*) ist langgestreckt mit immerhin 19 km Küstenlinie und einer schmalen „Wespentaille". Seine Geschichte reicht weit in die Vorzeit zurück. Ein Bauer fand schon 1685 auf einem anschließend „Goldacker" genannten Feld sechs verzierte Goldschalen aus der Bronzezeit. Um diesen bedeutenden Fund zu bewundern, muss man nicht unbedingt ins Kopenhagener Nationalmuseum: Die Kirche von Avernak präsentiert stolz Kopien dieses Insel-Schatzes. Ansonsten sind es vor allem die natürlichen Schönheiten, die einen Besuch lohnen. Es gibt gute Badestrände und Angelmöglichkeiten, ein reichhaltiges Vogelleben auf der Ostsee und den Küstenweiden, interessante Pflanzen und als biologische Besonderheit den seltenen Glockenfrosch (*klokkefrø*). Avernakø ist nicht ganz so flach wie viele der benachbarten Eilande. Wandert man z. B. auf die Hügel von Bjergs Banke hinauf, eröffnet sich ein prächtiger Blick bis zu den Küsten von Fünen, Als, Lyø und Ærø. Im Avernakø-Hafencafé gibt es ein paar Kleinigkeiten zu essen (u. a. Burger und Eis). Nächtigen und speisen kann man im Avernakø Landhotel (*https://avernakoelandhotel.dk*) oder man mietet die Ferienwohnung in der Avernakø Gårdbutik (*www.avernakø-gårdbutik.dk*). Eine Fischräucherei findet sich in Korshavn, im Südosten der Insel.

Drejø

Drejø liegt zwischen Fünen und Ærø und ist mit 426 ha eine der größeren der kleinen Inseln im südfünischen Meer. Die ungewöhnliche Form könnte darauf schließen lassen, dass es sich eigentlich um zwei Eilande handelt, doch ist die nur 100 m breite Landenge Drejet, nach der die Insel ihren Namen trägt, eine natürliche Verbindung und kein Damm. Westlich davon liegt der hügeligere und kleinere Inselteil, der im Süden von Wald dominiert wird und im Norden bei Mejlhoved ein naturgeschütztes Vogelparadies mit Küstenwiesen, Teichen, Mooren und Schilf besitzt. Hier können Schwäne, Graugänse, Möwen, Turmfalken und viele andere Vögel beobachtet werden. Ganz im Westen gibt es eine kleine Sandsteinklippe. Die Insel ist mit ihren guten Bade- und Angelmöglichkeiten wie geschaffen für Erholung und sportliche Betätigung, z. B. auf einer Rundwanderung über die Küstenpfade. Organisatorischer Mittelpunkt ist der Kaufmann (Købmand, *www.drejokro-kobmand.dk*), bei dem man Unterkünfte buchen kann, der die Internetseite der Insel pflegt und auch den Kro führt. Drejø wird nicht von Fåborg, sondern, wie auch die benachbarten Inseln Skarø und Hjortø, mit einer Kleinfähre von Svendborg aus angelaufen.

Hjortø

Das autofreie Eiland Hjortø (*www.hjorto.dk*) ist mit 90 ha eines der kleinsten und unberührtesten im südfünischen Inselmeer. Die wenigen Einwohner leben auf fünf Höfen, die aus schönen Fachwerkgebäuden bestehen. Von ferne fällt Hjortø mangels größerer Erhebungen kaum auf, der höchste Punkt erreicht gerade mal 3 ½ m ü. d. M. – aus diesem Grund ist auch der größte Teil der Insel eingedeicht. Bei starken Stürmen „vergrößert" sich die Insel, wenn nämlich der Wind das nur wenige Meter tiefe Wasser wegbläst und man das Festland fast schon zu Fuß erreichen kann. An schöneren Tagen können Besucher die kinderfreundlichen Badestrände nutzen oder über die Strandwiesen an der Süd- und Ostküste mit ihrer artenreichen Flora und Fauna spazieren. Vielleicht begegnet man einem der seltenen Glockenfrösche, die nur hier, auf Avernakø und auf Ærø vorkommen und deren Gequake vage an Kirchenglocken erinnert. Das Vogelschutzgebiet liegt im Westen der Insel (*gesperrt von März bis Mitte Juli*) und ein kleines Museum am Hafen erzählt etwas über die lokale Geschichte. Außer wenigen Ferienhäusern gibt es nur einen einfachen Campingplatz am Hafen und keine Geschäfte oder Speisestätten.

Skarø

Das 197 ha große Skarø liegt südwestlich des Svendborg-Sundes und war wie fast alle der kleinen Inseln in früheren Zeiten dichter besiedelt als heutzutage, um 1900 etwa lebten auf den zwölf Bauernhöfen und in 14 anderen Wohnungen rund 200 Menschen, während es hundert Jahre später weniger als zwei Dutzend waren. Die Insel hat eine kompakte, nierenförmige Gestalt, mit einer Bucht im Süden, die im Westen von der schmalen Landzunge Kalveodde begrenzt wird. Noch schmaler und deutlich länger ragt im Norden die Landzunge Skarø Odde weit ins südfünische Meer hinein. Vom Fähranleger und dem recht großen Jachthafen aus sind es nur 200 m bis zum reizenden Inselort Skarø By, wo rund um den Dorfteich die Höfe nach alter Tradition immer noch paarweise gruppiert liegen. Touristisch laufen alle Fäden im Café SommerSild (*Skarø Brovej 7, https://sommersild.dk*) zusammen. Hier kann man sich über Ferienhäuser und einfache Zeltplätze informieren, bekommt in der Hochsaison etwas zu essen (eigene Räucherei) und bucht Unternehmungen (u. a. Inselführungen mit Einheimischen). Eine Besonderheit: Die Insel verfügt über eine eigene Eismanufaktur – Skarø Is (*Østerhovedvej 4, https://skarois.dk*), deren Bio-Eis überregional bekannt ist und im hauseigenen Café probiert werden kann.

JÜTLAND-RUNDFAHRT

Überblick

Jütland (dän.: Jylland, ausgesprochen „jülänn") ist mit 29.756 km² der mit Abstand größte Landesteil Dänemarks und umfasst über zwei Drittel der Gesamtfläche des Mutterlandes, zählt aber nur ca. 46 % der dänischen Bevölkerung. Die von Nordsee, Skagerrak, Kattegat und Kleinem Belt umgebene Halbinsel misst von Norden nach Süden, also von der deutschen Grenze bis nach Skagen, gut 300 km und an ihrer breitesten Stelle zwischen Grenå und der Nordseeküste ca. 170 km.

Über Jahrhunderte war Jütland gegenüber den Inseln benachteiligt. Das lag nicht nur an der Distanz zur Hauptstadt Kopenhagen, sondern auch an den schlechten Böden, besonders im Westen. An vielen Orten wurde überweidet, was zur Verheidung führte. Moderne Agrartechniken haben diesen Nachteil nach dem Zweiten Weltkrieg nahezu ausgeglichen, und heute werden über 75 % der Landfläche landwirtschaftlich genutzt. Unwirtliche Böden, Versandungen, Überflutungen bei Stürmen und Tidenprobleme an den Nordseeküsten sowie die Entfernung zu den Zentren auf Seeland haben zudem dazu geführt, dass sich die meisten Städte Jütlands an der Ostseite befinden. Einzige wirkliche Stadt an der Nordsee ist heute Esbjerg, das aber erst 1868 gegründet wurde. Nur die seefahrenden Völker (besonders die Wikinger) und später die Kaufleute und Reeder haben früh damit begonnen, Siedlungen an der Westküste zu gründen. Ribe ist die älteste Stadt Dänemarks, und auf Fanø befand sich bis ins 19. Jh. hinein der nach Kopenhagen zweitgrößte Seehafen des Landes.

Abgesehen vom Strandtourismus an der Nordsee wird Jütland touristisch heute oft unterschätzt. Dabei hat die Halbinsel eine Menge zu bieten, so für Naturliebhaber z. B. die von den Gletschern geformten Seengebiete südwestlich von Aarhus, weite Heidegebiete nördlich von Aalborg, Buchten und Klippen an der Ostküste, den Limfjord und einige Waldgebiete. Auch alte Städte wie z. B. Ribe, Ringkøbing und Ebeltoft lohnen den Besuch, und in den lebendigen Großstädten Aarhus und Aalborg befinden sich zum Teil hochklassige Museen, Hotels und hevorragende (Sterne-)Restaurants, letztere besonders in Aarhus. Freunde der Wikinger kommen in Jütland auch auf ihre Kosten. Museen und Ausgrabungsstätten z. B. in und bei Ribe, Aalborg, Hobro, Aarhus und Jelling haben diesbezüglich einiges zu bieten.

Die schönsten Strände in Jütland

info

- Auf den Inseln Rømø und Fanø, S. 266 u. 282
- Zwischen Blavand und Hvide Sande, S. 289–295
- Nordseestrand südlich des Nissum Fjord, S. 314
- Die weniger bebauten Abschnitte zwischen Løkken und Hirtshals, z. B. Rubjerg Knude, Tornby Strand, S. 335 u. 338
- Um Skagen (Rabjerg Mile, Nordstrand), S. 341 ff.
- Nordküste von Djursland, S. 386
- Grenå Strand südlich der Stadt, S. 387
- Ostseite der Ebeltoft-Halbinsel, S. 390
- Naturbelassene Strände am Waldgebiet von Moesgård (südlich von Aarhus), S. 425
- Auf der Insel Als (Südstrand bei Skovbyballe, Halbinsel Kegnæs), S. 464

Die Rundtour führt im Uhrzeigersinn um die Halbinsel: Zuerst geht es entlang der Nordseeküste nach Skagen, wobei Abstecher auf die Inseln Rømø und Fanø sowie ins Landesinnere möglich sind. Von Skagen über Aalborg bis Aarhus kann man dann wählen zwischen der Strecke durchs

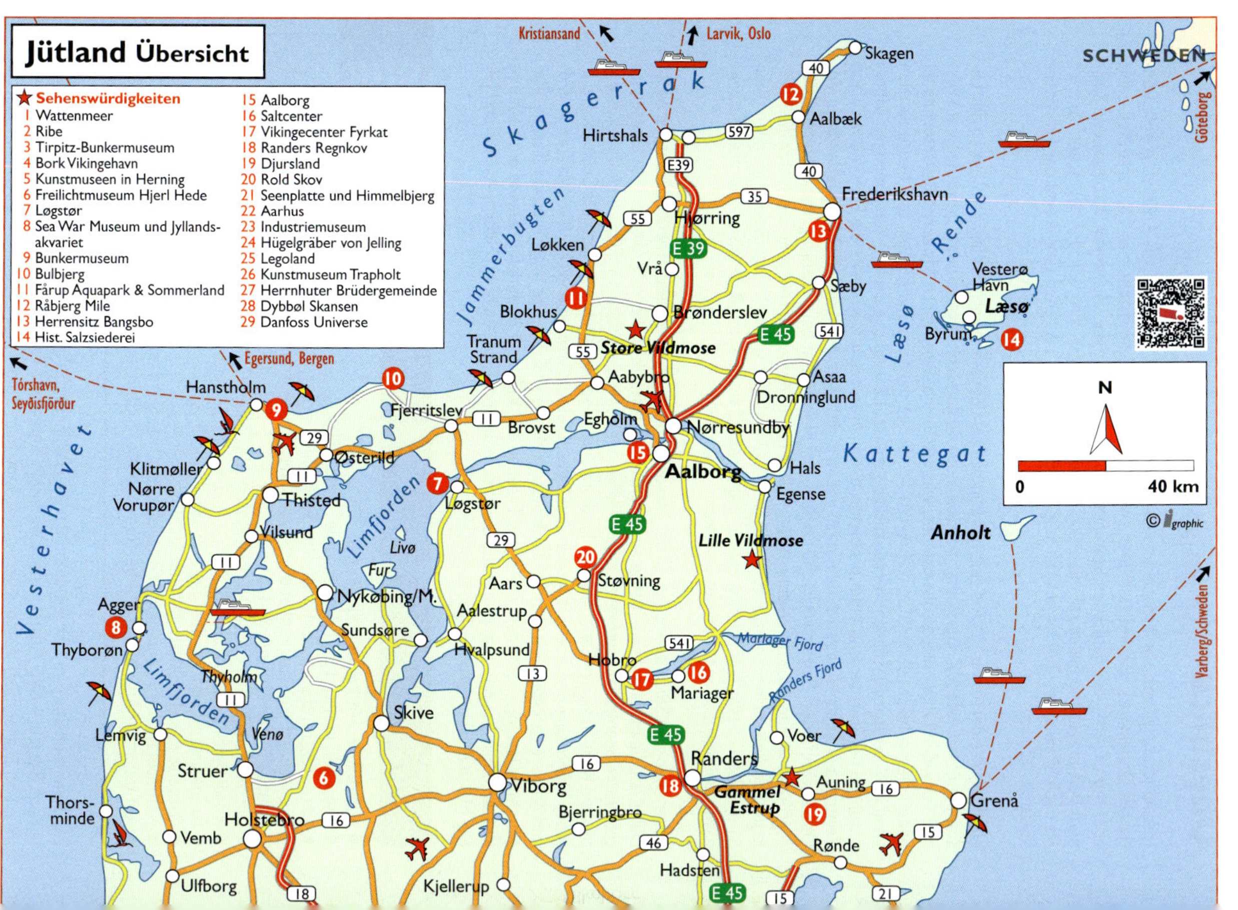
Jütland Übersicht
★ Sehenswürdigkeiten
1 Wattenmeer
2 Ribe
3 Tirpitz-Bunkermuseum
4 Bork Vikingehavn
5 Kunstmuseen in Herning
6 Freilichtmuseum Hjerl Hede
7 Løgstør
8 Sea War Museum und Jyllands-akvariet
9 Bunkermuseum
10 Bulbjerg
11 Fårup Aquapark & Sommerland
12 Råbjerg Mile
13 Herrensitz Bangsbo
14 Hist. Salzsiederei
15 Aalborg
16 Saltcenter
17 Vikingecenter Fyrkat
18 Randers Regnkov
19 Djursland
20 Rold Skov
21 Seenplatte und Himmelbjerg
22 Aarhus
23 Industriemuseum
24 Hügelgräber von Jelling
25 Legoland
26 Kunstmuseum Trapholt
27 Herrnhuter Brüdergemeinde
28 Dybbøl Skansen
29 Danfoss Universe
Kristiansand
Larvik, Oslo
Skagerrak
SCHWEDEN
Göteborg
Skagen
Aalbæk
Hirtshals
Frederikshavn
Hjørring
Løkken
Vrå
Jammerbugten
Blokhus
Brønderslev
Sæby
Læsø Rende
Vesterø Havn
Læsø
Byrum
Tranum Strand
Store Vildmose
Aabybro
Asaa
Dronninglund
Egersund, Bergen
Tórshavn, Seyðisfjörður
Hanstholm
Fjerritslev
Brovst
Egholm
Nørresundby
Kattegat
Klitmøller
Nørre Vorupør
Østerild
Thisted
Aalborg
Hals
Egense
Løgstør
Limfjorden
Vilsund
Livø
Fur
Anholt
Lille Vildmose
Vesterhavet
Aars
Støvning
Nykøbing/M.
Aalestrup
Agger
Thyborøn
Sundsøre
Hvalpsund
Mariager Fjord
Randers Fjord
Thyholm
Hobro
Mariager
Lemvig
Venø
Skive
Voer
Varberg/Schweden
Randers
Struer
Viborg
Auning
Gammel Estrup
Grenå
Thors-minde
Holstebro
Bjerringbro
Vemb
Rønde
Hadsten
Ulfborg
Kjellerup
N
0
40 km
© graphic

Jütland (Jylland)
Seeland (Sjælland)
Fünen (Fyn)
Lolland
Langeland
Ærø
Als
Samsø
Fanø
Rømø
Sylt
Mandø
Sejerø
Endelave
Lyø
Omø
Agersø
DEUTSCHLAND
Nordsee
Samsø Bælt
Store Bælt
Lille Bælt
Langelands Bælt
Aarhus Bugt
Flensborg Fjord
„Dänische Südsee"
Aarhus
Silkeborg
Ikast
Herning
Ry
Skanderborg
Odder
Hov
Tunø
Nordby
Sælvig
Ballen
Horsens
Snaptun
Juelsminde
Vejle
Fredericia
Middelfart
Ejby
Odense
Nyborg
Svendborg
Faaborg
Assens
Bøjden
Kalundborg
Odde Færgehavn
Nykøbing
Slagelse
Sorø
Korsør
Rudkøbing
Spodsbjerg
Tårs
Nakskov
Bagenkop
Rødby
Puttgarden
Ærøskøbing
Søby
Fynshav
Nordborg
Sønderborg
Gråsten
Flensburg
Padborg
Aabenraa
Haderslev
Christiansfeld
Kolding
Vojens
Egtved
Give
Brande
Billund
Vejen
Brørup
Gram
Løgumkloster
Tinglev
Tønder
Højer
Skærbæk
Havneby
List
Ribe
Esbjerg
Nordby
Varde
Blåvand
Henne Strand
Nørre Nebel
Skjern
Tarm
Ringkøbing
Hvide Sande
Søndervig
Harwich
Damm
E 45
E 20
A7
Die schönsten Strände
Die schönsten Surfgebiete

Inland, die z. B. durch den Rold Skov und das Gebiet der Dänischen Seenplatte führt, oder aber auch entlang der weniger frequentierten Küstenstrecke über Ebeltoft. Zurück zur deutsch-dänischen Grenze geht es dann weiter südlich wieder mehr oder weniger entlang der Küste, wo Städte wie Horsens, Fredericia, Sønderborg und vor allem Kolding mit einigen interessanten Museen aufwarten.

Zwischen Tønder und Esbjerg (s. Karte S. 258/259)

Redaktionstipps

- **Naturerlebnisse**: Strand von Rømø (S. 268); das Wattenmeer samt Wattenmeercenter (S. 270); Nordseeküste im Allgemeinen; Austernsafaris ins Wattenmeer – hier kann man selbst Austern sammeln (Infos dazu in den Touristenämtern von Rømø, Mandø und Ribe)
- **Kulturelle Höhepunkte**: Tønder Musikfestival Ende August; Sønderjylland Museum (S. 261); der kleine Ort Møgeltønder (S. 262); Løgumkloster (S. 262); Kommandørgård Nationalmuseum (S. 269); Altstadt von Ribe (S. 270)
- **Highlights für Familien**: Drachen fliegen lassen am Nordsee-Strand; der Strand von Rømø (S. 268); Ferienaktivitäten im Wattenmeercenter (S. 270); Museum Ribes Vikinger (S. 274)

Der erste Abschnitt der Rundreise ist geprägt von historischen Städten wie Tønder und Ribe sowie dem Wattenmeer, dem saftigen Marschland und dem Inselleben auf Rømø – das den größten Sandstrand Europas zu bieten hat. Wikingerdörfer, Ausgrabungen, alte Mühlen, historische Bauernhöfe, die älteste Stadt Dänemarks, Wanderungen zu Austernbänken (Austernsafaris) und viele andere Dinge gibt es zu erleben.

Tønder

1154 tauchte auf einer Karte im Rogerbuch des arabischen Geografen al-Idrisi „Tundira" auf und fand Erwähnung als Handelsplatz. Die Lage am Fluss Vidå, geschützt vor Stürmen, und das weitreichende Hinterland bescherten Tønder schon früh einen bescheidenen Wohlstand. 1243 erhielt es als erste Stadt auf heutigem dänischen Grund die Stadtrechte. Der Handel blühte, doch ab 1550 ging es bergab: Versandung des Hafens, Feuer und Kriege besiegelten den Niedergang. Der Hafen wurde nach Rudbøl verlagert, später sogar nach Højer. Erst Mitte des 18. Jh. wendete sich das Blatt wieder aufgrund der noch heute berühmten **Klöppelspitzenindustrie**. Bis etwa 1800 hieß die Stadt Thundern („Siedlung auf eingefriedetem Strand"). 1920 wählten übrigens 77 % der Bevölkerung für den Verbleib bei Deutschland. Heute ist Tønder eine sehenswerte Kleinstadt mit vielen alten Häusern und zählt 7.500 Einwohner. Klöppelspitzen werden als Souvenirs angeboten, ebenso dänisches Kleinkunsthandwerk. Bekannt ist das renommierte Tønder Festival (*Ende Aug., www.tf.dk*), zu dem Folkmusiker aus aller Welt kommen, sowie der tolle Julemarked, der erste Weihnachtsmarkt Dänemarks (ab 2. Woche im Nov.). Das jährlich Ende Oktober in der Kommune Tønder stattfindende Strickfestival „Maschen in der Marsch" (dänisch: Masker i marsken) umfasst Basare mit Informations- und Verkaufsständen, Workshops, Veranstaltungen in Strickcafés, Strick-Meditationen und Yoga, musikalische Unterhaltung und Kulinarisches (*www.maskerimarsken.dk/de*).

Der **Torvet** ist der zentrale Marktplatz der Stadt, wo sich auch das Touristenbüro befindet. Auf der Ostseite des Platzes überragt der 48 m hohe Turm der 1592 eingeweihten **Christkirche** (Kristkirke) alles. Innen beeindrucken Kunstwerke aus der Zeit zwischen 1600 und 1800 (Schnitzereien, Taufbecken, Bilder). Der Kirche im Westen gegenüber (ein wenig um die Ecke) steht auf einem Sockel die Kopie des **Kagmanden**, einer Holzfigur, die einen Profos darstellt. Dieser war ein Soldat, der für Ordnung zu sorgen hatte und auch kleine Strafmaßnahmen durchführen durfte. In der – jetzt leeren – rechten Hand, hielt er einen siebenschwänzigen „Katzenschwanz", der aber so oft gestohlen wurde, dass er nur noch bei bestimmten Anlässen angebracht wird.

An der Ecke Torvet/Østergade lockt **Die Alte Apotheke** (Det Gamle Apotek) mit einer Barockfassade aus dem ausgehenden 17. Jh. Ehemals Sitz und Wohnhaus des Deichgrafen, wurde hier 1697 die Hauptapotheke eingerichtet. 1750 wurde diese umgebaut und ist heute noch zum großen Teil so erhalten. Mittlerweile wurden zahlreiche Souvenirhändler hier angesiedelt. Die Fußgängerzone erstreckt sich von der Østergade über die Storegade bis hin zur Vestergade durch die ganze Stadt. Zahlreiche alte Patrizierhäuser säumen die Straße. Besonders schön ist das **Drøhses Hus**, ein historisches Giebelhaus aus dem 17. Jh. in der Storegade 14. Idyllisch ist auch die Uldgade, die im Süden der Altstadt abzweigt von der Søndergade.

Der Kagmanden, einst Hüter von Recht und Ordnung

Verlässt man die Altstadt nach Süden, gelangt man zum **Südjütland-Museum**, das sich z. T. im alten Tønderhus Slot befindet. Das Museum ist in drei Abteilungen gegliedert. Das zentrale **Tønder-Museum** beschäftigt sich mit der Geschichte und dem Handelseinfluss der Stadt. Neben Möbeln sind Kacheln und Keramiken aus ganz Skandinavien ausgestellt. Zudem gibt es Klöppelspitzen-Kunst und historische Karten zu sehen. Im Zwischengeschoss kann man sich ein Bild von einem originalgetreu rekonstruierten alten Gefängnis machen. Das lichtdurchflutete **Kunstmuseum** befasst sich in Sonderausstellungen vorwiegend mit zeitgenössischer Kunst aus Nordschleswig. Die Ausstellung des **Wegner-Museums** befindet sich im 1902 erbauten Wasserturm hinter dem Museumskomplex. Von ganz oben hat man eine schöne Rundumsicht über Tønder und die Marsch. Auf dem Weg nach unten sind auf 8 Zwischenetagen über 80 Stühle aus dem Repertoire des bekannten dänischen Möbeldesigners Hans Jørgen Wegner zu bewundern. Man darf sich auch setzen. Ein kleines Café sorgt für eine Stärkung zwischendurch.
Sønderjylland Museum, *Wegners Plads 1, www.msj.dk/de; Di–So 10–17 Uhr, Juni–Aug. tgl., hier kann man u. a. ein Kombiticket mit dem Nolde-Museum in Seebüll erwerben*

Vom Museum auf dem Kongevej nach Osten gehend passiert man zuerst das neue Rathaus und gelangt dann zu **Bachmanns Wassermühle**, die hier 1598 errichtet wurde und einst Teil eines größeren Mühlenkomplexes gewesen ist. Hier beginnt ein knapp 4 km langer (Abkürzung 2 km) Rundweg, der der Vidå folgt. Der Weg führt in die **Tøndermarsch** und großteils entlang der Deiche. An der Wegstrecke liegen u. a. auch der Hestholm, ein alter Hof auf einer Holm (Anhöhe). Anhand der Entwässerungskanäle kann man nachvollziehen, wie dem Wasser das Land abgetrotzt wurde und wird. Die Tøndermarsch ist Teil eines riesigen, ökologisch einzigartigen Gebietes, das sich vom Ijssel-Meer in den Niederlanden bis hin nach Esbjerg erstreckt. Es besteht aus eingedeichten Marschen (die so geschützt als „Köge“ bezeichnet werden), Sandbänken, Dünen, Inseln und dem Wattenmeer, das heute nahezu gänzlich unter Naturschutz steht. Die Deiche hier können einem Wasseranstieg von 6 m plus 2 m hohen Wellen trotzen. Katastrophen, die früher Tausende von Menschen ertrinken ließen und während nur einer Sturmflut die einstige Insel Rungholt in die heutigen Inseln Pellworm und Nordstrand teilten, gehören der Vergangenheit an. Größtes Problem der Naturschützer ist heute die Verschmutzung der Nordsee.

Sehenswert ist außerdem das **Zeppelin- und Garnisonsmuseum**. Zwischen 1864 und 1920 gehörte Tønder zum deutschen Kaiserreich. Mit der Erfindung des Zeppelin-Luftschiffes wurden im gesamten Kaiserreich, wie auch hier in Tønder, Luftstützpunkte für die „fliegenden Zigarren" eingerichtet. Im erhaltenen Reparaturgebäude befindet sich eine Ausstellung über die kaiserliche Luftflotte sowie eine weitere, die sich mit der hiesigen Dänischen Garnison beschäftigt.
Zeppelin- og Garnisonsmuseum Tønder, *Gasværkvej 1 (Industriegebiet nördl. der Stadt), www.zeppelin-museum.dk; Mai–Okt. Sa/So 10–15 Uhr*

Løgumkloster

Stefan, Bischof von Ripen, gründete hier 1173, an einer wasserreichen Stelle an der Brede Å (Løgum ist ein alt-dänisches Wort für „viel Wasser"), ein Zisterzienserkloster. 1536 wurde das Kloster wegen der Reformation geschlossen und dient seither als Gutsbetrieb. Die Kirche wurde im romanischen Stil begonnen und im gotischen vollendet. Von den alten Klosteranlagen mit vier Flügeln sind heute nur noch der Ostflügel mit der Bibliothek, der Sakristei und dem Kapitelsaal sowie der sogenannte Nordflügel, die Kirche, erhalten. Ehemals waren die Innenwände der Kirche weißgetüncht, und erst im 20. Jh. wurden diese freigelegt. Die Größe des Kirchenschiffes mit seinen gotischen Fenstern, dem Rippengewölbe und den Pfeilern beeindruckt und verspricht einen guten Klang bei Musikveranstaltungen. Bewundernswert in der Kirche sind u. a. auch das Løgumskabinet (Reliquienschrank mit 16 Fächern, in einer der nördlichen Arkaden), der Zelebratenstuhl, ein Altarbild aus dem späten 15. Jh., ein gotisches Triumphkreuz und das Dormitorium, der ehemalige Schlafsaal im Obergeschoss, der heute für Ausstellungen und Vorträge genutzt wird.

Das **Schloss Løgumkloster** westlich hinter der Kirche wurde 1585 vom Gottorp'schen Herzog Johann Adolf als Jagdschloss im Renaissancestil angegliedert. Auf der großen Schlosswiese findet jedes Jahr im August der Klostermarkt statt, der mit einem großen Feuerwerk am letzten Abend beendet wird. Auch heute noch wechseln auf dem Markt Pferde einfach per Handschlag den Besitzer. Gegenüber dem Refugium (Altersheim/Tagungsstätte) ist ein 25 m hoher, 1973 errichteter Turm nicht zu übersehen. Er trägt das **Glockenspiel** von König Frederik IX. Mehrmals tgl. werden die 49 Glocken gespielt.

Løgumkloster selbst ist eine Kleinstadt, die mit ihren niedrigen, langen Häusern architektonisch stark an das deutsche Süd-Schleswig erinnert. Viele von ihnen wurden während der Blütezeit der Klöppelindustrie (1750–1850) erbaut. Die schönsten Stadtgassen sind die Lillegade sowie die Gassen direkt nördlich des Klosters. Zentrum der Klöppelindustrie war damals das lange weiße Haus zwischen Søndergade und Dravedvej. Hier arbeiteten bis zu 1.000 Klöpplerinnen. Heute ist es ein Seniorenheim.

Bleibt zum Schluss noch das **Museum Holmen**, welches in einem alten westschleswigschen Hof von 1772 untergebracht ist. Zu sehen sind hier lokale Gegenstände sowie Wechselausstellungen. Vor dem Gebäude steht die Mönchs-Statue, die daran erinnern soll, dass der Ort seine Entstehung dem Kloster zu verdanken hat.
Museum Holmen, *Østergade 13, www.museetholmen.dk; Do–So 13–17 Uhr*

Møgeltønder

Der Ort liegt wenige Kilometer westlich von Tønder und zählt zu den bedeutenden Kulturdenkmälern Dänemarks. Bis 1680 hieß Møgeltønder Sønderby und war ein einfaches Bauerndorf. 1661–64 wurde dann das Schloss erbaut und 1680 die **Slotsgade** angelegt, die direkt vom Schloss ausging. In den folgenden Jahrzehnten ermutigte man die Bauern, entlang der Straße schmucke Häuser zu errichten, ganz im Stile barocker Ortsanlagen. 1861 vernichtete ein Feuer weite Teile von Møgeltønder, viele Häuser wurden aber wieder aufgebaut.

Über 30 reetgedeckte Häuser locken heute viele Reisende an und der historische Gasthof Schackenborg Slotskro lädt zu einer Mittagspause ein. Das alles überragende Bauwerk ist das (Rokoko-)**Schloss Schackenborg**, 1661 von der Krone für den über die Schweden siegreichen Marshall Hans Schack errichtet. Es erhebt sich am östlichen Ortseingang und ist von einer bezaubernden Parkanlage umgeben. 1978 gab die Schack-Familie das Schloss an die Krone zurück. Von 1993 bis 2014 lebte Prinz Joachim, jüngster Sohn von Königin Margrethe, mit seiner Familie auf dem Schloss. Nachdem der Prinz und seine Frau Prinzessin Marie jedoch beschlossen, wieder nach Kopenhagen zu ziehen und nur zu bestimmten Zeiten hier zu wohnen, wurde das Schloss einer Stiftung übertragen, die es zu einem Kulturzentrum umwandelte. Heute können Schloss und Gartenanlage besichtigt werden und es finden regelmäßig Kulturveranstaltungen (Musik, Ballett, Weihnachtsausstellungen etc.) statt. In einer etwa einen Kilometer entfernten Scheune gibt es unterschiedliche Ausstellungen und ein Café, das vornehmlich in den Sommermonaten Kaffee, Kuchen und nordische Spezialitäten anbietet. Für das Schloss samt Anlage sollte man sich zwei Stunden Zeit nehmen, ein Infocenter steht zur Verfügung (*www.schackenborg.dk/de*).

Im schmucken Møgeltønder

Am westlichen Ende der Slotsgade steht die **Møgeltønder-Kirche**, erbaut zwischen 1200 und 1300. Der auffällig dicke Turm wurde später hinzugefügt. Beeindruckend ist das Innere der Kirche. Die Orgel stammt von 1679 und ist damit die älteste in Dänemark. Der Altar ist nochmals hundert Jahre älter. Auffällig sind noch die vielen Malereien/Fresken auf Holz, an den Wänden und an der Decke, die detaillgetreu restauriert wurden.

Durch die Marsch des Møgeltønder Kog führt eine Nebenstraße zum idyllischen Grenzort **Rudbøl**. Ein schöner Dorfkrug bietet sich für eine Pause an. Die Grenze selbst führt mitten durch ein vogelreiches Staugewässer (Rudbøl Sø) der Vidå, das sich in den Jahren immer wieder verändert und somit auch den Grenzverlauf stets aufs Neue verschiebt. Rudbøl lag einst noch am Meer und ersetzte 1556 den versandenden Hafen von Tønder. Durch die Landgewinnungsmaßnahmen wurde es aber auch immer weiter vom Meer abgeschnitten und der Hafen nach Højer (s. S. 265) verlegt.

Reisepraktische Infos Tønder, Møgeltønder, Løgumkloster

Information

Tønder Infocenter, *Storegade 2–4, 6270 Tønder, ☏ 73709650, www.romo-tonder.dk.*
Løgumkloster Turistinformation, *Museet Holmen, Østergade 13, 6240 Løgumkloster, ☏ 73709650.*

In allen Touristenämtern der Region erhält man den kostenlosen **Wattenmeerpass** *(Vadehavspas), eine Rabattkarte für Attraktionen, Restaurants und Geschäfte.*

Unterkünfte

Schackenborg Slotskro €€€–€€€€, *Slotsgade, Møgeltønder, ☏ 79306900, www.schackenborg.dk; historisches 25-Zimmer-Hotel mit Flair. Das Gebäude stammt aus dem 17. Jh. und gehörte einst Prinz Joachim. Jedes Zimmer ist nach einem dänischen Schloss/Herrenhaus benannt. Das Restaurant empfiehlt sich mit seiner gepflegten historischen Atmosphäre. Neben einer französisch inspirierten Küche werden auch lokale Spezialitäten (Marschlamm, Scholle etc.) angeboten.*

Hostrups Hotel €€€, *Søndergade 30, Tønder, ☏ 74722129, https://hostrups-hotel.dk; schön renoviertes innenstadtnahes Boutique-Hotel. Gemütliches Restaurant mit typisch dänischer Speisekarte. Mittags leckeres Smørrebrød. Bar im Haus. Das Hotel stammt aus der Zeit um die Jahrhundertwende und wurde sehr stilvoll restauriert. Die Empfehlung für Tønder.*

Hotel Tønderhus €€–€€€, *Jomfrustien 1, Tønder, ☏ 74722222, www.hoteltoenderhus.dk; Hotel im Stil eines friesischen Hofes mit modernem Anbau. Bekanntes Restaurant mit ebenfalls guter, typisch dänischer Küche. Mit 63 Zimmern deutlich größer als das Hostrups Hotel.*

Rudbøl Grænsekro €€, *Rudbølvej 36, Rudbøl, ☏ 74738263, www.rudbol.dk; historischer Krog an der Grenze in Rudbøl, geschickt mit modernen Einrichtungen (u. a. Pool, Camping- und Tennisplatz) erweitert. Restaurant. Hier kann man auch teils historische Ferienhäuser im Ort mieten. Schöner und ruhiger Ausgangspunkt für Touren in die Wattenmeer-Region, auch mit dem Fahrrad.*

Jugendherberge

Danhostel Tønder, *Sønderport 4, Tønder, ☏ 74928000, www.danhostel.dk/hostel/danhostel-toender; 5 Gehminuten vom Zentrum, 124 Betten.*

Camping

Tønder Camping, *Sønderport 4, Tønder, ☏ 74928000, www.tonderhallerne.dk/toender-camping; direkt neben o. g. Jugendherberge; 80 relativ schattige, windgeschützte Stellplätze, Hütten.*

Møgeltønder Camping, *Sønderstrengvej 2, Møgeltønder, ☏ 74738460, www.mogeltondercamping.dk; 275 Stellplätze, Hütten (schön sind die neueren Luxushütten, €€–€€€), Badelandschaft, Spielplätze, Angelsee.*

Restaurants

Café Victoria, *Storegade 9, Tønder, ☏ 74720089, www.victoriatoender.dk; nahe dem Marktplatz. Restaurant im Bistrostil. Frisch zubereitete Speisen, darunter toller Brunch (meist ab 11 Uhr), mittags leckere Sandwiches, nachmittags Kuchen und abends dänische Gerichte, zudem Burger, Salatbar, Pasta sowie Steaks.*

Ansonsten empfehlen sich die **Restaurants in den o. g. Hotels** *– oder man geht für die kleine Mahlzeit zwischendurch einfach zum* **Pølserimbiss** *mitten auf dem Marktplatz (Torvet).*

Bahn/Busse

Bahnhof: *Jernebanegade, westl. des Zentrums. Zugverbindungen nach Ribe und Esbjerg.*

Busbahnhof: *Kongevej, nördl. des Zentrums. Busverbindungen nach Padborg, Højer und Løgumkloster.*

Ausflüge/Unternehmungen

Man kann um Tønder schöne **Kanutouren** *unternehmen (2 Std. bis 3 Tage), Verleihstation: Vidå Kanoudlejning, ☏ 40319514, www.vidaa-kano.dk, auch SUP-Verleih.*

Sort Safari, *Slotsgaden 19, Møgeltønder, ☏ 73726400, www.sortsafari.dk; u. a. Naturführungen sowie Austernsafaris.*

Die alte Mühle in Højer

Tipp

Nahe dem Grenzübergang Rudbøl liegt auf deutscher Seite in Seebüll, (nördl. von Niebüll) das **Nolde-Museum**, dessen Besuch äußerst lohnend ist. Emil Nolde (1867–1956), der eigentlich Emil Hansen hieß, gilt als einer der bedeutendsten expressionistischen Künstler in Deutschland. Er war Mitglied der „Brücke", reiste bis nach China und in die Südsee und verbrachte viele Jahre seines Lebens in Dänemark. Das Museum in Seebüll wurde in Noldes letztem Wohnhaus und Atelier eingerichtet (Nolde Museum, Seebüll, ☏ 04464-983930, www.nolde-stiftung.de, März–Okt. tgl. 10–18 Uhr, Kombiticket mit Kunstmuseum in Tønder mögl.).

Højer

Folgt man von Rudbøl der Straße nach Højer, zweigt noch vor dem Ort nach links eine Stichstraße zur Vidå Sluse ab. An dieser Stelle wird die Vidå aufgestaut bzw. die Staubecken hinter dem Deich geflutet bzw. entwässert. Auf und an den Überflutungswiesen/Sturmflutbecken nisten im Frühjahr und Herbst die Wasservögel auf dem Zug nach Norden bzw. Süden. An manchen Tagen wurden bis zu 100.000 Vögel an den salzhaltigen Seen der Tøndermarsch gezählt. Wenn bis zu 1 Million Stare am Himmel fliegen, nennt man hier dieses Phänomen die „schwarze Sonne" („Sort Sol"), weil der Himmel dann fast völlig verdunkelt wird. Die Vogelschwärme sind übrigens auch gut am südlichen Ringkøbing Fjord auf der Halbinsel Tipperne zu bewundern. Das kleine **Naturcenter** an der Vidå Sluse *(April–Okt. 10–18 Uhr)* gibt weiter Aufschluss über die Flora und Fauna des einzigartigen Naturareals, die Geschichte der Landgewinnung und den Naturpark Wattenmeer (Vadehav), der zusammen mit den Abschnitten in Deutschland und den Niederlanden zum UNESCO-Welterbe erklärt wurde. Alle zwei Jahre Anfang September (ungerade Jahre) wird der Park beim Wattenmeer-Festival *(www.waddentide.dk)* entlang der Küste zwischen Grenze und Varde von internationalen Künstlern gewürdigt. **Hinweis**: Das neue, große **Vadehavscentret** *(www.vadehavscentret.dk)*, befindet sich in Vester Vedsted, südwestlich von Ribe (S. 270).

Højer selbst begann sich im 16. Jh. zu einem aufstrebenden Handelszentrum und wichtigen Ausfuhrhafen zu entwickeln. Der Boom dauerte nur wenige Jahrzehnte, denn auch der Hafen von Højer versandete zunehmend und wurde zur Schleuse verlagert. Alte Bauernhäuser, dreigeschossige Stadthäuser aus der Zeit um 1900, leere Parzellen und unspektakuläre Neubauten aus den 1970er-Jahren beherrschen das äußere Bild. Gerade in diesem Sammelsurium liegt vielleicht der Reiz des Ortes, der sich gerne als „die Stadt hinter den Deichen" bezeichnet. Einen Besuch wert ist die alte holländische **Mühle** im Ort *(Mitte März–Okt. Di–So, Juli–Sept. tgl. 11–17 Uhr)*. Sie wurde 1857 errichtet und beherbergt heute ein lokales Museum, das sich mit Sturmfluten, der Marsch, der Eindeichung und auch der Geschichte von Højer befasst. Der alte **Kaufmannshof** (1760) in der Nørregade 28 zeugt mit seinem mächtigen Reetdach von wohlhabenderen Zeiten. Heute ist Højer bekannt für seine Wurstwaren, den Højer Pølsern, die man in der Metzgerei in der Søndergade 1 kaufen kann. Wer einmal über die Tønder Marsch blicken möchte, steigt auf den 20 m hohen Wasserturm *(Højer Vandtårn, Nørrevej 50)*.

Auf dem Weg zur Insel Rømø sollte man weiter den Nebenstraßen folgen. Die Kirche inkl. Pfarrhof von **Visby**, die Burgruinen von **Trøjborg**, einst im Besitz der Hauses Rantzau, und das verschlafene Dorf **Ballum** sind zwar kein Muss, aber idyllisch. Der **Ballum Slusekro** (*www.ballumslusekro.dk*) an der Straße 419, 3 km südlich des Rømø-Damms, bietet gute Speisen und günstige Unterkünfte inmitten des offenen Marschlandes! Toll ist der 25 m hohe, spiralförmige Aussichtsturm **Marsk Tårnet** bei Hjemsted (*Hjemstedvej 60, Skærbæk, www.marskcamp.de*). Von oben überschaut man bei gutem Wetter die gesamte Marschlandschaft von Sylt bis Esbjerg. Stellplätze für Wohnmobile, „Glamping"-Zelte und ein Restaurant gibt es hier auch.

Rømø

Rømø, von den Einheimischen nur Røm (sprich: Röm, mit kurzem „ö") genannt, ist Dänemarks größte und südlichste Nordseeinsel. Sie erstreckt sich über 130 km², misst 18 km von Norden nach Süden und zählt gerade mal 600 permanente Einwohner. Im Hochsommer sind es locker 15-mal so viele. Seit 1948 verbindet der 10 km lange Damm **Rømø-Dæmming** (1) die Insel mit dem Festland. Bekannt ist Rømø vor allem wegen seines weiten Sandstrandes. An seiner breitesten Stelle bei Lakolk liegen bei Ebbe beinahe 1.000 m zwischen Dünen und Wasser! In der Nebensaison eignet sich die Insel, ebenso wie Fanø, für die Ruhesuchenden. Wenn auch in weitaus geringerer Zahl als auf Fanø gibt es hier historische Reetdachhäuser, die als Ferienunterkünfte angeboten werden. Rømø ist übrigens nur durch die 3 km breite Lister Tiefe (auch: Rømø Dyb) von der deutschen Insel Sylt getrennt. Eine Fähre verbindet Havneby mit List *(Überfahrtszeit: 40 Minuten)*.

In der **Geschichtsschreibung** wurde Rømø erstmals 1190 erwähnt. 1347 vererbte ein Bischof seinen ganzen Besitz auf Rømø dem Bistum Ribe, das diesen als Lieferant für Käse, Butter und Milch nutzte. Im 16. Jh. entwickelte sich die Insel als Stützpunkt für große Schiffe, die Ribe nicht anlaufen konnten. Eines der wichtigsten Handelsgüter war zu dieser Zeit das Salz aus Spanien. Noch bedeutender für die Insel war ab dem 17. Jh. der Walfang. Noch heute zeugen Grabsteine an der Rømø Kirke, Walzähne als Torpfosten und Relikte in den vornehmen Höfen der Walfang-Kapitäne von diesen Zeiten.

Rømø ist vor allem für Familien ein schönes Ziel. Der Strand (den man mit dem Pkw befahren darf), Watt- und Dünenwanderungen, ein paar historische Plätze, Aktivitäten, wie z. B. das Drachenfliegen lassen, Austernsafaris (die gefundenen Austern dürfen natürlich gegessen werden), das Strandsegeln bzw. Kitebuggy-Fahrten sowie die Möglichkeit, über den Damm die Sehenswürdigkeiten auf dem Festland zu besuchen, machen die Insel attraktiv. Wer aber im Hochsommer eine Idylle sucht, der ist hier falsch. Die alten Bauernhöfe verlieren sich im Trubel der Besucherströme und am Strand muss man bei schönem Wetter auf einen ruhigen Dünenplatz ausweichen. Campingplätze und Hotels sollten zu dieser Zeit unbedingt vorher reserviert werden. Rømø ist zudem bekannt für das große **Motorradtreffen** zu Pfingsten,

Grabsteine der Walfangkapitäne – Kommandørstene

das **Jazzfestival** Anfang Juni und das **Drachenfestival** Anfang September, zu dem Jung und Alt ihre Fluggeräte mitbringen und den Himmel zu einem bunten Spektakel werden lassen.

Eine **Inselrundtour** könnte auf der Straße nach Havneby im Süden führen und dort sowie auf dem Rückweg weiter nördlich bei Lakolk einen Abstecher zu Europas größtem Strand beinhalten *(beide mit Auto zu befahren, dabei aber die Tiden beachten, manchmal sind auch Strandabschnitte wegen Militärübungen gesperrt)*. Vor der Rückfahrt über den Festlandsdamm kann man noch gen Norden nach Toftum fahren und das Museum Kommandørgården besuchen.

Das **Touristenamt Rømø** liegt gleich an der großen Kreuzung hinter dem Damm. Einen Kilometer weiter südlich, an der Straße nach Havneby liegt das **Naturcenter Tønnisgård (2)** *(Mo–Fr, www.tonnisgaard.dk)*. Es befindet sich in einem historischen Kommandeurhof aus dem 17. Jh. Hier kann man sich für zahlreiche Aktivitäten anmelden, z. B. Wattwanderungen, Krabbenfangen, Austernsafaris, Touren zu den Bunkern des Zweiten Weltkrieges, Vogelbeobachtungstouren etc. Angeschlossen ist ein Naturcenter, in dem das Biotop Rømø sowie der Nationalpark Wattenmeer erläutert und weitere naturkundliche Touren angeboten werden (oft in Deutsch). Auch Überreste der Pottwale, die sich in den letzten Jahren immer wieder an die Strände von Rømø verirrten, sind zu sehen.

Auf der Weiterfahrt gen Süden passiert man die **Kirkeby Plantage**, den größten von drei Kiefernforsten auf der Insel, in der man schöne Wanderungen unternehmen kann.

Die **Kirche von Rømø** (Sct. Clemens Kirke) **(3)** auf halbem Wege nach Havneby wurde im 17. und 18. Jh. in spätgotischem Stil erbaut und Sankt Clemens geweiht. Im Inneren der Kirche beeindrucken Modelle stolzer Segelschiffe und die Kronleuchter, die alle Geschenke wohlhabender Seeleute sind. Interessant sind die **Kommandørstene** (Kapitänssteine) an der Innenseite der nördlichen Friedhofsmauer. Das Wort Kommandør (holländisch: „Kapitän“) bezieht sich auf die Seeleute, die im 18. Jh. meist auf holländischen Schiffen zum Walfang bis nach Grönland hinausfuhren. Die Steine stammen vorwiegend aus dem Mündungsgebiet des Rheins (dorthin brachten die Walfänger vornehmlich ihren Fang) und sind Grabsteine von Walfangkapitänen.

Der größte Ort der Insel ist das äußerlich wenig attraktive **Havneby**. Er steht ganz im Zeichen des modernen Fischerei- und Fährhafens sowie eines kleinen Geschäftszentrums und einiger futuristisch anmutender Wohngebäude. In Neubauten befinden sich Fischlagerhallen, fischverarbeitende Betriebe und kleine Reparaturwerkstätten. Erwähnenswert sind die Fähre nach Sylt, das man gut auf einer Tagestour besuchen kann, die Fischgeschäfte, die frischen Fisch, Krabben, Fischbrötchen und andere maritime Leckereien anbieten sowie der **Labyrinth Park** *(Engvej 5a, www.romolab.dk)*, der besonders Familien mit Kindern Spaß machen wird. Von Havneby gehen auch viele Wattwanderungen aus. Auf der Fahrt zum Strand passiert man an der Vestergade noch das Gebäude des ehemals ältesten Hotels der Insel (**Hotel Færgegaarden**), dessen Haupthaus aus dem Jahr 1813 stammt, sowie das **Enjoy Resort (4)**, das Aktivitäten, Wellness, Badeland und Golf für Jung und Alt anbietet. Natürlich kann man hier auch nächtigen, doch das ist ziemlich teuer (*www.enjoyresorts.dk*).

Der fantastische **Strand von Rømø (5)**, der bei Ebbe an manchen Stellen nahezu einen Kilometer breit ist, zieht sich entlang der Westseite der Insel und darf mit dem Auto befahren werden; Zufahrten gibt es in Havneby und in Lakolk. Anders als früher ist es allerdings nicht mehr möglich, die gesamte Strecke zwischen den beiden Strandzufahrten zu befahren, ca. 1 km südlich von Lakolk verhindert eine Sperre die Durchfahrt. Autofahrer sollten zudem gewarnt sein: Bei Nacht verliert man am Wasser leicht die Orientierung und es droht die Gefahr, bei ansteigendem Wasser unbemerkt auf eine Sandbank zu fahren. Bei Dunkelheit an den Hauptweg an der Düne halten! Südlich der Strandzufahrt von Havneby liegt das Gebiet der Strandsegler, nördlich davon das der Kitebuggy-Fahrer. Badefreuden sind von der Tide abhängig. Bei Ebbe muss man mit einem strammen „Marsch“ bis zum Wasser rechnen. Sicherheitshalber sollte man sich zuvor nach Strömungsbedingungen erkundigen.

Wieder auf der Straße 175 geht es zurück nach Norden. Am Nordausgang von Havneby liegt das **Hotel Kommandørgården** (s. u.), dass zu überschaubaren Preisen Aktivitäten, Unterkünfte und Campingmöglichkeiten anbietet. An der großen Kreuzung in Nørre Tvismark fährt man nach Westen und gelangt nach **Lakolk**, einem Ort, der wegen des riesigen Campingplatzes, der Familienunterkünfte und -restaurants, des Einkaufszentrums mit Supermarkt etc. eher zweckmäßig wirkt. Wer nicht in Havneby auf den Strand gefahren ist, hat hier eine weitere Möglichkeit. Setzt man in Nørre Tvismark die Fahrt in nördlicher Richtung fort, passiert man nach einem Kilometer (100 m vor dem u. g. Museum) rechts Dänemarks ältestes und kleinstes **Schulgebäude**. In ihm wurden zwischen 1784 und 1874 bis zu 40 Kinder unterrichtet.

Wohlstand im 18. Jh. im Haus eines Walfangkapitäns

Das eindrucksvollste und geschichtsträchtigste Museum der Insel ist das **Kommandørgård Nationalmuseum (6)**, das einen alten Kommandeurshof von 1748 zeigt. Das Interieur zeugt von einer wohlhabenden Familie, so z. B. die schmucken Holztruhen und die holländischen Kacheln an den Wänden. Im Keller liegen landwirtschaftliche Räume und der kühle Brauraum, wo meist Butter und Käse gestampft und gelagert wurden. Diese Art Höfe wurde vorwiegend von den Frauen und Kindern betrieben, denn die Männer fuhren ja zur See. Es gibt ein kleines Café.
Kommandørgård Nationalmuseum, *Toftum (1 km nördl. von Nørre Tvismark), www.natmus.dk/museer-og-slotte/nationalmuseets-kommandoergaard; Oster- und Herbstferien sowie Mai–Sept. Di–So 10–15/17 Uhr*

In **Juvre**, ein Stück weiter nördlich gelegen, steht ein **Gartenzaun aus Walzähnen (7)**. Er stammt aus dem Jahr 1772, als Steine und Holz auf Rømø schwerer zu beschaffen waren als die Zähne des größten Säugetieres der Welt! Der Nordteil der Insel Rømø ist vollständig für die Öffentlichkeit gesperrt und wird vom Militär genutzt.

Reisepraktische Informationen Rømø

Information

Rømø-Tønder Turistbureau, *Juvrevej 6 (Medio February), Nørre Tvismark (Kreuzung gleich hinter dem Damm), ☎ 73709650, www.romo.dk. In allen Touristenämtern der Region erhält man den kostenlosen Wattenmeerpass (Vadehavspas), eine Rabattkarte für Attraktionen, Restaurants und Geschäfte. Ansonsten über Naturcenter Tønnisgård (s. o.).*

Unterkünfte

Hotel Kommandørgården €€–€€€ (1), *Havnebyvej 201, Mølby (Østerby), ☎ 74755122, www.kommandoergaarden.dk; größte Unterkunft der Insel; Ferienhotel, Hütten, Camping (s. u.), Innen- und Außenpool, Restaurant, Fahrradverleih, Tennisplätze, Shop, Touren-Arrangements. Der Knüller: eine Wohnung auf dem alten Bauernhof, 2 ½ km zum Strand.*
Havneby Kro € (2), *Skansen 3, Havneby, ☎ 74757535, www.havneby-kro.dk; Krog mit sauberen Zimmern, zwei Ferienwohnungen und einem Restaurant (samt Café). Gut 2 km zum Strand.*

Jugendherberge

Poppelgaarden Rømø (3), *Lyngvejen 7, Havneby, ☎ 31218700, www.poppelgaarden-romo.dk; im Südosten der Insel gelegen, 3 km zum Strand. Jugendherberge und B&B. 63 Betten, untergebracht in einem alten Kommandantenhof aus dem 18. Jh. Super Frühstück. Gruppen ab 20 Personen können hier ein leckeres Abendbrot oder das bekannte Sønderjysk Kaffebord bestellen.*

Camping

Rømø Familie Camping, *Vestervej 13, Toftum, ☎ 74755154, www.romocamping.dk; Nordteil der Insel, 3 km zum Strand; Schatten, relativ windgeschützt durch Bäume. 300 Stellplätze, Hütten.*
Kommandørgårdens Camping, *Havnebyvej 201, Mølby, ☎ 74755122, www.kommandoergaarden.dk; 550 Stellplätze, Hütten; neben gleichnamigem Hotel (s.o.), Aktivitäten, besonders für Kinder.*
First Camp Lakolk Camping, *Lakolk, ☎ 74755228, www.firstcamp.dk; über 1.000 Stellplätze, geräumige Hütten. Direkt hinter einer Stranddüne, im Sommer oft voll, viel Wind.*

Restaurants

Es gibt auf der Insel unzählige Fast-Food-Lokale, doch nur wenige Restaurants. Eins befindet sich im **Hotel Kommandørgården** *in Østerby. Gut ist auch das Restaurant im* **Enjoy Resort**,

Vestergade 31, Havneby, ☏ 69146500; lokale Produkte (u. a. Lamm, Fisch) werden hier sehr lecker zubereitet. Die Smørrebrød zum Mittag im Bistro sind ebenso gut wie der Brunch (Sa/So). Bodenständig ist das Restaurant im o. g. **Havneby Kro**. *Im gemütlichen Restaurant* **Frankel 5**, *Sønder Frankel 5, Havneby, ☏ 74755136, www.frankel5.dk, gibt es typisch dänische Fisch- und Fleischgerichte sowie Sandwiches, Salate und Veggieburger. Im Sommer auch Außenterrasse.*

Bahn/Busse/Fähre

Ein **Bus** *verkehrt zwischen Skærbæk auf dem Festland und Havneby sowie Lakolk. Von Skærbæk fährt der* **Zug** *nach Esbjerg und Tønder.* **Fähre** *zw. Havneby und List auf Sylt verkehrt 6–8 mal tgl., im Sommer noch viel öfter, ☏ 73755303, (+49) 461864601, www.frs-syltfaehre.de.*

Insel Mandø

Nahe Vester Vedsted beginnt ein kleiner Damm zu der 8 km² großen Insel (70 Einwohner). Am Festlandsdeich befindet sich das modern und eindrucksvoll gestaltete „**Wattenmeercenter** (Vadehavscentret) – Tor zum UNESCO-Welterbe“, in dem Sie Infos zu Flora und Fauna des Wattenmeeres mit Schwerpunkt Zugvögel erhalten. Zudem können hier Aktivitäten wie Austernsafaris (Wathosen werden gestellt, Handschuhe und Rucksack für das Sammeln und Tragen der Austern mitbringen) und im Spätsommer/Anfang Herbst Beobachtungstouren zu den Zugvögeln („Sol-Sort“-Touren) gebucht werden. Gleich daneben fährt der Mandøbus ab, ein von einem Trecker gezogener Doppeldecker-Anhänger. Ihn zu benutzen ist sinnvoll, denn der Weg auf dem Damm ist so flach, dass er nur bei Ebbe passierbar ist. Selbst der Trecker kann lediglich bei niedrigem Wasser zur Insel fahren und benötigt für die Strecke 40 Minuten (wechselnde Abfahrtszeiten, *www.mandoebussen.dk*). Wer mit dem Auto hinüberfahren will, muss sich genau nach den Tidenständen erkundigen.
Vadehevscentret, *Okholmvej 5, Vester Vedsted, www.vadehavscentret.dk; Mai–Okt. tgl. 10–17, sonst tgl. 10–16 Uhr, Jan. geschl., Café und Shop*

Mandø gehörte einst dem König und wurde 1741 auf einer Auktion an die Inselbewohner, zumeist Fischer, verkauft. Die Ruhe, die Vogelwelt und historische Bauten (Windmühle, Kirche) ziehen heute einige Tagesbesucher an. Doch wirklich „erleben“ kann man Mandø erst, wenn man dort nächtigt. Es gibt einen Campingplatz und ein paar Ferienhäuser. Wer nur einen Tag bleibt, sollte Picknicksachen einpacken. Ein Muss ist der Besuch des **Museums Mandøhaus** (Mandøhuset), das sich mit der Geschichte, den Sturmfluten und der Natur der Insel befasst. Die Sturmflutsäule im Westen macht zudem deutlich, was es heißt, auf einer kleinen Nordseeinsel zu wohnen. Am besten lässt sich die Insel per Fahrrad erkunden (kann auf dem Mandøbus mitgenommen bzw. auf der Insel ausgeliehen werden). Auch auf Mandø sind die **Austernsafaris** ein Höhepunkt. Gefundene Austern werden bereits unterwegs gegessen, mit Zitrone, dazu gibt es Sekt. Die Sandbank im Süden erreicht man zu Fuß bei Ebbe, wenn sie eine Größe von 20 km² erreicht.

Ribe

Ribe (früher: Ripen) gilt als die **älteste Stadt Dänemarks**. Belegt ist durch Ausgrabungen, dass es bereits um 700 n. Chr. eine Handelssiedlung der Wikinger zwischen Ribe Å und Tved Å gegeben hat. Die Wikinger nutzten die geschützte Binnenlandlage, bauten Lagerhäuser, wohnten in reetgedeckten Langhäusern, die großenteils in den Boden eingelassen waren, bezahlten mit Münzen und trieben nach 800 bereits Handel mit den Niederlanden und dem Rheinland, der sich ab dem 10. Jh. auf ganz Europa und sogar die arabische Welt ausdehnte. Der eigentliche Boom, den selbst Sturmfluten und die Pest von 1350 nicht aufhalten konnten, begann im 12. Jh., als die Valdemar-Dynastie Ribe zur Königstadt und Residenz erklärte. Zu dieser Zeit gab es sieben Kirchen und vier Klöster, und Ribe unterhielt in allen wichtigen Städten Europas Handelsniederlassungen (Gilden). Von 1530 an erlitt Ribe schwere Rückschläge: Sie begannen mit dem Vordringen der Reformation in den 1530er-Jahren (Auflösung der Klöster), setzten sich fort durch ein Feuer im Jahr 1580 (das ein Drittel der Stadt zerstörte) sowie die Eindeichung des

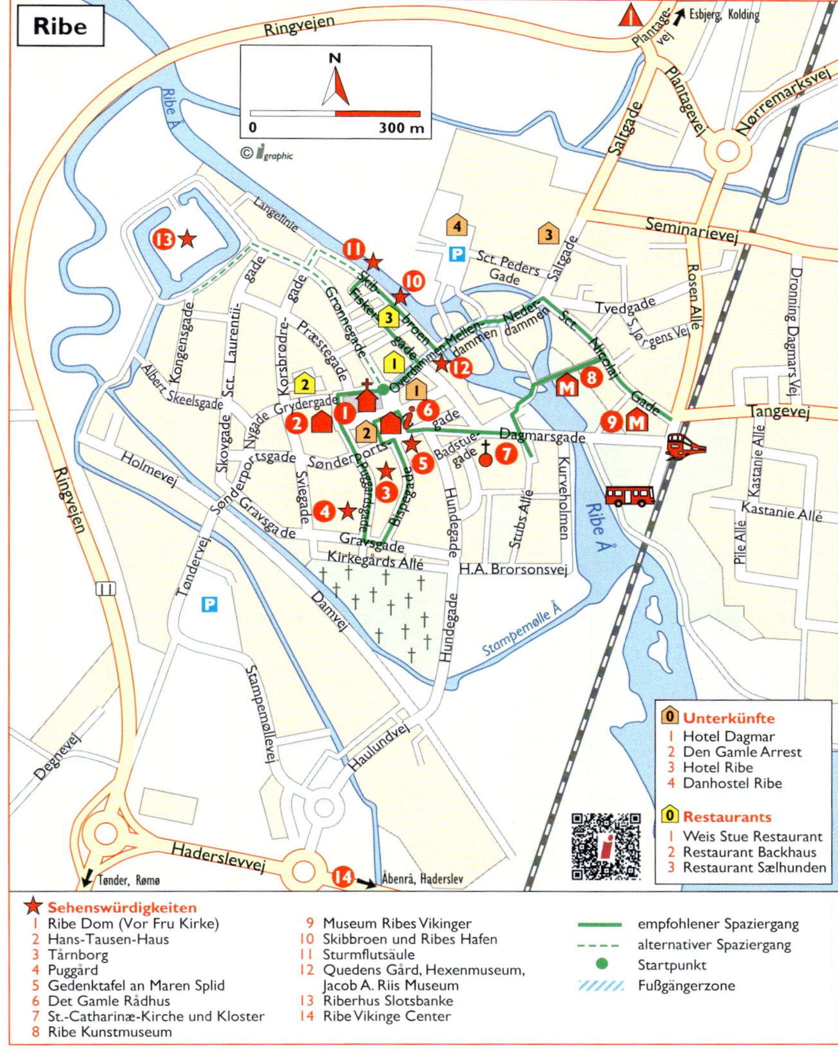

Vorlandes, die den Hafen immer wieder versanden ließ, und endeten mit den Schweden-Kriegen im 17. Jh. Als 1878 der Hafen in Esbjerg eröffnet wurde, ging jeglicher Handelsverkehr an der Stadt vorbei. Ribe verarmte so, dass nicht einmal die alten Häuser abgerissen und durch neue ersetzt werden konnten. Heute ein Glück: Fast die gesamte Altstadt steht unter Denkmalschutz.

Die bewegte Geschichte mit ihren zahlreichen Zeugnissen macht einen Besuch Ribes empfehlenswert. Auch die Ausflugsmöglichkeiten (z. B. Rømø, Esbjerg) sprechen für die kleine Stadt mit gut 8.200 Einwohnern. In den Nebengassen erzählt jede Haustür eine kleine Geschichte. Die im Sommer blühenden Rosensträucher an den Häusern bieten einen schönen Farbkontrast. Die Altstadt von Ribe lässt sich vielseitig erkunden und beschreiben. Der unten aufgeführte **Rundgang** folgt mehr oder weniger dem vom Touristenbüro empfohlenen Weg, der auch der Weg des Nachtwächters ist.

Hinweis

Von Juni bis August um 20 und 22 Uhr sowie Ostern u. Mai und Sept.–Mitte Okt. um 20 Uhr dreht jeden Abend ein **Nachtwächter** in traditioneller Ausstattung (Uniform, Morgenstern, Holzstange mit Eisenspitze sowie Initialen des Regenten) seine Runde durch die Altstadt. Dabei erzählt er Geschichten und Anekdoten aus der Stadtgeschichte. Startpunkt ist am Torvet. Eine weitere Gelegenheit, die Altstadt zu erkunden, bietet sich auf einer Kutschfahrt. Auch hier erzählt der traditionell gekleidete Kutscher Interessantes aus der Stadtgeschichte. Die Kutschfahrten beginnen ebenfalls am Torvet (i. d. R. ab mittags).

Die Erkundung der kleinen Stadt beginnt man am besten entweder an der Touristeninformation im Alten Radhus (s. u., 6) oder direkt am Dom der den Torvet überragt. Bereits die Gebäude des historischen **Hotel Dagmar** (1581) sowie dessen Nebengebäude (1590) am Torvet sind sehenswert. Beide Häuser wurden nach dem großen Feuer von 1580 mit massiven Steinen hochgezogen. Gegenüber ist eine der ältesten Gaststuben Dänemarks, „Weis Stue", in einem Fachwerkhaus aus dem 17. Jh. untergebracht. Die Inneneinrichtung stammt von 1704. **Tipp**: Vormerken für den Nachmittagskaffee bzw. für ein Abendessen reservieren.

Ribe Dom: das Wahrzeichen der Stadt

Der **Ribe Dom** (1) (Vor Fru Kirke), bereits von weitem zu sehen, ist das Wahrzeichen der Stadt. Das im romanischen Stil errichtete Gotteshaus geht zurück auf das Jahr 1134, als man noch rheinischen Tuffstein als Baumaterial verwendete. Ab 1175 war für 50 Jahre Baustopp, doch 1250 stand der Dom mit seinen fünf Kirchenschiffen. Die relativ lange Bauzeit spiegelt sich in verschiedenen Stilelementen wider, die Fenster, Portale und Spitzbögen sind bereits gotisch und man hat auch schon Backsteine verwendet. Bei Bauende gab es zwei gleich hohe Türme, doch einer brach 1283 zusammen. Der 1333 fertiggestellte neue

„Bürgerturm" wurde auch benutzt, um das Umland, die Küste und den Schiffsverkehr auf der Ribe Å zu überwachen. Bis 1536 war der Dom rein katholisch, doch auch in Ribe hat die Reformation ihre Spuren hinterlassen. Von 1541 an war der dänische Reformator Hans Tausen, ein Schüler Luthers, 20 Jahre als Bischof tätig. Der Dom war von dieser Zeit an eine Bürgerkirche. Bis zu den Schweden-Kriegen Mitte des 17. Jh. wurden Stilelemente aus der Renaissance- bzw. Barockzeit eingeführt. Heute kann man den 52 m hohen Turm besteigen (248 Stufen) und wird dafür mit einer herrlichen Aussicht belohnt. Das **Glockenspiel** spielt tgl. um 8 sowie 18 Uhr die Melodie von Bronsons Psalm „Den yndigste rose er funden" („Die anmutigste Rose ist gefunden"). Um 12 und 15 Uhr erklingt Anders Sørensens Weise „Dronning Dagmar ligger udi Ribe syg" („Königin Dagmar liegt krank in Ribe"). Der zweite, „unvollendete" Turm nennt sich Marienturm.

Die hervorragenden Führungen und ein ausgelegtes Faltblatt (mit detailliertem Kirchenplan) befassen sich ausführlich mit der Geschichte. Bemerkenswert ist z. B. die „Katzenkopftür" (13. Jh.), deren Löwenkopf, umgeben von vier Drachen, die Stärke der Kirche in der harten Zeit symbolisieren sollte. Der alte **Altar** stammt von 1597. Hinter der Kanzel des Schnitzers Jens Assmussen (ebenfalls 1597) weist eine Kerbe am Pfeiler auf den Wasserstand während der Sturmflut 1634 hin. Die vom berühmten Orgelbauer Jens Olufsen aus Varde entworfene Orgel wurde zwischen 1633 und 1653 eingesetzt. Ein Sandsteinsarkophag für König Christoffer I. (1259) befindet sich im nördlichen Seitenschiff. Hinzu kommen ein Taufbecken aus dem 15. Jh., Chorgestühl von 1504 sowie Epitaphe aus der Zeit nach der Reformation. Beachtenswert sind die modernen Malereien, Glasmalereien und Mosaike von Carl Henning Pedersen, die dieser in den 1980er-Jahren in der Chorapsis anfertigte, ebenso wie den neuen Altar.
Ribe Domkirke, *Torvet, www.ribe-domkirke.dk; tgl., Nov.–März nur 11–15 Uhr*

Auf der Südseite des Doms am Torvet fällt ein moderner, architektonisch auffälliger Anbau auf: **Kannikegården**. Hier befand sich einst der Speisesaal der Kannike, der Priester des Doms, später eine Baumwollfabrik, die jedoch niederbrannte. Nun hat man an dieser Stelle ein mit Ziegeln aus vulkanischem Ton gestaltetes Gebäude als Eingang zu unterirdischen Ruinen errichtet. Mit Hilfe von Touchscreens kann man hier tief in die Geschichte der Stadt eintauchen. Die Ruinen sieht man durch eine Glasscheibe im Boden.

In der Skolegade, gegenüber dem Dom, befindet sich seit 1145 die **Lateinschule**. Das heutige Gebäude stammt aus dem 16. Jh. In ihm wurde der bekannte dänisch-stämmige Amerikaner Jacob A. Riis (1849–1914) geboren, der sich später in New York für die Armen einsetzte. Aus dieser Zeit stammt auch das **Hans-Tausen-Haus** (2), in dem der Reformator die letzten zehn Lebensjahre verbrachte.

Es geht nun die **Puggårdsgade** hinunter, die durch ihre gepflegten Fachwerkhäuschen (nach 1600 gebaut) besticht. Eines der ältesten Gebäude ist das Giebelhaus von 1597 an der Ecke Sønderportsgade. **Tårnborg** (3), das Stadthaus des Adligen Oluf Munk auf der linken Seite, wurde 1550 errichtet und diente bis 1886 auch als Bischofssitz. **Puggård** (4), Ecke Puggårdsgade/Gravsgade, ist Teil der 1145 gegründeten Kathedralschule. Das Gebäude wurde um 1500 erbaut. Entlang der Gravsgade und Bispegade zurück Richtung Torvet erinnert an der Ecke Sønderportsgade eine Gedenktafel an **Maren Splid** (5), die 1641 als eine der letzten Frauen in Dänemark als Hexe auf dem Galgenhügel verbrannt wurde.

Das **Alte Rathaus** (6) wurde 1496 als Handelshaus gebaut und später als Wohnhaus genutzt. 1709 kaufte es die Stadt und richtete dort das Rathaus ein. Das eigentliche Rathaus und die gesamte Verwaltung wurden 1966 bzw. 2007 nach Esbjerg verlegt. Zu sehen gibt es ein buntes

Kaleidoskop aus Ribes Geschichte zwischen 1500 und 1700 sowie die Portraits aller Amts- und Lehnsmänner seit dem 17. Jh. Auf dem Dach des Alten Rathauses nisten gerne Störche. Gut zu beobachten sind sie vom Innenhof des benachbarten Hotels De Gamle Arrest. Heute beherbergt das Alte Rathaus zudem die **Touristeninformation**.
Det Gamle Rådhus, *Ecke Sønderportsgade/von Støckens Plads, http://detgamleraadhusiribe.esbjergkommune.dk; Mai–Mitte Okt. Mo–Fr, Juni–Aug. tgl. 13–15.30, sonst ist nur die Touristeninformation zu reduzierten Zeiten geöffnet.*

Das **St.-Catharinæ-Kloster** **(7)** wurde 1226–28 erbaut, die **St.-Catharinæ-Kirche** folgte im 15. Jh. Bis zur Reformation wurde das Kloster von den „Schwarzen Brüdern", wie die Dominikaner in Dänemark genannt wurden, genutzt. Anschließend diente die Anlage als Krankenhaus und heute als Altenheim. Beachten Sie auch den Klosterhof mit seinen Kreuzgängen.
Sct. Catharinæ Kirke und Kloster, *Sct. Catharine's Plads, www.sct-catharinae.dk; Di–So 10–16, im Sommer bis 17 Uhr*

Weiter geht es entlang der **Badstuegade**, über die Fußgängerbrücken und durch den Park. Von den Holzbrücken und -stegen kann man die Hinterhöfe Ribes bewundern, Kanuten zuwinken und Enten füttern. Die großen Bäume bieten zudem im Sommer wohltuenden Schatten. Das **Ribe Kunstmuseum** **(8)**, untergebracht in einer großen Villa von 1864, widmet sich Malern und Bildhauern aus der Zeit zwischen 1750 und 1950. Schwerpunkte sind die Maler der dänischen Klassik-Epoche (1800–1850, Goldenes Zeitalter), die viel mit der Biedermeierepoche gemeinsam hat, sowie Kunstwerke der Skagener Maler (S. 33). Bekannte ausgestellte Künstler sind Juel, C.A. Jensen, Eckersberg, Ancher und Købke. Es gibt auch Wanderausstellungen.
Ribe Kunstmuseum, *Sct. Nicolaj Gade 10, www.ribekunstmuseum.dk; Juli/Aug. tgl. 11–17 (Mi oft bis 20), Sept.–Juni Di–So 11–16 Uhr*

Das sehr interessante **Museum Ribes Vikinger** **(9)** befasst sich mit der Geschichte der Wikinger in Ribe, aber auch mit der Zeit des Mittelalters und der frühen Neuzeit. Unzählige archäologische Funde werden erläutert. Viele von ihnen stammen aus dem Gebiet zwischen Museum und Saltgade, wo einst die ersten Siedlungen standen. In den Erlebnishallen lässt sich der Alltag der Wikinger und ihrer Nachfahren hautnah erleben. Zunächst sieht man Ribe um 800: Ein **Wikingerschiff**, beladen mit Pelzen, liegt im „Hafen"; ein Marktplatz lässt erkennen, was und wie damals gehandelt wurde. Ribe um 1500 wird dagegen durch einen nachgebauten Straßenzug an einem ganz normalen Septembertag repräsentiert. Zudem wird der Film „Ribes Wikinger" gezeigt.
Museum Ribes Vikinger, *Odins Plads 1, www.ribesvikinger.dk; Sept.–Juni Di–So 10–16, Juli–Aug. tgl. 10–17 Uhr*

Bei Stadtführungen werden Geschichten erzählt

Zurück geht es entlang der **Sct. Nicolaj Gade** (Cafés/Restaurants) zur Fußgängerzone, die entlang der ehemaligen Hauptstraße der Stadt führt. Diese wird unterteilt in Neder-, Mellen- und Overdammen, da diese Dämme die Ribe Å in drei Arme trennten. Jeder Arm wurde verengt und die Wasserkraft für den Betrieb von Mühlen genutzt. Einige alte Kaufmannshäuser entlang der Straße erinnern auch heute noch an die wohlhabenden Zeiten. Entlang **Skibbroen** und **Ribes Hafen (10)** schlug einst Ribes wirtschaftliches Herz. Handelsschiffe aus ganz Europa legten hier an. Nachdem die Ribe Å durch den Bau von Deichen ab dem 16. Jh. immer mehr versandete, ging der Handel zugrunde. Heute legen nur noch Sportboote und der kleine Ausflugsdampfer zur Nordseeschleuse an. Im Sommer liegt ein typisches, altes Wattenmeer-Schiff am Kai, das besichtigt werden kann. Beachtenswert sind die kleinen Hafengebäude, bei einigen ist sogar noch das Fachwerk zu sehen. Skibbroen dient heute im Sommer jeden Mittwoch als Marktplatz. Am Ende des Südkais steht ein hoher Holzstamm, die sogenannte **Sturmflutsäule (11)**. Ringe markieren die einzelnen Sturmfluten, so z. B. die von 1634, als der Wasserpegel 6 m über dem normalen Pegel lag. Viele Gebäude fielen dieser Flut zum Opfer.

Ein Parallelgässchen dahinter geht es zurück durch die malerische **Fiskergade** zur Overdammen. Die Namen einiger Seitengässchen erinnern an ehemalige Kaufleute aus dem holländischen Groningen, die mit Ribe Handel trieben.

Quedens Gård (12), ein vierflügeliger Kaufmannshof, stammt von 1583, wobei das gelbe Hauptgebäude 200 Jahre jünger ist. Im Kramladen gibt es allerlei Souvenirs, aber auch ein paar Gegenstände aus der Zeit des 19. und beginnenden 20. Jh zu bewundern. Der Innenhof mit seinem Rosengarten ist ebenfalls sehenswert. Angeschlossen ist ein Krämerladen samt kleinem Café, in dem es bis zum späten Nachmittag leckeren Kuchen, aber auch Sandwiches und Salate gibt. Zudem finden hier oft Jazz-Konzerte statt. Gleich dahinter locken ein **Hexenmuseum** (*www.hexmuseum.dk*) sowie das **Jacob A. Riis Museum** (*www.jacobariismuseum.dk/de*). Ersteres erzählt die Geschichte der Hexenverfolgung in Dänemark, letzteres die eines Auswanderers, der sich nach Amerika aufmachte, in New York hart arbeitete und so zum Sinnbild des „idealen Amerikaners“ wurde.
Quedens Gård, *Ecke Sortebrødregade/Overdammen 10, www.quedensgaard.dk; Café: So–Mi 10–18, Do–Sa 10–21 Uhr*

Etwas abseits, innerhalb eines Burggrabens im Nordwesten der Stadt, befinden sich die kläglichen Überreste des ehemaligen Stadtschlosses, heute als **Riberhus Slotsbanke (13)** bezeichnet. Viel ist nicht übrig geblieben vom königlichen Schloss, das vor 1300 erbaut wurde, denn nach den Schwedenkriegen im 17. Jh. wurde es nur noch als „Steinbruch“ für die Errichtung und Renovierung der Häuser von Ribe genutzt. Mittlerweile kann man nur noch Grundmauern sehen bzw. erahnen. Das Standbild von **Königin Dagmar**, Gattin Valdemars des Siegers (1202–41), wurde 1913 errichtet. Es wurde von der bekannten Bildhauerin Anne Marie Carl-Nielsen entworfen.

Im **Ribe Vikinge Center (14)** wurden Anlagen aus der Wikingerzeit rekonstruiert, so z. B. ein Marktplatz aus dem Jahr 720, wo Handwerkskünste der Wikinger vorgeführt werden. Im Gutshof, einem für das Jahr 980 typischen Langhaus, zeigt der „Gutsherr“, wie er gelebt hat, wie seine Sklaven lebten und welche Tiere es auf seinem Hof gab. Ribe um das Jahr 825, eine alte Holzkirche und ein 8 m langes rekonstruiertes Wikingerboot runden das Bild ab.
Ribe Vikinge Center, *Lustrupholm, Lustropvej 4, 2 km südl. der Altstadt, www.ribevikingecenter.dk/de; Ende April–Mitte Okt. Mo–Fr sowie Osterwochende 10–15.30, Ende Juni–Ende Aug. tgl. 10–16.30 Uhr. Ende April/Anfang Mai: eine Woche lang Wikingertreffen und -markt, dann tgl. geöffnet*

Die kleine Stadt **Gram** liegt 20 km östlich von Ribe und empfiehlt sich für einen Ausflug, evtl. sogar für eine Übernachtung in den alten Krögen am Schloss (S. 276). Im gut erhaltenen **Schloss Gram**, dessen drei Flügel in den Jahren 1550 bis 1752 z. T. von den Reventlows (Adel aus Schleswig-Holstein) und der Schack-Familie (siehe Møgeltønder) errichtet wurden, werden Geistertouren angeboten. Ein Spaziergang durch den um 1700 angelegten Schlossgarten sowie der Besuch der Hofschreinerei und des Hofladens sind ebenfalls lohnend. Geologische Funde aus den umliegenden Tongruben belegen, dass Südwestjütland vor 6 Millionen Jahren vom Meer bedeckt war. So fand man Walskelette sowie Versteinerungen von Haifischzähnen und Muscheln. Man darf hier auch selbst buddeln – Schaufeln werden gestellt! Ein Café ist angeschlossen und Übernachtungen in Seitengebäuden werden angeboten. Auch gegenüber im Slotskro kann man speisen bzw. nächtigen (s. u.)

Gram Slot, *Slotsvej 54, www.gramslot.dk; Geistertouren: außer Juni–Aug. jeweils erster Freitag im Monat 20.30 Uhr (Anmeldung erforderlich), Schlossbesichtigung ganzjährig Sa 10 Uhr, Juli–Mitte Aug. tgl. 14 Uhr*

Tongrube und Museum Gram (Gram Lergrav): *Lergravsvej 2, an der 449 (Slotsvej) nördl. von Gram, www.msj.dk; Mai–Aug. tgl. 10–17, Sept.–April Di–So 13–16 Uhr*

Reisepraktische Informationen Ribe, Mandø und Gram

Information

Ribe Turistbureau, *Vest Støckens Plads 1, Ribe, ☏ 75421500, www.vadehavskysten.de. In allen Touristenämtern der Region erhält man den kostenlosen* **Wattenmeerpass** *(Vadehavspas), eine Rabattkarte für Attraktionen, Restaurants und Geschäfte.*

Insel Mandø: *Midtvej 7, Mandø, ☏ 23255375, www.vadehavskysten.de.*

Unterkünfte

Hotel Ribehøj €€€€, *Ribevej 34, Føvling, ☏ 75398532, www.ribehoej.dk; 18 km nordwestlich von Ribe liegt dieses kleine, ökologisch betriebene Paradies in einem eigenen Park samt See mit Springbrunnen. Rustikale, sehr gemütlich ausgestattete Holzhäuser und -zimmer. Die meisten Gäste kommen wegen der Ruhe und Abgeschiedenheit und vor allem wegen des erstklassigen Restaurants.*

Hotel Dagmar €€€–€€€€ (1), *Torvet 1, Ribe, ☏ 75420033, www.hoteldagmar.dk; ältestes Hotel in Dänemark. Das Gebäude von 1581 wurde 1850 zu einer Herberge umfunktioniert, zwei Restaurants (gute Fischgerichte), alles sorgsam restauriert im Stil des 19. Jh. und mit Antiquitäten eingerichtet. Im Fine-Dining-Restaurant Dagmar werden Menüs angeboten, im „Wachkeller", dem Restaurant Vægterkælderen geht es etwas bodenständiger zu.*

Gram Slotskro €€–€€€, *Gram (20 km östl. von Ribe), ☏ 74821614, www.gramslotskro.dk; historischer Gasthof am Schloss mit gutem, plüschig eingerichtetem Restaurant. Die Zimmer im Teil des sog. Den Gamle Kro sind z. T. in einem Bau aus den 1970er-Jahren, doch der Rest stimmt. Schöner Schlossgarten. Reizend sind die Unterkünfte im gegenüberliegenden, renovierten echten Gram Slotskro.*

Den Gamle Arrest €€–€€€ (2), *Torvet 11, Ribe, ☏ 75423700, www.dengamlearrest.dk; der Bau gegenüber der Domkirche diente 1893–1989 als Gefängnis. Man wohnt hier in den ehemaligen Zellen – natürlich etwas eng. Bad auf dem Flur muss geteilt werden. Witzig, zentral und recht günstig.*

Hotel Ribe €€ (3), *Saltgade 15, Ribe, ☏ 75420466, www.hotelribe.dk; zentral gelegen, familiär geführt, zwölf Betten (fünf der sieben Zimmer mit eigenem Bad) in einem Haus von 1873. Kleine Hotelgaststätte angeschlossen.*

Auf **Mandø** *kann man auf Bauernhöfen, in einem B&B, in einfachen Sommerhäusern bzw. auf dem Campingplatz (s. u.) übernachten: www.vadehavskysten.com.*

Jugendherberge

Danhostel Ribe (4), *Sct. Pedersgade 16, Ribe, ☏ 75420620, www.danhostel-ribe.dk; nahe Innenstadt, Fahrradverleih.*

Camping

Ribe Camping, *Farupvej 2, Ribe, ☏ 75410777, www.ribecamping.dk; familienfreundliche, moderne Anlage, 210 Stellplätze, sehr schöne Hütten, großer Poolbereich, 2 km vom Zentrum.*
Mandø Camping, *Mandø Byvej 1, Mandø ☏ 75445102, www.mandoebrugs.dk; 27 Stellplätze.*

Restaurants

Restaurant Dagmar, *im Hotel Dagmar (s. o.); wegen des frischen Fischs beliebtes Restaurant mit Ambiente des 19. Jh. Es werden vorwiegend Menüs angeboten, daher nicht preiswert – aber gut.*
Weis Stue Restaurant (1), *Torvet 2, ☏ 75420700, www.weis-stue.dk; gleich gegenüber besticht dieser Fachwerkbau mit schiefen Wänden, heimeliger Gaststube und landestypischer Küche. Hier kann man auch nächtigen.*
Restaurant Backhaus (2), *Grydergade 12, ☏ 75421101; bodenständige dänische Küche in altem Gebäude; eine Institution in Ribe, verhältnismäßig preiswert.*
Restaurant Sælhunden (3), *Skibbroen 13, ☏ 75420946, www.saelhunden.dk; in einem Gebäude von 1634, am Flusshafen; Terrasse (im Sommer Biergarten) sowie eine gemütliche Gaststube („Seehund-Raum"); Antiquitäten und alte Bilder. Günstige Mittagsmenüs. Schwerpunkt sind Fischgerichte wie der für die Region typische Bakskuld (gesalzener, kaltgeräucherter und gebratener Butt), marinierte Heringe und es gibt sogar Labskaus.*

Ausflüge/Unternehmungen/Weihnachtsmarkt

Historische Kutschfahrten *in Ribe: Start am Torvet,* ☏ *75421994. Ausflüge zu den* **Seehund- sowie den Austerbänken** *sind beliebt (Beginn/Infos am Vadehavscentret, S. 270). Geführte, 90-minütige* **Altstadt-Wanderungen**: *Tickets/Start am Touristenamt. Die* **Überfahrt nach Mandø** *mit dem eigenen Fahrzeug ist nur bei Ebbe/niedrigem* **Wasserstand** *möglich. Unbedingt vorher informieren (s. S. 270). Abfahrtszeiten des* **Traktor-Bus** *variieren. Grundsätzlich: eine Tour am Vormittag zur Insel, am frühen Nachmittag zurück. Infos: Touristenamt in Ribe bzw.* ☏ 75445107, *www.mandoebussen.dk.*
Ribe ist zudem bekannt für seine zur **Weihnachtszeit geschmückte Innenstadt.** *Zahlreiche Stände bieten dann alles an von kunsthandwerklichen Produkten bis hin zu Bratäpfeln und Julegløgg.*

Esbjerg

Mit 72.000 Einwohnern ist Esbjerg – je nachdem, ob man die eigenständigen Gemeinden Frederiksberg und Gentofte im Stadtgebiet von Kopenhagen mit einbezieht – Dänemarks fünft- bzw. siebtgrößte Stadt. 1864 musste Dänemark im Wiener Frieden die Herzogtümer Lauenburg, Schleswig und Holstein an Deutschland abtreten. Damit dänische Bauern keine Zölle an die deutschen Häfen zahlen mussten, um Waren nach England zu exportieren, entschied die dänische Krone 1868, an dieser Stelle eine Stadt mit Hafen anzulegen. Esbjerg ist somit die jüngste Stadt Dänemarks und profitiert heute besonders von den Gas- und Ölvorkommen sowie dem Offshore-Windpark Horns Rev, der bis zu 450.000 Haushalte mit Strom versorgen kann. Mit dem Hafen als treibendem Faktor gibt es in der Umgebung von Esbjerg nahezu 12.000 Arbeitsplätze in der Öl- und Gasindustrie sowie über 2.500 im Bereich der Offshore-Windparks. Der Hafen ist übrigens einer der größten Häfen für Windkraftanlagen weltweit und an der hiesigen Hochschule wächst die Zahl der Studiengänge, die sich neben den fossilen in zunehmendem Maße auch mit erneuerbaren Energieformen beschäftigen. Die Stadt profitiert ferner von ihrer Stellung als Handelszentrum der Region sowie vom Fischereihafen samt fischverarbeitender Industrie. Eine Fähre verbindet Esbjerg mit der Insel Fanø.

Auf den Besucher macht die Stadt erst beim zweiten Hinsehen einen positiven Eindruck. Die Industrie- und Hafenanlagen sowie Bauwerke, die kaum älter als hundert Jahre sind, beeindrucken nur wenige. Doch die Stadt hat auch ein paar interessante Dinge zu bieten. Der **Rundgang** beginnt am **Torvet (1)**, dem zentralen Platz der Stadt. Er spiegelt die kurze Geschichte Esbjergs wider, denn alle architektonischen Stilrichtungen der letzten 120 Jahre sind hier vertreten. Die „alten" Gebäude (z. B. Post, Bank) stammen aus der Zeit um 1900.

Dabei wurden Stilelemente gewählt, die bis auf die Hansezeit zurückzuführen sind, um Esbjerg einen Hauch von Historie zu vermitteln. Hier befinden sich auch ein paar Lokale mit Außengastronomie, die man sich für später vormerken kann. Von hier geht es entlang der Torvegade zur **Touristeninformation** (*Nørregade 19*), die sich in der Bibliothek befindet.

Esbjerg: Hafen und Wasserturm

Wieder an der Torvegade gelangt man kurz darauf zum **Esbjerg Museum (2)**. Es gibt einen Überblick über die Geschichte Esbjergs. Geschäfte und Handwerksbetriebe aus dem 19. und 20. Jh. wurden originalgetreu rekonstruiert. In der archäologischen Abteilung werden Funde aus der Umgebung von Esbjerg erläutert, ein nachgebauter Wikingerhof kann besichtigt werden und eine Ausstellung beschäftigt sich mit dem Wattenmeer. Auch die Bernsteinabteilung verdient Beachtung (s. Info-Kasten S. 287). Im **Historischen Archiv** nebenan kann man, mit entsprechenden Dänischkenntnissen, interessante Details aus Esbjergs Geschichte nachlesen, so z. B. über die deutsche Besatzungszeit während des Zweiten Weltkrieges.
Esbjerg Museum, *Torvegade 45, www.esbjergmuseum.dk; Mi–So 12–16 Uhr*
Byhistorisk Arkiv, *Torvegade 47, https://eba.esbjerg.dk; Mo–Mi 10–16, Do bis 17, Fr 10–13.30 Uhr*

Zurück über den Torvet geht es zur **Kongensgade**, der längsten Fußgängerzone Jütlands, in der es viele Geschäfte und Lokale gibt. Drei Straßenblöcke weiter südlich erreicht man die Havnegade. Eine auffällige Skulptur markiert den Eingang des **Esbjerg Kunstmuseums (3)**. Sie stammt von Robert Jacobsen. Die Kunstausstellung im Gebäude widmet sich der zeitgenössischen und modernen Kunst. Ausgestellt sind vor allem Werke dänischer Künstler, wie z. B. von Robert Jacobsen, Richard Mortensen, Per Kirkeby, den Brüdern Sørensen und Harald Giersing.
Esbjerg Kunstmuseum, *Havnegade 20, www.eskum.dk; Di–So, Juli/Aug. tgl. 10–16 Uhr*

Gleich daneben beeindruckt das **Esbjerg Musikhuset (4)**, ein von den Architekten Jan und Jørn Utzon (S. 367) entworfenes Mehrzweckgebäude (Theater, Musik, Kongresse etc.). Der einem Burgturm nachempfundene, 1897 errichtete **Wasserturm Esbjerg (5)** war jahrelang das Wahrzeichen der Stadt. Damals legten die Stadtväter viel Wert darauf, dass die Gebäude der Stadt einen historischen „Anstrich" erhielten. Beim Erklimmen der Stufen wird die Geschichte dieses und anderer Wassertürme erläutert. Das Highlight ist die Aussicht über den Hafen von Esbjerg.
Esbjerg Vandtårn, *Havnegade 22; Ende Juni–Anfang Aug. u. Herbstferien Di–So, April/Mai und Anf. Aug.–Okt. Sa/So 10–16 Uhr*

Weiterhin gibt es das **Buchdruckermuseum (6)**, das wie eine mittelgroße Druckerei aus der Zeit ab 1900 eingerichtet ist. Andere Ausstellungsstücke gehen zurück bis zu den Anfängen der Buchdruckerei vor 500 Jahren. Das 1913 erbaute **Museumsschiff „Horns Rev" (7)** kann im neu geschaffenen Jachthafen **Havneøen** ganz im Norden der Hafenanlagen, nahe dem u. g. Fischerei- und Seefahrtsmuseum, besichtigt werden. Das Schiff wurde 1984 stillgelegt. Havne-

øen ist übrigens eine künstliche Insel in einem umfriedeten Hafenbecken und wird in naher Zukunft eine begehrenswerte Wohngegend werden.
Bogtrykmuseum, *Borgergade 6, www.bogtrykmuseet.dk; etwa Mitte Juni–Mitte Sept. Mi 12–16 Uhr*
Museums-Fyrskib Horns Rev, *Esbjerg Brygge/Havneøen, www.horns-rev.dk; Mai–Aug. Mo–Fr 11–16 Uhr*

Kunst in den Dünen: „Menschen am Meer"

Zwischen dem neuen Jachthafen und dem Fischerei- und Seefahrtsmuseum steht eine auffällige, schneeweiße Skulptur: „**Mennesket ved havet**" (Menschen am Meer). Vier 9 m hohe Monumentalgestalten blicken gen Meer, fasziniert von den Gewalten der Natur. Svend Wiig Hansen entwarf das Meisterwerk 1995.

Für das **Fiskeri- og Søfartsmuseum (8)** (Fischerei- und Seefahrtsmuseum) sollte man sich mindestens 2 Stunden Zeit nehmen. Erzählt wird hier die Geschichte der dänischen Seefahrt. Veranschaulicht wird diese durch ein altes Hochseefischerboot, ein Dünenhäuschen von 1880, in dem die Fischer aus dem Inland die Sommermonate verbrachten, einen Pavillon mit Wattenmeer-Vögeln und einen nachempfundenen Fischereihafen. Ein Bunker aus dem Zweiten Weltkrieg erinnert an den Atlantikwall. Kinder werden sich für das Salzwasseraquarium (82 Fischarten), die Hands-On-Stationen und für die Robbenfütterungen begeistern. Im Museum gibt es ein Café.
Fiskeri- og Søfartsmuseum, *Tarphagevej, www.fimus.dk; tgl. 10–17, Juli/Aug. bis 18 Uhr*

Esbjerg hat zwar keinen Dom und auch keine alten Kirchen, kann dafür aber eine Reihe architektonisch interessanter klerikaler Gebäude vorweisen. Eine im Touristenamt und in den Kirchen ausliegende Broschüre erklärt Geschichte und Hintergrund dieser zum Teil faszinierenden Bauwerke. Empfehlenswert ist der Besuch folgender Kirchen:

- **Sædden-Kirche (9)**: 1978 eingeweihte Kirche mit schönem Mauerwerk und interessanter Beleuchtung, Altar und Taufstein sind aus Marmor *(Fyrvej 30, Di–Fr 9–13 Uhr)*.
- **Treenigheds-Kirche (10)**: 1961 erbaut mit großen, dreieckigen Fensterscheiben in Glasmosaik des Künstlers Jens Urup Jensen *(Grådybet 23, Mo–Mi u. Fr 9–12.30, Do 10–14 Uhr, sollte die Kirche geschlossen sein, im Kantorat anfragen)*.
- **St.-Nikolaj-Kirche (11)**: Vom Stararchitekten Johan Otto von Spreckelsen entworfene, 1969 erbaute katholische Kirche mit vielen Werken bedeutender moderner Künstler *(Kirkegade 58, Mo–Fr 8–17 Uhr)*.
- **Hjerting-Kirche**: Eingeweiht 1992 mit eindrucksvollen, modernen Stilelementen sowie Werken des Bildhauers Robert Jakobsen versehen *(Hjerting Byvej 13 in Hjerting, Di/Mi u. Fr 9–13, Do 16–18 Uhr, sollte die Kirche geschlossen sein, im Kantorat anfragen)*.

Reisepraktische Informationen Esbjerg

Information

Esbjerg Turistkontor, *Nørregade 19, ☏ 75421500, www.vadehavskysten.dk. In allen Touristenämtern der Region erhält man den kostenlosen* **Wattenmeerpass** *(Vadehavspas), eine Rabattkarte für Attraktionen, Restaurants und Geschäfte.*

Unterkünfte

A Place to Hotel Esbjerg €€€€ (4), *Grådybet 73A, ☏ 86868600, www.aplacetohotels.com; das Hotel befindet sich knapp 2 km nordwestlich der Innenstadt in den obersten Etagen eines futuristisch anmutenden, runden Hochhauses, dessen untere Etagen als Apartments vermietet werden. Auch innen lässt die schicke, moderne Einrichtung nichts zu wünschen übrig, kein Wunder, denn die berühmte Bjarke Ingels Group hat beim Design maßgeblich mitgewirkt. Alle Zimmer mit Balkon. Es gibt ein Café im Haus sowie das exzellente* **Plates Esbjerg Restaurant** *(☏ 53697050, www.platesesbjerg.dk) samt* **Skybar** *im obersten Stockwerk.*

Hjerting Badehotel €€€–€€€€ (1), *Strandpromenaden 1, ☏ 75117000, www.hjertingbadehotel.dk; bestes Hotel der Region, 7 km nordwestl. des Zentrums (Busverbindung), direkt am Strand. Die Umgebung ist herrlich. Das Gebäude steht auf einem Steinwall. Der Haupttrakt stammt noch aus der Zeit vor dem Ersten Weltkrieg. Dazu Strand- und Ferienhäuser für Selbstversorger. Gleich neben dem vorzüglichen* **Strandpavillonen-Restaurant** *gibt es Wellness-Angebote.*

Hotel Ansgar €€€ (2), *Skolegade 36, ☏ 75128244, www.hotelansgar.dk; eines der besten Innenstadthotels. 51 zumeist recht große Zimmer. Gebäude stammt aus den „Golden Twenties". Dieser Charme wurde in den Aufenthaltsbereichen gewahrt. Kostenfreie Parkmöglichkeit.*

CabInn Hotel €€ (3), *Skolegade 14, ☏ 75181600, www.cabinn.com/hotel/cabinn-esbjerg; zentral gelegenes, schnörkelloses Hotel in ansprechendem Backsteingebäude. Funktionell eingerichtete Zimmer. Garage. Gutes Preis-Leistungs-Verhältnis.*

Jugendherberge

Danhostel Esbjerg (5), *Gl. Vardevej 80, ☏ 75124258, www.danhostelesbjerg.dk; 2 ½ km zum Bahnhof, 2 km zur Innenstadt, 7 km zum Strand.*

Camping

Esbjerg Camping, *Gudenåvej 20, ☏ 75158822, http://esbjergcamping.dk; 5 km nordwestl. der Innenstadt. Sehr ansprechende Hütten. Strand ist zu Fuß zu erreichen.*

Sjelborg Camping, *Sjelborg Strandvej 11, Hjerting, ☏ 75115432, www.sjelborg.dk; über 400 Stellplätze, Hütten, 800 m vom Strand an der Ho Bucht; 20 Autominuten zum Zentrum. Weitere Campingplätze: südöstl. in Store Darum, auf Fanø sowie in Richtung Blåvand.*

Restaurants

Eine Esbjerg-Spezialität ist das Bakskuld, eine gesalzene, kaltgeräucherte und dann getrocknete Kliesche (Scharbe bzw Butt, ein Plattfisch). Diese wird anschließend enthäutet, in Butter gebraten und zusammen mit Schwarzbrot und einem Kaffeepunsch (Kaffee mit Schnaps) gereicht. Neben den hier genannten Lokalen empfehlen sich die Fine-Dining-Restaurants im **Hotel Hjerting** *sowie im* **A Place to Hotel** (s. o.).

Huset Gammelhavn (1), *Britanniavej 3, ☏ 76119000, www.gammelhavn.dk; das zzt. wohl beste Restaurant im Innenstadtbereich. Modern eingerichtet, Blick auf den Industriehafen. Alles frisch zubereitet. Dänische und mediterrane Küche.*

Sand's (2), *Skolegade 60, ☏ 75120207, www.sands.dk; typisch dänische Küche seit 1907. Mittags lockt Smørrebrød und wer mehr Hunger hat, bestellt den Bakskuld (s. o.) bzw. das üppig garnierte Fischfilet (Stjerneskud). Gemütlich eingerichtet. Der Tipp, was echte dänische (Fisch-)Küche betrifft. Grundsätzlich findet sich im Bereich Kongensgade/Torvet eine Reihe mittelpreisiger Restaurants und Fast-Food-Lokale.*

Sydvesten (3), *Fiskerihavnsgade 6, ☏ 75128288, www.sydvesten.dk; Fans von Smørrebrød und Fisch in allen Variationen sollten hier vorbeikommen. Nur Frühstück und Mittagessen (Mo–Fr bis 16, Sa bis 13, Nov.–März bis 10 Uhr), man kann sich aber eine Smørrebrød-Platte fürs Abendessen zusammenstellen lassen.*

Nachtleben/Musik/Pubs

Rustikale Kneipen gibt es vor allem entlang der Skolegade, so z. B. das **Industrien** *und das* **King George** *(Skolegade 27 bzw. 22), wo sich Jung und Alt ganz einfach auf ein Bierchen treffen. In* **The Tiki Hut** *(Skolegade 18) locken dagegen die Cocktails. Beliebt sind außerdem der Pub und an Wochenenden die Clubnächte im* **Dronning Louise (4)** *gleich um die Ecke am Torvet 19. Hier kann man auch speisen und oft treten Bands auf (www.dr-louise.dk). Wer in schicker Atmosphäre und mit Blick auf Esbjerg einen gepflegten Cocktail oder Sundowner zu sich nehmen möchte, der sollte die* **Skybar** *im o. g. A Place to Hotels aufsuchen.*

Tobakken: *beliebter Veranstaltungsort in ehemaliger Tabakfabrik (Gasværksgade 2, www.tobakken.dk). Im August finden die Esbjerg-Festtage statt (www.esbjergfestuge.dk).*

Bahn/Busse/Flughafen/Fähren

Hauptbahnhof *(Jernbanegade 35, www.dsb.dk/kundeservice/stationer/esbjerg): Schnellzüge nach Kopenhagen, Odense und Aarhus. Regionalzüge nach Ribe, Tønder, Nørre Nebel, Struer, Kolding und auch Niebüll in Deutschland. Viele der Strecken werden von der Bahngesellschaft Arriva (www.arriva.dk) bedient.* **Busbahnhof**: *nebenan in der Jernbanegade 47. Hier starten fast alle Stadtbus-Linien (bei längerem Aufenthalt lohnt eine günstigeres Mehrfachticket) sowie Regional-Busse und die Express-Busse zu den Zentren des Landes.*

Esbjerg Flughafen: *13 km nordöstl. des Zentrums direkt an der E-20, ☏ 76121400, www.esbjergairport.dk. Zzt. nur Flüge nach Aberdeen, Stavanger und zu den Öl- und Gas-Förderplattformen.*

Fanø-Fähre: *Fanølinjen (www.fanoelinjen.dk, nur Online-Buchung) verkehrt nach Fanø ab Dokvej im Sommer alle 20 Minuten und in der Nebensaison alle 40 Minuten.*

Aktivitäten/Ausflüge

Hafenrundfahrten: *Ende Juni–Ende Aug., zu unregelmäßigen Zeiten mit der M.S. Sønderho. Seltener Fahrten zu den Robben in der Ho-Bucht. Abfahrt am Dokvej 5 (bei den Fanø-Fähren), Infos im Turistkontor bzw. unter www.saedding.nu.*

Fischauktionen: *In den* **Fischauktionshallen (12)** *(Auktionsgade 5) am Fischereihafen werden ab 7 Uhr die frischen Fänge versteigert. Anfang Juli–Mitte/Ende Aug.: Touristen können hier mittwochs zwischen 11 und 12 Uhr ebenfalls Fisch ersteigern.*

Insel Fanø

Die Esbjerg vorgelagerte Insel ist mit 56 km² knapp halb so groß wie Rømø, misst von Nord- zu Südspitze 15 km und entstand aus einer einfachen Sandbank im weiten Wattenmeer. Auch heute noch wächst die Insel auf ihrer Westseite. Gut 3.400 Menschen leben hier das ganze Jahr über. Wie Rømø ist auch Fanø bekannt für seinen weiten **Sandstrand**, die Dünen, die Heidelandschaften mit ihren Kräutern und die alten, strohgedeckten Seefahrerhäuser. Da die Insel nur mit einer (teuren) Fähre zu erreichen ist, finden sich deutlich weniger Touristen hier ein. Für einen Tagesbesuch rentiert sich eher das Übersetzen ohne Auto bzw. nur mit dem Fahrrad. Hier geht alles gemächlicher und „Insel"-traditioneller zu, aber auch eine Spur exklusiver, was sich oft in den Preisen bemerkbar macht. Viele Einrichtungen schließen ab Mitte Oktober.

In den Hauptorten, **Nordby** und **Sønderho**, sind viele alte Seefahrer- und Fischerhäuser erhalten. Sønderho kann man als kleines Schmuckstück bezeichnen. Natürlich bietet Fanø auch viele Aktivitäten an, so z. B. Austernsafaris, Strandsurfen, Buggy-Driving, Drachen fliegen lassen (Drachenfestival Mitte/Ende Juni: *www.kitefliersmeetingfanoe.de*), Angeln, Reiten, Bernsteine suchen etc. Beliebt sind die zahlreichen kleinen Festivals und Musikveranstaltungen, besonders Folk und Klassik sowie das Internationale Strickfestival im September *(www.wooldays.dk)*.

Die **Geschichte** der Insel begann im 16. Jh., als das Fischerdorf „Odden" (heute Nordby) erstmals Erwähnung fand. 1741 kauften die Gemeinden Odden und Sønderho auf einer Auktion ihre eigene Insel dem dänischen König ab und gründeten eine wohlhabende Seefahrer-Kolonie. Um 1860 besaß Fanø nach Kopenhagen die größte Handelsflotte Dänemarks! 1891 wurde hier der erste Kurort Dänemarks eröffnet. Die 26 km lange Rundfahrt beginnt in Nordby am Touristenamt.

Nordby

Der 2.700-Einwohner-Ort ist das wirtschaftliche Zentrum der Insel. Die Altstadt lässt sich gut zu Fuß erkunden. Von der Hauptstraße des Ortes, der Hovegaden mit ihren Kunstgalerien, Geschäften und Cafés zweigen beschauliche Seitengassen ab. Rosenbüsche, alte Holztüren und Gärtchen schmücken die Reetdach-Häuschen.

Fanø Skibsfart- og Dragtsamling Museum (1) (Schifffahrts- und Trachtenmuseum): Im Erdgeschoss des 1891 erbauten Skibberhus steht ein Modell von Nordby. Im Hauptraum wird die Seefahrtsgeschichte von Fanø beschrieben und durch alte Fotos und Zeichnungen belegt. Im Obergeschoss wird erläutert, welch wichtige Rolle den Frauen von Fanø zukam, deren Männer Monate, oft auch Jahre auf großer Fahrt waren. Im obersten Stockwerk ist die Wohnung eines Kapitäns und Reeders ausgestellt, an der der Wohlstand im 19. Jh. offensichtlich wird.

Fanø Skibsfart- og Dragtsamling Museum, *Hovegaden 28, www.fanoskibs-dragt.dk; Mitte April–Ende Okt. Mo–Fr 10.30–15.30, Sa 10–14, Juli/August bis 17 Uhr*

Fanø Museum (2): Das 300 Jahre alte Strohdachhaus gehörte über 6 Generationen Seefahrern. Bis 1940 wurde es bewohnt. Die Möbel stammen aus dem 18. und 19. Jh., die Kacheln aus Kellinghusen und aus Delft. Eindrucksvoll sind die vielen „Souvenirs", die die Seeleute von ihren Fahrten mitgebracht haben.

Fanø Museum, *Skolevej 2, www.fanomuseum.dk; Ostern bis Ende der Herbstferien Mo–Fr 11–15 Uhr*

Altes Seefahrerhaus in Nordby

Nordby-Kirche (3): Die Kirche wurde 1786 erbaut und beeindruckt durch ihre geschmackvolle, aber großenteils schlichte Einrichtung. Der Altar steht an der Längsseite des Kirchenschiffes. Bewundernswert sind die Modelle alter Segelschiffe an der Decke.

Gleich am Ortsausgang von Nordby zweigt der Strandvejen nach **Fanø Bad** (s. u.) ab, an der rechts das **Fanø Bryghus** *(www.fanoebryghus.dk)*, eine Mikrobrauerei mit Café und Bar, zu finden ist. Über die Hauptstraße geht es nach Sønderho. In Rindby befinden sich Campingplätze. 2 km weiter passiert man die Fanø-Plantage, den größten zusammenhängenden Kiefernwald auf der Insel. In seinem südlichen Abschnitt (Abzweig ca. 4,5 km südlich von Rindby) versteckt sich ein schöner Waldspielplatz (Skovlegepladsen).

Von der Hauptstraße kann man zudem abzweigen auf die Ostseite der Insel, wo sich zwei **Vogelkojen (4)** (Albue sowie Sønderho Fuglekøje) befinden. Diese wie große Reusen angelegten Vogelkojen nutzte man früher für das Einfangen von Wildenten.

Sønderho

Der Ort mit seinen knapp 300 Einwohnern ist ein wahres Schmuckstück. Gegründet wurde er wahrscheinlich am Ende des 15. Jh., erstmals dokumentarisch erwähnt aber erst im Jahr 1683. Im 18. und 19. Jh. blühte der Seehandel. Am Ortseingang ragt rechter Hand die 1895 errichtete **Sønderho Mølle (5)** (Mühle Sønderho) auf. Sie war bis 1923 in Betrieb und beherbergt heute ein unregelmäßig geöffnetes Windmühlenmuseum. Die erste Mühle an dieser Stelle wurde bereits 1701 erbaut. Gegenüber liegt der alte Friedhof.

Die **Sønderho-Kirche (6)** (Sønderho Kirke) an der Ecke Landevejen/Strandvej stammt aus dem Jahr 1782, während der Altar sogar auf das Jahr 1717 zurückzuführen ist. Hier hängen 14 alte Schiffsmodelle an der Decke. Die Kirche hat 800 Sitzplätze, ein Zeichen dafür, dass Sønderho während seiner Blütezeit viel mehr Einwohner zählte.

Der **historische Ortskern (7)** besticht durch seine vielen, gut erhaltenen Häuser aus dem 18. und 19. Jh. Sønderho ist heute der Ort in Dänemark, in dem sich (prozentual zur Größe) die meisten unter Denkmalschutz stehenden Gebäude befinden. Die Ost-West-Ausrichtung der alten Häuser schützte vor den starken Winden. Am besten bummelt man einfach durch den Ort, schaut beim Bernsteinschleifer *(Ravsmeden, Landevejen 40, neben dem Supermarkt)* rein und 50 Meter weiter im **Café Nana's Stue** *(Sønder Land 1)* in das kleine Fliesen- und Kachelmuseum mit einer Sammlung aus den Niederlanden. Hier gehört es sich, einen typischen Kaffeepunsch zu trinken. Das **Kromann-Haus** beherbergt heute das **Kunstmuseum Fanø**. In den Gebäuden befand sich ehemals eine Fabrik sowie ein Kaufmannsladen. Hier trafen sich die Maler der sogenannten Künstlerkolonie (u.a. Julius Exner, Wilckens, Dohm, Jørgen Hahn), deren Werke hier teilweise ausgestellt sind. Die Maler liebten vor allem die Lichtverhältnisse auf der Insel.
Kromann Hus, *Nord Land 5, www.fanoekunstmuseum.dk; Ostern–Okt. Di–So 13–17 Uhr*

Nicht weit davon entfernt, nahe dem Hafen, lohnt der Besuch des **Hannes-Hauses**. In dem um 1750 erbauten Haus lebten bis 1965 mehrere Generationen von Seefahrern, zumeist Kapitäne. Noch heute sind die alten Möbel, Öfen, Gemälde und von Reisen mitgebrachten Gegenstände so erhalten, als wenn die Seefahrer noch hier wohnen würden.
Hannes Hus, *Øster Land 7, www.hanneshus.dk/homedeutsch; Mitte Mai u. Juni. Mi u. Sa, Juli–Sept. tgl. 14–16 Uhr*

Vom Rundgang erholen kann man sich im historischen **Sønderho Kro** (Kropladsen), der hier bereits seit 1722 als Gaststätte dient. Barocke Füllungstüren, alte Möbel und Wandfliesen schmücken die Gaststube. Die Küche wurde mehrfach ausgezeichnet und die Kuchen *(nur 15–16.30 Uhr)* sind überaus lecker!

Südlich von Sønderho gibt es am Deich den beliebten Aussichtsposten **Børsen** für Vogelliebhaber. Auf den Sandbänken spielen zudem die Seehunde während der Sommermonate. Von Sønderho aus geht es zum Strand auf der Westseite der Insel. Rechter Hand passiert man dabei eine alte Rettungsstation. Auf dem Strand fährt man zurück bis **Fanø Bad**. Mit etwas Glück erlebt man einen schönen Sonnenuntergang oder springt einfach in die Fluten. Bei Ebbe bedeutet das aber: weit laufen, daher wurde entschieden, den Autostrand nicht abzuschaffen. In den Stranddünen lässt es sich gut picknicken.

Die zahlreichen Bunkeranlagen sind auch hier Zeugen des Zweiten Weltkrieges und galten als Schutzanlagen für den Hafen von Esbjerg. **Fanø** (Vesterhavs-)**Bad** selbst ist ein moderner Ort und wurde für touristische Zwecke gegründet. Hier gibt es Ferienanlagen, Hotels und Ferienhäuser. Am Jachthafen (Lystbådehavnen) von Nordby fährt das kleine **Ausflugsboot „Martha"** (*www.marthasonderho.dk/homedeutsch*) hinaus zu den Seehundbänken nördlich der Insel. Die Fahrt dauert etwa zwei Stunden. Das Boot ist überdacht, wetterfeste Kleidung trotzdem sinnvoll.

Hinweis
Den Nordstrand bzw. die Nordspitze der Insel kann man nur zu Fuß oder per Fahrrad erkunden. Vorher im Touristenamt erkundigen nach der Wetterlage (Nebel?), Gezeiten und Führungen für ornithologisch Interessierte.

Reisepraktische Informationen Fanø

Information
Fanø Turistbureau, *Langelinie 5 (am Fähranleger), Nordby, ☏ 75421500, www.vadehavskysten.de. Organisiert auch Austern-Safaris und Naturführungen.*

Unterkünfte

Sønderho Kro €€€–€€€€ (1), *Kropladsen 11, Sønderho, ☏ 75164009, www.sonderhokro.dk; das Haus von 1722 liegt idyllisch im alten Ortskern. Allgemeine Räumlichkeiten sind mit Antiquitäten und einer persönlichen Note ausgestattet. Das Restaurant ist exquisit.*
Kellers Badehotel €€€–€€€€ (4), *Strandvejen 48, Fanø Bad, ☏ 75163088, www.kellersbadehotel.dk; nur Ostern–Okt. Boutiquehotel mit 6 Zimmern im Anbau, alle mit Bad/WC und Terrasse. Exquisites Restaurant (nur Menüs), Bar. Strandnah.*
Fanø Krogaard €€–€€€ (2), *Langelinie 11, Nordby, ☏ 76600070, www.fanoekrogaard.dk; historischer Krog von 1664. Restaurant im Haus. Tipp: Buchen Sie sich im etwas abseits gelegenen Skomagerens Hus (€€€) oder im kleineren Byhus (€€) ein.*
Møllesti B&B €€ (3), *Møllesti 3, Nordby, ☏ 75162949, www.mollesti.dk; gemütliches, ruhig gelegenes B&B nahe dem Ortskern. Nur 4 Zimmer. Der Tipp für die Insel.*

Camping

Es gibt einige Campingplätze auf der Insel und bei allen kann man Zimmer/Hütten buchen: Gut geführt sind z. B. der recht kleine, sehr familiäre **Rindby Camping**, *Kirkevejen 18, Rindby, ☏ 75163563, www.rindbycamping.dk, sowie der windgeschützte, größere* **Tempo Camping**, *Strandvejen 34, vor Fanø Bad, ☏ 75162251. Beschaulicher ist der kleine* **Sønderho Ny Camping**, *Gammeltoftvej 3, ☏ 75164144, www.nycamping.dk, wo man auch Pferde ausleihen kann.*

Restaurants

Die beste Adresse auf der Insel ist der historische **Sønderho Kro** *(s .o.), zu dem Gäste selbst aus Esbjerg extra zum Dinner kommen. Spezialität: geräucherter Fisch (in eigener Räucherei zubereitet). Alternative: geräucherte Lammgerichte. Gut, aber hochpreisig. Im* **Fanø Krogaard** *(s. o.) sitzt man auf einer Terrasse mit Blick auf Esbjerg, das Essen ist jedoch einfacher. Gemütliche, alte Bar im Hause.* **Café Nana's Stue** (1), *Sønder Land 1, Sønderho, ☏ 75164025. Kleines Restaurant in ehemaliger Meierei. Weitere Restaurants und Imbissbuden entlang der Hovedgaden in Nordby sowie das feine Restaurant im o. g. Kellers Badehotel.*

Fähre/Busse

Fähre: *s. unter Esbjerg, S. 282. Die Buslinien beginnen alle am Fähranleger und erreichen nahezu alle Punkte auf der Insel; eine Linie führt sogar entlang des Strandes.*

Zwischen Esbjerg und Skagen (s. Karte S. 258/259)

Die Strecke entlang der Nordseeküste, samt Abstechern ins Landesinnere, beeindruckt durch fantastische Küstenabschnitte mit Dünen, Stränden, Häfen sowie Heide- und Hügellandschaften. Die raue Natur hat die Menschen geprägt. 120 v. Chr. zogen die Kimbern und Teutonen von Nord-Jütland aus gegen Rom. Die Wikinger siedelten vor 1.000 Jahren vornehmlich um den schützenden Limfjord. Abstecher ins Inland belohnen mit Kirchen, Bauernhöfen, dem Freilichtmuseum Hjerl Hede, der Burg Spøttrup Slot und vielen Details, die das Land so speziell machen. Es lohnt sich, gelegentlich von der empfohlenen Route abzuweichen und sich ein wenig treiben zu lassen.

Westlich von Esbjerg

Weiter geht es durch **Hjerting** und **Sjælborg**. Ein paar Kilometer hinter Sjælborg führt eine Schotterstraße in das Naturgebiet **Marbæk Plantage**. Hier vereinen sich Heide, Seen, Kiefernwälder und Abbruchküsten zu einem schönen Naherholungsgebiet mit zahlreichen

Wandermöglichkeiten sowie Tier- und Vögelbeobachtungsposten. Funde belegen, dass hier bereits zur Eisenzeit Menschen gesiedelt haben. Informationen erhält man im alten Bauernhof Marbækgård, in dem sich auch ein nettes Restaurant befindet. Am Nordende der Ho Bucht gibt es im Hofladen **Enghavegård Osteri & Gårdbutik** würzigen Bio-Käse aus der eigenen Käserei sowie auch Räucherwaren, Wurst und Schinken von den ökologisch gehaltenen Schweinen des Hofes. Im Hofladen kann man durch ein Glasfenster direkt bei der Käseproduktion zusehen.

Enghavegård Osteri & Gårdbutik, *Ho Bugt Vej 17, Billum, www.enghavegaard-hobugt.dk, Do/Fr 14–17, im Sommer auch Sa 10–13 Uhr.*

Abstecher nach Varde

Lohnend ist hier das sogenannte **Minibyen**. Hier wurde Vardes Altstadt von 1860 im Maßstab 1:10 als Modell nachgebaut, an der Erweiterung wird immer noch gebastelt. Der Grund für dieses Modell: Varde wurde mehrmals von Bränden heimgesucht, sodass wirklich alte Gebäude nur noch bedingt zu sehen sind.

Minibyen i Varde, *Lundvej 4e, www.minibyen.vardekommune.dk; Mitte Mai–Aug. tgl. 10–17, Sept.–Ende Herbstferien bis 16 Uhr*

Im **Varde-Museum/Museum Frello** wird die Geschichte der Stadt erläutert, bei der sich vieles um den Handel mit hier hergestellten Keramikprodukten drehte. Außerdem werden Werke des in Varde geborenen Malers und Comiczeichners Otto Frello (1924–2015) gezeigt. Im nahen **Artilleriemuseum** kann man Waffen, Geschütze u. Ä. aus der Zeit des Mittelalters bis heute bewundern.

Varde Museum/Museum Frello, *Kirkepladsen 1 sowie Artillerimuseum, Vestervold 11, www.vardemuseerne.dk; Mi–So 10–16, Juli/Aug. tgl. 10–17 Uhr*

Redaktionstipps

➤ **Naturerlebnisse**: Nordsee-Strand und Vogelbeobachtung; Halbinsel Skallingen (S. 290); Vogelparadies „Tipperne" (S. 292); Insel Venø (S. 304); Molerklippe von Fur (S. 308); Limfjord (S. 318); Küste nördlich von Nørre Vorupør (S. 325); Klippe Bulbjerg (S. 329); Dünen und Strände an der Jammerbucht (S. 329); Rubjerg Knude (S. 335); Råbjerg Mile (S. 341); Grenen, die Nordspitze Jütlands (S. 344)

➤ **Kulturelle Höhepunkte**: Bunkermuseum Tirpitz in Blavand (S. 289); Abelines Gård bei Hvide Sande (S. 294); Altstadt von Ringkøbing (S. 296); HEART-Museum Herning (S. 300); Museen in Holstebro (S. 302); Freilichtmuseum Hjerl Hede (S. 305); Spøttrup Slot (S. 308); Limfjordsmuseet in Løgstør (S. 310); Strandingsmuseum St. George in Thorsminde (S. 314); Bunkermuseum Hanstholm (S. 327); Kloster Borglum bei Løkken (S. 335); Kunstmuseum in Hjørring (S. 336); Skagens Museum (S. 346)

➤ **Highlights für Familien**: Wikingerhafen Bork (S. 293); Lalandia-Ferienpark in Søndervig (S. 296), Flugzeugmuseum bei Stauning (S. 294); Fischauktionen in Hvide Sande (S. 295); Freilichtmuseum Hjerl Hede (S. 305); Jyllandakvariet Thyborøn (S. 317), Blumenpark Jesperhus (S. 322); Fårup Aquapark & Sommerland (S. 333); Tummeln auf den Rubjerg-Knude-Dünen (S. 335); Nordsee-Ozeanarium in Hirtshals (S. 338); Adlerreservat bei Tuen (S. 341)

Bernstein, Juwel der Nordsee

info

Schon während der Steinzeit (15.000 v. Chr.) sowie bei den Ägyptern vor 6.000 Jahren wurde Bernstein als Schmuck verwandt. Als erster kam der römische Wissenschaftler Plinius (23–79 n. Chr.) dem Ursprung des Bernsteins auf die Spur. Er fand heraus, dass es sich um eine Art versteinertes Baumharz handeln müsse. Wissenschaftlich belegen konnte man es zu dieser Zeit aber nicht. Genau das führte Hunderte von Jahren später erneut zu Verwirrungen. Da Bernstein zumeist am Strand gefunden wurde, kam man auf die Idee, es handele sich um einen Teil der Ausschei-

info

dungen des Pottwals, und noch 1733 hieß es in einem Lexikon, es handele sich um Erdsaft, Baumsaft oder eine Substanz, die von der Fettigkeit bestimmter Tiere stammt. 1757 konnte der russische Wissenschaftler Michail W. Lomonossow endlich beweisen, dass es sich bei Bernstein um ein fossiles Baumharz handelt.

Aus Millionen Jahre altem Harz: Bernstein

Bernstein findet man auf der ganzen Welt, abgesehen von Gebieten in der Antarktis, denn fast überall hat es einmal Nadelwälder gegeben. Um Nord- und Ostsee entstand der Bernstein vor 55–35 Mio. Jahren. Hauptfundort in Europa ist der Baltische Raum, besonders die Küste zwischen Pommern (Polen) und dem Samland. An der Nordsee findet sich Bernstein vor allem zwischen Eiderstedt und dem Gebiet um Blåvand.

Die Brennbarkeit ist für den heutigen Namen verantwortlich. Im 13.–14. Jh. entwickelte sich das Wort im Mittelniederdeutschen wie folgt: Aus Börnstein, Barnesten bzw. Bernesten wurde im Althochdeutschen Brennstein. Im 17. Jh. setzte sich die aus dem Niederdeutschen stammende Abwandlung von brennen, „bernen", durch, die im Hochdeutschen zu dem heutigen Wort führte. Noch vor 200 Jahren galt der Bernstein an der Nordseeküste als das „Licht der armen Leute", also als kostenloses Brennmaterial. Erst langsam entdecken Künstler an Nord- und Ostsee seinen Wert wieder. Besonders an der dänischen Nordseeküste gibt es wieder zahlreiche Bernsteinschnitzer.

Wie und wann finde ich Bernstein in Dänemark?
Die meisten Bernsteine finden sich auf Rømø, Fanø und an den Stränden westlich und nördlich von Esbjerg:

- Nachdem es ein paar Tage aus westlicher bzw. südwestlicher Richtung gestürmt hat.
- Suchen Sie dann bei beginnender bzw. völliger Ebbe.
- Der meiste Bernstein wird zusammen mit Seepflanzen, Algen, halbverrotteten Holzstücken (die ebenso schwimmen wie Bernstein) angeschwemmt.
- Flache Strände und das salzhaltige Wasser bieten dem Bernstein gute Anschwemmbedingungen.

Oksbøl

Der kleine Ort hat mit der romanischen **Aal-Kirche** (Aal Kirke, 12. Jh.) eine der schönsten Kirchen der Region zu bieten. Bekannt ist sie vor allem durch das „Reiterfries" und die am besten erhaltenen Wandmalereien aus der Zeit König Valdemars (13. Jh.). Das beeindruckende **Panzer- und Artilleriemuseum** zeigt eine Sammlung an Panzern, historischen Feuerwaffen und Kanonen.
Panser- og Artillerimuseum, *Industrievej 18, www.vardemuseerne.dk; Febr.–Okt. Mi–So, Ostern und Herbstferien Mo–So 10–16, Juli/Aug. tgl. 10–17 Uhr*

An der kleinen Straße nach Børsmose befindet sich in einem Park der deutsche Flüchtlingsfriedhof. Er erinnert an die 36.000 Deutschen, die während und nach Ende des Zweiten Weltkrieges hier in Oksbøl Zuflucht suchten und den Ort für kurze Zeit zur fünftgrößten Stadt Dänemarks werden ließen. Insgesamt nahm Dänemark zwischen dem 11. Februar und dem

5. Mai 1945 rund 250.000 deutsche Flüchtlinge von der Ostfront auf – größtenteils Frauen, alte Menschen und Kinder. Im **Fluchtmuseum**, untergebracht in einem futuristisch anmutenden Gebäude am ehemaligen Standort der Flüchtlingsbaracken, erfährt man mehr über ihr Schicksal, aber auch über Fluchtgeschichten aus der ganzen Welt. Ein eindrucksvolles und nachdenklich stimmendes Museum. Es gibt ein Café-Restaurant.
Museum FLUGT, *Præstegårdsvej 21, www.flugtmuseum.dk; tgl. 9–18, Nebensaison 10–17 Uhr*

Blåvand(-Oksby)

Die Region um Blåvand ist bekannt als **Blåvands Huk**, benannt nach der „Küstennase", die auch den westlichsten Punkt Dänemarks markiert. Kein Urlaubsgebiet in Dänemark weist so viele Ferienhäuser auf. Hier boomt es im Sommer. Die Touristikbranche setzt vor allem auf Familien mit Kindern, die die z. T. sehr schönen, reetgedeckten Ferienhäuser bewohnen. Wer in der Nebensaison kommt, kann sich in Ruhe am weiten Sandstrand erfreuen und genießt dabei „Idylle pur". Im Ostteil des Ortes sind im kleinen, privaten **Museum Høvlehuset** *(Hobelhaus, Gl Mælkevej 62A, www.hoevlehuset.dk)* alte Handwerksgeräte von 1700–1950 ausgestellt.

Am Westende des Ortes steht der 39 m hohe **Leuchtturm**, an dem sich ein Ableger der Touristeninfomation befindet und den man besteigen kann. Von oben kann man Blåvand, das Meer und bei guter Sicht in 14 bis 20 km Entfernung südwestlich 80 jeweils 110 m hohe **Windkraftanlagen** von Horns Rev 1 (160 MW Leistung) erblicken. Die noch größeren 91 Anlagen von Horns Rev 2 (209 MW Leistung) sowie die von Horns Rev 3 (400 MW Leistung) liegen dagegen so weit draußen, dass sie sich dem Blick entziehen. Diese drei Offshore-Windparks produzieren Strom für 425.000 Haushalte. Ein Infocenter dazu befindet sich neben dem Leuchtturm. Ein kleines **Naturcenter** am Parkplatz unterhalb des Leuchtturms hakt in Kürze die Themen Watttiere und Zugvögel ab. Bemerkenswert ist, dass sich die von Süden kommenden Zugvögel am Blåvands Huk aufteilen in Richtung Kanada oder Sibirien.
Leuchtturm, *Fyrvej 106, ☏ 75275411; tgl. 10–15, im Sommer bis 17 Uhr*

Hauptattraktion von Blåvand ist ohne Zweifel das **Tirpitz-Bunkermuseum**. Das von den dänischen Stararchitekten der Bjarke Ingels Group (BIG) entworfene Multifunktionshaus beherbergt die festen Ausstellungen „Verborgene Geschichten der Nordseeküste" (dän. Den skjulte vestkyst) zur Geschichte der dänischen Westküste, „Ein Heer aus Beton" (dän. En hær af beton) über die Auswirkungen des Zweiten Weltkrieges auf die Region und „Das Gold des Meeres" (dän. Havets guld) über den Naturschatz Bernstein. Der 2.500 m² große Museumsbau aus Glas und Beton fügt sich perfekt in die unter Naturschutz stehende Dünenlandschaft ein. Von seinem begehbaren, mit Strandhafer gedeckten Dach führt der Blick ins Museumsinnere und über die endlose Weite von Meer und Strand. Über einen unterirdischen Tunnel des Neubaus gelangen Besucher zudem zur vierten festen Ausstellung im alten Tirpitz-Bunker: Sie veranschaulicht die Geschichte des Atlantikwalls.
Tirpitz-Bunkermuseum, *Tane Hedevej 40/Tirpitzvej 1, www.tirpitz.dk; tgl. 10–17, Juli/Aug. 9–19 Uhr*

Auch in Dänemark: Hitlers Atlantikwall

info

Um während des Zweiten Weltkrieges die besetzten Staaten im Westen auf 5.000 km gegen die drohende Invasion der Alliierten abzuschirmen, begann die deutsche Wehrmacht bereits 1940/41 damit, überall zwischen Spanien und der norwegisch-russischen Grenze an strategisch wichtigen Punkten Bunkeranlagen einzurichten. Die Befestigungsanlage gilt als eine der größten, die jemals erbaut wurde. Bis 1943 wurde fieberhaft gearbeitet, dann wurden Material und Arbeitskräfte immer knapper und

info

die Tätigkeit ebbte ab. Dänemarks Küste gehörte zu den besonders verteidigungswürdigen Gebieten, da sie nahe dem Deutschen Reich lag, außer Reichweite mancher Kampfbomber war und man annahm, dass die Alliierten nicht so viel Schaden in diesem Land anrichten würden.

Das Tirpitz-Bunkermuseum ist die Hauptattraktion von Blåvand

Damit hatte der Generalstab Recht. Es kam an dieser Küste niemals zu nennenswerten Kriegshandlungen und somit stehen heute noch die meisten Bunker unversehrt in der dänischen Küstenlandschaft. Zumeist ein paar Hundert Meter landeinwärts gebaut, liegen jetzt viele am Meer, welches sich die Küstenstreifen „einverleibt" hat. Um an die Geschichte zu erinnern, hat Dänemark einige der Bunkeranlagen zu Museen ernannt.

Die **Halbinsel Skallingen** südöstlich von Blåvand ist ein Eldorado für Naturfreunde. Hier kann man den tollen Strand sowie die Südspitze der Halbinsel, die sich erst während der letzten 300 Jahre zur Halbinsel entwickelt hat, erwandern und dort Drachen steigen lassen. Früher trennte der Flusslauf der Varde Å Skallingen vom Festland.

Wattwanderungen zur **Insel Langli** in der Ho Bugt werden Mitte Juli bis Mitte September von Ho aus angeboten. In **Ho** gibt es eine schöne Kirche aus dem 15. Jh. Eines der Kirchenschiffe soll das älteste Skandinaviens sein. Vor der Versandung der Varde Å war Ho eine wichtige Hafenstadt.

Reisepraktische Informationen Blåvand und Varde

Information

Blåvand Touristinformation: *Horns Bjerge 4 und Fyrvej 106 (Leuchtturm), Blåvand, ☎ 21470201, www.visitvesterhavet.dk.*

Unterkünfte

In Blåvand gibt es vornehmlich Ferienhäuser, dafür aber einige nette Unterkünfte in und westlich von Varde.

Arnbjerg Pavillonen €€€, *Arnbjergalle 2, Varde, ☎ 75211100, www.arnbjergpavillonen.dk; schön renoviertes Hotel in einem Gebäude, das wirklich einem großen Pavillon nachempfunden wurde. Schöne Zimmer, die mit Balkon/Terrasse sind etwas teurer (€€€€). Restaurant mit Außenbereich. Das Hotel liegt am gleichnamigen Park.*

Billum Kro €€–€€€, *Vesterhavsvej 25, Billum (2 km östl. Oksbøl), ☎ 75258200, www.billum-kro.dk; Kro aus dem 17. Jh., komplett erneuert. Gemütliche Zimmer, Pool, Whirlpool, Restaurant.*

Günstige Ferienwohnungen gibt es im **Motel Garni** €€–€€€, *Fyrvej 22, Blåvand, ☎ 29463265, www.motelgarni.dk; 300 m zum Strand und ins Zentrum.*

Jugendherberge

KonceptHotel/Danhostel Blavandshuk, *Strandvejen 1, ☏ 77527110, http://koncepthotel.dk; in Oksbøl, nahe Waldgebiet, 12 km zum nächsten Strand (Vejers Strand).*

Restaurant

Ho Kro, *Hovej 34, in Ho, östl. von Blavand, ☏ 75279044, www.hokro.dk; exquisite, mehrfach ausgezeichnete Küche. Hier stimmen die Zutaten und die Darbietung der Speisen. Überschaubare Portionen.*

Camping

Hvidbjerg Strand Feriepark/Blavand Camping, *Hvidbjerg Strandvej 27, ☏ 75279040, www.hvidbjerg.dk; erstklassiger Platz südl. von Oksby; 300 m zum Strand, viele Freizeitangebote (Tennis, trop. Badeland, Westernstadt, Restaurant, Fahrradverleih etc.), 565 Stellplätze, Hütten, prämierte Ferienhäuser in Form alter Fischerhäuser.*
Camp West, *Baunhøjvej 34, Oksbøl, ☏ 75271130, www.campwest.dk; windgeschützte Anlage mit vielen Sport- und Freizeitprogrammen, wie z. B. Ponyreiten, Fitnessclub, Mountainbiking etc. 11 km zum Nordsee-Strand. 3 weitere Plätze befinden sich in Vejers Strand; der beste ist* **Vejers Strand Camping**, *☏ 75277050, www.vejersstrandcamping.dk, 300 m zum Strand.*

Weiter gen Norden

Zwischen Blåvand und Vejers Strand führt eine Schotterstraße durch die **Kallesmærsk Heide**, Dänemarks größtes Heidegebiet, das heute als militärisches Übungsgebiet genutzt wird. **Vejers Strand** ist das älteste Ferienhausgebiet der Region. Als man damals plante, war man sich noch nicht über das Wachstumspotenzial dieser Urlaubsform im Klaren und der Ort hat einen ganz eigenen Reiz erhalten. Die Häuschen liegen viel verstreuter als in anderen Gebieten. Am nördlich gelegenen **Børsmose Strand** darf man einen Teil des Strandes mit dem Auto befahren. Die **Blochsgaard-Route** wurde vom Deutschen Wanderinstitut als Premium-Wanderroute zertifiziert. Der acht Kilometer lange Rundwanderweg führt ab dem Parkplatz Naturbasen Blochsgaard (*Navi-Adresse: Kærgårdvej 1, Oksbøl*) durch die abwechslungsreiche Tier- und Pflanzenwelt der **Kærgård-Plantage** mit Dünen, Heide, Wäldern und Feuchtgebieten bis hin zum Strand Børsmose und zurück. Das gesamte Gebiet zwischen Blåvand und Nymindegab wird auch als **Naturpark Vesterhavet** bezeichnet und ist bekannt für seine alljährlich Mitte September stattfindende **Pilzwoche** (*www.pilzwoche.de*). Dann kann man selbst Pilze suchen, an Pilztouren teilnehmen und bekommt in den Restaurants verschiedenste Pilzgerichte serviert.

Henne Strand

Nach Blåvand ist dieser Ort im Sommer eines der von Deutschen am meisten besuchten Ferienziele an der Nordsee. Entlang der Hauptstraße reihen sich Kioske, Boutiquen und dänische Imbisse aneinander. Der Strand ist es wert, und wer mit Kindern kommt, wird bei schlechtem Wetter auch das Hallenbad am Henne Strand Camping & Resort sowie andere kindgerechte Angebote zu schätzen wissen.

Direkt nördlich schließt sich ein weiteres Naturareal, die **Blåbjerg Plantage** um den gleichnamigen 64 m hohen Berg an. Der „Berg" ist in Wahrheit eine Wanderdüne, und von der „Spitze" hat man einen herrlichen Rundblick über eines der schönsten Wald- und Dünengebiete des Landes. Im Wald, der im Norden bis Nymindegab reicht, bieten sich zahlreiche Wanderwege an. **Nørre Nebel** dient vornehmlich als Geschäftszentrum der Region. Zwischen Nørre Nebel und Nyminde ist das große **Landal-Feriencenter** *(www.landal.de)* gelegen: Ferienhäuser, Safarizelte, Badeland, Wellnessbereiche, Restaurants, Sportanlagen und vieles mehr.

Nymindegab

Der kleine Straßenort geht hervor aus der Zeit der Fischer, die direkt unterhalb der heutigen Siedlung am Rand des Ringkøbing-Fjordes und nahe der Nordseeküste ihre Sommerhütten hatten. Einige sind heute noch direkt neben der Straße zu besichtigen. Wohlstand bescherte erst der Tourismus, und heute sammeln Ferienhausmieter hier ihre Schlüssel ein. Beachtenswert ist das Walskelett im kulturhistorischen **Nymindegab Museum**. Der 12 m lange und 25 t schwere Pottwal strandete 1990 vor der hiesigen Küste. Man zerlegte den Wal, und das Skelett wurde im Zoologischen Museum in Kopenhagen präpariert und wieder zusammengesetzt.

Nymindegab Museum, *Vesterhavsvej 294, http://vardemuseerne.dk/museum/nymindegab; April–Okt. Mi–So 10–16, Juli/Aug. tgl 10–17 Uhr*

Ferienhäuser der Vogelkundler im Naturreservat Tipperne

Das **Naturreservat Tipperne** erstreckt sich nördlich von Nymindegab auf einer Halbinsel und ist ein Eldorado für Vogelkundler. Bei der zweiten roten Scheune hat man vom ersten Stock einen guten Ausblick über die Halbinsel. Bestimmungsbücher sowie einige Tafeln zur generellen Orientierung bieten Einblicke in die Vogelwelt. Die Spitze der Halbinsel kann nur zu Fuß erkundet werden.

Generelle Zeiten für die Vögel auf Tipperne:

- Zugvögel im Frühjahr und Herbst: Enten, Gänse und andere Wasservögel
- Juli/August: vor alem Strandläufer, Brachwasservögel, Schnepfen und Regenpfeifer
- Im Winter: oft Dänemarks Nationalvogel, der Schwan

Naturreservat Tipperne: *Die Spitze der Halbinsel ist zu Fuß (z. T. mit dem Rad) zugänglich, i. d. R. März–Juli Mi/Sa., Aug.–Okt. Mo–Fr 9.30–15.30 Uhr. Rest des Jahres kein Zutritt. Die Zeiten variieren aber! Infos: https://naturstyrelsen.dk/naturoplevelser/naturguider/tipperne*

Reisepraktische Informationen Henne Strand, Nymindegab

Information

Henne Strand Touristinformation, *Strandvejen 415 A, ☏ 75288670, www.visitvesterhavet.dk.*

Unterkünfte

Die Ferienhotels und Pensionen haben alle etwa den gleichen Standard (ca. €€). Auf einer großen Düne liegt das **Henne Strand Feriecenter** *€€, Klitvej 2, ☏ 75255004, www.hotel-hennestrand.dk (Ferienwohnungen, nur wochenweise). 3 km landeinwärts, abseits vom Trubel, besticht der vornehme* **Henne Kirkeby Kro** *€€€€, Strandvejen 234, ☏ 75255400, www.hennekirkebykro.dk, dessen Restaurant zu den besten des Landes gehört (tolles Frühstück!). Aber wenn schon, dann mit Dinner! 18 km entfernt thront der* **Nymindegab Kro** *€€€, Vesterhavsvej 327, Nymindegab, ☏ 75289211, www.nymindegabkro.dk, hoch auf einer Düne. Zimmer, Ferienwohnungen und ein exquisites und entsprechend teures Restaurant (Menü-Angebot, toller Ausblick auf Dünen, Meer und Fjord). Unbedingt darauf achten, ein Zimmer mit Aussicht zu bekommen.*

Jugendherberge

Danhostel Henne Strand, *Strandvej 458, ☏ 52191418, www.danhostelhennestrand.dk, nur Juni–Anf. Sept.; einfach, 44 Betten, 200 m zum Strand. Landeinwärts (4 km zum Strand) liegt das* **Lyndvig Ferie-Danhostel Nymindegab**, *Vesterhavsvej 150, Nørre Nebel, ☏ 40325283, www.lindvigferie.dk.*

Camping

Henne Strand Camping & Resort, *Strandvej 418, ☏ 75255079, www.hennestrand camping.dk; windgeschützte, moderne Top-Anlage, über 200 Stellplätze, Hütten, Hallenbad, Tennis, Freizeitprogramme, tolle Küchen, 700 m zum Strand.*
Henneby Camping, *Hennebysvej 20, Henneby, ☏ 75255163, www.hennebycamping.dk; windgeschützte Lage, einige km vom Strand entfernt, auch Hütten. Nicht weit davon entfernt, in geschützter Waldlage, liegt der Campingplatz* **Lyngboparken** *(Strandfogedvej 15, Henneby, www.lyngbo.dk). Weitere Plätze gibt es bei Vejers Strand, Blåvand, Nørre Nebel, Nymindegab und nördlich davon.*

Restaurants

Die besten Restaurants im Umkreis sind der **Nymindegab Kro**, *der* **Henne Kirkeby Kro** *(beide s. o.) sowie das im* **Henne Mølle Å Badehotel** *(€€€, Hennemølleåvej 6, ☏ 76524000, www.hennemoelleaa.dk), wo man auch nett nächtigen kann bzw. dessen Abgelegenheit auch zu einem Strandspaziergang einlädt. In Henne Strand gibt es ausreichend Familienrestaurants entlang der Hauptstraße. Ein besonderer Tipp ist der* **Fahl Kro** *in Falen bei Nørre Bork (25 km entfernt). In der Saison wird i. d. R. donnerstags ein echt jütisches Abendessen zubereitet, Reservierung erforderlich: ☏ 75280143, www.levendehistorie.dk.*

Alternativ auf der Ostseite um den Ringkøbing-Fjord

Da als Hauptroute die Küstenstraße empfehlenswerter ist, sollen hier die Attraktionen entlang dieser Strecke nur kurz vorgestellt werden:

- **Fahl Kro**: 2 km südlich von Bork Havn. Uriger, historischer Dorfkrug, der heute ein Museum ist, aber auch Kaffee und Kuchen anbietet. Zum traditionellen jütischen Abendessen s. o. Das Ambiente macht dieses Mahl zu einem unvergesslichen Erlebnis.
- **Wikingerhafen Bork**: Eine nachgebaute, alte Wikingersiedlung, inkl. Hafen. Handwerkszweige der Wikinger werden vorgestellt und Touren mit einem Wikingerboot auf dem Fluss werden angeboten. Das „Aktivmuseum" ist stark auf Familien mit Kindern ausgerichtet. Toll!
Bork Vikingehavn, *Vikingevej 7, Sdr. Bork, 2 km südl. von Bork Havn, ☏ 75280597, www.levendehistorie.dk; Febr./März/Nov. Mi/Do 13–16, Juli/Aug. u. Herbstferien tgl. 10–17, April–Juni, Sept./Okt. So–Fr 11–16 Uhr, Wikinger-Markt Mitte August.*
- **Bork Havn** ist ein Paradies für Surfanfänger: Flaches Wasser, wenig Wellen.
- In Dänemarks jüngster Stadt, **Skjern**, befindet sich Dänemarks erstes **Ökomuseum** (*Marupvej 25*) in der Windmühle der Stadt. In der Saison gibt es Kaffee und Kuchen. Der dänische Wissenschaftler und Künstler Piet Hein (1905–96), bekannt mit Persönlichkeiten wie Albert Einstein und Charlie Chaplin, hatte einst ein Designstudio in der Stadt und heute kann man hier zwei seiner bekanntesten Werke sehen: „Der Kuss" (*Kreisverkehr Holstebrovej, Ringkøbingvej, Ringvejen*) und „Das Ei" (*Kreisverkehr Arnborgvej, Østergade und Ringgaden*). Ein weiteres Kunstwerk wurde mit der Skulptur **Holger Danske** (*Jernebanegade 14*) in Skjern errichtet. Der Mythos um die heroische Sagengestalt Holger Danske besagt, dass die tonnenschwere Bronzefigur lebendig wird und Dänemark verteidigt, wenn das Königreich von einem äußeren Feind bedroht wird. Diese Geschichte spielt seit vielen Hundert Jahren eine große Rolle im dänischen

Unterkünfte

siehe auch unter Ringkøbing, S. 298

Lalandia Feriepark €€€–€€€€, *Houvig Klitvej, Søndervig, ☎ 54610505, www.lalandia.dk; moderne Ferienanlage nahe dem lebendigen Ortskern von Søndervig. Schicke Ferienhäuser für 4–8 Personen, Eintritt ins Aqualand inbegriffen. Verschiedene Restaurants auf dem Gelände.*

Hvide Sande Hotel €€, *Bredgade 5, ☎ 97311033, https://hssh.dk; ehemaliges Seemannsheim, heute Hotel direkt im Ortskern. Renovierte, helle Zimmer mit eigenem Bad.*

Camping

Dancamps Holmsland, *Tingodden 141, Aargab, ☎ 97311309, www.dancamps.de; gut ausgestattet, direkt hinter den Dünen, 5 km südl. von Hvide Sande, 300 Stellplätze, nette Hütten, u. a. lauschige Plätze in Dünenmulden, Fahrradverleih. Über 440.00 m² Dünenlandschaft erstreckt sich der* **Nørre Lynvig Natur-Campingplatz** *(Holmsland Klitvej 81, ☎ 97311231, www.dcu.dk/da/dcu-camping/lyngvig-strand), der kaum parzelliert ist und dadurch besonders in der Nebensaison viel Freiraum bietet. Um den Ringkøbing Fjord gibt es insgesamt 16 Campingplätze.*

Restaurants

Lille K by Grantland, *Toldbodgade 8, 1. Etage, ☎ 20709344, www.bygrantland.dk; erstes Haus am Platz. Mittags unkompliziert, abends Fine Dining. Tipp hier ist der frische Fisch vom Tag (Dagens Fisk). Gute Weinkarte. Unbedingt reservieren. Gute Fischgerichte und Weine gibt es auch im* **Restaurant Sandgaarden** *(Badevej 12, Søndervig, ☎ 97338399, www.sandgaarden.dk). Im* **Café Marina** *(Toldbodgade 20, ☎ 97311006, www.cafemarina.dk) am Hafen von Hvide Sande werden Burger, Pasta, Pizza sowie einfachere Fischgerichte und Smørrebrød angeboten. Den frischesten Fisch servieren o.g. Fischimbiss* **Slusens Fisk og Røgeri** *sowie* **Hvide Sande Røgeri & Spisested** *(Troldbjergvej 4, www.hvidesanderogeri.dk).* **Tipp**: *Im angeschlossenen Laden ein Fischbrötchen besorgen und sich damit an die Kaimauer oder den Strand setzen.*

Ringkøbing – Westjütlands kleine Hauptstadt

Wegen der geschützten Lage am Fjord gab es hier bereits im 13. Jh. erste Siedlungen. Offiziell wurde Ringkøbing 1443 mit dem Erhalt der Stadtrechte erwähnt und hatte zu dieser Zeit den bedeutendsten Hafen an der dänischen Nordseeküste! Austernzucht und Ochsenhandel bescherten zudem Wohlstand. Die Kriege mit Schweden und die Versandung des Ausflusses aus dem Fjord ließen die Stadt dann ab Ende des 17. Jh. verarmen. Diese Umstände bescherten der Nachwelt die jetzt schön restaurierte Altstadtkulisse. Später war es der bekannte Architekt Ulrik Plesner, der der Stadt mit roten Backsteinbauten seinen Stempel aufdrückte.

Die Stadt mit 10.000 Einwohnern lebt heute vorwiegend vom Tourismus. Urlauber strömen im Sommer tagsüber in Scharen ein, verlassen die Stadt am Abend aber meist wieder. Schön sind die alten Stadthäuser, und besonders die Seitengässchen versprechen idyllische Einblicke. Allabendlich, während der Sommersaison, ziehen Nachtwächter durch die Altstadtgassen und singen ihre Lieder. Der Gesang war in alten Zeiten ein Zeichen dafür, dass sie noch wach waren. Die Stadt trägt den Beinamen „Swinging-Ringkøbing“, da hier oft Jazz gespielt wird, zumeist auf dem Torvet. Umweltbewusst: Über zwei Drittel des Stroms wird durch Windenergie erzeugt.

Die Stadt verfügt nur über wenige nennenswerte **Sehenswürdigkeiten**. Doch ein Bummel durch die kleine Altstadt mit ihren kopfsteingepflasterten Seitengässchen, den Häusern aus dem 17. und 18. Jh. sowie die Atmosphäre am Hafen begeistern. Am Torvet befinden sich eine kleine, im Sommer geöffnete **Touristeninformation** (1), Cafés, das **Hotel Ringkøbing**

(17. Jh., eingerichtet als Hotel im späten 18. Jh.), das zweitälteste Hotel Jütlands sowie nebenan der **Alte Bürgermeisterhof** (Gamle Borgermestergård) von 1807. Die gotische **Kirche** (Baubeginn nach 1400) mag zwar das älteste Bauwerk der Stadt sein, besitzt eine Renaissance-Kanzel, fällt ansonsten aber nur durch ihren Turm auf, der an der Basis kleiner ist als am Dachansatz.

Bereits vom Torvet aus kann man einen Blick in die **Vester Strandgade** werfen. Handwerks- und Kaufmannshäuser aus der Zeit um 1800 säumen die Kopfsteinpflastergasse, die einst der meistbenutzte Weg zwischen Hafen und Innenstadt gewesen ist. Weiter geht es entlang der Algade (mit einem kurzen Abstecher in die Østergade), einer mit Geschäften und alten Kaufmannshöfen gesäumten Fußgängerzone in Richtung Osten zum Museum. Das **Ringkøbing Museum (2)** beschäftigt sich mit der lokalen Geschichte, zu der natürlich auch die Seefahrt gehört. Bilder vor der Küste gestrandeter Schiffe, isländische Holzschnitzereien und vieles mehr sind zu bewundern. Es werden oft Sonderausstellungen gezeigt, eine davon ist die der „Grönland-Expeditionen", die vor allem die Expedition des Polarforschers L. Mylius Erichsen in den Jahren 1906–08 beleuchtet.
Ringkøbing Museum, *Herningvej 4, www.levendehistorie.dk; Mitte Feb.–Dez. Mo–Fr 10–16, Sa 10–14, Sommerferien zudem So 10–14 Uhr*

Entlang dem Mylius Erichsens Vej geht es zum Hafen. Dabei passiert man das **moderne Rathaus**, dahinter liegen die kleinen, roten und aus Holz gefertigten **Reparatur- und Versorgungshütten**

Der Hafen von Ringkøbing

der Fischer (3) am Osthafen. Die urigen Häuschen stammen aus den 1930er-Jahren und werden heute noch von den Fischern – vorwiegend im Nebenerwerb – genutzt. Ihr Spitzname: „Das Indianerdorf". Im Juli findet über zwei Wochen auf dem Havnepladsen täglich der **International Streetfood Market** mit Delikatessen aus aller Welt statt. Entlang der Vester Strandgade (s. o.) geht es zurück zum Torvet.

An der Zufahrt zur Stadt liegt die schöne Parkanlage **Alkjær Lukke (4)**, die vor allem zum Picknicken einlädt. **Laubjergs Rosenhave (5)** (Rosengarten), etwas außerhalb im Nordosten der Stadt (man folgt den Schildern von der A15 aus), ist eine Rosenzucht, die nach eigenen Angaben über die größte Sammlung moderner Rosen verfügt.
Laubjergs Rosenhave, *Borgvej 18, www.laubjergs-havecenter.dk; Mo–Fr 9–17, Sa/So 9–16 Uhr*

5 km nördlich lockt der **Abenteuer-Campingplatz Familiepark West** mit einigen Attraktionen (Kanu-Tretbootfahren, Minigolf, Fitness-Parcours, Angeln, Outdoor-Bowling u. a.). Man kann hier Campen bzw. Hütten mieten.
Familiepark West, *Hovervej 56, Hee, ☏ 97335411, www.campingfamiliepark.dk; April–Sept. tgl. 10–20 Uhr, Campingplatz und Angelsee ganzjährig geöffnet*

Ein neues, ganz besonderes Highlight nordwestlich der Stadt ist **Naturkraft**. Hier kann man spielerisch viel über die Natur und ihre Kräfte lernen, wobei besonderer Wert auf Ökologie gelegt wird. Familien werden hier einen guten halben Tag viel Spaß haben. Tipp: Picknick mitnehmen.
Naturkraft, *Naturparken 10, www.naturkraft.dk; Mitte Juni–Mitte Aug. tgl. 10–17, Rest des Jahres Di–So 10–16 Uhr*

Reisepraktische Informationen Ringkøbing

Information

Ringkøbing Turistbureau, *im Sommer: Torvet/Vestergade, ☏ 70227001. Im Museum am Herningvej 4 gibt es eine ganzjährig geöffnete Information, www.visitringkoebing.dk, www.visitvesterhavet.de.*

Unterkünfte

Nørre Vosborg €€–€€€ (1), *Vembvej 35 (1 km südl. von Vemb auf die Schotterstraße abbiegen), Vemb, ☏ 97484897, www.nrvosborg.dk; abgelegener, geschichtsträchtiger Herrenhof; 21 km nördl. von Ringkøbing. Hervorragend geeignet für einen Spaziergang, um abzuschalten oder abends in der Bar einen Cocktail zu trinken und anschließend ein gepflegtes Dinner (nur Mi–Sa) einzunehmen. Übernachtet wird in den ehemaligen Arbeiterwohnungen.*

Hotel Ringkøbing €€–€€€ (2), *Torvet 18, ☏ 97320011, www.hotelringkobing.dk; historisches Stadthotel in altem Kaufmannshof. Geschichte des Hauses geht zurück auf das 17. Jh., das heutige Fachwerkgebäude ist 200 Jahre jünger. Die Zimmer im Anbau sind etwas günstiger.*

Jugendherberge

Danhostel Ringkøbing (3), *Kirkevej 28, ☏ 97322455, www.danhostelringkobing.dk; 1 ½ km zum Zentrum, 2 km zum Badestrand, Familienzimmer.*

Camping

Ringkøbing/Æblehavens Camping, *Herningvej 105, ☏ 97320420, www.ringkobing camping.dk; 5 km von Ringkøbing. In kleinem Waldgebiet (windgeschützt), 150 schattige und ausgesprochen groß angelegte Stellplätze und kleine Hütten. Weitere Plätze in Hee (Familiepark West, s. o.), Søndervig und Thorager.*

Restaurants

Hotel Ringkøbing *(s. o.); das historische Restaurant direkt am Marktplatz ist bekannt für seine Fischgerichte.*

Restaurant Kalo (1), *Nygade 26, ☏ 51181017, www.restaurant-kalo.dk; sympathisches Restaurant mit Außenplätzen. Pasta, Burger, Salate, Pizza, allerdings keine Fischgerichte.*

Tagsüber locken die frischen Fischimbisse im Fiskehuset **Fisk By Strøm (2)** *direkt am Hafen.*

Alternativstrecke durchs Inland nach Fjerritslev (Vendsyssel/Thy)

Diese Inlandsalternative hat u. a. hervorragende Kunstmuseen, das Freilichtmuseum **Hjerl Hede**, die gewaltige **Ritterburg Spøttrup** und einiges mehr rund um den Limfjord zu bieten. Weitere Höhepunkte sind die leckeren Aalspeisen in den Restaurants, die verwegene Landschaft der Halbinsel Salling und die Tatsache, dass diese Region touristisch weniger frequentiert ist. Ein erster Stopp vor Herning empfiehlt sich bereits im **Vestjyllands Kunstpavillon** in Videbæk (*Henning Larsens Vej 3, www.vestjyllandskunstpavillon.dk; Di–So 13–17 Uhr*). Hier werden in stetig wechselnden Ausstellungen dänische Künstler gezeigt. Oft gibt es auch Musikveranstaltungen. Angeschlossen ist übrigens eine feste Ausstellung des Malers Arne Haugen Sørensen *(www.ahsmuseum.com)*.

Herning

Einst die „Hauptstadt in der Heide", entwickelte sich der Ort in der zweiten Hälfte des 19. Jh. zu Dänemarks „Hauptstadt der Wolle". Hunderte von Textilbetrieben schossen damals aus dem Boden und verdrängten die Bauern aus der Gegend. Breite Straßen, ein großer Rangierbahnhof, moderne Gewerbegebiete, die die sich rings um den Stadtkern ziehen, riesige Shoppingmalls, Transitstationen für Lkw und ein Kongresszentrum geben heute in der gut 50.000 Einwohner zählenden Stadt den Puls an. An einigen markanten Punkten in der Stadt sind Skulpturen berühmter Künstler, wie z. B. Henry Moore, Erik Heide und Jørgen Hauge Sørensen, zu bewundern. Herausragend ist die Skulptur Elia von Ingvar Cronhammer *(Birk Centerpark 15, www.elia.dk)*. Dabei handelt es sich um eine 11 m, mit den 4 Säulen 32 m hohe Kuppel mit einem Durchmesser von 60 m. Im Resonanzraum darunter wird das Echo von Unwettern eingefangen, ein Blitzschlag löst z. B. einen 20 Sekunden andauernden Donnerhall aus. Alle 18 Tage wird die Gasleitung geöffnet und eine bis zu 10 m hohe Stichflamme schießt für 30 Sekunden in die Höhe. Die Skulptur kann nur von außen besichtigt werden.

In der ehemaligen Kleiderfabrik **Textilforum** (**Tekstilmuseet**) werden das Textilhandwerk und seine Geschichte erläutert. Zahlreiche Textilmaschinen aus allen Epochen sind ausgestellt. Ein Teil des Museums erzählt die Geschichte der Region vor der Industrialisierung. Dabei wird deutlich, wie ärmlich und abgeschnitten von der Welt das Landleben in der Heide gewesen sein muss. Hauptattraktionen sind eine 1.800 Jahre alte Moorleiche sowie die Sammlung von 57 Puppenschachteln, die unter dem Motto „Ein Jahr auf dem Hof von Jens Nielsen" steht. Jede Schachtel erläutert einen Abschnitt im Jahresverlauf, beginnend mit der Aussaat im Frühling bis hin zu Weihnachten.

Tekstilmuseet, *Vestergade 20, www.museummidtjylland.dk; Di–So 11–16 Uhr*

Auffallend bunt: das Pedersen-Alfelts-Museum

Im modernen Bauwerk des **HEART-Museums** werden Werke zeitgenössischer dänischer und internationaler (bes. italienischer) Künstler gezeigt, unter ihnen Asger Jorn, Carl-Henning Pedersen, Svend Daalsgård, Richard Mortensen, Per Kirkeby, Piero Manzoni. Im Museumsgarten befinden sich der **Skulpturenpark** mit zeitgenössischen Werken sowie die „Geometrische Gartenanlage" des bekannten, dänischen Landschaftsarchitekten C. Th. Sørensen. Angeschlossen an das Kunstmuseum ist das benachbarte **Pedersen-Alfelts-Museum**, das durch das Keramikfries an der Außenwand des 1976 erbauten Gebäudes ins Auge sticht. Das bunte Fries spiegelt sich in dem Wassergraben. Im Museum sind an die 4.000 Werke des Künstlerpaares Else Alfelt und Carl-Henning Pedersen ausgestellt bzw. gelagert. Im Rotationsprinzip werden sie gezeigt. Beide gehörten zur dänisch-flämisch-holländischen Künstlergruppe COBRA (Copenhagen-Brüssel-Amsterdam), die zwar nur von 1948 bis 1951 existierte, doch großen Einfluss auf die Kunst im Lande ausübte.

HEART, *Bitten og Aage Damgaards Plads 2, www.heartmus.dk; Di–So 10–16 Uhr*

Pedersen-Alfelts Museet, *Birk Centerpark 1, 2 km östl. des Zentrums, www.chpeamuseum.dk; Di–So 10–16 Uhr*

Das Hauptgebäude des 1579 erbauten Herrensitzes und heutigen **Herningsholm-Museums** liegt mitten in einer Parkanlage, die einmal als Wallanlage diente. Das Museum befasst sich mit dem Leben in der Heide sowie dem des Heidedichters Steen Steensen Blicher (1782–1848). Blicher schrieb volkstümliche Geschichten in Form von Novellen. Sie wurden oft illustriert und liegen hier als Originale aus. Sehenswert sind auch die Möbel und Gemälde im Gebäude.

Herningsholm-Museum, *Herregårdsparken 1, www.museummidtjylland.dk; Mi, Sa 13–16 Uhr*

Es bietet sich noch ein Ausflug zum **Braunkohlemuseum** (Brunkulsmuseum), 11 km südlich von Herning, in Søby an, 1940–70 Zentrum des dänischen Braunkohleabbaus. Obwohl das Areal fast gänzlich renaturiert wurde, lässt sich noch erkennen, dass einst die ganze Landschaft „umgedreht"

wurde. Die Seen waren die Kohlegruben. Die Geschichte des Abbaus sowie Lebensbedingungen der Arbeiter, von denen 57 bei Unfällen starben, werden veranschaulicht. Mit Cafeteria (*200 m entfernt*).
Brunkulsmuseum, *8 km in südl. Richtung auf der 18, dann abzweigen nach Søby, www.brunkulsmuseum.dk; April–Ende Herbstferien tgl. 10–17 Uhr, zweistündige geführte Touren werden angeboten.*

20 km südwestlich von Søby bzw. 30 km südlich von Herning lohnt schließlich noch ein Abstecher zum **Deep Forest Art Land – Skovsnogen**, wo mitten im Wald entlang einem drei Kilometer langen Weg über 80 zeitgenössische Kunstwerke ausgestellt sind. Eine tolle Möglichkeit, Kunst und Natur im Einklang zu erleben. Von Skjern (S. 293) sind es auch nur 30 km hierher.
Skovsnogen, *Sdr. Omme Vej (200 m südl. vom Døvlingvej), Kibæk, www.deepforestartland.dk; April–Okt. tgl. 8–19.30, Rest des Jahres bis 17 Uhr*

In Tjørring, gleich nördlich von Herning, beeindruckt rechts die moderne **Tjørring-Kirche**.

Reisepraktische Informationen Herning

Information

Herning Turistbureau, *Østergade 21, ☎ 96272222, www.visitherning.com.*

Unterkünfte

Best Western Hotel Eyde €€€, *Mindegade 1/Torvet, ☎ 97221800, www.eyde.dk; vornehmes Innenstadthotel in stilvoll restauriertem Gebäude aus der Zeit um 1900, gutes Restaurant und Bar.*
Dolphin Hotel €€–€€€, *Engdahlsvej 14–16, ☎ 97221522, www.dolphinherning.dk; sauberes, relativ preisgünstiges Hotel mit modernen, aber eher kleinen Zimmern. Frühstück inklusive.*

Jugendherberge

Danhostel Herning, *Holingknuden 2, ☎ 97123144, www.danhostelherning.dk; 3 km zum Zentrum, 2 ½ km zum Bahnhof, gut ausgestattet, 112 Betten, Familienzimmer.*

Camping

In Herning selbst gibt es keinen Campingplatz. Schön an einem See gelegen ist **Sunds Sø Camping**, *6 km nördl. der Stadt, Søgårdvej 2, Sunds, ☎ 97142031, www.sogaardensunds.dk/sundssocamp; Stellplätze für Wohnmobile und Zelte, luxuriöse Hütten, ausgestattete Zelte (Glamping), Zimmer und Restaurant.* **Hesselund Sø Camping** *befindet sich 26 km nördl. in Karup J (Hessellundvej 12, ☎ 97101604, www.hessellundcamping.dk) und ist beliebt bei Familien mit Kindern. Von hier kann man Halb- bis Zweitages-Touren mit dem Kanu unternehmen.*

Restaurants

Selbstgebrautes Bier und deftige Kost bietet inmitten der kupfernen Braukessel die **Bryggeriet Herning** *(Torvet 3c, ☎ 96260270, www.bryggeriet.dk). Eleganter ist dagegen um die Ecke die* **Brasseriet** *(Skolegade 4, ☎ 97222644, www.brasseriet-herning.dk, Menüs, beste Fleischgerichte, gute Weine). Leckere Smørrebrød und andere, frisch zubereitete „Fertiggerichte" gibt es beim* **Fruehøj Slagter** *(Grundtvigsvej 68, www.fruehoejslagter.dk). Für seine Pølser und den deftigen Kartoffelsalat ist dagegen der* **Slagter Theilgaard** *in der Einkaufsstraße (Bredgade 25, gegenüber Skolegade, www.slagtertheilgaard.dk) weithin berühmt.*

Bahn/Busse

Bahn- und Busstation *liegen nebeneinander in der Innenstadt, Ecke Søndergade/Sølvgade.*

Holstebro

Dämonische Gestalten auf den Dächern von Holstebro

Holstebro, eine alte Industrie- und Handelsstadt mit über 36.000 Einwohnern, bietet Kunst und Kultur „für jedermann“: Skulpturen, oft mit dämonischem Charakter, prangen an vielen Punkten der Innenstadt. Die bekanntesten sind: „Das Mädchen, das sich spiegelt“ (Adam Fischer, am Ende der Ll. Østergade), die „Frau auf dem Karren“ (Alberto Giacometti, vor dem alten Rathaus), die Laserskulptur „Chaostempel“ (Frithioff Johansen) und der unbedingt zu besteigende „Zauberfelsen“ auf dem Færchtorvet. Das Peter-Schaufuss-Ballett erfreut sich internationaler Beachtung. Regelmäßig finden Jazzkonzerte statt, genauso experimentelle Theateraufführungen im Odin-Theater und Konzerte aller Art im großen Musiktheater.

Im **Holstebro-Museum** gibt es Ausstellungen zur Stadtgeschichte; zudem eine Spielzeugabteilung und einiges zur Naturlandschaft. Angeschlossen ist das **Dragoner- und Freiheitsmuseum** (Dragon- og Frihedsmuseet), das sich u.a. mit der Zeit der deutschen Besatzung im Zweiten Weltkrieg beschäftigt sowie mit dem heimischen Regiment seit seiner Gründung 1679. Im **Holstebro-Kunstmuseum** sind überwiegend moderne dänische Künstler ausgestellt, aber auch Kunst aus Afrika, Thailand, Peru oder Bali. Im Restaurant Støberiet neben dem Holstebro-Museum gibt es tagsüber Kleinigkeiten.
Museumskomplex, *Museumsvej 2A+B, Holstebro Museet, www.holstebro-museum.dk, Juli–Aug. Di–So 11–17, Sept.–Juni Di–Fr 12–16, Sa/So 11–17 Uhr; Kunstmuseet, www.holstebrokunstmuseum.dk, Di–Fr 12–16, Sa/So 11–17 Uhr*

Eine Auswahl weiterer Sehenswürdigkeiten in Holstebro:

- Das **Museum für Miniaturkunst** befindet sich im ältesten und kleinsten Haus der Stadt. Das Backsteingebäude diente ehemals als Zollstation. Hier sind über 2.000 Kleinkunstwerke ausgestellt, z. B. Bilder, Skulpturen, Dioramen, keines größer als 10 x 15 cm!
- **Bomhuset Museum for Kleinkunst**, *Sønderlandsgade 46, www.kunstpartiet.art/bomhuset, Zeiten variieren, i.d.R. nur nach Anmeldung*
- **Det Gamle Postkontor**: Das Museum in der Østergade 37 bietet Einblick in die gute alte Zeit der dänischen Post *(www.detgamlepostkontor.dk, Sa 10–12 Uhr oder nach Anmeldung)*.
- Die 1968/69 erbaute **Nørrelandskirche** *(Ecke Døesvej 1/Nørrebrogade, www.noerrelandskirken.dk)* ist ein Werk der Architekten Johannes und Inger Exner. Die runde Anlage ermöglicht es der Gemeinde, sich um den Altar und das Taufbecken zu versammeln.
- Im **Huset for Kunst og Design** *(Nørrebrogade 1, www.hfkd.dk, Do/Fr 14–18, Sa/So 12–16 Uhr)* kann man im ehemaligen Atelier des Expressionisten Jens Nielsen, wechselnde, moderne Kunstausstellungen besuchen.

Nördlich von Holstebro, an der Straße 11, machen gleich zwei alte Kirchen auf sich aufmerksam, zuerst die **Måbjerk-Kirche** linker Hand und dann 4 km weiter die **Hjerm-Kirche**, für die man nach rechts abbiegen muss in den gleichnamigen Ort.

Reisepraktische Informationen Holstebro

Information

Holstebro Touristinformation, *Nørregade 25 (Det Gamle Radhus), ☏ 96117080, www.holstebro.dk/turist, nur Juli/Aug. geöffnet.*

Unterkünfte

Hotel Schaumburg €€€–€€€€, *Nørregade 26, ☏ 97423111, www.hotel-schaumburg.dk; direkt an der Einkaufszone. Das Hotel mit historischem Touch ist wohl das schönste Haus am Platz, die Atmosphäre ist gediegen. Im angeschlossenen* **Fox & Hounds Pub** *gibt es neben 70 verschiedenen Bieren (16 vom Fass), 30 verschiedenen Whiskey-Sorten auch typisches Pubfood.*

Borbjerg Mølle Kro €€€, *Borbjerg Møllevej 3, Borbjerg (9 km nordöstl. von Holstebro), ☏ 974 61010, www.borbjergmill.dk; großer Landgasthof, vieles ist in afrikanischem Stil eingerichtet. Auch können Sie in einer Holzhütte bzw. einem Safari-Zelt übernachten. Im Sommer wird das Essen oft in der Boma (afrikanisches Holzrundhaus) zubereitet, gegrillt und serviert. Gutes Restaurant im Hause.*

Jugendherberge

BBBB i Holstebro, *Sysselting 2B, ☏ 98116044, www.aalborg-vandrerhjem.dk; innenstadtnah, auch Familienzimmer.*

Camping

DCU Camping Holstebro Sø, *Birkevej 25, ☏ 97422068, www.dcu.dk/da/dcu-camping/holstebro-soe; 2 km östl. des Zentrums. An einem Stausee gelegen, 124 Stellplätze, Hütten, Schwimmbad, Kanuverleih.*

Restaurants

Holstebro verfügt über eine breite Palette an Restaurants, bes. im Umfeld des Brotorvet, so z. B.: **Jensens Bøfhus** *(Ecke Brotorvet/Ll. Østergade, saftige Steaks) und* **Under Klippen** *(Ll. Østergade 3, ☏ 97406655, www.underklippen.dk, „Vine & Dine"). Typisch dänische Küche wird serviert im* **Rådhuskælderen** *(Kirkestræde 12, ☏ 97414340, www.raadhuskælderen-holstebro.dk).*

Bahn/Busse

Bus- und Bahnstation: *600 m nördl. der Innenstadt am Stationsvej (hinter dem Skivevej).*

Struer

Die gut 10.000 Einwohner zählende Stadt am Limfjord macht auf den ersten Blick einen verschlafenen Eindruck. Doch der Schein trügt, denn hier befinden sich die Hauptwerke des Elektronikfabrikanten Bang & Olufsen, dessen Design-Musik-Anlagen Weltruf genießen. Für eine Fabrikführung sollte man sich frühzeitig im Touristenbüro anmelden (nur vier Führungen im Sommer). Der Bau von Jachten, Kanus und Kajaks hat in Struer ebenfalls Bedeutung, neben kleinen und geruchsintensiven Fischverwertern. Der Jachthafen ist der größte am Limfjord und im kleinen **Det Gamle Klubhuset-Museum** (Kai am Restaurant Ved Fjorden, *April–Nov. tgl.*) am Hafen lernt man mehr über Seefahrt und wird begeistert sein von den ausgestellten Flaschenschiffen. Der Stolz der Stadt sind die Skulpturen „Mädchen aus Struer" (von Anker Hoffmann, im Park an der Vestergade) sowie das „Scarpsborg-Mädchen" (von Kåre Orud, am Hafen).

Das Stadtmuseum ist untergebracht in und um das ehemalige Pfarrhaus, das später einem Großkaufmann als Wohnsitz diente. Es bietet neben Lokalkolorit einiges zur Geschichte der Firma Bang & Olufsen sowie eine Sammlung von Schiffsmodellen und Gemälde, die in der Limfjord-Region entstanden sind. Angeschlossen an das Museum sind das Wohnhaus des Schriftstellers Johannes Buchholtz, das **Feuerspritzenhaus von 1866** (*Bjerggade 4*) sowie gegenüber dem Bahnhof das **Midt- og Vestjyllands Jernbanemuseum** (*Eisenbahnmuseum, Godthåbsvej 10, Mo/Mi 9–12, Juli auch Do/So 13–16 Uhr).*
Struer Museum, *Søndergade 23, www.struermuseum.dk; Sept./Okt. Di–Fr 12–16 (Juli/Aug. 11–17), Sa/So 12–17, Rest des Jahres Di/Do/Sa/So 11–16 Uhr*

Schöne Badestrände findet man vor allem entlang der bis zu 50 m hohen **Toftum Berge**, einer Klippe, etwa 5 km nordwestlich von Struer und im näheren **Bremdal**. Nordwestlich der Stadt erstreckt sich **Kilen**, ein ehemaliger Seitenarm des Limfjordes und heute ein Vogelschutzgebiet.

Insel Venø

Die Insel ist gerade 6,5 km² groß, dabei aber 7,5 km lang und nur maximal 1,5 km breit. Erst 1956 wurde der Fährdienst eingerichtet. Bis dahin mussten die Bewohner, meist Bauern und Fischer, selber rudern bzw. konnten mit etwas Glück auf dem Postboot mitfahren. Heute leben hier 170 Menschen, deren Zahl im Sommer von der der Urlauber um einiges überschritten wird.

Venø besticht durch **Beschaulichkeit** und manch ein Reisender ist daher spontan einige Tage hier hängengeblieben … Die Erkundung der Natur lässt sich zu Fuß bzw. mit dem Rad gut bewältigen. Zu sehen gibt es vor allem Vögel, sowohl Seevögel als auch Stelz- und Schwimmvögel. Einige Gebiete stehen unter Naturschutz und sind zu bestimmten Jahreszeiten (zumeist Frühling) nicht zu betreten. Die wenigen Fischer betreiben den Fischfang nur noch im Nebenerwerb. Die Austernzucht in der herzförmigen Nørskov Vig im Norden der Insel wurde bereits 1940 eingestellt, dafür werden in den Gewässern um Venø heute Miesmuschen kultiviert. Hauptort ist **Venø By** im Zentrum. Hier steht die kleinste Kirche Dänemarks, ca. 1550 erbaut. Im gemütlichen Venø Kro gibt es lokale Speisen (u.a. Fleisch von der Insel und Limfjordmuscheln) und im Hofladen (*Nørskovvej 15, www.venoe-kartofler.dk*) kann man Lammfleisch und Kartoffeln von der Insel erstehen. Im Süden der Insel verkauft Venø Seafood (*Sønderskovvej 20, www.venoeseafood.dk; Mo–Fr 8–15 Uhr*) frischen Limfjord-Hummer, Limfjord-Austern (aus Zuchtanlagen in Løgster oder Nissum) und dazu passende Zutaten. Übernachten kann man auf der Insel nur in Ferienhäusern, mit dem Wohnmobil auf dem Stellplatz am Hafen oder auf dem Campingplatz.

Reisepraktische Informationen Struer und Insel Venø

Information

Struer-Egnens Turistforening, *Østergade 29, ☏ 21689925, www.lydensby.dk/turist, www.destinationlimfjorden.de.*
Insel Venø, *www.visitvenoe.dk/de.*

Unterkünfte

Grand Hotel Struer €€€, *Smedegade 2, ☏ 97850400, www.struergrandhotel.dk; einziges Hotel. Eine Mischung aus alt und neu, adrett, aber etwas zu teuer für das Gebotene, Restaurant und Bar im Hause. Netter, wenn auch einfach ist das* **Humlum B&B** €€, *Oddesundvej 19, Humlum (5 km nördl.), ☏ 20485844, www.humlumbb.dk; in einem reetgedeckten Haus, oben gibt es zwei Zimmer, unten ein größeres Apartment mit direktem Zugang zum schönen Garten, der von allen genutzt werden kann. Hell und modern eingerichtet.*

Jugendherberge

Die nächsten Jugendherbergen befinden sich in Holstebro (S. 303) bzw. Fjaltring (S. 317).

Camping

Bremdal Camping, *Fjordvej 12, Bremdal, ☏ 97851650, www.bremdal-camping.dk; 1 km nördl. des Stadtkerns, nahe Struer Bucht; 200 Stellplätze, Hütten. Schöner liegen jeweils 4 km nördlich von Struer* **Toftum Bjerge Camping** *(auf der Düne, www.toftum-bjerge.dk) und vor allem* **Humlum Fiskerleje & Camping** *(direkt am Wasser, Strand, Hafen, www.humlumcamping.dk). Insel Venø:* **Venø Klit Camping**, *Klitten 10, Venø, ☏ 26688040, www.venoecamping.dk; ruhig, in Strandnähe, 120 Stellplätze.*

Restaurants

In der Stadt isst man entweder in der Brasserie im **Grand Hotel**, *in einem der kleinen Restaurants in der Fußgängerzone* **Østergade** *oder am Jachthafen im Fischrestaurant* **Ved Fjorden** *(Ved Fjorden 12, ☏ 97854666, www.restaurant-vedfjorden.dk) mit Blick auf den Limfjord. Auf Venø:* **Venø Kro** *(Havstokken 22, ☏ 97868006, www.venoekro.dk), eine alte, gemütliche Gastwirtschaft, bekannt für gute Schollen- und Aalgerichte sowie das „Venø Steak".*

Fähre nach Venø

6–18 Uhr alle 20 Min., im Sommer 18–24 Uhr alle 30 Min. Infos: ☏ 97868044, www.venoefaergefart.dk.

Sahl

Die **Kirche** in dem kleinen Ort Sahl (Sahl Kirke) östlich von Vinderup beeindruckt durch ihren vergoldeten Altar aus der Zeit um 1200. Er ist ein Meisterwerk dänischer Holz- und Metallschnitzerei, und die Liebe zum Detail ist nicht zu übersehen. Der zweite vergoldete Altar in Dänemark steht in der Stadil-Kirche nördlich von Ringkøbing (S. 313).

Der vergoldete Altar in der Sahl Kirke

Hjerl Hede

Das 1929 gegründete **Freilichtmuseum** liegt wunderschön zwischen Moor, See und Wäldern und widmet sich der Entwicklung und den Lebensumständen in jütischen Dörfern zwischen 1500 und 1900. Über 40 **historische Gebäude** aus ganz Jütland wurden hier originalgetreu aufgebaut. Dazu gehören nicht nur Wohnhäuser und Höfe, sondern u.a. auch eine Schule, eine Mühle, eine Schmiede, ein Dorfkrug, eine Meierei, ein Kaufmannsladen. Eine Siedlung aus der Steinzeit wurde ebenfalls rekonstruiert. Im Sommer wird das Museum noch belebt durch traditionell gekleidete Dorfbewohner, die die alten Handwerke vorführen. Angeschlossen an die Anlage sind ein Forstmuseum mit Dampfsägewerk und Blocksäge sowie ein Moorwirtschaftsmuseum, in dem

das Torfstechen und ein von Pferden gezogenes Torf-Knetwerk erläutert werden. Eine Torfbahn aus dem Jahr 1921 dampft durch die Landschaft. Hjerl Hede ist einen Abstecher wert!
Hjerl Hede, *Hjerlhedevej 14, 7 km östl. von Vinderup, www.hjerlhede.dk; Ostern, Herbstferien u. Mai–Sept., tgl. 10–16, Sommerferien 9–17.30 Uhr, Okt.–Dez. nur in den Ferien bzw. an ausgewählten Wochenenden, Kernzeit 11–16 Uhr*

Halbinsel Salling

Auf einer Rundfahrt, die in **Skive** beginnt, kann man die wunderschöne Halbinsel Salling erkunden. Sie folgt meist der Margeritenroute und endet an der Fähre bei **Sundsøre**. Die raue, aber fruchtbare Landschaft hat schon die alten Wikinger fasziniert. Sie schätzten auch ihre strategische Lage, denn umgeben von Wasser, geschützt vor Sturmfluten und natürliche Häfen bietend, erschien sie ihnen ideal. Noch heute hängt eine unwirtliche Atmosphäre über der Landschaft, die ihre Menschen ganz besonders geprägt zu haben scheint. Die Knicks symbolisieren ebenfalls Standfestigkeit und trotzen dem Wind, indem sie sich seiner Richtung nach biegen. Salling ist auch bekannt für seine tollen Fahrradstrecken. Auch mehrtägige, organisierte Touren können unternommen werden. Infos dazu gibt es in den Touristenämtern.

Skive

Skive mit seinen 20.000 Einwohnern gilt als „Haupstadt der Halbinsel Salling“ und erhielt die Stadtrechte bereits 1326, erlangte aber niemals große Bedeutung. Krabbesholm, eine majestätische Burg oberhalb der Stadt, stammt aus der Mitte des 16. Jh., versteckt sich aber großenteils hinter Bäumen und ist als Internat mit Schwerpunkt auf Design, Architektur und Literatur nur nach Vereinbarung (*☏ 97520227, www.krabbesholm.dk*) zu besichtigen. Krabbesholm diente dem Großgrundbesitzer Iver Krabbe „als standesgemäßer Wohnsitz mit Blick auf den Fjord“. Auf dem Gelände fand man bereits im 19 Jh. bei gezielten Ausgrabungen zwei 37 m lange und bis zu 15 m dicke **Køkkenmøddinger**. Das sind Hügel aus Muschelschalen (hier Austern und Herzmuscheln), die von Menschenhand angelegt wurden. Man könnte sie als prähistorische Mülldeponien bezeichnen, in der Forschung wird aber auch eine rituelle Bedeutung nicht ausgeschlossen. Diese beiden Haufen datieren aus einer Zeit vor mindestens 6.000 Jahren.

Die Fußgängerzone in Skive

Die meisten Bauwerke der Stadt sind dagegen kaum älter als hundert Jahre. Im **Skive Museum** werden verschiedenste Themen behandelt. Dazu gehören Ausstellungen über die Stadtentwicklung, eine Sammlung von über 13.000 Bernsteinperlen („Der große Bernsteinfund“) und die Moorleiche „Daugbjergmanden“. Das Kunstmuseum im selben Gebäude enthält eine Sammlung expressionistischer dänischer Malereien (z. B.

Jens Søndergård und Per Kirkeby). Zudem widmet es sich neorealistischen Malern sowie anderen dänischen Künstlern und Designern.
Skive Museum, *Havnevej 4, www.skivemuseum.dk; Di–So 12–16 Uhr*

Das auch „Gammelkirke" genannte Bauwerk der **Vor Frue Kirke** (Liebfrauenkirche) von ca. 1200 befindet sich direkt südlich der Innenstadt. Interessant ist die Mischung aus verschiedenen Bauelementen des Mittelalters. Chor und Schiff sind romanischen, die später hinzugefügten Chorerweiterungen gotischen Stils. Die Kalkmalereien stammen von 1522. Die benachbarte **Skive-Kirche** wird als „Nye Kirke" (Neue Kirche) bezeichnet (erbaut 1896–98).

An der Margeritenroute südlich von Schloss Spøttrup passiert man den kleinen Weiler **Lihme** mit einer der ältesten romanischen Kirchen Dänemarks.

19 km nordöstlich von Skive, 5 km östlich von Schloss Spøttrup, liegt der 1750 errichtete imposante **Herrensitz Hesthave**, umgeben von einer fantastischen Parkanlage. Die Innenräume wurden liebevoll und stilgerecht restauriert. Man kann das Anwesen zwar nur von außen besichtigen, hat aber die Möglichkeit, sich in einem der beiden verschwenderisch teuren, mit Antiquitäten eingerichteten Ferienhäuser einzuquartieren. Die Häuser sind jedoch für 10 bzw. 30 Personen ausgelegt und werden meist nur als Ganzes vermietet (*mind. für 4 Tage, in der HS mind. eine Woche*). Gäste erhalten dann auch Einblick in die hochherrschaftlichen Räumlichkeiten.
Herregården Hesthave, *Åbakken 4, Krejbjerg (Spøttrup), ☏ 23329244, www.hesthave.dk. Vermietung auch über die Ferienhausseite von www.visitmors.dk.*

Reisepraktische Informationen Hjerl Hede und Skive

Information

Skive Turistbureau, *Østergade 25 (Bibliothek), ☏ 70605932, www.destinationlimfjorden.de; auch zuständig für die Halbinsel Salling sowie die Insel Fur.*

Unterkünfte

Hotel Skivehus €€€, *Sdr. Boulevard 1, ☏ 97521144, www.hotelskivehus.dk; das Hotel wurde komplett renoviert und ein moderner „Mantel" umhüllt das historische Gebäude. Restaurant, Fitnesscenter (Sauna, Whirlpools). 5 Gehminuten zur Innenstadt, an einer Straßenkreuzung (fragen Sie nach einem Zimmer nach hinten).*
Etwas teurer und direkt am Jachthafen gelegen, ist das modern-dänisch ausgestattete **Hotel Strandtangen €€€–€€€€**, *Strandvejen 28, ☏ 96760800, www.strandtangen.dk. Besonders schick sind die Selbstversorger-Wohnungen und -Bootshäuser (Mindestaufenthalt). Nur Frühstück.*
Højslev Kro €€–€€€, *Viborgvej 220, Højslev Stationsby, ☏ 97535744, www.hoejslev-kro.dk; großer (nahezu schlossartiger) Dorfgasthof 4 km östl. von Skive; moderne Zimmer, gutes Restaurant: Hier kann man vernünftig und preiswert wohnen.*
Sevel Kro €€–€€€, *Søgårdvej 2, Sevel, 19 km südwestl. von Skive, ☏ 97448011, www.sevelkro.dk; der schöne Dorfkro besitzt ein gutes Restaurant, in dem auch guter Wein kredenzt wird (es gibt Arrangements wie z. B. Zimmer plus 3-Gänge-Menü). 3 km nach Hjerl Hede.*

Jugendherberge

Motel Skive, *Skyttevej 13 C, ☏ 97525444, www.motelskive.dk; ehemaliges Danhostel, immer noch mit 1- bis 4-Personen-Zimmern. 3 km zum Zentrum.*

Camping

Skive Fjord Camping, *Marienlyst Strand 15, ☏ 97514455, www.skivefjordcamping.dk; großzügig angelegt, 4 km nördl. von Skive, 210 Stellplätze, Hütten, Kinderprogramm, Windsurfen, SUP- und Kajakverleih nahebei.* **Flyndersø Camping**, *Flyndersøvej 29, ☏ 97534024, www.danske campingpladser.dk/plads/skive-flyndersoe-camping; 6 km südwestl. von Skive in der Hjelm Hede, 60 Stellplätze, 11 Hütten, bodenständig.*

Restaurants

Das gepflegteste Restaurant der Stadt ist das im **Hotel Skivehus** *(s. o.).*
A Hereford Beefstouw, *Strandvejen 3, ☏ 97525325; Steak-Restaurant im Krabbenholm-Wald. Von einigen Fensterplätzen schöner Ausblick auf Skive. Ansonsten ist noch der nur 6 km entfernte* **Højslev Kro** *(s. o.) empfehlenswert.*

Hinweis

Zu den **Kalkminen** von Mønsted und Daugbjerg s. bei Viborg auf S. 401.

Schloss Spøttrup

Schlossburg Spøttrup

Die massive Schlossburg wurde um 1500 erbaut von dem damaligen Bischof von Viborg, Jørgen Friis. Friis war der letzte katholische Bischof der Region. Spøttrup wurde mit einem doppelten Wassergraben und einem 9 m hohen Wall umgeben und gesichert und galt damit über Jahrhunderte als uneinnehmbar. 1536 übernahm der König Spøttrup. Ab 1576 diente es als Gutshof und wurde 1937 wieder in staatliche Obhut zurückgeführt. Nach der Restaurierung gilt Spøttrup als die besterhaltene mittelalterliche Schlossburg Dänemarks. Heute kann man die **mittelalterliche Atmosphäre** mit großen Sälen, dunklen Kellergewölben, schmalen Gängen und vielem mehr voll auskosten. Die Außenanlage beeindruckt u.a. mit Burggraben, Gewürz- und Kräutergarten, Rosengarten sowie den toll hergerichteten Parkanlagen. Im Sommer gibt es Theater- und Musikaufführungen sowie Markttage. Ende November/Anfang Dezember gibt es zudem an ein bis zwei Wochenenden einen Weihnachtsmarkt.

Spøttrup Slot (Borgmuseum), *2 km westl. von Rødding, www.spottrupborg.dk; Apr.–Sept. Di–So 10–17, Juni/Aug. tgl. 10–17, Juli tgl. bis 18 Uhr, am Eingang gibt es kalte Getränke, Kaffee und Snacks.*

Weiter geht es entlang der Margeritenroute an der **Westseite von Salling**.

Insel Fur

Die 22 km² kleine Insel ist gleichermaßen beliebt bei Erholungssuchenden und geologisch Interessierten. Erstmals Erwähnung fand sie um 1120, als die **Fur-Kirche** in Nederby erbaut wurde.

Neueste archäologische Untersuchungen lassen aber darauf schließen, dass hier bereits weitaus früher Menschen gesiedelt haben. Bekannt ist Fur vor allem wegen seiner schönen Strände, des Rotsteins und besonders der 55 Mio. Jahre alten **Molerablagerungen** und -klippen, die aus der Zeit stammen, als das Molermeer Dänemark bedeckte (vgl. S. 321). Heute entdecken die Wissenschaftler Fossilien und andere geologische Fundstücke in den Ablagerungen. Im **Fur Museum** kann man mehr über die lokale sowie die geologische Geschichte der Region erfahren.
Fur Museum, *in Nederby, www.furmuseum.dk; April–Okt. Di–Fr 12–16, Sa/So sowie über Ostern 10–17, Juli/Aug. tgl. 10–17 Uhr*

Hingewiesen sei noch auf den Aussichtspunkt **Stendal Høje** und das **Fur Bryghus** *(Knudevej 3, www.furbryghus.dk)*, dessen Bier landesweit Genießer findet. Im angeschlossenen Restaurant lässt sich auch lecker speisen (*Do–So nur mittags, Fr/Sa auch abends*).

Reisepraktische Informationen Insel Fur

Information/Fähre

Fursund Turistinformation, *Stenøre 10, ☏ 97593053, www.destinationlimfjorden.de.*
Fähre: *tgl. 5–19 Uhr alle 15 Min., 19–1 Uhr halbstündlich, 1–5 Uhr stündlich, ☏ 99156467.*

Unterkunft

Fur Færgekro €€, *Stenøre 10, ☏ 97593002, www.furkro.dk; persönlich geführtes, ruhiges Gasthaus, das auf eine lange Tradition zurückblickt. Restaurant im Haus. Alles sehr günstig, doch haben nicht alle Zimmer eigene sanitäre Anlagen. Es gibt auch eine Ferienwohnung.*

Camping

Råkilde Fur Camping, *Råkildevej 6, ☏ 97593333, www.furcamping.dk; im Nordwesten der Insel, nahe Molerklippen. Windgeschützt, baumbestanden, 108 Stellplätze, einfache Hütten, ein paar Doppelzimmer (gemeinsame sanitäre Einrichtungen) und Wohnwagen. Restaurant.*

Restaurants

Fur Færgekro *sowie* **Fur Bryghus** *(s. o.)*

Jenle

Auf der Ostseite von Salling geht es wieder nach Süden. Bevor man zum Fährableger in Sundsøre abbiegt, empfiehlt sich noch ein Abstecher nach Jenle. Der jütische Dichter Jeppe Aakjær (1866–1930) lebte von 1906 bis zu seinem Tod auf diesem wunderschön gelegenen Hof. Aakjær galt als sozialkritischer Schriftsteller, immer wieder warnte er in seinen Texten vor den Folgen der Industrialisierung und der zunehmenden Benachteiligung der Landbevölkerung. Zu dem Anwesen, das man besichtigen kann, gehören ein schattiger Garten, eine alte Mühle sowie zahlreiche Spazier- und Wanderwege im Umkreis. Im Café gibt es Kuchen und Snacks.
Jenle, *ca. 8 km südl. von Sundsøre, Jenlevej 6, www.jenle.dk; Mitte Juni–Mitte Sept. sowie Herbstferien tgl. 11–17 Uhr, Rest des Jahres nach Voranmeldung*

Tipp

Die **Molkerei Thise** (Thise Mejeri) im gleichnamigen Ort 2 km westlich von Sundsøre ist übrigens einer der bekanntesten Biokäseproduzenten Dänemarks. Im Fabrikshop kann man den Käse auch kaufen (www.thise.dk; Mo–Do u. Sa 8.30–11.30, Fr 8.30–17 Uhr).

Von **Sundsøre** geht die Fähre im 20- bis 30-Minuten-Takt *(Kernzeit 8–21 Uhr, Mo–Fr ab 6 Uhr; Juli/Aug. bis 22 Uhr)* nach Hvalpsund im Himmerland. **Hvalpsund** ist ein verträumtes Örtchen, dessen Gasthof **Hvalpsund Færgekro** €€€ *(Sundvej 87, ☏ 98638600, www.hvalpsund-faergekro.dk)* überregionale Anerkennung findet. Etwa 3 km südlich ist der Herrensitz Hessel als letztes vollständig strohgedecktes Anwesen Dänemarks erhalten. Seine Geschichte geht zurück aufs 14. Jh. Das möblierte Hauptgebäude (ca. 1700) ist zu besichtigen. Hauseigenes Bier und Schnaps gibt es im Café und im Geschäft.
Herregården Hessel, *Hesselvej 40, Farsø, www.herregaardenhessel.dk; Mai–Sept. und Herbstferien tgl. 10–16 Uhr*

Und da die Dänen Traktoren so lieben, sei an dieser Stelle auf das **Ulbjerg Traktormuseum** hingewiesen, das sich auf Massey-Ferguson Traktoren spezialisiert hat.
Ulbjerg Traktormuseum, *Løgstørvej 66, Skals/Nørre Rind (20 km südl. von Hvalpsund), www.ulbjergtraktormuseum.dk; Juli Di–Fr u. So 10–16, Juni/Aug. an einigen Wochenenden Sa/So 10–16 Uhr.*

Nördlich von Strandby geht es zum **Steinzeitmuseum Ertebølle**. In der rekonstruierten Steinzeitsiedlung werden Aktivitäten, z. B. Feuersteine behauen und Bogenschießen, angeboten.
Stenaldercentret Ertebølle, *Gl. Møllevej 8, Ertebølle, www.vesthimmerlandsmuseum.dk/Stenaldercenter; Ende Juni–Mitte Aug. tgl. 10–16 Uhr, April–Okt. nach Voranmeldung.*

Das **Vitskøl Kloster** (Bjøernsholm) an der Straße 533 wurde 1157/58 erbaut und war im Mittelalter eines der wohlhabendsten Klöster Europas. Das Kloster (wenn dort gerade keine Tagung stattfindet), die Kirchenruine sowie der Klostergarten mit Arznei- und Gewürzkräutern können jeweils besichtigt werden. Übernachtung in schönen Doppelzimmern möglich *(www.vitskol-kloster.dk, Mitte Mai–Sept. tgl. 10–17 Uhr, Übernachtung: Danhostel, ☏ 51357765).*

Insel Livø

Von **Rønbjerg Huse** aus verkehrt eine Fähre *(www.jkshipping.dk)* zur idyllischen, 320 ha großen Insel Livø. Sie wurde zu einem Natur- und Erholungsgebiet erklärt und verspricht nahezu unberührte Natur und einen originellen kleinen Ort. Anlaufstelle auf der Insel ist der **Livø Kro** (*☏ 98676362, www.livo.dk/livoe-kro*). Jedes Jahr im August findet ein Jazzfestival statt (*www.livojazz.dk*). Bei der Fährfahrt Ausschau halten nach Seehunden!

Løgstør

Das beschauliche und hübsche Städtchen **Løgstør** mit seinen 4.000 Einwohnern liegt auf einer Anhöhe mit Blick auf Aggersund im Nordosten und Løgstør Bredning im Westen und ist ein beliebtes Ausflugsziel. Zudem ist es bekannt als die Muschelstadt (Muslingebyen), denn bereits Anfang der 1980er-Jahre haben die meisten Fischer auf Muschelfischerei umgestellt. Jedes Frühjahr findet ein Muschelfestival (*Muslingehøstfe*) statt. Über die Brücke über den Aggersund ist die Wikingerburg Aggersborg leicht zu erreichen (S. 313).

Das maritime **Limfjords-Museum** am Frederik-den-VII.-Kanal, zu erreichen über die restaurierte Windebrücke, bietet Einblick in die Geschichte der Stadt Løgstør, die Herings- und Fjordfischerei, die Strandjagd sowie das Lotsenwesen. Das Haus diente ehemals dem Kanalvogt als Wohnung. Im Sommer liegen Fischerboote im Kanal, die ebenfalls zu besichtigen sind. Der 4,5 km lange Kanal verläuft von Løgstør nach Lendrup und wurde am 13. Juli 1861 eingeweiht. Bis ca. 1900 hatte der Kanal große Bedeutung – 1898/99, im Rekordjahr, passierten 2.923 Schiffe –, dann entschied man sich 1901 für die Ausbaggerung der Sandbank.
Limfjordsmuseet, *Kanalvejen 40, www.limfjordsmuseet.dk; Oster- bis Herbstferien Sa/So, Mitte Juni–Aug. sowie Herbstferien tgl. 10–17 Uhr*

Limfjords-Museum in Løgstør am Frederik-den-VII.-Kanal

Reisepraktische Informationen Insel Livø und Løgstør

Information

Løgstør Turistbureau, *im Limfjordmuseet (s.o.), Løgstør, www.muslingebyen.dk; Insel Livø: www.livo.dk.*

Unterkünfte

Das moderne **Løgstør Parkhotel** *€€€–€€€€, Toftebjerg Alle, Løgstør, ☏ 98674000, www.logstorparkhotel.dk, bietet ein Restaurant, einen Pub, ein Wellness-Center sowie einen Golfplatz.*
Næsbydale Badehotel *€€€–€€€€, Næsbydalevej 15, Ranum, ☏ 24949342, www.næsbydalebadehotel.dk; dieses Hotel 9 km südlich von Løgstør hat historischen Charakter, liegt schön in der Natur, nahe zum Strand und besticht durch feine dänische Küche. Neben warmen Gerichten werden auch schmackhafte Smørrebrød und vegetarische sowie vegane Speisen zubereitet. Ein echter Tipp!*
Løgstør Badehotel/Hotel du Nord *€€–€€€, Havnevej 38, Løgstør, ☏ 98672100, www.hoteldunord.dk; gemütliches Familienhotel mit gutem Restaurant, Wellnessbehandlungen (Massagen etc.)*
Übernachtungen auf der **Insel Livø** *bucht man über die Website www.livo.dk, es werden private Zimmer, kleine Häuser, Ferienwohnungen oder Betten in einem Hostel vermittelt.*

Camping

Løgstør Camping, *Skovbrynet 1, Løgstør, ☏ 71741119, www.logstor-camping.dk; im Ort, 123 Stellplätze, 5 Hütten. Der einfache Campingplatz auf* **Livø** *wird über www.livo.dk gebucht.*

Restaurant

Kanalfogedens Køkken, *Fischersgade 89, Løgstør, ☏ 98671139, www.kanalfogeden.dk; sehr gute Fischgerichte. Ebenso beliebt, aber bodenständiger ist das Café & Restaurant* **Kulgaarden**, *Kanalvejen 15, ☏ 22656666, www.kulgaarden.dk. Hier sitzt man bei schönem Wetter mit Blick auf den Kanal und von Fisch über Schnitzel, Burger, Hühnchen und Salate gibt es für jeden Geschmack etwas.*

Alternativstrecke nach Aalborg

Auf der Route passiert man **Sebbersund**. Heute eine unscheinbare Siedlung mit alten Fischerhäuschen, war der Ort 700–1000 ein wichtiges Handelszentrum der Wikinger, die sich hier mit Händlern aus dem heutigen England und Norwegen trafen. Eine kleine Ausstellung erinnert daran, im Sommer gibt es Führungen durch die Ausgrabungsstätten und in einem nachgebauten Wikingerdorf werden Handwerkskünste vorgeführt *(www.vikingebyen.dk)*.

Nibe

Das 5.000 Einwohner zählende Nibe war im Mittelalter eine wichtige Handelsstadt und Umschlagplatz für die Heringsfischer, erhielt aber erst 1727 Stadtrechte. Die alten Stadtviertel wurden restauriert und laden heute zu einem Spaziergang ein. Lohnend ist ein Blick in die im 14. Jh. errichtete Nibe-Kirche. 500 Jahre alte Kalkmalereien und ein reiches Inventar sind zu bewundern, ebenso wie das Modell einer Heringskogge (Sildekåg) aus dem beginnenden 18. Jh. Im Rådhus befindet sich das **Nibe-Museum**, das sich mit der Stadtgeschichte beschäftigt. Ende Juni/Anfang Juli steht das Städtchen Kopf, denn dann lockt das Nibe Festival mit über 100 Rock- und Popkonzerten an die 30.000 Besucher hierher *(www.nibefestival.dk)*.

Nibe Museum, *Torvet 2, www.nibemuseum.dk; während der Sommerferien, Mo–Fr 12–17, sonst Mi 13.30–17 Uhr*

Bei Sønderholm zweigt eine Straße ab zur „**Troldkirken**". Das 4.000 Jahre alte Grabmal ist 50 m lang und von 47 Randsteinen umgeben. Erzählungen zufolge sollen hier die Trolle, die nordischen Sagengestalten, regelmäßig gefeiert haben. Ein Stück weiter auf der Seitenstraße prunkt der **Herrensitz St. Restrup** in Store Restrup. Er ist ein 1723 im Barockstil errichtetes Haus, in dem sich heute ein Hotel sowie ein Restaurant befinden. Der Park ist zugänglich.

Reisepraktische Informationen Nibe

Information

Turistcenter Nibe, *am Nibe Camping, Sølyst, Løgstørvej 2, ☏ 98351062, www.enjoynordjylland.de/nordjutland/destinationen/nibe.*

Wohnen wie in alten Zeiten im Herrenhaus von Store Restrup

Unterkünfte

Store Restrup Herregård *€€€, Restrup Kærvej 10, 10 km östl. von Nibe, ☏ 98341888, www.slotshotel.dk; hochherrschaftliches Wohnen in altem Herrenhaus (1723, Barockstil). Park und Ambiente des 18./19. Jh., Ferienwohnungen auf Anfrage, gutes Restaurant und exzellente Weinproben (meist Sa oder auf Anfrage) im Weinkeller.*

Camping

Nibe/Sølyst Camping, *Løgstørvej 2, ☏ 98351062, www.nibecamping.dk; 1 km südlich von Nibe, familienfreundlich, direkter Zugang zum Limfjord, 125 Stellplätze, Hütten.*

Über den Aggersund nach Fjerritslev

Die **Wikingerburg Aggersborg** wurde im Jahr 980 von Harald Blauzahn an dieser strategisch günstigen Stelle am Aggersund angelegt. Die kreisrunde Anlage wurde von einem 840 m langen Wall sowie einem Wallgraben umgeben (Durchmesser: 240 m). Hinter dem Wall boten 48 Langhäuser Unterkunft für 5.000 Menschen. Später wurden auch königliche Schlösser hier errichtet. Im 15. Jh. wurde die Burg während der Bauernaufstände durch einen Brand zerstört. Die Forstverwaltung hat die Umfriedung wieder hergestellt, sodass man einen Eindruck von der Größe bekommt. Es gibt auch eine kleine Ausstellung zum Leben der Wikinger. Zwischen Wall und Limfjord wurde 1860 **Aggersborggård**, ein Hof in einem dreiflügeligen Fachwerkbau, errichtet. Das Gebäude wurde liebevoll restauriert und mit Antiquitäten eingerichtet. Hier finden wechselnde Ausstellungen statt. Der landwirtschaftliche Betrieb setzt auf ökologischen Anbau.

Entlang der Küstenstrecke von Ringkøbing nach Norden

Der Küstenabschnitt bis Skagen beeindruckt durch die raue und einsame Landschaft, was immer wieder unterstrichen wird durch die starken Winde. Dies inspirierte bereits Künstler und Schriftsteller, deren Werke nahezu ausschließlich Wehmut und Angst signalisieren. In vielen kleinen Museen, die wir hier nicht alle nennen können, werden die Werke und Lebensgewohnheiten der dänischen Nordseekünstler ausgestellt und erläutert.

Hee

Die jüngeren Besucher lockt hier der Familiepark West (S. 298). Die romanische **Hee Kirke** beeindruckt bereits von weitem mit ihrem massiven Turm. Die Kirche stammt aus dem 12. Jh. und zählt zu den ältesten des Landes. Hee war bereits im frühen Mittelalter ein Kirchspieldorf, in dem bis ins 17. Jh. hinein das sogenannte Thing der Hind-Harde abgehalten wurde. Der Turm ist später hinzugekommen. Die Kirche strahlt Atmosphäre aus und ein Blick lohnt sich wegen der eindrucksvollen Familienwappen und des Triumphkreuzes. Das ausgeschilderte **J. C. Christensens Hus** im Holstebrovej in Hee verweist auf das Wohnhaus des ehemals einflussreichsten dänischen Politikers (1856–1930). *Besichtigung: Sommerferien Do–So 14–17 Uhr, sonst nach Anmeldung: www.jcchristensen.dk.*

Wenige Kilometer nordwestlich von Hee verdient die romanische **Stadil Kirke** (12. Jh.) Beachtung, denn hier steht einer von nur zwei „Goldenen Kirchenaltären" (der zweite ist in Sahl bei Vinderup, S. 305). Der Einsatz des Altars stammt aus der Zeit um 1200, das umgebende Getäfel von 1650–1700. Etwas südwestlich, an der Landstraße 181, liegt der „**Strandhof**" (**Strandgården**), ein eindrucksvolles Bauernhaus, das 1875 erbaut wurde. Das einst hier ansässige Museum ist jedoch bis auf Weiteres geschlossen.

In der Kirche (von 1155) des abgelegenen Örtchens **Vedersø** war der berühmte dänische Dichter und Philosoph Kaj Harald Leininger Munk (1898–1944) nach 1924 als Pfarrer tätig. Munk war bekannt für seinen politischen Widerstand gegen die deutsche Besatzungsmacht und wurde dafür 1944 von der Gestapo ermordet. Begraben wurde er, zusammen mit seiner Frau, auf dem Friedhof von Vedersø. Erwähnenswert ist hier zudem der schöne, einsame Strand am **Vedersø Klit**.

Ein weiterer Abstecher führt über **Ulfborg**. Dessen Kirche von 1150 beherbergt eine berühmte Lettnerkanzel aus dem 16. Jh. Toll ist zudem das **VW & Retro Museum** (*Industriarealet 10–12, www.vwretromuseum.dk; in allen Ferien Di–So, sonst Mi/Do/So 10–16 Uhr*), wo es schön

Torhaus von Nørre Vosborg

restaurierte Volkswagen zu bewundern gibt. Von hier aus geht es weiter gen Norden zu dem alten **Herrenhof Nørre Vosborg**. Erstmals 1299 erwähnt, ist er einer der ältesten Herrenhöfe des Landes. Die heute noch bestehenden Gebäude stammen aber erst von 1642 und später. Die verschiedenen Stilrichtungen der Häuser und Höfe, die Wälle, der Graben, der Garten und nicht zuletzt die mehr als 700-jährige, wechselhafte Geschichte eines landwirtschaftlichen Betriebes in Dänemark belohnen für den Umweg. Man kann in den alten Arbeiterwohnungen am Schloss auch übernachten, im Restaurant grandios speisen oder im Café eine Verschnaufpause einlegen.
Nørre Vosborg, *7 km nördl. von Ulfborg, kurz vor Vemb, www.nrvosborg.dk; Garten ganzjährig, Ausstellung/Herrenhaus Jan.–Nov. So 10–15, Juli/Aug. auch Mi 13–16 Uhr, Führungen durch das Gutshaus müssen online gebucht werden. Wer zu anderen Zeiten kommt, kann das Anwesen teilweise alleine besichtigen, muss jedoch ebenfalls online ein Ticket buchen.*

Wieder an der Küstenstrecke, beeindruckt der Küstenabschnitt um das **Vedersø-** und das **Husby Klit** (westlich von Husby) durch die imposante Steilküste und die schönen Strandabschnitte. Die 16 km lange „Husby-Dünenplantage-Route" wird Wanderer begeistern.

Thorsminde ist wie Hvide Sande ein Fischereihafen mit Schleuse und Durchfahrt zu einem Fjord, nur kleiner. Die touristische Infrastruktur beschränkt sich auf ein paar kleine Restaurants, einen Campingplatz, die Teilnahme an Fischauktionen und das sehr interessante **Strandungsmuseum** (Strandings Museum), in dem Überreste in der Gegend gestrandeter Schiffe zu sehen sind, u.a. zwei 1811 aufgelaufene, englische Kriegsschiffe. Toll erläutert! Hintergrundinfos über das raue Leben an der Nordseeküste sowie zu anderen Schiffsunglücken runden das Bild ab. Vom 20 m hohen Turm im Museum hat man eine schöne Sicht auf Nordsee und Küste.
Strandings Museum, *Vesterhavsgade 1E, www.strandingsmuseet.dk; Mitte Febr.–Mitte Nov. tgl. 10–17 Uhr*

Die Kirche von Thorsminde wurde ursprünglich als Halle für das örtliche Rettungsboot erbaut. Auch Thorsminde ist beliebt bei Kite- und Windsurfern wegen des flachen Wassers im Fjord. Die **Küstendüne Bøvling Klint** trennt den Nissum Fjord samt Straße von der Nordsee. Man sieht das Meer nur, wenn man auf einem der Parkplätze anhält und über die Düne wandert.

Nördlich davon erreicht man über eine kleine Stichstraße **Bovbjerg** und Ferring Strand. Die Kirchen von Trans und Ferring stehen hier so markant an den Klippen, dass sich die Erbauer des **Leuchtturms von Bovbjerg** dazu entschlossen, diesen leuchtend rot zu kalken, damit er von den Seeleuten nicht mit den Gotteshäusern verwechselt wird. Im Sommer kann man den Leuchtturm, der auf der über 40 m hohen Klippe thront, besteigen und bei guter Sicht 18 Kirchturmspitzen ausmachen. Im Hauptgebäude gibt es ein Café und Kunstausstellungen. Lohnend ist ein Spaziergang oberhalb der Klippen, zu den Bunkern oder auch zum Strand hinunter. Be-

suchenswert ist in **Ferring** das Haus des Malers **Jens Søndergaard**, der hier von 1930 bis zu seinem Tod 1957 die Sommermonate verbrachte. Das schlichte Holzhaus ist heute ein Museum, hier sind Gemälde und im Garten Zementfiguren von Søndergaard ausgestellt. Seine Gemälde beindrucken besonders durch ihre Größe und die oft beklemmende Atmosphäre.
Søndergaard Museum, *Transvej 4, www.lemvigmuseum.dk/jenssoendergaardmuseet; nach Ostern–Anfang Herbstferien Di–So, Herbstferien tgl. 11–17 Uhr*

Leuchtturm von Bovbjerg

Das **Bovbjerg-Minimuseum** auf der anderen Seite des Parkplatzes erläutert die Geschichte und Geologie der hiesigen Küste. Der **Ferring-See**, nur durch eine Buhne vom Meer getrennt, ist beliebt bei den Kräutersammlern, die Zutaten für die eigene Schnapsproduktion benötigen.

Lemvig

Die 6.800 Einwohner zählende Stadt liegt beschaulich am Lem Vig (kleine Bucht), einer natürlichen Einbuchtung, die den Fischern und Seeleuten schon früh als Liegeplatz diente. Bis ins 19. Jh. war die Stadt unbedeutend, denn die Zufahrt zur Nordsee war versandet. Nach 1830 begann man mit dem Ausbau des Hafens. Wirtschaftliches Standbein ist bis heute die Fjordfischerei. In der **Fischauktionshalle** direkt am Hafen (Havnegade/ Havnen) werden morgens die gefangenen Fische versteigert.

Abgesehen von der Kirche gibt es ein paar interessante **Sehenswürdigkeiten**. Im **Lemvig-Museum** kann man sich mit der Geschichte der Stadt, des Hafens, der Seefahrt sowie der Heidelandschaft und ihrer Bauernhöfe beschäftigen. Auch sind Werke lokaler Maler und Bildhauer ausgestellt. Bekanntester von ihnen ist Kristen Bjerre, der mit seinen Kunstwerken die ersten Touristen in die Region, und damit in seinen Landgasthof lockte. Um ihn scharten sich andere, wie Niels Bjerre, Jeppe Aakjær (S. 309) und Jens Søndergaard (s.o.). Höhepunkt ist die Abteilung, die sich mit Thøger Larsen beschäftigt. Er galt als der „Dichter unter den Sternen" und hat Dänemarks beliebtestes Sommerlied, „Danmark, nu blunder den lyse Nat" (*Dänemark, jetzt schlummert die helle Nacht*) geschrieben.
Lemvig Museum, *Vestergade 44, www.lemvigmuseum.dk; April, Mai u. Okt. Sa/So 11–16, Juni–Sept. Di–So 11–17, Herbstferien tgl. 11–16 Uhr*

Um den Spuren des Dichters zu folgen, sollte man nun das Museum verlassen und 100 m die Straße hinauf gehen zur urigsten Attraktion der Stadt, dem **Planetenweg** (Planetstien, Maßstab 1:1.000.000.000). Hier kann man zu Fuß oder per Rad dem Sonnensystem folgen. Startpunkt ist die Sonne, am weitesten entfernt liegt Pluto. Der Zwergplanet befindet sich in drei Positionen, bis zu 12 km weiter entlang des Westufers des Lem Vig in Gjeller Odde. Unterwegs passiert man die anderen Planeten, maßstabsgetreu als Bronzekugel. Am Ausgangspunkt, der Sonne, wird Planetstien auf einer Karte erläutert, die auch im Touristenamt erhältlich ist. Von der Sonne bis zum Jupiter sind es ca. 800 m, dazwischen liegen Merkur, Venus, Erde und Mars. Auf der anderen Straßenseite beginnt ein **Skulpturenweg** (Skulpturstien) mit 54 Skulpturen des Lemviger Bildhauers Torvald Westergaard (bis zur Valgmenighedskirken).

Direkt am Westufer des Fjordes, 500 m vom Stadtzentrum, befindet sich in einem modernen Gebäude das **Museum für Religiöse Kunst**. Hauptattraktionen sind die originale Bibelillustration von Bodil Kaalund sowie die Sonderausstellungen.
Museet for Religiøs Kunst, *Strandvejen 13, www.mfrk.dk; Feb.–Dez. Di–So 12–16, Mitte Mai–Ende Sommerferien Di–So 12–17 Uhr*

In **Gjellerodde** wird auf dem alten **Gjeller-Hof** (Gjellergaard) gezeigt, wie jütische Fischerbauern vor über hundert Jahren gelebt haben. Ausstellungen, Verkauf von kunsthandwerklichen Erzeugnissen, Café *(Gjellerodevej 163, www.gjellergaard.dk, Zeiten variieren)*. Eisenbahnfreunde können mit der **Lemvig-Bahn**, einem historischen Triebwagen, von Lemvig nach Thyborøn fahren *(Midtjyske Jernbaner A/S, Zeiten variieren, Karten können im Zug gelöst werden)*. Auf der Autofahrt nach Thyborøn kann man 2 km hinter **Klinkby** abbiegen zum Aussichtspunkt auf der Inlandsdüne. Der Ausblick auf die Nissum Bredning und auf die Halbinsel Harboøre Tange ist herrlich. **Harboøre** ist eine Wohn- und Ferienhaussiedlung, deren Friedhof Zeugnis vieler Seeunglücke ist. Einige Gräber sind leer, die Toten gelten als verschollen.

Thyborøn

Vom 12. Jh. bis 1825 war der Limfjord von der Nordsee abgeschnitten. Dann brach eine Sturmflut bei Agger einen neuen „Kanal" durch die Dünen. Doch dieser versandete bald wieder. Erst 1862 gelang es dem Meer, bei Thyborøn einen größeren „Kanal" zu schaffen, und die Menschen verstanden es, diesen Durchbruch zu erhalten. Dies gelingt durch 29 vier bis acht Tonnen schwere Buhnen an der Landzunge. Eine Ausstellung nördlich des Hafens erinnert daran, wie die wichtige Position während des Zweiten Weltkrieges durch Bunker gesichert wurde. Heute ist Thyborøn ein wichtiger Fischereihafen – samt fischverarbeitender Betriebe. Die Fischrestaurants und besonders -kioske rund um das Touristenamt *(Havnegade)* verkaufen exzellentes „Smørrebrød med Fisk" bzw. ausladende Stjerneskud-Portionen und die Fischauktionen in den nahen Fischhallen sind im Juli/August mittwochs *(11–12 Uhr)* öffentlich.

Liebesbeweis eines Fischers

Nicht weit von hier befindet sich das **Sea War Museum** mit Erläuterungen von Seeschlachten vor der dänischen Küste (Schwerpunkt: Skagerrak-Schlacht – eindrucksvoll dargestellt im Außenbereich im Skulpturenpark) sowie Teilen des hier gestrandeten deutschen U-Boots „U 20", welches den Passagierdampfer

„Lusitania" versenkte und damit maßgeblich für den Eintritt der USA in den Ersten Weltkrieg verantwortlich war! Das **Jütlandaquarium** lädt zum Studium der Nordseefauna ein. Ein kleines **Bernsteinmuseum** (Ravmuseum, *Vesterhavsgade 5*) empfiehlt sich auch für den Kauf des hübschen fossilen Harzes. Das **Schneckenhaus** ist ein Unikum. Das gesamte Haus ist mit Millionen von Muschelschalen und Schneckenhäusern verziert, die der Fischer Alfred Pedersen zwischen 1935 und 1965 aus Liebe für seine Frau gesammelt hat. Viele davon stammen nicht von hier. Im Haus sind zudem noch Buddelschiffe ausgestellt.
Sea War Museum, *Kystcentervej 11, www.seawarmuseum.dk; tgl. 10–16, Juni–Aug. bis 17 Uhr*
Jyllandsakvariet, *Vesterhavsgade 16, www.jyllandsakvariet.dk; tgl. 10–16, Juli/Aug. bis 18 Uhr*
Sneglehuset, *Sneglevej 9, www.sneglehuset.dk; Ende Mai–Okt. tgl. 11–16, Ostern, Ende Juni–Aug tgl. 10–17 Uhr*

Wer sich ein wenig für die Seefahrt interessiert, sollte sich im südlich des Ortskerns angrenzenden Hafen umschauen. Hier liegen große Trawler, Abschleppboote, Tankschiffe, Marinekutter, teilweise Ölplattformen, Offshore-Anlagen und vieles mehr, zum Teil auch in Reparatur. Eindrucksvoll.

Reisepraktische Informationen Fjaltring, Lemvig, Thyborøn

Information

Lemvig-Thyborøn Turistforening, *Havnen, Lemvig, ☎ 97820077 sowie Skolegade 3 (in der Bibliothek), Lemvig, ☎ 96631500, www.visitnordvestkysten.dk*
Thyborøn Touristinformation, *Jernbanegade 1A – Iskunsten, Thyborøn, ☎ 96631795, www.thyboron-turist.dk*

Unterkünfte/Restaurants

Nørre Vinkel Hotel & Golfcenter €€–€€€, *Søgårdevejen 6, Lemvig, ☎ 97822211, www.norrevinkel.dk; moderner Komplex nordwestl. der Stadt, gut ausgestattete Zimmer und Restaurant.*
Hotel Lidenlund €€–€€€, *Vasen 11, Lemvig, ☎ 97820200, www.hotel-lidenlund.dk; traditionelles Stadthotel aus dem 19. Jh. mit modernem Annex, Restaurant im Altbau (Spezialität: Fischgerichte).*
Das modern ausgestattete **Seaside Hotel €€–€€€**, *ehemals das Seemansheim, liegt am Hafen von Thyborøn, Havnegade 20, ☎ 97831244, www.seasidehotel.dk. Es gibt auch Selbstversorgerapartments. Gute Lage, um fast alles in Thyborøn zu Fuß zu erreichen.*

Jugendherberge

Danhostel Fjaltring, *Verstermøllevej 7, Fjaltring, ☎ 97887700, www.danhostel.dk/hostel/danhostel-fjaltring; knapp 1 km zum Meer. Mit 8 Zimmern Dänemarks kleinste Herberge. Das* **Danhostel Thyborøn** *liegt mitten in der Stadt, Harboørevej 10, Thyborøn, ☎ 22394183, www.danhostelthyboron.dk.*

Camping

Lemvig Strand Camping, *Vinkelhagevej 6, ☎ 23820045; http://lemvigcamping.dk; windgeschützt, dicht an der Lem Vig, ca. 2 km nordwestl. des Zentrums, 250 Stellplätze, Hütten.*
Bovbjerg Camping, *Julsgårdvej 13, Ferring, ☎ 29882231, www.bovbjergcamping.dk, 13 km westl. nahe Nordsee-Strand, 134 Stellplätze (nicht alle windgeschützt), Hütten.*
Thyborøn Camping Hotel & Hytteby, *Idrætsvej 3, Thyborøn, ☎ 97831277, www.thyboroncamping.dk; vor allem beliebt wegen seiner gut ausgestatteten Hütten. Der Campingplatz selbst ist ziemlich offen und windanfällig. Über eine Verlinkung auf der Website werden auch weitere Unterkünfte im Ort vermittelt, so z. B. Ferienwohnungen und -häuser.*

Restaurants

Lemvig: *Im* **Restaurant Luna** *an der Havnegade essen Sie mit Blick auf den Hafen (☏ 96406000, www.restaurantluna.dk) und in* **Claudi's Have** *(Østergade 14, ☏ 97888370, www.claudishave.dk) werden mit viel Salat verzierte, leckere Sandwiches und kleine Gerichte serviert (nur Mo, Di, Do, Fr bis 17, Sa bis 14 Uhr).*

In **Thyborøn** *gibt es rund um den Hafen eine Reihe netter Fischrestaurants und -imbisse. Ein Knüller ist* **De Røde Barakker** *(Kystcentervej 1, ☏ 42800527, www.mallemukken.dk), wo sich in einem umgedrehten Schiffsrumpf das Restaurant* **Mallemukken** *geradezu versteckt. Fisch ist auch hier die Spezialität, und wer ausreichend Hunger hat, kommt nicht um das Skipperbuffet herum!*

Bahn/Busse

Bahnhof: *Ecke Storegade/Banegårdsvej, Lemvig. Nur für die Privatbahn Vemb-Lemvig-Thyborøn der Midtjyske Jernbaner A/S (www.mjba.dk).* **Busbahnhof**: *Ecke Østergade/Enghavevej, Lemvig, Busse nach Holstebro, Struer und Ringkøbing.*

Fähre über den Thyborøn-Kanal

☏ 40297622, Mobil (Fähre): 20230336, www.thyboronagger.dk; stündlich von jeder Seite 6–20 Uhr (Sa ab 7, So erst ab 9 Uhr), außerhalb der Saison (Sept.–Mai) nur 7/9–18 Uhr.

info

Der Limfjord

Der 180 km lange Meeresarm zwischen Nordsee und Kattegat ist eines der markantesten geografischen und historischen Gebiete in Jütland. Er diente vor 100 v. Chr. den Cimbern (Himmerland) und Teutonen (Thy), und bis 1100 n. Chr. den Wikingern als Lebensraum. Sie alle zogen von hier aus, Europa zu erobern bzw. Handel zu treiben. Ausgrabungs- und Grabstätten der Wikinger, wie z. B. Aggersborg, Frøstrup, Højstrup (beide Region Thy) und Lindholm Høje (bei Aalborg), belegen diese Epoche. Im späten 11. Jh. wurden die ersten Kirchen und Klöster (z. B. in Vestervig) gebaut. Mit der Versandung des Ausflusses zur Nordsee um 1150 erlahmte der Handel, was die Fischer und Bauern aber wenig störte. 300 Jahre später blühte der Handel mit Norwegen wieder auf, denn dort gab es das Holz für den Bau von Häusern und Schiffen, das in der Region mittlerweile abgeholzt war. Nachdem eine Sturmflut 1862 den Thyborøn-Kanal geschaffen hatte, setzte die Schifffahrt ein, auch wenn es die Untiefen schwierig machten, den Limfjord zu passieren.

Am Limfjord

Über die kulturellen und kulinarischen Höhepunkte um den Limfjord herum informiert das kleine Buch „Snapseruten", das in Touristenämtern und in Buchläden käuflich zu erwerben ist. In ihm werden Routen (inkl. Karten, Fahrradstrecken) vorgestellt, die sich an Sammelstellen für die Kräuter und Beeren zur Zubereitung von

info

Aquavit und anderen Schnäpsen orientieren. Sehenswürdigkeiten, Hinweise zu Schnapsbrennereien und sogar einem kleinen Weingut in der Region sowie Ratschläge, wie man den Schnaps selbst ansetzt, fehlen auch nicht. Gasthöfe und Unterkünfte gibt es ebenfalls zur Genüge (Infos und Reservierung: www.snapseruten.dk).

Außerdem ist der Limfjord heute berühmt für seine Austernzucht und Muschelbänke. Nykøbing/M, Løgstør, aber auch Jegindø und Glyngøre gelten als Hauptorte für die Muschelfischer. Im Oktober wird u.a. rund um den Fjord die „Oyster Trophy Week" zelebriert. Bei Glyngøre Shellfish (Kassehusvej 5 in Glyngøre, www.danishshellfish.com) kann man erstklassige Limfjord-Austern erstehen und/oder in der angeschlossenen Austernbar mit einem Gläschen Sekt genießen. Die meisten Miesmuscheln werden übrigens von Johs Jensen (www.johs-jensen.dk) im kleinen Hafen der Insel Jegindø angelandet.
Infos zu den Regionen um den Limfjord: www.destinationhimmerland.de, www.enjoynordjylland.de, www.visitnordvestkysten.de, www.destinationlimfjorden.de.

Nördlich des Thyborøn-Kanals beginnt die Landschaft **Thy**. Neben der Geschichte der Wikinger, deren Spuren überall zu finden sind, ist diesem Landstrich heute eigen, dass Angoraziegen aufgezogen und gehalten werden. Zahlreiche Geschäfte bieten Wolle und Wollprodukte an.

Agger Tange, die südliche Landzunge, ist eine der wichtigsten Rast- und Brutstätten für Wattvögel und steht unter Naturschutz. Hier gibt es nahe dem Fähranleger ein Besucherzentrum mit Infos zum 2008 eingerichteten Nationalpark Thy, dem ersten Nationalpark Dänemarks. Über 200 Vogelarten werden jährlich gezählt. Früher war Agger Tange einige Kilometer breit und zählte mehrere Siedlungen, die alle dem Meer zum Opfer fielen. **Agger** am Nordende ist heute ein kleiner, ansprechender Ferienhausort mit versteckten Strukturen von Fischerhäuschen. Als einziger Ort hat er an der Landzunge überlebt, musste aber seine Dorfkirche zweimal wegen Versandung versetzen. Nördlich davon steht der 1883 erbaute Leuchtturm „**Lodbjerg Fyr**", der im Sommer zu besichtigen ist, und nicht weit von diesem empfiehlt sich die kleine **Lodbjerg Kirke** mit Fresken und einer schönen Altartafel. Am Campingplatz in Agger kann man Kanus mieten.

Zurück an der Hauptstrecke nach Nykøbing/Mors gelangt man zu einer Windmühle, im 19. Jh. im holländischen Stil erbaut. Hier zweigt man ab nach **Vestervig**. Die **Vestervig-Kirche** stammt aus dem beginnenden 12. Jh., gilt als die größte Dorfkirche Nordjütlands und war ehemals Teil eines romanischen Augustiner-Klosters. Auch hier gibt es alte Fresken zu bewundern. Die Gräber von Prins Buris und Liden Kirsten, einer Halbschwester König Valdemars des Großen, auf dem Friedhof erzählen, laut einer Sage, von einer tragisch geendeten Liebesbeziehung. Seither pilgern Frischvermählte zu den Gräbern und legen Blumen ab, auf dass ihnen ein besseres Schicksal bevorstehe. 500 m entfernt von der Kirche zeugen Ausgrabungen von einer eisenzeitlichen Besiedlung. Auch Vestervig verlor mit der Versandung der Limfjordmündung 1150 seine Bedeutung. **Hurup** bildet mit seinen 2.700 Einwohnern das wirtschaftliche Zentrum Süd-Thys, ist aber, abgesehen von dem kleinen Heimatkundemuseum, touristisch uninteressant. In Hurup werden Betten, Fenster und Matratzen produziert und man ist stolz darauf, der Geburtsort von Lars Larsen (1948–2019) zu sein, der die Firma Jysk (ehem. Jysk Sengetøjslager bzw. Dänisches Bettenlager) gründete, die mittlerweile über 3.200 Filialen in 48 Ländern verfügt.

Viel eindrucksvoller ist 4 km nordöstlich von Hurup, an der Straße 11, eines der bestzugänglichen Ganggräber (Hünengrab) Dänemarks, **Lundhøj**. Man schätzt das Alter auf 5.000 Jahre. Die Anlage besteht aus einer großen sowie einer kleinen Grabkammer, die mit einem Deckstein verschlossen waren. Hier fand man Menschenknochen, Tonscherben und eine Steinaxt. Um hineinzukommen, muss man am Bauernhof, an dem man vorbeikommt, den Schlüssel abholen und ein kleines Entgelt bezahlen.

In dem nahen Bauerndorf **Heltborg** gibt es ein kleines **Heimatmuseum**, u.a. mit Gemälden und Zeichnungen des Künstlers Jens Søndergård (S. 315). Vielleicht noch beeindruckender aber mag der Blick vom Dorf hinunter auf den Limfjord sein.
Heltborg Museum, *Skårhøjvej 15, Heltborg, www.museumthy.dk; April–Juni u. Mitte Aug.–Okt. Di–So 13–16, Ende Juni–Anf. Aug. tgl. 11–17 Uhr*

In **Doverodde**, 5 km südöstlich von Hurup, erhält man im **Købmandsgaard** Einblick in einen alten Kaufmannshof, wo man sehen kann, wie und was im 19. Jh. am Limfjord gehandelt und gefischt wurde. Im Laden gibt es Kleinkunst und Schnaps zu kaufen. Ein Erlebniscenter (Kajaktouren, Fahrradverleih, kunsthandwerkliches Arbeiten, Jugendherberge etc.) ist ebenfalls angeschlossen und oft liegt ein nachgebautes Wikingerboot im Hafen. **Ydby Hede Oldtidshoejene** *(Kammersgådsvej, 8 km südöstlich von Hurup, www.ydbythy.dk/Oldtidshoejene.html)* ist Fundstätte der größten Ansammlung von Hügelgräbern aus der Bronzezeit. Rund 40 der Gräber liegen dicht beieinander im Oldtidskirkegården.
Købmandsgaard, *Fjordstræde 1, Doverodde, www.doveroddekobmandsgaard.dk; Oster- u. Herbstferien tgl. 10–17, dazwischen Di–So 10–16, Sommerferien bis 17 Uhr*

Abstecher zur Halbinsel Thyholm

Die Halbinsel war einst eine Insel, doch versandete der Durchlass zum heutigen Skibsted Fjord, ehemals der Sammelplatz der Wikingerflotte vor ihren Beutefahrten über die Nordsee. Nachdem die Wikinger verschwunden waren, geriet Thyholm in Vergessenheit – sieht man einmal ab von dem Gemetzel, das Jens Glob (der Harte) in der Kirche von Hvidbjerg wegen der Verfolgung seiner Mutter veranstaltete, bei dem der Bischof und 32 weitere Menschen starben. Thyholms Bewohner widmeten sich ansonsten ganz dem Fischfang und der Landwirtschaft, woran sich bis heute nicht viel geändert hat. Die Beschaulichkeit dieses abgelegenen Landstriches ist vor allem auf den Nebenstraßen erhalten geblieben. Recht anschaulich wird die Geschichte Thyholms dargestellt im heimatkundlichen **Apothekerhof-Museum** in Søndbjerg, dessen Gründung auf die Initiative des Malers Kresten Rusbjerg zurückzuführen ist.
Apotekergården, *Havrelandsvej 29 , Søndbjerg, www.thyholm-egnsmuseum.dk; Sommer- sowie Herbstferien Di–So, Mai/Juni Sa/So sowie Feiertage 14–17 Uhr*

Lohnend ist ein Ausflug auf die knapp 8 km² kleine Insel **Jegindø** im Osten. Der kleine Fischerhafen auf der Ostseite der Insel ist ein Idyll. Das liebevoll eingerichtete **Fischereimuseum Æ Fywerhus** erzählt die Geschichte der Fjordfischerei. Gleich nebenan: Ein guter Fischimbiss, in dem es u.a. hier angelandete Limfjord-Muscheln gibt! Der Strand von **Bøhl**, im Norden der Insel, gilt als einer der schönsten am Limfjord.

Reisepraktische Informationen Süd-Thy und Thyholm

Unterkunft

Tambohus Kro €€–€€€, *Tambogade 37, Tambohuse, ☎ 97875300, www.tambohus.dk; z.T. sehr alter Kro, gepflegtes Ambiente. Direkt am Damm zur Insel Jegindø, ruhige Umgebung. Die Gaststube bietet Atmosphäre und ist bekannt für gute Fischgerichte. Wellness-und Golf-Programme.*

Camping

Tambosund Camping, *Jegindøvej 27, Hvidbjerg, ☏ 97871772, www.tambosundcamping.dk; nahe dem Damm zur Insel Jegindø, 150 Stellplätze, Hütten, Pool. Direkt am Fjord.*

Fähre

Wenige Kilometer östlich von Hurup quert von März bis Oktober eine kleine historische Autofähre den Nees Sund. Sie fährt nur bis ca. 18 Uhr, Abfahrt alle 20/30 Min., ☏ 30333151, www.næssundfærgensvenner.dk.

Insel Mors

Die Legende zur Entstehung der siebtgrößten Insel Dänemarks: Gott entwarf für die Schaffung von Jütland ein Modell, mit dem er so zufrieden war, dass er es mitten in den Limfjord setzte. Herausgekommen ist eine Insel mit einer „Natur voller Gegensätze": Im Norden faszinieren die steilen und rauen Molerklippen, während der grüne und fruchtbare Süden durch seine blauen Buchten beeindruckt. Übrigens bestehen fast alle Böden der Insel aus vulkanischen Erden. Schon während der Eisenzeit lebten hier Menschen, und in der neueren Zeit siedelten sich hier immer mehr Bauern und Fischer an. **34 Dorfkirchen** zeugen davon, ebenso wie die Vielfalt an kleine Attraktionen. Zwei Museen auf der Insel haben sich z. B. den Landmaschinen, speziell den Traktoren, gewidmet: das **Morsø Traktormuseum** mit Traktoren aus der Zeit zwischen 1918 und 1960 in Outrup *(Kjeltgaardsvej 49, www.traktormuseum.net, Ende Juni–Anf. Sept. tgl. 10–17 Uhr)* und das noch größere **Baks Traktor- und Landmaschinenmuseum** in Solbjerg *(an der Straße 26, Ecke Rebslagervej, ☏ 97741028, tgl. 9–18 Uhr).*

Die Molervorkommen auf Mors und Fur

info

Eine geologische Besonderheit findet man auf den Inseln Mors und Fur. Dort gibt es im Untergrund die weltweit einzigen sogenannten Molervorkommen. Moler wurde vor gut 50 Millionen Jahren in einem großen Binnenmeer gebildet, das sich von England bis zum Baltikum erstreckte. In einem begrenzten Gebiet dieses Meeres gab es besonders günstige Wachstumsbedingungen für mikroskopisch kleine gepanzerte Kieselalgen, die sogenannten Diatomeen, die in großen Mengen blühten. Wenn die abgestorbenen Diatomeen auf den Meeresboden sanken, vermischten sie sich mit dem feinen Ton des Bodens. Dadurch wurde die Tonerde weiß – dieses Material bezeichnet man als Moler. Seit Anfang des 20 Jhs. wird Moler industriell genutzt. Anfangs zu Ziegelsteinen und Isoliermaterial verarbeitet, wird er heute hauptsächlich zur Herstellung von absorbierenden Granulaten gebraucht, u.a. dem „Katzenkies".

Die Steilhänge an der Küste von Nord-Mors und Fur enthüllen den weißen Moler, der gemeinsam mit 180 Schichten vulkanischer Asche von einer dramatischen geologischen Vorgeschichte zeugt. Dokumente dazu und eine Sammlung von Fossilien kann man im Museum der Insel Fur (S. 309) sowie im Molermuseum von Mors bewundern. **Fossil- og Molermuseet**, Skarrehagevej 8, Hesselbjerg, www.museummors.dk; Ostern–Nov. Di–So 11–15, Juni–Mitte Aug. u. Herbstferien tgl. 10–16 Uhr

Für eine Rundfahrt folgt man zunächst der Straße 545 nach Nykøbing/M. Kurz vor der Stadt zweigt man in **Lødderup** nach Süden ab und gelangt zum malerisch gelegenen **Schloss Højriis** *(Højrisvej 3, www.hojriis.dk)* in einer Parkanlage. Hier kann man an einer Krimi- und Rätsel-

Tour zu unternehmen. Dafür kauft man ein Ticket für ein zweistündiges Zeitfenster und begibt sich auf die Erkundung durch Park und Schloss, um kniffelige und mysteriöse Fälle zu lösen. Nicht selten trifft man dabei auf Schauspieler, die bestimmte Rollen einnehmen. Leider meist nur auf Dänisch, aber eine englische Version ist in Vorbereitung. Am Schloss gibt es ein Café und einen Rhododendrongarten. Die Geschichte des Schlosses begann 1397, doch wurde das jetzige Bauwerk erst um 1860 errichtet. Højriis unterscheidet sich von der typischen dänischen Neugotik dadurch, dass es Inspirationen u. a. aus der arabischen Architektur bezog, wie es in der venezianischen Gotik typisch ist. Dies verleiht der Anlage ein südliches Flair.

Jesperhus Blumenpark/Ferienpark, ganz in der Nähe und gut ausgeschildert, ist der größte Blumenpark Nordeuropas. Die bunten Blumen wurden zu atemberaubenden Figuren zurechtgeschnitten, was manche kitschig, andere wiederum schön finden werden. Zu den rund 500.000 Blumen und Pflanzen sowie dem eindrucksvollen Rosengarten mit über 25.000 Rosen gesellen sich u. a auch tropische Areale mit Dschungelzoo, Süßwasseraquarium (über 100 tropische Fische), Schmetterlingspark und Orientgarten. Nicht weit entfernt gehören das Badeland, Campingplatz und ein Feriencenter ebenfalls dazu. Familien mit Kindern sind hier gut aufgehoben, müssen aber auch tief in die Tasche greifen für den Eintritt.

Jesperhus Blomsterpark/Feriepark, *Legindvej 30, ca. 3 km südl. Nykøbing/M, www.jesperhus.dk; Blumenpark: Mitte/Ende Mai–Aug. u. Herbstferien tgl. 10–17/18/19, Sept. Di–Do u. Sa/So 10–17, Sommerferien tgl. 10–19, Rest des Jahres Sa/So sowie Winterferien 11–15 Uhr. Für das Badeland und die anderen Attraktionen gelten teilweise andere Zeiten.*

Blick auf Nykøbing/Mors

Hunger? Der **Sallingsund Færgekro** unter der nahen Sallingsund-Brücke empfiehlt sich mit einer guten Küche. Die schöne Picknickstelle, ebenfalls unter der Brücke (Zufahrt gegenüber dem Kro) und am Wasser, wäre eine Alternative.

Nykøbing/Mors

Nykøbing, das wunderschön am Klosterfjord, einem Ableger des Salling Sund, liegt, wurde im 13. Jh. gegründet. 1370/71 ließ der Johanniterorden das **Kloster Dueholm** erbauen und in den folgenden Jahrhunderten blühte die Stadt auf. Mit den Schwedenkriegen und verheerenden Stadtbränden nach dem 16. Jh., setzte ein wirtschaftlicher Niedergang ein. Erst mit der industriellen Revolution ergab sich ein Aufschwung. Das zeigen heute viele Häuser, Reste von Industrieanlagen sowie die größte Kirche der Stadt, die **Nykøbing-Mors-Kirche**, die alle aus der zweiten Hälfte des 19. Jh. stammen. Das Rathaus am Torvet ist ein wenig älter (1846/47).

Nykøbing, die „Neue Handelsstadt“, wird auch heute noch ihrem Namen gerecht. Handelskontore, der Hafen und eine Vielzahl von Spezialgeschäften machen diese eher kleine Stadt mit 9.000 Einwohnern zur „Hauptstadt der Insel Mors“ und zudem zur „Hauptstadt der Austern und Muscheln“, denn beide werden am Limfjord gezüchtet. Das wird im Oktober während der „Oyster Trophy Week“ hier, in Kopenhagen und auch im Wattenmeer gefeiert.

Vom 1370–71 von Mönchen des Johanniterordens sowie dem Bischof Svend von Børglum angelegten **Kloster Dueholm** („Taubeninsel“) ist nach Bränden heute nur noch ein Flügel erhalten (ca. von 1475). Nach und nach kauften die Geistlichen zahlreiche Gebäude in Nykøbing auf, zum Ärger der Bewohner. Seit 1909 ist im Kloster das **Historische Museum Morsland** mit Café untergebracht.
Dueholm Kloster, *Dueholmgade 9, www.museummors.dk; Mitte Jan.–Weihnachten Di–So 11–15 Uhr, Anf. Juni–Mitte Aug. tgl. 10–16 Uhr*

Eindrucksvoller ist das **Gießereimuseum** in einer ehemaligen Gießerei. Designer, Softwareentwickler, Modeberater und andere Branchen sowie das Museum mit den gusseisernen Produkten (vor allem den beliebten Öfen) teilen sich nun die Lofts.
Støberimuseet, *Nørregade 13, www.museummors.dk; Ostern–Ende Herbstferien Kernzeit Di–So 11–15, Sommerferien tgl. 10–16 Uhr*

13 km nördlich von Nykøbing befindet sich das schöne **Skarregård-Naturreservat**, dem ein heimatkundliches Museum, Skarregård (Bauernhof) sowie ein Park angeschlossen sind. Ein Moler Museet befindet sich nördlich von Hesselbjerg (S. 321).
Landbrugsmuseet Skarregaard, *Feggesundvej 53, www.nordmors.dk/skarregaard-naturcenter; Mai–Ende Herbstferien Kernzeit Di–So 10–15, Sommerferien tgl. 10–16 Uhr*

Reisepraktische Informationen Nykøbing/Mors

Information

Morsø Turistbureau, *Havnen 4, ☏ 97720488, www.visitmors.dk.*

Unterkünfte

Steenbergs Hotel & Brasserie €€€, *Toldbodgade 10, ☏ 97407000, www.steenbergs.dk; restauriertes historisches Hafenpackhaus, nahe der Innenstadt; gutes Restaurant/Weinstube.*
Sallingsund Færgekro €€€, *Sallingsundvej 104, ☏ 97720088, www.sfkro.dk; herrlich am Fuß der Sundbrücke gelegen, vorzügliche Küche und exquisiter Weinkeller. Mit Campingplatz/Hütten.*
Pinenhus €€–€€€, *Pinen 3, Sallingsund, Glyngøre, ☏ 97731899, www.pinenhus.dk; östl. der Sundbrücke, schön gelegen. Neueres Hotel, Fitnessraum, Restaurant, Blick auf den Sund (Sonnenuntergang).*

Jugendherberge

Nykøbing/Mors Danhostel, *Øroddevej 15, ☏ 97720617, www.danhostelmors.dk; 1 km zum Zentrum, von Wald und Grünflächen umgeben, am Strand, auch Familienzimmer.*

Camping

Morsø Camping, *Pavillonvej 3, ☏ 97710199, www.mors-camping.dk; schön von einem Stadtwald umgeben, am Fjord, 10 Gehminuten zur Innenstadt, 60 Stellplätze, Hütten.*

Restaurants

Restaurants des o. g. **Steenbergs Hotel** *(leckere Austern- und Muschelgerichte) sowie des* **Sallingsund Færgekro** *(bekannt für die Fischgerichte). Im* **Café Holmen** *am Lystbådehavn (Holmen 3, www.cafe-holmen.dk) gibt es Brunch, Smørrebrød, Salate, kleine Gerichte und Kuchen. In Glyngøre auf der anderen Seite des Sunds kann man bei* **Glyngøre Shellfish** *(Kassehusvej 5, Glyngøre, www.danishshellfish.com) erstklassige Limfjord-Austern erstehen und/oder in der angeschlossenen Austernbar mit einem Gläschen Sekt genießen.*

Tipp

Auch wenn die Strecke hier nördlich weiterführt, lohnt ein Abstecher auf die Halbinsel Salling zum **Schloss Spøttrup** (S. 308, ca. 35 km von Nykøbing/Mors).

Am Feggeklit soll Prinz Hamlet Rache an seinem Onkel geübt haben

Hinweis

Um die beschriebene Strecke abzukürzen, kann man im Norden von Mors die **Fähre über den Feggesund** nehmen (Fähre verkehrt nur 6.10 bis ca. 18, Juni–Aug. bis 22 Uhr, ☏ 51207441). Am **Feggeklit** soll Prinz Hamlet seinen bösen Onkel und Stiefvater, König Fegge, umgebracht haben. Ein Gedenkstein erinnert daran.

Die eigentliche Route führt von **Sønder Dråby** nach Westen in Richtung Vilsund. Nördlich von **Flade** verspricht der höchste „Berg" der Insel, die 88 m hohe **Salgerhøj**, einen bezaubernden Rundumblick. Ein kurzes Stück weiter gen Westen zweigt eine Straße ab zu dem 60 m hohen Hanklit. Die Klippe bietet ebenfalls eine Aussicht, vor allem aber die Gelegenheit, die einzelnen und hier freigelegten Gesteins- und Vulkanascheschichten zu bewundern. Über eine 400 m lange Brücke überquert man nun den Vilsund. Die Kulisse von Thisted ist bereits gut wahrzunehmen.

Thisted

Thisted (13.500 Ew.) liegt an der Thisted Bredning, einem Ableger des Limfjord, und ist eine kleine Industriestadt mit Schwerpunkt auf Lebensmitteln, u. a. einer Großschlachterei, einer Magarinefabrik und einer Brauerei (s. u.). Der Ortsname leitet sich vom altnordischen Gott Týr her, der in der Edda als Gott des Kampfes, des Sieges und der Rechtsordnung auftaucht. Informationen erhält man im Infocenter am Bahnhof. Die Altstadt weist nur noch wenige alte Gebäude auf, besticht aber durch ihr mächtiges, 1853 erbautes (Altes) Rathaus am Store Torv. Dahinter thront die gotische **Thisted Kirke**. Das **Thisted-Museum** befasst sich mit der Geschichte und Kultur der Thy-Region sowie der der Stadt um 1850. Eine Abteilung ist dem Leben der berühmtesten Bürger, des Pädagogen Christen Kold (1816–70, Mitbegründer der Volkshochschulen) und des Autors Jens Peter Jacobsen (1847–85) gewidmet. Die Werke des Naturalisten beeinflussten Dichterkollegen wie Rilke und Thomas Mann. Berühmt sind seine beiden Romane „Frau Maria Grubbe“ sowie „Niels Lyhne“. Jacobsens Geburtshaus liegt am Parkplatz gegenüber dem Neuen Rathaus. Im Park am Tingstrupvej stehen Büsten dänischer Könige. Die landesweit bekannte **Thisted-Brauerei** kann während der Ferienzeit besichtigt werden.

Thisted Museum, *Jernbadegade/Store Torv, www.museumthy.dk; Di–Fr 11–16, Sa/So 13–16 Uhr*
Thisted Brygghus, *Bryggerivej 10, www.thisted-bryghus.dk; Touren mit Verkostung Juli–Mitte Aug. Di/Mi/Do 11 Uhr, Anmeldung über die Website*

7 km westlich von Thisted durchfährt man **Sjørring**, wo ein alter Burgplatz, Sjørring Volde, einst günstig an der Gabelung von sechs Straßen lag. Die Überreste und den 7,5 m hohen Wall sieht man an der Durchgangsstraße. Noch vor Vorupør fährt man durch den sich von Hanstholm bis Agger und an die Küste erstreckenden **Nationalpark Thy**. Neben dem kleineren Nationalpark-Infocenter an der Fähre bei Agger Tange gibt es ein weiteres, viel größeres am Stenbjerg Landingsplads südlich von Vorupør. Die Ausstellungsräume gehen hier direkt in die sandbedeckte Landschaft über und lassen die Grenzen zwischen Museum und umliegender Natur schwinden. Durch die Lage in den Dünen hat man einen grandiosen Blick auf das Meer und den Fischerort Nørre Vorupør.

In Vorupør dreht sich (fast) alles um Fischfang

(Nørre) **Vorupør** war ehemals nur ein Fischerdorf, noch heute ziehen die Fischer ihre Boote über den Strand aus dem Wasser. Die Geschichte dieser Fischer (und ihrer Retter) wird in der **ehemaligen Rettungsstation** und mit Booten am Strand am Westende der Vesterhavsgade erzählt. Die Fischräucherei gleich daneben verkauft leckeren, frischen Fisch (Tipp: die Fischbrötchen)! Der Besuch des **Nordseeaquariums** mit Salzwasserbecken lohnt besonders mit Kindern. Im **Vorupør-Museum**, untergebracht in einer ehemaligen Bootswerft, wird erläutert, wie einst die Fischkutter gebaut wurden. Besonders beliebt ist das **Meerwasserfreibad**, in dem das Baden in Nordseewasser – ohne Wellen, Tiden und Strömungen – möglich ist. Auch ein Spaziergang auf die lange Mole, ein Snack in einem der Strandrestaurants bzw. das Wellenreiten direkt in der Bucht empfehlen sich.

Fiskeri- og Rednings Museet, *Vesterhavsgade, am Strand, Ostern–Okt., tgl. 12–16, Juni–Aug. bis 17 Uhr.* **Nordsø Akvariet**, *Vesterhavsgade 131, www.nordsøakvariet.dk; Ostern–Okt., tgl. 10–16, Juli/Aug. bis 18 Uhr.* **Vorupør Museum**, *Vesterhavsgade 21, www.museumthy.dk; April–Okt. Di–So 13–16, Juli/Aug. tgl. 11–17 Uhr*

Reisepraktische Informationen Thisted und Vorupør

Information

Thisted Turistbureau, *Jernbanegade 29, ☏ 97921900, www.visitthy.dk.*
Das **Vorupør Museum** *(s. o.) dient auch teilweise als Touristeninformation, www.visitthy.dk.*

Unterkünfte

Hotel Limfjorden €€€, *Simons Bakke 39, Thisted, ☏ 97924011, www.hotellimfjorden.dk; schönes, oberhalb des Fjord gelegenes, modernes Konferenzhotel mit Restaurant.*
Hotel Thisted €€–€€€, *Frederiksgade 16, Thisted, ☏ 97925200, www.hotelthisted.dk; gemütlich plüschiges Stadthotel, im Stil des beginnenden 20. Jh., sehr gutes Restaurant.*
Stenbjerg Kro & Badehotel €€–€€€, *Stenbjerg Kirke Vej 21, 7752 Snedsted, ☏ 97938065, www.stenbjerg-kro.dk; der Kro blickt auf eine lange Geschichte zurück, was man ihm heute jedoch nicht mehr ansieht. Nettes Familienhotel nicht weit vom Strand mit sehr schönen und modernen Hütten, Restaurant mit regionaler Bio-Küche (einige vegetarische Gerichte). Angeschlossen ist ein* **Campingplatz**. *Ein kleiner Geheimtipp wegen der Lage und des guten Preis-Leistungsverhältnisses.*

Camping

Thisted Camping, *Iversensvej 3, ☏ 97921635, www.thisted-camping.dk; an östlicher Peripherie, direkt am Limfjord, 125 Stellplätze, Hütten. Einfacher ausgestattet, aber toll nahe dem Strand gelegen ist* **Vorupør Camping** *(Vesterhavsgade 85, Nr. Vorupør, ☏ 97938022, www.vorupoercamping.dk/de). Hier gibt es auch nette Hütten.*

Restaurants

Schön und modern gestaltet ist das **Restaurant Bryggen**, *Sydhavnesvej 9, Thisted, ☏ 97923090, www.restaurantbryggen.dk; hier gibt es gutes, im Hause gebrautes Bier, Steaks, Tapas, Pasta und auch leckere Gerichte mit asiatischen Einflüssen etc. Wer mittags Lust auf einen guten Fischimbiss hat, geht in Thisteds Innenstadt zur* **Gamle Røgerie** *(Nørretorv 1, Take-Away und Sitzplätze). Ansonsten bieten sich die o. g. Hotelrestaurants an.*

Die Küstenstraße führt nun durch Heidelandschaft gen Norden nach **Klitmøller**. Von einst drei Wassermühlenhöfen steht heute nur noch einer, sie aber gaben dem Ort ihren Namen. Bekannt ist der Ort als Surfer's Paradise (auch „Cold Hawaii" genannt), jedes Jahr strömen Surfer aus ganz Europa hierher. Gute Winde, Brandungen und ruhige Wasserabschnitte bieten für jeden etwas. Stand-Up-Paddeln und Seakayaking werden ebenfalls angeboten. Alte Fischerhäuser, z. T. sehr vornehme Ferienhäuser, Fischrestaurants, eine Fischräucherei *(Ørhagevej 152)* und Cafés runden das Bild ab.

Hanstholm

Weiter geht es direkt am Wasser entlang nach Hanstholm. Dabei durchquert man das 3.725 ha große **Hanstholm Vildtreservat**, Teil des Nationalparks Thy. Die unberührte Dünen- und Sumpflandschaft mit einer Reihe landwärtiger Wasserstellen und flächenhaftem Moorheidebewuchs ist idealer Nistplatz für Vögel. Hier kann man Schnepfen, Goldregenpfeifer, Otter und andere Tiere beobachten. Während der Brutzeit (April–Mitte Juli) ist der Zutritt untersagt.

Der Name der Stadt leitet sich von „Handskeholm" (Handske = Handschuh, Holm = Insel) ab. Bewiesen ist, dass sich hier bereits zur Wikingerzeit eine Siedlung auf einer Insel befand, aus der sich in den darauffolgenden Jahrhunderten ein bedeutender Fischereiort entwickelt hat. Nach dem Ersten Weltkrieg wurden Pläne entwickelt, hier einen großen Hafen anzulegen. Diese wurden zunächst durch die Wirtschaftskrise und dann den Zweiten Weltkrieg zum Erliegen gebracht. Erst 1967 wurde der große Überseehafen eingeweiht. Heute ist Hanstholm der größte Fischereihafen Dänemarks. Der moderne Ort zählt zwar nur 2.100 Einwohner, ist aber dennoch ein bedeutender Fleck auf Dänemarks Landkarte. Das Ortszentrum liegt auf einer Dünenkette und thront über den modernen Hafenanlagen, deren etwa 5 km lange Kaianlagen ein beeindruckendes Bild abgeben. Täglich werden hier bis zu 2.600 Tonnen Fisch angelandet, zumeist Heringe und Makrelen, und in einer der drei großen Auktionshallen (*Auktionsgade 11, Mo–Fr ab 6.45 Uhr*) versteigert. 2.300 Menschen sind direkt oder indirekt im Hafen bzw. im sekundären Sektor beschäftigt.

Während des Zweiten Weltkrieges wurde Hanstholm mit Bunker- und Verteidigungsanlagen geschützt, den größten Nordeuropas. Das **Bunkermuseum** im Norden erzählt die Geschichte der Festung. Von außen kaum wahrnehmbar, verschanzte sich hier hinter Dünen und Büschen eine furchterregende Kriegsmaschinerie. Die vier großen 38-cm-Kanonen konnten bis zu 55 km weit schießen und sollten damit die Einfahrt zum Skagerrak schützen. Man kann den größten Teil der Anlage (**Museumscenter Hanstholm**) erlaufen oder von Mitte Mai bis Anfang September einen Teil mit einer ehemaligen Munitionsbahn abfahren. Der ausgegebene Routenplan ist dabei sehr nützlich. Südlich von Hanstholm befindet sich die Batterie Hanstholm I, eine weitere Kanonenstellung, von der überwiegend nur Ruinen übrig geblieben sind. Beschaulich nimmt dagegen sich der **Leuchtturm** von 1843 aus (*Tårnvej 21*). Er ist mit 60 m das höchstgelegene Leuchtfeuer Dänemarks. Seine Leuchtkraft reicht über 50 km weit. Ihm zu Füßen wird im Museum **Ved Fyret** die Geschichte des Leuchtturms, der Fischerei, des Ortes, des Hafens und der Naturareale im Umkreis angeschnitten. Über AirBNB kann man sich in das Gebäude des ehemaligen Leuchtturmwärters einmieten. Hier ist auch das Touristenamt.

MuseumsCenter / Bunkermuseum Hanstholm, *Molevej 29, www.bunkermuseumhanstholm.dk; Febr.–Nov. tgl. 10–16, Juni–Aug. tgl. 10–17, Do bis 21 Uhr*
Ved Fyret, *www.hanstholmfyr.dk; tgl. 10 Uhr bis Sonnenuntergang*

Reisepraktische Informationen Hanstholm und Klitmøller

Information

Hanstholm Turistbureau, *Tårnvej 21 (am Leuchtturm von Hanstholm), ☏ 97921900, www.visitthy.dk.*

Unterkünfte

Montra Hotel Hanstholm €€€, *Chr. Hansens Vej 2, Hanstholm, ☏ 97961044, www.montrahotels.dk/hotel-hanstholm; zentral im Ort auf einer Dünenklippe oberhalb des Hafens; modernes Hotel, 69 Zimmer, Restaurant im Haus.*

Klitmøller Gl. Kro & Badehotel €€–€€€, *Krovej 15, Klitmøller, ☏ 69135188, http://klitmollerbadehotel.dk; die Geschichte des Kro geht zurück bis auf das Jahr 1829. Schön renovierte Zimmer, Familienzimmer und Hostelunterkünfte (€). Nicht alle Zimmer haben ein eigenes Bad! Preiswerte Halbpensionarrangements in Verbindung mit dem 2 km entfernten Fischrestaurant* **Niels Juel** *(s. u.) im Klitmøller Hotel.*

Camping

Hanstholm Camping, *Hamborgvej 95, ☏ 97965198, www.hanstholm-camping.dk; 3 km östl. der Stadt an der Vigsø-Bucht, 393 Stellplätze, Hütten sowie Luxushütten u. Mietwohnwagen, Restaurant, Badelandschaft mit Wasserrutschen. Ausritte mit Islandpferden können arrangiert werden.*

Nystrup Camping *in Klitmøller (Trøjborgvej 22, ☏ 97975249, www.nystrupcampingklitmoller.dk) liegt windgeschützt 600 m vom Strand entfernt und bietet auch ein Surfercamp.*

Bulbjerg Camping, *Bulbjergvej 11, Frøstrup, ☏ 61544381, www.camping.dk; 32 km östl. von Hanstholm, nur 45 Plätze, dafür aber windgeschützt und sehr familiär. Gut 5 km zum nächsten Strand (Lild Strand) und 4 km zur Bulbjerg-Klippe.*

Restaurants

Dänische und internationale Gerichte gibt es im Restaurant des **Hotel Hanstholm** *(s. o.), dänische Gerichte und Salate oberhalb der Stadt im* **Hanstholm Madbar** *(Helshagevej 98, ☏ 81711912, www.hanstholmmadbar.dk) mit grandioser Aussicht auf Stadt, Hafen und Dünenlandschaften. In Klitmøller ist das* **Fiskerestaurant Niels Juel** *(Ørhagevej 150, ☏ 71996363, www.nielsjuel.com) die beste Wahl. Tipp hier: das Fisch- und Meeresfrüchtebuffet (nur Juni–Aug.).*

Östlich von Hanstholm erstreckt sich die **Landschaft Han Herred**, in der sich viele kleine Sehenswürdigkeiten verbergen, die an dieser Stelle nicht alle aufgeführt werden können. Hingewiesen sei aber auf das äußerst interessante **Nationale Test-Center** für große Windkraftanlagen 3 km nordöstlich von Østerild (*Gamle Aalborgvej, dann Testcentervej*), das besucht werden kann. Hier werden sieben ganz große Windräder getestet! Infos und Anmeldung in den nahen Touristenämtern.

In **Øsløs** steht das Haus des Dichters Johan Skjoldborg (1861–1936). Skjoldborg war Handwerker und beschrieb in seinen Werken das Leben der arbeitenden Klasse und ihre Sorgen *(Skippergade 6, www.museumthy.dk, Juli tgl. 14–17 Uhr)*. Um Øsløs befindet sich das **Vejlerne-Naturreservat**, das sich vom Lønnerup Fjord im Südwesten bis hin zum Lund Fjord im Nordosten erstreckt. Das 6.000 ha große Feuchtgebiet hat seinen Erhalt einem missglückten Entwässerungsversuch zu verdanken. Heute bieten Brackwasserseen, Schilf, Wäldchen und Wiesen ein ideales Brut- und Aufzuchtgebiet für Wasservögel. Es gibt zahlreiche Aussichtspunkte, einige auf Türmen. Das Infocenter liegt 6 km östlich von Øsløs an der Straße 11/29 (*www.avjf.dk/avjnf/naturomraader/vejlerne*).

Wieder zurück in Øsløs bzw. Vesløs geht es weiter auf unserer Route in Richtung Norden. **Højstrup/Tommerby**, einst am Wasser gelegen, war zur Zeit der Wikinger ein Begräbnisplatz. Hier landeten die Schiffe mit den Toten an, die symbolisch in schiffsförmigen Steinsetzungen beigesetzt wurden. An die hundert dieser „Schiffe", die die Verstorbenen ins Reich der Toten bringen sollten, sowie Grabhügel sind heute noch zu sehen (*Navi: Tømmerbyvej 105, 7741 Frøstrup*).

Im **Kirsten Kjærs Museum** in Langvad sind ca. 300 Werke der viel gereisten Künstlerin ausgestellt. Kjær (1893–1985) wurde in Vester Thorup geboren, führte ein sehr bewegtes Leben und besonders ihre Porträtzeichnungen finden Beachtung. Im Sommer werden klassische Konzerte und Sonderausstellungen veranstaltet.

Kirsten Kjærs Museum, *Langvadvej 64, Langvad/Frøstrup, www.kkmuseum.dk; April–Okt. tgl. 11–17 Uhr, Rest des Jahres nur nach Anmeldung*

Blick von der Bjulberg-Klippe

Ein Abzweig von der Straße 569 führt zu dem kleinen Fischerörtchen **Lild Strand**. Auch hier werden die Boote noch über den Strand ins und aus dem Wasser gezogen. Die ersten Fischer fuhren bereits Mitte des 19. Jh. hinaus aufs Meer, hatten aber keine festen Behausungen, sondern kehrten während der kalten Jahreszeiten in ihre Dörfer landeinwärts zurück. Im Ort gibt es die Lild Strand Fisk Røgeri mit Sitzmöglichkeiten im Freien.

Die nächste Abzweigung führt hinauf auf den **Bulbjerg**, eine 47 m hohe Kalksandsteinklippe und zugleich Dänemarks einziger „Vogelfelsen", an dem u. a. die nordatlantische Dreizehenmöwe brütet. Der Ausblick auf Küste und Meer ist grandios. Auch hier wurde im Zweiten Weltkrieg ein Bunker hingesetzt, der heute für eine Ausstellung zur Vogelwelt an der Klippe und zur einzigartigen Geologie genutzt wird: Der Bulbjerg wird als „lebendige Steilküste" bezeichnet, da das Kalkmaterial permanent Wellen, Regen und Wind ausgesetzt ist und sich dabei fortlaufend verändert. Ein tolles Gebiet zum Spazierengehen und Picknicken.

Der folgende **Thorup Strand** lohnt wegen der kleinen Fischerboote am Strand sowie einer besonders guten Fischräucherei samt Imbiss ebenfalls einen kleinen Abstecher. Die Jammerbucht an der jütländischen Nordseeküste ist bekannt für ihre wunderschönen langen Sandstrände. Thorup Strand mit seinen 19 noch aktiven Fischkuttern ist Nordeuropas größter Küstenanlandungsplatz. Die Boote werden dort auch heute noch per Winsch an den Strand gezogen und gefischt wird nach den Prinzipien der Nachhaltigkeit mit Netzen und Waden, ohne Schleppnetze. Man kann die Aktivitäten der Fischer aus nächster Nähe verfolgen und den frischen Fisch im Fischgeschäft am Strand kaufen oder gleich im Imbiss verzehren.

Zurück an der Landstraße 569, noch westlich von Vester Thorup, weist ein Schild zu einem Museum auf dem Anwesen **Røgegaard**, das sich mit Jägerei und Jagdwaffen beschäftigt. Die Waffen sind bis zu 400 Jahre alt. Zudem kann man Trophäen bewundern und freilaufendes Wild auf dem Gelände der Jagdfarm sehen.
Røgegaards Jagt og Våbenmuseum, *Røgegaard Naturreservat, Thistedvej 536–538, Fjerritslev, https://roegegaard.slotshotel.dk; man sollte sich vorher anmelden, Besuch meist nur im Sommer möglich.*

In **Klim** geht es von der 569 ab in Richtung Norden. Nach einem kurzen Stück erreicht man die Auffahrt zum 31 m hohen Klim Bjerg. Rechter Hand geht es zu einem alten Kalkofen. Hier wurde früher Kalk zu Steinen gebrannt. Auf dem „Berg" führt ein kurzer Schotterpfad zu einem Parkplatz, von dem aus man in die ehemaligen Kalkgruben schauen kann. Hier oben lässt es sich gut picknicken. Am **Grønnestrand**, wenige Kilometer nordöstlich, steht eine alte, mit Heidekraut isolierte Windmühle. Die Mühle wurde 1866 errichtet. Faszinierend sind auch hier wieder die Strände an der Jammerbucht, besonders weil sie im nahen Hinterland wieder von alten, zwischen 20 und 80 m (bei Tranum) hohen Sekundärdünen überragt werden.

Das Brauereimuseum in Fjerritslev

Fjerritslev

Der Ort mit 3.400 Einwohnern ist das „Zentrum" von Han Herred und tagsüber für die Urlauber an den nördlichen Stränden das Einkaufszentrum. Abends und im Winter wirkt der Ort aber öde und trostlos. Die alte **Landbrauerei Bryggergården** ist heute ein Museum, in dem erläutert wird, wie

man Bier braut und wie der Braumeister lebte. Im Haupthaus gibt es zudem eine heimatkundliche Ausstellung.
Fjerritslev Bryggeri- og Egnsmuseum, *Østergade 1, www.fjerritslevmuseum.dk; Febr.–Nov. Mo/Do 11–13, im Sommer oft bis 15 Uhr*

Nahebei, an der **Fjerritslev-Kirche**, beginnt, wie in Lemvig (S. 315), ein **Planetenpfad** (Planetstien). Auch hier wurde das Sonnensystem im Maßstab 1:1 Mrd. auf einer Fahrradroute maßstabsgetreu abgesteckt. Eine Karte dazu gibt es im Touristenamt.

Von Fjerritslev geht es wieder gen Strand. **Slettestrand** liegt unterhalb einer alten bewachsenen Dünenkette. Der beschauliche Ort in schöner Naturlandschaft gefällt als Feriensiedlung, ebenso der nahe Campingplatz direkt hinter den Dünen und das bezaubernde Svinkløv Badehotel (*www.svinkloev-badehotel.dk*), das nach einem Brand wieder neu aufgebaut wurde. In der hiesigen Bootswerft **Han Herred Havbåde** werden die traditionellen nordjütländischen Fischerboote sowohl restauriert als auch neu gebaut. Hier darf man gerne bei den Arbeiten zuschauen. Südlich des Ortes liegt das **Künstlerzentrum Lien Galleri** *(Slettestrandvej 82, www.gallerilien.dk)*. Das Hinterland von Svinkløv und Fosdalen mit seiner Dünen- und Heidelandschaft wurde 2018 in „Danmarks Naturkanon" aufgenommen und zählt somit zu den 15 schönsten Naturgebieten des Landes. Auch der **Tranum Strand** etwas weiter östlich ist wunderschön und beliebt wegen der höheren Wellen. Hier lohnt der Besuch der Kunstausstellungen im Tranum Strandgård Kulturcenter *(Strandvejen 143, www.tranumstrandgaard.dk; Sa/So 14/11–17, im Juli auch Do/Fr 14–17 Uhr)*.

Bevor man nach Brovst gelangt, bietet sich ein Schlenker nach Süden zum **Schloss Kokkedal** bei Torslev an. Obwohl der Graben und die ältesten Kellerräume aus der Zeit um 1200 stammen, wurde das „Dornröschen-Schloss" erst nach der Reformation gebaut. Lange Zeit galt es als verwunschen, und eine Sage geht um, dass eine Ritterstochter in der Galerie spukt. Heute befinden sich ein teures Hotel sowie ein Restaurant in den Gemäuern. In der Nähe liegen die **Ganggräber von Hvisselhøj**, ein Steinzeitgrab mit drei Kammern. In **Brovst** beeindruckt der von einer Wallanlage umgebene **Herrensitz Bratskov**. Er stammt aus dem 16. Jh., wurde später erneuert und durch zwei Seitenflügel erweitert. Heute beherbergt er das heimatkundliche Museum mit beeindruckendem Rittersaal sowie im Sommer eine Touristeninformation, die in der Nebensaison in die Bibliothek gegenüber verlagert wird.

Reisepraktische Infos Fjerritslev, Slettestrand, Brovst

Information

Zuständig ist das **Touristenbüro in Blokhus** *(s. S. 332). Infos gibt es ansonsten zu unregelmäßigen Zeiten im Sommer im Bryggeri- og Egnsmuseum in Fjerritslev (s. o.) sowie im alten Herrensitz Bratskov Herregård, Fredensdal 8 in Brovst, bzw. gegenüber in der Bibliothek, www.visitjammerbugten.de.*

Unterkünfte

Kokkedal Slot €€€€, *Kokkedalsvej 17 (bei Torslev, 6 km südwestl. von Brovst), ☏ 982 33622, https://kokkedal.slotshotel.dk; Hotel in einem Herrenhof aus dem 16. Jh. Gediegene Atmosphäre. Exquisites Restaurant, Samstag nachmittags Weinproben im Weinkeller.*
Svinkløv Badehotel €€€–€€€€, *Svinkløvvej 593, 8 km nördl. von Fjerritslev, ☏ 98217002, www.svinkloev-badehotel.dk; das wunderschöne, historische Badehotel brannte 2016 leider komplett nieder. Es wurde jedoch inzwischen neu aufgebaut, liegt wunderschön auf der Dünenanhöhe und erstrahlt wieder im alten Glanz. Hier kann man bestens entspannen. Ein echter Tipp.*

Das Svinkløv Badehotel erstrahlt wieder im alten Glanz

Slettestrand Feriecenter *€€–€€€, Slettestrandvej 142, ☏ 98217044, www.slettestrand.dk; Apartments in moderner und ansprechender Ferienanlage im beschaulichen Fischerei- und Ferienort. Im Sommer oft nur wochenweise zu mieten. Restaurant, großer Pool und Angebot von Mountainbike-Touren.*
Fjerritslev Kro *€€–€€€, Østergade 2, ☏ 98211116, www.fjerritslevkro.dk; modern ausgestatteter, gemütlicher Dorfkrug, Restaurant.*
Hotel Nor *€€–€€€, Slettestrandvej 88, ☏ 98217133, www.hotelnor.dk; wunderschön oberhalb von Slettestrand auf einer Dünenkette gelegen; tolle Aussicht! Empfehlenswertes Restaurant. Für etwas mehr Geld gibt es ein Zimmer mit Meerblick und/oder Terrasse.*

Jugendherberge

Danhostel Fjerritslev, *Brøndumvej 14, ☏ 98211190, https://sites.google.com/view/danhostel-fjerritslev; nahe dem Ortskern, 178 Betten.*

Camping

Klim Strand Camping, *Havvej 167, Klim Strand, ☏ 82107010, www.firstcamp.de; nordwestl. von Fjerritslev; am Wasser, eigener „Wasserpark", 750 Stellplätze (nicht alle windgeschützt), Hütten, Restaurant am Platz.*
Svinkløv Camping, *Svinkløvvej 541, ☏ 50202530, www.svinkloevcamping.dk; nordöstl. von Fjerritslev; bezaubernd zwischen Wald, Dünen und Meer gelegen, windgeschützt, 320 Stellplätze sowie Hütten. Schön, windgeschützt und von Natur umgeben, aber 1,5 km vom Strand entfernt, ist* **Tranum Klit Camping**, *Sandmosevej 525 (Straße zum Ejstrup Strand), ☏ 98235282, www.tranumklitcamping.dk.*

Restaurants

Grundsätzlich können die Restaurants in den o.g. und auch anderen Hotels in dieser Region als die beste Wahl gelten.

Der schnelle Weg nach Norden führt weiter auf der Straße 11 nach **Aabybro**. Wer noch etwas Zeit hat, sollte die kleine Straße südlich über **Gjøl** entlang fahren. Schon vor dem Ort hat man vom Damm eine gute Aussicht auf ein weiteres Vogelschutzgebiet. In Gjøl, einem verschlafenen Fischerdorf am Limfjord, sind in der Gjøl Kirke Steinbilder und Fresken von 1525 zu bewundern. Nördlich von Gjøl erstreckt sich Dänemarks ehemals größtes **Hochmoor**, Store Vildmose, bis zur Linie Brønderslev – Løkken. Es wird heute zwar größtenteils landwirtschaftlich genutzt, weist aber noch Ödland auf.

Nun erreicht man die Spitze Jütlands, einen Landstrich, der sich **Vendsyssel** nennt. Er wird im Süden durch den Limfjord und die Linie Aalborg–Blokhus abgegrenzt, reicht im Norden bis nach Skagen und im Osten bis ans Kattegat.

Sandskulpturen-Festival in Blokhus

Blokhus

In Blockhäusern (Blokhuser) hinter den Dünen wurden vor gut 200 Jahren die Waren aufbewahrt, die Schiffe aus aller Welt hierher brachten. Erst zum Ende des 19. Jh. kamen die ersten Touristen, nachdem ein Badehotel aufmachte. Später folgten Ferienhäuser, von denen es jetzt an der Küste Tausende gibt. Der alte Kern eines Fischerdorfes ist noch zu erkennen, aber touristische Zweckbauten haben mittlerweile die Oberhand und in der Hochsaison ist es hier voll. Blokhus ist vor allem beliebt bei jüngeren Besuchern und bekannt für sein Nachtleben. Beachtenswert sind jedoch in Hune der **Skulpturenpark Blokhus** mit modernen Kunstwerken, alljährlich wechselnden Sandskulpturen-Ausstellungen und Café sowie das **Nordische Museum für Papierkunst**. Auf rund 850 m² zeigt das Haus Psaligrafie – mit Schere geschnittene Papierkunstwerke – bis zu einer Größe von fünf mal drei Metern. Zudem erfährt man noch einiges mehr zum Thema Papier, Kunst und seine Nutzung. Kinder und Erwachsene können sich gerne selbst, unter Anleitung, an der Scherenschnittkunst versuchen. Wer Lust auf einen verwunschen schönen Garten hat, schaut sich in Hune den **Garten der Malerin Anne Just** an (*Postbakken 4, www.annejust.dk/dk; Juni–Mitte Sept.*).

Skulpturparken Blokhus, *Vesterhavsvej 6, Hune, www.kulturhusetblokhus.dk; Mitte April–Ende Okt., tgl. 10–17, Ende Juni–Mitte Aug. bis 19 Uhr, Nov./Dez. Weihnachtsdeko- und Markt tgl. 11–21 Uhr*

Museum for Papirkunst, *Ilsigvej 2, Hune, www.museumforpapirkunst.dk; Febr.–Dez Di–So 10–16, Ende Juni–Anf. Aug. bis 17 Uhr, Jan. Sa/So 10–17 Uhr*

Von Blokhus aus folgt die beschriebene Route im Wesentlichen der **Margeritenroute**, die sich bis Hirtshals im Zickzack von der See ins Land und zurück bewegt.

Reisepraktische Informationen Blokhus

Information

Jammerbugt Turistbureau/Blokhus, *Torvet 3, ☎ 72578970, www.visitjammerbugten.de.*

Unterkünfte

Strandhotellet Blokhus €€€€, Sønder I By 2, *☎ 70260015, www.strandhotellet-blokhus.dk; das sehr geschmackvoll restaurierte Hotel bietet alle Annehmlichkeiten eines modernen*

Badehotels. Ein Wellness-Center, ein bezaubernder Garten und ein erstklassiges Restaurant (dän.-frz. Küche, gekocht wird fast nur mit lokalen Produkten) runden das Bild noch ab. Zimmer und Apartments.
Vraa Slotshotel €€€–€€€€, *Gl. Vraavej 66, Tylstrup, ☏ 98261377, https://vraa.slotshotel.dk; 20 km östl. von Blokhus; in einem Schloss aus dem 14. Jh., zu dem es einige Geistergeschichten zu hören gibt. Empfehlenswertes Restaurant (besser reservieren). Es gibt auch recht kleine, dafür preisgünstige Einzel- und Doppelzimmer. Wer also einfach mal in einem Schloss wohnen möchte … natürlich haben die Suiten mehr Stil.*
Blokhus Feriecenter €€–€€€, *Høkervej 5, ☏ 98249333, www.blokhusferiecenter.dk; im Ort und direkt an der Stranddüne gelegen. Modernes, familienfreundliches Ambiente, Ferienwohnungen, auch für Selbstversorger. Restaurant, Café, Badeland.*

Camping

Blokhus By Camping, *Aalborgvej 62, ☏ 98249096, www.campingiblokhus.dk; 340 Stellplätze, Hütten. Nahe Blokhus, 900 m zum Strand. Schöner für Familien ist* **Blokhus Natur Camping**, *Kystvejen 52, ☏ 98249157, www.blokhusnaturcamping.dk; 3 km südl. von Blokhus. Spielmöglichkeiten für Kinder, 300 Stellplätze, 2 km zum Strand. Hier wird mehr der Natur überlassen, das Gras ist höher, es gibt mehr Bäume sowie rustikale Hütten in allen Größen und Safarizelte.*

Restaurants

Futten, *Høkervej 2, ☏ 98248203, www.futten.dk; Gebäude von 1761, historisch eingerichtet, ein maritimes Kleinod. Bezahlbare Fleisch- und Fischgerichte, oft Live-Jazz. Etwas vornehmer ist das* **Nordstjernen** *um die Ecke (Høkervej 1, ☏ 98249391, www.restaurantnordstjernen.dk). Und das* **Blokhus Fiskerestaurant** *(Strandvejen 2, ☏ 70231755, www.blokhusfiskerestaurant.dk) ist beliebt wegen seines „All-you-can-eat"-Fisch- und Fleischbuffets. Das* **KunstCafeen** *(Strandvejen 12, ☏ 70231751, www.kunstcafeen-blokhus.dk) mit bezahlbaren, typisch dänischen Gerichten aller Art ist wohl der beste Kompromiss aus allem. Hier werden besonders leckere Salate und Fischgerichte angeboten.*

Feste und Festivals

Blokhus-Løkken Wind Festival: *Ende Mai/Anfang Juni treffen sich Tausende Lenkdrachen-Profis und -fans zu Kite-Wettbewerben, Schauflügen, Drachenbau-Workshops und anderen „windigen" Highlights für die ganze Familie. Facebook: Blokhus Wind Festival*

Fårup Aquapark und Sommerland

Fårup Sommerland besitzt Dänemarks größtes Badeland und erstreckt sich über mehr als einen halben Quadratkilometer. Hier kann man alle Aktivitäten rund ums Wasser betreiben. Wasserrutschen, Bootstouren, Planschbecken, riesiges Erlebnisbad, Thrill-Rides – für jedes Alter ist etwas dabei. In der Achterbahn Fønix erreicht man eine Geschwindigkeit von 95 km/h! Auch andere Angebote gibt es, z. B. Bogenschießen, Spielplätze sowie 60 Attraktionen und Fahrgeschäfte. Eltern werden ihre Kinder hier schwer wieder loseisen können. Übernachtungsmöglichkeiten gibt es in Ferienhäusern, auf einem Campingplatz und mitten im Park im Vier-Sterne-Hotel Fårup (mit Achterbahnanschluss!), in dem alle 51 Zimmer über einen Balkon oder eine Terrasse verfügen.
Fårup Aquapark & Sommerland, *Pirupvejen 147, Saltum, www.faarupsommerland.dk; Saison: Mitte Mai–Ende Aug., Anf. Mai und Sept. nur an Wochenenden, Okt. während der Herbstferien, 10–17/18/19, Hochsaison bis 20/20.30 Uhr (Zeiten variieren)*

In der monumentalen **Kirche in Saltum**, erbaut um 1150 und verändert 1450, bestechen schöne, mittelalterliche Fresken. Und jedes Jahr am zweiten Wochenende im Mai findet in Saltum Skandinaviens größtes **Wollfestival** (Uldfestival, *www.uldfestival.dk*) statt.

Die Margeritenroute geht nun landeinwärts ins 65 km^2 große Gebiet **Store Vildmose** (großes, wildes Moor). Ein Hochmoor ist ein wassergetränkter Boden, der sich über dem Land erhebt. Hier bedeckt es den steinzeitlichen Meeresboden. Bis ca. 1870 war das Gebiet unberührt, abgesehen von ein paar Torfstechern. Dann begann man mit der Trockenlegung und Kultivierung des Bodens. Um der Ausblasung vorzubeugen, legte man Knicks an, die sich mit der Zeit dem Wind beugen mussten. Wirtschaftlich betrachtet, hat der Aufwand gelohnt. Die Höfe sehen gesund aus und profitieren von den satten Böden. Gut und kräftig schmecken übrigens die Moorkartoffeln *(mosekartofler)*. Naturbelassene Stellen muss man jedoch suchen und mittlerweile ist das Lille Vildmose (s. S. 374), das „kleine Moor" südöstlich von Aalborg das größere verbliebene Moor, denn es wurde nicht so stark entwässert und steht jetzt unter Naturschutz. Wer sich näher mit der Natur dieses Hochmoores befassen möchte, der sollte bei Brønderslev ins **Vildmose-Museum** schauen. **Brønderslev** empfiehlt sich auch wegen des **Hedelund-Rhododendronparks** *(Nørregade 45)*, dem größten seiner Art in Nordeuropa. 10.000 Büsche (129 Arten) sind hier auf 7 ha angepflanzt und blühen während des Sommers. Dann bietet sich auch ein Café im Park für eine Zwischenmahlzeit an.

Vildmosemuseet, *Nørregade 25, www.museummoss.dk; Ende Juni–Ende Aug. u. Herbstferien tgl. 10–16, Rest des Jahres Sa/So 10–16 Uhr*

Løkken

Wie das benachbarte Blokhus ist auch Løkken ein beliebter Badeort. Was einst ein gemütliches Fischerhäuschen bzw. Fischrestaurant war, beherbergt heute Diskothek, Pizzeria oder Schnellimbiss. Wer Ruhe sucht, sollte Løkken im Sommer eher meiden und die Randsaison bevorzugen. Løkken hat auch Charme, vor allem die festen Backsteinhäuser des Ortskerns mit einigen ansprechenden Geschäften und Restaurants, die vielen erhaltenen Dinge um das Thema Fischfang, der Strand mit den Fischerbooten und natürlich die zwei Museen: Das **Løkken-Museum** im Johanne Grønbechshus, einem Kapitänshaus aus dem Jahr 1859, mit Ausstellungen zur Stadtgeschichte und zum Handel mit Südnorwegen im 17. und 18. Jh., sowie das **Küstenfischereimuseum** im Alten Rettungshaus, das sich mit der Küstenfischerei, aber auch mit dem Vertrieb der Fische befasst. Hauptattraktion ist der Fischkutter „Bent II", der 1944 vom Stapel lief.

Løkken Museum, *Nørregade 12 sowie* **Kystfiskerimuseum**, *Det Gamle Redningshus, Nordre Strandvej 17, www.loekkenmuseum.dk; Juni–Aug. (die Zeiten variieren jeweils)*

Reisepraktische Informationen Løkken

Information

Løkken Turistbureau, *Jyllandsgade 15, ☏ 98991009, www.visitnordvestkysten.dk.*

Unterkünfte

Løkken Badehotel €€–€€€, *Torvet 8, ☏ 98991411, www.loekken-badehotel.dk; mitten im Zentrum; saubere und adrette Apartments (keine Hotelzimmer!) in einem alten Kaufmannsgebäude von 1840, Restaurant mit Straßencafé (u. a. leckere Smørrebrød).*

Børglum Mejeri €€, *Vråvej 522, Børglum, ☏ 60103553, https://borglummejeri.dk; umgebaute und schön renovierte Meierei in einem kleinem Dorf, 7 km östl. von Løkken; 9 Zimmer und ein großes Apartment (nur wochenweise zu mieten); günstig und sauber, nur Frühstück. Garten.*

Camping

Kaum eine Region im Königreich hat so viele Campingplätze wie die um Løkken. Empfehlung: **Løkken Strand Camping**, *Furreby Kirkevej 97, ☏ 98991804, www.loekkencamping.dk; 1,5 km nördl. des Ortes, direkt am Strand, kinderfreundlich, oft windig. Hütten, Pool.*

Strandhäuser

Restaurants

Hervorzuheben ist das Restaurant im o. g. **Løkken Badehotel**. *Im* **Restaurant Hovmesteren**, *Kjelgaards Plads 3, gibt es einfache, leckere Gerichte und das im* **Løkken Bryghus** *(gleich dahinter, Probierstube, https://loekkenbryghus.dk) gebraute Bier. Zudem sei hier noch auf die im Sommer geöffnete* **Løkken Beachbar** *hingewiesen, die mit Cocktails und kühlen Getränken am nördlichen Strandabschnitt auf durstige Gäste wartet.*

Kloster Børglum

Schon aus einigen Kilometern Entfernung ist das massive Bauwerk zu erkennen, das an der Westseite eines Hügels zu „kleben" scheint. Zuerst diente der Ort den Wikingern als Königshof, bis Knud der Heilige 1086 vor den aufständischen Bauern fliehen musste. 1135 wurde der Bischofssitz von Vestervig hierher verlegt. Kurz darauf richteten Prämonstratenser ein Kloster ein, samt romanischer Kirche. Die Idee, an dieser Stelle auch einen Dom zu errichten, wurde bereits 1260 aufgegeben – man begnügte sich mit einer massiven, vierflügeligen Klosteranlage. Bis zur Reformation (1536) blieb der Bischofssitz bestehen, dann geriet Børglum in Vergessenheit. Erst Mitte des 18. Jh. ließ der Hofbaumeister Laurids de Thura die Anlage komplett restaurieren und in Teilen zu einem Barockschloss umgestalten. Heute sind Keller, Burghof und die frühgotische Kirche, nicht aber die nahe Klostermühle, eine holländische Windmühle von 1860, zu besichtigen. Im Sommer lädt ein Café ein. Schön sind die Sonderaustellungen, Märkte und Weihnachtsmärkte.

Børglum Kloster, *Børglum Klostervej 255 B, www.boerglumkloster.dk; Winterferien, Ostern bis Ende Herbstferien tgl. 10–16 (ab Mai bis 17) Uhr, sowie an den Wochenenden vor Weihnachten*

Die auf der Weiterfahrt entlang der Margeritenroute zur Küste angekündigte **Rubjerg-Kirche** ist übrigens ein Neubau, denn das alte Gotteshaus fiel den Sandverwehungen zum Opfer.

Rubjerg Knude

Die 100 m hohe Lehm- und Sandsteinklippe bietet einen famosen Blick über Meer und Hinterland. Jedes Jahr „wandert" die Steilküste ein paar Meter nach Osten, so stark branden hier die Wellen. Der Wind sorgt ebenfalls für sichtbare Veränderungen, die hohen Sandverwehungen sind weit ins Land sichtbar. Besonders eindrucksvoll war das zu erkennen am 1900 erbauten **Leuchtturm** (*www.rubjergknude.dk*), der vom Flugsand über Jahrzehnte „begraben"

Der Leuchtturm zeigt sich jedes Jahr anders

und zeitweise auch wieder freigeblasen wurde. 2019 wurde der Turm in einer wahnwitzigen Aktion um gut 80 m ins Landesinnere versetzt! Man kann den Turm besteigen. Das Feuer ist seit 1968 nicht mehr in Betrieb. Wer nicht zum Leuchtturm laufen mag, der kann im Sommer auch eine Traktor-Tour dorthin buchen.

In **Vennebjerg** steht die höchstgelegene Kirche Vendsyssels. Weißgetüncht, mit einem knallroten Ziegeldach, diente sie früher den Seefahrern als Orientierung. Vom 89 m hohen Grabhügel bei der Kirche hat man einen schönen Ausblick.

Nicht weit entfernt, bei **Lønstrup**, findet man noch die letzten Überreste der kleinen romanischen **Mårup-Kirche**. Als sie im 13. Jh. erbaut wurde, lag sie 2 km von der Steilküste entfernt. Seit 1926 wird sie nicht mehr genutzt und nun ist das Meer so nah, dass man die letzten Mauern bereits 2015 abgetragen hat. Auch vom Friedhof ist nur noch wenig zu sehen. Eindrucksvoll, wie die Natur sich ihren Weg bahnt. Lønstrup, ebenfalls ein Fischer- und Touristenort, ist bei weitem nicht so überlaufen wie Løkken und Blokhus. Hier kann man gut einen Tag entspannen und in kunsthandwerklichen Boutiquen stöbern. Die Strände zwischen Lønstrup und Hirtshals sind fantastisch.

Das **Skallerup Seaside Resort** *(Nordre Klitvej 21, www.skallerup.dk)* ist eine riesige Freizeitwelt für sich. Hier gibt es beinahe für jeden etwas: Ferienhäuser, Wellness, Spa, Sauna, Bowlingbahn, Supermarkt, Reitanlage, Sportfelder, Café usw. Nach dem Zweiten Weltkrieg befand sich hier ein Flüchtlingslager.

Das **Bernsteinmuseum** in **Sønderlev** ist zugleich eine Bernsteinwerkstatt (Vorführungen). Aus Liebe zu dem gelben „Edelstein" wurden hier Tausende von Bernsteinen zusammengetragen; rohe, mit eingeschlossenen Insekten, zu Schmuck verarbeitete etc. (s. auch S. 287).
Ravgården–Ravsliberi & Museum, *Skallerupvej 525, Sønderlev, www.ravgaarden.dk; Mo–Fr 10–17, Nebensaison 11–14 Uhr*

Hjørring

Die Stadt mit heute knapp 26.000 Einwohnern erhielt 1242 ihre Stadtrechte, kurz darauf bauten die Bewohner die drei u.g. Kirchen und Hjørring entwickelte sich zum Zentrum und wichtigsten Handelsplatz von Vendsyssel, das es bis heute geblieben ist. Trotzdem geht alles gemächlich zu. Hauptattraktion ist das **Historische Museum Vendsyssel** in der ehemaligen Probstei (ca. 1773) und alten Schulgebäuden im historischen Stadtgebiet. Die Ausstellungen erläutern vor allem die geschichtliche Entwicklung Vendsyssels von der Steinzeit bis heute.
Vendsyssel Historiske Museum, *Museumsgade 3, www.vhm.dk; Mitte Juni–Aug. tgl. 11–16, Rest des Jahres Di–Fr u. So 11–16 Uhr*

Beachtenswert sind die über 150 Skulpturen und Bronzestatuen, die sich über die ganze Innenstadt verteilen sowie das **Vendsyssel-(Hjørring-)Kunstmuseum**, in dem Werke zeit-

genössischer, nordjütischer Künstler zusammengetragen sind, neben Gemälden auch Skulpturen, Grafiken und kunstgewerbliche Artikel. Das Gebäude war früher einmal eine Kleiderfabrik.
Vendsyssel (Hjørring) Kunstmuseum, *P. Nørkjærs Plads 15, www.vkm.dk; Di–So 11–16 Uhr*

Im Nordwesten des Zentrums (Gebiet Nørregade/Vendelbogade, nahe dem Torvet) stehen die drei alten, vornehmlich romanischen Kirchen: **St. Olai** und **St. Catherine** (beide Mitte des 13. Jh.) sowie **St. Hans** (um 1350). In allen sind alte Fresken zu bewundern.

Reisepraktische Informationen Hjørring und Lønstrup

Information

Hjørring Turistbureau, *Amtmandstoften, ☏ 41937193, www.visitnordvestkysten.de.*
Lønstrup Touristbureau, *Strandvejen 90, ☏ 96252220, www.visitnordvestkysten.de.*

Unterkünfte

Hotel Phønix €€€, *Jernbanegade 6, Hjørring, ☏ 98925455, www.phoenix-hjoerring.dk; schön restauriertes Stadthotel aus dem 19. Jh., zentral gelegen. Gutes Frühstück.*
Villa Maris €€€, *Strandvejen 94, Lønstrup, ☏ 98960700, www.villamaris.dk; 19-Zimmer-Hotel im Ortskern. Persönlich geführt und nach neuestem Standard modernisiert, 250 m zum Strand. Restaurant im Hause, im Sommer auch Weinbar.*
Villa Vest Badehotel Lønstruphus €€€, *Rubjergvej 2, Lønstrup, ☏ 98960066, www.villavest.dk/badehotel; kleines, sehr charmantes und über 100 Jahre altes Badehotel nahe Ortskern und Strand; angeschlossen ist ein erstklassiges, wenn auch nicht ganz billiges Restaurant (1 km entfernt, s. u.).*
Hjørring Kro €€–€€€, *Birthesvej 2, Hjørring, ☏ 98925329, www.hjoerringkro.dk; 3 km vom Stadtzentrum; moderner Gasthof mit gutem Preis-Leistungs-Verhältnis. Restaurant.*

Jugendherberge

Park Vendia Hostel, *Børge Christensens Vej 5 (Park Vendia), Hjørring, ☏ 98926700, www.danacupsportscenter.dk; am Stadtrand in einem Sportkomplex gelegen (Bahnhof/Zentrum: 1,7 km, Nordsee-Strand: 15 km); 140 Betten.*

Camping

Lønstrup Camping Møllebakken, *Møllebakkevej 20, Lønstrup, ☏ 21445637, www.campingloenstrup.dk; 400 m zum Strand, nahe zum Ortskern; 50 Stellplätze, Hütten.*

Restaurants

Restaurant Svanelunden, *Svanelunden 6 (im Park), Hjørring, ☏ 27289060, www.restaurantsvanelunden.dk; wunderschön am Parksee gelegenes, historisches Gebäude. Gemütlich, mit Flair und schöner Außenterrasse. Gute dänische Küche, erlesene Weine. Nur Mi–So (Nebensaison Do–So).*
Bryghuset Vendia, *Markedsgade 9, Hjørring, ☏ 98922228, www.bryghusetvendia.dk; Micro-Brauerei mit Brasserie und sündhaft teurem Gourmetrestaurant. „Beer-to-go" in 2-Liter-Flaschen.*
Villa Vest, *Strandvejen 138, Lønstrup, ☏ 98960566; oberhalb vom Strand, famose Aussicht, Terrasse und verkleidete Veranda; jahreszeitlich wechselnde, immer frisch zubereitete Gerichte. Historischer Touch. Gute Weinkarte, aber teuer.*

Bahn/Busse

Gute Busverbindungen. **Busbahnhof**: *Asylgade, in der Nähe (Parallelvej) liegt der Bahnhof.*

In **Tornby** gibt es im **Alten Handelshaus** (Den Gamle Kobmansgård, *Hovedvejen 61, www.tornbygk.dk*) am nördlichen Ortsausgang eine Ausstellung über die küstennahe Handelsschifffahrt. Tornby war zur Zeit der Wikinger ein Sammelplatz, bevor es auf Raubzug nach England ging. Immerhin ist der kleine Ort eine der ältesten Siedlungen Vendsyssels. Auf einer Tafel im Bootshaus am Strand wird über die frühen Handelsbeziehungen nach Süd-Norwegen berichtet. Tornby Strand gehört heute zu den schönsten Strandabschnitten der Region, ist im Sommer aber ziemlich überlaufen.

Blick auf Hirtshals

Hirtshals

Bis 1919 war Hirtshals nur ein kleines Fischernest. Dann begann man mit dem Ausbau des Hafens. Aufgrund der geografisch exponierten Lage zum Skagerrak wurden auch hier im Zweiten Weltkrieg massive Bunker und Geschützanlagen errichtet. Nach dem Krieg ging es weiter aufwärts mit dem Hafen, und heute gehört er neben Skagen, Hantsholm und Esbjerg zu den größten Fischereihäfen an der dänischen Küste. Von Bedeutung ist zudem der Fährhafen. Das heutige Erscheinungsbild der Stadt mit 5.500 Einwohnern ist wenig attraktiv, aber Hirtshals verleiht kostenlos Fahrräder und hat einige Attraktionen zu bieten:

Das Becken des **Nordsee-Ozeanarium** fasst 4,5 Mio. Liter Wasser und ist damit das größte in Nordeuropa. Hier kann man den Fischschwärmen durch eine 6 m hohe, 12 m breite, 41 cm dicke Glasscheibe zuschauen und durch eine 8 m hohe Wassersäule die Fische von unten betrachten. Oft „erzählt" ein Taucher live unter Wasser von der Flora und Fauna in der Nordsee. Es gibt auch einen „aktiven Bereich" im Museum, so z. B. das Anfassbecken, ein Robbenbecken sowie eine Abteilung, die sich mit der Hochseefischerei und dem Leben und der Arbeit der Fischer beschäftigt. Zudem werden von hier Führungen zu Fischauktionen am Hafen organisiert.
Nordsøen Oceanarium, *Willemoesvej 2, www.nordsoenoceanarium.dk; Mitte Jan.–Mitte Dez. sowie 26.–30.12. tgl. 10–16/17, im Sommer 9–18 Uhr*

Im **Hirtshals-Museum** wird die Geschichte der Stadt erläutert, wozu natürlich auch der Fischfang gehört. Das Haus ist wie ein Fischerhaus zu Beginn des 20. Jh. ausgestattet und eingerichtet. Der Knüller aber ist die Erläuterung der Zubereitung des lokalen Schnapses, des „Bjesk", dem nachgesagt wird, eine belebende Wirkung zu haben. Um das selbst auszuprobieren, kann man eine Flasche Schnaps mitbringen (am besten geeignet ist „Brøndums Snaps") und im Museum wird dieser mit den nötigen Kräutern angereichert, sodass aus ihm „Bjesk" wird.
Hirtshals Museum, *Sophus Thomsensgade 6, www.vhm.dk; Juli Mo–Fr 10–16, Sa 10–14, Mai/Juni, Aug.–Mitte/Ende Okt. Di–Do 11–16, Fr 11–14, Rest des Jahres Di/Do u. Sa 11–15 Uhr*

Der **Hirtshalser Leuchtturm** wurde 1862 südlich der Stadt errichtet und ist 35 m hoch. Die Leuchtturmkuppel befindet sich 57 m über dem Meeresspiegel. Daneben liegt ein **Bunker** (10. Batteri) aus dem Zweiten Weltkrieg, in dessen einzelnen Abschnitten und Bauresten

Ausstellungen zum Bunker sowie der Natur gezeigt werden. Die Bunkeranlage besteht aus 54 ausgegrabenen Bunkern, die mit 3,5 km langen Gräben verbunden sind. Die Bunkeranlage ist immer zugänglich, es gibt auch Führungen.
Bunkermuseet, *Kystvejen, www.vhm.dk; tgl. 10 Uhr bis Sonnenuntergang*

Reisepraktische Informationen Tornby Strand, Hirtshals

Information

Hirtshals Turistbureau, *Jyllandsgade 10, ☏ 98942220, www.visitnordvestkysten.dk.*

Unterkünfte

Montra Skaga Hotel €€–€€€, *Willemoesvej 1, ☏ 98945500, https://montrahotels.dk/skaga-hotel; Hotel im modernen skandinavischen Stil, gegenüber dem Oceanarium. Pool, Bar und Restaurant.*
Hirtshals Hotel €€/Seafront Hotel €€–€€€, *Havnegade 2, ☏ 98942077, www.hotelhirtshals.dk; modernes Hotel oberhalb des Hafens mit Zimmern und Apartments, einige mit Blick auf den Hafen. Nettes Restaurant im angeschlossenen Hirtshals Kro.*
In Tornby Strand empfehlen sich zwei Familienhotels: das historisch-plüschige Badehotel **Hotel Strandlyst €€** *(☏ 98977076, www.hotelstrandlyst.dk; schräg gegenüber befindet sich das Fischrestaurant* **MorFars Køkken**, *https://mormorskøkken.dk) und direkt am Meer* **Munch's Badehotel €–€€** *(☏ 98977115, www.munchsbadehotel.com; Zimmer sowie zwei Holzbungalows in den Dünen, Restaurant).*

Jugendherberge

B&B by the Sea, *Kystvejen 53, ☏ 98941248, http://bbhirtshals.com; ehem. Danhostel direkt an der Küste, zentrumsnah, 72 Betten.*

Camping

Hirtshals Camping, *Kystvej, ☏ 98942535, www.hirtshals-camping.de; 700 m südl. des Zentrums, am Meer, aber wenig windgeschützter Platz, 142 Stellplätze, Hütten. Schöner, wenn auch größer sind* **Kjul Camping** *(Kjulvej 12, 4 km östl. von Hirtshals, www.kjulcamping.dk, 800 m zum Strand) bzw.* **Tornby Strand Camping** *(http://tornbystrandcamping.dk, 1 km zum Strand).*

Restaurants

Dänische Küche serviert das **Lilleheden** *(Hjørringgade 2, ☏ 98944538, www.restaurantlilleheden.dk), während im einfach ausgestatteten* **Hirtshals Fiskehus** *frischer Fisch direkt vom Kutter kommt (Sydvestkajen 7, ☏ 40554355, https://hirtshalsfiskehus.dk). Das Restaurant im* **Skaga Hotel** *(s. o.) bietet einen tollen Blick auf Hafen und Meer. Und wer Lust auf einen leckeren Hot Dog mit Aussicht auf den Hafen hat, der geht zum Fastfood-Laden* **Hyttefadet** *(Norgeskajen 6) – wo es natürlich auch Fisch und anderes gibt.*

Busse/Bahn

Regelmäßige **Busverbindungen**. **Privatbahn** *nach Hjørring.*

Fähre

Die **Color Line** *(☏ 99561900, in Deutschland: ☏ 0431/7300100, www.colorline.de) unterhält Super-Speed-Fähren nach Larvik (3 Std. 45 Min.) und Kristiansand (3 Std. 15 Min.) in Norwegen. Die* **Fjord Line** *(☏ 97963000, in Deutschland: ☏ 08000000508, www.fjordline.com/de) verbindet Hirtshals mit Kristiansand, Langesund, Bergen und Stavanger in Norwegen. Schiffe der* **Smyril Line** *fahren von Hirtshals zu den Färöer-Inseln und Island. Tipp: Pakete für Mini-Kreuzfahrten, ☏ 96558500 (Dänemark), ☏ 0431/200886 (Deutschland), www.smyrilline.de.*

Lysetsland – das Land des Lichtes

Ein paar Kilometer östlich von Hirtshals passiert man den kleinen Ort **Åabyen**. Südlich weist zuerst ein Schild nach rechts zur **Voldanlæg**. Hinter den Hofanlagen befand sich im 14. Jh. eine Burganlage. Graben und Burghügel sind noch zu erkennen. 100 m weiter auf der kleinen Landstraße (Allingdamvej) liegt dann rechter Hand der imposante **Herrensitz Asdal**, ein ehemaliges Rittergut, dessen Geschichte zurückführt bis ins 14. Jahrhundert. Es kann nur von außen besichtigt werden. **Hellehøj**, 2 km südlich, ist ein ca. 3.500 Jahre altes Hügelgrab aus der Bronzezeit, das auf einem über 80 m hohen Moränenhügel angelegt wurde und ursprünglich 4 m hoch war.

4 km östlich, in **Mygdal**, liegt der alte **Herrensitz Odden** mit der Sammlung des dänischen Malers J. F. Willumsen (1863–1958, siehe auch S. 201). Von den über 1.200 Malereien und Skulpturen sind nahezu 800 ausgestellt. Willumsen war ein Vertreter des Skønvirke-Stils, einer Parallele zum europäischen Jugenstil bzw. zum Art nouveau. Die Inneneinrichtung des Hauses ist ebenfalls sehenswert. In Mygdal lohnt noch ein Blick in die **Bernsteinwerkstatt Rav-Værkstedet**, wo man beim Schleifen der Steine zuschauen und Stücke bewundern und erstehen kann (s. auch S. 287).
Herregaarden Odden, *Oddenvej 31, www.jfwillumsenodden.dk; Ostern–Okt. tgl. 10–17 Uhr*
Rav-Værkstedet, *Højtvedvej 7, www.rav-vaerkstedet.dk; Mo–Fr 10–17 Uhr*

Zurück auf der Straße 597: **Uggerby** liegt am gleichnamigen Fluss, Uggerby Å, und ist beliebt bei Anglern und Kanuten *(www.uggerby-kanofart.dk)*.

Tversted wirbt damit, dass die Bettenzahl der Unterkünfte die Anzahl der 500 Einwohner übertrifft und dass die Gemeinde äußerst wenig Müll produziert („*Nulskrald-Landsby*"). Der schöne Strand lockt viele Gäste an, denn die Region an der Tannis Bugt gilt als die sonnenreichste Jütlands. Die alte **Bockwindmühle** auf dem Hof „Østerklit" sechs Kilometer nordöstlich am Tranevej ist die einzige ihrer Art in Dänemark. Jedes Jahr im Oktober finden die **Jazzy Days** statt, bei denen vornehmlich Modern Jazz gespielt wird (*www.jazzydays.dk*).

Wanderdünen an der Nordspitze Dänemarks

Sehr feine Sandkörner sind so leicht, dass sie vom Wind getragen werden können. Sie fliegen und stoßen bei ihrer Landung andere kleine Sandkörner an, die über den Boden springen und wieder andere ins Rollen bringen. So entsteht eine **Kettenreaktion**, und es bewegen sich auf diese Weise große Sandmassen. Quer zur Windrichtung, als würde der Wind sie vor sich hertreiben, entstehen kleine Rippeln, die zu kleinen Hügeln werden. Sobald ein Hindernis im Weg ist, setzt sich der Sand an ihm fest. Es reicht dafür ein Grashalm. An dieser Stelle wächst eine Düne heran.

Die Dünengebiete in ihrer heutigen Form sind erst ab dem 14. Jh. entstanden, als große Teile des Waldes abgeholzt wurden und so ungeschützte Flächen durch den Wind mit Sand überdeckt wurden. Zu dieser Zeit waren die Dünengebiete von langen, immer wiederkehrenden kühlen und windigen Perioden geprägt. Aufgehalten wurde der Sand schließlich durch die Anpflanzung von Strandhafer der mit seinem tiefen und breiten Wurzelwerk (bis zu 5 m lange Wurzeln) für die Befestigung der Wanderdünen sorgte. Die Anpflanzung von Nadelbäumen verringerte ebenfalls den Sandflug. Auch wurde ein Rückgang der Sturmhäufigkeit festgestellt.

Diese Faktoren dämmten ab dem 18. Jh. das Sandtreiben ein. Aber auch heute gibt es noch Stellen in Dänemark, die ungeschützt geblieben sind und die Auswirkungen zeigen sich z. B. bei der Råbjerg Mile (s. u.) und bei Rubjerg Knude (S. 335). Die Dünen wandern weiter in Richtung Osten. Wind und Wasser **verformen** immer wieder **die Küstenlinie**. Jedoch ist es nicht nur der Wind, sondern auch die Strömung des Wassers, die in der Lage ist, Sand zu verlagern und teilweise an den Strand zu schwemmen. Buhnen aus Felsbrocken und Dämme aus Beton-Ankern, die weit in das Meer hinausragen, sollen die Verlagerung des Sandes verhindern.

Party an der versandeten Kirche bei Skagen

Die Kirche im südlich gelegenen **Bindslev** ist bekannt für ihre frühmittelalterliche Freske „Maria mit dem Kind" und im Sommer herrscht hier samstags reges Markttreiben. Und noch viel mehr los ist, wenn Ende Juli/Anfang August das **Bindslev Musikfestival** (*www.bindslevnymusikfestival.dk*) stattfindet, das ganz im Zeichen der Countrymusik steht. Zudem treffen sich hier bis zu 1.000 Akkordeonspieler und spielen auf.

Das **Adlerreservat** 3 km östlich von Tuen zeigt eine Ausstellung zu den majestätischen Raubvögeln und Vorführungen mit Adlern und auch Wanderfalken.
Ørnereservatet, *Straße 597 (Skagensvej 107), www.eagleworld.dk; Ostern bis Herbstferien, Zeiten variieren, daher unbedingt vorher nach Öffnungs- und Vorführzeiten erkundigen.*

Nun verlässt man die Margeritenroute und folgt der Stichstraße über die **Råbjerg-Kirche** (mit einer der ältesten Kirchenglocken Dänemarks), die nach wenigen Kilometern durch eine schöne Natur wieder auf die Hauptstraße nach Skagen gelangt. Bei **Hulsig** liegt der Abzweig zur Nordsee.

Råbjerg Mile

Wanderdünen sind in Dänemark selten, somit ist der Anblick dieser 1 km breiten, schneeweißen Düne ein besonderes Erlebnis. Über 4 km wurde sie schon landeinwärts geweht, und sie wandert immer noch jährlich 10–20 m – in stürmischen Jahren bis zu 50 m – nach Osten, da hier überwiegend Westwinde herrschen. Der höchste Punkt misst 40 m, im Schnitt sind es 15–20 m. Die Entstehung der Düne ist den Menschen zu verdanken. Im 17. Jh. wurden hier die letzten Bäume gefällt und Kühe auf die Weiden geschickt. Doch man unterließ es hier, als Befestigung Dünengräser zu pflanzen. Schön für einen Spaziergang.

Ein Stück weiter gen Nordsee liegt die kleine, verstreute Feriensiedlung **Kandestederne** idyllisch hinter einer Dünenkette. Außer zwei kleinen Hotels und nur relativ wenigen Urlaubern ist es sehr ruhig, besonders in der ausgesprochen attraktiven Nebensaison.

Skagen

Man vermutet, dass bereits zur Steinzeit Menschen an der Nordspitze Jütlands, wo Skagerrak und Kattegat aufeinandertreffen, gelebt haben. Doch erst im 13 Jh. entwickelte sich eine Siedlung an der Westseite des „Landschnabels", der heutige Ortsteil Gammel Skagen (Højen). Durch die massiven Sandverwehungen vertrieben, entstand später die Stadt am Kattegat. Die Fischerei bildete damals die Haupteinnahmequelle und falsch gesetzte Leuchtfeuer (Strandpiraterie) sorgten für so manche Extrabeute. Sturmfluten, weitere Verwehungen, die Schweden-Kriege und

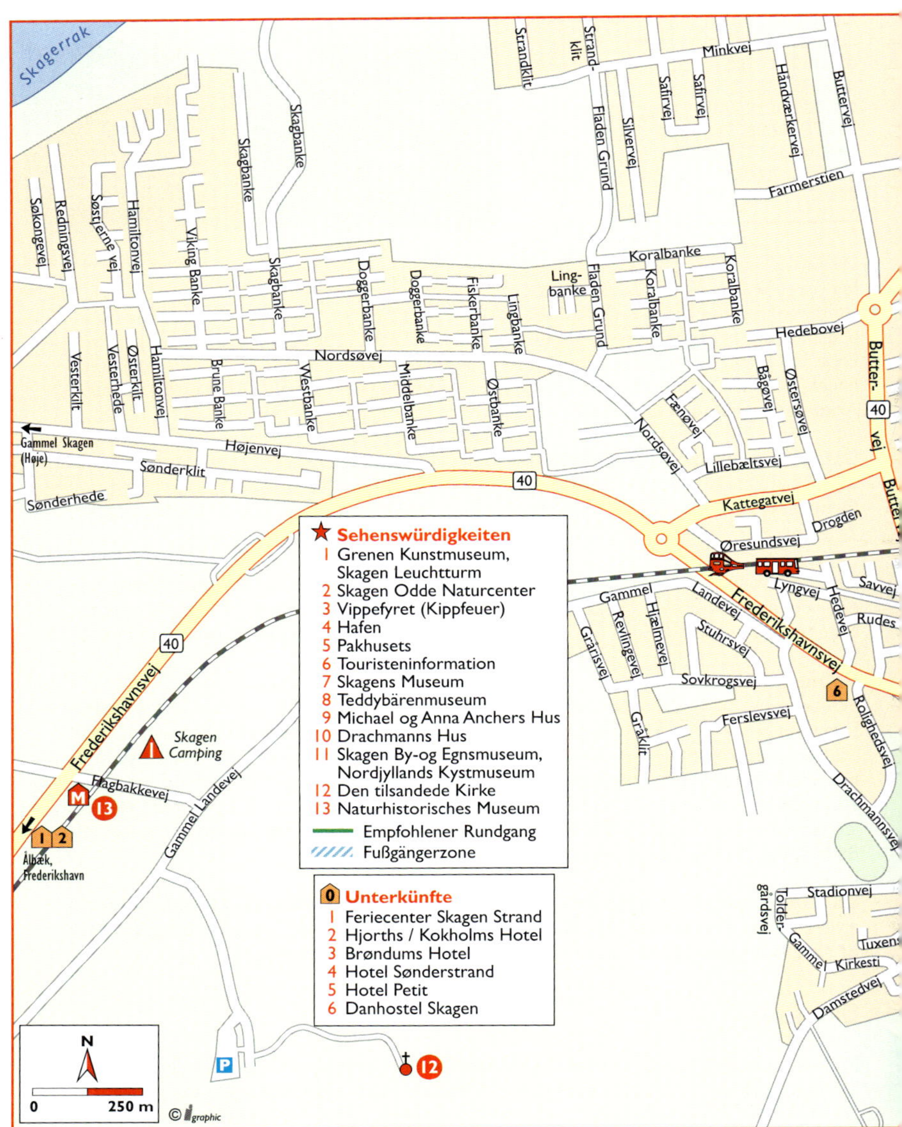

nicht zuletzt die geografische Randlage sorgten ab dem 17. Jh. für einen wirtschaftlichen Niedergang. Diese trostlose und raue Atmosphäre, die Menschen, die durch sie geprägt wurden, und auch die Landschaft im Zusammenspiel zwischen Wind, Licht und Wasser lockten

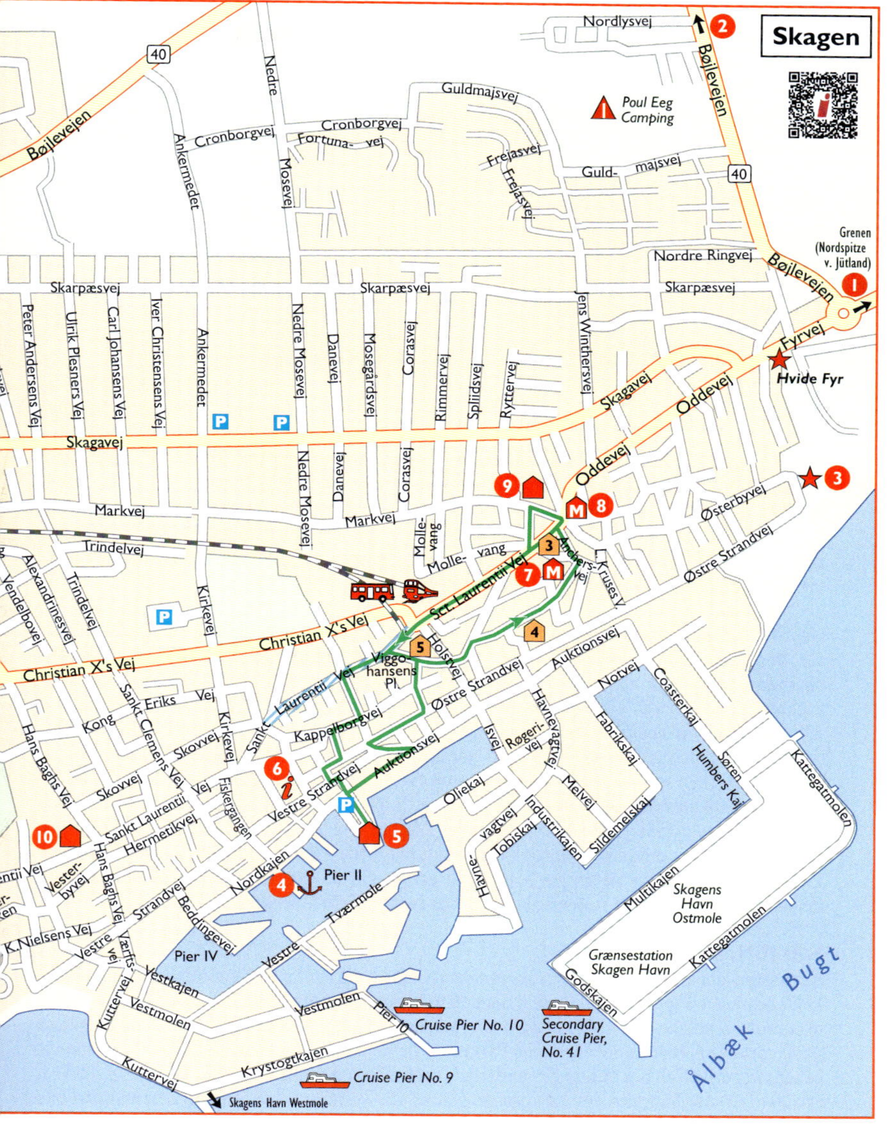

Am Nordende von Jütland

dann im 19. Jh. viele Dichter und besonders Maler an. Sie machten sich später als die „**Skagen Maler**“ einen Namen. Der erste war Martinus Rørbye 1834, dem dann bis zum Ende des 19. Jh. Julius Exner, Holger Drachmann, Michael Ancher, Viggo Johansen, Peter Severin Krøyer, Christian Krogh und einige andere folgten. Auch den norwegischen Maler Johan Frederik („Fritz“) Thaulow zog es hierher und Hans Christian Andersen besuchte Skagen oft. Die schaffensreichste Zeit dieser Künstlerkolonie lag ohne Zweifel zwischen 1870 und 1890. Sie trafen sich regelmäßig und tauschten Erfahrungen, erlebte Stimmungen und Ideen aus. Beliebteste Treffpunkte waren die Häuser von Ancher, Drachmann und der „Brøndum Kro“. Letzterer gehörte den Eltern von Anna Ancher, die den o. g. Maler heiratete und selbst zu einer bedeutenden Malerin avancierte. Allen Künstlern war gemeinsam, dass sie sich zu den Realisten zählten. Typisch für die Werke der Skagen-Maler ist, dass sie nicht nur Landschaften zeigen, sondern mit ihr die Menschen, die in und von ihr leben.

Heute ist Skagen während der Hochsaison ein viel besuchtes Ziel, zumeist von Tagesbesuchern aus den Strandorten der Westküste. Neben dem Tourismus kommt dem Fischfang eine übergeordnete Rolle zu. Die fischverarbeitende Industrie sowie kleine Werften, die alten Packhäuser („Pakhuset“) mit den Fischrestaurants am Hafen und die Fischauktionen *(Auktionsvej 10, www.skagenfiskeauktion.dk)*, denen man beiwohnen kann, hinterlassen einen bleibenden Eindruck. 28 % des dänischen Fischs wird hier umgeschlagen bzw. verarbeitet. Die verwinkelten kleinen Gässchen mit den ockergelb gekalkten Häuschen sind besonders sehenswert und am besten zu Fuß zu erkunden. Das „alte“, historisch interessante Skagen liegt nordöstlich von Hafen und Innenstadt, und nicht in Gammel Skagen. Die vielen Museen, Kunstgalerien und kleinen Sehenswürdigkeiten, die die kleine Stadt mit ihren 7.600, inklusive Randgemeinden gut 13.000 Einwohnern zu bieten hat – nicht zu vergessen, die sie umgebende tolle Landschaft, lohnen einen zweitägigen Aufenthalt, trotz des sommerlichen Trubels.

Nördlich der Stadt

Am besten fährt man zuerst durch Skagen durch, am Hvide Fyr (erster Leuchtturm Dänemarks, 1747) sowie am Vippefyret (s. u.) und dem 46 m hohen **Leuchtturm „Skagen Grå Fyr**“ (den man besteigen kann und in dem es ein ausgesprochen interessantes Infocenter über Zugvögel gibt), vorbei zu Jütlands nördlichstem Parkplatz, dem im **Grenen**. Von hier kann man dann die Sehenswürdigkeiten der Skagener Landschaft nach Süden hin abfahren bzw., wer gut zu Fuß ist, erlaufen. An der Südseite des Parkplatzes gibt es ein weiteres, kleines **Bunkermuseum** und

nördlich, oberhalb des Parkplatzes liegt das **Grenen Kunstmuseum (1)**, das vom dänischen „Eisbergmaler" Axel Lind gegründet und über Jahre geführt wurde. Nicht nur Linds permanente Ausstellung „Das Meer und das Eisreich" begeistern, sondern auch die Skulpturen seiner Frau Eva Lind, die Werke zeitgenössischer, zumeist dänischer Künstler, die ständig wechselnden Sonderausstellungen sowie die zum Teil draußen stehenden Kunstwerke unter dem Namen Galleri Rasmus lohnen den Besuch.
Skagen Grå Fyr/Center for Trækfugle, *Fyrvej 36, https://detgraafyr.dk; April–Okt. tgl. 10–16, im Sommer bis 19 Uhr*
Grenen Kunstmuseum, *Fyrvej 40, www.galleri-grenen.dk; April–Mitte Juni u. Herbstferien tgl. 11–15, Mitte Juni–Juli tgl. 11–17, Aug. Di–So 11–16, Mitte Mai–Mitte Juni sowie Sept.–Mitte Okt. Di/Mi/Sa/So 11–15 Uhr, Rest des Jahres nach Ankündigung*

Der 20–30-minütige Fußmarsch über die **Dünen** und entlang des Strandes bis an die Nordspitze, dort wo sich Nord- und Ostsee in Form des Skagerraks und des Kattegats treffen, ist ein Highlight. Nicht weit vom Parkplatz, auf einer Dünenanhöhe, befindet sich das Grab des Skagen-Dichters (und Malers) Holger Drachmann (1846–1908). Ein fantastischer Platz für die letzte Ruhestätte – wenn auch ein Bunker heute etwas stört. An der Spitze angekommen, vergisst man schnell die Menschenmengen, die dasselbe Ziel hatten und genießt den Blick auf die sich kräuselnden Wellen an der Schnittstelle zweier Meere sowie die Vogelschwärme. Über 110.000 größere Schiffe quälen sich alljährlich um das Kap herum.

Hinweis

Wem die Lauferei durch den weichen Sand zur Landspitze zu mühsam ist, der kann auch mit dem „Sandormen", dem Sandwurm, einem Treckerbus, dorthin fahren. Der Bus hält für 15–20 Minuten an der Landspitze (www.sandormen.dk).

Kurz vor Skagen geht es in Richtung Westen zum **Skagen Odde Naturcenter (2)**. Das riesige, futuristisch anmutende Gebäude wurde vom dänischen Architekten Jørn Utzon (S. 367) entworfen. Das 4.000 m² große Naturerlebniszentrum ist einzigartig. Nordsee, Ostsee, Dünen, Licht, Winde, alles wird hier thematisiert. Für das eigentliche „Erlebnis" sorgen dabei die einzelnen Sinnesabteilungen: Hier fühlt, sieht, lauscht, spürt, riecht man die Natur. Beeindruckend auch das Modell der nördlichen Landspitze Dänemarks (Dreieck: Skagen–Frederikshavn–Hirtshals) aus der Perspektive eines Fluges in 15 km Höhe. Gezeigt werden zudem Kunstausstellungen, die jährlich wechseln.
Skagen Odde Naturcenter, *Bøjlevejen 66, www.skagen-natur.dk; Mai–Herbstferien Di–Fr 10–16, Sa/So 11–16, Juli jeweils bis 17 Uhr*

Kurz bevor es wieder nach Skagen hineingeht liegt das **Vippefyret** (Kippfeuer) **(3)** am Østre Strandvej, eine Rekonstruktion von Dänemarks erstem Leuchtfeuer (ca. 1560), so wie es in Skagen und an vier anderen Stellen an Dänemarks Küsten aufgestellt wurde. Im Volksmund wird es „Papageienfeuer" genannt.

In der Stadt

Am besten parkt man am **Hafen (4)** nahe der roten, hölzernen **Pakhusets (5)**, wo Fischimbisse und -restaurants zu einer Snackpause einladen. Auf der anderen Seite des Parkplatzes, am Vestre Strandvej befindet sich auch gleich die gut organisierte **Touristeninformation** „Enjoy Skagen" **(6)**. Hier gibt es Broschüren und man kann sowohl Unterkünfte als auch geführte thematische Rundgänge und -fahrten buchen (z. B. Bernsteinsammeln, Naturkundliches, Historisches etc.). Der Hafen wurde in den letzten Jahren durch Auflandungen erweitert und verfügt nun über einen weiteren Anleger für Kreuzfahrtschiffe – damit sind es bereits drei.

Eine Fischmahlzeit an den Pakhusets ist ein Muss in Skagen

Das 1908 von Malern, wie Michael Ancher und P. S. Krøyer, sowie dem Apotheker Christian Klæbel eingerichtete und 2014 erweiterte **Skagens Museum (7)** zeigt über 1.600 Zeichnungen, Skulpturen und Kunsthandwerke von Künstlern, die in Skagen zwischen 1830 und 1930 wirkten. Der originale Speisesaal aus dem benachbarten **Brøndum Hotel** mit Wandverkleidungen und Gemälden wurde 1946 hier ins Museum überführt. Ein typisches Merkmal der Skagener Maler ist die deutliche Betonung von Licht und Schatten. Ausgestellt sind u.a. das Johannisfeuer und das Künstlerfrühstück in Skagen (Krøyer), Ein Laienprediger hält Gottesdienst am Strand von Skagen (Michael Ancher) und die Strandszene von Skagen mit heraufziehendem Unwetter (Martinus Rørbye). Die **Statuen** vor dem Museum zeigen M. Ancher und P.S. Krøyer, die als die bedeutendsten Skagener Maler gelten.
Skagens Museum, *Brøndumsvej 4, www.skagenskunstmuseer.dk; Di–So 10–17, Juni–Aug. tgl. 9–17 Uhr; Kombitickets mit Anchers Hus u. Drachmans Hus*

Im Skagens **Teddybärenmuseum (8)** erwarten den Besucher über 1.000 Teddybären, junge, große, historische, kuschelige u. v. a. in einem alten Skagen-Haus.
Skagens Bamsemuseum, *Oddevej 2b, www.skagensbamsemuseum.dk; Mai u. Sept. Mi–So 11–15, Juni–Aug. Di–So 10–16, Okt.–April Mo–Mi u. Fr 11–15 Uhr*

Anchers Hus (9): Das Künstlerehepaar Michael (1849–1909) und Anna Ancher (1859–1935) erwarb das Gehöft 1884 und lebte dort bis zu seinem Tod. Die Tochter Helga, auch eine bekannte Malerin, vermachte Gebäude und Einrichtung der Öffentlichkeit. Das Interieur wurde so restauriert, dass es heute noch so aussieht wie um 1900 und der Geist des Künstlerehepaars erhalten blieb. Das Nachbarhaus Saxilds Gaard dient als Ausstellungsfläche.
Anchers Hus, *Markvej 24, am Wasserturm, www.skagenskunstmuseer.dk; April–Herbstferien Di–So 10–16 Uhr, Juni–Aug. tgl.*

Die beiden nächsten Sehenswürdigkeiten liegen auf der anderen Seite der Innenstadt, doch auch sie können gut zu Fuß erreicht werden. **Drachmanns Hus (10)**: Holger Drachmann (1846–1908), einer der bekanntesten Dichter der Region, lebte die letzten sechs Jahre vor seinem Tod in diesem 1829 erbauten Haus. Eines seiner bekanntesten Werke ist das über den Skagener Fischer (und Lebensretter) „Lars Kruse". Der Dichter hatte ein sehr enges Verhältnis zum Kreis der Skagener Maler, traf sich oft mit ihnen zum „Künstlerfrühstück" im Brøndum

Hotel und malte auch selbst. Bereits wenige Jahre nach Drachmanns Tod wurde das Haus, das er liebevoll „Villa Pax“ (Haus des Friedens) nannte, zu einem Museum. Die Räumlichkeiten sehen noch so aus wie zu seinen Lebzeiten. An den Wänden hängen viele seiner bedrückenden Meeresbilder.

Drachmanns Hus, *Hans Baghs Vej 21, www.skagenskunstmuseer.dk; April–Herbstferien Di–So 11–16 Uhr, Juni–Aug. tgl.*

Skagen By- og Egnsmuseum/Nordjyllands Kystmuseum (11) (Stadt- und Regionalmuseum/Nordjütlands Küstenmuseum): Das kleine Heimatkundemuseum mit Schwerpunkt auf der Fischereigeschichte wurde bereits 1927 eingerichtet. Beleuchtet werden drei Epochen der Skagener Geschichte, unterteilt in die „schwarze“ (bis 1875), die „gelbe“ (1875–1907) und die „rote“ Periode (nach 1907). Interessantester Teil ist das **Freilichtmuseum**, in dem auch alte Handwerkskünste vorgeführt werden. Die Häuser eines armen (ca. 1850) sowie eines wohlhabenden Fischers (ca. 1836) sind hier zu besichtigen. Auffälligstes Gebäude ist ohne Zweifel die Windmühle holländischen Typs, deren Haube man in die optimale Windrichtung drehen konnte. Ferner ist in einem Gebäude das **Fischereimuseum** untergebracht, das unter dem Motto „Fisch, Leute und Stadt“ steht. Das „gelbe“ Haus schließlich stammt aus der Zeit um 1845 und enthält eine Sammlung von Schiffsmodellen. Außerdem besitzt das Museum ausgelagerte Ausstellungen zur **Geschichte** (Heimatkundl. Archiv im *Sct. Laurentiivej 113*), zum **Seenot-Rettungswesen** (*in Kandestederne, 17 km entfernt*) sowie zu Fischerei und Seefahrt (**Museumskutter** im Hafen von Skagen, der auch hinausfährt mit Gästen).

Skagen By- og Egnsmuseum/Nordjyllands Kystmuseum, *P. K. Nielsensvej 8–10, www.kystmuseet.dk; Mai–Okt. Di–Fr 10–16, Sa (im Juli auch So) 11–16, Rest des Jahres Di–Sa 11–15 Uhr*

Südlich der Stadt

Den tilsandede Kirke (12) (Die versandete Kirche) liegt südwestlich von Skagen. Die Kirche wurde im 14. Jh. errichtet, der Turm etwa 150 Jahre später. Damals war sie die größte Kirche Vendsyssels. Das Gotteshaus wurde ab dem 16. Jh. immer weiter vom Sand zugeweht, bis es 1775 nicht mehr zugänglich war. Zuerst schaufelten sich die Gläubigen noch die Wege frei, doch 1795 ließ der König die Kirche offiziell schließen, und 1810 wurde das Kirchenschiff abgerissen. Den Turm ließ man als Mahnmal stehen, wohl auch, um zu zeigen, was passiert, wenn man die Sanddünen für neue Weideflächen entfernt.

In einer alten Bahnstation hat man im **Naturhistorischen Museum (13)** Interessantes zur Fauna und Flora der Skagen Odde zusammengetragen. Die Ausstellungen und Erläuterungen sind gut, wenn auch etwas „altbacken“ im Gegensatz zum o. g. Skagen Odde Naturcenter. Dafür aber sind viele Aktivitäten auf Kinder ausgerichtet. Es werden geführte Wanderungen, wie z. B. in die Dünen, zum Pilze sammeln etc., angeboten.

Naturhistorske Museum, *Højen Station, Flagbakkevej 30, www.naturmuseum-skagen.dk; Zeiten variieren, Kernzeiten: Juni–Sept Di–Fr 12–16, Juli tgl. 12–16, Herbstferien tgl. 11–15 Uhr; bei Veranstaltungen erweiterte Öffnungszeiten*

Tipp

Die Sonne ist eine Scheibe. Zumindest im kleinen Højen westlich von Skagen. Ein Imbiss am **Solnedgangspladsen** ist ein Muss für Fans von Sonnenuntergängen. Eine Aussichtsplattform mit einer begehbaren, zum Meer hin abfallenden Sonnenscheibe verspricht ein Spiel aus Wolken und Licht. Die Granitscheibe mit 20 m Durchmesser ist leicht geneigt und mit geschliffenen Kreisen versehen, sodass sich das Geschehen am Himmel bei entsprechenden Witterungsverhältnissen spiegelt und für schillernde Lichteffekte sorgt. Die Aufschüttung und Bepflanzung von bis zu drei Meter hohen Dünen im Halbkreis um die Scheibe schafft zudem natürliche, windgeschützte Logenplätze.

Reisepraktische Informationen Skagen

Information

Skagen Turistbureau „Enjoy Skagen", Vestre Strandvej 10, ☏ *20825616, www.enjoynordjylland.dk/skagen.*

Unterkünfte

Feriecenter Skagen Strand €€€–€€€€ (1), *Tranevej 108, Hulsig (13 km südl. von Skagen), ☏ 98487222, www.skagenstrand.dk; moderne Ferienanlage direkt am Ostsee-Strand, abgeschirmt durch ein Kieferngehölz, 142 Zimmer (in der Saison nur wochenweise vermietet) und Apartments; Pool, Sauna, Restaurant, Sportmöglichkeiten. Ideal zum Ausspannen.*

Hotel Sønderstrand €€€–€€€€ (4), *Østre Strandvej 45, ☏ 98442122, http://soenderstrand.dk; Pension in schöner, kleiner Stadtvilla; nahe der Innenstadt, aber ruhig. Auch Vermietung von ganzen Häusern/Villen für 4–6 Personen (€€€€). Fahrradverleih.*

Hjorths Badehotel/Kokholms Hotel €€€ (2), *Kandebakkevej 17, Kandestederne (17 km südwestl. von Skagen, nahe Råbjerg Mile), ☏ 98487900, www.hjorthsbadehotel.dk; die kleinen Hotels liegen in einer beschaulichen Ferienhaussiedlung hinter den Dünen. 800 m zum Strand und abseits des Trubels. Eine kleine Idylle. Mit Restaurant.*

Brøndums Hotel €€€ (3), *Anchersvej 3, ☏ 98441555, www.broendums-hotel.dk; historisch, idyllisch gelegen im alten Ortsteil. Antike Möbel und dekoriert mit Gemälden der Skagener Schule. Hier wuchs die Malerin Anne Ancher auf. Kaminzimmer für ungemütliche Tage. Versuchen Sie, ein Zimmer im alten Gebäudeteil zu bekommen.*

Hotel Petit €€–€€€ (5), *Holstvej 4, ☏ 98441199, www.hotelpetit.dk; zentral in der Innenstadt (nahe an Hafen). Einfache, aber sehr adrette Zimmer. Angeschlossen sind zwei Häuser, die man mieten kann sowie ein Apartment.*

Jugendherberge

Danhostel Skagen (6), *Rolighedsvej 2, ☏ 98442200, www.danhostelskagen.dk; ca. 1 km zu Hafen, Innenstadt und Badestrand, 1.500 m zum Bahnhof; 112 Betten.*

Camping

CampOne Grenen Strand, *Fyrvej 16, ☏ 63606361, www.grenenstrand.dk; zwischen Skagen und Grenen. Der Ostsee-Strand befindet sich quasi vor der Haustür, modern ausgestattet, auch schöne Hütten.* **Skagen Camping (Øster Klit)**, *Flagbakkenvej 53, ☏ 98443123, www.skagencamping.dk; sehr gepflegt, südl. der Stadt, nahe Naturhistorisches Museum und versandeter Kirche. 265 Stellplätze, Hütten.*

Restaurants

Es gibt zahlreiche Fast-Food-Lokale und Gaststätten mit internationaler Küche. Von den Hotelrestaurants sind die im **Brøndums Hotel** *und* **Hjorths Badehotel** *(beide: dänische Küche, leckere Fischgerichte, ausgesuchte Weinkarte, nettes Ambiente) zu empfehlen. Fischliebhaber sollten die kleinen Restaurants* **am Hafen an den Pakhusets** *besuchen. Hier kann man draußen sitzen und dem Treiben im Hafen zusehen. Empfehlungen hier:* **Pakhuset** *(Rødspættevej 6, ☏ 98442000, www.pakhuset-skagen.dk) und* **Skagen Fiskerestaurant** *(Fiskehuskaj 13, ☏ 98443544).*

Busse/Bahn

Bus-/Eisenbahnstation: *Sct. Laurentiisvej. Busse nach Frederikshavn, Hirtshals, Aalborg. Skagensbanen, heute angeschlossen an die Nodjyske Jernbarner (☏ 98442133, www.njba.dk) nach Frederikshavn.*

Ausflüge/Unternehmungen

Der **Sandormen**, *ein Trecker-Bus mit Anhängern, verkehrt in der Saison zwischen dem Parkplatz in Grenen und der Spitze Jütlands. Infos: ☏ 40305042, www.sandormen.dk.*

Feste und Festivals

Skagen Vinterbaderfestival: *Immer Ende Januar lädt der Winterbaderclub bei Greenen ein, sich zusammen mit den Clubmitgliedern in die kalten Wellen des Kattegat zu stürzen (durchschnittliche Temperatur: 2 °C). Das setzt sofort Endorphine im Körper frei! Dazu wird ein Rahmenprogramm geboten, Facebook: Skagen Vinterbader Festival.*

An der Ostküste entlang zurück zur deutschen Grenze (s. Karte S. 258/259)

Zwischen Skagen und Aalborg

Die Strecke von Skagen über Frederikshavn und Sæby nach Aalborg führt großenteils parallel zur Ostseeküste, die aber nur an wenigen Punkten wirklich zu sehen ist, weil sie hinter Kiefernwäldern und Dünenketten versteckt liegt. Markant ist der bis zu hundert Meter hohe Geestrücken, der sich etwa 5–10 km landeinwärts ebenfalls parallel zur Küste entlangzieht. An dieser Strecke gibt es vor allem die **Schlossburg** von Voergård zu besichtigen sowie den historischen Fischerort **Sæby**, dessen Marina heute Segler aus ganz Nordeuropa anlockt. Frederikshavn dagegen beeindruckt eher durch seinen riesigen Fährhafen und das Bangsbo Museum im Süden der Stadt, das sich um einen alten Herrensitz verteilt. Grundsätzlich könnte man diese Reiseroute an einem Tag bewältigen. Wer aber von Frederikshavn aus der Ferieninsel **Læsø** einen Besuch abstatten möchte, muss mit wenigstens einem Tag mehr rechnen. Die Überfahrt lohnt nur, wenn man mindestens eine Nacht auf der Insel bleibt. Sie ist vor allem wegen der Landschaft und des Erholungswertes (besonders während der Randsaison!) zu empfehlen, weniger wegen ihrer Sehenswürdigkeiten.

Redaktionstipps

- **Naturerlebnisse**: Ostsee-Strand; Dünenlandschaften auf Læsø (S. 353); Spaziergang im Wald von Dronninglund (S. 358)
- **Kulturelle Höhepunkte**: Museum Bangsbo in Frederikshavn (S. 351); historische Salzsiederei auf Læsø (S. 355); Altstadt von Sæby (S. 357); Schloss Voergård (S. 357); Schloss Dronninglund – zurzeit nur von außen zu besichtigen (S. 358)
- **Highlights für Familien**: Badeurlaub auf der Insel Læsø (S. 353)

Aalbæk ist ein alter Fischereihafen mit einem schönen Strand, der sich entlang der gesamten Aalbæk Bucht hinzieht. Zu besichtigen gibt es **Simons Raaling** (*Engvej 4, Mai–Mitte Sept., Mo–Sa*), ein typisches altes, nordjütisches Bauernhaus von 1780 mit einer heimatkundlichen Ausstellung, das auch die Touristeninformation beherbergt. Zudem kann man im **Kunsthuset** direkt an der Hauptstraße (*Skagensvej 47*) vorbeischauen, denn hier stellen lokale Künstler aus. Im schnuckeligen Fischerort Strandby, abseits der Hauptstraße, fällt die moderne, eigentümlich oval geschwungene Kirche mit ihrem sattelförmigen Dach auf (Strandvej 67). Der Architekt Jacob Blegvad ließ sie nach dem Vorbild der Kirche von Ronchamp (Frankreich) erbauen, für die Le Corbusier verantwortlich zeichnete. In der Südecke des Jachthafen gibt es einen netten Imbiss und im Sommer lockt Mimi's Bistro in der Nordecke mit hervorragend zubereiteten kleinen und größeren Speisen.

Frederikshavn

Bereits in der Steinzeit haben Menschen an diesem windgeschützten Landvorsprung gelebt. 1572 fand die Siedlung erstmals als Fladstrand Erwähnung. Hier warteten die Segler das schlechte Wetter ab, bevor sie die Umrundung von Skagen antraten. Während des 30-jährigen Krieges errichteten Söldner von Wallensteins Armee eine Schanze, die aber erst nach dem Krieg Bedeutung erlangte. Sie bauten die Schanze zu einer Zitadelle aus, errichteten den Krudttårn (Pulverturm), und von hier stach dann Anfang des 18. Jh. der dänische Seeheld Peder Tordenskjold in See, um Seeschlachten in der westlichen Ostsee zu bestreiten und Stellungen in Schweden zu überfallen. Nach den Friedensabkommen von 1719 verfiel das Fischerdorf in einen beinahe hundert Jahre andauernden Dornröschenschlaf, aus dem es erst durch König Frederik IV. 1818 geweckt wurde. Er verlieh der Siedlung nicht nur Stadtrechte, sondern auch seinen Namen. Im 19. Jh. wurde die Zitadelle nahezu komplett zerstört, doch Frederikshavn entwickelte sich immer mehr zu einem Fährhafen, was schließlich die Werftindustrien anlockte. Die Marine baute ihren Stützpunkt weiter aus. Heute zählt die Stadt knapp 23.000 Einwohner und ist maßgeblich durch den Fährbetrieb nach Oslo, Göteborg und Læsø bestimmt. Schiffbau, Metallverarbeitende Industrien, Fischerei sowie der Handel nehmen ebenfalls einen hohen Stellenwert ein. Die überwiegende Zahl der Touristen stammt aus Norwegen und Schweden, für sie wurde im Zentrum eine erstklassige Shopping-Infrastruktur geschaffen. Frederikshavn ist auch bekannt für seine Musikfestivals und Konzerte sowie den Palmenstrand *(Nordre Strandvej 22)*, an dem alljährlich von Mai bis September 100 Palmen eingepflanzt werden.

Die vor der Stadt liegende Insel **Hirsholm** mit drei Einwohnern unterliegt dem Umweltministerium. Einst befand sich hier eine Fischerkolonie, von der noch die Kirche von 1641 zeugt. Zudem gibt es einen Leuchtturm (1886) und Ferienhäuser. Die gesamte Insel, samt der Nachbarinsel Græsholm mit ihrem schönen Strand, steht unter Naturschutz. Der kleine Dampfer „Seadog" *(www.seadog.dk)* verkehrt in den Sommermonaten zur Insel und startet auch zu Angeltouren, Touren zu den Seehundbänken sowie zur Insel Nordre Rønner.

Aufgrund der Distanzen zwischen den einzelnen Sehenswürdigkeiten sollte man als Transportmittel das Auto wählen. Von Norden nach Süden sind dies: Der im Sommer mit **Palmen** besetzte Nordre Strandvej (s.o.) sowie die Festungsanlage **Nordre Skanse**, die am gleichnamigen Weg von deutschen Söldnern Wallensteins 1627–29 errichtet wurde, um die Truppen vor Angriffen der Dänen zu schützen. Zu sehen sind noch der Wall sowie der Graben und zwei buntbemalte Kanonen. Schön ist die Aussicht auf die Ostsee. Wegen der Bahngleise muss man nun einen größeren Bogen fahren zur Fladstrand-Kirche *(Gl. Skagensvej 8)*, die 1690 eingeweiht wurde. Ehemals aus Backsteinen und Fachwerk errichtet wurde sie mehrmals umgebaut und erweitert. Am nördlichen Ende des Friedhofs befinden sich Kriegsgräber von deutschen, englischen und russischen Soldaten.

Fiskerklyngen, zwischen Skagenvej (E 40) und Bahngleisen, 500 m nördlich der Innenstadt (um Strandgade und Fiskergade), ist der älteste Stadtteil von Frederikshavn. Er hat sich im 16. Jh. entwickelt, die meisten der gelb gekalkten Häuser stammen jedoch aus dem 18. und 19. Jh.

Der weißgekalkte **Pulverturm** (Krudttårnet, *Kragholmen 2*) ist das Wahrzeichen der Stadt. Er wurde 1686–88 in der Zitadelle von Frederikshavn errichtet und diente während der Nordischen Kriege Tordenskjold als Basis. Im 19. Jh. musste die Zitadelle den Schiffswerften weichen. Der Turm ist zzt. geschlossen. Achten Sie daher auf aktuelle Ankündigungen. Die **Frederikshavn-Kirche** gleich gegenüber ist eine Kreuzkirche romanischen Stils und wurde 1890–92 erbaut. Sehenswert ist das Altarbild des Skagen-Malers Michael Ancher.

Der Pulverturm, das Wahrzeichen von Frederikshavn

Das **Frederikshavn-Kunstmuseum** mit Exlibrissammlung ist vor allem sehenswert wegen seiner Ausstellungen zum Thema Buchdruckkunst und grafische Zeichnungen. Außerdem finden Ausstellungen zeitgenössischer Künstler sowie Wechselausstellungen zu verschiedensten Geschichtsthemen statt.
Frederikshavn Kunstmuseum & Exlibrissamling, *Parallelvej 14, ☏ 98459080, www.frederikshavnkunstmuseum.dk; Di–Sa 10–16 Uhr*

Historisches Lokalkolorit versprüht das kleine **Museet Sognefogedgården** *(Mellergårdsvej 3, www.sognefogedgården.dk, Juni Do–So, Pfingsten, Juli/Aug. tgl. 12–16 Uhr)*. In dem kleinen Hofgebäude wird die frühere Geschichte der Stadt lebendig. Vorführungen von Handwerk, Haushaltsleben und Landwirtschaft runden das Bild ab.

Am Rande eines Waldgebietes südlich der Stadt liegt der Herrensitz von 1750, dessen Gartenanlage mit Kräutergarten, englischem Rosengarten, botanischem Garten und großen alten Bäumen begeistert. In den Gebäuden befindet sich das **Museum Bangsbo**. Hier sieht man z. B. eine Sammlung historischer Pferdefuhrwerke sowie die wiederhergestellten Überreste des Ellingå-Schiffes (1163), einem Handelsschiff, das dem der Wikinger ähnlich ist und das man 5 km nördlich von Frederikshavn entdeckt hat. Das Museum beherbergt zudem die größte Sammlung zum Thema dänischer Widerstand im Zweiten Weltkrieg außerhalb Kopenhagens, eine alte Scheune (ca. 1580) mit historischen Farmgeräten, eine Sammlung von Galionsfiguren alter Schiffe und eine Ausstellung zur Stadtgeschichte von Frederikshavn. Zum Museum gehört auch das **Bangsbo Fort** (Zweiter Weltkrieg), ein Bunkermuseum 2 km entfernt *(Understedvej 21, Ostern–Okt., Zeiten variabel)*.Von hier hat man aus 82 m Höhe eine schöne Aussicht auf das Kattegat.
Bangsbo Museum, *Møllehus Allé/Dronning Margrethesvej 6, 3 km südl. der Stadt, ☏ 98423111, www.kystmuseet.dk; Mitte Feb.–Mai, Okt.–Dez. Di–Fr 10–16, Sa 11–15/16, Juni, Aug.–Sept. auch Sa, Juli auch So 11–16 Uhr*

Im dahinterliegenden Wald kann man gut spazieren gehen, dabei wird man bestimmt auf eines der über 50 Rehe stoßen. Ein Stück über die den Wald durchquerende Straße liegt das Møllehuset, eine ehemalige Wassermühle, in der sich heute ein erstklassiges Restaurant befindet *(Skovalleen 45)*. Den Aussichtspunkt Pikkerbakken, ca. 1 km entfernt vom Museum, erreicht man zu Fuß über eine steile Sandstraße durch den Wald. Sie geht ab vom Understedvej. Von hier oben hat man eine wunderschöne Aussicht über Frederikshavn und die Ostsee, aber keinen Rundblick. Südlich davon, ebenfalls durch eine Stichstraße vom Understedvej zu erreichen, geht es zu den Niels-Juel-Kanonen. Auch hier wurden Bunker angelegt und teilweise als Museum eingerichtet (s. o.). Schöner Blick auf das Kattegat.

Reisepraktische Informationen Frederikshavn

Information

Frederikshavn Turistbureau, *Skandiatorv 1 (Havnegade), ☏ 98423266, www.toppenafdanmark.dk/frederikshavn.*

Unterkünfte

Hotel Jutlandia *€€€€–€€€€€, Havneplads 1, ☏ 98424200, www.hotel-jutlandia.dk; modernes Hotel an den Fährterminals und nahe der Innenstadt. Bestes Haus am Platz. Die Zimmer sind nicht sehr geräumig, doch sauber und funktional. Begeisternd: die moderne Innenarchitektur der Lobby (skandinav. Design) und der Ausblick auf den Hafen von den oberen Etagen sowie dem Panorama-Restaurant.*
Hotel Frederikshavn *€€–€€€, Tordenskjoldsgade 15 B, ☏ 98420977, www.hotelfrederikshavn.dk; zweckmäßig bis komfortabel eingerichtete Zimmer, zentral gelegen, Frühstücksbuffet.*
Ein einfaches, aber ordentliches Mittelklassehotel ist das 2 km südlich der Innenstadt gelegene **Hotel Lisboa** *€€–€€€, Søndergade 248, ☏ 98422133, www.lisboa.dk. Restaurant, teilweise in Verbindung mit dem im Møllehuset (s. o.). Gutes Frühstücksbuffet. Ein großes Familienhotel mit Badeland ist das* **Scandic Reef** *€€€, Tordenskjoldsgade 14, ☏ 98433233, www.scandichotels.dk. Der relativ hohe Übernachtungspreis lohnt nur, wenn man das Badeland intensiv nutzen möchte.*

Jugendherberge

Danhostel Frederikshavn, *Læsøgade 18, ☏ 98421475, www.danhostelfrederikshavn.dk; im Zentrum und nahe der Fähranleger.*

Camping

Nordstrand Camping, *Apholmenvej 40, ☏ 98429350, www.nordstrand-camping.dk; 200 m zum Strand, 500 m zum Palmenstrand, 3 km nördl. vom Zentrum; 440 Stellplätze, Hütten, Schwimmhalle.*

Restaurants

Das Panorama-Restaurant **Sted1** *im 6. Stock des Hotels Jutlandia (s. o., www.sted1.dk) bietet gute Küche, tolle Aussicht und eine erlesene Weinkarte. Unbedingt vorher reservieren. Im* **Bones** *(Havnegade 8, ☏ 88178819, www.bones.dk) werden in rustikaler Atmosphäre saftige Steaks, Burger und Spareribs angeboten, es gibt auch eine Salatbar. Im* **Café Stæhr** *(Danemarksgade 42, www.cafestaehr.dk; bis 17.30, Nebensaison bis 16/17 Uhr), locken der Brunch sowie leckere Kuchen und Smørrebrøde.*

Busse/Bahn/Fähren

Bahnhof: *Havnepladsen, ☏ 98424100. Züge nach Aarhus, Aalborg, Kopenhagen, Hirtshals sowie Skagensbanen nach Skagen (www.njba.dk). Daneben liegt der* **Busbahnhof**: *Skippergade/Havnepladsen ☏ 98420611; u. a. Expressbusse zu größeren Städten.* **Fähren**: *Færgeselskabet Læsø I/S (☏ 98499022, www.laesoe-line.dk): 3- bis 4-mal tgl. nach Læsø (Dauer: 90 Min.). Stena Line (☏ 96200200, www.stenaline.dk): nach Göteborg tgl. 5- bis 11-mal, Dauer: mit Normalfähre 3 Std., 15 Min.; der Hochgeschwindigkeits-Katamaran Stena Line Express fährt zurzeit nicht von Frederikshavn; DFDS Ferries (☏ 33423000, www.dfds.com) nach Oslo 9–12 Std.*

Weitere Sehenswürdigkeiten im Umkreis von Frederikshavn:

■ **Knivholt Hovedgaard**, an der Straße 35 nach Ravnshøj *(Hjørringvej 180A, www.knivholt.dk).* Auf dem Gutshof werden Kostüme aus der Zeit um 1900 ausgestellt, die von Schülern einer Schneiderschule gefertigt wurden, außerdem gibt es hier einen Münzsammler-Verein, Naturprojekte, eine Seniorengruppe heizt im Sommer zweimal wöchentlich die Esse der alten Schmiede wieder an und auf dem Hof finden Konzerte (Jazz und Klassik) und Festivitäten statt.

■ Der **Cloostårnet** (Cloos Turm), 4 km außerhalb der Stadt, ist 58 m hoch, steht aber auf einem Hügel, sodass sich die Turmspitze 165 m über dem Meeresboden befindet. Von der Aussichtsplattform des 1962 errichteten Turmes kann man eine grandiose Aussicht über die Landschaft von Vendsyssel und die Ostsee genießen.

Cloostårnet, *Brønderslevvej 61 (nahe Straße 585), Mai–Aug. tgl. 10–17 (Juli Sa/So bis 18) Uhr*

Insel Læsø

Die ca. 116 km² große Ferieninsel liegt 20 km vor der Küste. Die Größenangabe schwankt übrigens zwischen 100 und 118 km², je nachdem, inwieweit man das matschige Vorland einbezieht. Mit der Fähre von Frederikshavn kann man **Læsø** mehrmals täglich erreichen. Mit Copenhagen Airtaxi (*https://aircat.dk*) gibt es zudem einen Lufttaxidienst über Anholt nach København (Roskilde). Sie ist das nördlichste Eiland im Kattegat. In seiner größten Ausdehnung von Osten nach Westen misst Læsø 25 km, von Norden nach Süden 11 km. Die Landschaft besteht aus Dünen, Strand, Wäldern und vor allem Tiefland, welches teilweise noch landwirtschaftlich genutzt wird. Die „höchsten Punkte" auf der Insel liegen im Norden, knappe 30 m ü. N. N. Die Insel ist also gut mit dem Fahrrad zu erkunden. Der Bus, der die Insel von Ost nach West durchquert, ist kostenlos! Wer also die erste Fähre hin- und die letzte Fähre zurücknimmt, hat ausreichend Zeit, Læsø auf einem Tagesbesuch zu erkunden.

Die geologische Entstehungsgeschichte der Insel: Nach der letzten Eiszeit (vor 10.000 Jahren) tauchte sie das erste Mal aus dem Meer auf, aber nur als Sandriff. Dann verschwand sie wieder vor ca. 7.000 Jahren, was Überreste eines Pottwals, die man bei Byrum gefunden hat, belegen. Vor 3.000 Jahren erhob sich die Insel erneut aus dem Meer, zuerst an der Stelle, die heute durch

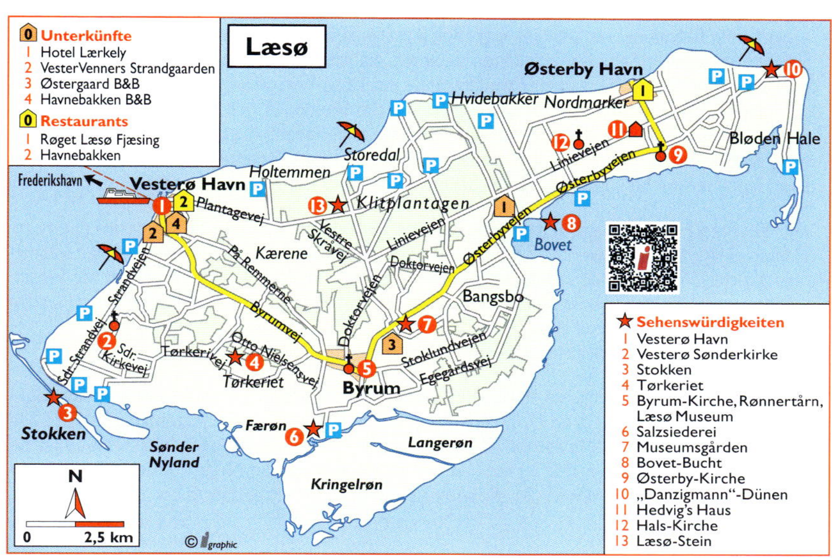

den **Læsø Stein** markiert ist. Sporadisch kamen dann Menschen her, um Lehm und Sandstein für ihre Keramiken abzubauen. Überreste dieser Kulturen finden sich heute an Læsøs Nordküste. Als die Insel dann permanent über Wasser lag, sorgten bis ins 17. Jh. Salzseen, -wiesen und -heidemoore für die wesentliche Einnahmequelle der Inselbewohner: die Salzgewinnung. Heute erlebt dieser Erwerbszweig eine kleine Renaissance, denn überall wird Læsø-Salz in Säckchen angeboten und aus Salzprodukten werden Badezusätze und dermatologische Heilmittel hergestellt.

Læsø war in seiner geologischen Entwicklung mehreren Kippbewegungen des Untergrundes ausgesetzt (und wird dies auch in Zukunft sein). Um das Jahr Null „kippte" die Insel nach Westen, sodass dort viel Land unter Wasser stand, einige Hundert Jahre später kippte sie nach Osten. Das bewirkte, dass südlich von Østerby eine Bucht entstand, die von den Wikingern als Hafen ausgebaut wurde. Eine permanente Besiedelung der Insel begann nach 1100. Die ersten Kirchen (Hals, Byrum und Vesterø Kirken) wurden im 12. und 13. Jh. gebaut. Læsø wurde von da an vornehmlich als strategischer Punkt angesehen. Der natürliche Hafen der Bovet-Bucht war vor den Schwedenkriegen der zweitgrößte Dänemarks, nach København. Die Salzsiederei und der damit verbundene Kahlschlag der Wälder für das Feuerholz zum Sieden und die natürlichen Winde hatten aber zur Folge, dass die Insel immer weiter versandete, sodass der Ort Hals (zwischen Bovet Bucht und Østerby Havn) aufgegeben und 1652 die Salzsiederei verboten wurde. Mit den für die Insel so wichtigen Aufforstungen wurde erst Anfang des 20. Jh. begonnen. Wichtigste Wirtschaftszweige heute sind der Tourismus, die Fischerei und die Wollproduktion.

Ein geologisches Phänomen bleibt die ständige Veränderung der Inseloberfläche. Um 1905 wird ihre Größe mit 116 km² angegeben, 1923 dann mit nur 105 km². Heute streiten sich die Geister, wie berechnet werden soll (s.o.). **Stokken**, die westlich vorgelagerte Landpartie mit dem beliebten Strand, entstand erst um 1930. Geologisch Interessierte können auf Læsø einige Entdeckungen machen. So finden sich z. B. in den Steilküsten nördlich des Golfplatzes Wühlgänge von Sandwürmern und Seemäusen, die einst unter Wasser lebten.

Die Insel mit ihren fast 1.800 Einwohnern ist vor allem wegen ihres Erholungscharakters und der spärlichen Bebauung – es gibt keine großen Apartmentkomplexe bzw. Hotels – zu empfehlen. Auch hat sie einige Sehenswürdigkeiten zu bieten, die hier auf einer Rundfahrt beschrieben werden. Auf der Tour trifft man auf Straßenstände mit Læsø-Kartoffeln sowie Honig von Braunen Bienen. Beides mundet! Auch haben sich zahlreiche Boutiquen und Kunsthandwerksbetriebe (Kleider, Stoffe, Naturprodukte, Glasbläserei etc.) angesiedelt. Angeltouren werden ebenfalls angeboten und das Hummerfestival Anfang August lockt viele Tagesbesucher an, wobei es dabei um Hummerkrabben *(jomfruhummer)*, bei uns bekannt als Kaisergarnelen, geht.

In **Vesterø Havn (1)** landen die Fähren an. Das **Seefahrts- & Fischereimuseum** (*Havnegade*) in einem alten Fachwerkhaus von 1872 ist seit Jahren geschlossen. Im Hafen ist der Schnurnetzkutter FN 162 „Ellen" zu besichtigen, soweit er nicht in Østerby Havn liegt oder auf See ist. In der umgebauten Kirche in Vesterø kann man sich mit einer Læsø-Salzkur verwöhnen (*Vesterø Havnegade 28, www.saltkur.dk*).
Læsø Kur, *Vesterø Havnegade 28, ☏ 98491322, www.saltkur.dk*

3 km südwestlich von Vesterø Havn, Ecke Strandvej/Præstevejen, steht die **Vesterø-Sønderkirke (2)** (Südkirche), ein im 12. Jh. erbautes und rot angestrichenes Gotteshaus. Ein Altarbild von 1475 sowie Kalkmalereien von 1510 verzieren ihr Inneres. Letztere erzählen die Geschichte der Heiligen Drei Könige. Der Strand hier und bis hin nach Sønder Nyland bietet sich hervorragend zum Baden an. **Stokken (3)**, die geologisch sehr junge, vorgelagerte Landzunge, ist nur zu Fuß erreichbar.

Bevor man Byrum, den Hauptort, erreicht, passiert man das Gebiet **Tørkeriet (4)**, wo man früher Salz getrocknet hat. **Byrum (5)** wurde von Mönchen gegründet, die hier die größte Kirche der Insel im 12. und 13. Jh. errichten ließen. Die Altartafel und die Kalkmalereien sind sehenswert. Im Süden von Byrum steht der 17 m hohe **Rønnertårn** (auch: Læsøtårn), ein Turm, von dem man eine tolle Aussicht genießen kann, u.a. über das vogelreiche Naturreservat ca. 2 km südlich. Erbaut hat ihn 1927 fast im Alleingang der Holzschuhmacher Thorvald Hansen aus Liebe zu seiner Frau. Im kleinen **Læsø Museum** (*Byrum Hovedgade 55, www.laesoe-museum.dk*) wird mehr über das Leben und die Geschichte der Insel erzählt.

Südlich des Ortes befindet sich die historische **Salzsiederei (6)**, wo die Gewinnung und Verarbeitung von Salz erläutert wird und auch für Kinder einige interessante Vorführungen stattfinden. Bedenkt man, dass es einst an die 2.000 Salzsiedereien auf der Insel gab, kann man sich gut vorstellen, dass nach wenigen Hundert Jahren alle Bäume auf der Insel abgeholzt waren.
Læsø Salt Syderi, *Hornfiskrønvej 3, www.laesoesalt.com; Ende Juni–Aug. tgl. 10–16, April–Juni u. Sept.–Ende Herbstferien Mo–Sa 10–16, ansonsten Mo–Sa 10–14 Uhr*

Der **Museumsgården (7)** nordöstlich von Byrum ist nach alter Sitte mit Seegras (im Sprachgebrauch: Seetang) bedeckt. Weil es an Stroh und Reet mangelte, nutzten die Bewohner das überall an den Stränden vorhandene Seegras zur Isolierung ihrer Hausdächer. Dieses wiederum ist heute auch knapp, da das Seegras von einer Krankheit befallen wurde. Andere Teile des im 17. Jh. gebauten Hofes bestehen aus gesammeltem Strandgut, denn Holz war ebenfalls knapp. Eine alte Bockmühle, die im Sommer noch Mehl mahlt, rundet den Besuch des Museumshofes ab.
Museumsgården, *Museumsvej 3, www.laesoe-museum.dk; April/Mai u. Sept.–Ende Herbstferien Fr–So 11–15, Juni–Aug. tgl. 10–16 Uhr*

Weiter geht es entlang des Østerbyvejen zur **Bovet-Bucht (8)**, die im Frühjahr und Herbst gerne von Höckerschwänen, Ringelgänsen und anderen Zugvögeln besucht wird. Einige Kilometer weiter liegt linker Hand die 1867 erbaute **Østerby-Kirche (9)**, die als Ersatz für die zugesandete Hals Kirke errichtet wurde. Ganz im Osten der Insel liegt die Dünenlandschaft **Danzigmann (10)**, benannt nach dem 1741 hier gestrandeten Schiff „Danzig“. **Østerby Havn** ist ein kleiner Fischerei- und Sportboothafen, der sich für eine Snackpause anbietet. Einen guten Fischladen gibt es hier auch. Oft liegt die FN 162 „Ellen“ (s.o.) im Hafen.

Den Linievej entlang geht es zurück gen Westen. Kurz hinter der Abzweigung trifft man auf **Hedvig's Haus (11)**, ein typisches Fachwerkhaus mit Tangdach, erbaut Mitte des 19. Jh. Nördlich der Straße, hinter der zugesandeten und mittlerweile nahezu komplett abgerissenen **Hals-Kirche (12)**, ziehen sich die bis zu 30 m hohen und damit höchsten Dünen der Insel bis nahe an Vesterø Havn hin. An den Klippen und im Wald kann man gut spazieren gehen. Stichstraßen führen immer wieder zum Wasser und zu den Stränden. Mitten im Wald befindet sich der **Læsø-Stein (13)**, der die Stelle markiert, an der die Insel einst aus den Fluten wieder aufgetaucht sein soll. In **Vesterø Havn** endet dann die Inselrundfahrt.

Reisepraktische Informationen Læsø

Information

Læsø Turistkontor, *Havnepladsen 1, Vesterø Havn, ☏ 98499242, www.visitlaesoe.dk.*

Unterkünfte

VesterVenners Badehotel Strandgaarden €€–€€€€ (2), *Strandvej 8, Vesterø Havn, ☏ 98499035, www.vestervenner.dk; ehemaliger Strandhof von 1727; strandnah; Kaffee im Gar-*

ten, Fahrradvermietung, sehr gutes Restaurant, interessante Pakete, z. B. inkl. Salzkur. Es gibt kleine Zimmer im Altbau mit Waschbecken (€€) bis hin zu großen, modernen Zimmern mit Meeresblick (€€€€). **Hotel Lærkely €€€ (1)**, *Nordmarksvej 1, Byrum, ☏ 98498344 (NS ☏ 98420810), www.laerkely.dk; abseits des Trubels; engagiert geführte Familienpension, 8 Zimmer, Garten, gutes Restaurant.* **Østergaard B&B €€–€€€ (3)**, *Museumsvej 2, ca. 2 km nordöstl. von Byrum, ☏ 93601618, www.oestergaardkulturbb.dk; Bauernhof, dessen alte Gebäude geschmackvoll umgestaltet wurden zu kleinen Apartments; großer Garten, bestens geeignet zum Entspannen. Frühstück inklusive.*

Jugendherberge

Havnebakken B&B (4), *Lærkevej 6, Vesterø Havn, ☏ 98499009, www.havnebakken.dk; das ehemalige Vandrerhejm wird heute vom gleichnamigen Hotel am Hafen bewirtschaftet, aber immer noch auf der Basis einer Familienherberge. 300 m zum Fährhafen und nahe Badestrand; 90 Betten.*

Camping

Læsø Camping & Hytteby, *Agersigen 18 A, Vesterø Havn; 1 ½ km zum Fähranleger und nächsten Strand; schattiger Platz, 108 Stellplätze, Hütten. Gut organisiert.* **Østerby Camping**, *Campingpladsvej 8, Østerby Havn; 67 Stellplätze, Hütten. Uriger und naturbelassener als der erstgenannte Platz. Beide unter gleicher Leitung: ☏ 61619940, www.laesoecamping.dk.*

Restaurants

Es gibt viele Familienrestaurants und Fast-Food-Lokale in Vesterø sowie Østerby Havn. Die o. g. Hotelrestaurants (beide reservieren!) sind die besten. Ansonsten: **Røget Læsø Fjæsing (1)** *am Østerby Havn, ☏ 30480156; kleines Fischrestaurant direkt am Hafen sowie* **Restaurant Havnebakken (2)** *am Hafen von Vesterø, ☏ 98499009; vorwiegend Fischgerichte.*

Ausflugsfahrt/Fahrradverleih

Rønnerbus: *Ein Trecker mit Anhängern unternimmt von Byrum aus 4-stündige Fahrten ins Wattenmeer zur Insel Hornfiskrøn, ins Naturschutzgebiet Rønneren sowie zur Salzsiederei. Museumsvej 6, Byrum, ☏ 40959063, www.roennerbussen.dk.* **Fahrradverleih**: *Læsø Cykeludlejning, Vesterø Havnegade 29, ☏ 40449478, www.laesoebike.dk. Weitere Verleihe: Læsø Marina Park in Østerby Havn und am o. g. Læsø Campingplads.*

Fähre

Havneplads 1, Vesterø Havn, ☏ 98499022, www.laesoe-line.dk; Fähre von Frederikshavn (90 Min., teuer). Günstig sind Paketangebote für Passagierüberfahrt, z. B. inkl. Fahrradmiete, Übernachtung, Kur. Mitnahme eines Autos lohnt nur bedingt. Abholung von der Fähre wird arrangiert.

Von Frederikshavn nach Sæby

Vom Aussichtspunkt Pikkerbakken folgt man am besten der Nebenstrecke über die Hügelkette nach Sæby. Sie ist schöner als die E 45. Auf etwa halber Strecke überquert man den 95 m hohen **Øksnebjerg**, wo ein Rastplatz zum Verweilen einlädt. Toller Rundumblick!

Von Norden kommend, passiert man vor Sæby den **Herrensitz Sæbygård Slot**. Dieser, wie auch Voergård Slot (S. 357), diente den Bischöfen von Børglum (S. 335) als „Lusthaus“, wenn auch der jetzige Bau erst 1576 eingeweiht wurde. Das stattliche, dreiflügelige Gebäude ist von einem Wallgraben umgeben. Niels Juel (S. 240) war im 17. Jh. Hausherr auf Sæbygård, bevor er es 1682 gegen zwei Anwesen auf Seeland eintauschte. Ihm folgte die Gutsherrin Elisabeth Bille, die im Verdacht stand, ihren Mann ermordet zu haben. Zu sehen sind der Rittersaal, der Salon

und eine Reihe wunderschöner, alter Möbel. Der Wald um das Anwesen lockte im 19. Jh. viele Landschaftsmaler an. Achten Sie zudem auf Veranstaltungen und Festivalankündigungen.
Sæbygård Slot, *Sæbygaardvej 49, Sæby, www.sæbygaard.dk; Ende Juni–Anf. Aug. Di–Fr u. So 12–16 Uhr. Zu diesen Zeiten ist auch das Schlosscafé geöffnet.*

Sæby

Die Geschichte des „Städtchens an der See" begann mit den Wikingern und dem Fischfang. 1470 ließ der Bischof Jep Friies von Børglum ein Karmeliterkloster errichten. Dieses existiert zwar nicht mehr, dafür aber blieb die schneeweiße **St.-Marien-Kirche** erhalten, deren Kalkmalereien aus dem 15. Jh. Geschichten aus der Bibel erzählen und deren Flügelaltar von 1520 einer der schönsten des Landes ist. Viele alte, gelb gestrichene Kleinstadthäuser säumen die Gassen zwischen moderner Innenstadt und dem quirligen, besonders bei Freizeitkapitänen beliebten Kleinstadthafen mit ein paar Fischrestaurants und -imbissen. Die Hafeneinfahrt wird eindrucksvoll bewacht von der über 6 m hohen Skulptur „Fruen fra Havet" (Frau vom Meer).

Die „Frau vom Meer" heißt alle willkommen

Das **Kystmuseet Sæby** erzählt in einem 1624 errichteten Fachwerkhaus die Geschichte der Stadt und des Fremdenverkehrs im 19. Jh. Zudem sind archäologische Fundstücke aus der Umgebung ausgestellt. Wie der Ort einst aussah, erfährt man in der **Miniaturstadt Sæby** südlich der Altstadt. Hier bauen Hobbybastler die alte Stadt im Maßstab 1:10 nach.
Kystmuseet/Sæby Museum, *Algade/Søndergade 1B, www.kystmuseet.dk; Ostern–Juni Di–Sa 12–16, Juli tgl. 12–16, Sept./Okt. Do–Sa 12–16 Uhr*
Sæby Minibyen, *Solsbækvej 39, www.minibyensaeby.dk; Mitte Jan.–Mitte Dez. Mo–Mi u. Fr 8–11.30, Ende Juni–Mitte Aug. Do u. Sa 10–16 Uhr*

Von Sæby aus folgt man am besten der Margeritenroute. Bei guter Sicht kann man über die Ostsee schauen bis zur Insel Læsø, deren Dünenketten aus dem Meer herausragen. Am Strand von **Lyngså** kann man am besten Muscheln und Schnecken sammeln und nach Stürmen Bernsteine auf den vorgelagerten Sandbänken finden.

Voerså ist ein beschaulicher Fischerort mit Strand. Im Riverside Vorså Resort (*www.riversidevoersaa.com*) kann man nächtigen, speisen und Boote für idyllische Exkursionen auf der Vorså mieten. Von hier führt die Strecke landeinwärts. Hinter **Præstbro** steht die wuchtige Voer Kirke, Vorbotin des nur einige Hundert Meter weiter folgenden Schlosses.

Schloss Voergård

Das so abgelegene Schloss wird oft in einem Atemzug genannt mit den schönsten Renaissance-Bauten Dänemarks. Der massive Backsteinbau mit Wall und Graben wurde von den letzten, ungeliebten Bischöfen von Børglum, Niels Stygge Rosenkrantz und seinem Neffen Stygge Krumpen, 1520 in Auftrag gegeben. Die festungsähnliche Anlage galt ihnen als Schutz vor der heran-

Schloss Voergård

nahenden Reformation mit ihren Umwälzungen. Dass die Bischöfe die Residenz aber auch als „Lustschloss" nutzten, wurde ihnen zum Verhängnis. 1534 wurde das Anwesen von Schiffern in Brand gesetzt und Stygge Krumpen gefangen genommen. Die Sandsteinornamente und Verzierungen, wie z. B. Löwenköpfe, achteckige Türme, Triumphbögen, Meerjungfrauen etc. kamen erst unter der neuen Besitzerin Ingeborg Skeel in zwei Bauphasen, 1578 und 1586–91, dazu. Skeel galt als gute, aber auch berüchtigte und geizige Geschäftsfrau. Wer klaute, dem wurden die Finger abgehackt, und ihren Baumeister soll sie nach Fertigstellung der Renaissance-Elemente in den Wassergraben gestoßen haben, wo er dann ertrank. Seine Rechnung ist bis heute offen. Entsprechend gehen heute Gespenstergeschichten um und werden während der Führungen erzählt. Mitte/Ende Juli finden die beliebten Mittelalter-Tage *(www.middelalderdage.dk)* statt, an denen alte Handwerkskunst und Bräuche vorgeführt werden.

Voergård Slot, *Voergaard 6, www.voergaardslot.dk; April–Anf. Sept. tgl. 11–16, Ostertage und Mittelaltertage tgl. 10–16, Anf. Sept.–Ende Herbstferien Di–So 11–16 Uhr*

Im Dorf **Kirkeby** steht eine holländische Windmühle von 1887 und nahebei ein **alter Hof einer Wassermühle** (Den Gamle Møllegård) von 1581, die in späteren Jahren das Schloss Dronninglund mit Strom versorgt hat. Weiter führt die Straße durch den mächtigen **Forst von Dronninglund**, in dem zahlreiche Spazierwege ausgewiesen sind. Auch schön zum picknicken.

Eine Abkürzung zweigt von der Hauptstraße zum **Schloss Dronninglund** ab. Die Geschichte des Schlosses geht zurück auf das 12./13. Jh., als es als Nonnenkloster des Benediktinerordens unter dem Namen Hundslund gegründet wurde. Nach der Reformation kam das Anwesen in weltlichen Besitz. Schließlich kaufte es 1690 Königin Charlotte Amalie und gab ihm den Namen Dronninglund („Hain der Königin"). Ab 1729 wechselten die Besitzer ständig, darunter ein Grönlandforscher und Graf Adam Gottlob Moltke. 1786 erfuhr das Schloss große Umbauten und erhielt sein heutiges Aussehen, das in vielen Punkten an preußische und französische Schlösser erinnert. Zurzeit ist das Schloss nicht zu besichtigen, Klosterkirche und Schlosspark sind aber immer zugänglich.

Im Ort **Try**, 4 km südwestlich von Dronninglund, wird im **Try-Museum** die Geschichte des Landlebens in diesem Landstrich von der Steinzeit bis in die Mitte des 20. Jh. erzählt. Zu sehen sind u. a. die Wohnung eines Bauern aus dem 18. Jh., eine Schusterwerkstatt, eine Apotheke und ein Krämerladen aus den 1930- bis 1950er-Jahren. Zudem wird der ehemaligen Eisenbahnhaltestelle gedacht.

Egnsammling Østvendsyssel/Try-Museum, *Højskolevej 1, https://egnssamlingen-oestvendsyssel.dk; Mi 9–12, Mitte Mai–Mitte Sept. auch So 13–16 Uhr*

Aalborg
Innenstadt
Skanseparken, Frederikshavn
Lindholm Høje, Airport, Blokhus
Vestergade
Vesterbrogade
Østerbrogade
Engvej
Mellem Broerne
Nordre Havnegade
Havnegade
Nordre Havnegade
Limfjordsbroen
Limfjorden
GoBoat
Cloud City – Harbour Gate
C. A. Olesons G.
Vestre Havnepromenade
Nybrogade
Skibbrogade
Strandvejen
Kastetvej
Maritime Experience Center, Insel Egholm, Campingplatz Jugendherberge
Toldbodgade
Borgergade
Korsgade
Dalgasgade
Reberbansgade
Vesterbro
Kattesundet
Vesterå
Jomfru Ane Gade
Ved Stranden
Bispensgade
Lille Kongensgade
Slotspladsen
Utzon Centret
Uni Campus
Musikhaus
Gravensg.
Adelgade
Algade
Østerågade
Nytorv
Gabelsgade
Nyhavnsgade
Autobahn
Friis Shopping Center
Bredegade
Nørregade
Løkkegade
Østerbro
Vingårdsgade
Sankelmarksgade
Danmarksgade
Boulevarden
Søndergade
Kayerødsgade
Toldstrupsgade
Kjellerupsgade
Karolinelundsvej
Skt. Jørgens Gade
Prinsensgade
Christiansgade
Rantzausgade
Ågade
Niels Ebbesens Gade
Steen Bilchers Gade
Rosenlundsgade
Singing Trees
Hobro, Autobahn E 45 Kunstmuseum, Mølleparken, Zoo
Jyllandsgade
Godsbanen
Urania Observatoriet
Fyensgade
180
© graphic
Unterkünfte
1 Scheelsminde Hotel
2 Radisson Blu Limfjords Hotel
3 Helnan Phønix Hotel
4 Prinsen Hotel
5 Pier 5 Hotel
6 Kompas Hotel Aalborg
7 Cabinn
8 BBBB i Aalborg Hostel
Restaurants
1 Provence
2 Mortens Kro
3 Hos Boldt
4 Prinses Juliana
5 Restaurant Flammen
6 Jensens Bøfhus
7 Søgaards Bryghus
8 Hos Isidor Henius
9 Aalborg Street Food – The Lighthouse
Sehenswürdigkeiten
1 Gråbrødrekloster
2 Jens Bangs Stenhus
3 Aalborg Rådhus
4 Budolfi-Kirche
5 Aalborg Historiske Museum
6 Helligåndsklostret
7 Haandværkerhuset
8 Jørgen Olufsens Gård
9 Schloss Aalborg
10 Medborgerhus
11 Nordkraft
12 Karolinelund-Park
13 Vor Frue Kirke
14 Aalborg Stadsarkiv, Det Danske Udvandrerarkiv
15 Aalborg Kongres & Kultur Center
16 Aalborg Destillers/Cloud City – Harbour Gate/Spritten
Fußgängerzone
beschriebener Spaziergang
Alternative
N
0
300 m

Beide Punkte erhielten aber einen massiven Dämpfer, als sich Norwegen 1814 zugunsten von Schweden von Dänemark trennte und 1825 der Nordsee-Durchbruch bei Agger den Salzgehalt im Limfjord so sehr steigerte, dass die Heringsschwärme ausblieben.

info

Aquavit: Das Wasser des Lebens wird jetzt in Norwegen destilliert

Schon seit 1400 ist das Destillierverfahren in Dänemark bekannt. Die Dänen benutzten zu dieser Zeit als Basis Getreide, wie ihre norddeutschen Nachbarn auch. Wein kannten sie nur durch Import. Man destillierte nicht alleine für den Rausch, Alkohol wurden heilende, beruhigende, stärkende, verdauungsfördernde und andere Wirkungen nachgesagt. An Ausreden mangelte es auch damals nicht und auch nicht an der Kunst, den bitteren Geschmack der Fuselöle mit der Beigabe von Kräutern zu lindern. Der Ausdruck Kräuter ist hier in der deutschen Sprache nicht ganz korrekt. Zwar gehören Schafgarbe, Labkraut, Wilder Rosmarin, Johanniskraut und seltener Dill dazu, andererseits mischen die Dänen auch Brombeere, Wacholder, Schlehdorn und schwarze Krähenbeere in den Schnaps.

Bis zum 17. Jh. hatte sich das Herstellen von Branntwein so weit durchgesetzt, dass der Staat 1621 Steuern darauf erhob. Um 1800 zählte man über 2.500 steuerpflichtige Brennereien in Dänemark, 260 davon alleine in Viborg und Aalborg. Die erste Parlamentssitzung jedes Jahres heißt bis heute noch Viborg Snapsting, und auch das Restaurant des dänischen Parlaments heißt seit eh und je Snapsting.

Das Geschäft mit den Kräuterschnäpsen war so einträglich, dass sich bereits in der zweiten Hälfte des 19. Jh. De Danske Spritfabrikker (DDSF) das (Beinahe-) Monopol im Raum Aalborg verschaffte. Sie erwarb schon 1863 die Firma Harald Jensen, 1881 die Fabrik von Isidor Henius, der seit 1846 den legendären Aalborg Taffel Akvavit, auch bekannt als Rød Aalborg, herstellte und 1893 schließlich Brøndum Kummen Aquavit. Der Schnaps verkaufte sich hervorragend, eroberte auch andere Länder und füllte die immer gierigere Staatskasse mit horrenden Steuerabgaben. 1923 waren schließlich alle Schnapsfabriken Dänemarks aufgekauft.

17 Aalborg-Schnäpse wurden bis 2016 in Aalborg destilliert, dann wurde Aalborg Destiller von der norwegischen Arcus-Gruppe (Linie Aquavit) übernommen, die nun auch die Marken Gammel Dansk und Malteserkreuz ihr Eigen nennt und die gesamte Produktion nach Norwegen verlagert hat. 2021 hat sich der finnische Schnapskonzern Altia (u. a. Brøndums Akvavit) mit Arcus zusammengetan und beide firmieren jetzt unter dem Namen Anora Group (www.anora.com sowie www.aalborgakvavit.dk).

Traditionalisten im Norden Jütlands gründeten Vereine und Branntweingilden, und während der Pflückzeiten sieht man die Dänen beim Sammeln der Zutaten. Wer selbst auf Kräutersuche gehen will, um sich seinen Schnaps zu brennen, dem seien folgende Kräuter und Beeren empfohlen. Als Schnaps verwenden die Dänen den Brøndums, der mild im Geschmack ist und 40 % Alkohol enthält.

Kräuter und Beeren			
Kraut/Frucht	**Pflückzeit**	**Ziehdauer**	**Verdünnung**
Brombeere/Beere	Aug./Sept.	2 Monate, dann filtern	keine
Wacholder/ Reife Beere	Sept.–Dez.	2–4 Wochen, dann filtern	1 : 10

Bibernelrose/Beere	Aug./Sept.	1 Monat, dann filtern	nach Geschmack
Johanniskraut/Blütenknospen	Juli/Aug.	3 Wochen, dann filtern	nach Geschmack
(Schwarze) Krähenbeere/Beere	Juli/Aug.	3 Monate, dann filtern	nach Geschmack
(Wilder) Rosmarin/Blätter	Mai/Juni	14 Tage, dann filtern	1 : 10
Schafgarbe/Blumen	Juli/Aug.	5–8 Tage, dann filtern	1 : 10
Schlehdorn/Reife Früchte	Oktober	3 Monate, dann filtern	nicht verdünnen
Vogelbeere/Reife Früchte	Aug./Sept.	1 Monat, dann filtern	nach Geschmack
(Strand-)Wermut/ Blumenrispe	Juli/Aug.	max. 24 Std., dann filtern	1:10

Tipps und Infos für die Eigenherstellung:

- Auch andere Früchte und Pflanzen, wie z. B. Himbeeren, Kirschen, Preiselbeeren oder Sanddorn, eignen sich für den selbstgemachten Kräuterschnaps. Blutwurz (Blodrod), auch als Heideknolle (Hedeknold) bekannt, wird nachgesagt, schmerzlindernd zu wirken. Es handelt sich dabei um die Wurzel des gelbblühenden Fingerkrautes. I.d.R. füllen Sie eine Flasche oder Glas zu einem Drittel mit einer der o.g „Zutaten".
- Spülen Sie die gesammelten Kräuter und lassen Sie sie ein paar Stunden auf einem Papiertuch trocknen. Dann verwässert der Schnaps nicht.
- Bewahren Sie die gesammelten Kräuter in Papiertüten auf.
- Mischen Sie Ihr späteres Getränk in einem (Einweck-) Glas, denn aus Flaschen lassen sich hinterher die Kräuter schwer wieder herausbekommen. Wichtig ist, dass das Gefäß zum Ziehen luftdicht verschlossen werden muss.
- Anstelle des o.g. Brøndum Snaps können Sie die Kräuter auch mit anderem Schnaps mischen. Achten Sie darauf, dass dieser geschmacksneutral ist.
- Wie lange man den Schnaps ziehen lässt, ist Ermessenssache. Die o. g. Zeiten sind Richtwerte. Durch zu langes Ziehen werden auch unerwünschte Stoffe freigesetzt.

Die erneute Wende kam Mitte des 19. Jh. mit der Entscheidung, den Limfjord an wichtigen Stellen auszubaggern, um es größeren Schiffen zu ermöglichen, die Stadt anzulaufen. Das wiederum zog die Schwerindustrie und den Schiffbau an, sodass Aalborg sich zu einer recht bedeutenden Industriestadt mauserte. Um 1850 war Aalborg sogar noch größer als Aarhus. Das 20. Jh. brachte stetes Wachstum, aber auch Zerstörungen durch Luftangriffe im Zweiten Weltkrieg. Vernünftige Wiederaufbauprogramme haben dazu geführt, dass die Innenstadt von Aalborg sich auch heute von ihrer besten Seite präsentieren kann. Besonders schön sind die restaurierten Bürger- und Handelshäuser aus dem 17. Jh. sowie die verschnörkelten Stadthäuser aus dem 19. Jh.

Mit der Rolle als Nr. 2 hinter Aarhus hat man sich hier schon lange abgefunden und wendet sich wichtigeren Dingen zu, so z. B. den Tatsachen, das „Tor nach Grönland", die „kulturelle Metropole" und auch die „Partytown Jütlands" zu sein. Zement-, Tabak-, Textilfabriken, Schiffswerften, Handelsbetriebe, Hafengesellschaften, fischverarbeitende Betriebe sowie auch Hightech-Firmen sorgen für Wohlstand. Forschungs- und Ausbildungsstätten, die Uni und der Tourismus runden das Bild ab. In der eigentlichen Stadt Aalborg (inkl. Nørresundby) leben heute 143.000 Einwohner, in der gesamten Kommune Stor-Aalborg 225.000.

Der **Aalborger Karneval** (21. Mai) ist der bunteste und größte Karneval Nordeuropas. Über 100.000 Menschen feiern in der Stadt in schrillen Kostümen den Sieg des Frühlings über den dunklen Winter. Das **Blå Jazz und Blues Festival** (Mitte/Ende August) ist nicht minder at-

Blick über Aalborgs Altstadt

traktiv. Attraktionen wie der Wikingerfriedhof Lindholm Høje, der Mølleparken, das Maritime Erlebniszentrum Springeren, das moderne Utzon-Center, die attraktive Hafenfront, die über 300 Restaurants der Stadt, das vielseitige Kulturprogramm, das Nachtleben und das überregional geschätzte Kunstmuseum KUNSTEN machen einen Aufenthalt in Aalborg zum Erlebnis.

Doch die Stadt ruht sich nicht auf ihren Loorbeeren aus. Der ehemalige Güterbahnhof (**Godsbanen**) hat sich zu einem modernen Campus für Studenten samt Wohnungen und Street Art-Projekten entwickelt und die ehemalige Akvavit-Fabrik samt Umfeld wurde erfolgreich zu einem kulturellen Zentrum (**Cloud City/Kunsthal Spritten**) mit weiteren Attraktionen umgestaltet. 1 km westlich davon lockt zudem ein **Streetfood-Market** direkt am Wasser.

Orientierung in Aalborg

Die eigentliche Stadt liegt südlich des Limfjordes. Die Gemeinde nördlich heißt Nørresundby, gehört verwaltungstechnisch zu Aalborg (Stor-Aalborg) und ist heute vornehmlich ein Wohngebiet. Von Norden nach Süden fahrend wird das Stadtgebiet von zwei Tangenten durchquert, im Osten die E-45, im Westen die für Ihren Besuch wichtige Straße 180, die sich im Norden Y-förmig aufteilt, um an die Ost- oder Nordseeküste zu führen. Im Innenstadtbereich heißt sie Vesterbro. Von ihr aus sind alle Sehenswürdigkeiten ausgeschildert.

Innenstadt

Die Innenstadt wird eingerahmt von der Vesterbro im Westen, dem Limfjord im Norden, der Kjellerupsgade im Osten und der Danmarksgade im Süden. Am einfachsten parkt man auf einem der Plätze am Hafen bzw. einem der gut ausgeschilderten Parkhäuser. Beginnen Sie Ihre Erkundung, um die frühe Geschichte der Stadt besser zu verstehen, schräg gegenüber dem Kaufhauses Salling in der Algade. Hier gelangt man in die Katakomben des ehemaligen, 1250 erbauten **Gråbrødrekloster (1)**. Ein kleines Museum erläutert dessen Geschichte und die Zeit vor dem Bau des Klosters, als sich hier ein Marktplatz, eine Kirche und andere Gebäude befanden. Ausgrabungen erzählen mehr vom frühen Stadtleben *(Eingang: Fahrstuhlturm beim Kaufhaus, Algade 19, www.nordjyskemuseer.dk; Kernzeiten Mo–Sa 8–20 Uhr).*

Gehen Sie nun in die Østerågade, wo an der Ecke zur Adelgade das eindrucksvollste Gebäude der Stadt, **Jens Bangs Stenhus (2)** steht. Das fünfgeschossige Steinhaus gilt als das vornehmste und größte Renaissancebürgerhaus Skandinaviens. Es wurde 1624 für den Großkaufmann Jens Bang, einen reichen, aber ungeliebten komischen Kauz gebaut. Auffällig sind die drei mächtigen Giebel zur Vorderfront (ein vierter zeigt zur Adelgade), die waagerechten Sandsteinzierbänder sowie die üppigen Ornamente. Bang wurde nie in den Stadtrat aufgenommen. Deshalb ließ er aus Rache dieses Haus gegenüber dem Rathaus bauen, damit alle Kontrahenten vor Neid erblassen würden. Um seine Rachegelüste weiter auszuleben, so sagt man, habe er seine ärgsten Feinde in Form von grotesken Steinmasken an der Fassade, sich selbst an der Südseite (mit herausgestreckter Zunge gen Rathaus!), verewigen lassen. Der achteckige Erker an der Østerågade stammt aus jüngerer Zeit. Vorbild für die Architektur des Jens Bangs Stenhus waren Bürgerhäuser in den Niederlanden. In den Gewölben des Duus Vinkjaelder trifft sich regelmäßig die Innung Christian IV. Laug.

Nebenan in der Adelgade steht das leuchtend gelbe, spätbarocke **Aalborg Rådhus (3)**. Es ist nicht das erste Rathaus an dieser Stelle, datiert aber immerhin auf das Jahr 1762.

Bürgerhaus aus Stein: Jens Bangs Stenhus

Ein Stück weiter in der Adelgade, überragt der 48 Glocken tragende, 1779 erbaute Turm der **Budolfi-Kirche (4)** stolz die Innenstadt. Die Kirche, das Wahrzeichen Aalborgs, ist älter. Begonnen im 11. Jh., wurde sie 1400 erweitert, dann nochmals ausgeschmückt, als sie 1554 zum Dom erklärt wurde und auch danach noch mehrfach verändert. Budolfi ist vor allem ein Resultat großzügiger Spenden Aalborger Bürger, und darauf sind die Einwohner stolz. Es gab auch Schicksalsschläge, so fiel 1663 ein Teil des damaligen Turmes einem verheerenden Feuer zum Opfer, und der daraufhin erbaute Turm erlebte ein Erdbeben, das die beiden Treppengiebel zum Einsturz brachte. Innen blieb alles erhalten, sodass man heute das Altarbild (1689), die Kanzel (1692), das barocke Taufbecken (1728) sowie Fresken bewundern kann. Das Glockenspiel ertönt stündlich.

In der Jomfru Ane Gade ist abends meist viel los

Ein paar Meter weiter zeigt **Aalborgs Historiske Museum (5)** (Historisches Museum) Ausstellungen zur Stadtgeschichte, beginnend mit der Steinzeit, als Menschen bereits die Umgebung besiedelten. Schwerpunkt wird auf die große Zeit als Handelsstadt gelegt, was durch das „Aalborg Zimmer" mit seinen verschnörkelten Renaissance-Holzvertäfelungen aus dem Jahr 1602 eindrucksvoll belegt wird. Desweiteren: Aalborg als Industriestadt sowie ein besonderes Highlight, die imponierende Glas- und Silbersammlung.
Aalborg Historiske Museum, *Adelgade 48, www.nordjyskemuseer.dk; Jan.–März Di–Sa 10–16, April–Nov. Di–Sa 10–17, Dez. bis Weihnachten Mo–Sa 10–17.30 Uhr*

An dem dahinterliegenden C. W. Obels Plads, benannt nach dem Tabakfabrikanten Obels, steht das **Heiliggeist-/Aalborg-Kloster (6)** (Helligåndsklostret). Dänemarks älteste soziale Einrichtung wurde 1431 als Heiliggeisthaus gegründet und 1451 als Kloster ausgewiesen. Nach der Reformation diente das Haus als Krankenhaus, Lateinschule und beherbergt heute ein Alten- und Pflegeheim. Während des Zweiten Weltkrieges wurde hier Dänemarks erste Widerstandsgruppe, der Churchill Club, gegründet. Die Teilnahme an einer Führung lohnt sich wegen der Fresken und Treppengiebel von 1500. Der Platz ist zudem beliebt wegen seiner Restaurants und Cafés. Leckere Hot Dogs gibt es bei der Hotdoggeriet (*C. W. Obels Pl. 4–12*).

Am C. W. Obels Plads lässt es sich gut verweilen

Das **Haandværkerhuset (7)** (Handwerkerhaus), ein ehemaliger Kaufmannshof, ist das Zentrum der nordjütischen Gilden für Handwerk, Architektur und Wohnkultur. Hier werden Handwerker beraten bei der Restaurierung alter Gebäude und können Werkstätten im Hause nutzen.
Haandværkerhuset, *Kattesundet 20, www.haandvaerkerhuset-aalborg.dk; Mi 9–15 Uhr, Führungen nach Absprache*

Zwei Häuserblocks entfernt geht es durch die 150 m lange Jomfru Ane Gade. Die kleine Gasse, gesäumt von Restaurants und bis spät in die Nacht geöffneten Bars, hat sich den Namen als „Dänemarks längste Theke" verdient. Der Name stammt von einer adligen Dame, der man nachgesagt hat, sie sei eine Hexe, und sie daraufhin köpfen ließ.

Im Süden trifft die Jomfru Ane Gade auf die Bispensgade, zusammen mit der Gravensgade Teil von Aalborgs Fußgängerzone mit Geschäften und Boutiquen. In Richtung Osten gelangt man wieder zur Østerågade. Haus Nummer 25 ist der 1616 erbaute Kaufmannshof **Jørgen Olufsen Gård (8)**. Olufsen war Bürgermeister und Bruder des o. g. Jens Bang. Bang war damals so erbost über den Prunkbau, dass er diesem acht Jahre später sein Steinhaus entgegensetzte. Die Fußgängerzone setzt sich weiter südlich entlang der Algade und der Nørregade fort. Hier befindet sich auch, östlich der Fjordgade, das Friis Shopping Center, das seinen Haupteingang am Nytorv hat.

Zum **Schloss Aalborg (9)** geht es über die Slotsgade. Das Schloss entstand 1539 und wurde 1550 unter König Christian III. fertiggestellt. Nach außen wirkt der Bau massiv, betritt man dann den Schlosshof, ist man überrascht über das filigrane Fachwerk. Aus der Anfangszeit ist nur der Ostflügel mit seinem Eichenfachwerk erhalten geblieben, die anderen Gebäude wurden später hinzugefügt. Als Schloss wurde der Bau kaum genutzt, fast durchgehend diente er, wie auch heute, als Verwaltungskomplex. Daher können die Innenräume nicht besichtigt werden, doch der Innenhof sowie die Kasematten und Verliese im Westtrakt sind zugänglich. In ihnen befindet sich eine kleine Ausstellung mit Texten und historischen Fotos zur Schlossgeschichte.
Aalborghus Slot, *http://kongeligeslotte.dk/da/slotte-og-haver/aalborghus-slot.html; Verliese: Mai–Okt. Mo–Fr 8–15, unterirdische Gänge und Garten tgl. 8–21 Uhr*

Street Art – Fantasievolle Wandmalereien

Aalborg hat eine künstlerische Ader, das zeigen die bunten Malereien an vielen Häusern. Jedes Gemälde befasst sich mit einem anderen Thema und mittlerweile zählt man über 70 dieser bunten Hausfassaden. Über die folgenden Websites kann man sich eine Karte dazu herunterladen: www.enjoynordjylland.com/aalborg/things-to-do/street-art, https://streetartcities.com/cities/aalborg, Infos auch über Facebook und Instagram.

Auf dem Toldbod Plads westlich des Schlosses sprudelt vor der Königlichen Zollkammer die moderne Brunnenanlage **Fontana** mit zahlreichen Fontänen zu Händels Wassermusik. Direkt

vor dem Platz lädt das neugestaltete **Aalborg Havnebad** zu einem Sprung in den Limfjord ein. Nun kann man zum gegenüberliegenden, auffällig schwungvoll daherkommenden **Utzon-Center** am Hafen schlendern. Namen und Planung verdankt es dem Architekten Jørn Utzon, der 1918 in Aalborg geboren wurde und 2008 in Kopenhagen starb. Utzon, der in den 1940ern u.a. bei Alvar Aalto und Frank L. Wright gelernt hatte, wurde u.a. durch seinen Entwurf der Oper in Sydney berühmt. Zuletzt realisierte er seine Projekte mit seinem Sohn Jan, der ebenfalls weltweit anerkannt ist. Utzons Tochter Lin ist als Kunsthandwerkerin und Textildesignerin bekannt. Die Ausstellung im Utzon Centret beschäftigt sich daher mit den Werken aller drei Utzons sowie anderer berühmter Architekten, außerdem gibt es ein Café (mit leckeren Smørrebrød-Gerichten) sowie ein Kulturzentrum. Die moderne Hafenfront mit ihren Restaurants, historischen Schiffen und Sitzgelegenheiten sowie die Gebäude im benachbarten Utzon-Park beeindrucken ebenfalls.
Utzon Centret, *Slotspladsen 4, www.utzoncenter.dk; Di–Fr 11–17, Do bis 21, Sa/So 10–17 Uhr*

Tipp
Wer sich die Hafenfront vom Wasser aus ansehen möchte, läuft auf die Westseite der Limfjordsbroen und mietet sich ein GoBoat (siehe S. **373**).

Einige Blocks östlich von hier steht das **Medborgerhus (10)** (Bürgerhaus) mit der Landesbibliothek und der Gelegenheit, in Zeitungen aus aller Welt zu blättern.
Hovedbibliotekets-Medborgerhus, *Rendsburggade 2 und 11/Nytorv, www.aalborgbiblioteker ne.dk; tgl. 8–21 Uhr*

Gegenüber, östlich vom Utzon Park, liegen der Universitätscampus und einen Block weiter das **Musikhaus** *(www.musikkenshus.dk)*, ein modern gestalteter Komplex mit Konzertsälen und der Musikakademie. Auf der Südseite der Nyhavnsgade, am Kjellerups Torv, wurde das ehemalige Kohlelagerhaus **Nordkraft** *(www.nordkraft.dk)* **(11)** zu einem Veranstaltungszentrum mit Musik- und Theaterbühne, Kino, der **Kunsthalle Nord**, dem Touristenamt sowie Restaurant und Café umgestaltet. Am gleichen Platz befindet sich das **Center for Dansk Jazzhistorie** *(www.jazzcentret.dk)*, eine wahre Fundgrube für Jazzfans. 30.000 CDs und 60.000 Platten bekannter Jazzmusiker aus aller Welt werden an Mitglieder (kann jeder werden) ausgeliehen. Östlich von hier entsteht mit **Østre Havn** ein neuer Stadtteil mit hohen Wohnhäusern, in denen sich zum Teil luxuriöse Apartments, aber auch eine Reihe von Sozial- bzw. Studentenwohnungen befinden. Alles natürlich dänisch-modern und im Volksmund auch gerne als „Little Manhattan" bezeichnet. Erste Restaurants und Bars haben bereits Einzug gehalten.

Der nahe **Karolinelund-Park (12)**, einst Aalborgs Tivoli, wurde in einen modernen Park mit Sportstätten, Ruheoasen, Musikbühne (freitags im Sommer Konzerte), Kunstwerken, Kräutergärten und mehr verwandelt. Ähnliches gilt für das Areal des ehemaligen Güterbahnhofs, **Godsbanen**, südwestlich des Parks. Auch hier entstand, neben einem bereits vorhandenen Campus für Studenten, ein Park mit kulturellen Programmen und Einrichtungen.

Zurück Richtung Innenstadt: In der nahen Niels Ebbesens Gade steht die **Vor Frue Kirke (13)** (Liebfrauenkirche), erbaut an der Stelle einer ehemaligen Klosterkirche von 1100. Die Überreste der alten Kirche sind in Form von Bildquadern am Westgiebel der heutigen Kirche (von 1878) zu sehen. Gleich um die Ecke befinden sich das **Aalborg Stadsarkiv** (Stadtarchiv) sowie **Det Danske Udvandrerarkiv (14)** (Das Dänische Auswandererarchiv), das die Geschichte der dänischen Emigranten erzählt. Im Stadtarchiv gibt es Schriftstücke zur Stadtgeschichte und historische Fotografien zu bewundern.
Aalborg Stadsarkiv/Det Danske Udvandrerarkiv, *Arkivstræde, www.aalborgstadsarkiv.dk; Mo–Mi 10–16, Do bis 17, Fr bis 15 Uhr*

Schön sind die kleinen Gassen mit ihren historischen Stadthäuschen zwischen Bredegade und Danmarksgade, besonders die hübsche Hjelmerstald.

Im Park of Music

Südlich der Innenstadt, am Europaplads, steht das imposante **Aalborg Kongres & Kultur Center (15)**. Hier werden Messen und Kongresse abgehalten sowie Kunstausstellungen, Theatervorführungen, Konzerte u.a. geboten. Bemerkenswert ist der **Park of Music** (De Syngende Træer), westlich hinter dem Kongresszentrum: Schon um die 100 Musiker, die hier aufgetreten sind, haben einen Baum gepflanzt und daneben einen kleinen Pfeiler errichten lassen, der auf Knopfdruck ein bekanntes Lied der Künstler abspielt. Der erste war 1987 Cliff Richard, danach verewigten sich hier Bob Dylan und Shakira, außerdem Ivan Rebroff, B.B. King, Jethro Tull, Rod Stewart, Plácido Domingo, die Wiener Philharmoniker und viele andere mehr.

Skulpturen in Aalborg

An die 70 Skulpturen und Statuen aus Bronze, Granit oder Stahl stehen mittlerweile in Aalborg. Gebiete, in denen interessante Skulpturen zu finden sind:

- Skulpturenpark des Nordjütländischen Kunstmuseums KUNSTEN,
- Aalborger Skulpturenpark, Ecke Vesterbro/Kong Christians Allé u. gegenüber im Kildeparken,
- der massige Bronzestier „Cimbrertyren" Ecke Vesterbro/Bispensgade, wo einst die Dänischen Schnapsfabriken (De Danske Spritfabrikker) standen,
- entlang der Nørregade.

Nähere Infos zu Skulpturen stehen im „Kunst-Guide", erhältlich im Touristenamt.

Westlich und südwestlich der Innenstadt

Die weltberühmte Destillerie der **Aalborg Destillers (16)** gehört heute zur norwegischen-finnischen Anora Gruppe (u.a. Hersteller des „Linie Aquavit" und „Brøndums Snaps"), die den dänischen Aquavit seit 2016 ausschließlich in Norwegen herstellen lässt. Aalborg Destillers wurde 1881 von C. A. Olesen und C. F. Tietgen gegründet. Die Gebäude und das Gelände werden derzeit umgestaltet zu einem 20.000 m² großen Wohn- und Kulturzentrum mit Theater, Foodmarket, Geschäften, Hotel, Internationalem Kunstcenter, Skulpturen, Mikro-Destillerie u.a. – das Ganze unter dem Namen Cloud City – Harbour Gate bzw. neuerdings Spritten. Ein toller Streetfood-Market befindet sich 1 km westlich des Areals (*Skudehavnsvej 35–37, am Jachthafen*).
Spritten/Aalborg Destillers, *C. A. Olesensgade 1/Strandvejen, www.spritten-aalborg.dk*

Im **Maritimen Erlebniszentrum Springeren** erläutern Ausstellungen die Geschichte des Aalborger Hafens und des Schiffsbaus. Hauptattraktionen sind das 54 m lange U-Boot „Springe-

ren", das schnellste Torpedoboot der Welt, „Søbjøren", sowie das Inspektionsschiff „Ingolf", das vor der Küste von Grönland tätig war. Für Kinder gibt es einen maritimen Spielplatz, und ein Café bietet Snacks an. Gleich nebenan wird an **Aalborg Miniby** gebastelt (*www.aalborg-miniby.dk*).
Springeren – Maritime Oplevelsescenter, *Vestre Fjordvej 81, www.springeren-maritimt.dk; tgl. 10–16, Mai–Sept. 10–17, im Juli bis 20 Uhr*

Etwas westlich von hier liegt **Vestre Fjordpark**, ein um einen künstlichen See geschaffenes Stranderlebnis. Hier gibt es keine Wellen, viel Platz zum Ausruhen auf der Liegewiese und das Wasser ist wärmer als im Meer.

Die Straße zum Fähranleger zur **Insel Egholm** geht vom Skydebanevej, gegenüber dem Stadion, ab. Fährverkehr: ganzjährig, mehrmals stündlich. Beliebt ist die Insel wegen ihrer Spazierwege durch naturbelassenes Terrain, den Ausblicken auf den Limfjord und als Ausflugsziel, denn im Sommer lockt das Restaurant Kronborg am Fähranleger und das kleine Egholm Bryghus lädt zu Führungen und Bierproben ein (*www.egholmbryghus.dk*).

Das 1972 fertiggestellte Gebäude von Nordjütlands Kunstmuseum **KUNSTEN**, 2 km südlich des Limfjords und gegenüber dem Almen Kirkegaard (Friedhof), wurde entworfen von Elissa und Alvar Aalto sowie Jean-Jaques Baruel. Ziel war es, möglichst viel natürliches Licht in das Museum zu lassen. Die Sammlung zeitgenössischer dänischer und z. T. auch internationaler Kunst basiert auf mehreren Privatsammlungen sowie wechselnden Sonderausstellungen. Gezeigt werden Werke von Künstlern wie Vilhelm Lundstrøm, Harald Giersing, Edvard Weie, Serge Poliakoff, Richard Mortensen und auch der Künstlergruppe COBRA (S. 33, 382, 405). Es gibt auch einen Skulpturenpark sowie ein Kindermuseum.
KUNSTEN, *Kong Christians Allé 50, www.kunsten.dk; Di–Do 10–21, Fr–So 10–17 Uhr*

Hinter dem Kunstmuseum ragt der **Aalborgturm** 105 m über dem Meeresspiegel auf. Von hier oben hat man die beste Aussicht über Stadt und Limfjord. Im Turm befindet sich ein Bistro.
Aalborgtarnet, *Sdr. Skovvej 30, www.aalborgtaarnet.dk; April–Ende Okt.. tgl. 11–17, Sommer- und Herbstferien tgl. 10–17 Uhr*

Der **Aalborger Zoo** beeindruckt mit über 1.200 Tieren (ca. 140 Spezien) aus aller Welt. Ein großer Teil macht Afrikas Tierwelt aus, und ein Abschnitt stellt eine afrikanische Savanne dar. Aber auch Ameisenbären, nordamerikanische Bären, Affen aller Arten u. v. m. gilt es zu erleben. Schöne Picknickplätze bzw. ein Café (mit Blick auf die Anlage) laden zum Verweilen ein.
Aalborg Zoo, *Mølleparkvej 63, https://aalborgzoo.dk; Kernzeit: tgl. 10–15, Mai–Okt. 10–16/17, Juni–Aug. 10–19, im Winter oft nur bis 13 Uhr*

Gleich nördlich des Zoos liegt auf einer Anhöhe der weitläufige **Møllepark**, der seinen Namen den Windmühlen verdankt, die hier früher standen. Heute genießen die Aalborger hier die Aussicht auf Stadt und Limfjord. Die 6 m hohe Skulptur „Noah's Ark" von Roda Reilinger ist ein Geschenk Israels. Es finden hier oft Freiluftkonzerte statt.

Südöstlich der Innenstadt

Die Sternwarte des **Urania-Observatoriums** gewährt Einblick in die Forschungsarbeit und man darf durch das zweitgrößte Linsenfernrohr Dänemarks die Sternenwelt bewundern. Es ist ratsam, sich vor einem Besuch über das aktuelle Programm zu informieren.
Urania Observatoriet, *Borgmester Jørgensens Vej 13, www.nafa.dk; Sept.–Mai Mi 19.30–22 Uhr, andere Zeiten nach Voranmeldung*

Nördlich des Limfjords

Nørresundby ist der Teil des Großraumes Aalborg, der nördlich vom Limfjord liegt. Die Stadt mit über 23.000 Einwohnern ist seit 1970 Teil der Aalborg Kommune. Die Bausubstanz ist nicht weiter sehenswert, da die meisten Gebäude verschiedenen Bränden, zuletzt 1865, zum Opfer gefallen sind. Ein paar Sehenswürdigkeiten gibt es aber trotzdem: Der mit alten Bäumen bestandene **Skansepark**, Ecke Skansevej/Nordre Skansevej, ist ein beliebtes Ausflugsziel. Hier lässt es sich gut spazieren gehen und an einem der bereitgestellten Tische picknicken. Die oft hervorgehobene Aussicht ist aber nicht so grandios, denn die hohen Bäume und Sträucher sowie ein Schornstein und Industrieanlagen stören.

In den 1950er-Jahren stießen Archäologen im Waldgebiet von **Lindholm Høje** auf 589 Gräber, heute zählt man bereits 650. Die Gräber stammen aus der Zeit zwischen 500 und 1100 und lassen sich in drei Kategorien einteilen:
1. Eisenzeit (6. Jh.): Skelettgräber, die oben auf der Weide als kleine Hügel zu erkennen sind.
2. Über 600 Feuerbestattungsgräber: Zwischen den Jahren 600 und 1000 verbrannte man die Toten und setzte sie mit Grabbeigaben in den meist ovalen Steinsetzungen (nur die älteren sind rund bzw. dreieckig) bei. Die Steinsetzungen (Schiffssetzungen) wurden bereits in der nordischen Bronzezeit entwickelt (vermutlich auf Gotland) und erlebten bei den Wikingern eine Renaissance.
3. Die letzte Periode ab dem Jahr 1000 wird durch die etwa 30 Erdbestattungsgräber charakterisiert.

Nördlich der Gräberfelder fand man Überreste einer Siedlung, die hier von 500–1050 existiert hat. Die Wissenschaft geht davon aus, dass die Siedlung von großer Bedeutung gewesen ist, Handel trieb mit England und dem Mittelmeerraum und dass die Wikinger auch von hier zu Eroberungsfahrten aufgebrochen sind. Um 1000 begann das Areal nach zahlreichen, starken Sandstürmen immer mehr zu versanden, sodass die Bewohner – so wird vermutet – ihre Siedlung weiter unterhalb des Hügels neu anlegten. Im angeschlossenen Museum wird die Geschichte der Siedlung erläutert.

Vikingemuseet Lindholm Høje, *Vendilavej 11, www.nordjyskemuseer.dk; April–Okt. Di–So 10–17, Nov.–März Di–So 10–16 Uhr*

Im Erholungsgebiet **Urtehaven** wurden über 300 Heil- und Gewürzkräuter angepflanzt, und ein Duftgarten wurde speziell für Blinde angelegt. Eine Pfeifenausstellung wird hier im **Pfeifenmacherhaus** gezeigt. In der Innenstadt von Nørresundby kann man im **Bürgerhaus** aus dem ausgehenden 18. Jh.

Die Gräberfelder von Lindholm Høje

eine Bilderausstellung zur Stadtgeschichte sowie antike Möbel, eine Textil- und eine Buddelschiffsammlung anschauen.

Urtehaven/Pibemagerhuset, *Frederik Raschs Vej 9 (Nordwesten des Stadtteils Lindholm)*, **Sundby Samlingerne** *(Bryggergaarden), Gl. Østergade 8, beide www.sundbysamlingerne.dk; Zeiten variieren sehr, je nach Saison*

Reisepraktische Informationen Aalborg

Information

Aalborg Turistbureau, *Kjellerups Torv 5, im Nordkraft-Gebäude (s. S. 367), ☎ 993 17500. Hier gibt es auch die „Aalborg Beerwalk"-Gläser (s. Nachtleben S. 372). Im Sommer öffnet zudem ein kleines Infocenter im Kiosk am Gabels Torv, www.enjoynordjylland.com.*

Unterkünfte

Scheelsminde Hotel & Gastronomi €€€€ (1), *Scheelsmindevej 35, ☎ 9818 3233, www.scheelsminde.dk; chic gestyltes Hotel, 4 km südl. des Zentrums. Der Haupttrakt mit mehrfach prämiertem, exquisitem Restaurant liegt in einem Herrenhaus von 1808, die ansprechenden Zimmer in neueren Gebäuden. Zur Anlage gehören ein Park, Innen- und Außenpool, Sauna, Whirlpool, Joggingpfad, Tennisplatz etc.*

Radisson Blu Limfjords Hotel €€€€ (2), *Ved Stranden 14, ☎ 98164333, www.radissonblu.com/en/hotel-aalborg; funktionales, gut ausgestattetes Innenstadthotel. Skandinavisches Design. Gegenüber der Jomfru Ane Gade, mit italienischem Restaurant und Pianobar. Vor dem Hotel befindet sich das Freibad der Stadt.*

Helnan Phønix Hotel €€€–€€€€ (3), *Vesterbro 77, ☎ 98120011, www.helnan.dk/phoenix; historisches Innenstadthotel; gehobene Kategorie. Originell eingerichtete Räume, Restaurant, Sauna, Solarium, Fitnessraum.*

Prinsen Hotel €€–€€€ (4), *Prinsensgade 14–16, ☎ 98133733, www.prinsenhotel.dk; kleines Innenstadthotel. Gutes Preis-Leistungs-Verhältnis. Charme eines Boutique-Hotels; Sauna, Solarium, Whirlpool.*

Pier 5 Hotel €€–€€€ (5), *Rendsburggade 5, ☎ 98101400, www.pier5.dk; modern und komfortabel gestaltetes Hotel nahe dem Limfjord und der Innenstadt. Zimmer in allen Größen, auch Familienzimmer und Suiten, einige mit Fjordblick. Cocktailbar im Hause.*

Kompas Hotel Aalborg €€ (6), *Østerbro 27, ☎ 98121900, www.kompashotel.dk; das ehemalige Seemannsheim wurde renoviert und bietet nun modernen Mittelklassekomfort, günstige Lage zur Innenstadt, Frühstücksbuffet. Alle Gewinne aus dem Hotelbetrieb werden für Sozialarbeit eingesetzt. Etwas günstiger ist das moderne und zentral gelegene* **Cabinn €–€€ (7)** *(Fjordgade 20, ☎ 96203000, www.cabinn.com).*

Jugendherberge

BBBB i Aalborg Hostel (8), *Skydebanevej 50, ☎ 98116044, www.aalborg-vandrerhjem.dk; 140 Betten, 3 km vom Zentrum. Freizeitgebiet mit Spielplätzen, Freibad, Tennis-, Fußballplätzen etc.*

Camping

Die zwei Campingplätze der Stadt liegen ca. 2 bzw. 3 km westl. der Innenstadt in einem großen Sport- und Freizeitgebiet: **Strandparken Camping**, *Skydebanevej 20, ☎ 98127629, www.strandparken.dk; 130 Stellplätze, Hütten, nahe dem neuen, tollen Strandbad Vestre Fjordpark; etwas schattiger und windgeschützter als* **Aalborg Camping og Hytteø**, *Skydebanevej 50, ☎ 981 16044, www.aalborgcamping.dk; neben der Jugendherberge; Mittelpunkt sind die 30 einfachen Holzhütten, Camping möglich.*

Restaurants

In der Straße Ved Stranden reihen sich erlesene Restaurants, so z. B.:

Provence (1), *Ved Stranden 11, ☏ 98135133, www.restaurant-provence.dk; französische Menüs mit gutem Käse als Dessert; erlesene Weinkarte. Gelegentlich Fr/Sa Dinner mit anschließendem Tanz im Keller (Musikkælderen).*

Mortens Kro (2), *Mølleå 2–6 (Arkaden), ☏ 98124860, www.mortenskro.dk; die Adresse für Gourmets in Aalborg. Morton Nielsen ist einer der besten Köche Dänemarks und mehrfach prämiert worden. Das hat auch seinen (gerechtfertigten) Preis. Keinen alten Kro erwarten, das Gebäude ist neu. Unbedingt reservieren! Man kann hier auch in kleinen Suiten übernachten (€€€€–€€€€€)*

Hos Boldt (3), *Simonsgaard, Ved Stranden 7, ☏ 98161777, www.hosboldt.dk; im Innenhof eines alten Kaufmannshauses. Rustikal eingerichtet, schiefe Wände und mit Antiquitäten versehen. Die Gerichte sind einsame Spitze, frisch zubereitet. Gelungene Mischung aus französischer Kochkunst und dänischer Üppigkeit.*

Prinses Juliana (4), *Vester Havnepromenade 2, ☏ 98115566, www.prinsesjuliana.dk; das Gourmet-Restaurant (dänisch-französische Küche) befindet sich auf einem 1931 erbauten holländischen Schulschiff. Tolle Atmosphäre und wer steuerbords sitzt, schaut auf die Limfjordenge.*

Restaurant Flammen (5), *Østerågade 27,☏ 35266368, www.restaurant-flammen.dk; großes Restaurant der dänischen Buffethaus-Kette. Hier kann man einzelne Gerichte aller Art bestellen oder „All-you-can-eat". Perfekt bei sehr großem Hunger.*

Jensens Bøfhus (6), *Østerågade 19, ☏ 98166333, www.jensens.com/da; ist zwar kein Geheimtipp, steht aber für bezahlbare, gute Fleischgerichte (auch Burger) und eine Salatbar.*

Am C. W. Obels Plads befindet sich **Søgaards Bryghus (7)** *(s. Nachtleben S. 372, www.soegaardsbryghus.dk).*

Hotel Scheelsminde *(s. o.); Restaurant mit großen Fenstern zum Park. Gute, internat. Küche.*

Ein Tipp für Smørrebrød-Fans ist das kleine Restaurant **Hos Isidor Henius (8)** *in der Slotsgade 33 (Ecke Slotspladsen/Nyhavnsgade, www.hoshenius.com, Mo–Sa bis 21, So bis 16.30 Uhr). Und wer sich überraschen lassen möchte, sollte die Auswahl im* **Aalborg Street Food – The Lighthouse (9)** *(Skudehavnsvej 35; nur im Sommerhalbjahr geöffnet) testen, einem Streetfood-Market direkt am Hafen.*

Nachtleben/Pubs

Im „Paris des Nordens" geht es am turbulentesten zu im Zentrum auf der und um die Jomfru Ane Gade. In diesem 200 m langen Sträßchen reihen sich Bars, Diskotheken und Restaurants aneinander. Hier wird getrunken und gefeiert, besonders an Wochenenden. Im **Old Irish Pub** *z. B. werden deftiges Pubfood, viele Biere vom Fass und mehrmals die Woche Livemusik geboten; das Ganze im historischen Ambiente eines Hauses von 1689.* **Søgaards Bryghus**, *C. W. Obels Plads 1A, ☏ 98161114, www.soegaardsbryghus.dk, ist eine Microbrewery, wo man die verschiedenen Biere in kleinen Gläsern probieren kann und auch sehr gutes Essen (beste Steaks!) serviert bekommt. Im englischen* **Old Games Pub** *(Ved Stranden 5, www.oldgamespub-aalborg.dk) fließt neben anderen Marken auch dänisches Bier aus den Zapfhähnen, dazu gibt es alte Bilder, britische Utensilien an den Wänden und oft Livemusik. Auch der* **John Bull Pub** *(Ecke Ved Stranden/Østerågade, www.john-bull.dk) lockt die Gäste oft mit Livemusik, meist irisch, oft auch Country-Rock.* **Café Kloster Torvet** *(C. W. Obels Plads, www.klostertorvet.dk) ist eine Mischung aus Café und Bar (Kuchen und guter Scotch) und hat im Sommer Fr/Sa oft bis 2 Uhr geöffnet. Junge Leute sollten auch die Bars, Pubs und Schnellrestaurants in der Reberbansgade westlich der Vesterbro im aufstrebenden Szeneviertel Vestby ausprobieren.*

*Viele Innenstadt-Lokale beteiligen sich am „***Aalborg Beerwalk***". Hierbei kauft man 6 Probiergläser und Coupons (in den Lokalen oder in der Touristeninformation) und kann diese in ausgewählten Lokalen einlösen. Musikfans sollten schauen, was im Kulturhaus* **Huset** *(Hasserisgade 10, www.huset.dk) aufgeführt bzw. gespielt wird.*

Bahn/Busse

Nahezu alle **Stadtbusse** *halten in der Østerågade und am Nytorv; es gibt 24- und 72-Stunden-Touristen-Tickets sowie Mehrfachfahrten-Tickets (4 bzw. 7 Fahrten). Die* **„City Circle-Buslinie“** *verkehrt im Juli/Aug. tagsüber kostenlos im Innenstadtbereich. Infos zu Bussen: www.nordjyllandstrafikselskab.dk. Der* **Busbahnhof** *Ecke Jyllandsgade 4/J. F. Kennedy Plads ist Drehscheibe für das nördliche Jütland und Startpunkt der Expressbusse u. a. nach Kopenhagen, www.kombardoexpressen.dk. Hier hält auch der Flixbus, u. a. mit Verbindungen nach Hamburg und Berlin (www.flixbus.dk). Vom zentral am J. F. Kennedy Plads gelegenen* **Bahnhof** *(Aalborg Banegård, ☏ 98161666) gehen IC- und regionale Züge zu allen Destinationen in Dänemark ab. Im Sommer kann man an über 20 Stationen in der Stadt* **Fahrräder** *ausleihen (City-Bike-System). Dazu benötigt man nur eine Kreditkarte.*

Flughafen

Aalborg Airport, *Lufthavnsvej 100, 9400 Nørresundby, ☏ 98171144, www.aal.dk. Der Flughafen liegt 7 km nordwestlich des Zentrums und ist am besten über die Straße 11/56 nach Aabybro erreichbar. U. a. gibt es mehrmals tgl. Flüge nach Kopenhagen, Amsterdam und Oslo, zudem nicht täglich Direktflüge nach London und Bornholm sowie saisonal zu den Faröer-Inseln und Zielen am Mittelmeer. Der* **Flughafenbus** *fährt vom Busbahnhof (s. o.) und gelegentlich auch aus der Innenstadt (dazu Infos im Touristenamt). Am Flughafen befinden sich* **Autovermietstationen**.

Ausflüge/Unternehmungen/Fahrradvermietung

Das Touristenamt organisiert Ende Juni–Mitte Aug. Mo–Fr 2-stündige Stadtrundfahrten (auch auf Deutsch). **Historische Eisenbahnfahrten** *mit der Limfjordsbanen: Ende Juni–Anf. Sept. nach Ankündigung, Abfahrt von den Bahnsteigen etwas südlich vom Aalborger Bahnhof (Hjulmagervej 56). Mit Dampflok oder altem Raupenzug, ☏ 30113224, www.limfjordsbanen.dk.* **GoBoat**: *Mit einem kleinen Elektroboot am Hafen längsschippern (kein Führerschein erforderlich), Vestre Havnepromenade 2 (nahe Hafenbrücke), goboataalborg.dk.* **Eislaufen**: *auf dem C. W. Obels Plads wird Nov.–März alljährlich eine Eislaufbahn aufgebaut, mit Schlittschuhverleih.* **Fahrradausleihstationen** *gibt es über die ganze Stadt verstreut.*

Feste und Festivals

Der bunte **Aalborg Carnival**, *der größte in Skandinavien, ist eine Mischung aus Karneval und Love Parade und findet meist Mitte/Ende Mai statt; (www.aalborgkarneval.dk). Das* **Jazz- und Bluesfestival** *ist das größte Event im Aug. (www.bricksite.com/denblaafestival). Als Handelsstadt bietet Aalborg eine tolle* **Weihnachtsstimmung**. *Die Innenstadt ist geschmückt und voller Stände.*

Von Aalborg nach Aarhus

Von Aalborg über Randers, Grenå und Ebeltoft nach Aarhus

Die ersten Kilometer bis zur Küstenstraße 541 sind wenig ereignisreich. Bei Egense trifft die Strecke auf die Margeritenroute, der man nun gen Süden, parallel der Ostsee folgt. Bei **Dokkedal** stehen die Mulbjerge, Sandsteinhügel und -klippen, deren höchste Erhebung 48 m ü. N. N. misst. Hier lässt es sich gut spazieren gehen und die Aussicht über das Meer sowie das Lille Vildmose ist grandios. Der Mensch hatte das mit 76 km² mittlerweile größte Hochmoor Nordeuropas zwischenzeitlich der Natur „abgetrotzt“, jetzt wird es langsam renaturiert. Sogar fünf Elche wurden hier ausgesetzt.

Besucherzentrum samt Moorlandschaft

Tipp
Die Moor-/Torfkartoffeln von den Straßenständen der Bauern sind unbeschreiblich gut!

Im **Kleinen Wildmoorzentrum** erfährt man mehr über die Moorlandschaft, ihre Nutzung und deren Schutz. Von Aussichtspunkten und -türmen lässt sich nahezu das gesamte Gebiet überschauen, Lehrpfade führen durchs Moor.
Lille Vildmose Centret, *Birkesøvej 16 (3 km westl. von Dokkedal), www.lillevildmose.dk; Ostern–Okt. tgl. 10–16, Juni–Aug. 10–17 Uhr*

Redaktionstipps

➤ **Naturerlebnisse**: Lille Vildmose (S. 374), Mariager Fjord (S. 374); Wälder und Küsten an der Nordseite von Djursland (S. 386); Mols Bjerge westlich von Ebeltoft (S. 393); Heidelandschaft im Rebild Bakker (S. 395); Rold Skov (S. 396); Kanutouren auf bzw. Wandern um die „Dänische Seenplatte“ bzw. mehrtägige Kanutour auf der Gudenå (S. 407); Himmelbjerget (S. 408)
➤ **Kulturelle Höhepunkte**: Historischer Ortskern und Salzcenter in Mariager (S. 376); Fyrkat, historische Wikingerburg und Wikingerdorf (S. 378); Schloss Clausholm bei Randers (S. 383); Herrenhaus- und Landwirtschaftsmuseum Gammel Estrup (S. 385); Altstadt, Glasmuseum, Fregatte „Jylland“ in Ebeltoft (S. 390); Rebild Bakker/Nationalpark (S. 395); Museums-Center Aars (S. 397); Fahrradmuseum in Aalestrup (S. 398); Dom in Viborg (S. 400); Energiemuseum bei Tange (S. 403); Automuseum in Gjern (S. 404); Kunstmuseum Jorn in Silkeborg (S. 405); Øm Kloster bei Ry (S. 409)
➤ **Highlights für Familien**: Tropischer Regenwald in Randers (S. 381); Modelleisenbahn in Hadsten (S. 385); Djurs Sommerland und andere Parks in Djursland (S. 386); Kattegatcentret in Grenå (S. 387); Wandern bzw. „Räuberspiele“ im Rold Skov für Kinder (S. 396); Baden im Madumsee (S. 397); Kanutour auf der „Dänischen Seenplatte“ (S. 404); Fahrt mit einem Ausflugsdampfer zwischen Silkeborg, Himmelbjerget und Ry (S. 407); AQUA-Süßwasseraquarium und Papiermuseum in Silkeborg (S. 406).

Øster Hurup hat sich ganz den Bade- und Ferienhausurlaubern gewidmet, ebenso das kleinere **Als**. Schön sind die waldreichen Ferienhausgebiete sowie der Strand südlich von Als, auf der Landzunge Als Odde. Kurz vor Hadsund zweigt eine kleine Straße ab zum **Visborggård**, einem Burgschloss im Renaissancestil. Die Anlage wird von einem sumpfigen Graben umgeben (Visborg = „Burg im Sumpf“). Im 18. Jh. wurden Teile der Burg abgetragen und als Baumaterial nach København verschifft. Später wurden Teile der abgerissenen Flügel wieder aufgebaut. Auch der Garten erhielt um 1900 eine Auffrischung. Heute beherbergt das Schloss eine psychiatrische Anstalt. Man kann durch den Park spazieren.

Hadsund, die Stadt an der Brücke über den Mariager Fjord, ist touristisch wenig interessant. Es gibt ein **Heimatkundemuseum** mit Museum zur Geschichte von Wasser- und Windturbinen (Hadsund Egnssamling, Møllehistorisk Samling, *Rosendals Allé 8, www.nordjyskemuseer.dk, Mai–Sept. Di–So 12–16 Uhr*). Südöstlich des Ortes kann man die alte Windmühle **Havnø Mølle** besichtigen (*Havnøvej 40*).

Von hier geht es weiter auf der Südseite des insgesamt 30 km langen Mariager Fjords. Noch vor Mariager locken schöne Aussichtspunkte. Kurz vor der Stadt zweigt eine Straße ab zur **Hohøj**, einem Hügel mit tollem Blick auf Mariager, Fjord und Umland. Hier ist das größte Hünengrab Skandinaviens (12 m hoch, 72 m Durchmesser). Eine Legende spricht von einem Schatz, der im

Inneren versteckt sei. Unüberlegte Ausschachtungen im 19. Jh. führten zum Einsturz des Schachtes und einem tödlichen Unfall. Bis heute wurde der Schatz nicht gefunden.

Reisepraktische Informationen Øster Hurup, Als, Hadsund

Information

Øster Hurup/Hadsund Touristinformation, *Havnen 2, Øster Hurup, ☏ 70271377, www.destinationhimmerland.dk.*

Unterkünfte

Im familienfreundlichen **Feriecenter Øster Hurup & Badeland €€–€€€** *(Havblik 4, Øster Hurup, ☏ 40447913, www.vandlandsferie.dk) können Sie sich zumeist nur wochenweise einmieten in Apartments/Häuser (oft „Miniferien" übers Wochenende). Privatunterkünfte/Ferienhäuser vermittelt das Touristenamt.*

In Als: historischer (von 1893) **Als Kro (& Badehotel) €€–€€€** *(☏ 98581001, www.alskro.dk; Abendessen zumeist nur Do–So ab 14 Uhr).*

Von Hadsund 2 km weiter in Richtung Mariager empfiehlt sich das schmucke **Aa Mølle Hotel Mariagerfjord €€€**, *Mariagervejvej 100 (Straße 555), ☏ 98575722, www.aamolle.dk; Landkro mit Restaurant.*

Jugendherberge

Hadsund Camping & Vandrerhjem, *Stadionvej 33, Hadsund, ☏ 22641619, www.hadsundcamping.dk; einfach, 48 Betten. Angeschlossener Campingplatz (40 Plätze).*

Camping

Schön dicht am Wasser, auf einer Dünenkette und relativ windgeschützt, liegen die beiden Plätze von **Als Camping**, *Blegen 6 sowie Helberskovvej 15, Als, ☏ 51358316, www.alscamping.net; keine Hütten. Weitere Campingplätze gibt es bei Øster Hurup und in Hadsund (s. o.).*

Restaurants

In **Øster Hurup** *gibt es Familienrestaurants/Imbisse. Urig ist das* **Restaurant Jægerhuset** *(Als Oddevej 82, südl. von Als in Als Odde, ☏ 98581760), in einem Reetdachhaus mit Außenterrasse. Das angeschlossene* **Café Odden**, *auch bekannt als* **Hillbilly Grill** *(Als Oddevej 91) direkt am Sund gilt als einer der Klassiker unter den Grillrestaurants des Landes.*

Mariager

Schon vor Errichtung des Birgittenklosters (nach 1430) soll es an dieser Stelle einen Ort gegeben haben. Das Kloster aber, erbaut auf „Marias Acker", wurde als erstes urkundlich erwähnt. Bis 1588 lebten hier Mönche und Nonnen. Im 18. Jh. wurde es, zusammen mit der 1470 erbauten Klosterkirche, großenteils abgerissen, in den Resten der Kirche sind noch eindrucksvolle Kalkmalereien zu sehen. Heute ist das 2.500 Einwohner zählende Mariager ein beliebtes Ziel wegen der Fachwerkhäuser aus dem 18. und 19. Jh., der Kopfsteinpflasterstraßen und der vielen Rosen, die für den Beinamen „Stadt der Rosen" sorgten. Zahlreiche Rosengärtnereien verteilen sich über Stadt und Umland. Mariager hat eine Reihe von Sehenswürdigkeiten zu bieten und wer im Sommer hierher kommt, kann mit der historischen Bimmelbahn vom Bahnhof am Hafen die 17 km nach Handest fahren.

Rosen am Hotel Postgaarden

Am besten parkt man am **Mariager Salzzentrum** nahe dem Hafen. Hier erfährt man alles über die Bedeutung und Geschichte des „weißen Goldes", seine Gewinnung und Verarbeitung und kann sogar in einem Pool baden, der mit 30 % den gleichen Salzgehalt aufweist wie das Tote Meer (Temp.: 39 °C). Zudem gibt es einen Rundgang durch ein nachempfundenes Salzbergwerk.
Mariager Saltcenter, *Ny Havnevej 6, www.saltcenter.dk; Mo–Fr 10–16, Sa/So und während der dänischen Schulferien bis 17 Uhr*

Gleich neben dem Saltcenter befindet sich der **Bahnhof**. Hier sind die historischen Züge nach Handest zu bewundern. Nun geht es entlang des Havnevej zur Altstadt und dann nach links in die Teglgade, die vorbei am historischen **Hotel Postgaarden** (18. Jh.) zum Torv führt, wo sich im 1822 erbauten **Alten Rathaus** die Touristeninformation befindet. Ein Stück nach Norden entlang der Østergade gelangt man zum **Bugges Gård**, einem alten Kaufmannshof von 1735. In der Østergade beeindrucken die kleinen Gärten an den Stadthäusern.

Zurück am Torv folgt man der pittoresken Kirkegade zum historischen Kaufmannshof, der das **Mariager Museum** beherbergt und mit einer bunt gemischten Ausstellung zur Geschichte der Gegend aufwartet. Juni–Aug. findet jeden Samstag ein kleiner Markt auf dem Platz statt.
Mariager Museum, *Kirkegade 4A, www.nordjyskemuseer.dk; Mai–Sept. Di–So 12–16 Uhr*

In der parallel zur Kirkegade verlaufenden Fuglsangsgade sowie in der Sognegade gibt es zwei weitere alte Gebäude, den **Apothekergaarden** sowie **Mariagergaard**. An der Kreuzung Kirkegade/Sognegade steht rechts die weißgetünchte **Klosterkirche** auf der Anhöhe. Im Turmraum befindet sich eine Christusfigur aus der Zeit um 1500, und der Altar stammt von ca. 1650. Sehenswert sind auch die Kalkmalereien. Direkt hinter der Kirche stehen die Reste des **Birgittenklosters**, in denen heute das Amtsgericht untergebracht ist. Die Klosterstien hinunter gelangt man an der Ecke Teglgade zum 1876 errichteten **Brauhaus**. Weiter am Ege Torv (Platz der Eichen) ist im Asphalt der Grundriss der ersten Kirche am Platz (12. Jh.) markiert.
Voller Miniaturen, Modellen und Puppenhäuser ist das **Miniseum** (*Memstrupvej 1, www.miniseum.dk; Mi 13–17, Sa 12–16 Uhr – im Sommer auch öfter*) südwestlich von Mariager.

Reisepraktische Informationen Mariager

Information

Mariager Touristbureau, *Ny Havnevej 6, ☏ 98541377, www.destinationhimmerland.dk.*

Unterkünfte

Hotel Postgaarden €€–€€€, *Torvet 6, ☏ 98541012, www.hotelpostgaardenmariager.dk; Hotel von 1710. Die lange Außenfront beeindruckt durch ihre Standhaftigkeit, denn sie ist unheimlich schief und krumm. Historisches Ambiente in Restaurant (gute dänische Küche und leckeres Smørrebrød zum Mittag) und Pub. Nach einem der historischen Zimmer fragen (am schönsten ist das Honeymoon-Zimmer, Nr. 305), denn die Neueren sind funktional und wirken lieblos.*

Hvidsten Kro €€, *Mariagervej 450, ☏ 86477022, www.hvidstenkro.dk; der historische Kro liegt in Hvidsten (11 km südl. von Mariager) an der direkten Straße nach Randers. Seit 1634 königliche Privilegien und während des Zweiten Weltkrieges eines der bedeutendsten Zentren des dänischen Widerstandes. Gutes Restaurant mit überschaubarer Karte (bekannt für das Omelette mit Schweinefleisch und Schnittlauch), das Preis-Leistungs-Verhältnis ist für die Region nahezu unschlagbar.*

Zwei günstige, wenn auch wenig spektakuläre Hotels sind das **Motel Dania €€** *(Daniavej 45, Strekke nach Hadsund, ☏ 24498910, http://daniaby.dk) sowie das einfache* **Motel & Restaurant Landgangen €€** *(Oxendalen 1, ☏ 98541122, www.restaurantlandgangen.dk).*

Camping

Mariager Camping, *Ny Havnevej 5 A, ☏ 98541342, www.mariagercamping.dk; wunderbar direkt am Fjord gelegen, nahe Hafen und Stadt; 150 Stellplätze, von Minihütten (10 m²) bis zu Luxushütten (25 m²).*

Bahn

Es gibt keinen regelmäßigen Zugverkehr, dafür aber im Sommer (Juni bis Anfang Sept.) die historische **Mariager-Handest Veteranjernbane** *(Bahnhof nahe dem Hafen/Saltcenter). Rundtour nach Handest. Dauer: 2 Std. hin und zurück; die Strecke wird 2-mal pro Tag bedient (später Vormittag, früher Nachmittag, Tage variieren, Ende Juni–Okt., im Juli Di/Do/Sa/So, ☏ 98541864, www.mhvj.eu). Angeboten werden Kombitickets: Fahrt mit der „Svanen", dann per Bus nach Handest und von dort mit der Bahn zurück nach Mariager (oder anders herum).*

Bootstouren

Der **Schaufelraddampfer „Svanen"** *verkehrt im Sommer mehrmals tgl. zwischen Mariager und Hobro (Fr auch Hadsund), ☏ 98524677, www.dssvanen.dk.*

Hobro

Die Stadt (12.000 Ew.) wirkt verschlafen und fällt vor allem durch ihre Kleinindustrie und die Lage am Ende des schönen Mariager Fjord auf (Raddampferfahrten: siehe Mariager). Der Name entspringt dem altnordischen „Ho" für Landzunge, die wie ein Absatz an einem Stiefel geformt ist und „Bro" für Brücke – also in etwa „Die Brücke an der Ferse". Eine andere unter noch vier weiteren Legenden besagt: es gab einen Mann namens Ho, und der lebte am Fjord und baute eine Brücke darüber. Neben der u.g. Hauptattraktion Fyrkat, einer Wikingerburg mit -dorf, gibt es in und um Hobro noch einige kleinere Sehenswürdigkeiten, so z. B.

- das kleine **Lystfartøjsmuseet** am Hafen nahe der Touristeninformation mit einer Ausstellung von Freizeitbooten der letzten 100 Jahre (*Sdr. Kajgade 14, www.nordjyskemuseer.dk; Mai–Sept. Di–So 12–16 Uhr*),
- ein kleines Stück weiter an der Kaianlage kann man um das Gelände der kleinen Fischerbootswerft schlendern, das neu gestaltete maritime **Kulturcenter Skibstømrerhuset** (*Veranstaltungen, Ausstellungen, Blick auf Hafen, April–Okt. tgl. 10–16 Uhr, www.skibstoemrerhuset.dk*) besuchen und sich anschließend im Imbiss Den Blå Fisk einen Snack oder ein Softeis gönnen,
- das **Gasmuseum** kurz dahinter setzt sich mit der Geschichte des Gases auseinander; angeschlossen ist eine **Glasbläserei** (*Gasværksvej 2, www.gasmuseet.dk; Juni–Aug. sowie Winter- und Herbstferien tgl. 10–15.30 Uhr*),

- ein schöner Spaziergang mit Blick aufs Wasser bietet sich auf der Nordseite des Fjords an. Dazu fährt man ans Ostende des Nedre Strandvej und läuft entlang der **Panorama Ruten Mariager Fjord/Sildehagen Sti**. Der Rundweg zum Restaurant Bramslev Bakker und zurück ist etwa 10 km lang,
- Verdenskortet ist eine **Weltkarte im Kleinformat**. Die „Karte" ist aus der natürlichen Uferlandschaft am Klejtrup Sø 11 km westlich von Hobro geschnitten worden. Hier kann man über die Kontinente spazieren – ein besonderer Spaß für Kinder, die von ihren Eltern kreuz und quer durch die Welt geschickt werden (*Søren Poulsen Vej 5, Kjeltrup, www.verdenskortet.dk; April–Anf. Sept. tgl., Sept. Sa/So 10–17, Herbstferien tgl. 10–16 Uhr*).

Burghaus in Fyrkat

Vikingecenter Fyrkat

Gut 2 km vom Stadtzentrum entfernt passiert man als erstes den **Vikingegården**, eine rekonstruierte Siedlung eines Wikinger-Großbauern. Früher standen um die u.g. Wallanlage mehrere dieser Höfe. Für den Bau der heutigen Anlage aus mehreren Gebäuden wurden nur Werkzeuge und Materialien benutzt, die auch die Wikinger für so einen Bau verwandten. Hauptgebäude ist das 33 m lange Langhaus, dessen Gerüst aus massivem Eichenholz gefertigt wurde. Im Sommer werden auf dem Hof Handwerkskünste der Wikinger vorgeführt, u.a. das Wollespinnen, die Schmuckherstellung und das Brauen von Bier, dem *mjød* (Met). Mutige dürfen das Resultat aus Wasser, Honig und Gewürzen probieren.

Nur 600 m weiter liegt die Wallanlage eines um 980 unter Harald Blauzahn erbauten **Wikingerforts** (Vikingeborgen). Die kreisrunde Wallanlage ist eine von vier Festungen, die Harald als erster Vereiniger Dänemarks in seinem Reich an strategisch wichtigen Punkten errichten ließ. Bis heute ist nicht gesichert, welche eigentliche Bedeutung diesen Forts zukam. Wahrscheinlich ist, dass sie nur zu Trainigszwecken sowie als Abschreckung vor möglichen Aufständen diente. In der Wallanlage von Fyrkat standen damals 16 Langhäuser, jeweils zu viert im Quadrat angelegt, in denen 800 Soldaten mit ihren Frauen und Kindern lebten, ihre Waffen lagerten und ihre Werkstätten hatten. Eines dieser 28 ½ m langen Burghäuser wurde rekonstruiert und ist zu besichtigen. Direkt vor der Wallanlage steht eine 200 Jahre alte Wassermühle, **Fyrkat Møllegaard**, in der einst Getreide gemahlen wurde.
Vikingecenter Fyrkat, *Fyrkatvej 37B und 45, www.nordjyskemuseer.dk; knapp 3 km südwestlich von Hobro gelegen (gut ausgeschildert), Ostern, Ende April bis Mai und Herbstferien tgl. 10–16, Juni–Aug. 10–17, im Sept. 10–15 Uhr. Die Eintrittskarte gibt es am Vikingegården, an dem man zuerst vorbeikommt.*

Wer sich gerne historische Kirchen anschaut, sollte auf dem Weg nach Randers die Ausfahrt 38 rausfahren zur **Råsted Kirke**, die aus dem 11. Jh. stammt und schöne Kalkmalereien/Fresken aus dem 12. Jh. zu bieten hat. Es soll die größte Sammlung romanischer Kalkmalereien in Dänemark sein.

Reisepraktische Informationen Hobro

Information

Hobro Turistbureau, *Sdr. Kajgade 10 (geöffnet in den Sommerferien, sonst nur Adelgade 30), ☏ 70271377, www.destinationhimmerland.dk. Hier kann man auch Fahrräder ausleihen.*

Unterkünfte

Hotel Amerika €€€–€€€€, *Amerikavej 48, ☏ 98544200, www.hotelamerika.dk; schön oberhalb der Stadt und an einem Wald gelegen, modern, gutes, aber auch nicht ganz günstiges Restaurant mit erlesener Weinkarte.*

Spannend sind die Unterkünfte auf Gutshöfen in der Umgebung (schön für Kinder; Spaziergänge). Unser Tipp: nördlich des Fjords **Bramslevgård Herregårdspension €€**, *Bramslev Bakker 4, Valsgaard, ☏ 98512030, www.bramslevgaard.dk; ebenfalls exquisites Restaurant, Wochenend-Rabatte; 10 Zimmer, 6 Ferienwohnungen sowie Suite mit Jacuzzi (€€€).*

Jugendherberge

Danhostel Hobro, *Amerikavej 24, ☏ 98521847, www.danhostelhobro.dk; am Stadtrand, 108 Betten.*

Camping

Hobro Camping Gattenborg, *Gattenborg 2, am Skivevej, ☏ 98523288, www.hobro-camping.dk; 2 km westl. der Stadt, schön gelegen nahe Vester Fjord; 185 Stellplätze, moderne Hütten. Landschaftlich noch schöner liegt der* **Campingplads Bramslev Bakker**, *Bramslev Bakker 5, Valsgaard, ☏ 40295253, www.bramslevbakker.dk; ca. 10 km östl. von Hobro; 100 Stellplätze. Das Restaurant wird derzeit renoviert und eröffnet im Juni 2023 neu.*

Restaurants

Bies Bryghus, *Adelgade 26, ☏ 98525298, www.biesrestaurant.dk; deftige, dänische Gerichte und leckeres, hier gebrautes Bier in modern-rustikalem Ambiente; gepflegter geht es zu im Restaurant des o. g.* **Hotel Amerika** *sowie im* **Theater Restaurant**, *Theater Torvet 1, ☏ 98521700, www.theater-restauranten.dk, wo es mittags u. a. Smørrebrød gibt und abends weiße Tischdecken aufliegen. Eine einfache Alternative ist der* **Pigernes Kro**, *Viborg Landvej 56, Onslid, ☏ 70251160, www.pigerneskro.dk (ca. 5 km südwestl. von Hobro).*

Hinweis

Wer unter Umgehung von Randers küstennah vor allem auf der schönen Landstraße 531 in Richtung Süden fährt nach Aarhus oder Grenaa, der überquert den Randers Fjord kurz vor seiner Mündung bei Udbyhøj mit einer der letzten **kabelgezogenen Fähren** Dänemarks. Die Fahrt mit der ausgesprochen kleinen Mellerup-Voer-Fähre weiter südlich am Fjord ist ebenfalls ein Erlebnis.

Randers

Randers gilt als „Stadt der 13 Landstraßen". Hier, wo Dänemarks längster Fluss, die Gudenå, gut zu überqueren war und über den 25 km langen Randers Fjord ein Zugang zum Meer existierte, trafen Landstraßen aus allen Teilen Jütlands zusammen. Bereits im 11. Jh. gab es an dieser Stelle einen Handelsplatz samt Münzstätte. 1302 erhielt Randers Stadtrechte. Der Name entstammt der Wortzusammensetzung Rand-aros (Rand = Ufer; Aros = Flussmündung). Randers erlebte seit dem 14. Jh. alle Höhen und Tiefen der jütischen Geschichte. Wirtschaftsbooms lösten sich ständig ab mit Problemen wie der Auseinandersetzungen mit den Adelsgeschlechtern Holsteins,

Klostergründungen, von denen das der Franziskanermönche nach der Reformation umgewandelt wurde in ein königliches Schloss, Besetzung während des 30-jährigen Krieges, Brände, Machtverlust zu Gunsten von Aarhus u. v. m. Die **Industrialisierung** ab der zweiten Hälfte des 19. Jh. gab der Stadt einen erneuten Entwicklungsschub. Mit dem Anschluss an das Eisenbahnnetz konnte sich hier auch die Schwerindustrie niederlassen. Bis heute ist Randers, mit 63.000

Einwohnern die sechstgrößte Stadt Dänemarks, das Image der Industriestadt nicht los geworden. Kein Wunder, sieht man einmal ab von einigen übriggebliebenen Häusern in der Altstadt und Dänemarks erster Fußgängerzone (Houmeden, seit 1963), überwiegen eher die Schnellstraßen (die Ringstraße war ehemals der Stadtwall), funktionale Gebäude aus den 1960er und -70er-Jahren (wie z. B. der Komplex des Busbahnhofs). Der riesige Fleischfabrikant Danish Crown/Tulip hat seinen Hauptsitz in Randers, insgesamt hat jedoch der Dienstleistungssektor dem Produktionssektor hier schon seit einiger Zeit den Rang abgelaufen.

Randers ist abgesehen von ein paar Sehenswürdigkeiten kein touristisches Highlight. Im Umland dagegen gibt es viel zu erleben, etwa Kanutouren, verschiedenste Fahrradrouten durch die Natur und Seen, die sich hervorragend zum Baden eignen. Für einen **Spaziergang durch die Innenstadt** parkt man am besten am südlichen Innenstadtrand auf einem der großen **Parkplätze (1)** beim Randers-Regenwald.

Unter den gläsernen Kuppelbauten des **Randers Regnskov (2)** (Regenwald) wurde eine für Nordeuropa einzigartige Tropenlandschaft geschaffen. Ständig werden im Inneren die Temperatur auf mind. 25 °C und die relative Luftfeuchtigkeit auf 90 % gehalten. Tiere und Pflanzen aus allen Gebieten der Tropen und Subtropen (Asien, Südamerika, Afrika) sind in unterschiedlichen Glashäusern zu bewundern. Viele Vögel fliegen frei herum. Anfassstationen für Kinder und ein Schlangenhaus, in dem die Schlangen frei herumkriechen, runden das Bild ab. Ökologische Zusammenhänge in Bezug auf die Tropen werden ebenfalls erläutert. Gleich zu Beginn des Besuches sollte man auf die Fütterungszeiten achten. Nahe dem Regnskov gehen im Sommer tgl. mehrere Bootsfahrten auf der Gudenå ab. Auch Kanus können ausgeliehen werden.

Randers Regnskov

Randers Regnskov, *Tørvebryggen 11, www.regnskoven.dk; Mitte Januar –Dez. Kernzeit: tgl. 10–16, Wochenende und Sommerferien bis 17/18 Uhr*

Auch Randers ist bekannt für seine **Skulpturen**, an die 60 davon verteilen sich über das Stadtgebiet. Die bekanntesten sind wohl Den Jyske Hingst (ein massives Pferd, Ecke Østervold/Østergade) und die 6 m hohe **Krukken (3)**, ein überdimensionaler, vergoldeter Kupferkrug auf der Inselspitze in der Gudenå nahe der Randersbro. Mogens Møller hat das Kunstwerk 1990 geschaffen. Nicht weit vom Letzteren befindet sich das sehr gut gestaltete **Handwerksmuseum (4)**. 25 Werkstätten der unterschiedlichsten Gewerke sind hier eingerichtet, und die meisten davon sind wirklich in Betrieb. Interessierte können sich die Arbeit von den Handwerkern erklären lassen, und manchmal darf man sogar mitwerkeln.

Håndværksmuseet Kejsergaarden, *Lille Rosengård 16, www.museumoj.randers.dk; Di/Do/Sa 12–16 Uhr*

Die Skulptur „Den Jydske Hingst“ erinnert an die Pferdemärkte in Randers

Weiter geht es durch die Storegade, wo rechter Hand (Hausnummer 13) das Restaurant **Niels Ebbesens Spisehuset (5)** in einem schönen alten Kaufmannshof von 1643 eingerichtet wurde. Die **Brødregade**, die Haupteinkaufsstraße (Fußgängerzone), geht nun schräg von der Storegade ab und bietet Gelegenheit zum Shopping. Wer sich jedoch mit etwas mehr Kultur beladen möchte, der geht noch die wenigen Hundert Meter entlang der Dytmærsken, vorbei am hässlichen Busbahnhofkomplex zum **Kulturhuset (6)** (Kulturhaus): In ihm ist im 2. Stock das **Kunstmuseum** mit Werken von 1800 bis heute untergebracht, wobei der Schwerpunkt auf dänische Meister des ausgehenden 19. und beginnenden 20. Jh. gelegt wurde. Sven Dalsgaard und Künstler der COBRA-Gruppe sind hier ebenfalls zu sehen. Im 1. Stock zeigt das **Kulturgeschichtliche Museum** Einblicke in das bürgerliche Leben sowie Ausstellungen, die sich mit der Stadtgeschichte seit der Frühgeschichte befassen. Wer des Dänischen mächtig ist und mehr über die Stadt, die Region und ihre Bewohner wissen möchte, dem seien die entsprechenden Abteilungen der **Bibliothek** und des **Stadtarchivs** im selben Gebäude ans Herz gelegt. Angeschlossen an den Gebäudekomplex ist schließlich noch das **Museum Østjylland** (Ostjütland-Museum), das sich mit dem Mittelalter beschäftigt. Ausgestellt sind vor allem Kleidungsstücke und Rüstungen.

Kunstmuseum/Kulturhistorisk Museum, *Ecke Østervold/Stemansgade, Di–So 10–16 Uhr.* **Bibliotek/Randers Stadsarkiv**, *Di 13–16, Do 11–16 Uhr, im Juli geschl.* **Museum Østjylland**, *Di–So 10–16 Uhr, jeweils: www.museumoj.randers.dk*

Von hier geht es zurück in die Altstadt, entweder über die o. g. Wege oder einen Häuserblock nördlich über die Slotsgade/Rådhustræde. In der Torvegade 12 befindet sich übrigens der Handschuhladen Rhanders. Die Stadt und die Traditionsfirma Randers Handsker waren nämlich berühmt für die Handschuhe, die hier produziert wurden. **Det Gamle Rådhus (7)** (Altes Rathaus) am gleichnamigen Platz (Rådhustorvet) wurde 1778 von dem Architekten Christian Mørup geplant. Dem barocken Bau mit seinem Glockenturm gegenüber steht das Denkmal von Niels Ebbesen, der insbesondere im 19. Jh. zu einer Art Nationalheld stilisiert wurde, weil er 1340 in Randers den holsteinischen Grafen Gerhard III. ermordet hatte, der damals einer der mächtigsten Männer Dänemarks war und über Jütland und Fünen herrschte. Auch das **Touristenamt** befindet sich am Rådhustorvet. Das dreistöckige **Påskesønnernes Gaard (8)** in der nordwestlichen Ecke des Platzes *(Rådhustorvet 7, zw. Houmeden und Klostergade)* ist der älteste erhaltene Kaufmannshof der Stadt und datiert von 1463. Weiter geht es entlang der Gasse Houmeden, in der gleich vorne mit dem Haus Nr. 2 ein weiterer alter Kaufmannshof zu sehen ist. Dessen Geschichte geht zurück bis ins Jahr 1570, und im Fachwerk hat man Versteifungen in Form des Andreaskreuzes (wie ein großes „X“) entdeckt, was in Dänemark ausgesprochen selten ist.

Nur ein paar Schritte weiter liegt dann links das **Helligåndshuset (9)**, das „Haus des Heiligen Geistes“. Es ist der letzte Überrest des Klosters, das 1434 errichtet und mit der Reformation geschlossen wurde. Das Gebäude diente später als Lateinschule und Krankenhaus.

Wer noch Energie hat, kann am **Værket (10)** *(Ecke Mariagervej/Markedsgade im Nordwesten der Innenstadt)* schauen, wie aus einem Elektrizitätswerk ein imposanter Veranstaltungskomplex mit Musik- und Theaterbühnen sowie Geschäften geworden ist. Der Weg zurück zum Auto führt schließlich vorbei an der vornehmlich im gotischen Stil erbauten **St.-Mortens-Kirche (11)** an der Kirkegade. Baubeginn war um 1490, Fertigstellung 30 Jahre später, der Zwiebelturm wurde erst 1796 aufgesetzt. Auch das Innere zeigt jüngere, barocke Züge. Nicht weit von der Kirche findet sich das **Sparbøssemuseum (12)** (Sparbüchsenmuseum), in dem unzählige Spardosen ausgestellt sind (*Filiale der Sparekassen Kronjylland, Middelgade 1, geöffnet zu normalen Bankzeiten*).

Hinweis auf zwei weitere Museen

Das **GAIA Museum Outsider Art (13)** befindet sich auf der östlichen Seite der Innenstadt (Lene Bredahls Gade 10, www.gaiamuseum.dk; Di–Do 10–16, Fr/Sa bis 15 Uhr). Hier sind unterschiedlichste Kunstwerke zu sehen, die sich außerhalb des in der Kunstwelt üblichen bewegen. Hier gibt es immer wieder Überraschendes zu sehen. Das **Elvis Presley Museum (14)** ist mitsamt einem American Diner in der Memphis Mansion untergebracht, einem Nachbau von Elvis' Haus Graceland (Graceland Randers Vej 3, www.memphismansion.dk; tgl. 10–20 Uhr). Auch Johnny Cash wird hier gehuldigt.

Außerhalb von Randers

Im **Fladbro Skov**, dem Wald- und Wiesengebiet (süd-)westlich der Stadt, kann man gut spazieren gehen. Hier gibt es ein Tiergehege, einen Kletter-/Hochseilpark, einen Aussichtspunkt und den beliebten Fladbro Kro (seit 1737) mit guter Küche *(Dinner, tagsüber u. a. Smørrebrød, So Brunch)*. 13 km westlich von Randers, am Westende des idyllischen und sehr sauberen Fussing Sø, steht das **Schloss Fussingø** (erstmals erwähnt 1540). Hier kann man die Parkanlagen und eine Burgruine besichtigen, das Schloss aber nur, wenn Veranstaltungen wie Konzerte, Ausstellungen, Lesungen etc. stattfinden (*www.fussingoeslot.dk*). Am See gibt es ein paar nette Badestellen, die schönste liegt am Westende, denn hier gibt es einen Badesteg.

Auf dem Weg zum Clausholm Slot kann man bei Stånum kurz abbiegen zum **Krakamarken** (*Brusgårdsvej 25*), Dänemarks erstem Naturkunstpark, der bereits nach 11 Jahren 1999 geschlossen wurde und dessen „Überreste" der Natur überlassen wurden. Neban befinden sich die Skandinavische Hochschule für Design (*gelegentlich Ausstellungen, www.designhojskolen.dk*) sowie Dänemarks **Wildlachscenter** (*https://vildlaks.dk*), das sich für den Schutz von Wildlachsen einsetzt. Hauptziel ist aber das **Schloss Clausholm**, ein Barockbau, dessen Größe und symmetrische Anlage seinesgleichen sucht in Jütland. Schloss und Garten wurden zwischen 1699 und 1723 für den damaligen Großkanzler Graf Conrad Reventlow erbaut, der aber bereits 1708 starb. König Frederik IV. verliebte sich in Reventlows Tochter Anne Sophie und, obwohl er bereits verheiratet war mit Königin Louise, ehelichte er sie ebenfalls 1712 in Skanderborg, und zwar „zur linken Hand". Dabei setzte er sich über das Gesetz hinweg, das für Bigamie die Todesstrafe vorsah. Königin Louise sah zähneknirschend darüber hinweg, starb aber 1721, und anschließend ehelichte Frederik seine große Liebe ein zweites Mal ganz offiziell. Anne Sophie wurde damit zur Königin und verbrachte nach Frederiks Tod 1730 die Witwenjahre hier auf Clausholm.

Zu besichtigen sind heute die prachtvolle Gartenanlage mit sechs **Themengärten**, u. a. einer mit Küchenkräutern, ein Skulpturengarten und ein Wassergarten mit einem Springbrunnen. In puncto Wasseranlagen hatten die ersten Gartenarchitekten ihre Mühe. Eigentlich waren Wasserfälle geplant, doch das Heraufbefördern von Wasser auf die künstlichen Anhöhen bei den technischen Möglichkeiten im 18. Jh. war nicht zu bewerkstelligen. Das restaurierte Schloss beeindruckt mit dem stuckreichen Königssaal und der Kapelle mit der ältesten Orgel Dänemarks.

Clausholm Slot, *ca. 13 km südöstl. von Randers, Clausholmvej 308, Voldum, www.clausholm.dk; Garten: Mai–Sept. tgl. 11–17 Uhr, Schlosstouren nur Juli/Anf. Aug. Di–Do, So 11–16 Uhr (variiert, vorher erkundigen)*

Reisepraktische Informationen Randers

Information

Randers Turistbureau, *Rådhustorvet 4, ☏ 87521800, www.visitaarhus.com/areas-and-cities/randers.*

Unterkünfte

Hotel Randers €€€–€€€€ (1), *Torvegade 11, ☏ 86423422, www.hotelranders.dk; plüschiges, schön aufgemachtes Innenstadthotel aus dem 19. Jh. Erstes Haus am Platze. Restaurant und Bar. Ebenfalls in der Innenstadt liegt unser Tipp, das kleine familiengeführte* **Stephansens Hotel €€–€€€ (2)**, *Møllestræde 4, ☏ 86442777, www.stephansenshotel.dk; bei nur 10 Zimmern geht es hier gemütlich zu. Frühstück inklusive. Um die Ecke kann man im historischen* **Restaurant Det Gamle Apotek** *(Adelgade 2, ☏ 4110 1269, www.restaurantdetgamleapothek.dk) französisch-dänische Gerichte genießen.*
Best Western Plus Hotel Kronjylland €€€ (3), *Vestergade 51, ☏ 86414333, www.hotelkronjylland.dk; schön restauriertes Konferenzhotel, ca. 1 km zur Innenstadt. Parkplätze, Restaurant, Innenhof.*
Hvidsten Kro €€ (4), *Mariagervej 450, Hvidsten (12 km nördlich), ☏ 86477022; www.hvidstenkro.dk, genießt bereits seit 1634 königliche Privilegien; Restaurant. Siehe auch S. 377.*

Camping

Randers City Camping, *Hedevej 9, ☏ 29473655, www.randerscitycamp.dk; 6 km westl. von Randers an einem Waldstück (Fladbro Skov) gelegen; 185 Stellplätze, Pool, Minigolf. Zudem gibt es Hütten in allen Größen und Preisklassen*

Restaurants

Das Restaurant im **Hotel Randers** *(☏ 87113068, www.brasseriemathisen.dk) bietet dänische und internationale Gerichte, dabei immer ein vegetarisches Gericht (relativ günstige und gute Menüangebote).*
In **Storegade** *bzw.* **Middelgade (1)** *gibt es einige Restaurants und vor allem Pubs und Bars. Empfehlenswert ist das* **Café Conrad** *(Storegade 9, www.cafekonrad.dk) mit einer großen Auswahl verhältnismäßig günstiger Speisen.* **Fladbro Kro (2)**, *Randersvej 75, Fladbro, ☏ 86420210, www.fladbrokro.dk; erstklassige dänisch-französische Gourmetküche in einem Landgasthof 6 km südwestl. der Innenstadt, nicht ganz billig. Genau das Richtige für ein romantisches Dinner. Lecker auch der Sonntags-Brunch.*
Kollerup Mølle Kro (3), *Bavnehøjvej 2, Hadsten, ☏ 86914150, www.kollerupmollekro.dk; in der alten Mühle, ca. 18 km südl. von Randers, hier bekommen Sie gute dänische Gerichte in historischem Ambiente serviert und hier können Sie auch nächtigen (€€€–€€€€). Gleiches gilt auch für den* **Hvidsten Kro** *(s. o.), wobei hier die Speisenauswahl sehr überschaubar ist.*
Burger u. Ä. gibt es im **American Diner** *im Elvis-Presley-Museum (10–21 Uhr, S. 383).*

Bahn/Busse/Historischer Zug

Bahnhof: *westl. der Innenstadt, Jernbanegade, ☏ 8642 0299;* **Busbahnhof**: *Dytmærsken im östl. Teil der Innenstadt, ☏ 86423777. Überlandbusse wie der Flixbus halten dagegen am Bahnhof (Jernbanegade 29). Im Sommer verkehrt gelegentlich (aber nicht jedes Jahr) ein* **historischer Zug** *mit Dampflok ab dem Randers Regnkov bzw. dem Bahnhof; ☏ 66136630, www.jernbanemuseet.dk/de (Website des Museums in Odense, mit Ankündigungen).*

Wer nun auf direktem Weg weiterfährt nach Aarhus, sollte unbedingt einen Stopp einlegen in Hadsten bei der **Europa-Modellbahn**. 1.100 m Gleise, 240 Weichen und 30 km Kabel wurden verwendet, um eine imaginäre Bahnreise durch eine mitteleuropäische Landschaft geschehen zu lassen. Der Bahnhof und die Region um Hadsten wurden ebenfalls nachgebaut.
Modelbane Europa, *Østergade 9 (Hadsten Centret), Hadsten, www.modelbaneeuropa.dk; Juli–Ende Sommerferien u. sonstige Ferien tgl. 10–17, ansonsten (außer Mitte Dez.–Anf. Jan.) Sa/So 10–16 Uhr*

10 km östlich von Randers an der Straße 16 weist ein Schild nach **Ammelhede** zum angeblichen Grab Hamlets. Ein Gedenkstein erinnert an diesen historischen Ort.

Gammel Estrup

Die riesige Hofanlage macht schon von der Landstraße aus auf sich aufmerksam. Die Geschichte des Herrensitzes geht zurück auf die Zeit um 1300, wobei die ältesten Bauten innerhalb des Wallgrabens, der Westflügel, auf kurz vor 1500 zu datieren sind. Sie wurden von Lave Brok in Auftrag gegeben. 200 Jahre später wurde der Südflügel erbaut, während der Nordflügel erst 1749 unter dem damaligen Besitzer Jørgen Scheel hinzukam. Heute breitet sich vor den Augen der Besucher eine der **schönsten Herrenhofanlagen Jütlands** aus, umgeben von einem Wassergraben, den stattlichen Stallungen und ganz allgemein beeindruckend in der schlichten Pracht der dänischen Renaissance-Bauweise. Was lag bei so einem Anwesen näher, als hier zwei Museen einzurichten, die sich mit den interessanten Themen eines reichen Herrenhofes befassen:

Elegant: grüner Salon im Herrenhaus Gammel Estrup

Das **Grüne Museum** (Det Grønne Museum) wurde bereits 1889 als Landwirtschaftsmuseum gegründet. Es werden landwirtschaftliche Geräten der letzten 300 Jahre gezeigt, auf Sonderausstellungen sogar noch ältere. Es wird erläutert, wie und unter welchen Bedingungen die Menschen einst auf dem Lande gearbeitet haben. Es gibt Versuchsfelder, Felder, auf dem der Ackerbau zur Zeit der Wikinger gezeigt wird, einen sehr beeindruckenden landwirtschaftsbotanischen Garten u. v. m. zu erleben. Viele Programme richten sich speziell an Kinder. Das zweite ist das **Herrensitzmuseum** (Herregårdsmuseum). Mit dem Tod des Grafen Christian Scheel im Jahr 1926 schien Gammel Estrup als Sitz der auch politisch einflussreichen Adelsgeschlechter Brok und Scheel ein Ende zu finden. Schloss und Inventar wurden veräußert. Doch der Schwiegersohn des Grafen, Valdemar Uttental, kaufte einige Jahre später das Schloss sowie einen großen Teil des Inventars zurück und ebnete damit den Weg für das heutige Museum, das in seiner Art und Reichhaltigkeit einzigartig ist in Dänemark. Gut gelungen ist die Gestaltung der einzelnen Räume, denn jeder Raum stellt eine eigene Epoche dar. Es gibt den Renaissance-Saal, den Rittersaal, die Wachstube, die Kapelle etc. Im Anschluss an die Museumsbesichtigungen bieten sich ein Restaurant-Café und der Schlosspark für eine Verschnaufpause an. Übrigens kann man hier auch übernachten, und zwar in den ehemaligen **Waldarbeiterhäusern** €€–€€€, ☎ 8795 0705, Mindestaufenthalt meist 3 Tage.

Beide Museen: Randersvej 2, Auning; **Gammel Estrup**, *www.gammelestrup.dk; Feb.–Ostern sowie Ende Okt.–Weihnachten Di–So 10–15/16, Ostern–Herbstferien tgl. 10–17 Uhr;* **Det Grønne Museum**, *www.detgroennemuseum.dk; Feb.-Ostern u. Ende Herbstferien–Nov. Di–Fr 10–15, Sa/So 10–16, Ostern–Herbstferien tgl. 10–17, Ende Nov.–Dez. Di–So 10–16 Uhr. Übernachten kann man in den ehemaligen* **Waldarbeiterhäusern** *€€–€€€, ☎ 87950705, Mindestaufenthalt meist 3 Tage.*

Weitere Attraktionen in Djursland abseits der beschriebenen Route:

Das Gebiet der Landzunge Djursland ist ein beliebtes Sommer-Ferienziel,vor allem wegen der schönen Strände. Eine Reihe von Attraktionen richtet sich vornehmlich an Langzeitgäste und Familien mit Kindern. Sie alle hier aufzuführen, ist unmöglich, dazu informieren die Touristenämter in Grenå, Ebeltoft oder auch Randers. Tickets sind im Internet meist billiger, dort gibt es auch Kombitickets mit Übernachtungen. Die Öffnungszeiten bei den Freizeitparks variieren stark, die meisten sind aber über Ostern sowie Mai bis September und in den Herbstferien täglich geöffnet. Hier eine Auswahl:

- **Djurs Sommerland**: Nach Legoland zweitgrößter Freizeitpark Dänemarks mit Attraktionen für die ganze Familie. Schwimmbad mit Rutschen (nur Juni–Mitte Aug.), Minigolf, Achterbahnen, Miniaturstadt, Kletterwände, Reitmöglichkeiten für Kinder, Dinosaurierland, Afrikaland, Mexikoland, Lilliputland, Wikingerland, Bauernhof-Themenbereich u. v. m.; Randersvej 17, Nimtofte, www.djurssommerland.dk.
- **Skandinavischer Tierpark** (Skandinavisk Dyrepark): Freiluftgehege östlich von Kolind mit Hirschen, Stachelschweinen, Eisbären und Wölfen; Nødagervej 67b, Nødager, www.skandinaviskdyrepark.dk.
- **Ree-Safaripark**: Der 12 km nördl. von Ebeltoft an der Nebenstraße nach Grenå gelegene Park bietet auf 70 ha besonders Familien mit Kindern viel Abwechslung. Tipp: Übernachtung im Park sowie Land-Rover-Tour durch die „Kontinente“ (frühzeitig reservieren!); Stubbe Søvej 15, Ebeltoft, www.reepark.dk.
- **Moornutzungszentrum Stenvad** (Stenvad Mosebrugscenter): Freizeitpark um eine ehemalige Torffabrik, bei dem sich alles um die Themen Moor und Torf dreht. Hier wird gezeigt, wie früher mit Torf geheizt wurde und eine alte Mooreisenbahn fährt durchs Gelände; Stendyssevej 14, Stenvad, www.stenvadmosebrugscenter.dk; Mai–Aug. Di–So, sonst Di–Fr 10–16 Uhr, Mitte Dez.–Jan. geschl.
- Eisenbahnfans sollten sich in Allingåbro **Djursland mit Volldampf** (Djursland for fuld Damp), den alten Bahnhof samt Werkstatt, anschauen, wo eine 27 km lange historische Dampfzugfahrt durchs Djursland beginnt. Abfahrtszeiten variieren. Alternative: eine Draisine ausleihen und damit auf einem 30 km langen Streckenabschnitt einer stillgelegten Eisenbahnlinie fahren. Hovedgaden 4, Allingåbro, www.dffd.dk und www.vaerkstedsmuseum.dk. Hier kann man auch Kanus ausleihen für Touren auf der Alling Å sowie in alten Eisenbahn-Waggons übernachten. Bahnhof geöffnet Mai–Sept. tgl. 9–16, Juni–Aug. 9–17 Uhr.
- Im **Küsten- und Fjordzentrum** (Kyst- og Fjordcentret) westl. von Ørsted gibt es Informationen und Spaß zum Thema Umwelt und Natur der Gegend. Interessant für alt und jung, besonders die speziellen Programme (vorher anmelden, aber nur in Dänisch). Voer Færgevej 123, Ørsted – nahe Fähre, https://kystogfjordcentret.dk; Ende Mai–Mitte Aug. tgl. 10–17 Uhr.

Draisine am Bahnhof von Allingåbro

Von **Auning** folgt man entweder der direkten Landstraße 16, die den o. g. Freizeitpark Djurs Sommerland passiert, oder nimmt die schönere Margeritenroute, die sich durch kleine Dörfer, Wälder sowie Ferienorte an der Ostsee schlängelt. Hingewiesen sei auf die rekonstruierten Höhlen, Kammern und Kultstätten aus der Steinzeit bei Tustrup (*Stendysserne, Gl. Fjellerupvej 10A*), Fjellerup Strand mit seinen riesigen Campingplätzen, den bescheideneren Fischerort Bønnerup Strand sowie das Renaissance-Gebäude von **Schloss Meilgård** (*Meilgaardvej 15, Glesborg, www.meilgaard.dk*).

Schloss Sostrup bei Gjerrild, 1599 für den Reichsrat Jacob Seefeld erbaut, wegen dessen frühem Tod jedoch niemals fertiggestellt, gehörte anschließend dem Adelsgeschlecht Scheel aus Gammel Estrup. Zwischen 1960 und 2013 beherbergte das Schloss ein Nonnenkloster. Inzwischen ist es in Privatbesitz und dient als Hotel, Konferenzcenter und „Ort des Rückzugs und der Inspiration" (Kursangebote). Übernachtungsmöglichkeiten werden angeboten (s. u.).

Grenå

Der **Kolindsund**, das flache Land östlich von Grenå, war einst ein Binnensee mit Fjordcharakter, dessen flussähnliche Ausläufer bis hin zum Randers Fjord reichten. „Fjord" und Auen versandeten im frühen Mittelalter. Nur das südliche Flüsschen blieb erhalten. An einer Furt, einige Kilometer im Inland, entstand die erste Siedlung. Grenå erhielt um 1440 königliche Privilegien sowie die Stadtrechte. Der natürliche Hafen, die östlichste Lage in Jütland sowie die Tatsache, dass Grenå den geografischen Mittelpunkt Dänemarks darstellt, verhalfen dem Städtchen um 1500 zu einem bescheidenen Wohlstand. Ein Sturm im Jahr 1595 und ein großes Feuer 1649 zerstörten aber weitere Hoffnungen. Erst im 19. Jh. erholte sich die heimliche Hauptstadt von Djursland. Fischerei, Fährverkehr, Kleinindustrie und der Anschluss ans Eisenbahnnetz brachten neuen Schub. Heute zählt die Stadt 14.000 Einwohner, ist ein beliebter Ferienort, Fischerei- und Fährhafen nach Schweden sowie zur Insel Anholt. Der historische Ortskern liegt im Landesinneren, gut 3 km vom Hafen entfernt. Nahe dem Rathaus führt in der **Alten Schmiede** von 1849 ein Schmied vor, wie im 19. Jh. Metalle bearbeitet wurden. Die Schmiede ist an das **Ostjütland Museum** angeschlossen, das in einem um 1720 errichteten Fachwerk-Kaufmannshof eingerichtet wurde. Das Museum widmet sich der Geschichte von Djursland.

Den Gamle Smedje, *Smedestræde 2, ☏ 24235335, Zeiten variieren*

Museum Østjylland, *Søndergade 1, https://museumoj.randers.dk/museum-oestjylland; März–Okt. Di–So, Nov.–März Di/Mi 10–16 Uhr*

Die erste Kirche am Torvet, ein Bau aus dem beginnenden 15. Jh., fiel 1649 großteils dem Stadtbrand zum Opfer und wurde danach neu gestaltet. Zwischen Fährhafen und Jachthafen befindet sich in einem futuristisch anmutenden Gebäude die Hauptattraktion der Stadt, das **Kattegatzentrum**. In großen Aquarien und Wassertanks sind Flora und Fauna des Kattegats zu sehen, und Hintergründe werden erläutert. Zudem

Im Kattegatzentrum

gibt es ein Bassin mit tropischen Haien. Pädagogisch gut aufgebaut ist auch das Science Center, wo interaktive Programme sowie Experimente durchgeführt werden, die Jung und Alt begeistern werden. Zudem kann man im Sommer mit einem Motorboot der Rettungswacht hinausfahren.
Kattegatcentret, *Færgevej 4, www.kattegatcentret.dk; tgl. 10–16, im Sommer 10–17/18 Uhr, Nov.–Jan. Mo geschl.*

Wer sich gerne körperlich betätigen möchte, der sei auf die **Kanutouren** auf den Kolindsund-Kanälen hingewiesen. Ein guter Ausgangs- bzw. Zielpunkt dafür ist der kleine Ort **Kolind**, 21 km südwestlich von Grenå. Infos dazu im Touristenamt von Grenå.

Reisepraktische Informationen Grenå

Information

Grenå Touristkontor, *Torvet 1, ☎ 87581200, www.visitaarhus.dk/byer-og-steder/djursland.*

Unterkünfte

Slot Sostrup €€€, *Maria Hjerte Engen 1, Gjerrild, ☎ 88441200, www.sostrup.org; historische Schlossanlage (s. o.). Übernachtung in Ferienwohnungen in den neu gestalteten Farmgebäuden sowie in ehemaligen Klosterzellen. Speisen kann man im 1 km entfernten Gjerrild Kro (s. o.).*
Hotel Grenå Strand €€–€€€, *Havneplads 1, ☎ 86326814, www.grenaastrand.dk; schönes Badehotel von 1912, nahe Hafen und Kattegatcentret (1 km vom Strand an der Kanal-Au); 13 Zimmer, 4 Ferienwohnungen und Panoramarestaurant (günstige Tagesmenüs).*
Gjerrild Kro €€–€€€, *Bygade 16, Gjerrild, ☎ 86384020, www.hotel-gjerrild-kro.dk; renovierter Landgasthof mit Zimmern und Ferienwohnungen, gutes, gediegenes Restaurant, ca. 12 km nördl. von Grenå.*

Jugendherberge

Danhostel Gjerrild, *12 km nördl. von Grenå: Dyrhavevej 9, ☎ 86384199, www.gjerrild vandrerhjem.dk; umgeben von Wald. Hier gibt es gutes Essen aus biologisch angebauten Produkten.*

Camping

Grenå Strand Camping, *Fuglsangvej 58, ☎ 86321718, www.grenaastrandcamping.dk; südl. von Grenå; windgeschützte (Aufforstungen) riesige Anlage; 611 Stellplätze, 10, teilweise sehr moderne Hütten, Freizeitprogramme und Aktivitäten, 200 m zum Wasser. Weitere Campingplätze an der* **Nordküste von Djursland**, *davon alleine 5 im Bereich von Fjellerup Strand. Wir empfehlen zudem den familienfreundlichen* **Fornæs Camping** *5 km nördl. der Stadt: Stensmarkvej 36, ☎ 40187678, www.fornaescamping.dk; an einem Abhang zum Kattegat hin, kinderfreundlich und ebenfalls viele Aktivitäten sowie Strandzugang.*

Restaurants

MundGodt, *Storegade 6, ☎ 93202081, http://mundgodt.com. Schmuckes Brasserie-Bistro. Hier werden beste dänische Gerichte serviert und auch die Smørrebrød sind Klasse. Hervorragende Weine, wenn auch nur eine kleine, teure Auswahl. Zudem gibt es eine Reihe von Familienrestaurants, die beiden o. g. Hotelrestaurants und das Restaurant* **Skakkes Holm** *nahe dem Kattegat Center (Skakkes Holm 56, ☎ 86300989, www.skakkesholm.dk), in dem gutes Essen und an bestimmten Tagen (meist Fr u. Sa) ein Buffet serviert wird. Beeindruckend ist hier die Aussicht auf das Kattegat.*

Fähre

Nach **Anholt**: *im Sommer tgl. 1- bis 2-mal, Rest des Jahres 4- bis 7-mal pro Woche, Fahrzeit: 2 Std. 45 Min., ☎ 86323600, www.anholtfergen.dk (rechtzeitig reservieren), für Touristen kein Kfz-*

Transport (Ausnahmen bei körperlichen Behinderungen), aber Fahrradmitnahme. Fähre zum schwedischen Hafen **Halmstad**, *Fahrzeit: 4 Std. 35 Min. Stena Line: ☏ 0180/6020100 (dt. Netz), 96200200 (dän. Netz), www.stenaline.de.*

Insel Anholt

Die 22 km² kleine Insel mit ihren 150 permanenten Einwohnern liegt mitten im Kattegat. Im Sommer kommen über 50.000 Gäste. Viele davon sind Segler. Der größte Teil der Insel (92 %) steht unter Naturschutz, wobei sich die beiden wesentlichen Regionen unterteilen in die 30–50 m hohen Moränenhügel (letzte Eiszeit) im Westen sowie die Dünenlandschaft östlich davon, die über drei Viertel der Gesamtfläche ausmacht. Graue und weiße Dünenfelder (aus Flugsand), bewachsen mit z. T. einzigartigen Heidegewächsen, locken die Urlauber an, die dieses einsame Gebiet auch „Iles des Dames", Insel der Frauen, nennen, denn hier können sich die Damen getrost „oben ohne" in den Dünen verstecken. Der geografische Begriff für dieses Areal, *ørken* (Wüste), ist weitaus trostloser. Früher war die Wüste bestanden von Kiefern, doch die waren bis zum 17. Jh. gefällt. Das Holz wurde für den Schiffs- und Häuserbau sowie als Brennmaterial benötigt. Seit einigen Jahrzehnten beginnt sich eine artfremde Art auszubreiten, *Pinus mugo*, eine Bergkiefer.

Sehenswürdigkeiten im eigentlichen Sinn gibt es kaum. Vornehmlich Bade- und Naturfreunde kommen auf die Insel mit den wenigen kleinen Gäste- und Ferienhäusern – und auch zum Sternegucken eignet sich die lichtarme Insel. Nahe dem Hafen im Nordwesten gibt es das **Vogelschutzgebiet Flakket**, das von Zugvögeln aufgesucht wird, ganz im Osten an der Landspitze befindet sich ein Schutzgebiet für Robben (Totten), und hier steht auch der 1882 eingeweihte Leuchtturm der Insel. Unterhalb des Örtchens **Anholt** bietet der 48 m hohe **Sønderbjerg** einen wunderschönen Rundblick auf Insel und Meer.

Gäste der Insel dürfen keine Fahrzeuge mitbringen (Ausnahme: gesundheitliche Gründe). Das „Straßennetz" umfasst ganze 7 km, die restlichen, unbefestigten Wege dürfen i. d. R. nicht befahren werden. Weite Wege gibt es sowieso nicht. Vom Hafen bzw. dem Örtchen Anholt sind es 10 km zur äußersten, nordöstlichen Landspitze Totten. Auf der Insel können Fahrräder ausgeliehen werden und es gibt eine Bäckerei sowie einen kleinen Supermarkt. Im kleinen **Anholt-Museum** *(Ageren 3, Mitte Juni–Mitte Aug. tgl., Zeiten variieren)* wird die Geschichte der Insel erzählt und von hier aus werden gelegentlich geführte Wanderungen organisiert. 19 km südwestlich der Insel beeindruckt ein großer Offshore-Windpark, dessen 111 Windräder 4 % des dänischen Strombedarfs decken.

Reisepraktische Informationen Anholt

Information

Anholt Turist, *Gennem Ladet 94 (beim Fähranleger), ☏ 86319133, www.visitaarhus.dk/byer-og-steder/anholt.* **Hinweis**: *Viele Unterkünfte und Restaurants nur von Mai–Sept. geöffnet.* **Fähre**: *s. unter Grenå (S. 388, rechtzeitig reservieren!).*

Unterkünfte

Anholt Kro €€, *Nordstrandsvej 19, ☏ 78723402, www.anholtkro.dk; kleines, gemütliches und familiär geführtes Gästehaus mit Restaurant.* **Anholt Bed & Breakfast** €€, *Nordstrandsvej 11B, ☏ 86319111, www.anholt-bb.dk; 8 Zimmer auf zwei charmante Villen verteilt sowie Ferienhaus. Das Touristenamt vermittelt Ferienhäuser. Im Sommer ist die Insel lange im Voraus ausgebucht. Rechtzeitig reservieren.*

Camping

Anholt Camping, *Nordstrandvej 150, ☎ 86319100, www.anholtcamping.dk; 600 m nördl. vom Hafen, nahe dem Wasser, teilweise campiert man sogar am Strand, 150 Stellplätze.*

Restaurants

Auf Anholt gibt es einige kleine Restaurants und Bars. Wir empfehlen den o. g. **Anholt Kro** *sowie das Restaurant* **Algot** *am Hafen (dänische Gerichte aller Art, auch Burger etc., www.algotfra havet.dk) bzw. die* **Anholt Spiseriet** *(www.spiserietanholt.dk) nördlich im Ort. Hier gibt es leckere Pizzen, basierend auf Kartoffelteig.*

Nach **Ebeltoft** geht es entlang der Margeritenroute, die südwestlich von Grenå, in Aalsø, von der Landstraße 15 abzweigt. Sie führt durch hügeliges Gebiet und bietet an einigen Stellen die Möglichkeit, zu abgelegenen Küsten- und Strandabschnitten zu gelangen. Einzig Dänemarks älteste Kanzel (ca. 1300) sowie ein spätgotischer Flügelaltar (ca. 1510–30) aus Claus Bergs Werkstatt in der **Tirstrup-Kirche** sprächen für die Fahrt entlang der Hauptstraße.

Ebeltoft

Die Gegend wurde bereits von den Wikingern besiedelt. Ebeltoft („Apfelgarten") wurde erstmals 1301 erwähnt. Bis ins 16. Jh. hinein prosperierte Ebeltoft als Hafen an der geschützten Ebeltoft Vig. Handel wurde u. a. mit der Hanse getrieben. Darauf folgten Wirtschaftskrisen und Pestepidemien im beginnenden 17. Jh. Der 30-jährige Krieg gab der Stadt den Rest. Die schwedische Armee richtete sich in der Stadt ein und zerstörte – erst nach dem Krieg – 1659 die Handelsflotte. Ironischerweise waren es nach 1960 wiederum die Schweden, die nun die Reize der historischen Stadt entdeckten. Die lange Durststrecke hat Ebeltoft dazu verholfen, bis in die heutige Zeit ihr historisches Erscheinungsbild zu bewahren. Kopfsteinpflasterstraßen, Fachwerkhäuser, interessante Museen und die schöne Naturlandschaft ziehen viele Touristen an. Für einen **Spaziergang** durch Ebeltoft parkt man am besten am Hafen, nahe der **Touristeninformation (1)** im Gebäude vor der Fregatte „Jylland" bzw. dem Glasmuseum.

Fregatte „Jylland"

Die **Fregatte „Jylland" (2)**, ein 61 m langes Segelschiff, ist eines der letzten und das längste vornehmlich aus Holz gebaute Kriegsschiff. Die nahezu ausschließlich aus Eiche gefertigte „Jylland" lief 1860 vom Stapel und hatte ihren größten Einsatz 1864 in der Schlacht bei Helgoland gegen die Preußisch-Österreichische Flotte. Über 400 Mann waren auf dem Schiff beschäftigt! 1874 zur königlichen Jacht umfunktioniert, absolvierte sie 1886 ihre letzte große Fahrt. 1908 endgültig ausgemustert, wurde sie 1960, ohne Masten und Interieur, nach Ebeltoft geschleppt. Der dänische Reeder Mærsk McKinney Møller finanzierte die aufwendige, 10-jährige Restaurierung. Heute erstrahlt der Dreimaster wieder in vollstem Glanze und liegt in einem Trockendock. Man kann das eindrucksvolle Innere besichtigen, Vorführungen (Kanonenshow etc.) beiwohnen und auch um den Rumpf laufen und die 10,5 t schwere Schiffsschraube bewundern.

Fregatten „Jylland", *S.A. Jensens Vej 4, www.fregatten-jylland.dk; Mitte Feb.–März u. Nov./Dez. Di–So 10–15, Ostern, April–Juni u. Sept./Okt. tgl. 10–16, Sommerferien 10–18, Herbstferien 10–17, sonst an Wochenenden 10–15/16 Uhr*

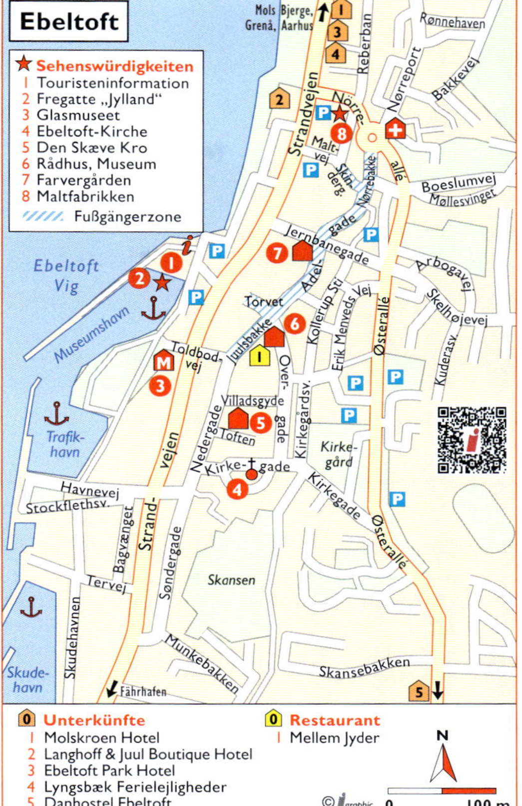

Ebeltoft ist bekannt für seine Glasbläsereien und im **Glasmuseet (3)** (Glasmuseum) kann man viel zum Thema Kunst aus Glas sehen und lernen. Die Ausstellung umfasst eine umfangreiche Sammlung internationaler Glaskunst sowie Werke hiesiger Künstler. Im Sommer führen Glasbläser vor, wie Glas geblasen und geformt wird.

Glasmuseet, *Strandvejen 8, www.glasmuseet.dk; April–Okt. tgl. 10–16 (Juli–Mitte Aug. 10–17), Nov.–Ostern Mi–So 10–16 Uhr*

Nun geht es den Toldbodvej hinauf zur Altstadt (*Julsbakke/Adelgade/Nedergade*). Der Nedergade nach Süden folgend passiert man an der Ecke Villadsgyde den **Den Skæve Kro (5)**, ein über 300 Jahre altes, schiefes Fachwerkhaus, das eine abwechslungsreiche Geschichte aufweist und seit 1968 ein gemütliches Speisegasthaus mit guter dänischer Küche beherbergt (☏ *86346030, https://denskaevekro.dk*). Ein Stück weiter abbiegend in die Kirkegade gelangt man auf den Hügel zur **Ebeltoft-Kirche (4)**, ein ehemals gotischer Backsteinbau, der um 1790 stark verändert wurde. Bei diesen Umbauten wurden viele Grabsteine als Baumaterial verwendet, so z.B. für die Treppenstufen im Turm. Beachtenswert ist die Aussicht vom Kirchenhügel hinunter auf die Altstadt. Entlang der Overgade geht es nach Norden. **Den Skæve Bar**, Ecke Overgade/Kurvelledet, lädt ein zu einer Erfrischung.

Das alte **Rådhus (6)** (Rathaus), 1789 eingeweiht, wurde auch als Spritzenhaus, Gefängnis, Gerichtsstand sowie Polizeistation genutzt. Bereits 1835 entschied man sich, ein größeres Rathaus zu bauen, u.a. weil immer wieder Häftlinge aus dem Gefängnis ausgebrochen sind. Heute befindet sich in dem Gebäude ein regional orientiertes **Museum**. Gezeigt werden u.a. Gegenstände

Det gamle Rådhus

aus dem Leben im alten Ebeltoft, Antiquitäten, eine Sammlung gefälschter Münzen (die im 13. Jh. auf der Insel Hjelm von Leuten des berüchtigten Marshall Stig gefertigt wurden) sowie das ehemalige Gefängnis. Nebenan beeindruckt die **Siamesische Sammlung** des Abenteurers Rasmus Havmølle, der zwischen 1914 und 1933 die meiste Zeit in Siam (heute Thailand) verbracht und einige Dinge von dort mitgebracht hat. An Sommerabenden (20 und 21 Uhr) erzählen und singen in historische Kostüme gekleidete Nachtwächter vor dem alten Rathaus.

Det gamle Rådhus & Siamesisk Samling, *am Torvet, www.museumoj.randers.dk/museum-oestjylland; Sept.–Mai Do–So 12–15, Juni–Aug. Di–So 10–16 Uhr*

Am Torvet beginnt die **Adelgade**. Historische Gebäude aus den unterschiedlichsten Epochen säumen diese Fußgängerzone mit den Boutiquen, Galerien und Cafés. Besuchenswert ist die alte **Farvergården (7)** (Färberei). Ein Teil des sorgsam restaurierten Handwerkshofs wurde Mitte des 18. Jh. erbaut, während das Vorderhaus erst 1820 hinzukam. Zwischen 1772 und 1920 wurden hier Stoffe und Garne gefärbt, die der Handwerksmeister teilweise selbst auf dem Lande einsammelte. Neben der Färberei gab es im Hause auch Verkaufsräume und Wohnungen (u.a. für die Arbeiter) und im Garten stehen viele Obstbäume sowie ein Walnussbaum, dessen Früchte und Blätter zum Färben benutzt wurden. Ein paar Türen weiter an der Adelgade 25–27 liegt **Jørgen Faaborgs Hof**, ein Handwerkshof von 1761, dessen Galerie auf der Rückseite des Hauses bemerkenswert ist.

Farvergården, *Adelgade 15, www.museumoj.randers.dk; Juni–Aug. und Herbstferien tgl. 10–16 Uhr*

Durch den Garverivej gelangt man zurück zum Hafen. Am Fährhafen, 5 km südlich des Städtchens, kann man die Überreste des ersten **Windräderparks** (Vindmølleparken) der Welt bestaunen. Auf der 800 m langen Mole erzeugten einst 16 Windräder Strom für 600 Einfamilienhäuser, heute genügen vier moderne Windräder für 800 Haushalte.

Reisepraktische Informationen Ebeltoft

Information

Ebeltoft/Mols Turistbureau, *S. A. Jensen Vej 4, ☎ 87521800, www.visitaarhus.dk/byer-og-steder/djursland.*

Unterkünfte

Molskroen Hotel & Restaurant €€€€–€€€€€ (1), *Hovedgade 16, Femmøller Strand (10 Autominuten von Ebeltoft), ☎ 86362200, www.molskroen.dk; obwohl das Gebäude älter erscheint, wurde es erst im 20. Jh. gebaut und dabei nach allen Gesichtspunkten eines exklusiven Hotels* *ausgestattet. Von den meisten Zimmern Ausblick aufs Wasser; der parkähnliche Garten lädt zum Verweilen ein. Besonders hervorzuheben: individuell, großzügig und mit dänischem Design eingerichtete Zimmer; erstklassiges Restaurant mit international gutem Ruf (10-Gänge-Menüs). Günstiger ist die ebenfalls gute Brasserie im Haus.*

Langhoff & Juul Boutique Hotel €€€€ (2), *Ndr. Strandvej 3, ☎ 86343300, https://langhoffogjuul.dk; Konferenzhotel nahe der Altstadt; schöne, modern ausgestattete Suiten mit Balkon/Terrasse (Meerblick reservieren). Sauna, Spa, Bar, Orangerie, exquisites Restaurant, eigener Badesteg und Liegewiese; es wird sehr auf Nachhaltigkeit geachtet.*

Ebeltoft Park Hotel €€–€€€ (3), *Vibæk Strandvej 4, ☎ 86343222, www.ebeltoftparkhotel.dk; modernes Motel, die preisgünstige Alternative; Restaurant; strandnah, 1,5 km nördlich der Altstadt.*

Wer wochenweise mieten möchte, kann oberhalb von Femmøller Strand günstig im familienfreundlichen **Lyngsbæk Ferielejligheder** €–€€ (4) *(Lyngsbækvej 41, Lyngsbæk, ☎ 86361033, www.lycenter.dk) unterkommen.*

Jugendherberge

Danhostel Ebeltoft (5), *Egedalsvej 5, ☎ 86342053, www.ebeltoft-danhostel.dk; 1500 m zum Zentrum. Großzügiger, ökologisch gestalteter Bau, u. a. mit Grasdach als Isolierung.*

Camping

Es gibt 6 Campingplätze im Umkreis von Ebeltoft, von denen **Ebeltoft Strand Camping** *(Nordre Strandvej 23, ☎ 86341214, www.ebeltoftstrandcamping.dk) mit 400 Stellplätzen (plus Hütten) und Strand zur Ebeltoft Bucht hin, am nächsten zur Stadt liegt (1,5 km). Näher zum Ostseestrand:* **Elsegårde Camping** *(Kristoffervej 1, ☎ 86341283, www.egcamp.dk), südöstl. der Stadt, 90 Stellplätze, Hütten, sowie nahe diesem und direkt oberhalb vom Strand* **Blushøj Camping** *(Elsegårdevej 55, ☎ 86341238, www.blushoj-camping.dk).*

Restaurants

Unschlagbar in der Region ist das **Moelskroen Hotel & Restaurant** *(s. o.). Wer mehr Wert auf Aussicht (auch Terrasse) und neu-dänische Küche legt, der ist im Restaurant des* **Langhoff & Juul Boutique Hotel** *(s. o.) richtig. Dem historischen Ambiente der Stadt gerecht werden das seit 1610 bestehende* **Restaurant Mellem Jyder** (1) *(Juulsbakke 3, ☎ 86341123, www.mellemjyder.dk) mit guten dänischen Fleischgerichten sowie* **Den Skæve Kro** *(Villadsgyde 7, s. o.). Im Kulturgebäude* **Maltfabrikken** (8) *(Maltvej 4–12, www.maltfabrikken.dk) ist* **Lundbergs Spisehus** *(https://foodfamilygroup.dk/lundbergsspisehus) „the place to be" in Ebeltoft. Hier gibt es tagsüber Snacks, abends volle Mahlzeiten und die Bar gilt als angesagt. Im Gebäude befindet sich zudem eine* **Microbrewery**, *in der man natürlich das Bier auch verkosten kann. In der Maltfabrikken werden auch Konzerte und andere Veranstaltungen geboten.*

Fähre

Zur Insel **Seeland** *(Sjællands Odde) verkehrt im Sommerhalbjahr eine Schnellfähre der Mols Linien A/S von Ebeltoft aus. Aktuelle Infos: ☎ 70101418, www.molslinjen.dk.*

Die Margeritenroute macht nun einen Bogen um die Ebeltoft Vig und führt dabei an schönen, z. T. über 80 Jahre alten Ferien- und Wochenendhäusern vorbei. Hier zeigt sich, wie zeitlos gestaltete Ferienhäuser aussehen können. Der Name **Femmøller Strand** weist darauf hin, dass hier einst fünf Mühlen standen – heute ist der Ort beliebt wegen seines tollen Strandes. Die **Mols Bjerge** und die **Halbinsel Helgenæs** sind beliebte, großenteils zum Nationalpark erklärte Gebiete, die sich hervorragend für Spaziergänge eignen. Trehøje (127 m) und Agri Bavnehøj (137 m) in den Mols Bjergen sowie Ellemandsbjerg (99 m) auf Helgenæs versprechen grandiose Aussichten auf das Umland und bis hin nach Aarhus. **Poskær Stenehus** bei Knebel ist ein 4.000–5.000 Jahre altes Dolmengrab. Mit 23 Randsteinen (Kreis mit 20 m Durchmesser) sowie einer sechseckigen Grabkammer mit massivem Deckstein ist es eines der größten Dolmengräber des Landes. Im alten **Pfarrhaus von Helgenæs** (Helgenæs Præstegård) in **Støvdov** widmet sich eine kleine Ausstellung der Geschichte der Halbinsel *(Brøsbjergvej 10, www.helgenaes praestegaard.dk, Zeiten variieren)*. Im **Nationalpark Mols Bjerge-Infocenter** *(Grenaavej 12, Kalø Hovedgård, östl. von Rønde, www.nationalparkmolsbjerge.dk)* sind Broschüren für die Erkundung des Naturgebietes erhältlich.

Die Bewohner von Mols, die *Molboer*, werden von den Dänen übrigens als „Ostfriesen Dänemarks" bezeichnet. Somit kursieren über sie natürlich eigene Witze, die sogenannten „Molbohistorier". In dem Buch „Die weisen Handlungen und tapferen Taten der alten Molbürger" von Niels Blaedel sind einige davon zusammengefasst.

Kurz vor Rønde ragen die Reste der **Schlossruine Kalø** (Kalø Slotsruin) auf einer Landzunge auf. Das Schloss wurde 1313/14 erbaut von König Erik Menved, der sich damit gegen die aufmüpfigen jütischen Bauern und Adeligen wehren wollte. Der nächste König musste die Burg aber wieder abreißen lassen, nur damit sein Nachfolger, König Valdemar Atterdag, sie wieder aufbauen konnte. Der spätere schwedischen König Gustav Vasa wurde im Turm gefangen gehalten, konnte aber 1519 fliehen und anschließend die Dänen aus Schonen vertreiben. Mitte des 17. Jh. wurde Kalø Slot endgültig abgerissen und die Steine wurden für den Bau von Schloss Charlottenburg in Kopenhagen verwendet. Nur noch ein paar Grundmauern erinnern heute an die aufregenden Zeiten. Was einst als Insel nur über eine Zugbrücke zu erreichen war, kann man jetzt über einen Damm erlaufen.

Rønde gilt als Tor zu den Mols Bjergen. **Thorsager**, nördlich davon, ist bekannt für die einzige romanische Rundkirche in Jütland. Die Kirche wurde 1231 fertiggestellt, wobei eine grundlegende Restaurierung im 19. Jh. einiges am Bauwerk verändert hat, so z. B., dass der gotische Westturm durch einen Zentralturm ersetzt wurde. Ein letzter Stopp vor der Großstadt Aarhus könnte das **Schloss Rosenholm** sein westlich von **Mørke**. Das vierflügelige Renaissanceschloss, erbaut im 16. Jh. und umgeben von einem malerischen Burggraben und Park, dient seit über vier Jahrhunderten dem Adelsgeschlecht derer von Rosenkrantz als Residenz und gilt als eines der schönsten seiner Art in Dänemark. Flämische Gobelins, spanische Möbel, Gemälde u. v. m. gibt es auf einer Führung zu sehen. Ein Spaziergang durch den 14 ha großen, schattig angelegten Park bietet Ruhe und Entspannung.

Schloss Rosenholm

Rosenholm Slot, *Rosenholmvej 119, Hornslet, www.rosenholm.dk; Schlossbesichtigung: Mitte Juni–Mitte Aug. Mo–Do 11 Uhr, Rest des Jahres auf Anfrage, der Park kann auch außerhalb dieser Zeiten besucht werden*

Von Aalborg über Viborg und Silkeborg nach Aarhus

Südlich von **Støvring**, kurz bevor man den Nationalpark Rebild Bakker erreicht, passiert man die kleine Abfahrt zur stillgelegten **Kalkmine Thingbæk**. In deren Gewölben befindet sich ein Museum mit 100 imposanten Gipsmodellen der Künstler Anders Bundgaard und C. J. Bonnesen. Allein die Idee, diese unterirdischen Räumlichkeiten dafür zu nutzen, ist schon den Besuch wert. **Thingbæk Kalkminer**, *Røde Møllevej 4, Gravlev, www.rebildcentret.dk; Mai–Sept. u. Ferien tgl. 10–16/17, April/Okt. Sa/So 10–17 Uhr*

Einen Kilometer südlich der Kalkminen befindet sich die rund 5.500 m^2 große und 60 m unter der Erde eingerichtete, atomsichere Bunkeranlage **REGAN Vest** (*Røde Møllevej 26, Skørping, www.nordjyskemuseer.dk/u/regan-vest*). Sie wurde während des Kalten Kriegs für die dänische Regierung und die Königsfamilie als Zufluchtsort erbaut. Heute befindet sich hier ein Museum.

Ein Stück zurück und dann nach Osten gelangt man auf dem Rebildvej nach **Skørping**.

Rebild Bakker

„Cimbrerne drog ut fra disse egne" – von hier zogen die Kimbern aus, steht da an mehreren Punkten, in Holz geritzt und in Stein gemeißelt. 1912 entschloss sich eine wohlhabende Gruppe nach Amerika ausgewanderter Dänen, dieses Stück Heideland mit Teilen des umliegenden Waldes zu kaufen und anschließend dem dänischen Volk zu schenken, damit es als Nationalpark – dem ersten in Dänemark – eingerichtet würde. Doch hatten die edlen Spender noch etwas anderes damit vor: Sie wollten jedes Jahr den amerikanischen Unabhängigkeitstag, den 4. Juli, mit ihren „daheimgebliebenen" Landsleuten hier an den Hängen der Schmelzwassertäler feiern. Da man in Dänemark zu feiern weiß, wurde dieses Fest von Jahr zu Jahr größer, zu Tausenden kommen die ausgewanderten Dänen mittlerweile über den großen Teich, und zu ihnen gesellen sich Zehntausende Daheimgebliebene. Diese **amerikanische Unabhängigkeitsfeier** ist die größte ihrer Art in Europa, und zumeist kommen mehr als 30.000 Besucher. Und jedes Jahr am zweiten Sonntag im August verwandelt sich das Festivalgelände während des **Aalborg Opera Festivals** in ein Open-Air-Opernhaus.

Die übrige Zeit im Jahr geht es geruhsam zu, und der Park bietet sich besonders zu Spaziergängen durch die bezaubernde Heidelandschaft an. Im Spätsommer kann man hier Beerenfrüchte sammeln, besonders die Wacholderbeeren eignen sich hervorragend für die hiesige Kräuterschnapszubereitung, den „Bjesk". Die Eiszeit hat hier Schmelzwassertäler geschaffen, die schön anzuschauen, aber z. T. auch steil sind. Also festes Schuhwerk mitnehmen.

Der große Hauptparkplatz ist umringt von kleinen Sehenswürdigkeiten, wie z. B. dem Rebild Museum, u. a. mit dem **Spielmannmuseum** (Spillemandsmuseet), das sich in einem Rundumschlag mit allem beschäftigt, was die Gegend zu bieten hat und hatte: Volksmusik, Wilddieberei, erlaubte Jagd, Köhlerei, Holzschuhproduktion, Forstwirtschaft. Landschaftliche Gesichtspunkte und die Geschichte der Auswanderer werden ebenfalls angeschnitten. Im Sommer findet sonntags zwischen 14 und 17 Uhr eine traditionelle Tanzveranstaltung statt. Auf der Anhöhe am Parkplatz gibt es ein Infocenter, eine Jugendherberge, einen Campingplatz, kleine Restaurants und Souvenirläden. An Sommerwochenenden kann es hier sehr voll sein.
Rebild Museum, Spillemands-, Jagt- og Skovbrugsmuseet, *Cimbrervej 2, Rebild, www.rebildporten.dk, www.museumrebild.dk; Mai/Sept.. Mo–Sa 12–16, So 12–17, Juni–Aug. Mo–Sa 11–17, So 12–17, Oster- und Herbstferien tgl. 12–16, ansonsten So 12–17 Uhr*

Am eigentlichen Eingang des Parks steht ein altes **Heidehaus** (Tophuset), erinnert eine Mahntafel an die Opfer der Weltkriege und lädt das **Lincoln-Blockhaus** – von einem Totempfahl flankiert – dazu ein, zu erkunden, wie die Dänen Amerika sahen und vor allem, wie die ausgewanderten Dänen den Daheimgebliebenen Amerika verkauften. Gleich daneben geht es dann über eine Treppe hinunter zur natürlichen „Bowl", wo jedes Jahr die o. g. Festivitäten abgehalten werden. Das Tal bietet sich für eine Wanderung an, und hier steht auch das Haus von Lars Kjær, dem berühmtesten Wilddieb Nordjütlands.

Heide und Wald im Rold Skov

Rold Skov

Rold Skov ist mit 8.100 ha der größte Wald im Lande und vornehmlich ein Nutzwald. Daher bestehen über 90 % der Aufforstung aus gerade wachsenden, in Dänemark nicht heimischen Nadelhölzern. Nur ganz im Norden des Areals sorgen Buchen und um den Madumsee ein paar Birken sowie andere Uferbäume für Abwechslung.

Über Rold Skov *(www.roldskov.info)* gibt es einiges zu erzählen :

- Als **größter Wald** hat er vor Jahrhunderten Räuber angezogen. Vergleiche mit dem Nottingham Forest sowie Robin Hood scheinen den Dänen angebracht. Bis nach Aalborg, Viborg und Silkeborg sollen die dänischen Hotzenplotze ausgeschwärmt sein. Heute spielen Dorfpolizisten und Feuerwehrmänner diese Rollen nach. Heute oft Räuberspiele für Kinder.
- Natürlich zieht ein großer Wald auch andere urige Typen an, die dann teilweise zu **Legenden** wurden: Hexen, schrullige Künstler, Thore, der mächtige königliche Oberförster Jens Hvass und viele andere gehören zu dazu.
- Im Buchenwald von **Terndrup** feiern die Dänen jährlich seit 1848 am 5. Juni den Tag des Grundgesetzes, etwas beschaulicher als die Amerika-Auswanderer, aber dennoch stimmungsvoll.
- Von einem **Zauberwald** ist auch die Rede, denn ein Areal mit verkrüppeltem Niederwald veranlasste vor über 100 Jahren die Menschen dazu, unter ihm hindurchzukriechen, um der Rachitis, der „Englischen Krankheit", zu entgehen. Hier fasziniert das Spiel von Licht und Schatten.
- Und hier hat sich einst das Kerngebiet der **Kimbern** befunden, die um 120 v. Chr. mit anderen Völkern auszogen, Europa zu unterwerfen. Die Schlachten zwischen Kimbern und Teutonen auf der einen und Römern auf der anderen Seite haben lange Schatten geworfen und erst 101 v. Chr. mit der Niederlage bei Vercellae (Oberitalien) war das Ende der Kimbern besiegelt. Dazu sei aber gesagt, dass die wenigen Kimbern nur einen kleinen Teil dieses Heeres ausgemacht haben.

Grundsätzlich der beschriebenen Route folgend, sollte man zuerst zum Touristenbüro *(Rebildvej 25A, Rebild)* nahe dem o. g. Spielmannmuseum fahren, um sich Infos und Karten zu besorgen. Im nahen **Skørping** spielt im Kinogebäude zudem das älteste Marionettentheater Dänemarks *(Sverriggårdsvej 2, www.marionetteater.dk)*.

Am **Møldrupvej** (Straße 519) zwischen Skørping und dem Abzweig zum Madumsee weisen Schilder auf mehrere **Waldwanderwege** hin. Der Fußweg zum eindrucksvollen **Jütischen Waldgarten** (Den jydske Skovhave) lohnt sich besonders, denn hier sind 130 Baumarten angepflanzt, die es in Dänemarks Wäldern gibt bzw. einst gegeben hat. Ein Stück weiter führt eine kleine Straße zu einem ehemaligen Eisenbahnausflugsziel hin, dem **Restaurant Mosskov Pavillionen** *(www.mosskovpavillonen.dk)*. Die Landschaft hier um den Store Økssø sowie weiter östlich um den malerischen **Madum Sø**, den größten See im Himmerland, erinnern an Südschweden. Die Dänen nutzen diese Seen zum Baden und Angeln.

Nahe der Straße 519 sprudeln tgl. bis zu 30 Mio. Liter Wasser aus der **Store Blåkilde**, der „Blauen Quelle", dem größten Quelltopf Dänemarks. Aus einem Kalkkrater im Untergrund hochsprudelnd, ist das Wasser ausgesprochen klar.

Weiter geradeaus auf der 519, vor **Astrup**, zweigt nach Süden ein Sträßchen ab zum 1538–42 erbauten **Schloss Willestrup**. Der Barockgarten wird während der Tulpen-und Rosenblüte gerne als Filmkulisse genutzt (*nur der Garten ist zu besichtigen*).

Westlich des Waldgebietes geht es Richtung Aars. In **Rold** mag noch ein Stopp an Dänemarks ältestem **Zirkusmuseum** passen. Hier befand sich ehemals das Winterlager und Reithaus des Zirkus Miehe. Kostüme, Fotos und Requisiten erinnern an die besseren Zeiten der Zirkusleute. Und für Kinder gibt es einige Ausprobierstationen (Jonglieren, Schminken wie ein Clown etc.).
Cirkusmuseum, *Østerled 1, Rold, Arden, www.nordjyskemuseer.dk/u/cirkusmuseet; Mai–Sept. Di–So 12–16 Uhr*

In der kleinen Industriestadt **Aars** beeindrucken die vielen Skulpturen aus Granit und Bronze, die sich über die Stadt verteilen, besonders konzentriert in dem von Per Kirkeby angelegten Skulpturenpark am Observatorium sowie am **Museumszentrum** stehen. Das dem modernen Museumscenter Aars angegliederte Kunstmuseum zeigt zeitgenössische Kunst. Die kulturgeschichtliche Sammlung des Zentrums befasst sich mit Funden aus der Stein- und Bronzezeit sowie der jüngeren Geschichte und ist das beste Museum Dänemarks zum Thema „Kimbern".
Museums-Center Aars/Vesthimmerlandsmuseum/Kunstmuseum, *Søndergade 44, www.vesthimmerlandsmuseum.dk; Mai–Aug. Di–So 10–16, sonst Di–So 13–17 Uhr*

Ferner gibt es das bedingt interessante **Dänische Zeitgenössische Museum** *(Dansk Nutidsmuseum, Støberivej 8, www.dansk-nutidsmuseum.dk; März–Okt. Mi und So, Juli bis Mitte Aug. auch Di u. Do, sowie in den Herbstferien tgl.13–17 Uhr)*, in dem zum Beispiel die Herstellung von Knöpfen, die Fertigung von Eis und landwirtschaftliche Themen erläutert werden. Alltag und Kulturtechniken aus der Zeit zwischen 1900 und 1980 werden dargestellt.

Südlich von Aars, kurz vor der Kreuzung der Straßen 29 und 13, liegt linker Hand die steinzeitliche Ausgrabungsstätte **Borremose Fæstningen**. Jedoch nur wer näher hinsieht und auch die Erläuterungen entsprechend interpretieren kann, wird einen Eindruck von dem Leben der Kimbern vor 2.000 Jahren in einem von einem Befestigungswall umgebenen Dorf bekommen können.

Reisepraktische Informationen Rebild Bakker bis Aars

Information

Rebild/Rold-Skørping/Rold Skove Turistbureau, *Rebildvej 25A, Rebild, Skørping, ☏ 99889000, www.rebildporten.dk.*

Aars Turistbureau: *Himmerlandsgade 113, Aars, ☏ 98625199, www.destinationhimmerland.de/aars, www.aars.dk.*

Unterkünfte

St. Binderup Kro €€€, *Møllegårdsvej 7, St. Binderup, Aars, ☏ 98658333, www.binderupkro.dk; alteingesessenes Landgasthaus 4 km südöstl. von Aars, das bereits seit 1749 königliche Privilegien genießt, 23 Zimmer, empfehlenswertes Restaurant.*
Comwell Rebild Bakker €€€, *Rebildvej 36, Rebild, Skørping, ☏ 98391222, www.comwell.com/hoteller/comwell-hotel-rebildbakker; großes Hotel, das auch für Konferenzen genutzt wird, nahe dem Geschehen in und um Rebild Bakker. Am Ortsrand gelegen und viele Zimmer mit Zugang zum begrünten Außengelände, Pool, Restaurant und Bar. Von hier kann man gleich loswandern oder eine Mountainbike-Tour starten.*
Hotel Rold StorKro €€–€€€, *Vælderskoven 13, Gravlev, Skørping, ☏ 98375100, www.rold.dk; am Nordrand des Rold Skov, nahe dem Abzweig der Straße nach Skørping von der 180. Die Lage im Wald, die Panoramaaussicht, die Gartenterrasse und die Möglichkeit, gleich von hier zu Spaziergängen in den Rold Skov zu starten, sind wunderbar. Tipp: Lassen Sie sich vom Hotelrestaurant ein paar der legendären Smørrebrød für ein Picknick einpacken!*
Aars Hotel €€–€€€, *Himmerlandsgade 111, 9600 Aars, ☏ 98621600, www.aarshotel.dk; über 100 Jahre altes Kleinstadthotel, renoviert; Restaurant, Swimmingpool und Sauna.*

Jugendherberge

Danhostel Rebild, *Rebildvej 23, Rebild, ☏ 98391340, www.danhostel.dk/en/hostel/danhostel-rebild; nahe Eingang zum Nationalpark Rebild Bakker.*

Camping

Safari Camping, *Rebildvej 17A, Rebild Bakker, Skørping, ☏ 29131172, www.safari-camping.dk; wenige Gehminuten vom Eingang des Nationalparks entfernt; 150 Stellplätze, Hütten.*

Restaurants

Mosskov Pavillonen, *Møldrupvej 34, Rold Skov, ☏ 98392033, www.mosskovpavillonen.dk; Restaurant mitten im Wald in altem Holzhaus (Mo, Di geschl., Öffnungszeiten aktuell erfragen), im Sommer oft Lagerfeuergerichte. Von Skørping auf der 519 ca. 2 km nach Süden, dann auf Schilder achten. Hinweis für Feinschmecker: Die Gourmet-Gasthöfe* **Hvalpsund Færgekro** *(S. 310) und* **St. Binderup Kro** *(s. o.) bieten Übernachtungspakete mit mehrgängigem Abendessen und reichhaltigem Frühstücksbuffet an. Am Nationalparkeingang serviert die* **Røverstuen** *(Rebildvej 17, ☏ 98391515, www.roeverstuen.dk) abends nette Menüs und es gibt sonntags Brunch.*

Veranstaltungen

Rebild Festen *(4. Juli): www.rebildfesten.dk/en;* **Aalborg Opera Festival**: *www.aalborgopera.dk;* **Opera i Rebild**: *www.operairebild.dk.*

Im nächsten Ort **Aalestrup** befindet sich im ehemaligen Direktorenhaus der einst hier ansässigen Fahrradfabrik, das **Dänische Fahrradmuseum**. Dänemark ist ja bekanntlich ein Land der Fahrradfahrer und somit gehört ein Besuch hier eigentlich zum Pflichtprogramm. Über 150 Fahrräder, aber auch Mofas und Mopeds verschiedener Epochen sind ausgestellt und die Entwicklung des Drahtesels wird gut erklärt. Zudem sind einige Nähmaschinen und Radios zu sehen.
Danmark Cykelmuseum, *Borgergade 10, www.cykelmuseum.dk; Mai–Sept. Di–So 10–17 Uhr*

Im **Eisenzeitdorf Hvolris** sind stein-, eisen- und bronzezeitliche Ausgrabungsstätten zu besichtigen. Hier fand man Reste einer Siedlung aus der Eisenzeit, Gräberfelder, Grubenhäuser und Hügelgräber aus der Bronzezeit. Die Ausstellung umspannt einen Zeitraum von 4000 v. Chr. bis 1500 n. Chr. Im Sommer werden Programme, besonders für Kinder, geboten, bei denen man vieles selbst ausprobieren darf.

Hvolris Jernalderlandsby, *Herredsvejen 135, bei Bjerregrav, www.viborgmuseum.dk; Sommer- und Herbstferien tgl. 10–16 Uhr, man kann auch sonst an Werktagen kommen (10–14, Aug. bis 15 Uhr, notfalls klingeln), nur gibt es dann keine Programme.*

Die Dänen sind ein Volk der Fahrradfahrer

Blick auf Viborg und seinen Dom

Viborg

Bereits im 9., evt. schon im 8. Jh. n. Chr. siedelten Wikinger in der Region in verstreut liegenden Bauernhöfen: Doch die offizielle Geschichtsschreibung Viborgs beginnt erst um etwa 1000 n. Chr., als sich hier Handelswege trafen, von denen der Heerweg nach Schleswig, auch als Ochsenweg bekannt, der bedeutendste war. Diese frühen Siedlungsstrukturen machen Viborg zu einer der **ältesten Städte Dänemarks**. Zuerst hieß die Ansiedlung *Vvibiærgh* (altnordisch: *heiliger Ort, -biærgh* = Hügel). Obwohl die Stadt niemals Zugang zum Meer hatte, entwickelte sie sich schnell zu einem bedeutenden Zentrum und war bis 1650 die größte Stadt Jütlands. Ab 1065 war Viborg Sitz des Bischofs. Ab dieser Zeit war es Hauptstadt Jütlands und im Grunde auch Dänemarks, wobei die offiziellen Stadtrechte erst 1150 verliehen wurden. Bis zur Reformation entwickelte sich der Einfluss der Kirche so weit, dass um 1500 fünf Klöster und 20 Kirchen gezählt wurden. Der Prediger Hans Tausen lebte 1525–29 in Viborg und machte es zu einem wichtigen **Zentrum der Reformationsbewegung**. Natürlich traf sich in der größten Stadt Jütlands auch das Regionalparlament, das Landsting (bis 1805). Die Schlossburg, die ja nun auch im Namen der Stadt vorkam, stand damals am Nørresø, in der Grünanlage nördlich des Randersvej. Auch andere Tatsachen scheinen die Bedeutung der Stadt um 1500 zu belegen. So heißt es, dass zu dieser Zeit in keinem Ort Dänemarks so viel Bier getrunken wurde und dass das Viborger Bier so stark gewesen sei, dass es „wie ein Schwert im Magen des Trinkers lag“.

Nach der Reformation ging es erst langsam und dann immer rasanter bergab. Der Handel verlagerte sich zu den Seehäfen hin, der schwindende Einfluss der Kirche ließ die Stadtsäckel schrumpfen, mehrere Feuer, die schlimmsten wüteten 1567 und 1726, zerstörten ganze Stadtteile, die Ständeversammlung zog im 17. Jh. um, und das Schloss wurde abgerissen. Viborgs Bedeutung sank herab auf die vieler anderer Kleinstädte Jütlands. Erst im 19. Jh. „berappelte“ sich die Stadt wieder dank verbesserter landwirtschaftlicher Methoden für die Nutzung des umliegenden Heidelandes und 1863 durch Anbindung an die Eisenbahnlinie. Damit konnte sich vermehrt Kleinindustrie ansiedeln, und die Tatsache, dass immer noch wichtige Handelswege die Stadt kreuzten, ließ Viborg wieder auf die Beine kommen. Heute zählt die Stadt gut 41.000 Einwohner und ist nicht nur ein Industrie- und Handelsstandort (Autozubehör, Hydraulikanlagen, Recycling etc.), sondern auch mit größeren Verwaltungsaufgaben betraut sowie evangelischer Bischofssitz.

Es sind heute nicht die einzelnen **Sehenswürdigkeiten**, die Viborg so besuchenswert erscheinen lassen, sondern die **Atmosphäre** und die (relativ) alten Häuser und Gässchen sowie die Parkanlagen am See, die einen Spaziergang durch die Stadt so angenehm machen. Das Auto lässt man am besten am Dom stehen.

Der **Dom** (**Viborg Domkirke/Dom Vor Frue**) in der Sct. Morgens Gade besteht im Gegensatz zu anderen Kathedralen aus massiven Granitblöcken und ist sehr jung. Die ursprüngliche Kirche, wohl im 12. Jh. erbaut, fiel beim großen Brand von 1726 den Flammen zum Opfer. Nur die Krypta und die Grundmauern blieben erhalten. Unter Leitung des Hamburger Baumeisters Claus Stallknecht wurde eine neue Kirche im barocken Stil erbaut, doch nach 1860 entschied man sich schließlich für den Bau einer neuen Kathedrale im strengromanischen Stil und riss den Barockbau wieder ab. Vorbilder waren Kathedralen in Deutschland sowie der Dom von Ribe. Mit 70 m Länge entstand die größte Quaderkirche Europas, die bereits 1876 fertiggestellt war. Sehenswert sind die Grabkammer, in der der einbalsamierte Leichnam des Alchimisten Valdemar Daa liegt, das Grab des 1286 südlich von Viborg mit 50 Schwertstichen ermordeten Königs Erik Klipping und besonders die Kalkmalereien sowie die Ölgemälde an der Decke von Joakim Skovgaard (1856–1933), die dieser zwischen 1901 und 1906 anfertigte. Sie erzählen Bibelgeschichten.

Gleich neben dem Dom im alten Rathaus (1728) befindet sich daher auch das **Skovgaard-Museum**, in dem der Lebenslauf des Künstlers und seiner Familie erzählt wird, sowie einige seiner Werke (Gemälde, Skulpturen, Entwürfe) und auch Werke befreundeter und anderer Künstler des 20. Jh. ausgestellt sind. Auch dieses barocke Rathaus wurde von Claus Stallknecht entworfen und 1728 fertiggestellt. Die Sct. Mogens Gade westlich des Doms weist einige der ältesten Häuser der Stadt auf. Hier befindet sich auch das **Viborg Museum**, in dem die Geschichte von Stadt und Umland erläutert wird.

Skovgaard-Museum im alten Rathaus

Skovgaard Museet, *Domkirkestræde 2–4, www.skovgaardmuseet.dk; Juni–Aug. Di–So 10–17, Sept.–Mai Di–So 11–16 Uhr*

Viborg Museum, *Sct. Mogens Gade 5 (zieht evtl um an den Hjultorvet 9), www.viborgmuseum.dk; Juli–Mitte Aug. sowie Herbst- und Winterferien Di–Fr 8–16/17, sonst Di–Do 8–15, Fr 8–13 Uhr*

Vom Dom aus durch die kleine Nytorvgyde gelangt man zum Nytorv. Westlich von diesem Platz befindet sich die Fußgängerzone. Auf dem **Hjultorvet** findet samstags der Wochenmarkt statt, der in der kalten Jahreszeit oft ausfällt. Alternativ bietet sich ein Bummel über die Sct. Mathias Gade an, die Einkaufsstraße Viborgs.

Im Süden der Innenstadt fällt bei einem Blick von der Sct. Mathias Gade durch das Gässchen Mageløs der rote Backsteinbau der **Sortebrødre-Kirche** auf. 1227 erbaut, fielen auch bei dieser Kirche große Teile dem Feuer von 1726 zum Opfer. Doch baute man sie gleich nach dem Brand originalgetreu um das erhaltene Mittelschiff wieder auf. Der gotische Holzaltar, eine flämische Arbeit aus dem beginnenden 16. Jh., ist ein späteres Geschenk König Frederiks IV.

Ein Stück die Sct. Mathias Gade weiter bergab versteckt sich das Restaurant **Brygger Bauer's Grotter** in der Kurve. Bauer, ein ungarischer Unternehmer, übernahm 1870 das Gebäude, in dem bereits Bier gebraut wurde. Doch nach dem Niedergang der Wirtschaft im 17. Jh. schienen die Viborger verlernt zu haben, gutes Bier zu brauen, und die strengen Gesetze führten dazu, dass der Alkoholgehalt stark gesenkt wurde. Bauer entschied sich dazu, wieder starkes Bier nach bayrischen Rezepten zu brauen. Dazu ließ er den gesamten Keller des Hauses umbauen. Sein Konzept war erfolgreich und noch heute befinden sich im Haus ein Bierkeller sowie ein gutes Restaurant (s. u.). Ein Stück weiter westlich steht die kleine **Kunsthalle Viborg**, in der Sonderausstellungen gezeigt werden.
Viborg Kunsthal, *Riddergade 8, https://viborgkunsthal.viborg.dk; Di–So 11–17, Do bis 21 Uhr*

Im Park an den Seen, wo man gut entspannen bzw. spazieren gehen kann, legt im Sommer zwei- bis dreimal pro Nachmittag der Ausflugsdampfer „**Margrethe**" zu einstündigen Rundfahrten ab (*nördlich der Hans Tausens Alle, am Restaurant Salonen, www.margrethe1.dk*). In der Südwestecke des Søndersø wurde mit dem Sønæs Vandpark (Wasserpark, *Gl. Århusvej 57*) ein Natur- und Erholungsgebiet angelegt, bei dem auf Arten- und Klimaschutz, biologische Wasseraufbereitung, Biodiversität und Erholungswert geachtet wurde. Hier kann man sich mit dem Thema Wasser beschäftigen, picknicken, spielen und spazieren.

Und auch in Viborg ist man damit beschäftigt, historische Gebäude der Stadt im Maßstab 1:10 nachzubauen. Das bisherige Resultat kann man in **Viborg Miniby** (*Lundvej 8, www.viborgminiby.dk; Mo–Mi 9–12 Uhr*) bewundern. Für eine Führung sollte man sich anmelden.

Westlich von Viborg liegen die Kalkgruben von **Mønsted** und **Daugbjerg**. Die interessantere Mønsted Kalkgruber ist die größte Grotte Dänemarks und eine der größten Kalkminen der Welt. Über 1.000 Jahre wurde hier Kalk abgebaut, der u. a. für den Bau des Ribener Doms verwendet wurde. Heute leben Fledermäuse in den schätzungsweise 35 km langen Stollen. Zum Programm gehören Räubergeschichten zum Mitmachen (Räuber fanden hier vor 200 Jahren Unterschlupf!). Durchs Gelände und in die Höhle fährt eine Kleinbahn. In Teilen der feucht-kühlen Höhlen lagern bis zu 200 Tonnen Käse, der als „Höhlenkäse" zumeist nach Deutschland verkauft wird.
Mønsted Kalkgruber, *Kalkværksvej, Mønsted, www.monsted-kalkgruber.dk; Winterferien/April–Ende Herbstferien tgl. 10–16, Sommerferien bis 17 Uhr*

Südöstlich der Stadt, in **Bruunshåb,** lockt ein **Pappemuseum**. Hier wird gezeigt, wie vor Jahrzehnten Pappe hergestellt wurde und man darf sich auch beim Pappeproduzieren versuchen.
Bruunshåb Gl. Papfabrik, *Vinkelvej 97, Bruunshåb, www.papfabrik.dk; Mai–Okt. Mo–Fr 10–15 Uhr*

Reisepraktische Informationen Viborg

Information

Viborg Turistbureau, *Tingvej 2A, ☎ 86821911, www.visitaarhus.de/staedte-und-regionen/viborg.*

Unterkünfte

Niels Bugges Kro €€€€, *Ravnsbjergvej 69, Dollerup Bakker, ☎ 86601060, www.nielsbuggeskro.dk; kleiner Landgasthof 10 km südl. vom Stadtzentrum. Beliebtes, exquisites, aber sehr teures Restaurant (nur Menüs, Do–Sa, im Sommer ggf. auch an anderen Tagen). 6 modern und geschmackvoll eingerichtete Zimmer sowie ein im Wald gelegenes Holzhaus (1,5 km entfernt). Anfahrt: Landstraße 13, dann die 12 in Richtung Süden und abbiegen zum Hald Slot, dieses umfahren, dann ist es nicht mehr weit.*

Palads Hotel €€€–€€€€, *Sct. Mathias Gade 5, ☎ 86623700, www.hotelpalads.dk; neoklassizistisches Gebäude mitten im Zentrum; ansprechendes skandinavisches Design, Restaurant und geschmackvolle, gemütliche Aufenthaltsräume. 80 komfortable Zimmer, Apartments und Suiten.*

Golf Hotel Viborg €€€–€€€€, *Hans Tausens Alle 2, ☎ 86610222, www.golfhotelviborg.dk; 10 Gehminuten vom Zentrum am Søndersø gelegen. Modern eingerichtetes Konferenz- und Wellness-Hotel, Jacuzzi, Sauna, Pool, 18-Loch-Golfplatz. Zimmer mit Seeblick reservieren!*

Peak12 €€€, *Tingvej 10, ☎ 88773400, www.peak12.dk; modernes Boutique Hotel mit Zimmern und Suiten (€€€€). Viele mit Blick auf die Stadt, einige mit Balkon. E-Bike-Verleih, super Frühstück und Dachterrasse mit Blick über die Stadt. Das ausgezeichnete Restaurant* **Det Glade Vanvid** *(www.detgladevanvid.dk/viborg) am Hotel bietet saisonale Menüs sowie beste Weine.*

Historiske Rindsholm Kro €€–€€€, *Gl. Aarhusvej 323, Rindsholm, ☎ 86639044, www.rindsholm-kro.dk; Landgasthof 7 km südöstl. der Innenstadt, dessen Geschichte auf das Jahr 1684 zurückgeht, wenn auch das heutige Haus erst 1906 errichtet wurde. Im alten Landhausstil eingerichtetes, günstiges Restaurant.*

Einfach, aber modern, günstig und sauber ist das **Motel Spar10** €€, *Alandsvej 2, ☎ 86612955, www.motel-spar10-viborg.dk. 3 km (35 Minuten zu Fuß) ins Zentrum.*

Jugendherberge

Danhostel Viborg, *Vinkelvej 36, ☎ 86671781, www.danhostelviborg.dk; 3 km östl. des Zentrums in Garten- und Waldlage; 112 Betten.*

Camping

DCU Viborg Sø Camping, *Vinkelvej 36, ☎ 86671311, www.dcu.dk/da/dcu-camping/viborg-soe; nahe Søndersø, gut 3 km zur Innenstadt, 160 Stellplätze, Hütten. Schön von Bäumen umgeben. Das Søndersø Søbad ist direkt vor der Tür.*

Hjarbæk Fjord Camping, *Hulager 2, Hjærbek, ☎ 86642309, www.hjarbaek.dk; 12 km nordwestl. von Viborg; kinderfreundlich; 280 z. T. sehr schöne Terrassenplätze (Blick auf den Fjord), Hütten, Kanu- und Ruderbootverleih.*

Restaurants

Das o. g. Restaurant **Det Glade Vanvid** *und der* **Niels Bugges Kro** *(s. o.) stehen in puncto Gourmetküche an erster Stelle. In der Innenstadt gibt es einige gute Lokale entlang der* **Sct. Mathias Gade**, *so z. B.* **Brygger Bauers Grotter** *(Nr. 61, ☎ 86603040, www.bryggerbauers.dk) mit traditioneller dänischer Küche.* **Den Gyldne Okse** *(Sct. Peder Stræde 11, ☎ 86622744, www.gyldneokseviborg.dk) bietet das historische Ambiente eines 400 Jahre alten Stadt-Kros; Spezialität: Steaks. Schick und mit guter Weinkarte kommt die* **Brasseriet Marbelle** *daher (Vestergade 17/Ecke Nytorv, ☎ 81737353). In der* **Bryggerstuen** *des* **Viborg Bryghus** *gibt es hier gebrautes*

Bier und kleine Speisen (Sortebr. Kirke Stræde 25, ☏ 46938800, http://viborgbryghus.dk/bryggerstuen; meist nur Fr 15–23, Sa 11–15 Uhr bzw. nach Ankündigung).

Busse/Bahn

Bahnhof (*☏ 86620700) sowie* **Busbahnhof**: *am Banegårdsplads. Regionalverkehr.*

Hald Hovedgård und Dollerup Bakker

Weiter geht es nach Süden zum Hald-See (Hald Sø) und zu den Dollerup-Hügeln (Dollerup Bakker), entlang der alten Straße Richtung Herning. Die kleine Gemeinde **Hald Ege** ist ein schönes Beispiel dafür, wie alte Kasernenorte sich zu einem attraktiven Wohnvorort entwickeln können. Nicht weit von hier, einmal die Landstraße 12 mit einem Schlenker überquert, führt die kleine Nebenstraße Ravnsbjergvej direkt auf den schönen **Hald Hovedgård**, den Rest eines Gutshofs aus der Zeit um 1750, der jetzt für Seminare und Ausbildung genutzt wird. Das heutige Gebäude war einst nur der Eingangstrakt mit Tor. Er diente als Zugang zum **Hald Slot**, das sich auf einer Landzunge gut 500 m östlich befand. Von dem Schloss aus dem 17. Jh. ist heute nur noch die Ruine zu sehen. Das Amt für Naturverwaltung erschließt das Gebiet bis 2024 für Spaziergänger. Anhand von Schautafeln wird die Geschichte erläutert und teilweise auf befestigten Holzwegen gelangt man zu der Ruine. Eine Ausstellung in der Scheune des Gutshofs informiert ebenfalls über die interessante Natur der Gegend sowie über die ehemaligen Burganlagen.

Auf der ausgeschilderten Margeritenroute kommt man nach **Kjellerup**. Nicht weit vom o. g. Hof hat man einen ersten Blick auf den bis zu 34 m tiefen **Hald Sø**, dessen Becken und umliegende Hügel (*bakker* = Hügel) von Gletschern vorgeformt und anschließend von den Schmelzwasserströmen abgerundet und ausgewaschen wurden. Der Park der **Dollerup Bakker** fasziniert heute durch die größten Eichenwälder des Landes, schöne Heideflächen, den 64 m hohen Ravnsbjerg und eben den See. Spazierwege versprechen beste Luft und Entspannung. Zudem bietet sich der kleine Niels Bugges Kro (S. 402) direkt an der Straße für eine verdiente, wenn auch nicht ganz preiswerte Erfrischungspause an. Hinter diesem schließlich befindet sich noch die kleine Troldeslugten, die „Schlucht der Trolle". Ein paar Kilometer weiter gibt es auf einer Anhöhe kurz vor Dollerup einen schönen Picknickplatz mit Aussicht das Ishuset Café. Mit Dollerup, Lysgård und Vium fährt man durch weitere schöne kleine Dörfer.

Tipp: Abstecher zum Energi Museet

Wer Zeit übrig hat, sollte unbedingt einen Abstecher zum **Energiemuseum** (Energi Museet) bei Tange unternehmen. Hier wurde auf eindrucksvolle Weise ein noch aktives Wasserkraftwerk aus den 1920er-Jahren zu einem Museum „rund um die Elektrizität" ausgebaut. Neben dem Kraftwerk selbst locken unzählige Probierstationen. Kinder und Erwachsene dürfen auf der 3.500 m² großen Ausstellungsfläche eine Wetteransage fürs Fernsehen aufnehmen, etwas lernen über die Grundregeln der Elektrizität und der modernen Welt der Computer sowie über alte Elektrogeräte, wie z. B. den Rasierapparat von König Frederik IX., staunen. Man kann zudem durch die Grünanlage schlendern, dabei alte Transformatoren und andere Dinge entdecken und die gut erläuterte Ausstellung über alternative Energien und Klimaschutz erkunden.

Energi Museet, Bjerringbrovej 44, Tange, www.energimuseet.dk; Winterferien, Ostern–Mitte Okt. tgl. 10–16, Sommer- und Herbstferien tgl. 10–17 Uhr

Im nahen Städtchen **Bjerringbro** gibt es das kleine, leider nur selten geöffnete **Gudenådalens-Museum** (*Vestre Ringvej 5, www.gudenaadalens-museum.dk*), das sich mit der Geschichte der Region beschäftigt. Hier hat die weltbekannte Firma **Grundfos** (Pumpen etc.) ihren Hauptsitz und zeigt einige ihrer Errungenschaften in einem kleinen Museum (*Birkevænget 2–10*). Außerdem gibt es einen Kanuverleih für Touren auf der Gudenå (*Gudenåvej 4, www.natouren.dk*).

Ein alter Saab im Jütländischen Automobilmuseum

Auf dem Weg nach Silkeborg könnte man noch einen Schlenker nach **Gjern** einfügen, wo im **Jütländischen Automobilmuseum** über 160 Autos aus der Zeit zwischen 1900 und 1948 ausgestellt sind, darunter Raritäten aus Deutschland, Italien und den USA.
Jysk Automobil Museum, *Skovvejen 13, Gjern, www.jyskautomobilmuseum.dk; April–Mai, Sept.– Okt. Sa/So 10–16, Juni–Aug. tgl. 10–16 Uhr*

Wer weniger Zeit hat, fährt direkt entlang der vielbefahrenen Straße 52 bis Silkeborg, in die Region der **Dänischen Seenplatte** (Søhøjlandet), eines der beliebtesten Erholungsgebiete Jütlands. Die von Gletschern geschaffenen Seen sind von großen Wäldern umgeben und zudem von den höchsten Bergen des Landes. Die Gudenå, der längste Fluss Dänemarks, fließt hier ebenfalls hindurch. Die bezaubernde Landschaft bietet Gelegenheit zum Wandern, Angeln, Kanu fahren u. v. m. Die Superlative in Zahlen: Der höchste Berg misst, dank eines Grabhügels, knappe 171 m, und die Gudenå ist ganze 158 km lang. Wo sonst beeindrucken solche Zahlen?

Silkeborg

Die waldreiche Region gehörte zu den letzten weitgehend unerschlossenen Gebieten Jütlands. Im Mittelalter gab es hier ein Kloster sowie – direkt östlich der Brücke über den Langsø – ein königliches Schloss am Silkeborg Langsø. Zudem gab es ein paar landwirtschaftliche Betriebe im Hinterland, doch das alles hatte wenig Bedeutung. Das Schloss wurde später niedergerissen. 1840 entschied König Christian VII., am Ausfluss der Gudenå aus der Seenplatte eine Stadt zu gründen. Daraufhin gründete der Unternehmer Michael Drewsen 1845 hier eine Papierfabrik. Die Wasserkraft des Flusses sorgte für die nötige Energie. Um die Fabrik herum entwickelte sich die Siedlung Silkeborg. Zwischen 1844 und 1855 wuchs die Einwohnerzahl von 30 auf 1.200. 1900 wurde Silkeborg zur Marktstadt (Købstad) ernannt, was den Stadtrechten gleichkommt. Später verewigte man Drewsen mit einer Statue auf dem Torvet. Die innenstadtnahe Papierfabrik wurde 2000 geschlossen und umgewandelt in ein attraktives Viertel mit Papiermuseum, Restaurants, Konzerthalle, Kino und Hotel. Im Sommer kommen viele Urlauber in die schön zwischen Seen, Fluss und Wäldern gelegene 50.000-Einwohner-Stadt, um sie als Basis für die Erkundung der Seenplatte zu nutzen, ob per Auto, Fahrrad, Kanu, zu Fuß oder mit dem angeblich ältesten Raddampfer der Welt (1861), der „Hjejlen". Das **Riverboat Jazz Festival** (*Ende Juni, www.riverboat.dk*) zieht alljährlich 50.000 Besucher an. Auch das Oldtimer-Treffen **Automania** (*Ende August, www.automania.dk*) ist ein Publikumsmagnet. In Silkeborg trifft dänische Gemütlichkeit auf tolle touristische Programme und Attraktionen, ein schönes Umland sowie eine zum Bummeln einladende Innenstadt.

Die **Innenstadt** wirkt z. T. zwar etwas funktional, doch bietet sie ausgesuchte Geschäfte, eine gemütlich-lockere Atmosphäre und eine gute Auswahl an Lokalen. An den Seeufern und den Wehren zeigt sich Silkeborg von seiner schönsten Seite. An der Remstrup Å (so heißt die Gudenå zwischen Brassø und Silkeborg Langsø), nahe der Innenstadt, legen die zahlreichen **Ausflugsdampfer** zum Himmelbjerget und nach Ry ab. An der Brücke über die Remstrup Å (auch Schleuse) können Kanus ausgeliehen werden, zudem gibt es ein paar Lokale und Eisbuden

Die Umgebung von Silkeborg eignet sich besonders gut für Kajaktouren

sowie auf dem Gelände der ehemaligen Papierfabrik schöne Restaurants mit Außenterrasse am Flussufer. Das **Touristenamt** residiert in der Stadtbibliothek (*Hostrupsgade 41A*).

Das **Silkeborg-Museum** befindet sich im alten Herrenhaus Hovedgården, dem ältesten Gebäude der Stadt (1767). Das kulturhistorische Museum hat sich besonders auf die Ausstellung von Funden aus den nahen Torfmooren aus der Bronze- sowie Eisenzeit spezialisiert. Juwelen, Flintsteine und Keramiken sind zu sehen und das Leben zur Eisenzeit wird erläutert. Hauptattraktion ist aber der Tollund-Mann, eine Moorleiche, die 1950 gefunden wurde und ca. 2.200 Jahre alt sein muss. Es handelt sich dabei um eine der besterhaltenen Moorleichen der Welt, obwohl nur Kopf und ein Fuß übrig sind. Man geht davon aus, dass der Tollund-Mann durch Erhängen oder Erdrosseln – und zwar als heiliges Opfer – getötet wurde. Der Strick liegt immer noch um seinen Hals. In anderen Abteilungen des Museums werden Handwerke des 19. Jh. vorgestellt und eine hervorragende Glassammlung gezeigt.
Silkeborg Museum, *Hovedgårdsvej 7, www.museumsilkeborg.dk; Di–So 11–16, Winterferien und Ostern tgl. 11–16, Juli/Aug. tgl. 10–17 Uhr*

Das **Papiermuseum** in der ehemaligen Papierfabrik erläutert auf interessante Weise die Papierherstellung um 1900. Wer möchte, kann ein eigenes Stück Papier samt Aufdruck herstellen.
Papirmuseet, *Bøttebygningen, Papirfabrikken 78, www.museumsilkeborg.dk; Juli/Aug. sowie Ferien u. Ostern tgl., Mai/Juni/Sept. Sa/So 11–16 Uhr*

Ein besonderes Highlight ist das **Museum Jorn**. Das in einem Park gelegene Gebäude wurde 1982 von dem Architekten Niels F. Truelsen entworfen. Bereits am Eingang beeindruckt das Keramikrelief des Künstlers Jean Dubuffet. Gezeigt werden in vier Ateliers Werke zeitgenössischer Künstler bzw. der klassischen Moderne (Carl-Henning Pedersen, Per Kirkeby, Richard Mortensen, Emil Nolde, Jean Dubuffet, Max Ernst), darunter zahlreiche Werke der Künstlergruppe COBRA. Das Museum verdankt die Stadt ihrem berühmten Sohn Asger Jorn (1914–73),

einem Gründungsmitglied der COBRA-Gruppe. Er vermachte den größten Teil seiner gesammelten Kunstwerke der Stadt, nahezu 6.000 an der Zahl! Jorn war nicht nur bekannt für seine abstrakten und farbintensiven Gemälde, sondern auch für seine Sammelleidenschaft, die er durch einen regen Tauschhandel mit anderen Künstlern befriedigte. Die berühmtesten Gemälde Jorns stammen aus der Kriegs- und Nachkriegszeit, so z. B. der weltbekannte Zyklus „Jahreszeiten" sowie das Gemälde „Stalingrad".
Museum Jorn, *Gudenåvej 7–9, www.museumjorn.dk; Di–So 10–17 Uhr, Sommerferien auch Mo*

AQUA, ein großes Süßwasseraquarium, liegt weiter südlich. Hier wird über die Flora und Fauna in und rund um die Seen der Gegend informiert. Neben Fischen gibt es Kormorane, Enten, Biber und Otter. Das Aquarium bietet zu jeder Jahreszeit eine andere Perspektive auf das Leben in den Süßwasserseen. Kinder können auf einem Wasserspielplatz rumplantschen, wie es ihnen beliebt (Ersatzkleidung, Handtuch und Zeit mitbringen!). Es gibt einen Imbiss sowie ein Café-Restaurant. Im Sommer fährt der alte Schaufelraddampfer Hjejlen bis zum Aquarium.
AQUA, *Vejlsøvej 55, www.visitaqua.dk; Sommerferien. tgl. 10–18, sonst meist tgl. 10–16/17 Uhr, Dez./Jan. teilw. geschl.*

Das **Kunstzentrum Silkeborg Bad**, eingebettet in die Natur, liegt 3 km südwestlich der Innenstadt. In der alten Badeanstalt werden vor allem Sonderausstellungen gezeigt. Schöne Skulpturen im Garten.
Kunst Centret Silkeborg Bad, *Gjessøvej 40, www.silkeborgbad.dk; Mai–Sept. Di–So 10–17, ansonsten Di–Fr 12–16, Sa/So 11–17 Uhr*

Wer sich schließlich noch verlaufen möchte, der kann nach **Rodelund**, 8 km südlich von Silkeborg, fahren und sein Glück bzw. seinen Orientierungssinn in verschiedenen **Labyrinthen** herausfordern.
Labyrinthia, *Gl. Ryvej 2, Rodelund, www.labyrinthia.dk; Mai–Sept. tgl. 11–16/17, Sommerferien. tgl. 10–18 Uhr*

Reisepraktische Informationen Silkeborg

Information

Silkeborg Turist-Info *(in der Bibliothek), Hostrupsgade 41A, ☎ 87221900.* **Tourist Café**, *Smedebakken 1 (Anleger Ausflugsboote), www.silkeborg.com. Zudem findet man in der Stadt mehrere Touchscreens, die weitere Informationen anbieten*

Unterkünfte

Hotel Dania €€€€, *Torvet 5, ☎ 86820111, www.hoteldania.dk; 1848 gegründetes Kleinstadthotel; 47 Zimmer, Antiquitäten, zentral. Die Zimmer nach hinten sind ruhiger, Restaurant.*
Radisson BLU, Papirfabrikken €€€€, *Papirfabrikken 12, ☎ 88822222, www.papirfabrikken.nu; komfortables Hotel in restaurierter Papierfabrik, zentral gelegen. Ausgezeichnetes Restaurant.*
Svostrup Kro €€€–€€€€, *Svostrupvej 58–60, Svostrup, ☎ 86877004, www.svostrup-kro.dk; wunderschöner Kro zwischen Grauballe und Gjern, 8 km nordöstl. von Silkeborg. Die Geschichte reicht zurück auf die Zeit um 1600, als hier Fährmänner und Bootsleute einkehrten. 1834 wurde er so renoviert, dass auch der König einkehren mochte. Individuell und geschmackvoll eingerichtete Zimmer (einige mit kleinem Balkon). Restaurant (s. u.).*
Ein ansprechender Landgasthof ist auch der **Kongensbro Kro** €€€–€€€€, *12 km nördl. in Kongensbro; ☎ 86870177, www.kongensbro-kro.dk. Hier kann man Boote für Touren auf der Gudenå ausleihen und ein Restaurant gibt es ebenfalls.*

Signesminde Kro €€, *Viborgvej 145, ☏ 86855443, www.signesmindekro.dk; 8-Zimmer-Landgasthof nördwestl. von Silkeborg; gutes Preis-Leistungs-Verhältnis, aber an lauter Hauptstraße gelegen. Restaurant.*

Jugendherberge

Danhostel Silkeborg, *Aahavevej 55, ☏ 86823642, www.danhostel-silkeborg.dk; innenstadtnah; 93 Betten, Kanuverleih nahebei.*

Camping

Gudenåens Camping, *Vejlsøvej 7, ☏ 86822201, www.gudenaaenscamping.dk; 1 km südl. der Innenstadt, schön in einem Wald, nahe der Remstrup Å (Gudenå) gelegen; 150 Stellplätze, Hütten, Kanuverleih.*

Silkeborg Sø Camping, *Aarhusvej 51, ☏ 86822824, www.seacamp.dk; 1,4 km östl. der Innenstadt am Langsø. Ebenfalls an einem Wäldchen gelegen; 150 Stellplätze; Hütten (einfach bis Komfort), Kanu- und Fahrradverleih.*

Bekannt ist die waldreiche Region für die zahlreichen **Natur Camps** *(Shelter/Zeltplätze), wo man in Unterständen/Hütten oder mit dem Zelt nächtigen kann. Infos: https://book.naturstyrelsen.dk, https://naturstyrelsen.dk/naturoplevelser/naturguider/silkeborgskovene/aktiviteter bzw. http://natur-ligvis.dk.*

Restaurants

Traditionelle dänische Gerichte begeistern im historischen **Svostrup Kro** *(s. o.), und auch der* **Kongensbro Kro** *ist bekannt für seine dänische Küche (Spezialität: Süßwasserfischgerichte). Im Radisson BLU Hotel lockt das* **Restaurant Michael D.** *(https://papirfabrikken.nu/restaurant) mit Gourmetküche und vor dem Hotel am Fluss gibt es ein paar kleine Brasserie- und Pizza-Restaurants. In der Innenstadt, besonders am Torvet sowie in der Tværgade/Nygade, findet man weitere Restaurants aller Art.*

Piaf, *Nygade 31, ☏ 86811255; etwas exotisch und auch bei den Einheimischen wegen der französischen bzw. mediterran angehauchten Gerichte beliebt.*

Sabels Restaurant & Bar, *Hostrupsgade 35, ☏ 25133751, www.sabel-silkeborg.dk; nettes kleines Restaurant mit Flair, es gibt nur wenige Gerichte und die wechseln oft, aber alles ist kreativ zubereitet und lecker. Gute Weinkarte.*

Busse/Bahn

Bus- und Eisenbahnstation: *Drewsensvej, südwestl. der Innenstadt. Zugverbindungen mit Aarhus, Skanderborg und Herning, nicht aber mit Viborg.*

Ausflüge/Unternehmungen

Die meisten **Ausflugsboote** *verkehren zwischen Silkeborg (Sejsvej, an Brücke) und Ry, den Orten dazwischen sowie dem Anleger am Himmelbjerget. Regelmäßiger Fahrplan Mitte Mai–Anfang Sept. Ein Knüller ist die Fahrt mit dem alten* **Schaufelraddampfer Hjejlen** *(☏ 86820766, www.hjejleselskabet.dk; Mai–Sept. zumeist am Wochenende, dänische Sommerferien tgl.).*

Organisierte 2- bis 6-tägige **Kanutouren** *auf der Gudenå sowie Treidelrouten werden von den Touristenämtern vermittelt, einige davon sind auch für Familien mit Kindern geeignet – unterwegs übernachtet man auf Zeltplätzen. Einige Strecken dürfen erst ab Mitte Juni befahren werden. Tolle Rundum-Organisation für lange Touren gibt es bei Ry Kanofart (https://kanoferie.dk/planlaeg-turen) im 19 km entfernten Ry. Für kurze Ausflüge geht man einfach zur Brücke/Schleuse (Aarhusvej) am Hafen, wo sich die meisten* **Kanu-Verleiher** *befinden. Es gibt auch Kajaks, Tret- und Motorboote. Beide o. g. Campingplätze vermieten ebenfalls Kanus.*

Historische Eisenbahnen *unter Dampf verkehren im Sommer auf 5 km zwischen Bryrup und Vrads, 19 km südlich von Silkeborg (☏ 75756035, www.veteranbanen.dk).*

Ry

Es geht weiter auf der landschaftlich reizvollen und abwechslungsreichen Landstraße, die nördlich von Brassø, Borre Sø und Julsø nach Ry verläuft. Die Straße führt durch Wälder, Wiesen und vorbei an mehreren Aussichtspunkten. In **Sejs** beeindruckt die moderne Dachkonstruktion der Kirche und am östlichen Ortsausgang von Svejbæk laden zwei nette Ausflugslokale, das Restaurant Aalekroen bzw. die Traktørstedet Ludvigslyst zu Kaffee und Kuchen bzw. einem Mittagssnack ein. Vor Laven, einem beschaulichen Ausflugsort mit Ferienhäusern (und -villen), gibt es einen Aussichtspunkt.

Der kleine Ort **Ry** bildet das „Herz" der Dänischen Seenplatte und wird gerne als Ausgangspunkt für die Erkundungen im Umland genutzt, doch hier geht es ruhiger zu. Der Ort liegt zwischen Seen, und auch hier fließt die Gudenå vorbei. Von Ry aus verkehren Ausflugsdampfer (s. o.) und starten Kanutouren, auch mehrtägige.

Die eigentlichen **Sehenswürdigkeiten** verteilen sich eher im Umland und werden auf der empfohlenen Reiseroute wie folgt abgefahren:

Südlich von Ry geht es über die Straßen 445 und 461 nahezu auf die Spitze des **Himmelbjerget**, eines 147 m hohen Berges, der bis 1847 als der höchste Dänemarks angesehen wurde, so sehr überragt er den darunterliegenden Julsee (Julsø). Oben am Parkplatz befindet sich das Himmelbjerget Hotel mit Restaurant. Lohnend ist der kurze Spaziergang durch den Wald zum **Himmelbjergstårn**, einem 25 hohen Turm, der 1875 in Gedenken an den Vater des dänischen Grundgesetzes, Frederik II., erbaut wurde. Grund für die Errichtung an dieser Stelle war, dass hier bereits lange vor 1850 politische Treffen stattfanden, die schließlich 1848/49 zu einer demokratische Verfassung führten. Einer der „Drahtzieher" der Versammlungen war damals der Heidedichter Steen Steensen Blicher (S. 300, Herning), dem ein Denkmal auf dem Himmelbjerget gewidmet wurde. Die Aussicht ist grandios, doch vom Turm aus noch um einiges schöner, denn dann kann man auch über die Wipfel der Bäume nach Süden schauen.

Zahlreiche Wanderwege führen um den Himmelbjerget, einer davon auch hinunter zum See, wo die Ausflugsdampfer aus Silkeborg und Ry anlegen. Das schmucke historische **Hotel Julsø** am Anleger wird aufwendig renoviert und soll ab 2024 in neuem Glanz erstrahlen und dann wieder zur Mittags- bzw. Kaffeepause (kein Hotelbetrieb) einladen.

Gammel Rye, das „Alte Rye", liegt südwestlich von Ry und war einst eine relativ bedeutende Handelsstadt, besonders dank der Holzschuh-Fabrikation, die lange Zeit die Menschen hier ernährte. Eine Wunderquelle, die **St.-Sørens-Quelle**, diente während des Mittelalters als Wallfahrtsziel. Zur Geschichte sei erwähnt, dass Christian III. hier 1834 zum König gewählt wurde.

Heute kann man im Ort das **Mühlen- & Clogsmuseum Gammel Rye** besuchen. Neben einer alten Windmühle von 1872 und einer lokalhistorischen Ausstellung gibt es auch einiges über die Herstellung der dänischen Holzschuhe zu erfahren. Ein schöner Ausflugs- und Picknickplatz befindet sich 4 km südlich von Gammel Rye: die alte **Klostermølle**, Dänemarks längstes Holzgebäude. 1536 entstand hier ein Benedektinerkloster, 1872 eine Papierfabrik samt Wassermühle. Die Gebäude kann man teilweise besichtigen und im Sommer gibt es kleine Ausstellungen. Ansonsten bietet sich die Umgebung für Spaziergänge an, zum Beispiel auf den 108 m hohen **Sukkertoppen**, den Zuckerhut Jütlands, von dem man eine schöne Aussicht genießen kann.

Museet på Gl. Rye Mølle, *Møllestien 5, www.museumskanderborg.dk; Mai–Ende Herbstferien Do–So 13–16 Uhr*

Klostermølle, *Klostermøllevej 48, Gl. Rye*

Die Straße über Gammel Rye führt zum ausgeschilderten **Øm-Kloster**, von dem heute nur noch die Ruine zu besichtigen ist. Das Kloster wurde 1172–75 von Zisterziensermönchen aus dem Vitskøl Kloster erbaut und war vor seiner Zerstörung das größte Kloster seiner Art im Lande. Zum Anwesen gehörte ein Spital und ein Kanal verband hier Jütlands größten See, den Mossø, mit dem nördlich gelegenen Gudensø. Nach der Reformation ließ König Frederik II. die komplette Anlage niederreißen, denn er benötigte Baumaterial für das Schloss in Skanderborg. Heute erinnern ein kleines Museum, ein Gewürzgarten, die Ruinen sowie Knochenfunde an die Zeit vor der Reformation.
Øm Kloster, *Munkevej 8, Emborg, www.museumskanderborg.dk; Ostern–Ende Herbstferien Di–So 10–16 Uhr*

Vom Øm-Kloster geht es zurück über Ry und von dort entlang kleiner Nebenstraßen durch Javngyde, Nørre Vissing nach **Veng**. Hier lohnt ein kurzer Stopp an der kleinen Kirche, die eine der ältesten in Dänemark ist (1080). Auffälliger ist im Ort das 1876-84 im Renaissancestil errichtete **Schloss Sophiendal Gods**, das wunderschön am Rand einer Talmulde liegt. Heute hat man hier die Möglichkeit, stilvoll zu übernachten (s. u.) und das gute Restaurant zu nutzen.

Reisepraktische Infos Ry/Himmelbjerget und Umgebung

Information

Himmelbjergets Turistbureau, *Himmelbjergvej 22, Himmelbjerg, P1 (Parkplatz), ☎ 86696600, www.visitaarhus.de/staedte-und-regionen/lake-district, https://himmelbjerget.dk.*

Unterkünfte

Sophiendal (Gods) Slotshotel €€€€, *Låsbyvej 82, Veng, ☎ 86944788, https://sophiendal.slotshotel.dk; herrlich gelegene Schlossunterkunft 9 km östl. von Ry. Bekanntes Restaurant (Wild-/Süßwasserfischgerichte), erlesene Weinkarte.*
Knudhule Badehotel €€–€€€€, *Randersvej 88, Ry, ☎ 86891407, www.knudhule.dk; über 80 Jahre altes, restauriertes Badehotel direkt am Knudsø nordöstlich von Ry. Verschieden große Hütten, teilweise rustikal und einfach, teilweise groß und plüschig ausgestattet. Gutes Restaurant mit saisonaler Ausrichtung, eigener Strand – schade, dass die Hauptstraße zwischen Hotel und Strand vorbeiführt.*
Lyng Dal Hotel og Restaurant €€–€€€, *Ryesgade 8, Gammel Rye, ☎. 86898269, www.lyngdal-hotel.dk; schmuckes, kleines Hotel mit gutem Restaurant. 9 Zimmer und ein schöner Garten. Liebevoll von Familie geführt. Ein Tipp!*
Nørre Vissing Kro €€–€€€, *Låsbyvej 122, Nørre Vissing, ☎ 86943716, www.nr-vissing-kro.dk; gut hundert Jahre alter Landgasthof im Dorf, 9 km nordöstl. von Ry. Einige Zimmer in neuerem Trakt; ausgezeichnete Küche, Aufenthaltspakete (Zimmer u. Mahlzeiten etc.) beachten.*
Hotel Himmelbjerget €€, *Himmelbjergvej 20, 8680 Ry, ☎ 86898045, www.hotel-himmelbjerget.dk; das Hotel liegt nahezu auf der Spitze des Himmelbjerget (10 km westl. von Ry) und ist damit das höchstgelegene Dänemarks. Reservieren Sie ein Zimmer mit Blick auf den Julsø. Restaurant.*
Låsby Kro €€, *Hovedgaden 49, Låsby/Ry, ☎ 86951766, www.laasby-kro.dk; alteingesessener Landgasthof 7 km nördl. von Ry, Restaurant. Gutes Preis-Leistungs-Verhältnis.*

Jugendherberge

Die nächsten Jugendherbergen finden Sie in Silkeborg (S. 407) und Skanderborg (S. 428).

Camping

Zwei gut ausgestattete, familienfreundliche Campingplätze nahe am See liegen in oder nahe bei Ry: **Birkhede Camping**, *Lyngvej 14, nördl. von Ry, ☎ 86891355, www.birkhede.dk, und* **Holmens Camping**, *Klostervej 148, südl. von Ry, ☎ 86891762, www.holmenscamping.dk. In Ry (Siim-*

toften 17) können Paddler bzw. Camper (nur Zelte) direkt am Fluss übernachten auf dem **Skimminghøj Teltplads**. *Bekannt ist die Region für die vielen Natur-Camps, wo man in Unterständen/Hütten bzw. im eigenen Zelt nächtigen kann. Infos unter: http://natur-ligvis.dk bzw. https://book.naturstyrelsen.dk.*

Restaurants

Das u. E. beste Restaurant im Umkreis befindet sich im **Nørre Vissing Kro**, *dessen mediterrane und auch dänische Speisen mehrfach ausgezeichnet wurden. Reservierung ratsam! Aber auch die Restaurants in den anderen o. g. Hotels/Kros sind gut, besonders die im* **Lyng Dal Hotel** *sowie im* **Sophiendal Slotshotel** *stechen positiv hervor.*

Ausflüge/Unternehmungen

Ausflugsboote *zw. Ry, Himmelbjerget und nach Silkeborg,* *S. 407*

Kanutouren: *Ry Kanofart, Kyhnsvej 20, Ry, www.kanoferie.dk, ☏ 86891167. Weitere Adressen von Kanuverleihern/Routenvorschläge gibt es im Touristenbüro.*

Aarhus (s. Karten S. 413 u. 420)

Redaktionstipps

➤ **Kulturelle Höhepunkte**: Aarhuser Domkirche (S. 412); KØN Gender Museum (S. 414); Liebfrauenkirche (S. 415); Kunstmuseum ARoS (S. 417); Aufführungen der Jütischen Oper (S. 417); Ovartaci-Museum (S. 418); Moesgård Prähistorisches Museum (S. 425)

➤ **Highlights für Familien**: Freilichtmuseum Den Gamle By (S. 415); Tivoli Friheden (S. 418); die „Unendliche Brücke" (S. 419)

➤ **Restaurantszene** im Latinerkvarter und in Frederiksbjerg (S. 415, 417)

Um 800 hat es hier die ersten Siedlungen gegeben, doch belegt ist dieses erst für die Zeit um 900. Aarhus hieß damals Aros (an der Mündung des Flusses). Im Laufe der Zeit wurde der Name immer häufiger verwechselt mit dem Begriff Aarehus (Ruderhaus), und so entstand der heutige Name. Die geografische Lage nördlich des Flussufers war günstig. Die sandige Anhöhe bot bei hohen Wellen Schutz, genauso wie die vorgelagerte Halbinsel Helgenæs. Die Anhöhe wurde so von der Aarhus Å umflossen, dass sie eine Halbinsel darstellte, die die Wikinger zur Landseite hin mit starken Wallanlagen absicherte. Die Stadt entwickelte sich rasant: 948 wurde ein Bischofssitz eingerichtet, der Handel begann zu florieren und das fruchtbare Hinterland wurde bestellt. In den folgenden Jahrhunderten wurden zahlreiche Kirchen gebaut, u.a. die Domkirche, mit deren Bau im 13. Jh. begonnen wurde. 1441, der Hafen hatte bereits internationale Bedeutung, erhielt Aarhus die Stadtrechte. Der Wohlstand bescherte der Stadt dann die zahlreichen Renaissancebauten. Doch Pestepidemien und Kriege mit Schweden machten der Stadt immer wieder zu schaffen, sodass Aarhus erst in der zweiten Hälfte des 19. Jh. Aalborg als zweitgrößte Stadt Dänemarks ablösen konnte und nie über den Status als nur zweitwichtigste Stadt des Landes hinauskam. Einen Entwicklungsschub brachte der Anschluss an das Eisenbahnnetz ab Mitte des 19. Jh. sowie der daraus resultierende massive Ausbau der Industrie und die wachsende Bedeutung als Hafenstadt.

Heute ist Aarhus mit 286.000 Einwohnern (Großraum: 410.000 Ew.) die **bedeutendste Stadt Jütlands**. Die Vielfalt der Industrien reicht von Brauereien über Textil- und Möbelfabriken (samt Möbeldesign) sowie Maschinenwerke für Lokomotiven und Flugzeugmotoren. Aarhus gilt zudem als Denkfabrik des Nordens, denn besonders Hightech- und Biotech-Firmen sowie Hersteller von Windkraftanlagen – u.a. die Firma Vestas (VEstjysk STaalteknik A/S) – haben hier

Niederlassungen bzw. ihren Hauptsitz. Der Wissenschaftspark INCUBA bildet ein Netzwerk zwischen Industrie, Handel und Universitäten. Ganz nebenbei haben die Konzerne Jysk (Möbelhandel) und Arla (Lebensmittel) ihren Sitz in der Stadt. Über 50.000 Studierende sind in Aarhus eingeschrieben, neben der Uni an Wirtschaftsfakultäten, einer Kunsthochschule, der Musikakademie, Hochschulen für Pressewesen, Ingenieurswesen, Architektur u. v. m. Das färbt natürlich auf die Kulturszene ab: Theater-, Musik- und Tanzvorführungen sowie die Produkte der hiesigen Filmindustrie genießen internationale Anerkennung. Regelmäßig finden Kunstausstellungen und Festivals statt, z.B. das Aarhus International Jazz Festival sowie das 10-tägige Aarhus Festival. Einige der Museen, besonders das Kunstmuseum ARoS, genießen ein guten Ruf weit über die Landesgrenzen hinaus. In den vergangenen Jahren entwickelte sich auch die gastronomische Szene sehr und verfügt nun u. a. über vier mit Michelin-Sternen ausgezeichnete Restaurants.

Aarhus bezeichnet sich gerne als „kleinste Großstadt der Welt". Die Uferzonen und Kaianlagen im Zentral- bzw. Nordteil des Hafengebietes (Aarhus Ø/Docklands) wurden komplett umgestaltet: Mit ihren Marinas, Restaurants, Wohn- und Büroanlagen, der modernen Architektur, einem tollen Freibad u. v. m. unterstreichen sie die herausragende Stellung der Stadt. Dazu gehören auch die moderne Bibliotheksanlage **DOKK1** und das INCUBA-Navitas-Gebäude, ein aus Steuergeldern gesponsortes Bürogebäude für Start-ups, das zum o. g. Wissenschaftspark gehört. Aarhus wurde 2017 zur **europäischen Kulturhauptstadt** ernannt. Die Stadt wählte dazu ein passendes Motto: „Rethink", sich neu erfinden und durchdenken. Aarhus hat sich also mächtig ins Zeug gelegt, dient anderen Städten an der Ostsee als Vorbild und kann inzwischen als Reiseziel für sich gesehen werden. Das hat die „New York Times" bereits vor ein paar Jahren zu einem ausführlichen Artikel bewogen.

Rundgang durch die Innenstadt

Hinweis

Überall in der Innenstadt stehen **kostenlose Leihräder** zur Verfügung. Diese kann man an einem der vielen Fahrradparkplätze mitnehmen und an einem anderen wieder abstellen. Ebenso findet man zahlreiche Info-Touchscreens.

Im Latinerkvarter geht es locker zu

Beginnen Sie Ihren Rundgang an der **Touristeninformation (1)** *(im DOKK1-Bibliotheksgebäude, s. u.)* oder an der „Schlemmerpassage" **Aarhus Street Food** *(Sankt Knuds Torv/Ny Banegårdsgade 46)* nahe dem Bahnhof und gehen dann zum funktional und modern erscheinenden **Rathaus (2)**, das so neu aber gar nicht ist. Ende der 1930er-Jahre begonnen, wurde es 1942 endgültig fertiggestellt. Architekten waren Arne Jacobsen und Erik Møller. Damals waren viele nicht begeistert von dem kantig-grauen Quadergebäude. So entschied man sich noch für den Bau eines 60 m hohen Turmes samt Glockenspiel. Diesen kann man heute besteigen und wird dafür mit einer tollen Aussicht über Aarhus belohnt. 1994 stellte man das mit norwegischem Marmor ummantelte Gebäude unter Denkmalschutz.

Rådhus, *Rathaustouren (www.aarhusguiderne.dk), Zeiten variieren zeitweilig. Turmbesteigung nur Ende Juni–Anf. Sept. Di, Do u. Fr 12 u. 15 Uhr*

Einst kontrovers diskutiert: das Aarhus Rådhus

Søndergade und **Sct. Clemens Torv** sind Abschnitte der Einkaufs- und Fußgängerpassagen. Kurz vor dem Store Torv überquert man auf einer Brücke **Åboulevarden**, die Uferpromenade der „wiederentdeckten" Aarhus Å. Einst wurde der Fluss zubetoniert, bis man sich in jüngerer Zeit eines Besseren besann und den Wasserlauf – wenn auch kanalisiert – wieder freilegte. Heute reihen sich um den Fluss besonders Restaurants und Cafés, viele davon mit Außenbereich samt Beheizung. Hier heißt es „sehen und gesehen werden". Dort, wo Åboulevarden die Immervard unterquert (100 m westlich des Sct. Clemens Torv), lässt es sich gut an einem kleinen Amphitheater verweilen. Oft sorgen Straßenmusiker dabei für Unterhaltung.

Bei der Aushebung der Kellerräume einer Bank fand man 1963 Überreste des wikingischen Stadtwalls und gründete das **Wikingermuseum (3)**. Teile davon wurden konserviert, ebenso wie ein kurzer Straßenabschnitt. Ein Wikingerhaus aus der Zeit um 1100 wurde wieder aufgebaut. Zahlreiche Fundstücke und Illustrationen zeigen das Alltagsleben aus der Zeit zwischen 900 und 1400.

Vikingemuseet, *Skt. Clemens Torv 6, www.vikingemuseet.dk; Mo–Fr 10.15–18, Sa/So bis 17 Uhr*

Die Anfänge des mächtigen **St.-Clemens-Doms (4)** (Aarhus Domkirke) führen zurück auf das Jahr 1197, als der damalige Bischof Peder Vognsen eine imposante, dreischiffige Basilika mit zwei Kirchtürmen plante. Vognsen starb bereits 1204, die Kirche wurde aber erst um 1300 fertiggestellt. Doch 1330 brannte sie nieder. Daraufhin entschieden sich die Bauherren für gotische Baustrukturen, wie sie bereits in Deutschland oft angewendet wurden. Baubeginn war um 1400. Als „Hallenkirchen" bezeichnete man die Bauwerke, denn nun waren die Seitenschiffe ebenso hoch wie das auf 93 m Länge angewachsene Hauptschiff – das längste in Dänemark. Imposante Kalkmalereien, die reichhaltigsten in Dänemark, wurden nahezu alle um 1480 angefertigt, eben-

Aarhus
Innenstadt
Randers, Autobahn nach Norden
Airport, Ebeltoft, Grenå &
Wilhelm Meyers Allé
C. F. Møllers Allé
Universität von Aarhus
Nørrebrogade
Nørre Boulevard
Kirkegårdsvej
Paludan-Müllers-Vej
Poul Martin Møllers Vej
Vestervang
Kaserneboulevarden
Ny Munkegade
Vennelyst Blvd.
Høegh-Guldbergs Gade
Letbanen
Østboulevarden
Skovvejen
Marina
Seefahrtsmuseum
Langelandsgade
Sjællandsgade
Sølyst-gade
Knudrisgade
Molsg.
Dagmar Petersens Gade
Bernhardt Jensens Blvd.
Botanischer Garten
Peter Holms Vej
Samsøgade
Lollandsgade
Grønnegade
Thunøgade
Nørregade
Nørreport
Møllegade
Bassin 5
Viborg, Autobahn
Møllevejen
Sejrøgade
Nørre Allé
LATINER KVARTER
Guldsmedgade
Studsgade
Kystvejen
Molslinjen Aarhus-Sjællands Odde
Saltholmsgade
Klostergade
Graven
INCUBA-Navitas
Vesterbrogade
Vestergade
Rosensgade
GoBoat
Havnepladsen
Aarhus Bassin 2
Silkeborg, Autobahn
Aarhus Å
Møllestien
Mølleparken
Vester Allé
Aboulevarden
Immervad
Kannikeg.
Skolegade
Letbanen
Docklands
Lundbyesgade
Carl Blochs Gade
Christiansgade
Frederiksgade
Busgaden
Søndergade
Fiskergade
Mindebrog.
Havnegade
Bassin 1
Marstrandsgade
Aros Allé
Fredensgade
Europaplads
DOKK 1
Kulturzentrum Godsbanen
Sonnesgade
Søndre Allé
Dynkarken
Balticagade
Valdemarsgade
Frederiks Allé
Park Allé
Rosenkrantzgade
Mindet
Aarhus Street Food Market
Ny Banegårdsgade
Banegårdsgade
Sydhavnsgade
Bassin 3
Spanien
Letbanen
Skanderborg, Autobahn nach Süden
Frederiksbjerg
zum Stadtpark, nach Odder
N
0 500 m
Sehenswürdigkeiten
1 Tourist Aarhus – DOKK1
2 Rathaus
3 Wikingermuseum
4 St.-Clemens-Dom
5 KØN Gender Museum und Besatzungsmuseum
6 Docklands
7 Aarhus Ø (Isbjerget, Lighthouse, Ø-Haven, „Bassin 7“)
8 Liebfrauenkirche
9 CeresByen
10 Den Gamle By
11 Botanischer Garten
12 Aarhus Kunsthal
13 ARoS Kunstmuseum
14 Musikhuset Aarhus
15 Steno Museet
16 Naturhistorisches Museum
17 Museum Ovartaci
18 Tivoli Friheden
19 Schloss Marselisborg
20 Moesgård Forhistorisk Museum
Unterkünfte
1 Hotel Royal
2 Helnan Marselis
3 SOFS Boutique Hotel
4 CabInn
5 BB-Hotel Aarhus Harbor Towers
6 Danhostel Aarhus
Restaurants
1 Globen Flakket
2 Restaurant Pinden
3 Teater Bodega
4 A Hereford Beefstouw
5 Restaurant Domestic
6 Carlton
7 Gastromé
8 Flammen
beschriebener Spaziergang
Fußgängerzone
© graphic

so wie der vierflügelige Hochaltar des Lübecker Holzschnitzers und Malers Bernt Notke. Die Umbauten waren 1520 abgeschlossen. Beachtenswert im Kircheninneren sind zudem die Renaissance-Kanzel sowie die wohlklingenden Orgeln, eine aus der Zeit um 1730 und eine moderne von 1983. Atemberaubend ist die Aussicht vom 94 m hohen **Kirchturm** (*www.aarhusdomkirke.dk, Führungen in Englisch: ☏ 70211222; Mo–Sa 10–15, Mai–Sept. 9.30–16 Uhr*).

Die Domkirche ist umgeben von einigen anderen sehenswerten Bauwerken, so z. B. dem 1900 eingeweihten **Aarhus Theater**, dessen verschnörkelte und bunt bemalte Außenfassade über den gesamten Vorplatz zu sehen ist. Das 1883 eröffnete **Hotel Royal** mit seiner barocken Fassade auf der anderen Seite ist das Luxushotel der Stadt.

Ein Stück weiter liegen zwei Museen: Das 1982 im alten Rathaus gegründete Frauenmuseum (Kvindemuseet) wurde inzwischen umgewandelt in das **KØN Gender Museum (5)**, und dieses Museum ist ein Muss. Es beschäftigt sich natürlich weiterhin mit der Kultur und Geschichte der Frauen in Dänemark im 19. und 20. Jh. Mittlerweile hat man aber das Spektrum auf alle Geschlechter bzw. Gender und auf die zentrale Bedeutung von Gleichberechtigung ausgeweitet. Einstige Tabus, vermeintliche Grenzen, Sexualitätsprobleme, Kulturgeschichtliches und vieles mehr wird hier angesprochen. Zugleich weist man darauf hin, dass die „altmodische" Diversifizierung der Geschlechter in einigen gesellschaftlichen Bereichen erhalten bleiben sollte. Eine schwierige Gratwanderung. Die Erläuterungen sind oft nur auf Dänisch, an der Kasse gibt es aber eine deutschsprachige Übersetzung bzw. einen Audioguide. Ausgesprochen interessant sind die Sonderausstellungen. Ein schönes Café im Erdgeschoss verspricht nach dem Besuch eine angenehme Pause. Auf der Rückseite des Gebäudes befindet sich das **Besatzungsmuseum (5)**. Wo die Gestapo während des Zweiten Weltkrieges ihr hiesiges Hauptquartier hatte, wird heute die dänische Freiheitsbewegung erklärt und sind Dinge ausgestellt, die mit der Besatzung und Vorgehensweise der deutschen Militärs zu tun hatten.
KØN Gender Museum, *Domkirkepladsen 5, www.konmuseum.dk; Di–Sa 10–17 (Mi bis 20), So 10–16 Uhr*
Bæsættelsesmuseet, *Mathilde Fibigers Have 2, www.besaettelsesmuseet.dk; Mi–Fr 13–17, Sa/So 11–17 Uhr*

Einen Straßenblock weiter östlich gelangt man zum Hafen von Aarhus, der den zweithöchsten Umschlag in Dänemark aufweist und der größte Containerhafen des Landes ist. Sein nördlicher Teil, die **Aarhuser Docklands (6)** (*Harbor Area Aarhus Ø*), wurden bzw. werden noch zu einem architektonisch beeindruckenden und spannenden Areal umgestaltet. 7.000 Menschen werden in dem **Aarhus Ø (7)** genannten Viertel Wohnraum finden (davon mehr als 20 % im Rahmen von Non-Profit-Vermietung) und 12.000 Menschen ihrer Arbeit nachgehen. Dazwischen sind Shoppinganlagen, Parks, Cafés, Restaurants aller Preisklassen und Promenaden geplant bzw. zum Teil bereits fertiggestellt. Auch Theater und Hotels soll es mal geben. An der Nordostspitze ragt das 142 m hohe **Light House** (*www.lighthouseaarhus.dk*) samt angeschlossener Wohnungsbauten als Wahrzeichen heraus. Im obersten Stock gibt es ein Restaurant sowie eine Aussichtsplattform. Auffällig aufgrund seiner zackigen Fassade ist nahebei das **Isbjerget** (Eisberg) gennante Gebäude. In den parkähnlichen Grünflächen, bekannt als Ø-Linjen, hat man damit begonnen, an die 10.000 Bäume zu pflanzen. Etwas weiter stadtwärts bildet das im nordischen Design von den Stararchitekten der Bjarke Ingels Group (BIG) gestaltete **Havnebadet „Bassin 7"** mit mehreren Schwimmbecken, Liegezonen sowie einer umlaufenden Promenade den neuen Mittelpunkt des Stadtteils Aarhus Ø (*Juni–Aug. tgl. 10–19 Uhr*). Hier gibt es auch Cafés, anderes befindet sich noch im Aufbau. An der nahen Kaianlage wurde ein futuristischer, 14 m hoher Aussichtsturm gebaut, **Sallings Tårnet**.

Das kleine Aarhuser **Seefahrtsmuseum** *(www.aarhussoefartsmuseum.dk, nur Di 12–16 Uhr)* musste vorübergehend in einen Container in der Hveensgade umziehen. Richtung Süden beeindruckt das mehreckige Gebäude **INCUBA-Navitas** (s. Einleitung). Dahinter verbirgt sich auf der Piernase ein Stadtpark, in dem ökologische Projekte vorgestellt werden und von dem die elektrisch betriebenen **GoBoats** (*www.goboat.dk/goboat-plus/aarhus*) ablegen. Weiter im Süden schließt sich das Gebiet mit dem imposanten Glaspalast der Bücherei, dem **DOKK1** **(1)**, an. Unter der Bibliothek befindet sich übrigens eines von zwei Parkhäusern in Dänemark, wo die Autos führerlos geparkt werden (das zweite ist unter dem BLOXX in Kopenhagen). Entlang der modernisierten Hafenfront finden heute zahlreiche Veranstaltungen statt, es gibt Lokale und Geschäfte in den alten Hafengebäuden, nette Sitzgelegenheiten mit Blick auf das Treiben im Hafen und des Öfteren legt hier die Königliche Jacht an. Parallel zu den Kaianlagen verkehrt heute die moderne S-Bahn (Letbanen). Sie erreicht im Süden das Städtchen Odder und im Norden Grenaa.

Verlässt man den Hafen wieder auf Höhe des Navitas Gebäude, gelangt man in die nördliche Innenstadt, dem sogenannten **Latinerkvarter** (abgeleitet vom Pariser „Quartier Latin") mit seinen schönen Kopfsteinpflastergassen. Hier, rund um die Sträßchen Graven und Klostergade verstecken sich Boutiquen, Cafés, Restaurants, alte Stadthäuser mit verwinkelten Innenhöfen und eine Reihe von Galerien. Ebenso schick ist die Mejlgade, in der ebenfalls Restaurants und Cafés angesiedelt ist und die als Fahrradstraße deklariert ist.

Die **Liebfrauenkirche und -kloster** (Vor Frue Kirke og Kloster) **(8)** stehen am heutigen Frue Kirkeplads. Hier wurde 1060 die erste Kathedrale von Aarhus (Material: Tuffstein) erbaut, die heute noch als Krypta im Inneren der im 13. Jh. von den Dominikanermönchen angefangenen Klosterkirche (Nikolai Kirke) vorhanden ist. Letztere wurde im 14. und 15. Jh. zu einem langen, gotischen Backsteinbau erweitert. Nach der Reformation wurde das Kloster ein Spital. Heute befinden sich Altenwohnungen im Gebäude. Die in den 1950er-Jahren wiederentdeckte Krypta gilt als älteste Gewölbeanlage Nordeuropas. Beachtenswert im Inneren der Kirchen sind die Fresken, der Altar (Claus Berg, 1530) sowie die Wandmalereien aus dem 16. Jh. im Kapitelsaal.

Südlich der Kirche, entlang der Vestergade, entwickelt sich mit dem **Vestergadekvateret** ein weiteres hippes Viertel, das bei Studenten ausgesprochen beliebt ist, denn hier sind die Lokale und Boutiquen noch um einiges günstiger. Weiter geht es dann wieder etwas nördlich über den Vesterbro Torv. Auf der Vesterbrogade erreicht man schließlich nach knapp 300 m linker Hand einen weiteren innovativ angelegten Stadtteil: **CeresByen** **(9)** *(www.ceresbyen.dk)*. Wo einst die Ceres Brauerei Bier produziert hat, das in über 50 Länder exportiert wurde, wohnen und arbeiten heute an die 2.000 Menschen. Mittelpunkt des kleinen „Stadtteils" bildet ein Unicampus. Das 20-geschossige Hochhaus **Ceres Panorama** thront über all dem, wobei die architektonisch gut durchdachten Gebäude irgendwie doch zu eng stehen. Als gelungen kann man jedoch die südliche Parkanlage entlang der Aarhus Å bezeichnen. Eine Oase zum Entspannen, Picknicken und für kurze Spaziergänge.

Das wunderschöne Freilichtmuseum **Den Gamle By** **(10)** (Die alte Stadt) am Südende einer großen Parkanlage gilt für viele Besucher als die Hauptattraktion der Stadt. Über 80 Stadthäuser aus der Zeit zwischen 16. Jh. bis hin zu den 1970er-Jahren wurden wiederaufgebaut. Ein Heer von Handwerkern beschäftigt sich teilweise jahrelang damit, alles detailgetreu und mit möglichst vielen Originalteilen wieder herzurichten. Zu den wichtigsten Anlaufpunkten zählen der Münzmeisterhof, der Bürgermeisterhof von 1597, die alte Mühle, eine Brauerei, verschiedene kleine Museen (Spielzeugmuseum, eine Galerie mit dekorativen Haushaltsgegenständen der letzten Jahrhunderte u.a.), ein Kaufmannsladen aus dem 19. Jh., ein Kräutergarten, eine Bäcke-

Der imposante Münzmeisterhof im Freilichtmuseum Den Gamle By

rei sowie das Plakatmuseum (s. u.). Traditionelle Handwerkskünste werden ebenfalls vorgeführt. Eine übersichtliche Karte und auch ein käuflich zu erwerbendes Buch erläutern alles, was man wissen möchte. Beachtenswert ist der nostalgisch gestaltete **Weihnachtsmarkt**, der alljährlich von Mitte November bis Anfang Januar stattfindet. Auf dem Gelände gibt es ein Café, ein Restaurant (leckeres Smørrebrød), eine Bäckerei mit gutem Kuchen sowie im Sommer einen Hot-Dog Stand und ein paar Selbstbedienungsstände. Am Südende des Geländes befindet sich das **Plakatmuseum** (*www.danskplakatmuseum.dk*) mit einer wechselnden Auswahl aus mehr als 150.000 Plakaten und Postern aus dem In- und Ausland. Schwerpunkt: touristische Motive. Dänemark ist bekannt für seine Plakatkunst.

Den Gamle By, *Viborgvej 2, www.dengamleby.dk; Zeiten variieren! Kernzeiten Jan.–März tgl. 10–16, April–Weihnachten tgl. 10–17, Ende Dezember tgl. 10–15 Uhr. Plakatmuseum: tgl. 10–17, Jan.–März bis 16 Uhr*

Nördlich des Freilichtmuseums erstreckt sich der **Botanische Garten (11)**, dessen Gewächshäuser mit tropischen und subtropischen Pflanzen gerne besucht werden, ebenso wie das Café hier. Auf der Freilichtbühne werden vor allem in den Sommermonaten oft Theater- und Musikveranstaltungen abgehalten.

Botanisk Have, *Peter Holms Vej, www.sciencemuseerne.dk; Gewächshäuser Mo–Fr 9–16/17, Sa/So/Feiertage 10–17 Uhr, Gartenanlagen immer offen*

Auf dem Weg zurück in die Innenstadt böte sich nun noch ein Schlenker zum Kulturzentrum **Godsbanen** (*Skovgaardsgade 3, www.godsbanen.dk*) an. In und um den alten Güterbahnhof haben sich kleine und größere Studios angesiedelt, schaffen Künstler in eigens zusammengezimmerten Refugien, spielen Kinder auf Abenteuerspielplätzen und in den größeren Gebäuden werden Musik-, Theater- und Kulturveranstaltungen oder auch Flohmärkte sowie alternative Verkaufsmessen abgehalten. Außerdem gibt es hier Filmstudios, offene Werkstätten, ein Literaturzentrum und die Architekturschule NEW AARCH. Im Hauptgebäude gibt es ein ökologisch ausgerichtetes Café-Restaurant und darüber lädt das schräge Dach zum (leichten) Erklimmen ein.

Um einige Ecken und über einen Extrabogen gelangt man zum Mølleparken. Hier ist die Initiative Understrøm beheimatet, die Raum für junge und aufregende Musiker schaffen will. Einst stand hier die Königliche Mühle, die bereits 1286 zum ersten Mal erwähnt wurde. Kurz darauf findet man die **Aarhus Kunsthal (12)** (Kunsthalle), eine Kunstgalerie, deren wechselnde Ausstellungen überregionale Anerkennung finden.

Aarhus Kunsthal, *J. M. Mørks Gade 13, www.kunsthalaarhus.dk; Di/Mi/Fr 12–18, Mi bis 20, Sa/So 11–17 Uhr*

Die permanente Ausstellung des **ARoS Kunstmuseums (13)** zeigt vor allem Gemälde und Skulpturen aus dem sogenannten „Goldenen Zeitalter Dänemarks/Modernismus" (1800–50 bzw. 1900–30), dessen wesentliche Motive Porträts und Landschaften (Skagen- sowie Fünen-Maler) waren. Beeindruckend sind im Besonderen die hochklassigen Sonderausstellungen. Von den oberen Etagen des futuristischen Gebäudes (und dem Restaurant dort) hat man eine tolle Aussicht auf die Stadt, besonders eindrucksvoll ist der Ausblick durch das bunte begehbare Kunstwerk **Your rainbow panorama**. Die Idee dazu hatte der berühmte dänisch-isländische Lichtkünstler Olafur Eliasson. Es gibt auch ein nettes Café im Erdgeschoss.

Your rainbow panorama auf dem ARoS Kunstmuseum

ARoS Kunstmuseet, *Aros Allé 2, www.aros.dk; Di–Fr 10–21, Sa/So 10–17 Uhr*

Das **Musikhuset Aarhus (14)** (Musikhaus) gleich nebenan wurde 1982 eingeweiht und verfügt über mehrere Konzertsäle (bis zu 1.600 Plätze). Auffallend ist die verglaste Eingangshalle mit Palmen und mediterranem Flair. Hier befinden sich ein Restaurant, die Vorverkaufsstelle und kleine Bühnen, auf denen manchmal auch Künstler auftreten. Das Musikhuset ist ansonsten Heimat der Jütischen Oper sowie des Symphonieorchesters der Stadt. Theater-, Musical- und andere Aufführungen finden hier ebenfalls statt und in dem Park vor dem Konzerthaus werden im Sommer oft Veranstaltungen bzw. Flohmärkte abgehalten.

Musikhuset Aarhus, *Thomas Jensens Allé, www.musikhuset.dk; Foyer tgl. 11–18, Kartenverkauf Mo–Sa 12–17 Uhr*

Der Rundgang findet sein Ende in der Umgebung des Bahnhofs. Wer nicht mehr nach Frederiksbjerg laufen möchte, kann sich nun in die Einkaufsstraßen der Innenstadt begeben. Am besten läuft man dazu die **Søndergade**, auch bekannt als Strøget, entlang. Ins Kaufhaus **Salling** (*Ecke Østergade*) sollte man auf jeden Fall einen Blick werfen – weniger wegen der angebotenen Ware als wegen des reizvollen Café-Restaurants auf dem Dach. Für Schwindelfreie gibt es außerdem eine hervorragende, gläserne Aussichtsplattform.

Wer noch Energie hat oder Hunger und Durst verspürt, für den bietet sich der quirlige Stadtteil **Frederiksbjerg** südlich des Bahnhofs an. Besonders in und um die Jægergårdsgade herum gibt es Lokale für jeden Geschmack. Nicht ohne Grund wird Frederiksbjerg als „Speisekammer von Aarhus" bezeichnet. Ein Tipp ist das skandinavische Design-Restaurant Nordisk Spisesalon (*M. P. Bruuns Gade 31, nahe Jægergårdsgade*). Wer eher auf einen Cocktail aus ist, geht zur St. Pauls Apotek (*Jægergårdsgade 76, öffnet erst am späten Nachmittag*), einer Bar in einer ehemaligen Apotheke. Für Kaffee und einen Snack ist Den Gule Café (*Jægergårdsgade 2A*) die beste Adresse hier. Am Ingerslevs Boulevard im Süden Frederiksbjergs findet mittwochs und samstags ein bunter Wochenmarkt statt (*8–14 Uhr*).

Museen nördlich der Innenstadt

Nördlich der Innenstadt erstreckt sich der 60 ha große **Universitets Parken** der 1928 gegründeten Aarhus Universitet. Die meisten Gebäude auf dem Uni-Campus mögen zwar etwas langweilig erscheinen, als Ganzes hat die grüne Anlage jedoch Charme. Auf dem Unigelände gibt es drei Museen:
Das sehenswerte **Steno-Museum (15)** macht einen „Rundumschlag" in puncto Wissenschaftshistorie. Die Bandbreite reicht von der Antike bis zur modernen Quantenphysik. Hier sind alte Teleskope, der erste dänische Elektronikrechner und zahlreiche Errungenschaften der Naturwissenschaften zu bestaunen. Einen Schwerpunkt des Museums bildet die Geschichte der Medizin, wobei die Einzelausstellungen zu Epidemiologie, Reproduktionsmedizin und Körperbildern auch kulturhistorische Aspekte in den Blick nehmen. Der Kräutergarten hinter dem Museum beheimatet rund 250 Heilpflanzen aus aller Welt. Im Obergeschoss schließlich wartet das Planetarium auf Besucher. Einige der Programme wurden speziell für Kinder zusammengestellt. Zum Museum gehört das **Ole-Rømer-Observatorium** im Stadtteil Højbjerg, wo von Oktober bis April an ausgewählten Abenden Vorführungen angeboten werden.
Steno Museet, *C. F. Møllers Allé; Di–Fr 9–16, Sa/So 11–16 Uhr.* **Observatorium**, *Observatorievejen 1, Okt.–April abends nach Ankündigung. Beide: www.sciencemuseerne.dk*

Das **Naturhistorische Museum Aarhus (16)** liegt nur 100 m weiter nördlich und erzählt vor allem die Naturgeschichte Dänemarks. Dass dabei der Mensch mit seiner „Kulturgeschichte" und Nutzung der Erde eine entscheidende Rolle gespielt hat, wird hervorgehoben. Das Museum wirkt etwas altmodisch, interessant mag aber die eine oder andere Sonderausstellung sein.
Naturhistorisk Museum Aarhus, *Wilhelm Meyers Allé 10, www.naturhistoriskmuseum.dk; tgl. 10–16 Uhr*

Im Institut für Klassische Archäologie, etwas weiter nördlich im Gebäude Nr. 414, befindet sich schließlich noch das kleine **Antikenmuseum**. Der Schwerpunkt liegt auf dem mediterranen Raum und dort auf Haushaltsgegenständen sowie Kopien antiker Statuen. Zudem ist eine große Münzsammlung zu sehen.
Antikmuseet, *Victor Albecks Vej 3, www.antikmuseet.au.dk; So–Do 12–16 Uhr*

Gute 2 km nördlich des Universitätsgeländes hat 2023 das **Museum Ovartaci (17)** seinen neuen Standort bezogen. Es beherbergt rund 12.000 Kunstwerke von Psychiatrie-Patienten – von denen natürlich nur ein Teil ausgestellt ist – und ähnelt damit der Sammlung Prinzhorn in Heidelberg. Bis zum Umzug befand es sich im 1852 erbauten **Jydske Asyl**, dessen Gebäude bis 2019 als psychiatrische Klinik diente. Dort verbrachte Ovartaci (1894–1985, bürgerlich: Louis Marcussen) von 1929 bis zu seinem Tod 56 Jahre seines Lebens als Patient. Seine Werke bilden einen Hauptteil der Sammlung. Die kulturhistorische Sammlung des Museums bietet einen einzigartigen Einblick in die Geschichte der Psychiatrie sowie in das Thema psychische Gesundheit des Menschen.
Museum Ovartaci, *Olaf Palmes Allé 11, www.ovartaci.dk; Mo–Fr 10–16, Sa/So 12–16 Uhr*

Südlich der Innenstadt (Weiterfahrt)

Südlich aus der Innenstadt heraus folgt man der Margeritenroute (Strandvejen). Linker Hand liegt der **Marselisborg Lystbdehavn**, der stadtnächste Jachthafen. Hier gibt es Restaurants und man kann SUPs und Kites ausleihen. Nur ein kleines Stück weiter, am Chr. Flintenborgs Plads, zweigt man nach Westen ab in die Skovbrynet. Diese führt zum **Tivoli Friheden (18)** (Freiheit). Der Vergnügungspark ist ein beliebtes Ausflugsziel für Familien. Auf der Freilichtbühne treten im Sommer verschiedene Künstler auf, auch sonst werden viele Kinderprogramme geboten. Südlich davon erstreckt sich der baumbestandene und abwechslungsreiche Stadtpark. **Tivoli Friheden**, *Skovbrynet 1–5, www.friheden.dk; Öffnungszeiten variieren sehr, grundsätzlich April–Mitte Juni sowie Mitte Aug.–Mitte Sept. an Wochenenden/Feiertagen, Mitte Juni–Mitte Aug. tgl., Mitte Nov.–Ende Dez. Weihnachtsprogramm*

Das königliche **Schloss Marselisborg (19)**, ein weißes Herrenhaus von 1902, liegt nahe der Straßenkreuzung Carl Nielsens Vej und Kongevejen. Im Sommer kommt die königliche Familie oft zu Besuch. Dann finden um 12 Uhr Wachablösungen statt. Das Gebäude ist zu keiner Zeit zu besichtigen, aber die Park- und Gartenanlagen, wenn die königliche Familie nicht anwesend ist.

Südlich der Residenz liegt der **Forstbotanische Garten** (Forstbotanisk Have, Zufahrt vom Skovridervej), in dem heimische und auch exotische Bäume und Pflanzen zu bewundern sind. Marselisborg Mindepark östlich der Residenz erinnert an die 4.144 Nordschleswiger (heute wären es Dänen), die im Ersten Weltkrieg für Deutschland gefallen sind. Die Namen der gefallenen Soldaten sind auf einem Denkmal eingraviert.

Die unendliche Brücke

Etwa 800 m südlich des Schlosses am Ørneredevej (*südlich des Hotels Marselis*) passiert man das Fine-Dining-Restaurant **Varna Palæet** in einem schönen Palais-Gebäude von 1908. Das Haus war einst Schauplatz legendärer Riesenpartys, Soirées, Literaturabende, Konzerte und Feuerregatten, zu denen sich bis zu 20.000 Menschen im Wald versammelten. Es gab Gesangs- und Tanzwettbewerbe, exotische Maskenbälle und nicht zuletzt ein Restaurant. Das alles machte Varna zur begehrtesten und festlichsten Adresse der Zwischenkriegszeit. Boote aus der Innenstadt legten unterhalb des Hauses an, wo heute mit der kreisrunden **Unendlichen Brücke** („Den Uendelige Bro") eine so ganze andere Attraktion an den Strand gesetzt wurde. Das eigentlich schlichte Bauwerk gilt als ein neues Kulturhighlight und Treffpunkt für jedermann. Der Holzkreis hat einen Umfang von 188 m und 60 m Durchmesser. Von hier hat man einen faszinierenden Ausblick auf Aarhus, die Aarhuser Bucht und den Wald von Marselisborg. Aus konservatorischen Gründen wird die spektakuläre Rundbrücke allerdings nur im Sommer aufgestellt und im Winter eingelagert. Der **Tiergarten** (Dyrehaven) ein kurzes Stück weiter ist ein Wildgehege mit Hirschen, Rehen und Wildschweinen. Hier kann man gut spazieren gehen.

Prähistorisches Museum Moesgård (20): S. 425 (mit dem Stadtbus erreichbar).

Reisepraktische Informationen Aarhus (s. Karten S. 413 u. 420)

Information

Tourist Aarhus – DOKK1, *Hack Kampmanns Plads 2, Fredensgade 45,* ☏ *87315010, www.visitaarhus.com. Hier, in vielen Hotels, an Kiosken und online ist die* **AarhusCard** *erhältlich: 1 bzw. 2 Tage kostenlose Nutzung der öffentlichen Verkehrsmittel, freies Parken im Parkhaus des INCUBA-Navitas-Gebäudes am Hafen (nahe Innenstadt), ermäßigter bzw. freier Eintritt zu den wichtigsten Sehenswürdigkeiten in Aarhus, z. T. auch in Randers und in Djursland, Restaurant-, Stadtführungs-, Konzert-Rabatte. Im Sommer steht ein* **Info-Wagen auf dem Store Torv**. *An vielen Orten findet man auch Info-Touchscreens, besonders im Innenstadtbereich.*

Unterkünfte

Hotel Royal €€€€€ (1), *Stove Torv 4, ☏ 86120011, www.hotelroyal.dk; 1838 eröffnet; neubarocker Bau. Einige Zimmer sind plüschig eingerichtet, andere in modernem Design. Ein wirklicher Knüller sind die Royal-Superior-Zimmer. Restaurants der Spitzenklasse, gemütliche Cocktail-Bar. Viele Kunstwerke im Haus.*

SOFS Boutique Hotel €€€–€€€€ (3), *Guldsmedgade 40, ☏ 86134550, www.sofshotel.dk; sehr nettes, liebevoll eingerichtetes 27-Zimmer-Boutique-Hotel im Latinerkvarter. Kleiner, bepflanzter Innenhof, in dem man sich von der Hektik der Stadt erholen kann. Tipp!*

Helnan Marselis €€–€€€€ (2), *Strandvejen 25, ☏ 86144411, www.helnan.dk/marselis; 3 km südlich der Innenstadt, direkt am Strand gelegenes, elegant renoviertes 1970er-Jahre-Hotel. Fast alle Zimmer haben Blick aufs Meer. Restaurant im Hause, Indoor-Pool. Parkplatz. Busverbindung sowie ein Fahrradweg am Wasser entlang in die Stadt.*

Den Gamle Kro €€€, *Rosenholmvej 3, Hornslet, ☏ 86994007, www.gamlekro.dk; 22 km nördl., schöner historischer Landgasthof von 1864 mit ausgezeichnetem Restaurant.*

CabInn €€–€€€ (4), *Kannikegade 14 (Eingang: Åboulevarden 38), ☏ 86757000, www.cabinn.com; mitten in der Innenstadt. Modern, unspektakulär, kleine Zimmer, aber sauber und der Preisknüller in dieser Lage. Frühstück nicht inkl., mit Parkgarage.*

BB-Hotel Aarhus Harbor Towers €€–€€€ (5), *Marselisborg Havnevej 20, direkt an der Marina, ☏ 70225530, www.bbhotels.dk/hotel-aarhus; ebenfalls relativ günstiges Hotel, das mit ausgesprochen wenig Personal geführt wird (Buchung nur via Internet!), funktional wirkt, aber alles Nötige bietet. Frühstück und Parken inklusive! 2,5 km zur Innenstadt (30 Minuten zu Fuß).*

Malling Kro €€, *Stationsplads 2, Malling, ☏ 86931025, www.mallingkro.dk; Landgasthof von 1894, nur 8 Zimmer, 15 km südl. der Innenstadt, Restaurant (gute Weine), preiswert.*

Jugendherberge

Danhostel Aarhus (6), *Marienlundsvej 10, Risskov/Aarhus, ☏ 86212120, www.aarhusdanhostel.dk; 3 km zum Zentrum, 300 m zum Strand, schön im Wald gelegen.*

Camping

Es gibt zwei relativ stadtnahe Campingplätze: **Aarhus Camping**, *Randersvej 400, Lisbjerg, ☏ 86231133, https://firstcamp.dk/destinationer/aarhus-jylland; 200 Stellplätze, Hütten, 8 km nördl. Schöner ist* **Blommehaven Camping**, *Ørneredevej 35, Højbjerg, ☏ 86270207, www.dcu.dk/da/dcu-camping/aarhus-blommehaven; 395 Stellplätze, Hütten, 6 km südl. in einem Waldgebiet. Tipp: Stellplatz im Internet vorbuchen, so kann man z. B. einen Platz nahe am Wasser ergattern. Zugang zum Strand. Beide Plätze mit direkter Stadtbus-Anbindung.*

Restaurants

Aarhus hat hervorragende Restaurants, darunter mittlerweile auch Sterne-Gastronomie! Beliebte Ziele sind die Åboulevarden, der Fußweg entlang der freigelegten Aarhus Å inklusive Immervad und Mindebrogade, das Latinerkvarter (Klostergade/Graven und umliegende Straßenzüge) sowie die hippe „Speisekammer von Aarhus" entlang und um die Jægergårdsgade im Stadtteil Frederiksbjerg. Hier gibt es überall Pubs, Bars, Snackrestaurants sowie hochklassige Feinschmeckerlokale. Bodenständig sind die Lokalitäten in der Skolegade zwischen Mindebrogade und Domkirche. Hier treffen sich junge Leute in Musikkneipen zu einfachen Gerichten oder einem Bier und verstecken sich die letzten Raritäten der Alt-Aarhuser Gastronomie, wie z.B. das putzige **Restaurant Pinden** (2), *Skolegade 29, ☏ 861 21102, www.pinden.dk, eine Mischung aus Wiener Kaffeehaus und dänischer Plüschromantik. Auch warme Mahlzeiten. Plüschig und sehr „alt-dänisch" ist auch die* **Teater Bodega** (3), *Skolegade 7, ☏ 861 21917, http://teaterbodega.dk, deren Wände mit historischen Fotos aus der Theaterwelt gespickt sind. Ebenfalls erwähnenswert und besonders geeignet für die Speise zwischendurch, ist* **Aarhus Street Food** *(Ny Banegaardsgade 46, www.aarhusstreetfood.com), wo man an verschiedenen Ständen lek-*

kere, kleine Gerichte aus unterschiedlichen Ländern bekommt. Schön für Lunch oder Kaffee sind die Restaurants am **Marselisborg Havn** *südlich der Innenstadt. Hier kann man von den Restauranterrassen dem Treiben im Jachthafen zuschauen. Tipp hier: das* **Bådcafé** *vor und auf einem alten Hafendampfer.*

Globen Flakket (1) *(Ecke Åboulevarden/Skolegade, https://globen-flakket.dk); riesiges Barrestaurant, das sowohl die Hungrigen als auch die Durstigen anlockt. Außenbereich, wie bei den meisten Restaurants am Åboulevarden.*

A Hereford Beefstouw (4), *Kannikegade 10–12, ☏ 86135325, https://ahb.dk/restauranter/aarhus-c; selbst gebrautes Bier, deftiges Essen (fleischlastig, dafür aber Salatbar).*

Restaurant Domestic (5), *Mejlgade 35B, ☏ 61437010, www.restaurantdomestic.dk. Hier stehen einfache Gerichte aus regionalen und nachhaltig gewonnenen Zutaten im Mittelpunkt. Gourmet-Restaurant mit gemütlichem Ambiente. Nur Mehrgänge-Menüs. Michelin-Stern.*

Carlton (6), *Rosensgade 23, ☏ 86202122, https://carlton.dk; ein wunderschönes französisches Art-déco-Restaurant, dabei preislich akzeptabel. Hier kann man sich auch nur an die Bar setzen. 2- bis 3-Gänge-Menüs.*

Gastromé (7), *Grenåvej 127, Risskov, 28781617, https://gastrome.dk; moderne und kreative dänische Küche. Die Spitzenköche bereiten die Gerichte nur aus regionalen, saisonalen und ökologischen Zutaten. Für Gourmets, die einmal etwas ganz Neues kennenlernen möchten. Die Philosophie: „Wir möchten Sie auf eine Reise durch das Meer, den Wald und unsere eigene Farm „Gastromé The Garden" mitnehmen, die unsere Inspirationsquelle ist."*

Flammen (8), *Toldbodgade 6, ☏ 35266364; in allen großen Städten ansässiges Buffet-Restaurant. Hier lockt das All-you-can-eat-Angebot in Form eines üppigen und leckeren Buffets. Viele Salate und gute Fleischgerichte.*

Frederikshøj (9), *Oddervej 19, ☏ 86142280, www.frederikshoj.com; liegt ein paar Kilometer südlich im Wald von Marselisborg, wegen seiner nordischen Gourmetgerichte (Stern im Michelin Nordic Guide), der modernen, aber gemütlichen Bar sowie dem herrlichen Blick auf die Bucht ist das Restaurant oft ausgebucht.*

10 km südlich ist das Restaurant **Skovmøllen (10)** *(Skovmøllenvej 51, nahe dem Moesgård-Museum, ☏ 86271214, https://skovmollen.dk), ein gern besuchtes Ausflugslokal und lockt mit leckerem Smørrebrød, ein paar warmen Gerichten oder einfach zu Kaffee und Kuchen (bis 17 Uhr). Zum Abendessen (nur Mi/Do bis 20 Uhr!) geht es dann gesetzter zu. Im Sommer Sa/So längere Öffnungszeiten (vorher erfragen).*

Hier treffen sich alle: Restaurants und Kneipen am Åboulevarden

Kneipen und Pubs

Lokale, in denen man nicht nur speisen, sondern auch einfach draußen sitzen und Leute beobachten kann, findet man zur Genüge entlang des **Åboulevarden**. *Wer mehr Lärm verträgt, schaut einmal in eine der Kneipen und Livemusik-Lokale entlang der* **Skolegade**. *Vornehmlich von Einheimischen besucht ist hier die* **Casino Bar** *(Skolegade 30), deren Name irritiert, denn es handelt sich dabei um einen gemütlichen Pub (Raucher!). Hier gibt es verschiedene Biere vom Zapfhahn und die Whiskyauswahl kann sich sehen lassen. Gemütlicher ist jedoch die Cocktailbar* **Pind's Café** *(Skolegade 11). Wer es geruhsam mag, dem sei auch das o. g.* **Latinerkvarter** *mit seinen Bistropubs und kleinen Straßencafés ans Herz gelegt. Lockerer geht es zu im Stadtteil* **Frederiks-**

bjerg *südlich des Bahnhofs. In der Jægergårdsgade und auch entlang der M.P. Bruuns Gade reihen sich viele Bars, Kneipen, Restaurants und Cafés aneinander. Gutes Craft Beer und dänisch-französische Snacks gibt es an der Hafenfront im* **HantWerk** *(Fiskerivej 2D). Wein am Hafen serviert nicht weit entfernt die Bar* **VinDanmark** *(Kystpromenaden 2). Beide: www.havnefronten.dk.*

Einkaufen

Aarhus bietet zahlreiche Gelegenheiten, viel Geld in Boutiquen, Modegeschäften, Designerläden u.ä. auszugeben. Im **Latinerkvarter** *gibt es vor allem die kleinen, ausgesuchten Boutiquen, Kunsthandwerkläden und auch ein paar Mode-Designer. In der großzügig und recht weitläufig gehaltenen Fußgängerzone der Innenstadt findet man dann alles andere, so z. B. die beiden bekannten Warenhäuser* **Magazin** *(Ecke Åboulevarden/Immervad) und* **Salling** *(Søndergade 27), deren Gebäude alleine schon durch die eigenwillige, moderne Architektur auffallen. Die Dachterrasse des Salling lockt mit einem guten Café-Restaurant und für Wagemutige mit einer gläsernen Aussichtsplattform. Am Lille Torv 2 residiert zudem das Lifestyle-Kaufhaus* **Paustian** *in einem ehemaligen Palais. Hier gibt es Designer-Haushaltswaren, Möbel und auch Kunsthandwerkliches. Für Liebhaber von* **Flohmärkten** *sind diese Standorte interessant (nur im Sommer):* **Ingerslevs Boulevard Loppemarked** *(Ingerslevs Blvd. 1, südl. Bahnhof), Mi u. Sa, www.facebook.com/Ingerslevtorv), ebenso hier der* **Bagagerumsmarked på Ingerslevs Boulevard** *(April–Sept. an mehreren Sonntagen, www.lions-bagagerumsmarked.dk),* **Marked i Parken am ARoS** *(Mai–Aug. an einem Sonntag im Monat) sowie der* **Loppemarked Bispetorv** *(Bispetorvet/Teatergade, nach Ankündigung Sa). Auch an der* **Universität** *und auf dem Gelände des* **Godsbanen** *finden Flohmärkte statt.*

Aarhus bietet beste Shopping-Erlebnisse

Fähren

Mols Linie, ☏ *70101418, www.molslinjen.dk: Schnellfähre 8- bis 12-mal tgl. Aarhus-Sjællands Odde (75 Minuten).*

Bahn/Busse

Bahnhof: *Banegårdsplads,* ☏ *70131415; stündliche Verbindungen nach Kopenhagen, Fredericia und Aalborg. Das Netz der* **Stadtbusse** *und Vorortbahnen (☏ 70210230, www.midttrafik.dk) ist gut ausgebaut. Besonders das der* **S-Bahnen (Letbanen)** *wurde in jüngster Zeit bestens ausgebaut und heute kann man von Odder im Süden bis Grenaa im Norden mit der S-Bahn fahren. Der regionale Busverkehr, der bis Aalborg, Ringkøbing, Skive, Viborg etc. führt, wird ebenfalls von Midttrafik durchgeführt. Kostenlose Fahrten im Stadtbereich mit o. g.* **AarhusCard**, *auch lohnen sich z. T. Sammel-/Mehrfachfahrscheine („Klippekort").*

Überland-Busbahnhof: *Ecke Sønder Allé/Fredensgade (☏ 86128622). Busse zu allen regionalen (s. o.) und nationalen Zentren des Landes, z. B. mehrmals tgl. der Flix-Fernbus nach Kopenhagen (www.flixbus.dk). Auch Busse zu Zielen überall in Europa.*

Flughafen

Tirstrup Lufthavnen/Aarhus Airport: ☏ *87757000, www.aar.dk; 43 km nordöstl. an der Straße 15 nach Grenå, ca. 45 Autominuten von der Innenstadt. Flüge mehrmals tgl. nach Kopenhagen, Göteborg, Stockholm und Oslo (SAS, Braathens) und mehrmals wöchentlich nach London, Amsterdam, Mailand u. a. (Ryanair, KLM). Flüge nach Deutschland, Österreich und die Schweiz nur be-*

dingt im Sommer. Außerdem Charterflüge. **Flughafenbus (Route 925X)**: *mit dem Flugplan der Linienflüge synchronisiert, Abfahrt vor dem Bahnhof.*

Fahrrad fahren

Ein spezieller Vermieter, der auch Touren inkl. Sightseeing organisiert, ist **Cycling Aarhus**, *Frederiksgade 78, ☏ 27290690, www.cycling-aarhus.dk.* **Donkey Republic** *(☏ 89887227, www.donkey.bike/cities/bike-rental-aarhus) verleiht mit Hilfe einer App an mehr als 100 Stationen Räder. Eine halbe Stunde kostet ca. € 2, ein ganzer Tag ca. € 20.*

Festivals/Weihnachtsmarkt

Anfang/Mitte Juli lockt das **Aarhus International Jazz Festival** *Zigtausende Besucher an. Es findet sowohl in Lokalen, als auch im Musikhuset, auf Plätzen und im Kunstmuseum statt. www.jazzfest.dk.*
Vikingertræffet: *Wikingerfest, Ende Juli/Anfang August, am Strand von Moesgård sowie teilweise am Museum Moesgård. Fahrten mit einem Wikingerschiff, Wikingerspiele, Wikingermarkt, Musik, Wikingeressen etc. https://www.vikingedage.dk, www.moesgaardmuseum.dk.*
Das **Aarhus Festival** *(Festwoche) ist das größte Kulturfestival Skandinaviens. Ende August/Anfang September. Zu dieser Zeit steht die Stadt Kopf. Ausstellungen und Feste auf den Straßen, Sonderausstellungen in Museen, Oper- und Theateraufführungen, zudem Filmvorführungen, Sportprogramme, verschiedene Musikveranstaltungen, Lesungen, Diskussionsforen. www.aarhusfestuge.dk.*
Weihnachtsmarkt in Den Gamle By: *Mitte Nov.–Anfang Jan. Der nostalgisch gestaltete Markt im Freilichtmuseum (S. 415) versetzt seine Besucher zurück in vergangene Zeiten. Auch im* **Ridehuset** *(Vester Allé 3, https://ridehuset.aarhus.dk) werden u. a. für Weihnachten typische kunsthandwerkliche Produkte angeboten.*

Redaktionstipps

➤ **Naturerlebnisse**: Margeritenroute zwischen Aarhus und Horsens (S. 424ff); Insel Tunø (S. 426); Grejsdal bei Vejle (S. 437); Geografischer Garten und Rosengarten bei Kolding (S. 451); Wandern entlang des alten „Gendarmenpfades“ zwischen Padborg und Sønderborg (S. 467), Fahrradrouten ins Umland der Städte

➤ **Kulturelle Höhepunkte**: Prähistorisches Museum Moesgård (S. 425); Hügelgräber in Jelling (S. 438); Wallanlagen und Miniaturstadt in Fredericia (S. 445); Kunstmuseum Trapholt und Koldinghus in Kolding (S. 449); Christiansfeld (S. 452); Altstadt von Haderslev (S. 455); Museum Schloss Sønderborg (S. 462) und Dybbøl Banken bei Sønderborg (S. 468); Frøslevlejren Museum bei Padborg (S. 471)

➤ **Highlights für Familien**: Industriemuseum in Horsens (S. 431); Givskud Løvepark bei Vejle (S. 439); Legoland (S. 440f); Danfoss Universe Science Center auf Als (S. 466); die Ostseestrände im Allgemeinen sowie die Beschaulichkeit der Insel Endelave (S. 433)

Von Aarhus nach Flensburg

Die letzte Etappe in Jütland führt durch mehrere kleine und mittelgroße Städte, die nahezu alle ihre Bedeutung als Handels- und Hafenstadt an der Ostsee erlangt haben. Auch hier sind die einzelnen Stadtgeschichten sehr unterschiedlich. So wurde Fredericia als Festungsanlage gegründet, während Städte wie Horsens und Vejle durch die Kleinindustrie Bedeutung erlangten.

Highlights, wie das Legoland in Billund, die Hügelgräber von Jelling als die Gründungsstätte Dänemarks, das Kunstmuseum Trapholt in Kolding und die Altstädte von Haderslev und Sønderborg spicken den Weg. Wer kulturell interessiert ist, wird für diese Etappe ein paar Tage benötigen.

Von Aarhus nach Horsens entlang der Küstenstrecke

Südlich von Aarhus geht es vorbei am Stadtpark und der königlichen Sommerresidenz **Schloss Marselisborg**. Von hier folgt man, abgesehen von den Abstechern nach Odder und Hov, den Zeichen der

Margeritenroute bis Hundslund. Gleich hinter der Stadt wird man bereits für den etwa zweistündigen Umweg entlang der Küste belohnt: Die Fahrt geht durch eine reizvolle Landschaft mit alten Laubwäldern, kleinen Bauerndörfern, schönen Strandzugängen u. v. m.

Prähistorisches Museum Moesgård

Das Museum, eines der bedeutendsten kulturhistorischen Museen des Landes, liegt ca. 9 km südlich von Aarhus und ist in einem eindrucksvollen, modernen, vom Architekturbüro Henning Larsen entworfenen Bau untergebracht, der direkt nördlich des Herrenhofes Moesgård liegt. Letzterer wurde um 1778 im Auftrag des Diplomaten Christian Frederick Güldencrone, der architektonische Ideen aus Frankreich und Schweden mitbrachte, erbaut. Als Architekten wählte er einen weit gereisten Fachmann, Christian Joseph Zuber, Bewunderer des französischen Klassizismus. Güldencrone hatte letztendlich nicht viel von seinem Haus, denn die meiste Zeit verbrachte er als Gesandter im Ausland. Finanziell übernommen hatte er sich außerdem. Ein großes Feuer 1921 zerstörte einige Teile der Anlage. Herrenhof und Wirtschaftsgebäude sind nur von außen zu besichtigen. In den Gebäuden des Herrenhofes ist das Archäologische Institut der Universität von Aarhus eingerichtet. Im neuen Museum, das sich wie ein Elfenhügel in die Landschaft einpasst, wird der Schwerpunkt auf die Zeit bis 1100 n. Chr. gelegt, d. h. die Erläuterungen enden mit den Wikingern, die man in der Ausstellung auf einer Fahrt aus Aarhus heraus begleitet. Eine andere Abteilung veranschaulicht, wie die unterschiedlichen Völker der Erde ihrer Toten gedenken. Entlang eines prähistorischen Waldpfades (Oldtidssti) lernt man etwas über die Lebensweisen der Menschen in der Eisen- und Bronzezeit. Alte Wikingerhäuser und eine norwegische Stabkirche gewähren Besuchern Einblicke in längst vergangene Zeiten. Hauptattraktion des Museums ist die nahezu vollständig erhaltene Moorleiche Grauballemann. Auf 2.000 Jahre wird das Alter der Leiche geschätzt, die man nahe des Ortes Grauballe (nördlich von Silkeborg) fand. Forschungsergebnisse belegen, dass die letzte Mahlzeit des Mannes Getreide gewesen war. Für das Museum sollte man einen halben bis einen Tag einplanen, Snacks und Erfrischungen gibt es im Café. Am Strand von Moesgård wird jedes Jahr, meist am letzten Juliwochenende, ein Wikingerfest (Vikingertræffet, Vikingedage) abgehalten, bei dem die Rückkehr der Vorfahren von Kriegsfahrten nachgespielt und feuchtfröhlich gefeiert wird.

Das Herrenhaus von Moesgård: heute ein Arbeitsplatz für Historiker

Moesgård Forhistorisk Museum, *Moesgård Allé 15, Højbjerg, www.moesgaardmuseum.dk; Di/Do/Fr 10–17, Sa/So bis 18, Mi bis 21 Uhr*

Mehrere Stichsträßchen führen zu verschiedenen Stränden und eine zum Ausflugsrestaurant an der historischen **Waldmühle Moesgård** (Moesgård Skovmøllen), einer 1785 erbauten und

1852 erweiterten Wassermühle. Weiter entlang der beschriebenen Strecke erreicht man bei **Norsminde**, einem Ort mit nettem Jachthafen sowie einem historischen Landgasthof, die Ostsee. Südlich davon gibt es Ferienhäuser und Campingplätze. Ein Abstecher nach **Odder**, einem kleinen Pendler-Städtchen mit ausgesuchter Einkaufszone in der Innenstadt, lohnt für Interessierte wegen der größten **ökologischen Gärten Nordeuropas**. Hier kann man sich auf einem 80.000 m² großen Gelände über die Haltung von Haustieren, das Kompostieren, das Anlegen von kleinen Biotopen u.a. erkundigen. Das **Odder-Museum** *(Møllevej 3–5, www.oddermuseum.dk)* zeigt lokalhistorische Dinge. Highlight ist eine Dampfmühle.

Den Økologiske Have, *Rørthvej 132, www.okologienshave.dk; Mo–Fr 10–16, Ostern–Mitte Okt. auch Sa/So 10–16 Uhr*

In **Hov** legen die Fähren nach **Samsø** (S. 173f) und Tunø ab. Die nur 3,5 km² große **Insel Tunø** besticht durch ihre Verträumtheit. Autos sind verboten, dafür kann man Fahrräder mieten bzw. schöne Spaziergänge unternehmen. Die meisten Besucher mieten sich auf Tunø ein Ferienhaus oder nutzen den Campingplatz und genießen die Ruhe. Man kann die Insel jedoch auch auf einer Tagestour besuchen, dabei hat man gute acht Stunden Aufenthalt. Das **Tunø-Museum** bietet Lokalkolorit, das Restaurant Det Gamle Mejeri und der Tunø Kro offerieren dänische Hausmannskost, die Tunø Røgerie frische Fischimbisse, das Feriecenter Fremdenzimmer und die Tunø Traktor Safari 1,5-stdg. Rundfahrten. Archäologische Funde zeugen übrigens von einer ersten Besiedlung bereits um 2.500 v. Chr. Namentlich erwähnt wurde das Eiland aber erst 1216.

Reisepraktische Infos Norsminde, Odder, Hov, Insel Tunø

Information

Infos erhalten Sie beim privaten **Feriepartner Odder-Juelsminde** *(eigentlich eine Vermittlung von Ferienhäusern), Banegårdsgade 3, Odder, ☏ 87802600, www.kystlandet.dk/odder, www.feriepartner.dk/odder-juelsminde. Ansonsten stehen in Odder und entlang der Uferstraße an markanten Stellen Touch Screens,* **Tourist-I-Spots** *genannt, an denen Sie Infos selbst einholen können.*

Tourist-Avis Tunø *(Bekanntmachungsportal), Tunø Hovedgade 17C, ☏ 87814000, www.tunoavis.dk. Über ☏ 86553141 bzw. www.tunoeturist.dk erfährt man mehr, auch Infos über erläuterte Spaziergänge (Beerensammeln, Kartoffeltour, Schnapstour, Traktortour etc.). Allgemeine Infos: www.tunø.dk.*

Norsminde Kro

Unterkünfte

Montra Odder Parkhotel €€–€€€, *Torvald Køhlsvej 25, Odder, ☏ 86544744, https://montrahotels.dk/odder-parkhotel; modernes Konferenzhotel, 78 Zimmer, davon 8 Suiten, Restaurant und Bar. Aarhus ist von hier gut mit der Bahn erreichbar.*

Norsminde Kro €–€€€, *Gl. Krovej 2, Norsminde, ☏ 86932444, www.norsmindekro.dk; schöner Kro am Jachthafen, nettes Re-*

staurant (im Sommer oft besetzt durch die Segler); gutes Quartier zur Erkundung der Umgebung einschl. Aarhus (ca. 30 Autominuten oder bequem mit der Bahn von Malling aus). Es gibt recht einfache Zimmer, aber auch neue, mit Terrasse und/oder Aussicht.
Auf Tunø: **Feriencenter Degnegården** *€–€€, im Ort, Tunø Hovedgade 35, ☏ 24277392, www.degnegaarden.dk; Hof mit schönem Garten und Sommerwohnungen/Hütten.* **Mejeriet Tunø** *€€, Hovedgade 4, ☏ 86553049, https://mejeriet-tunoe.dk; typisch dänisch, aber einfach. Waschräume auf dem Gang. Restaurant im Haus. Etwas eleganter und mit nettem Restaurant-Café ausgestattet ist der* **Thunø Kro** *€€–€€€ (Hovedgade 20, ☏ 86553030, www.thunoekro.dk), der sich seit 1989 im ehemaligen Schulgebäude (1881) befindet.*

Camping

Es gibt mehrere Campingplätze entlang der Küste südl. von Aarhus, u. a. den ostseenahen **Saksild Strand Camping**, *Kystvej 5, Saksild, ☏ 86558130, www.saksild.dk; 200 Stellplätze, Hütten. Auf* **Tunø** *gibt es einen einfachen Zeltplatz (auch ansprechende kleine Hütten) nahe dem Hafen: ☏ 29252179 (Hafenmeister).*

Fähren

Die Fähre von Hov nach **Samsø** *verkehrt bis zu 5-mal tgl.: Samsø Rederi, ☏ 70225900, www.tilsamsoe.dk. Nach* **Tunø** *verkehrt 2-mal tgl. (sonntags in den Sommerferien 3-mal) die als „Tunø Bus" bekannte Personenfähre, ☏ 30863627, https://danskefaergeruter.dk//tunoe.*

In **Gylling** empfiehlt sich ein kurzer Blick in die **Gyllinger Kirche**, in deren Vorhalle ein Runenstein aus dem 10. Jh. zu sehen ist. In Hundslund biegt man ab auf die Straße 451 in Richtung Horsens. Wer noch Muße für eine weitere Kirche hat, kann kurz vor Horsens den kurzen Abstecher zur **Værer Kirche** unternehmen, deren Chor und Schiff aus der Zeit um 1150 stammen. In der Grabkapelle stehen mehrere Särge. Einer davon ist die letzte Ruhestätte des berühmten Politikers Peder Griffenfeld, Sohn des deutschen Weinhändlers Schumacher in Kopenhagen. Griffenfeld wurde 1673 dänischer Reichskanzler, dann aber durch Intrigen des Landesverrates angeklagt, erst auf dem Schafott begnadigt und ins Exil nach Trondheim verbannt. Nach seinem Tode hat seine Tochter den Leichnam nach Dänemark geschmuggelt und auf ihrem Anwesen Stensballegård südlich von Vær versteckt. Später fand Griffenfeld seine letzte Ruhestätte hier.

Alternativstrecke nach Horsens entlang der Autobahn

Skanderborg

Einst entwickelte sich die Ansiedlung Skanderup um das nach 1100 erbaute **Schloss Skanderborg**. Dieses lag an einer wichtigen Verkehrsader und wurde lange Zeit als königliche Residenz genutzt. Das Schloss steht seit langem nicht mehr, nur die massive Schlosskirche von 1572 blieb erhalten und thront südlich der Stadt zwischen den Seen Henning Sø und Skanderborg Sø. Von der Schlosskirche oder auch schon aus der Innenstadt heraus kann man einen schönen Spaziergang beginnen, entweder entlang des Seeufers oder in das Waldgebiet im Süden der Stadt, wo an der Jugendherberge Kanus verliehen werden. Im Wald befinden sich der königliche **Tiergarten** mit Hirschen, Wildschweinen und anderen Tieren, das ehemalige Hauptquartier der deutschen Luftwaffe in Dänemark, das heute als **Bunkermuseum Skanderborg** Einblick in diese Zeit gewährt sowie an der Hauptstraße das Lokal Rasses Skovpølser (s. u.). Im Sommer findet Dänemarks vielleicht schönstes Musikfestival **SmukFest** (*www.smukfest.dk*) im Wald statt. Dafür kommen mittlerweile 45.000 Besucher. An der Südostseite der Halbinsel befindet sich ein schöner Badesteg (Dyrehaven Søbadet).
Skanderborg Bunkerne, *Kindlersvej 6, www.museumskanderborg.dk; April–Okt. Sa/So 13–16, Juni–Aug. auch Do/Fr 13–16 Uhr*

Skanderborg selbst (20.000 Ew.) ist eine gemütliche Kleinstadt, die durch ihre bezaubernde Lage am Skanderborg Sø und **diverse Freizeitmöglichkeiten** wie Dampferfahrten auf dem See und Kanutouren an Wochenenden viele Besucher anlockt. Auch Angler kommen gerne hierher. Wer shoppen möchte, sollte die Adelsgade aufsuchen. Im Parkvej befindet sich das **Kulturhuset**, in dem interessante Aufführungen geboten werden, dahinter erstreckt sich der schöne Stadtpark am Skanderborg Sø. Zum Park gehört eine tolle, moderne Holzkonstruktion, die als Badeanstalt dient und auch über einen Pool verfügt. Ein paar Stadthäuser aus dem 18. Jh. stehen im Süden der Innenstadt in der Skolegade und Borgergade. Skanderborg hat sich dank der guten Verkehrsanbindung zu einem beliebten „Vorort" von Aarhus entwickelt.

Südwestlich von Skanderborg (Autobahnabfahrt an der Tankstelle) erheben sich Dänemarks höchste Berge, die 170,77 m hohe **Yding Skovhøj** sowie die heute mit 170,35 m angegebene **Ejer Bavnehøj** (*høj* = Hügel). Beide galten lange als „Mogelpackungen", denn beiden sitzt bzw. saß ein Hügelgrab auf, was die ersten offiziellen Höhenangaben verfälschte. In Wahrheit ist die südwestlich des Ejer Bavnehøj gelegene **Møgelhøj** mit natürlichen 170,86 m der Rekordhalter. Da sich aber diese zugewachsene Anhöhe schlecht vermarkten ließ, wurde diese Messzahl zuerst der Ejer Bavnehøj zugeordnet und sorgte damals für dessen Höhenrekord als höchster natürlicher Berg des Landes. Bei so vielen Höhenrekorden sei vermerkt, dass bis 1847 der **Himmelbjerget** westlich von Ry als Dänemarks höchste Erhebung galt. Moderne Messmethoden stellten dann klar, dass dieser mit 147 m erst auf Rang 7 gehört. Sowohl von der Yding Skovhøj als auch von der Ejer Bavnehøj kann man einen schönen Rundblick genießen. Auf Letzterer steht ein 13 m hoher Turm, an dem die Dänen alljährlich die friedliche Wiedervereinigung von Nord- und Südjütland feiern. Steht man auf diesem, kann man sich als „höchststehender Mensch in Dänemark" bezeichnen!

Reisepraktische Informationen Skanderborg

Information

Das **Skanderborg Turistbureau** *hat nur noch am Himmelbjerget (Himmelbjergvej 22, ved P1, Ry), 20 km nordwestl., eine Niederlassung, ☏ 86696600 bzw. 86821911, www.visitaarhus.dk/byer-og-steder/soehoejlandet/skanderborg-og-ry.*

Unterkünfte

Hotel Skanderborghus €€€–€€€€, *Dyrehaven 3, ☏ 86520955, www.hotelskanderborghus.dk; relativ modern gehaltenes Hotel aus den 1960er-Jahren; Panorama-Restaurant, 2 km südl. der Stadt am Waldrand. Nahe zu See und Schlosskirche. Schöne Alternative außerhalb der Stadt:* **Nørre Vissing Kro** €€–€€€ *(S. 409), 15 km nordwestl. von Skanderborg, und* **Sophiendal Slotshotel** €€€€ *(S. 409), 10 km nördl. der Stadt.*

Jugendherberge

Skanderborg Danhostel, *Kindlersvej 9, ☏ 86511966, www.skanderborg-danhostel.dk; schön am See im Wald gelegen; 3 km zum Zentrum/Bahnhof; 138 Betten sowie schöne, rustikale Hütten. Kanuverleih – bei der Ausarbeitung mehrtägiger Kanutouren auf der Gudenå ist man behilflich.*

Camping

Skanderborg Sø Camping, *Horsensvej 21, ☏ 86511311, www.campingskanderborg.dk; 5 km südl. an See und Wald gelegen; 230 Stellplätze, Hütten. Kanuverleih. Von hier kann man gut zu einer mehrtägigen Kanutour auf der Tåningå und weiter auf der Gudenå starten.*
Bekannt ist die Region für die vielen **Natur Camps** *(Shelter/Zeltplätze), wo man in Unterständen/Hütten nächtigen kann. Eine Liste findet man nach etwas Scrollen unter: www.visitaarhus.dk/explore/overnatning-cid19.*

Restaurants

Empfehlenswert ist das mediterrane und dänische Essen im **Nørre Vissing Kro** *(S. 409). In o. g.* **Hotel Skanderborghus** *speisen Sie mit Ausblick auf den Skanderborg Sø (vornehmlich dänische Fleischgerichte). Im Wald westlich davon, unter einem mit Grassoden isolierten Runddach, lädt* **Rasses Skovpølser** *(Ecke Dyrehaven/Kindlersvej, ☏ 27212187, www.rasses.dk) vor allem Spaziergänger zu einem deftig-dänischen Imbiss ein. Und wer leckeren Fisch mag, schaut in* **Det Lille Røgeri** *in Voervadsbro, 16 km westl. von Skanderborg, herein (Gudenåvej 48, ☏ 75782885, https://detlillerøgeri.dk, Kernzeiten 10–16, Fr/Sa und im Sommer Di–So bis 21 Uhr). Übrigens gibt es kaum Geräuchertes, dafür u. a. ein schmackhaftes, typisch dänisches Buffet (mittags und abends).*

Ausflüge

Ausflugsdampfer M/S Dagmar*: Mai–Sept. Fahrten auf dem Skanderborg Sø. Abfahrt am Parkvej 10 (Byparken), ☏ 35113539, www.fjordtours.dk/dagmar. Dauer: knapp 2 Std., Hop-on/hop-off möglich (Tipp: An Jugendherberge aussteigen und erst durch den Wald, dann durch die Stadt zurück zum Parkvej laufen; ca. 30 Minuten). Mittagessen an Bord nach Vorbestellung möglich.*

Horsens

Horsens (61.000 Ew.) liegt am Ende des gleichnamigen Fjords und wird im Norden und Westen eingerahmt von zwei Lagunenseen und dem Bygholm Sø. Durch die Stadt fließt die Bygholm Å. Hügelgräber belegen, dass hier bereits vor über 5.000 Jahren Menschen siedelten. 1231 wurde die Stadt erstmals offiziell erwähnt als Horsnæs (*Hors* = Stute, *Næs* = Landzunge). Ein weißes Pferd im Stadtwappen bestätigt die Bedeutung des Pferdehandels für Horsens. 1313 wurde die Burg Bygholm als Königsresidenz erbaut, von der heute jedoch nur noch Überreste aus dem Spätbarock zu sehen sind. Mitte des 15. Jh. gab es einige Kirchen und Klöster, die später großen-

Nett zum Shoppen: die Fußgängerzone von Horsens

teils der Reformation zum Opfer fielen. Wohlstand kehrte ein, als Großgrundbesitzer hier ihre Stadthäuser einrichteten und der Handel aufblühte. Nach den Schweden-Kriegen ging es steil bergab. Erst zum Ende des 18. Jh. erholte sich der Handel. 1867 wurde ein neuer Hafen gebaut. Von da an entwickelte sich Horsens von einer Handels- zur Industriestadt (Metall, Tabak). Auf einen Einwohner ist Horsens mächtig stolz: Vitus Jonassen Bering (1680–1741), Seefahrer und Entdecker. Im russischen Auftrag erkundete er das Gebiet zwischen Alaska und Kamtschatka und stellte fest, dass Asien und Amerika durch die anschließend nach ihm benannte Bering-Straße getrennt sind. 1741 leitete er die Große Nordische Expedition, bei der er auf der ebenfalls später nach ihm benannten Beringinsel am 19. Dezember desselben Jahres starb. Horsens gefällt durch seine Bauten des 19. Jh., die guten Einkaufsmöglichkeiten sowie die vielen Wasserflächen.

Die Touristeninformation liegt ca. 2 km nordwestlich des Stadtzentrums (20–30 Gehminuten) im ehemaligen Staatsgefängnis **FÆNGSLET**, das heute als Museum zu besichtigen ist und zudem die Künstlergruppe **SLOTTET** sowie das Hotel **SleepIn Fængslet** beherbergt, in dem man in ehemaligen Gefängniszellen übernachtet. Ende August findet auf dem umliegenden Gelände Europas größtes **Mittelalter-Festival** statt.
FÆNGSLET, *Fussingsvej 8, www.faengslet.dk; Juli/Aug. u. Herbstferien tgl. 10–17, Sommerferien bis 18, sonst Di–So 10–16 Uhr*

Einen **Stadtrundgang** durch Horsens sollte man nahe dem **neuen Rathaus** *(Rådhustorvet 4)* beginnen, am besten in der Nähe auch parken. Entlang der Rådhusgade geht es hinauf zur Fußgängerzone, der Søndergade. Direkt an der Ecke steht das **alte Rathaus** *(Søndergade 26)*. Schräg gegenüber fällt das **Lichtenbergs-Palais** ins Auge *(Søndergade 17)*. Das 1744 fertiggestellte Barockschlösschen wurde vom deutschen Baumeister Nicolaus Heinrich Riemann im Auftrag des geadelten Kaufmanns Gerhard de Lichtenberg entworfen. Dabei galt es, einem zweigeschossigen Fachwerkhaus eine auffällige Fassade zu verleihen. Im **Flensburgs Witwenhaus** *(Nørregade 31, nahe Skolegade)* werden gelegentlich Sonderausstellungen des Horsens-Museums gezeigt. Eine Witwenwohnung aus den ersten Jahren ist dann auch zu besichtigen und gewährt einen Einblick in das Leben der Armen um 1800. Seit der Corona-Pandemie wurde das Haus jedoch bisher nicht mehr genutzt.

Ein Stück weiter thront ein Zwiebelturm auf Horsens' größter Kirche, der **Erlöserkirche** (Vor Frelsers Kirke) am Torvet. Die spätromanische „Pseudobasilika" wurde im 13. Jh. erbaut. Das belegt der Fund einer Münze aus dem Jahr 1268 im Fundament. Der Zwiebelturm stammt aus dem 18. Jh. Sehenswert ist die Kanzel von 1660. Nur wenige Schritte entfernt, an der Borgergade, erinnert die **Klosterkirche**, 1261 eingeweiht und im 15. Jh. ausgebaut, an das ehemalige Franziskanerkloster. Beachtenswert sind der Knorpelbarock des Chors und der Kanzel (1670/80), der geschnitzte Altar (ca. 1500) sowie die 1950 von Einar Utzon-Franks entworfene Christusstatue. Interessanterweise gibt es hier auch Gräber russischer Adeliger.

Das **Kunstmuseum Horsens** oberhalb des Caroline-Amalie-Lund-Parks zeigt in erster Linie zeitgenössische dänische Kunstwerke, beginnend mit dem „Goldenen Zeitalter" (ab 1800).
Horsens Kunstmuseum, *Carolinelundsvej 2, www.horsenskunstmuseum.dk; Juli/Aug. tgl. 10–16, sonst Di–So 11–16 Uhr*

Zu Füßen des Parks liegt das **Horsens-Museum**. Die permanenten Ausstellungen befassen sich mit archäologischen Funden, dem Mittelalter, der Zeit nach 1870 sowie den Entdeckungsreisen von Vitus Bering (s. o.).
Horsens Museum: *Sundvej 1A, www.museumhorsens.dk; Sept.–Juni Di–So 11–16, Juli/Aug. tgl. 10–16 Uhr*

Das faszinierende **Industriemuseum** ist im ehemaligen Elektrizitätswerk der Stadt untergebracht. Arbeiterwohnungen einfacher Leute aus den verschiedenen Epochen seit 1880 können besichtigt und aktiven Handwerksbetrieben „über die Schulter" geschaut werden. Alte Fabrikmaschinen, eine Straßenszene aus den 1950er-Jahren und eine Bank von 1930 bilden weitere Höhepunkte. Eine Ausstellung über Pferdewagen und Lkw, ein Spielplatz aus Großvaters Zeiten und eine Telefonzentrale mit Steckverbindungen runden das Bild ab. In diesem Museum kann man gut ein paar Stunden verbringen, auch Kinder werden hier Spaß haben.

Das Industriemuseum im alten Elektrizitätswerk

Industriemuseet, *Gasvej 17, www.industrimuseet.dk; tgl. 11–16, Juli/Aug. ab 10 Uhr*

Entlang der Niels Gyldings Gade geht es zurück zum neuen Rathaus, oder aber zum Shoppen entlang der Fußgängerzone.

Südwestlich der Innenstadt steht die moderne, asymmetrisch angelegte, 1971 eingeweihte **Sønderbro-Kirche** am Bygholm Parkvej, Ecke Sønderbrogade. Sie ist dem Talent des Architekten Paul Niepoort zu verdanken. Der **Bygholmer Park** mit dem alten Herrensitz (heute das Scandic Hotel) und der Bygholmer Wald (Bygholm Skov) gegenüber dem Schüttesvej bieten einen schönen Auslauf.

Kanufahrten vom Rørbæk Sø auf der Skjern Å (40 km westlich) sowie von Tørring auf der Gudenå (27 km westlich) aus sind möglich. Infos im Touristenamt in Horsens.

Ein Highlight ist eine Fahrradtour zur 18 km entfernten **Den Genfundne Bro** („Wiederentdeckte Brücke"), bei der man teilweise auf der alten Bahntrasse fährt. Die 1899 errichtete Brücke selbst ist eine seit längerem ungenutzte Eisenbahnbrücke, die ebenfalls für Fahrradfahrer ausgebaut wurde. Sie spannt sich 50 m lang in 13,4 m Höhe über den Fluss Gudenå. Das Touristenamt informiert über mögliche Anfahrtsrouten. Ein guter Startpunkt ist zum Beispiel der Ort Brædstrup, 20 km nordwestlich von Horsens. Rund um den Horsens Fjord führt zudem der 52 km lange **Fjordmino-Radweg**. Er führt durch Wälder und kleine Dörfer, über Wiesen und Felder sowie entlang schöner Strände bis zurück nach Horsens. Die beiden kleinen in der Förde gelegenen Inseln Alrø und Hjarnø können als Teil der Tour von Mai bis September mit der Fahrradfähre angesteuert werden.

Reisepraktische Informationen Horsens

Information

Horsens Turistbureau, *Fussingsvej 8, ☎ 75602120, www.kystlandet.dk/horsens. Horsens ist übrigens auch bekannt für seine Galerien. Infos dazu gibt es hier im Touristenbüro.*

Unterkünfte

Das historische **Jørgensens Hotel €€€€** *(Søndergade 17, ☏ 38401744, https://jorgensens-hotel.dk) ist untergebracht einem 1744 erbauten Kaufmannshaus, auch bekannt als Lichtenbergske Palæ. Die barocken Stilelemente vermischen sich geschickt mit modernem dänischem Design, zum Beispiel in der Weinbar. Restaurant im Hause.*

Scandic Hotel Opus €€€€, *Egebjergvej 1, ☏ 76257200, www.scandichotels.dk; großes Designer-Hotel, 2 km nördl. der Innenstadt, großzügiger Wellness-Bereich, Gourmet-Restaurant.*

TeaterHotellet €€€, *Søndergade 22, ☏ 76278500, www.teaterhotellet.dk; Geschmackvoll restauriertes, kleines Hotel in der Fußgängerzone (Parkplatz hinter dem Haus). Außenterrassen.*

Comwell Hotel Bygholm Park €€€–€€€€, *Schüttesvej 6, ☏ 75622333, https://comwell.com/hoteller/comwell-hotel-bygholm-park; wunderschön am Bygholm Park gelegen; Herrenhaus von 1775; moderne Zimmer, Restaurant, Bar und Pool.*

SleepIn FÆNGSLET €€, *☏ 76100011, www.faengslet.dk,* *s. S. 430.*

Jugendherberge

Danhostel Horsens, *Flintebakken 150, ☏ 75616777, www.danhostelhorsens.dk; 1 ½ km zum Zentrum, nahe Vogelreservat und Lagune, 108 Betten.*

Camping

Bygholm Sø Camping, *Lovbyvej 35, ☏ 75626266, www.bygholmsoecamping.dk; einfach und klein, 2 km zum Zentrum, idyllisch am Bygholm Sø gelegen. Auch Shelter.*

Horsens City Camping, *Husoddevej 85, ☏ 75657060, www.horsenscitycamping.dk; 4 km zum Zentrum, schön am Fjord; 175 Stellplätze, Hütten. Direkt am Strand gelegen, sehr sauber und hervorragend organisiert. Sehr kinderfreundlich.*

Wohnmobile-Platz, *im Zentrum am Jachthafen, Jens Hjarnøesvej 35.*

Restaurants

Pynten Horsens Sejlklubs Restaurant: *in Holzpavillon am Hafen, Langelinie 24, ☏ 75621975, www.pynten.dk, empfiehlt sich mit leckeren, frischen Fischgerichten (und auch Steaks).*

Det Ny Kronborg, *Løvenørnsgade 5, ☏ 42744259, www.detnykronborg.dk, gediegen und auf frische Zutaten spezialisiert. Relativ günstig. Mi–So All-inclusive-Menü.*

Wer es deftiger mag (mittags Buffet und Burger, abends auch gute Steaks und Salatbar) ist im **Restaurant Oksen** *in der Grønnegade 3 (☏ 75626900, https://oksen-horsens.dk) richtig! Weitere Restaurants finden Sie in und um die Grønnegade. Die Restaurants in o. g. Hotels sind ebenfalls alle empfehlenswert.*

Eine Institution für echte, dänische Küche ist das **Dollys**, *Havnen 15, ☏ 75623481, www.dollys.dk. Es befindet sich in einem alten Hafenarbeiterhaus.*

Busse/Bahn/Fahrrad

Bahnhof *(☏ 75625777) sowie* **Überland-Busbahnhof** *(☏ 75622575): westl. des Zentrums, Andr. Steenbergsplaads. IC-Züge nach Fredericia und Aarhus.*

City-Fahrräder *kann man kostenlos an den großen Museen und Hotels ausleihen.*

Festival

Middelalderfestival: *Größtes Festival seiner Art in Europa. Hier dreht sich alles um Ritter, Mönche, Gaukler, Minnesänger. Mehrere Bühnen (Musik u. Theater), riesiger Umzug, Handwerksvorführungen, Zirkus etc. Ende Aug. Auf dem Gelände des Gefängnismuseums FÆNGSLET (Fussingsvej 8, www.middelalderfestival.dk).*

Glud, Snaptun und Hjarnø

Weiter entlang der küstennahen Straße 459 weist bereits nach wenigen Kilometern ein Schild nach links zum **Boller Slot** *(www.bollerslot.dk)*. Das von einem Burggraben umgebene Schloss ist nicht zu besichtigen, aber im schönen Schlosspark (Blumengarten) lässt es sich gut spazieren gehen, eine riesige Eiche bewundern sowie einen 3 km langen Planetenweg (Planetstien) erkunden.

Das **Glud-Museum** im gleichnamigen Ort ist das älteste heimatkundliche Freilichtmuseum des Landes. Es widmet sich den Wohn- und Arbeitsverhältnissen im ländlichen Dänemark während der letzten 350 Jahre. 14 alte Häuser, das älteste von 1662, wurden hier wieder aufgebaut. Im Sommer werden traditionelle Handwerkskünste vorgeführt. Südlich von Glud beeindruckt das **Ferguson-Traktorenmuseum**, wo ca. 250 der bekannten Traktoren zur Schau stehen.
Glud Museum, *Museumsvej 44, Glud, www.gludmuseum.dk; April–Okt. Di–So 10–16, Ende Juni–Mitte Aug. tgl. 10–17 Uhr*
Ferguson-Traktorenmuseum, *Købmagervej 1, Stourup, www.fergusonmuseum.dk; tgl. 9–18, Juni–Aug. bis 21 Uhr*

Die vier „Laguneninseln"

Die Bezeichnung Lagune ist hier nicht geografisch gemeint, sondern wird für touristische Zwecke verwendet. Nordöstlich von Glud, im Fischerort Snaptun, legen die Fähren zu den Inseln Endelave und Hjarnø ab.

Mit 13,2 km² ist **Endelave** die größte der vier Laguneninseln. Sie besteht aus Wäldern, Heideflächen und Wiesen. **Øvre** (Øverste Ende) im Norden und **Lynger Hage** im Südosten stehen unter Naturschutz. Endelave lässt sich gut zu Fuß bzw. mit dem Rad erkunden. Es gibt einen Gasthof, einen Kunsthandwerksladen, eine Bar und einen Kaufmann. Übernachten kann man in Privatunterkünften, auf dem Campingplatz oder im Gasthof. Die Sehenswürdigkeiten sind eher zweitrangig: der alte Herrensitz **Louisenlund** (18. Jh.) im Südosten, das nur im Sommer geöffnete **Endelave-Museum** im alten Pfarrhof von 1741, ein **Heilkräutergarten** (Lægeurtehave) mit über 300 Heilpflanzen sowie eine **Webstube**. Wer länger auf der Insel bleibt, sollte einen Ausflug zu den Robben auf der Sandbank Møllegrunden unternehmen, die Öko-Höfe besuchen und der Kräuterschnaps-Route folgen. Weniger als 200 Menschen leben heute auf Endelave, dabei war die Insel schon vor 6.000 Jahren bewohnt.

Fähre nach Hjarnø

Hjarnø, nur 3 km² groß, ist bekannt für seine wikingischen Schiffssetzungen und die sehr kräftig schmeckenden Kartoffeln. Die Kirche auf der besonders in der Nebensaison idyllischen Insel ist die zweitkleinste Dänemarks. Es gibt nur Privatunterkünfte, einen Pølser-Imbiss, im Sommer ein Café in der ehemaligen Schmiede sowie einen Zeltplatz.

Im Sommer pendelt eine Fahrradfähre zweimal täglich zwischen Hjarnø und der 7,5 km² großen Insel **Alrø**, die von Norden auch über einen Damm mit dem Auto erreichbar ist. Auch sie besticht durch ihre Ruhe. Im urigen Møllegården Restaurant (*Alrøvej 382*) ist die Gaststube im alten Schweinestall untergebracht. Eine nette Alternative ist das Café Alrø Traktørsted (*Alrøvej 389*), wo frisch belegtes Smørrebrød und süße dänische Leckereien serviert werden.

Vorsø, mit 0,62 km² die kleinste der Inseln, steht unter Naturschutz und wird einzig von einem Naturführer und seiner Familie bewohnt. Manchmal gibt es geführte Touren.

Reisepraktische Informationen Snaptun, Hjarnø, Endelave

Information

Keine der Inseln besitzt ein Touristenbüro. Infos gibt es in Horsens bzw. in den Museen oder hier: www.oenendelave.dk, www.hjarnø.dk, www.kystlandet.dk, www.alroe-i-fjorden.dk.

Unterkünfte

Endelave Gæstgiveri og Kro €€–€€€, *Kongevej 15, ☏ 21431415, www.endelavekro.dk; schnuckeliger Gasthof mit 10 Zimmern (teilw. Bad im Flur) sowie kleinem Restaurant/Take-Away. Private B&Bs und Ferienhäuser kann man über die bekannten Buchungsportale buchen.*

Camping

Endelave Camping & Hytteferie, *Kongevejen 29, ☏ 50221114, www.endelavecamping.dk; klein, aber fein. Auch Holzhütten mit einfacher Ausstattung.*

Hjarnø Camping, *Hovedvejen 29, Hjarnø, ☏ 75 68 36 86, www.hjarnoecamping.dk; kleiner Platz mitten auf der Insel neben einem Bauernhof. Auch Hütten.*

Fähren von Snaptun

2- bis 4-mal tgl. nach **Endelave,** *☏ 75689175, www.oenendelave.dk, Fahrtdauer: 55 Minuten. Bis zu 25-mal tgl. nach* **Hjarnø,** *☏ 75683345, www.hjarnøfærgefart.dk, Fahrtdauer: 5–10 Minuten.*

Juelsminde

Weiter Richtung Juelsminde liegt links die bewaldete Halbinsel **As Hoved**, die gerne auf Spaziergängen erkundet wird. Das klassizistische Burgschloss **Palsgård** wurde im 19. Jh. erbaut, kann aber nicht besichtigt werden, doch die Parkanlage ist öffentlich zugänglich. Juelsminde selbst kann mit schönen Stränden, Hafenatmosphäre, Geschäften, Familien- und Fischrestaurants, Cafés, einem Golfplatz, einem zentrumsnahen Campingplatz u. v. m. aufwarten. Im kleinen **Havnemuseum** (*Havnegade 12A, https://havnemuseum.dk*) wird die Geschichte des Ortes beleuchtet und hier kann man an einem Schiffssimulator Steuermann spielen.

Juelsminde ist eine gute Basis für Exkursionen zu den Sehenswürdigkeiten im weiteren Umfeld, zu denen u. a. auch der Ausblick über das Kattegat, die Fjorde und bis nach Fünen sowie in den Kleinen Belt vom 5 km entfernten **Klejsbakken** und das Suchen nach den Überresten der alten **Piratenburg Staksevold** im 15 km westlich gelegenen Staksrode Skov (Waldgebiet) gehören. Um dort hinzugelangen, zweigt man von der Straße 23 in Richtung Vejle hinter Barrit ab und folgt dann südlich von Starksrode dem Starksrodevej. Weiter südwestlich von Starksrode begeistert das traumhaft gelegene **Renaissance-Schloss Rosenvold**. Das vom Wald umgebene Anwesen geht ins Jahr 1585 zurück, als das Haupthaus für die Witwe von Holger Rosenkrantz zu Bøller, Karen Glydenstierne, errichtet wurde. Die Ziegelsteinbauweise galt damals als altmodisch und glich den Höfen auf der Insel Fünen. Seit 1660 ist Rosenvold im Besitz des Adelsgeschlechtes Rantzau. Man kann die Anlage nur von außen besichtigen, es sei denn, man übernachtet hier *(www.rosenvold.dk, meist mit Mindestaufenthalt)*. Ein kleiner Jachthafen und ein Campingplatz mit Strand (s. u.) liegen nahe bei. Ein Stück westlich von hier befindet sich dann das tolle Hotel Vejlefjord (s. u.)

Kirchenbegeisterte sollten in **Assendrup** zur **Engumer Kirche** abzweigen. Stilelemente aus dem Romanischen sowie Gotischen prägen das Gotteshaus. Beeindruckend sind das Rokokoinventar und die Kalkmalereien, die u.a. Kain und Abel bei der Opfergabe zeigen. Kurz vor Vejle passiert man den Abzweig zum 1550 erbauten **Schloss Tirsbæk Gods**. Auch wenn das Gebäude nicht besichtigt werden kann, lohnt der Garten *(Tirsbækvej 135, April–Sept., Mo/Di, Sa/So 10–16 Uhr, www.tirsbaekgods.dk)*. Auf dem Gutsgelände wird Wein angebaut und Verkostungen sind möglich. An zwei Wochenenden vor Weihnachten findet hier ein schöner Weihnachtsmarkt statt. Der nahe Tirsbæk Strand eignet sich toll zum Muschelsammeln.

Reisepraktische Informationen Juelsminde

Information

Juelsminde Turistbureau, *Rousthøjs Allé 1, ☏ 75693313, www.kystlandet.dk/juelsminde.*

Unterkünfte

Hotel Vejlefjord €€€€*(–€€€€€), Sanatorievej 26, 5 km südl. von Stouby (20 km von Juelsminde), ☏ 76823380, www.hotelvejlefjord.dk; tolles Wellness-Hotel in früherem Sanatorium von 1900. Gediegen. Einsame Lage oberhalb des Vejle Fjords. Restauration: Café, Brasserie und Gourmet-Restaurant. Bezaubernde Wanderwege. Hier sollte man Wellness-Programm und Dinner mitbuchen.*
Hotel Juelsminde Strand €€€, *Vejlevej 3, ☏ 75690033, www.jmstrand.dk; relativ großes, modernes, jedoch wenig spektakuläres Hotel auf einer Anhöhe. Von einigen Zimmern blickt man aufs Wasser, das sich aber 500–1.000 m entfernt befindet. Juelsminde ist zu Fuß erreichbar. Restaurant. Ansonsten bieten sich ein paar B&B-Unterkünfte in und um den Ort an (z. B. auf Bauernhöfen) sowie die Hütten auf dem Campingplatz.*

Camping

Juelsminde Strand Camping & Vandrerhejm, *Rousthøjs Allé 1, ☏ 75693210, www.juelsmindecamping.dk; direkt am Hafen und nahe dem Ortskern; 200 Stellplätze, Hütten, Herberge. Schöner zwischen Feldern, Wäldern und direkt am Wasser gelegen ist* **Rosenvold Camping** *(Rosenvoldvej 19, südl. von Stouby, ☏ 75691415, www.rosenvoldcamping.dk), ca. 17 km westl. von Juelsminde.*

Restaurants

Am Hafen gibt es in den Imbissen und kleinen Fischrestaurants Fischbrötchen, gebratene Fischspezialitäten sowie andere Fischleckereien (im Sommer auch Buffets), z. B. in der **Fiskebutik** *mit angeschlossenem* **NIOR Bistro** *(https://juelsminde.nu). Im* **Møllers** *(Odelsgade 4, ☏ 29701 323, https://moellers-juelsminde.dk) wird gute dänische Hausmannskost serviert, u. a. tagsüber leckere Smørrebrød. Das beste Restaurant hat das* **Hotel Vejlefjord** *(s. o.).*

Busse/Ausflugsboote/Kajakverleih

Bushaltestelle: *Rousthøjs Alle 5, ☏ 75693149.*

Ausflugsboot: *Im Sommer fährt, sehr unregelmäßig, die „M/S Castor", ein alter Holzsegler nach Bogense auf Fünen (☏ 64812044 (Buchung über Touristenamt Nordfyn).*

Juelsmindehalvøen Kajaksudlejning: *Randvej 23, Staksrode, Barrit, ☏ 22213172, www.kajakudlejning.dk; Verleih von vornehmlich Seakajaks, auch Touren.*

Vejle

Vejle (60.000 Ew.) stammt von *wæthæl* (Furt). Harald Blauzahn ließ im 10. Jh. eine Brücke westlich der heutigen Stadt bauen: Im 13. Jh.folgte, am Ende des Vejle Fjordes, am Fuße des Tales, ein Übergang über die Vejle Å. Bereits 1327 erhielt die Siedlung die Stadtrechte. Im 15. Jh. entwickelte sich Vejle zu einer erfolgreichen Handelsstadt. Ab dem 17. Jh. gab es zahlreiche Rückschläge. Der Dreißigjährige Krieg brachte Zerstörungen mit sich, die Pest im Jahr 1659 forderte viele Menschenleben, und ein großes Feuer 1786 zerstörte weite Teile der Innenstadt. Daher gibt es kaum alte Gebäude. Danach ging es aufwärts. Die Amtsverwaltung wurde eingerichtet, 1820 begann man mit dem Bau einer neuen Hafenanlage, und einige Jahrzehnte später erreichte die Eisenbahn die Stadt. Eisen- und Textilindustrien folgten. Heute zählen Kaugummis (Stimorol/Gumlink), Segeljollen und -jachten (Børresens Bådebyggeri), Fleischprodukte (Danish Crown/Tulip) und Fertighäuser zu den begehrten Produkten aus Vejle. Auch der IT-Sektor ist von Bedeutung, Vejle bezeichnet sich gar als Dänemarks Silicon Valley.

Die Stadt liegt unvergleichlich schön am Ende des Vejle Fjordes, was man auch von der 1,8 km langen Autobahnbrücke aus sehen kann. Am neu gestalteten Nordhafen zwischen Rødkildevej und Svajebassinet wurde ein moderner Stadtteil gebaut. Markant steht hier das festungsartige, in Elipsen und Kreisformen errichtete **Fjordenhus** im Wasser, das mit zahlreichen esoterisch anmutenden Kunstwerken gespickt ist. Entworfen wurde es von dem dänisch-isländischen Multikünstlers Olafur Eliasson (der auch das Rainbow Panorama auf dem ARos-Museum in Aarhus entworfen hat). Im öffentlichen Teil des Gebäudes haben Besucher freien Eintritt zu Ausstellungen (*www.fjordenhus.dk*). Das weithin sichtbare, geschwungene Wohngebäude **„Die Welle"** („Bølge") stammt aus der Feder des Architekturbüro Henning Larsen, das u.a. auch das Verlagshaus des „Spiegel" in Hamburg (2011) und die Königliche Oper in Kopenhagen (2004) geplant hat. Eine **Marina** samt Restaurant rundet das Bild ab.

Eindrucksvolle Wohnarchitektur: „Die Welle"

Ein Bummel durch die Fußgängerzone und entlang der Velje Å bietet sich an. Das älteste Bauwerk ist die **St.-Nikolai-Kirche** am Kirketorvet. Im 13. und 15. Jh. in mehreren Etappen erbaut, erhielt sie ihren neugotischen Turm aber erst 1877. Bemerkenswert ist der geschnitzte Altar von 1791. Direkt um die Ecke der Kirche befindet sich **ToRVEhallerne**, das Kulturzentrum der Stadt, welches Geschäfte, Restaurants, eine der besten Whiskybars Dänemarks (*www.smws.dk*), ein Hotel sowie eine Theater- und Konzertbühne unter einem Dach vereint *(www.torvehallerne.dk)*. Dahinter, im **Økolariet**, einem Wissens- und Abenteuercenter, kann man die Natur auf spielerische Weise (viele Versuchsstationen) erkunden. Das **Alte Rathaus** (Det Gamle Rådhus) am Rådhustorvet wurde 1879 eröffnet und ist ein typischer Prunkbau dieser Zeit: gotische Fassade mit Mittelturm. Die stündlich ertönende Glocke stammt vom ehemaligen Kloster. Die moderne Skulptur vor dem Rathaus verrät Vejles Streben: „Handel, Industrie und Landwirtschaft".

Die beiden großen Museen der Stadt sind das **Kulturmuseum Vejle** in den Hallen einer alten Spinnerei mit archäologischen Exponaten zur Frühgeschichte der Gegend, einer Spielzeugausstellung und einer stadtgeschichtlichen Ausstellung sowie das **Kunstmuseum Vejle** mit Skulpturen, Gemälden vorwiegend dänischer Künstler, einer Galerie für Kinder sowie einer sehr interessanten Sammlung von internationalen Drucken aus der Zeit zwischen 1450 und 1800. Angeschlossen an die Museen ist das **Vingsted Jernalderlandsby**, ein rekonstruiertes Eisenzeitdorf 20 km westlich von Vejle, das man sich immer anschauen kann, dessen Hütten aber nur bei Veranstaltungen geöffnet sind.
Økolariet, *Dæmmingen 11, www.okolariet.dk; Mitte Feb.–Nov. tgl. 10–16 Uhr Vejle Kulturmuseet, Spinderigade 11E, Di–So 10–17 Uhr;* **Vejle Kunstmuseum**, *Flegborg 16–18; Di–So 11–17 Uhr;* **Vingsted Jernalderlandsby**, *Skyttevej 12, Bredsten; alle drei: www.vejlemuseerne.dk*

Die weithin sichtbare **Windmühle** am Südhang des Stadttales wurde 1890 rekonstruiert. Vorlage war die abgebrannte Mühle aus dem Jahr 1847. Im Sommer kann die (wieder mahlende) Mühle Di–So besichtigt werden, wobei die Aussicht von dort über die Stadt beeindruckender ist. Ebenfalls eine faszinierende Aussicht hat man vom 93 m hohen **Munkebjerg** südöstlich der Stadt. Oben auf dem Berg steht das gleichnamige Hotel und in den alten Wäldern darunter kann man gut spazieren gehen.

Wanderern und Radfahrern sei ein Ausflug auf der ehemaligen Eisenbahntrasse in das idyllische **Velje Aadal**,das größte Tunneltal des Landes, empfohlen. Der Bindeballe Købmandsgård in Randbøl *(Bindeballevej 100, www.bindeballekoebmandsgaard.dk)* ist ein zu einem Museum deklarierter alter Kaufmannsladen von 1897. Vor der Weiterfahrt nach Fredericia gilt es, den Besuch zweier wesentlicher Attraktionen in Betracht zu ziehen: die Hügelgräber von Jelling und das Legoland in Billund.

Abstecher nach Jelling

Von Vejle aus sollte man die schönere Strecke entlang des Grejsdalsvej nehmen, durch Dänemarks markantestes und tiefstes Tal, das **Grejsdalen**, benannt nach der kleinen Grejs Å. Die Hänge sind dicht bewaldet. 7 km nördlich von Vejle wird die Landschaft einsamer und natürlicher. Aussichtspunkte, ein paar Wanderwege und eine artenreiche Vogelwelt gilt es zu erleben. Im Sommer verkehrt zumeist an Sonntagen ein historischer Zug mit Dampflok *(Sydjylland Veterantog, www.sjvt.dk)* durch das Tal zwischen Vejle, Grejsdal und Jelling. Die Fahrt dauert 10 bzw. 30 Minuten.

Der verträumte, kleine Ort Jelling ist die Wiege Dänemarks und seiner Monarchen. Hier residierten Gorm der Alte (883–958) und danach sein Sohn Harald Blauzahn (910–987). Letzterer gilt als erster christlicher Monarch des Landes (und ist in modernen Zeiten wegen seiner Gabe, kriegführende Parteien zu Verhandlungen an einen Tisch zu bringen, als Namensgeber für den Datenübertragungsstandard Bluetooth in aller Munde). Er ließ seinen Vater nach dessen Tod se-

Denkmal für Thyra, die „Wohltäterin Dänemarks“

ligsprechen und sich selbst 960 taufen. Mit Gorm, dem „Vereiniger Dänemarks“, endete die „heidnische“ Zeit der Wikinger und begann die königliche Linie in Dänemark. Sie setzt sich ununterbrochen bis heute fort. Jelling zählt zum UNESCO-Weltkulturerbe. Die drei **Hauptsehenswürdigkeiten**, eingefasst von einer großen Palisadenanlage aus weißen Betonsteinen, liegen dicht beieinander und ein Fußweg um das gesamte Monument markiert die ehemals 350 m lange Schiffssetzung.

Am auffälligsten sind die beiden **königlichen Grabhügel** (21 bzw. 24 m hoch, 70 m Durchmesser), die nördlich und südlich die Kirche und die Runensteine umrahmen. Ursprünglich befand sich hier ein Grabhügel aus der Bronzezeit, von dessen Fuß eine 170 m lange Schiffssetzung (die größte ihrer Art) nach Süden reichte. Als König Gorm 958 starb, wurde er in einer holzverkleideten Kammer im Hügel am Ende der Schiffssetzung beigesetzt. Diesem Grabhügel wurde der Nordhügel aufgesetzt. Wo die heutige Kirche steht, wurde ein hölzernes Gotteshaus (Stabkirche) errichtet. Die sterblichen Überreste Gorms wurden im Jahr 2000 in einem Sarg unter dem Kirchenboden beigesetzt. Den Südhügel ließ Harald zur Erinnerung an seine Mutter Thyra anlegen, und zwar als leeres Monument (ohne Grabkammer).

Zwischen den Hügeln und unmittelbar neben der Kirche sieht man zwei ungewöhnliche, von Granitplatten und Sicherheitsglas geschützte **Runensteine** (Jellingstenene), die vermutlich der ehemaligen Schiffssetzung entnommen wurden. Den kleineren davon widmete Gorm seiner Frau Thyra. Der entscheidende Teil der Inschrift lautet: „König Gorm ließ dieses Denkmal errichten für Thyra, seine Frau, die Wohltäterin Dänemarks“. Der Landesname wurde hier zum ersten Mal schriftlich festgehalten. Der größere Stein, der sowohl Runen- als auch Bildstein ist, wurde 980 von Harald für seine Eltern aufgestellt. Die Schauseite zeigt erstmals im Norden den „Gekreuzigten“, der hier nicht ans Kreuz geschlagen, sondern in eine Schlingbandornamentik eingebunden ist. Das erinnert an das Hängeopfer des Gottes Odin in der nordischen Mythologie. Die Gravur ergibt den Text: „König Harald ließ dieses Monument machen für seinen Vater Gorm und für Thyra, seine Mutter, jener Harald, der ganz Dänemark und Norwegen gewann und die Dänen zu Christen machte“. Damit wird dieser Stein als „Taufstein Dänemarks“ angesehen; zum ersten Mal werden hier die Worte Dänemark und Christentum in einem Zusammenhang genannt.

In der romanischen **Jellinger Kirche** aus dem beginnenden 12. Jh. beeindrucken moderne Malereien von J. T. Skovgaard sowie restaurierte Kalkmalereien, deren Ursprung ebenfalls im 12. Jh. liegt, die aber 1874 neu gezeichnet wurden. Ausgrabungen belegen, dass bereits vor dem Bau dieser Feldsteinkirche drei Holzkirchen existiert haben müssen, deren erste auf 960 datiert wurde.

Informationen über die Geschichte von Jelling und die Entstehung des dänischen Königreichs erhält man im Ausstellungsgebäude **Königliches Jelling** auf der gegenüberliegenden Straßenseite. Dabei werden auch neueste Forschungsergebnisse der in vielen Punkten noch ungeklärten Historie von Jelling erläutert.
Kongernes Jelling, *Gormsgade 23, https://en.natmus.dk, http://jelling.natmus.dk, www.fortidensjelling.dk; Mai–Sept. tgl. 10–17, Rest des Jahres Di–So 10–16 Uhr*

Im Juli findet alljährlich ein großes **Wikingerfest** mit Markt, Spielen, Musik u.a. in Jelling statt *(www.vikingemarked-jelling.dk)*. An der Ostseite des **Fårup Sø** (südlich von Jelling) liegt das nachgebaute, schön verzierte, 15 m lange und 3 m breite Wikingerschiff „Jelling Orm". Es kann im Sommer besichtigt werden und unternimmt an einigen Tagen auch Fahrten. Mit 36 m² Segelflächen kann es eine Geschwindigkeit von bis zu 9 Knoten erreichen *(www.jellingorm.dk)*.

Der auf Familien mit Kindern ausgerichtete **Löwenpark/Givskud-Zoo** ist in zwei Gebiete aufgeteilt: den Zoo („Zootopia") und den Safaripark, durch den man mit dem eigenen Fahrzeug oder dem Safaribus fahren kann. Einzelne Abschnitte lassen sich auch zu Fuß erkunden. Neben Löwen gibt es Elefanten, Giraffen, Gorillas und andere Affen, Kamele sowie heimische Tiere wie Hirsche und eine Reihe von Haustieren, die insbesondere im Streichelzoo zu sehen sind. Lustig ist zudem der Dinosaurier-Park mit seinen 50 lebensgroßen Dino-Figuren. Es ist möglich, in einem Safarizelt in der „Savanne" zu nächtigen.
Løveparken/Givskud Zoo, *Løveparkvej 3, Givskud (10 km nordwestl. von Jelling), www.givskudzoo.dk; April–Okt., Kernzeit 10–16/17 (Sommerferien bis 20 Uhr)*

Reisepraktische Informationen Vejle und Jelling

Information

Visit Vejle, *Banegårdspladsen 8, ☏ 76811925, www.visitvejle.com.*
Jelling Turistinformation, *Gormsgade 23 (Kongernes Jelling), ☏ 41206331, nur Ende Juni–Aug., www.visitvejle.com.*

Unterkünfte

Munkebjerg Hotel €€€€–€€€€€, *Munkebjergvej 125, Vejle, ☏ 76428500, www.munkebjerg.dk; 7 km südöstl. der Stadt wunderschön in dichtem Waldgebiet gelegen; gute Restaurants, eines eröffnet einen Panoramablick über den Fjord. Die besseren der 148 geräumigen Zimmer liegen in den höheren Etagen und bieten einen guten Ausblick („Tree Top Rooms", bei Reservierung angeben). Golfplatz vor dem Hotel.*
Best Western Torvehallerne €€€, *Fiskergade 2–8, Vejle, ☏ 79427900, https://torvehallerne.dk; ansprechendes Hotel mitten in der Stadt und an o. g. Kulturcenter angeschlossen. Gute Restaurants und Bars im Umkreis. Parken und Frühstück auf Anfrage.*
Bredal Kro €€–€€€, *Horsensvej 581, Bredal, ☏ 75895799, https://bredal-kro.hotel-mix.de; traditionsreicher Landgasthof 8 km nordöstl. der Innenstadt; 24 moderne Zimmer, Restaurant (deftige Landkost – man kann auch ein Gourmetmenü samt Weinbegleitung vorbestellen).*
Skovdal Kro €€–€€€, *Fårupvej 23, Jelling, ☏ 75871781, www.skovdalkro.dk; Landgasthaus in schöner Naturlandschaft südl. von Jelling, dicht am Ostende des Fårup Sø, 10 Zimmer, Restaurant, von dem aus man auf den See schaut und mit Glück das nachgebaute Wikingerschiff Jelling Orm sehen kann. Gute Weinkarte.*
BB Vejle Park Hotel €€, *Orla Lehmannsgade 5, ☏ 75822466 bzw. Buchung: ☏ 70225530, www.bbhotels.dk; typisches dänisches Kleinstadthotel. Funktional, aber sehr preiswert und zentral gelegen. Self-Check-in. Frühstück muss extra gebucht werden.*

Jugendherbergen

Danhostel Vejle, *Vardevej 485, ☎ 75825188, www.vejle-danhostel.dk; in parkähnlichem Gelände, 6 km westlich des Zentrums; 120 Betten.*

Givskud Zoo Hostel, *Løveparkvej 2 b, Givskud, ☎ 75730500, www.givskudzoo.dk/da/overnatning; 10 km nordwestl. von Jelling beim Löwenpark; 128 Betten.*

Camping

Vejle Camping, *Helligkildevej 5, ☎ 75823335, www.vejlecitycamping.dk; 2 km nordöstl. der Innenstadt von Vejle; 130 Stellplätze, Hütten.*

Fårup Sø Camping, *Fårupvej 58, Jelling, ☎ 75871344, www.fscamp.dk; deutlich schöner, zwischen hohen Bäumen direkt am See südl. von Jelling, 190 Stellplätze, Hütten.*

Family Camping Jelling, *Mølvangvej 55, ☎ 81826300, www.jellingcamping.dk; direkt westl. von Jelling. Auf dem Gelände eines Bauernhofes. Aktivitäten für Kinder, Hütten, große Bäume und großer Pool.*

Restaurants

Gehobene Preise, aber tolle Qualität und schönen Ausblick bietet das **Tree Top Restaurant** *im Hotel Munkebjerg (s. o.) (etwas günstiger ist hier das Panorama-Bistro-Restaurant).*

In **Vejle**: *In den Torvehallerne (s. o.) findet man Restaurants und ein Bistro. Das* **Conrads** *ist in einem alten Kaufmannshof (Søndergade 14, ☎ 75720122, http://conrads.dk) untergebracht. Hier gibt es auch Frühstück, eine Konditorei und abends gute Weine in der angeschlossenen* **No 14 Vinbar**. *Das* **Grand Royal** *(Torvedgade 9D, kld., ☎ 21170044, www.grandroyal.dk) wurde vom Team des ehemaligen Spitzenreiters in Vejle, dem Me|Mu Bistro, neu eröffnet. Die stetig wechselnde saisonal ausgerichtete Speisekarte ist vom Feinsten und bietet für jeden etwas. Fisch, Meeresfrüchte, Vegetarisches, Duroc-Schwein, Wild oder Ausgefallenes, wie z. B. rohe Shrimps mit roter Grütze und Meerrettich.*

Im Restaurant **Børkop Vandmølle** *(Vandmøllevej 4, Børkop, 7 km südöstl., ☎ 75868788, https://borkopmolle.dk) wird man mit guter dänischer Landhausküche, einer exquisiten Weinkarte sowie dem Ambiente einer historischen Wassermühle belohnt. Das Restaurant* **Remouladen** *(Stævnen 55, ☎ 75738300, http://restaurantremouladen.dk) bietet Ausblick auf die Marina samt neuer, dänischer Küche. Zudem empfehlen sich die Restaurant in den beiden o. g. Gasthöfen.*

Bahn/Busse

Bahnhof: *Banegårdsplads 3, ☎ 79202020.* **Busbahnhof**: *Borgvold 7, ☎ 75829766.*

Abstecher nach Billund

Das zentral im Land gelegene Städtchen mit knapp 7.000 Einwohnern ist aus zwei Gründen weithin bekannt: Der Spielzeughersteller Lego hat in Billund seinen Hauptsitz und das Legoland zieht Groß und Klein an, zudem kann man hier von Dänemarks zweitgrößtem Flughafen aus nach halb Europa reisen.

Legoland

„Leg godt" („spiel gut") nannte der Zimmermann Ole Kirk Kristiansen das bewegliche und die Fantasie anregende Holzspielzeug, das er ab 1934 in seiner kleinen Fabrik fertigen ließ. Nach dem Krieg war Lego die erste Firma in Dänemark, die eine Maschine zur Einspritzung und Formung von Kunststoff und Plastik erstand. Zusammensteckbare, meist bewegliche Plastikklötzchen – die Vorgänger der heutigen Legosteine – wurden in den 1950er-Jahren damit hergestellt. 1960 zerstörte ein Feuer einen Teil der Fabrik. Man entschied damals, sich auf die Plastikbausteine und deren Weiterentwicklung zu konzentrieren. DUPLO, die großen Plastiksteine für die ganz Kleinen, folgte 1969/70, zudem erste Elektromotoren und andere technische Zugaben. Heute gibt es auch computergesteuertes Spielzeug sowie Roboter. Lego-Produkte werden in

Kopenhagen in Legoland

mehr als 130 Ländern vertrieben und weltweit werden von nahezu 18.000 Mitarbeitern jährlich mehr als 20 Mrd. Legosteine hergestellt. Die umsatzstärkste Spielzeugfirma der Welt ist noch immer zu 75 % in Familienbesitz, wobei die Parks großteils Investmentfirmen gehören. Das Legoland in Billund war der erste Freizeitpark der Firma. Es folgten Parks in Kalifornien, England, Deutschland (Günzburg) und später in anderen Ländern, so zum Beispiel in Dubai und Malaysia. Lego versucht derzeit, statt Plastik ein umweltfreundlicheres Ersatzmaterial zu entwickeln.

Der **Freizeitpark** ist groß und man wird nicht alles an einem Tag erleben können, also am besten früh kommen, am Eingang einen Plan mitnehmen und Prioritäten setzen. Mit Ausnahme der Verkehrsschule für Kinder sind alle Attraktionen im Eintrittspreis enthalten. Von Snackbuden über Bistros bis hin zu Restaurants ist für das leibliche Wohl gesorgt und man darf auch Picknicksachen mitbringen. Der Park ist in mehrere Gebiete aufgeteilt:

Das **Miniland** wird die meisten Erwachsenen faszinieren. Hier sind bekannte Gebäude und Attraktionen aus aller Welt im Maßstab 1:20 zu bewundern, so z. B. die Freiheitsstatue, die Akropolis, eine afrikanische Landschaft mit Tieren (LEGO Safari), Deutschland (Hamburger Hafen, VW-Werk, Kleinstadtidylle am Rhein u. a.), Skylines von Weltstädten u. v. m.

Tipp
Es gibt Attraktionen, bei denen Wasser eine Rolle spielt. „Menschentrockner" stehen zwar bereit, doch Wechselkleidung für Kinder ist sinnvoll.

Mittelpunkt von **Knights' Kingdom** ist eine kolossale Königsburg samt Ziehbrücke und Wassergraben. Kinder können sich vor der Burg im Fort „Adlerhorst" mit seinen Höhlen, Geheimgängen und Kletterstrecken austoben. **Adventureland** bietet Abenteuer pur für Kinder jeden Alters. Auch hier wird geklettert, geheimen Pfaden gefolgt sowie die Abenteuerinsel erobert. Wasserfahrten sind ebenfalls Teil des Vergnügens. Auch der Wilde Westen („Legoredo"-Westernstadt) kommt nicht zu kurz und im Piratenland erwarten die jungen Abenteurer Bootsfahrten zu Schätzen in Höhlen und Kanonendonner. Die ganz Kleinen können im **DUPLO-Land** spielen und basteln. Weitere Höhepunkte: ein Geisterhaus, eine Polarregion, eine Musikfontäne, Achterbahnen wie der „Flying Eagle", die **Ninjago-World**, wo man Ninja-Fähigkeiten wie Schnelligkeit, Teamwork und Präzision u.a. in einem Laserlabyrinth sowie einem 4-D-Universum testen kann u.v.m. Das 4-D-Kino **LEGO MOVIE World** entführt den Besucher auf schwebenden Bänken und mit zahlreichen Wind- und Dufteffekten in „Emmet's Flying Adventure – Masters of Flight". Die Figuren Emmet und Lucy laden zudem in der interaktiven Attraktion **Apocalypseburg Sky Battle** dazu ein, gemeinsam eine Invasion aus dem Weltall zu bekämpfen.

Legoland, *1 km nördl. der Innenstadt von Billund, www.legoland.dk; Zeiten variieren. Kernzeiten: Ende März bis Ende Okt. tgl. 10–17, im Sommer bis 20/21 Uhr, im Sept. nur um die Wochenenden geöffnet. Es gibt vergünstigte 2-Tages-Karten sowie eine Saisonkarte*

Das LEGO House

Mitten in Billund steht das **LEGO House**. Die Architektur des Gebäudes soll an eine Wolke aus 21 großen Legosteinen erinnern. Auf 12.000 m² kann mit Legosteinen experimentiert werden – es sollen 25 Millionen sein! Die Erlebnisbereiche bestehen aus vier farblich gekennzeichneten Spielstädten, einer Masterpiece Gallery, in der Fans ihre eigenen Kreationen ausstellen können, einer Geschichtsausstellung, in der die Besucher die Entwicklung vom allerersten Bau-Set bis zu heutigen Erfolgsschlagern nachverfolgen können, sowie einem großen Lego-Geschäft. Im Familienrestaurant hilft ein Roboter beim Aussuchen und Bestellen der Speisen. Unbedingt sollte man außen auf das Gebäude herauflaufen, das macht vor allem Kindern Spaß, denn für sie gibt es hier verschiedenste Spielstationen.

LEGO House, *Ole Kirks Vej 1, 7190 Billund, www.legohouse.com; tgl. geöffnet, außer Feiertage, Kernzeiten 10–16, im Sommer bis 19/20 Uhr*

Für Wasserratten bietet sich noch ein alternatives Highlight in Billund, der **Lalandia Aquadome**, der mit langen Wasserrutschen, Wassertunneln und Twistern für Adrenalin-Junkies, Wellenbecken, „tropischer" Landschaft, Wellness inklusive Sauna und Whirlpool und vielem mehr aufwartet. Angeschlossen sind ein Campingplatz samt Hütten, ein Supermarkt, eine Bowlingbahn und ein Restaurant.

Lalandia Billund, *Ellehammers Alle 3, http://www.lalandia.dk; saisonale Öffnungszeiten, Kernzeiten: Mai–Sept. u. Herbstferien 10–18 Uhr, sonst siehe Website*

Südöstlich der Stadt befindet sich der **Wow Park**. Mitten im Wald, teilweise hoch in den Bäumen, warten gigantische Netze, Hängebrücken, Schwebebahnen und mehr. Ein echtes Abenteuer für die Kids!

Wow Park, *Havremarken 15, www.wowpark.dk; in der Sommersaison tgl. 10–17 Uhr, sonst siehe Website*

Das **Teddy Bear Art Museum** (*Hans Jensensvej 3, www.teddybearartmuseum.dk; Mi–So 10–17 Uhr*) befindet sich im ehemaligen Wohnhaus der Lego-Familie Kristiansen (s. o.). Schon die Hausanlage von 1959 um einen Atriumhof ist sehenswert. Ein Glanzstück früher dänischer Moderne. Heute kann man hier um die 1.200 Teddybären bewundern, wobei nicht immer alle gleichzeitig ausgestellt sind. Zudem gibt es interessante Sonderausstellungen sowie anderes „Spielzeug" zu bewundern. Ein Besuch im Café im Hause, ein Blick in den Teddy-Shop sowie ein Gang durch den bezaubernden Garten runden den Besuch ab.

Reisepraktische Informationen Billund

Information

Visit Billund Turistbureau, *Hans Jensensvej 6, ☏ 79727299, www.destinationtrekantomraadet.dk/Billund. Hier kann man Unterkünfte buchen.*

Unterkünfte

Hotel Legoland €€€€–€€€€€, *Aastvej 10, ☏ 75331333, www.hotellegoland.dk; großes und modernes Themen-Hotel am Legoland. Auf Familien eingestellt (Familientarife/-zimmer €€€), zahlreiche Spezial- und Kombiangebote. Gleich nebenan befindet sich das* **Legoland Castle Hotel** *(€€€€, Aastvej 20, ☏ 79511350, www.legoland.dk). Das burgähnliche Gebäude umfasst 142 Zimmer, davon viele Familien- und einige Themenzimmer (z. B. Ritter-, Piraten- und Prinzessinenzimmer). Für Kinder gibt es große In- und Outdoor-Spielanlagen.*

REFBORG Hotel €€€–€€€€, *Buen 6, ☏ 75332633, http://refborg.dk; netter Boutique-Gasthof mit skandinavischem Touch. Restaurant sowie Deli-Shop, wo man Zutaten für ein Picknick kaufen kann. 1 km zum Legoland und eine Art Ruheoase für Erwachsene.*

Hotel Svanen €€€, *Nordmarksvej 8, ☏ 75332833, www.hotelsvanen.dk; modernes, sauberes Motel nach amerikanischem Muster, unspektakulär, aber schick. Gutes Restaurant und Bar; 800 m zum Legoland.*

Jugendherberge und Camping

Legoland Holiday Village, *Ellehammers Allé, ☏ 75331333, www.legoland.dk; Feriendorf nahe Legoland und Innenstadt. Geräumige Familienzimmer, Wild-West-Hütten, Indianerzelte. Frühstücksbuffet und günstige, familiengerechte Abendverpflegung. Campingareal mit 650 Stellplätzen, Hütten in allen Größen, z.T. mit eigenem Bad/WC, freier Zugang zum Wellness-Center. Zahlreiche Programme und Spielplätze für Kinder. 500 m zum Legoland. Es gibt 6 weitere Campingplätze im Umkreis von 25 km.*

Restaurants

Im **Hotel Legoland** *gibt es oft ein Mittags- bzw. Abendbuffet. Ansonsten* **Landgasthöfe** *im weiteren Umfeld (Tipp: o. g. REFBORG Hotel) sowie* **Fast-Food-Läden/Restaurants** *im und um das Legoland. Verschiedenste Restaurants befinden sich im Umfeld des LEGO House, z. B.* **Billunds Gastropub** *(Butikstorvet 10H, www.billundgastropub.dk) mit schmackhaften Burgern.*

Busse/Bahn

Busverbindungen *zum Legoland, mit Rückfahrt am gleichen Tag, werden von zahlreichen Städten Jütlands und Fünens angeboten.*

Flughafen

Billunds Flughafen, nördl. vom Legoland, ist Abflugort von Linien- und Charterflügen, ☏ 765 05050, www.bll.dk. Tgl. Flüge nach Kopenhagen und regelmäßig in fast alle Regionen Europas sowie während der entsprechenden Saison auch ins außereuropäische Ausland..

Zwischen Vejle und Fredericia

In **Brejning** befand sich einst eine große psychiatrische Anstalt, der heute eine Sammlung gewidmet ist, welche über die Geschichte der Behandlung psychisch kranker Menschen in Dänemark informiert.
Keller Minde/De Kellerske Anstalter, *H.O. Wildenskovsvej 10, www.kellersminde.dk; Di 10–12, Sa 14–16 Uhr*

Die Geschichte der restaurierten **Børkoper Wassermühle** (Børkop Vandmølle) im gleichnamigen Ort geht zurück auf das 16. Jh. Das jetzige Gebäude wurde um 1830 erbaut. Die Mühle ist im Sommer in Betrieb. Durch die Tür kann man beim Mahlen zuschauen. Auch andere Dinge rund ums Mehlmahlen sind zu erleben. Beliebt sind das hervorragende Restaurant und die gelegentlichen Kunstausstellungen.

Der Name **Hvidbjerg** („weißer Berg") verrät die Art der Küstenlandschaft zwischen Brejning und Fredericia: helle Steilküsten, Dünen, weiße Sandstrände.

Fredericia

Die Geschichte der Stadt begann während des Dreißigjährigen Krieges, als die Schweden 1644 an der schmalen und strategisch wichtigen Stelle Lyngs Odde am Kleinen Belt eine Schanze errichteten. Sie hielt dem Angriff der dänischen Armeen nicht stand. Daher bauten die Dänen die Anlage 1650 unter Frederik III. massiv aus. Es wurden ein gebogener Ringwall zum Land hin und ein rechtwinkliges, barockes Straßensystem angelegt und die als Frederiksodde bezeichnete Siedlung erhielt Stadtrechte. In den Folgejahren wurde der Ausbau der militärischen Anlagen fortgesetzt. Ohne Erfolg: 1657 eroberten die Schweden Frederiksodde, töteten alle Soldaten und zogen im anschließenden Winter auf København – über den zugefrorenen Kleinen Belt, der bis dahin als nahezu eisfrei galt. 1664 wurde die Stadt umbenannt in Fredericia, die Wallanlagen, die die Stadt auf der Halbinsel komplett vom Land abschnitten, wurden nochmals verstärkt, die Straßen verbreitert und weitere Handelsprivilegien erteilt. Der erhoffte Run auf die Stadt blieb zuerst aus. Die Menschen hatten Angst vor weiteren kriegerischen Auseinandersetzungen. Da beschloss die Regierung, dass jeder, egal welcher Glaubensgemeinschaft er angehöre, Bürgerrechte erhalte, wenn er sich in Fredericia niederlassen würde. Das zog ab 1679 viele Juden und einige Jahrzehnte später Katholiken und Hugenotten an, die anderswo in Europa höchstens geduldet wurden.

1848/49 erlebte Fredericia eine weitere Belagerung, diesmal durch das preußisch-österreichische Heer. Dabei wurde die Stadt regelrecht zerbombt. Trotzdem galt diese Auseinandersetzung als Teilerfolg für die Dänen, denn sie banden und schwächten die gegnerischen Kräfte, sodass ein weiterer Vormarsch nach Norden und auf die Inseln verhindert wurde. Diesen Sieg feiert die Stadt auch heute noch alljährlich mit viel Musik und Paraden am 5. und 6. Juli. Die historische Bausubstanz wurde aber zerstört und die Festung verlor so sehr an Bedeutung, dass sie 1909 gänzlich geschleift wurde. Erst danach durften Gebäude höher als die Wallanlagen und grundsätzlich auch außerhalb der Festung gebaut werden. Viele Kirchen haben heute noch keine richtigen Türme.

Obwohl Fredericia mit seinen 41.000 Einwohnern eher als Industriestandort und Verkehrsknotenpunkt Dänemarks angesehen werden muss, hat sich im Zentrum der Charakter einer Festungsstadt bewahrt. Wallanlagen und das Schachbrettmuster der Straßen sind erhalten geblieben. Schaut man die Straßen entlang, bietet sich einem ein buntes Bild aus Gebäuden der letzten zwei Jahrhunderte, mit einzelnen Unterbrechungen mit noch älteren Kirchen sowie den hoch aufragenden, wenig attraktiven, aber kontrastreichen Schornsteinen und Hafenanlagen im Sü-

Blick vom Kastell auf das Kattegat

den der Stadt. Die meisten Geschäfte befinden sich im Norden der Innenstadt, umgeben von Norgesgade, Jyllandsgade, Købmagergade und Danmarksgade.

Nordwestlich der Wallanlagen und erstes Ziel, wenn man von Vejle aus kommt, ist der Madsbypark, in dem sich neben Spielplätzen und Badeland in einer Senke hinter dem Sportzentrum (Idrætscenter) die **Historische Miniaturstadt** versteckt. Hierbei handelt es sich um den originalgetreuen Nachbau der Stadt Fredericia von 1848 im Maßstab 1:10. So sah die Stadt aus, bevor die preußisch-österreichischen Kanonen sie zerstörten.
Den Historiske Miniby, *Vestre Ringvej 98 C, www.madsbyparken.dk; April/Mai u. Sept.–Anfang Herbstferien Mo–Do 10–14, Fr 10–12, Sa/So 10–18, Juni–Aug. tgl. 10–18, Herbstferien tgl. 10–16 Uhr*

Bevor man die Innenstadt erreicht, passiert man das **Stadtmuseum**. Es besteht aus alten Gebäuden in Form eines Freilichtmuseums, die sich mit den Epochen der Stadtgeschichte beschäftigen. Die Religionsfreiheit wird erklärt, Marktszenen und traditionelles Handwerk vorgeführt, die Bedeutung des Tabakanbaus angesprochen sowie alte Möbel, Kachelöfen und Lampen gezeigt. Zudem gibt es eine bezaubernde Gartenanlage, u. a. mit Rosen- und Tabakgarten.
Bymuseet/Museerne i Fredericia, *Jernbanegade 10/Straßendreieck Prangervej, www.fredericiahistorie.dk; Mitte Juni–Mitte Aug. Di–So 12–16, Rest des Jahres Do–So 12–16 Uhr, Jan. geschl.*

Die **Touristeninformation** (Velkomstcenter) liegt in der Prinsessegade 27 (Bibliothek). Dazu fährt man entlang des Prangervej/Sjælandsgade in die Innenstadt, biegt dort links ab in die Købmagergade und dann noch zweimal nach links (Danmarksgade und Prinsessegade).

Die **Attraktionen der Innenstadt** können auf einer maximal einstündigen Rundfahrt (oder einem Spaziergang/einer Fahrradtour – ca. 3 bzw. 2 Std., Parkplatz an der Norresgade 12) gut erreicht werden. Zu erkunden sind an den Wallanlagen, Ecke Danmarksgade/Ved Landsoldaten, das 1752 errichtete **Prinzentor** (Prinsensport) samt Denkmal „**Den Tapre Landsoldat**", das an den Krieg von 1849 erinnert, der weiße **Wasserturm/Hvide Vandtårn** (von oben Aus-

Turmlos: Trinitatis Kirke

blick), weiter östlich das **Bunkermuseum** aus dem Zweiten Weltkrieg *(Bunkermuseet, Nordende der Bjergegade)*, die turmlose **Trinitatis-Kirche** (1689) in der Danmarksgade *(Ecke Kongensgade)*, interessanterweise in gotischem Stil erbaut, die ebenfalls turmlose **Reformierte Kirche** in der Dronningsgade *(Ecke Sjællandsgade)*, 1735 eingeweiht für die calvinistische Gemeinde und mit Glasmalereien versehen, die Calvin und Zwingli darstellen, sowie der gelbgetünchte, viereckige **Pulverturm** (Krudtårnet/Krudthuset) im Südosten der Innenstadt, nahe des ehemaligen **Kastells**. Zum Schluss bietet sich ein Spaziergang entlang des Østerstrandes an, der sich von der Südostspitze der Innenstadt (Skanseodde) beim alten Kastell nach Norden hinzieht.

Hinweis
In Fredericia bzw. Kolding hat man Anschluss an die Fünenrundfahrt, S. 203ff.

Reisepraktische Informationen Fredericia

Information

Fredericia Velkomstcenter, *Prinsessegade 27, Bibliothek, ☏ 72106800, www.visitfredericia.dk.*

Übernachten

BW Kryb-I-Ly Kro €€€–€€€€€, *Koldinglandevej 160, Taulov, ☏ 75562555, www.krybily.dk; großer Kro 7 km westl. von Fredericia, historischer Hintergrund (seit 1610). Den Namen verdankt er einer Anekdote: An einem regnerischen Tag im Jahr 1737 rief der König einer Gruppe von Mähern Krybe i ly Kro (= „schlüpft unter im Kro!") zu. Nach einem Brand wurden das Haupthaus im alten Stil sowie zwei moderne Flügel neu aufgebaut; gutes Restaurant. Günstige Wochenendraten.*

BW Hotel Fredericia €€–€€€, *Vestre Ringvej 96, ☏ 75910000, www.hotelfredericia.dk; relativ modernes, wenig spektakuläres Stadthotel. Zu Fuß 30 Minuten in die Innenstadt, mit dem Fahrrad 10 Minuten. Restaurant im Haus.*

Hotel Postgården €€–€€€, *Oldenborggade 4, ☏ 75921855, www.postgaarden.dk; gemütliches Kleinstadthotel, die etwas teureren „Luxuszimmer" (Superior) bieten mehr Komfort. Es gibt auch 3–4-Bett-Zimmer, Restaurant.*

Hotel Gammel Havn €€, *Gothersgade 40, ☏ 75920199, www.hotelifredericia.dk; das ehemalige Seemansheim wurde zu einem günstigen Hotel umgebaut. Relativ einfach, aber sauber und adrett. Es gibt Familienzimmer. Frühstück im Café Mums gleich gegenüber inklusive. Dort kann man auch mittags oder abends speisen.*

Jugendherberge

Danhostel Fredericia, *Vestre Ringvej 98a, ☏ 75921287, www.fredericia-danhostel.dk; 120 Betten, 2 ½ km zum Zentrum, 3 km zum Strand; nahe Naturschutzgebiet, Madsby Park und Badeland.*

Camping

DANCAMPS Trelde Næs, *Trelde Næsvej 297, ☏ 75957183, www.dancamps.dk/trelde-naes; auf der gleichnamigen Landzunge ca. 8 km nördl. der Stadt. Direkt am Wasser, 407 Stellplätze, Hütten. Weitere Plätze gibt es 11 km nördlich in* **Mørkholt**, *nördl. von Hvidbjerg Strand sowie auf der anderen Seite des Kleinen Belts, auf der Halbinsel westlich von Middelfart.*

Restaurants und Bars

Kryb-I-Ly Kro *(s.o.), dänische und internationale Küche gehobenen Standards, Kro-Ambiente.*
Ti Trin Ned, *Toldkammeret 9, ☏ 75933355, www.titrinned.dk; das Spitzenrestaurant der Stadt. Exquisite nordische Küche und gute Weine. Open Kitchen. Manche Plätze mit Blick aufs Wasser. Etwas für einen besonderen Abend.*
Oven Vande Ved Volden, *Norgesgade 4, ☏ 76200226, www.ovenvandevedvolden.dk; großes Restaurant in ehemaliger Silberwarenfabrik. Tolle Atmosphäre, aber auch belebt. Steaks, dänische Gerichte, Brasserie. Außenbereich sowie Cocktail-Bar.*
Fredericia Brewpub, *Gothersgade 51, ☏ 21455227, www.fredericiabrewpub.dk; Microbrewerie mit Verköstigungsbar und bis zu 10 Bieren vom Fass.*
Im Sommer lohnt ein Besuch in der **Urbania Beach Bar** *(Øster Voldgade 15, https://urbaniabeachbar.dk). Hier gibt es Snacks, Getränke aller Art und oft Partystimmung. Dazu Blick auf Strand und Lillebælt. Wetterabhängig geöffnet, daher aktuell im Internet schauen.*

Walsafaris

Im Lillebælt (Kleinen Belt) tummeln sich zwischen April und September gerne Schweinswale. Mehrere Unternehmen bieten Whale-Watching-Bootstouren von Middelfart aus an, z. B. mit der **„Aventura“** *(☏ 21650567, www.galeasen-aventura.dk, Ableger an der Langebro im Gammelhavn).*

Busse/Bahn

Bahnhof *(☏ 79202020) sowie* **Busbahnhof** *(☏ 75915102): am Nordende der Jernebangade. Durchgangsstation und Knotenpunkt für alle Schnellzüge und Expressbusse nach Flensburg, Kopenhagen und Aarhus.*

Kolding

Bereits vor dem Bau des Schlosses Koldinghus im Jahr 1268 hat es eine Siedlung an der Mündung der Kolding Å in den Kolding Fjord gegeben. Erstmals erwähnt wurde es 1231 im Erdbuch Valdemars. Das Schloss galt als „Schlüssel und Tor“ zum dänischen Königreich, denn südlich verlief bis 1864 die Grenze zum Herzogtum Schleswig und viele Straßen führten hier zusammen, was die wirtschaftliche Entwicklung Koldings bis heute vorantreibt. 1321 erhielt es die Stadtrechte. Im 16. Jh. wurde die Stadt zum Viehzentrum des Landes, basierend auf dem Handel mit Ochsen. Im Dreißigjährigen Krieg wurde die Stadt besetzt, geplündert und von der Pest heimgesucht. Erst im 19. Jh. begann die Erholung, wobei die napoleonischen Kriege und später die mit Preußen Spuren hinterließen. Nach 1864 wurden Hafen, Industrieanlagen und überregionale Infrastruktur ausgebaut. Dann kam noch der Durchgangshandel von dem neu eröffneten Hafen in Esbjerg dazu, und das Dreieck Vejle, Fredericia und Kolding (Trekantområdet), inmitten von Dänemark, entwickelte sich zusammen mit Aarhus zum zweitwichtigsten Wirtschaftsstandort des Landes – nach Kopenhagen. Viele Firmen haben jetzt ihren Sitz in der Region.

Abgesehen von der Altstadt unterhalb des Schlosses präsentiert sich Kolding heute mit 61.000 Einwohnern als moderne Industrie- und Handelsstadt. Viehhandel, Fleischverarbeitung, Metall- und Textilindustrie, Hochschulen (u. a. Design) und die verkehrsgünstige Lage sorgen für eine gute wirtschaftliche Lage. Touristisch betrachtet sollte man sich auf die Altstadt mit Schloss, das Kunstmuseum Trapholt und evtl. den Geografischen Garten bzw. das Krankenpflegemuseum konzentrieren.

Nordöstlich der Innenstadt

Das riesige **Hotel Koldingfjord (1)** oberhalb des Kolding Fjordes kann als eigene Attraktion angesehen werden. Zu Beginn des 20. Jh. als Sanatorium für Lungenkranke eingerichtet, ab 1960 als Schule für geistig Behinderte genutzt, wurde das schmucke Gebäude 1988–90 umgewandelt

in ein Luxushotel mit allen erdenklichen Einrichtungen samt Gourmetrestaurant, in dem man bei rechtzeitiger Reservierung ein Dinner mit Ausblick auf den Fjord genießen kann. Das **Museum für Dänische Krankenpflege (2)** ist untergebracht in zwei Gebäuden, die ehemals zum Lungensanatorium (s.o.) gehörten. Hier wurden bis 1960 Kinder behandelt. Es wird die Geschichte der dänischen Krankenpflege seit dem Mittelalter, vor allem aber seit 1850, vorgestellt.
Dansk Sygeplejehistorisk Museum, *Fjordvej 152, Strandhuse, www.dsr.dk/dshm; Di–So 11–16, Sommerferien tgl. 10–16 Uhr*

Das **Kunstmuseum Trapholt (3)** zählt zu den bedeutendsten in Dänemark. In dem modernen, mehrfach ausgezeichneten Bauwerk sind nicht nur die feinsten Kunstwerke des Landes zu sehen, sondern auch Werke aus handwerklichen Bereichen. Skulpturen, zeitgenössische und alte Gemälde, aber eben auch Designermöbel, Keramiken und Textilkunst gilt es in wechselnden Ausstellungen zu bewundern. Oft ausgestellte Künstler sind etwa die Maler Aksel Jørgensen, Anna Ancher und Richard Mortensen, die Möbeldesigner Hans J. Wegener und Arne Jacobsen sowie Bildhauer wie Per Kirkeby. Schließlich sind da noch der 1935 von C. Th. Sørensen angelegte Garten mit Ausblick über den Fjord sowie das hier wieder aufgebaute Sommerhaus des Architekten und Designers Arne Jacobsen. Für das Museum sollte man sich 2–3 Stunden Zeit nehmen. Toller Museumsshop.
Kunstmuseet Trapholt, *Æblehaven 23, www.trapholt.dk; Di–So 10–17, Mi bis 21 Uhr*

Auf der Fahrt in die Innenstadt passiert man um den Ndr. Ringvej den **Stadtpark (4)** (Byparken). Er lädt zum Spazierengehen ein und bietet Spielflächen für Kinder.

Innenstadt

In der **Touristeninformation (5)** im Slotssøvejen 4 (in der Bibliothek) bzw. an über die Stadt verteilten Info-Bildschirmen (Online-Infos) kann man sich über Veranstaltungen in und um Kolding erkundigen. Die geografische Lage zieht viele erstklassige Ausstellungen und Musikveranstaltungen an. Im Treppenhaus des **Rådhus (6)** (Rathaus) am Axeltorv zeigt ein Wandbild den Überfall der Husaren auf die deutschen Stellungen im Jahr 1849. Das Fachwerkhaus daneben, der **Borchs Gård,** stammt von 1595. Es beeindruckt durch seine Giebel und Schnitzereien. Neben dem Rathaus ragt die **St.-Nicolai-Kirche (7)**, ein roter Backsteinbau, auf. Die Ursprünge der Kirche gehen auf das 13. Jh. zurück, wobei sie mehrfach umgebaut wurde. Die Kirche ist Spiegelbild der Stadtgeschichte und wurde u.a. als Armenhospital, Lazarett und Schule genutzt. Schön ist die Mischung aus wertvollen Kunstwerken und der Schlichtheit der weißen Kalkwände sowie der einfachen Glasfenster am Seitenschiff, die viel Licht einfallen lassen.

Ein paar Häuserblocks entfernt steht in der **Helligkorsgade 18** Koldings **ältestes Haus** von 1589 **(8)**. Es ist ein typisches Beispiel für norddeutsche Stadthäuser aus der Zeit um und nach 1600. In den Wochen vor Weihnachten residiert hier der Weihnachtsmann. Das Nachbarhaus (Nr. 20) wurde 1632 erbaut. Im Hinterhof ist ein Kräuter- und Gemüsegarten angelegt.

Der Fußweg hinauf zum Schloss (Slotsgade) führt über die von Lin Utzon modern gestaltete Spanische Treppe. Das **Schloss Koldinghus (9)** wurde 1268 auf dem Schlossberg oberhalb von Innenstadt und Slotsøen erbaut und später auf Wunsch der hier gerne gastierenden dänischen Herrscher umgebaut und erweitert. Es diente als Grenzfeste zwischen Dänemark und dem Herzogtum Schleswig. Die ältesten Abschnitte, die heute noch zu sehen sind, stammen aus dem Jahr 1447. Der Südflügel wurde um 1550 hinzugefügt, der Heroenturm um 1600. 1808 brannte das Schloss bis auf die Grundmauern nieder, als spanische Söldner von Napoleons Armee dem nordischen Wetter mit einem Feuer im Inneren des Gebäudes trotzen wollten. Erst 1890 wurde es wieder aufgebaut und 1892 das **Koldinghus-Museum** eingerichtet. Die Ausstellungen

Herrenturm am Schloss Koldinghus

sind absolut sehenswert. Möbel der letzten 400 Jahre, Designer-Silber, Waffen, alte Grafiken und Karten Dänemarks, Kirchenskulpturen und Abteilungen, die sich mit der Abspaltung Südjütlands von Deutschland befassen, bilden den Kern des Museums. Beachtenswert sind die hochkarätigen Sonderausstellungen sowie der schmucke Weihnachtsmarkt, der meist aber nur an einem Wochenende im Dezember stattfindet. Zu den bedeutenden Räumlichkeiten im Schloss zählen der Rittersaal, der weiße Bibliothekssaal mit Holzbalustrade sowie die Schlosskirche. Erklimmt man den Burgturm (Heroenturm/Kæmpetårnet), wird man mit einem schönen Ausblick über die Stadt belohnt. Hinter dem Schlossgebäude schließt sich in den ehemaligen Ställen das **Staldgården Museum** an. Hier erfährt man alles über die bewegende Geschichte der Stadt.

Koldinghus Slot, *Koldinghus 1, www.kongernessamling.dk/koldinghus; tgl. 10–17 Uhr, im Januar Mo geschlossen*

Staldgården Museum, *https://museum-kolding.dk; Di–So 11–16 Uhr, Mai–Aug. auch Mo*

Erwähnenswert ist noch das **Stadtarchiv (10)** mit historischen Bildern, Dokumenten und Gegenständen aus verschiedenen Epochen.

Stadsarkiv, *Skolegade 2b, https://koldingstadsarkiv.dk; Di–Do sowie erster Sa im Monat 11–15 Uhr, im Juli geschl.*

Westlich der Innenstadt

Es gibt interessante Führungen durch das 1920 eingeweihte **Elektrizitätswerk (11)** bei Hart. Die mit Wasser angetriebenen Turbinen versorgen Kolding auch heute noch mit Strom, der aber nur 1 % des Bedarfs der Region abdeckt. Schön im Schatten unter den alten Bäumen gibt es einen netten Picknickplatz. Wasserspiele werden die Kleinen erfreuen. Etwas westlich von hier mag den einen oder anderen noch der Besuch des **Landwirtschaftsmuseums (12)** interessieren. Hier werden u.a. landwirtschaftliche Geräte aus der Zeit von 1850–1960 erläutert.

Harteværket, *Alpedalsvej 107, Hart, https://hartevaerket.dk; Mai/Juni u. Mitte Aug.–Ende Okt. Fr 12–18, Sa/So 10–17, Sommerferien tgl. 10–17 Uhr*

Landbomuseet Kolding, *Brødsgårdsvej 52, www.landbomuseet.dk; Mai–Ende Herbstferien Mi/Sa 10–16 Uhr*

Eine Fahrt zum 20 km westlich von Kolding gelegenen Städtchen **Vejen** mag für diejenigen reizvoll sein, die die Skulpturen des Bildhauers Niels Hansen Jacobsen (1861–1941) sowie andere zeitgenössische Kunstwerke im dortigen Kunstmuseum Vejens bewundern möchten.

Vejen Kunstmuseum, *Østergade 4, www.vejenkunstmuseum.dk; Di–Fr 10–16, Sa/So 11–17 Uhr*

Südlich der Innenstadt

Hier liegt **Den Geografiske Have & Rosehave (13)** (Geografischer Garten & Rosengarten). 1917 legte Aksel Olsen auf dem 14 ha großen Gelände eine Baumschule an. Seine Liebe zu Pflanzen aus allen Teilen der Welt ermutigte ihn, daraus einen exotischen Park zu gestalten. Auf einem Rundweg kann man die Flora von Asien, Nordamerika und Europa bewundern und im Gewächshaus die größte Sammlung frühblühender Rhododendren in Europa. Gartenanlagen umfassen u. a. den Rosen-, den Heilkräuter-, den Küchenkräuter- sowie den Farngarten. Im Sommer ist ein Café geöffnet. Ein Höhepunkt ist in der Südecke des Parks die Miniaturstadt **Kolding Miniby**, ein Modell der Altstadt im Maßstab 1:10, das über die Jahre weiter wachsen wird. Rekonstruiert wird die Zeit von 1860/70. Interessant hier ist außerdem der Blick in die Werkstätten.

Den Geografiske Have & Rosehave, *Christian IV. Vej 23, www.geografiskhave.dk; April–Sept. tgl. 10–18, sonst nur Besuch des Garten (Außenanlagen) möglich, tgl. 9–18 Uhr*

Kolding Miniby, *Besichtigung der Werkstätten, Chr. 4 Vej 53, www.koldingminiby.dk; Mo–Fr 9–12 Uhr (sicherheitshalber vorher nochmal nachfragen), Nov.–März meist geschl.*

Reisepraktische Informationen Kolding

Information

Kolding Turistbureau, *Slotssøvejen 4 (in der Bibliothek), ☏ 76332111 sowie Kolding Storcenter, Skovvangen 42, ☏ 75509606, www.destinationtrekantomraadet.dk/kolding.*

Unterkünfte

Hotel Koldingfjord €€€€–€€€€€, *Fjordvej 154, ☏ 75510000, www.koldingfjord.dk; hochherrschaftliches Gebäude am Fjord und unterhalb eines Waldes, 5 km zum Zentrum; großzügiges Ambiente. Sauna, Solarium, Billard, Swimmingpool, erstklassiges Restaurant;* *S. 448.*

Saxildhus Hotel €€€ (1), *Banegårdspladsen 1/Jernbanegade, ☏ 75521200, www.millinghotels.dk; ansprechendes Mittelklassehotel im Zentrum. Restaurant und Bar. Haus von etwa 1900. Der Tipp für die Stadt.*

Kolding Byferie/Kolding Hotel Apartments €€–€€€ (3), *Kedelsmedgangen 2, ☏ 75541800, www.koldinghotelapartments.dk; Apartmenthaus in der Stadt, ruhig, moderne Architektur mit viel Glas. Auch 4-Personen-Apartments.*

Villa Gertrud €€ (2), *Østerbrogade 4, ☏ 27204612, www.villagertrud.dk; Zimmer im ehemaligen Seemannsheim nahe dem Hafen (ansonsten eine etwas trostlose Gegend) sowie kleine Wohnungen und ein Zimmer in Getruds Hus (Christoffer 2 Vej). Empfehlung ist das Seemannsheim, gutes Preis-Leistungs-Verhältnis, nicht weit vom Zentrum und dem Koldinghus.*

Juhls Bed & Breakfast €€ (4), *Gl. Skartved 44, Bjert, ☏ 75572025, https://bb-juhl.dk; schöne Unterkunft auf einem historischen Bauernhof 7 km südöstl. von Koldings Innenstadt. Alle Zimmer mit kleiner Küche.*

Jugendherberge

Danhostel Kolding (5), *Ørnsborgvej 10, ☏ 75509140, www.danhostelkolding.dk; 10 Gehminuten nordwestl. des Zentrums; 3 km zum nächsten Strand. Großer Garten, auf einem Hügel gelegen, teilweise mit Blick auf die Stadt.*

Camping

Dancamps Kolding, *Dons Landevej 101, ☏ 75521388, www.dancamps.dk; 7 km nördl. des Zentrums, moderne Hütten. Noch schönere Plätze gibt es an der Ostsee, z. B. bei Binderup Strand/Grønninghoved Strand, 11 km südöstl. der Stadt.*

Restaurants

Den Gyldne Hane (1), *Chr. 4. Vej 23, ☏ 75529720, http://restdengyldnehane.dk; dänische Küche. Gut geeignet fürs Mittagessen nach/vor einem Besuch im Den Geografiske Have.*
Admiralen (2), *Toldbodgade 14, ☏ 31535047; www.admiralen.dk; Restaurant am Hafen; die Fischgerichte haben schon Auszeichnungen erhalten. Leckere Bouillabaisse. Auch ein paar Fleischgerichte.*
Madkælderen Koldinghus, *Koldinghus 1, ☏ 75504798, www.madkaelderen.dk; in den Kellergewölben des Schlosses wird dänische Haute Cuisine geboten. Stimmungsvoll! Unbedingt vorher reservieren, jedoch vorher einen Blick in die Speisekarte werfen, da meist nur ein bis zwei Menüs angeboten werden. Tgl. 11–16.30, Do–Sa auch 18.30–22 Uhr (Zeiten können variieren).*

Bahnhof *(☏ 70131415) und* **Busbahnhof**: *Banegårdspladsen/Manzantigade in der Innenstadt. Gute Verbindungen zu allen Landesteilen und ins Ausland.*

Zwischen Kolding und Haderslev

Auf der Margeritenroute ist **Skamlingsbanken** zwischen Sønder Bjert und Sjølund mit 113 m der höchste Punkt in Südjütland und erfreut sich nationalen Ansehens. Denn die Anhöhe diente den Dänen im 19. Jh., während der Auseinandersetzungen mit den Preußen, als Versammlungsort. Eine Säule wurde errichtet im Gedenken an diese Zeit und hier wird auch der Widerstandskämpfer des Zweiten Weltkrieges gedacht. Die Aussicht ist wunderbar, es gibt ein schön in die Landschaft eingefügtes Besucherzentrum mit Museum *(https://museumkolding.dk/skamlingsbanken)* und 150 m nördlich ein Café-Restaurant. Im Sommer werden Musikveranstaltungen (zumeist Opern) am Skamlingsbanken abgehalten. Infos dazu in den nahen Touristenämtern.

Hejlsminde ist ein ehemaliger Fischerort, der heute vom Bade- und Jachttourismus profitiert, sich aber einen gewissen Charme erhalten hat. Viele Campingplätze in der Umgebung.

An der Straße 170 von Kolding nach Süden steht 3 km nördlich von Christiansfeld **Den Gamle Grænsekro**. Hier verlief die Grenze zwischen Dänemark und Deutschland bis 1920. Das **Wiedervereinigungs- und Grenzmuseum** gleich gegenüber befasst sich mit der Geschichte der Grenze und der Abstimmung von 1920. Den Anschluss Südjütlands an das Königreich bezeichnen die Dänen als Wiedervereinigung *(Genforening)*. 18 km westlich, in Vamdrup, erinnert das **Kongeåmuseet** ebenso an diesen Abschnitt der deutsch-dänischen Geschichte.
Genforenings- og Grænsemuseet, *Koldingvej 52, www.genforeningsmuseet.dk; Juni–Aug. Di–So sowie Oster- und Herbstferien 10–17 Uhr oder nach Vereinbarung*
Kongeåmuseet, *Jernebadegade 7, Vamdrup, www.kongeaamuseet.dk, Mai–Ende Herbstferien Di–Do, Sa/So 14–16 Uhr*

Christiansfeld

Die Kleinstadt mit 3.000 Einwohnern ist eine der auffälligsten, was die Bewohner und ihre Geschichte angeht. Letztere begann 1771, als König Christian VII. den Anhängern der protestantischen Herrnhuter Brüdergemeine des holländischen Örtchen Zeist erlaubte, in Dänemark eine Kolonie zu gründen. Die Herrnhuter sind eine Religionsgemeinschaft mit Ursprung in Mähren, die sich später nahe dem Ort Herrnhut (Sachsen) ansiedelte und von dort auszog in alle Welt. Überall wurden sie gerne gesehen, denn die Herrnhuter waren nicht nur sehr fromm, sondern galten als ausgesprochen diszipliniert und fleißig. 1772 kauften sie hier 94 ha des Tyrstrupgårds. Anschließend brüteten sie monatelang über Plänen, bevor mit dem Bau von Christiansfeld begonnen wurde. Nørregade und Lindegade wurden als sich kreuzende Hauptstraßen angelegt. 1773 entstanden die ersten Häuser. Alle Häuser wurden mit gelben Flensburger Backsteinen gebaut, die im Verhältnis zu Breite und Dicke länger sind als herkömmliche Backsteine.

König Christian VII. erhoffte sich durch die Brødremenighed einen wirtschaftlichen Nutzen für sein Land und erließ den Mitgliedern einige Steuern sowie den Militärdienst und erteilte frühzeitig Genehmigungen, wie z. B. die Schanklizenz. Es sollte sich auszahlen. Schon wenige Jahrzehnte später besaß Christiansfeld eine Brauerei, eine Honigkuchenfabrik – für die die Stadt heute noch berühmt ist –, eine Baumwollspinnerei, eine Tabak- und eine Ofenfabrik, deren Öfen mit schmucken, marmorierten und ebenfalls in Christiansfeld hergestellten Kacheln verziert waren. Für die Fabrikation der Öfen war der Neuwieder Töpfermeister Abraham Groll verantwortlich, nach dem diese noch heute benannt sind. Heute leben nicht nur Anhänger der Herrnhuter Brüdergemeinde in Christiansfeld, doch die Strukturen sind noch deutlich vorhanden. Die unspektakulären Häuserfronten sowie die gradlinigen Alleen prägen immer noch das Erscheinungsbild. Christiansfeld ist heute ein UNESCO-Weltkulturerbe.

Ein Spaziergang durch Christiansfeld dauert etwa zwei Stunden. Start ist die **Kirche der Brüdergemeinde** im Ortszentrum. Der 1776 eingeweihte Kirchenbau und sein Inventar beeindrucken durch ihre Schlichtheit. Es gibt keinen Altar, keine Kanzel, nur einen Tisch und einen Stuhl auf einer Empore. Im großen, weiß gekalkten Kirchensaal, dem größten pfeilerlosen Saal Dänemarks, finden über 1.000 Besucher Platz. In der Kirche werden die religiösen Festtage gefeiert, zumeist mit einer Mahlzeit aus Hefegebäck und Tee. Um den Kirchenplatz gruppieren sich weitere Häuser der Brüdergemeinde, u.a. das 1779 erbaute Witwenhaus (Enkehuset). Im nahen Christiansfeld-Centret, dem Kulturzentrum der Brüdergemeinschaft, und dem angeschlossenen Museum erfährt man noch mehr über die Brüdergemeinde und erhält einen detaillierten Ortsplan. Hier werden auch Führungen angeboten.

Christiansfeld Centret/Brødremenighedens Museum, *Nørregade 14, www.museumkolding.dk/christiansfeld; Di–So 11–16, Mai–Aug. tgl. 10–17 Uhr*

Skamlingsbanken

Schräg gegenüber steht das **Schwesternhaus** (Søstrehuset), 1776 begonnen und 1781 fertiggestellt. Hier wohnten die unverheirateten Frauen der Gemeinschaft. An der Kreuzung Kongensgade/Lindegade befindet sich das **Brødremenighedens Hotel**, das den Namen des jeweiligen Besitzers trägt. Ihm gegenüber lockt das **Brødrehusets Lille Honningcafé**, in dem seit 1783 nach nahezu unveränderten Rezepten die weltberühmten Honig- bzw. Lebkuchen gebacken werden. Nicht weit von hier, in der Lindegade 21, lohnt ein Blick in die alte **Apotheke**, in der heute Souvenirs und kleine Speisen angeboten werden. Am **Gudsageren**, dem Friedhof

Brødremenighedens Museum

der Gemeinde, endet der Rundgang. Beachtenswert ist die kreuzförmige Anlage der schlichten und nahezu gleich gestalteten Gräber. Die Schwestern liegen gen Osten, die Brüder gen Westen. Kein Grab darf jemals entfernt werden.

13 km westlich von Christiansfeld steht das **Dänische Glockenmuseum**. In einer kleinen Kirche werden verschiedene Glocken – nicht nur Kirchenglocken –, ihre Kulturgeschichte sowie Glockenspiele vorgestellt.
Dansk Klokkemuseum, *im Ort Over Lert (6 km nördl. von Sommersted), Farrisvej 12, www.klokkemuseum.dk; Mai–Ende Herbstferien Mi–So 13–17 Uhr (Zeiten variieren)*

Am Jelssee, 18 km westlich von Christiansfeld, findet jährlich Ende Juni/Anfang Juli ein großes **Wikingerfest** mit Theateraufführungen und Wikingermarkt statt (*www.jelsvikingespil.dk*).

Reisepraktische Informationen Christiansfeld

Information

Christiansfeld Centret, *Nørregade 14, ☎ 76338100, www.museumkolding.dk/christiansfeld*

Unterkünfte/Restaurants

Tyrstrup Kro €€€–€€€€, *Tyrstrup Vestervej 6, ☎ 74561242, www.tyrstrupkro.dk; Gasthof seit 1655, 1 km westl. (Straße zur Autobahn); Zimmer und Luxussuiten in neuem, aber in historischem Stil erbautem Hotelgebäude. Gourmet-Restaurant mit Pianomusik und Meißner Kachelofen. Moderne dänische bzw. skandinavische Küche, es gibt aber auch „einfachere" Speisen.*
Den Gamle Grænsekro €€–€€€, *Koldingvej 51 (Straße 170), ☎ 75573218, www.graensekroen.dk; nördl. von Christiansfeld. Gasthof seit dem 17. Jh., vor 1920 direkt an der Grenze. Das historische Ambiente ist verloren gegangen, dafür hat die plüschige Einrichtung ihren eigenen Charme. Restaurant.*
Brødremenighedens Hotel €€€, *Lindegade 25, Ecke Kongensgade, ☎ 74561710, www.bmhotel.dk; renoviertes Haus von 1802 im Ortszentrum, 16 gut ausgestattete Zimmer (einige mit historischen Kachelöfen), eine Suite (€€€€), gemütliches Kellerrestaurant, in dem tagsüber u. a. auch leckere Smørrebrøde serviert werden.*

Camping

Mehrere Campingplätze entlang der nahen Ostseeküste. Direkt am Wasser liegt **Anslet Camping**, *Strandvej 34, St. Anslet, ☎ 40566345, www.ansletstrandcamping.dk; 150 Stellplätze, Hütten.*

Haderslev

Haderslev wurde im 12. Jh. an der Kreuzung des Handelsweges zwischen Kolding und Aabenraa sowie dem nach Ribe gegründet. Der schmale Fjord bot zudem Schutz. 1292 erhielt es Stadtrechte. Von da an florierte der Handel. Von Krieg, Feuer und Epidemien ab 1600 erholte sich Haderslev erst nach 1800. 1819 wurde hier eine der ersten Sparkassen Dänemarks gegründet. Von den Grenzstreitereien zwischen Preußen und Dänen profitierte die Stadt. Es gab hier zwar kriegerische Auseinandersetzungen, doch zumeist erhielten die Bürger von der jeweiligen Seite Privilegien zugesprochen, über die man heute ungern spricht. Bei der Abstimmung 1920 (Staatszugehörigkeit) waren sich die Einwohner uneins: Sie endete beinahe mit einem Patt. Immer noch gibt es die **Deutsche Bücherei** im Åstrupvej 9 *(www.buecherei.dk)* sowie die **Deutsche Schule**. Heute zeigt sich die alte Innenstadt von ihrer besten Seite. Viele der bis zu 440 Jahre alten Häuser wurden liebevoll restauriert. Die Kopfsteinpflasterstraßen unterstreichen das historische Ambiente. Westlich der Altstadt liegt ein von Grünanlagen umgebener, kreisrunder Ableger des Haderlev Dam, den man gut in einer Viertelstunde zu Fuß umrunden kann. Wenn auch die „offiziellen" Sehenswürdigkeiten nur von lokalem Interesse sind, lohnt sich ein gemütlicher Spaziergang durch die Gassen der 22.000 Einwohner zählenden Stadt.

Für einen **Spaziergang** durch die Innenstadt parkt man am besten östlich der Altstadt. Richtung Westen zweigt man dann am Slotsgrunden ab in die **Slotsgade**, eine der eindrucksvollsten Gassen, denn hier treffen bereits unterschiedliche Stilepochen aufeinander. Das Schloss Hansborg wird man aber vergebens suchen, denn es brannte bereits 1644 nieder. Das **Fachwerkhaus** in der Slotsgade 23 ist das älteste Haus der Stadt (1570). Schräg gegenüber, im 1580 erbauten Gebäude, befindet sich die berühmte **Ehlers-Keramikausstellung**. Hier sind Keramiken, Porzellan und „einfache" Töpferwaren vom Mittelalter bis ca. 1900 zu bewundern. Die einzigartige Sammlung wurde vom Kunstsammler Louis Ehlers und seiner Frau Margrete zusammengestellt. Beide galten als Koryphäen auf dem Gebiet der Töpferwaren und setzten ihre ganze Energie dafür ein, wertvolle und aussagekräftige Keramiken zu sammeln. In dem Haus nebenan wohnte einst der bekannte Architekt Hercules von Oberberg (1517–1602), der einige Schlösser und Kirchen entwarf. Heute wird hier im **Stadtmuseum** die Geschichte Haderslevs erläutert.
Ehlers-Lertøjssamling/Bymuseet i Haderslev (**Von Oberbergs Hus**), *Slotsgade 20 und 22, www.historiehaderslev.dk; Di–So 12–16 Uhr*

An der Nørregade, der Fußgänger- und Haupteinkaufsstraße, trifft die Slotsgade direkt auf die **Haderslever Domkirche** (auch: Vor Frue Kirke). Der Dom steht exponiert auf einem Hügel und ist somit auch ohne großen Turm weithin sichtbar. Die erste Kirche wurde im 12. Jh. aus Granit gebaut. Sie wurde nach 1270 ersetzt durch den romanisch-gotischen, roten Ziegelsteinbau. Zu dieser Zeit wurde die hiesige Kirche der Domverwaltung von Schleswig unterstellt. Bis 1525 dauerten die Bauarbeiten, denn immer wieder kamen neue Pläne auf den Tisch, und die Gemeinde wuchs stetig. Das führte sogar dazu, dass der erste Chor, eine Art „Halle", abgerissen wurde, um einem noch größeren Platz zu machen (1420–1440). Der große Brand von 1627 zerstörte einiges am Dom, vor allem den nordwestlichen Teil und den Turm, der aus Kostengründen nicht wieder aufgebaut wurde. Erst Jahre nach dem Dreißigjährigen Krieg restaurierte man die Brandschäden und verlieh dem Dom sein heutiges Aussehen. Beeindruckend sind die hoch aufstrebenden Pfeiler (Deckenhöhe: 22 m) sowie die 16 m hohen, relativ schmalen Fenster. Ein typisches Beispiel für die skandinavische Backsteingotik. Das bronzene Taufbecken stammt von 1485, die Kanzel aus dem Jahr 1636. Die kleinen Kapellen wurden einst an wohlhabende Bürger und Adelige verkauft. Bekannt ist der Dom für seinen Chor und die neuere Hauptorgel (eine der besten in Nordeuropa), denn die Akustik im Dom ist hervorragend. Die kleinere Orgel von 1819 wurde ehemals erbaut für eine Kirche in Schleswig-Holstein und erst 1986 hier aufgestellt. Im Sommer finden häufig Orgelkonzerte statt.

Weiter geht es entlang der Nørregade, dann mit einem Bogen über die Gåskærgade mit dem alten Stadthotel „Harmonien" und anschließend wieder nach Süden entlang der Apotekergade und über den Torvet, um am Südende der Højgade auf den **Møllepladsen** zu gelangen. Hier steht die ehemalige **Schlosswassermühle**, in der heute das Teatret Møllen, das kleine Stadttheater, untergebracht ist. Entlang der von restaurierten alten Häusern gesäumten Badstuegade geht es nun zurück zum Ausgangspunkt. Etwa 1 km nördlich von hier liegt das Archäologische Museum.

Die Orgel in der Haderslev-Domkirche

Das **Archäologische Museum in Haderslev** kann als eines der besten Regionalmuseen des Landes angesehen werden. Es bildet die archäologische Abteilung der Südjütland-Museen. Hier wird die Geschichte Nordschleswigs/Südjütlands anhand von Funden beleuchtet. Es beginnt mit einem steinzeitlichen, 6.000 Jahre alten Frauenschädel. Funde aus dem Neolithikum dokumentieren, dass damals in der Region bereits gesiedelt wurde. Es schließt sich die Bronzezeit an, in der Gold und Waffen für Besitz und seinen Erhalt stehen. Eine Kopie einer Tracht aus dieser Zeit, die des „Skrydstrup-Mädchens", gehört zu den Highlights des Museums. Während der Eisenzeit entstanden die Dorfstrukturen. Diese Zeit steht für eine Unruhephase in Dänemark, die dann schließlich durch die Wikinger beendet wurde. Die Ausstellung führt weiter über das Mittelalter und die Renaissance mit dem wachsenden Einfluss der Kirchen und den Kriegen bis hin in die Neuzeit, in der die Stadtkultur Einzug nahm und die Industrialisierung sowie die Kriege mit Preußen als einschneidende Ereignisse gewertet werden. Im angeschlossenen Freilichtmuseum kann man eine alte Bockmühle sowie alte und für Südjütland typische Bauernhöfe besichtigen. Im Sommer werden oft kulturelle Abende auf dem Museumsgelände abgehalten.
Museum Sønderjylland/Arkæologi Haderslev, *Dalgade 7, www.msj.dk/de; Mai–Aug. Mo–So 10–16, Rest des Jahres Di–So 13–16 Uhr*

Ausflüge von Haderslev

Haderslev liegt in einem subglazialen Urstromtal, das sich von der Ostsee entlang des östlichen Fjordausläufers, des Haderslev Dam, bis nach Vojens erstreckt. Auf dem **Haderslev Dam** hat man Gelegenheit, mit Leihkanus oder Tretbooten rumzuschippern. Am Südende des Dam wurde ein großes Naturreservat mit Hirschen und einem netten Wanderweg eingerichtet. Ein **Oldtimerzug** mit kleiner Dampflok verkehrt im Sommer und nach Ankündigung auch zu anderen Zeiten zwischen Haderslev und Vojens (*Simmerstedvej 1A, Bahnhof, http://www.booksonderjylland.dk; einfache Strecke 45 Min.*).

Zwischen Haderslev und Aabenraa

Der Bogen nach Osten über Øsby macht dann Sinn, wenn man auch zum kleinen Fischerei-und Urlaubsort **Aarøsund** (auch: Årøsund) fahren möchte. Eine Fähre setzt von hier über zur **Insel Aarø**, die bei Badeurlaubern beliebt ist und die ein Weingut *(www.aaro-vin.dk)* sowie ein Naturschutzgebiet aufzuweisen hat. Um und besonders südlich von Aarøsund gibt es schöne Strände und Campingplätze. Kürzer ist die Strecke direkt nach **Sønder Vilstrup** und von dort weiter durch eine reizvolle Landschaft entlang der Margeritenroute. Die bewaldete Landzunge **Sønderballe Hoved** eignet sich für einen Spaziergang, während die kleine **Insel Kalvø** in der Genner Bugt im 19. Jh. Sitz einer großen Holzschiffswerft gewesen ist. Reste der alten Hellinge sind noch zu erkennen. Der Verein „Det Maritime Kalvø" betreibt ein kleines, unregelmäßig geöffnetes Museum sowie im ehemaligen Kalvø Badehotel ein Kultur- und Naturzentrum samt Café. Schön nächtigen kann man im Apartmenthaus Naturperlen (*www.natur-perlen.dk*) auf dem nahen Festland. Auf der Insel **Barsø**, erreichbar mit einer Fähre, können Familien ein tolles altes Ferienhaus mieten (☏ *22359136, www.barsoehuset.dk*). Die romanische Kirche in Løjt ist bekannt für ihren Flügelaltar. Das Meisterstück stammt von 1520.

Reisepraktische Informationen Haderslev und Aarøsund

Information

Haderslev Turistbureau, *Gåskærgade 28, bygning C,* ☏ *74545630, www.visithaderslev.dk.* **Insel Aarø**: *www.aaro.dk.*

Unterkünfte

Hotel Norden €€€–€€€€€, *Storegade 55,* ☏ *74524030, www.hotelnorden.dk; bestes Hotel von Haderslev (Pool, Sauna, Restaurant, Bar), 500 m nordwestl. des Zentrums am Dam Park und direkt am Ausläufer des Haderslev Dam. Schöne Aussicht. Vielleicht ein bisschen altbaksch.*

Hotel Harmonien €€–€€€, *Gåskærgade 19,* ☏ *74523720, www.harmonien.dk; direkt neben dem gleichnamigen Konzerthaus und nahe der Fußgängerzone. Das charmante Stadthotel mit Restaurant gehört zu den ältesten des Landes (1793). Einrichtung in auffälliger Farbe, z B. Knall-Orange.*

Jugendherberge

Danhostel Haderslev, *Erlevvej 34,* ☏ *74521347, www.danhostel-haderslev.dk; 5 Min. zum Zentrum, 8 km zum Strand; 102 Betten. Schön gelegen im Grünen, mit Blick auf Stadt und Haderslev Dam. Nebenan liegt der von der Jugendherberge verwaltete Campingplatz.*

Camping

Abgesehen von dem Platz am Danhostel liegen Campingplätze an der Ostseeküste zwischen Aarø und Kalvø, z. B. am Strand **Gammelbro Camping**, *Gammelbrovej 70, südl. von Aarøsund,* ☏ *7458 4170, http:llgammelbro.dk, 367 Stellplätze. Fast alle Campingplätze der Region liegen nahe am Wasser.*

Restaurant

Empfehlungen sind die Restaurants in o. g. Hotels: **Hotel Harmonien** *(dän. Gourmet-Küche, stimmungsvolles Ambiente, großer Kamin; unbedingt reservieren) und* **Hotel Norden** *(dän. Küche, Panorama-Restaurant mit Seeblick).* **Kleinere Lokale/Cafés** *gibt es um den Dom in Haderslev bzw. an der Nørregade.*

Busbahnhof *am Nordende der Nørregade/Teaterstien. Nächste* **Eisenbahnstation** *in Vojens (IC-Linie Flensburg–Kolding).*

Aabenraa

Die Stadt, oft auch Åbenrå geschrieben, liegt am gleichnamigen Fjord und erhielt 1335 Stadtrechte, als aus dem Fischereihafen ein Handelshafen erwuchs. Im 17. und 18. Jh. war der Hafen

Giebelhäuser in der Slotsgade

der bedeutendste im südlichen Jütland. Die majestätischen Segelschiffe fuhren aus in alle Weltmeere. Aus dieser Ära (18. Jh.) stammen viele der Gebäude in der Innenstadt, darunter die einstöckigen Häuser mit Dreiecksgiebel und Standerker, hinter dem die Handwerker arbeiteten. Sehenswert sind u. a. die in der Slotsgade (besonders Nr. 14 und 15), am Vægterpladsen (Nr. 1) sowie das in Nybro (Nr. 14). Im 19. Jh. verlor der Hafen an Bedeutung, weil andere Küstenstädte zulegten. Heute ist er wieder der bedeutendste Hafen südlich von Fredericia. Eine riesige Kohleverladestation, der Holzhafen, die Umschlagplätze für landwirtschaftliche Produkte sowie ein moderner Jachthafen bestimmen das Bild. In dem Städtchen ist mit Marcussen & Søn zudem Dänemarks bekannteste Orgelbau-Firma ansässig. Sie baut bzw. restauriert Orgeln im ganzen Land und weltweit bis hin nach Japan. Aabenraa hatte und hat immer noch enge Beziehungen zu Deutschland und ist Sitz der meisten Nordschleswigschen Institutionen. Es gibt eine deutsche Schule, eine deutsche Bibliothek, deutsche Kindergärten und eine deutsche Internet-Zeitung („Der Nordschleswiger"). Der spätere Bürgermeister von Berlin, Ernst Reuter (1889–1953) wurde hier geboren.

Wirklich viel gibt es aber nicht zu erleben und die Stadt mit ihren 16.500 Einwohnern wirkt eher verschlafen. Nur während des **Ringreiter-Festivals** (Ringriderfest) Ende Juni/Anfang Juli erwacht Aabenraa aus dem Dornröschenschlaf. Dann wetteifern bis zu 500 Ringreiter um die meisten Ringe, und ein Volksfest *(www.ringrider.dk)* begeistert Jung und Alt. Toll ist ebenso die **Draisinen-Tour** *(www.veteranbane.dk)* auf einer stillgelegten Bahnstrecke. Die Strecke reicht vom ehemaligen Bahnhof in Apenrade *(Jernbanegade 2)* bis Ulvekule im Rise-Søst-Wald (6 km hin und zurück). Buchung übers Internet.

Die **St.-Nicolai-Kirche**, im spätromanischen Stil gebaut, steht am Kirkepladsen, eine Seitenstraße westlich der Fußgängerzone. Beachtenswert sind die schöne Kanzel, das Altarbild von 1642 und ein romanischer Taufstein. Nicht weit entfernt, im **Rathaus** (von 1830) am Store Torv, kann man eine eindrucksvolle Portraitsammlung dänischer Könige und Königinnen bewundern. Im **Aabenraa Museum** dreht sich fast alles um die Seefahrergeschichte. Buddelschiffe,

Modelle – auch vom Hafen –, Mitbringsel der Seeleute aus der weiten Welt und zahlreiche Gemälde symbolisieren die Boomzeit im 17. und 18. Jh. Damals segelten von Aabenraa aus Schiffe in alle Welt. Eine weitere Abteilung beschäftigt sich mit der Frühgeschichte der Region, die in der Bronzezeit angesiedelt wird. Das Skelett des Nybøl-Mannes belegt diese These.
Aabenraa Museum, *H.P. Hanssens Gade 33, www.msj.dk; April–Okt. 12–16 Uhr*

In dem von einem Wassergraben umgebenen **Kunstmuseum Schloss Brundlund** sind dänische Kunstwerke des 18. Jh. ausgestellt in einem Herrensitz aus dem aus dem 12. Jh. Das Café an der Wassermühle im Schlossgarten lädt zu einer Verschnaufpause ein.
Kunstmuseet Brundlund Slot, *Brundlund Slot 1, www.msj.dk; April–Okt. Di–So 11–17, sonst Di–So 12–16 Uhr*

Die **Wälder** um Aabenraa sind beliebt bei Wanderern, Pilzsuchern und Ornithologen. Es soll bis zu 80 verschiedene Vogelarten geben. Infos und Karten zu Wanderrouten gibt es im Touristenamt. Ein Abstecher zum **Barfußpark Klovtoft** verspricht eine Verführung für die Füße. Hier geht man auf einem Rundweg über verschiedene Untergründe sowie Böden und spürt dabei die unterschiedlichen Fußreflexzonen und, wer dazu bereit ist, kann auch etwas meditieren. Wassertreten in einem Becken stärkt das Immunsystem. Wem das nicht genügt, der kann sich in der Kurklinik nebenan verwöhnen lassen (Kneipp-Kuren, Massagen etc.).
Klovtoft Barfodspark, *Klovtoftvej 32, Klovtoft, 18 km westl. von Aabenraa, www.kurklinik-barfodspark.dk; Mai–Mitte Okt. tgl., sonst auf Anfrage, Anmeldung über das Internet erforderlich.*

Reisepraktische Informationen Aabenraa

Information

Aabenraa Turistbureau, *Storegade 30, ☎ 74623500, www.visitsonderjylland.dk.*

Unterkünfte/Restaurants

Christie's Sdr. Hostrup Kro €€€–€€€€€, *Sdr. Hostrup Østergade 21, Sdr. Hostrup, ☎ 74613446, www.christies.dk; 8 km südl. an der 170; wunderschöner Landgasthof, der mit allen Annehmlichkeiten aufwartet: guter Service, gute Küche, Freizeitanlagen (z. B. Tennis). Zimmer und Hütten.*
Restaurant Knapp og Løjt Kro €€€, *Stennevej 79, Stollig, ☎ 74620092, www.restaurant-hotel-knapp.dk; toller, gemütlicher Landgasthof von 1836, 7 km nordöstl., sehr geschmackvoll eingerichtet, exzellente Küche. Übernachtung im 4 km entfernten, historischen Løjt Kro empfehlenswert.*
Bestes Hotel in der Stadt ist das **Hotel Europa €€€**, *H.P. Hanssens Gade 10, ☎ 74622622, www.europahotel.dk (Restaurant und Pub).*

Camping

Fjordlyst Campingplads/Aabenraa City Camping, *Sønderskovvej 100, ☎ 7462 2699; 1 ½ km zum Zentrum, Blick auf Stadt und Förde. Angeschlossen ist das* **Fjordlyst Hotel** *(www.hotel-fjordlyst.dk) mit Hütten, günstigen Zimmern (Frühstücksbuffet) und Gemeinschaftsküche.*

Bahn

Nächster Bahnhof (Hauptlinie Flensburg–Kolding): in Rødekro (5 km westl.). Bessere Anschlüsse in Padborg.

Weihnachtsmarkt

Von November bis Weihnachten findet auf **Hof Krusmølle** *südwestlich von Aabenraa (Krusmøllevej 10, Felstedskov, www.krusmoelle.dk) tgl. 10–18 Uhr ein Weihnachtsmarkt mit kunsthandwerklichen Produkten und Leckereien statt.*

Entlang der Straße 41 geht es südlich von Aabenraa Richtung Sønderborg. In Vester Sottrup zweigt man ab nach **Øster Sottrup** und dem ausgeschilderten **Nydam Mose**. Das Nydamer Moor stand vor 1.700 Jahren unter Wasser. Hier wurden Schiffe und Ausrüstungen besiegter Seefahrer einem Gott geopfert. Am Parkplatz am Nydamvej erläutert eine Schautafel die Ausgrabungen. 300 m weiter entlang des Feldweges fanden Archäologen **Moorleichen** sowie drei Boote, u.a. das Nydam Boot, das heute in Schloss Gottorf (Schleswig) zu besichtigen ist. Das Boot stammt aus der Zeit um 320 n. Chr., ist ca. 23 m lang und komplett aus Eichenholz gefertigt. Zwar hatte das Nydam-Boot noch keinen Mast, gilt aber mit seinem starken Kiel und den überlappenden Planken als Vorläufer der Wikingerschiffe, die ca. 400 Jahre später entwickelt wurden. Man sollte aber keine große Ausgrabungsstätte erwarten, denn Moor und Gras haben die Landschaft für sich eingenommen. Eine Rekonstruktion des Nydam-Bootes („Nydam Tveir") findet man im kleinen, nahegelegenen Hafen von Sottrupskov. Wer sich hier für wenig Geld im Verein einträgt, darf an bestimmten Tagen sogar mitfahren (*derzeit Mai–Sept. Di ab 18.30 Uhr, Infos: http://nydam.nu/nydambaadens-laug sowie im Infocenter in Sonderborg*).

Sønderborg

Die 41 führt bis in die Stadt (nicht auf die 8/Autobahn fahren, die über die Alssundbro führt). So trifft man auf der Festlandseite auf die Hauptstraße, die ins Stadtzentrum führt. Kurz vor der **Kong Christian X. Bro** sollte man rechts auf dem Parkplatz halten und auf die Brücke laufen. Von dort hat man einen wunderschönen Ausblick auf den Als Sund, die **Altstadt** von Sønderborg und das Schloss. Auf der Festlandseite nördlich der Brücke protzt das **Alsion**, Teil der Universität von Südjütland und mit einem hervorragenden Konzertsaal ausgestattet. Gegenüber auf der Inselseite steht das imposante und architektonisch gewagte **ByensHavn**, das mittlerweile nahezu fertiggestellt wurde. Stararchitekt Frank Gehry war an dem Bauprojekt beteiligt. Viele Wohnungen, Restaurants und Büros in teils atemberaubend verwinkelten Quaderbauten gibt es bereits, weitere werden hinzukommen. Das **MultiKulturhuset (5)**, teilweise integriert in ein altes Speichergebäude, sowie das **Hotel Alsik** mit Aussichtsrestaurant und -bar im 16. Stock beeindrucken als sog. „Leuchtturmprojekte". Zahlreiche historische Kleinstadthäuser aus der Zeit vor dem Ersten Weltkrieg wurden in der Havbogade erhalten und bieten einen bezaubernden Kontrast zu den Neubauten.

Blick auf Sønderborg

Die Geschichte der Stadt beginnt 1170, als König Valdemar der Große nahe dem heutigen Augustenborg eine Festung (Nördliche Burg) errichten ließ. Die „Südliche Burg", das Sønderborg Slot, folgte wenig später. Um dessen Anlage entwickelte sich die Stadt. Das Schloss erlebte einige kämpferische Auseinandersetzungen sowie zahlreiche Um- und Ausbauphasen: 1570, mit der Vollendung der Schloss-

kapelle (älteste Renaissance-Kirche Skandinaviens), galt es als fertig, wurde dann aber nochmals stark verändert und dem Renaissance-Stil angeglichen. Zwischen 1532 und 1549 wurde im Südostturm (später abgerissen) der als Verräter entlarvte König Christian II. gefangen gehalten. Sønderborg genoss Bedeutung als strategisch wichtig gelegene Stadt. Das wurde ihr 1864 zum Verhängnis. Preußische Granaten schossen Sønderborg in Schutt und Asche, sodass die Altstadt heute fast ausschließlich aus Häusern aus der Zeit nach 1870 besteht. Der charmante Kleinstadtcharakter ist aber erhalten geblieben. Wirtschaftlich von Bedeutung sind das Danfoss-Werk auf der Insel Als, etwas Kleinindustrie und die Universität, die mit der Europa-Universität in Flensburg kooperiert. Letzteres resultiert auch daraus, dass die Stadt immer noch eine starke deutsche Minderheit aufweist. Sønderborg zählt heute 28.000 Einwohner und ist hervorragende Ausgangsbasis für die Erkundung der Insel Als. Sønderborg selbst ist attraktiv u.a. wegen der guten Gastronomie, der Geschäfte und der netten Stadtstrände.

Die wesentlichen Sehenswürdigkeiten sind alle zu Fuß zu erreichen. Rund um den **Rådhustorvet** (1) (Rathausplatz) befinden sich Straßenrestaurants und im weiteren Umfeld die Fußgängerzone. Nach Norden schließt sich hier die Einkaufsstraße Perlegade an, wo sich auch die **Touristeninformation** sowie das Einrichtungshaus **Juhls Bolighus** (dän. Designermöbel und kleines Möbelmuseum) befinden. Einen Straßenzug östlich der Perlegade und des Rådhustorvet an der Østergade 4 lockt die moderne **Shopping Mall Borgen** mit Geschäften und Lokalen aller Art. In die andere Richtung vom Rathausplatz aus, über die Rådhusgade und Brogade, vorbei an weiteren Lokalen, gelangt man hinunter zum Hafen und Schloss.

Auf die Geschichte von **Schloss Sønderborg (2)** mit seinen 42 Räumen wurde bereits eingegangen. Hinzugefügt sei, dass es während der letzten Kriege zumeist als Lazarett gedient hat und dass sich hier seit 1921 das **Museum Schloss Sønderborg** befindet. Es beschäftigt sich vornehmlich mit Themen der deutsch-dänischen Beziehungen während der letzten Jahrhunderte. Bilder, Uniformen, Waffen, aber auch handwerkliche Geräte sind ausgestellt. Eindrucksvoll sind die alten Stadtbilder sowie die älteste lutherische Fürstenkapelle Nordeuropas mit einer Orgel von 1560. Für die imposante Ausstellung sollte man sich mindestens zwei Stunden Zeit nehmen.
Sønderborg Slot, *Slotsbakken, www.msj.dk; Di–So, April–Okt. tgl. 10–17 Uhr, nettes Café im Keller*

Südöstlich des Schlosses erstreckt sich der **Stadtstrand** und ein schöner Spazierweg führt entlang des Wassers zum Jachthafen und weiteren Stränden dahinter. Doch erst einmal geht es weiter durch die Stadt: Entlang der Sønder Havnegade folgt man der Kaimauer des ehemaligen Wirtschaftshafens. Alte Hafenhäuser, heute zumeist belegt mit Restaurants, historische Segler und zur Halblinken die Kong Christian X. Bro machen diesen Spaziergang zu einer Augenweide. Geradeaus geht es dann weiter zum neuen Hafenviertel ByensHavn. Nach rechts dagegen sieht man eines der ältesten noch erhaltenen Gebäude der Stadt, die St.-Mariæ-Kirche (1600), in der es Schnitzereien, Gestühl sowie den Altar aus dem 17. Jh. zu sehen gibt. Die Kanzel ist von 1559. Aus massiven Steinen erbaut, konnte sie den preußischen Kanonen standhalten. Hinter der Kirche führt die Kirke Alle zum **Deutschen Museum Nordschleswig (3)**, das sich mit der Geschichte der deutschen Volksgruppe in Nordschleswig befasst. 1920 stimmten übrigens 56 % der Stadtbewohner für den Verbleib beim Deutschen Reich, sie wurden jedoch von der Landbevölkerung überstimmt, die mehrheitlich für Dänemark war. Eine weitere Abteilung beschäftigt sich mit der Geschichte der deutschen Schulen in Jütland. Die Sprache, das „Sønderjysk“, steht als verbindendes Glied im Mittelpunkt. Die ausgesprochen gut sortierte Deutsche Bücherei befindet sich mittlerweile im o. g. MultiKulturhuset.
Det tyske Museum, *Rønhaveplads 12, www.deutsches-museum.dk; April–Sept. Mi–Mo, sonst Mo u. Do–Sa 10–16 Uhr oder nach Absprache*

Ringreiterfeste finden alljährlich an einem Wochenende Anfang/Mitte Juli in Süd-Jütland statt. Die bekanntesten sind die in Aabenraa sowie das in Sønderborg. Geschichten und Hintergründe dazu erzählt das **Ringreiter-Museum (4)**.
Ringridermuseet, *Kirkegade 8, www.ringridermuseet.dk; Juni–Aug. Di/Do 11–16, während des Ringreiterfestivals Fr–So 11–16 Uhr, Festival: www.ringriderfesten.dk*

Hinweis
Zu Dybbøl Banken und der Dybbøl Mølle S. 468.

Im Ortsteil **Vollerup** östlich der Stadt steht ein Sonnenenergiepark. 11.000 m² Sonnenkollektoren produzieren Fernwärme für die Hälfte der Bewohner Vollerups. Im runden Gebäude daneben wird die überschüssige Wärme in einem mit Bioöl betriebenen Kessel gespeichert, dazu die fehlende Wärmeenergie erzeugt und nebenbei auch noch Strom produziert.
Solparken Vollerup, *Mommarkvej 81, Vollerup; Besichtigung nur „über den Zaun“*

Reisepraktische Informationen Sønderborg

Information
Sønderborg Turistbureau, *Perlegade 50, ☏ 74423555, www.visitsonderborg.dk.*

Unterkünfte

Alsik Hotel & Spa €€€€ (1), *Nørre Havnegade 21–25, ☏ 744203000, www.alsik.dk; First-Class-Hotel direkt am Sund und nahe der Innenstadt. Das 19-stöckige Hotel setzt neue Maßstäbe in der Region: modern und mit ausgezeichneter Gastronomie in drei Restaurants, darunter das Restaurant Syttende mit Michelin-Stern und bis zu 17-gängigen Menüs. Dänemarks größtes Spa (4.500 m²), großzügige Fitnessanlagen sowie Ausblicke auf die Stadt samt einer allgemein zugänglichen Aussichtsetage in 64 m Höhe (anmelden in der Lobby) runden das Bild ab.*
Hotel Sønderborg €€€ (2), *Kongevej 96, ☏ 74423433, www.hotelsoenderborg.dk; 400 m zum Zentrum; gemütliches Hotel in kleiner Villa mit Türmchen; reservieren Sie ein Zimmer im Altbau.*
Schöne Landgasthöfe liegen auf Als (S. 467) und auf dem Festland: **Den Gamle Kro €€€ (3)**, *Slotsgade 6, Gråsten (14 km nach Sønderborg), ☏ 74651567, www.1747.dk, dem ein ausgezeichnetes Restaurant angeschlossen ist, sowie der idyllisch am Wasser gelegene* **Ballebro Færgekro €€–€€€ (3)**, *Færgevej 5, Blans, ☏ 74461303, www.ballebro.dk, (13 km nordwestl. von Sønderborg) mit gutem Restaurant.*
Östlich von Sønderborg locken zwei weitere Unterkünfte: der ehemalige Klosterbauernhof **Als Kloster €€ (5)** *(Søndre Landevej 156, 3 km östl. von Sønderborg, www.alskloster.dk; Abendessen nach Voranmeldung), heute ein hygelliges B&B inmitten der Natur und nahe dem Wasser sowie das historische und exquisite* **Hotel Baltic €€ (6)** *(Havbo 29, Høruphav, https://hotel-baltic.dk) mit gutem Restaurant. Beide auf Karte S. 465 verzeichnet.*

Jugendherberge

Danhostel Sønderborg (4), *Kærvej 70, ☏ 74423112, www.sonderborgdanhostel.dk; 10 Gehmin. zum Zentrum; 200 Betten.*

Camping

Sønderborg Camping, *Ringgade 7, ☏ 74424189, www.sonderborgcamping.dk; in der Nähe des Jachthafens (1 km zum Zentrum, 200 m zum Strand), windgeschützte Anlage; 150 Stellplätze, Hütten. Weitere Campingplätze bei* **Augustenborg** *sowie auf der Halbinsel* **Broager Land**.

Restaurants

Von den gehobeneren Restaurants der Stadt seien in erster Reihe die im **Hotel Alsik** *(s. o.) sowie die Gaststätten in der Sønder Havnegade (direkt am Hafen inkl. Sonnenuntergang) empfohlen, z. B. das* **Colloseum** *(beste Smørrebrød, dieses leider nur bis 15 Uhr, https://restaurant-colosseum.dk). Um die Ecke an der Brogade lockt die* **Brasserie 1761** *(https://brasserie1761.dk) mit guten Steaks, Menüs und Weinen. Günstiger und variationsreicher ist das Essen entlang der Store Rådhusgade hinauf zum Alten Rathaus. Sehen und gesehen werden heißt es auf den Außenterrassen der Lokale auf dem* **Rådhustorvet (1)**. *Hier bieten verschiedene Restaurants einen guten Mix aus Burgern, Pasta, dänischen Fischgerichten etc. Um die Ecke von hier ist das* **Bella Italia (2)** *(Lille Rådhusgade 29–33, www.bella-it.dk) der wohl beste Italiener der Stadt. Der* **Rønhaveslagteren (3)** *(Hestehave 24, 6 km nördl. von Sønderborg auf einem Hofgelände, https://ronhaveslagteren.dk) ist berühmt für seine Kartoffelsalami, bietet aber auch beste Wurst und Fleisch für einen Grillabend. Gut, aber relativ weit weg sind die Restaurants* **Den Gamle Kro** *in Gråsten (s. o.) sowie der* **Ballebro Færgekro** *(s. o.) und die Restaurants auf der* **Insel Als** *(S. 467), etwa das im Hotel Baltic (s. o.).*

Bahn/Busse/Flugplatz

Die Bahnlinie endet auf dem Festland (am Alsion). **Busbahnhof**: *Ecke Langang/Jernbanegade. Der* **Flugplatz** *(https://sonderborg-lufthavn.dk) liegt 7 km nördl. der Stadt (tgl. Verbindungen nach Kopenhagen). Von hier werden gelegentlich auch Rundflüge angeboten.*

Insel Als

Mit 321 km² ist Als die achtgrößte Insel Dänemarks. 50.000 Menschen, zu denen auch die Bewohner Sønderborgs zählen, leben hier. Als ist wegen der schönen Strände, kleinen Museen, Burgen, alten, Trutzburgen ähnelnden Kirchen, Wind- und Wassermühlen ein beliebtes Ziel. Viele nutzen die Insel als „Sprungbrett“ auf die Inseln Fünen und Ærø. Als ist auch bekannt als Gründungsstätte des dänischen Messtechnikkonzerns Danfoss. Er hatte seinen Ursprung auf einem Hof bei Nordborg. Heute gehört der spannende Technik-Erlebnispark Danfoss Universe hier zum Konzern. Der Norden und die Ostseite der Insel beeindrucken durch ihre Steilküsten, während man die schönsten Strände im Südwesten sowie auf der Halbinsel Kegnæs findet. Viele Kleinkunsthandwerker und Künstler haben Als als Heimat gewählt. Sie leben vor allem um Høruphav und Skovby, ein paar auch in Nordborg. Die Geschichte von Als kann durch den Fund des Hjortspring-Bootes bei Holm mittlerweile zurückverfolgt werden auf die Eisenzeit. Zwischen Fynshavn und Mommark gibt es im Wald bei Kettingsskov zudem eine der größten Ansammlungen von Hühnengräbern in Skandinavien. Für die 34 km lange Insel und ihre Sehenswürdigkeiten sollte man sich einen Tag Zeit nehmen. Eine Inselrundfahrt könnte zuerst nach Augustenborg, dann in den Norden und schließlich in den Süden der Insel führen.

Die kleine Stadt **Augustenborg** liegt nur 8 km nordöstlich von Sønderborg und beeindruckt durch ihre alten Häuser und vor allem das **Schloss Augustenborg (1)**. Es wurde 1776 im Rokokostil erbaut und war der Hauptsitz des Augustenborger Herzogsgeschlechts. Ein kleines Museum am Glockenturm (*April–Okt., Mo–Fr 10–18 Uhr*) informiert über seine Geschichte. Der wunderschöne Schlosspark *(tgl. 10–18 Uhr)* kann kostenlos besichtigt werden. Führungen in das Schloss finden nur nach Voranmeldung und i.d.R. nur von Ende Mai bis September statt *(☏ 74423555)*. Dabei wird man in das Arbeitszimmer des Herzogs und den Gartensaal geführt. Sehenswert ist auch die Schlosskapelle (Stuckarbeiten, Altar, *Mo–Fr 8–15 Uhr*).

Augustiana an der Nordwestseite des Schlossparks ist ein Palais, das der Herzog 1768–88 für seine Tochter errichten ließ. Heute ist hier ein Kunst- und Kulturcenter untergebracht. Im Gebäude gibt es eine Gemäldeausstellung. Beeindruckender ist der immer geöffnete Skulpturenpark mit Werken dänischer Bildhauer.
Augustiana, *Palævej 12, www.augustiana.dk; Palais: Feb.–Nov. Di–So 11–16/17 Uhr*

Weiter geht es auf der Landstraße 405 nach Norden. Die **Egen-Kirche (2)** im gleichnamigen Ort ist bekannt für ihre bis zu 200 Jahre alten Kirchenställe und den etwas einzeln stehenden Kirchturm aus Holz. Gegenüber, auf der anderen Seite der Hauptstraße, steht eine 12 m hohe **Sonnenuhr**. Sie zeigt die Zeit auf zwei Minuten genau an.

In **Svenstrup** gibt es gleich zwei kleine Museen, **Jørgen Riecks archäologische Sammlung (3)** mit einer der größten privaten archäologischen und geologischen Sammlung von Steinen und anderen Funden in Dänemark sowie **Vagns SAAB-Museum**, wo zwölf alte Saabs aus der Zeit zwischen 1951 und 1967 zu bewundern sind. Beide Museen werden aufgrund des fortgeschrittenen Alters der privaten Betreiber evt. nicht mehr allzu lange existieren.
Jørgen Riecks Arkæologiske Samling, *Egebjergvej 4, www.svenstrup-nordals.dk; Mai–Herbstferien Di/So 13–16 Uhr oder nach Vereinbarung*
Vagns SAAB-Museum, *Nordborgvej 56, ☏ 74456063, geöffnet auf Anfrage*

Im **Danfoss Universe & Museum (4)** bei Nordborg erfährt man mehr über den berühmten Konzern. Danfoss-Heizkörper-Regler, mit denen man die Raumtemperaturen konstant hält,

kennt wohl jeder. Die dänische Firma war die erste, die sie in großen Serien auf dem Markt präsentierte. Danfoss hat im Laufe der Jahre weitere Firmen aufgekauft bzw. sich mit einigen zusammengeschlossen. Heute ist es ein Weltkonzern im Bereich Wärme- und Kältetechnik mit über 40.000 Mitarbeitern und Fabriken in 21 Ländern. Neben Heizungsthermostaten fertigt die Firma vor allem Ventile, Mess- und Hydraulikgeräte sowie Kompressoren, Aircondition- und andere Geräte. Der Grundstock für den Konzern wurde hier auf dem kleinen Hof gelegt. Mads Clausen (1905–66) sollte eigentlich den Hof der Eltern übernehmen. Doch fasziniert von der kleinen Pumpenwerkstatt seines Urgroßvaters, entschied er sich frühzeitig für einen technischen Beruf. Schon als Kind galt er als Tüftler. Nach einigen Lehrjahren in Silkeborg, Odense und Vojen kam er 1933 zurück auf den elterlichen Hof und richtete sich in seinem ehemaligen Kinderzimmer eine Werkstatt ein. Diese wurde immer wieder ausgebaut, bis bald das gesamte Hofgelände für die Produktion von Kühlschrankkompressoren, Reglern und anderen Geräten genutzt wurde. Der Wachstumskurs war nicht zu stoppen, doch erst 1962 zog Clausen in das neue Verwaltungsgebäude um. Heute gehört das Unternehmen der „Mads und Bitten Clausen Stiftung“ und hat seinen Hauptsitz hier in Nordborg.

Der Erlebnispark **Danfoss Universe Science Center** begeistert Kinder und Erwachsene gleichermaßen. Das Motto lautet: „Technik zum Anfassen". Dazu gehören interaktive Spiele, 5-D-Simulator, Kletter-Parcour, Intelligenz- und Geduldstests, Ausprobier- und Lernstationen zu den Themen alternative Energien, Naturgewalten, Ökologie, Künstliche Intelligenz, ein Parcours mit Segway-Rollern (Einweisung, Straße, Off-Road) u.a. Man kann sogar einen echten Bagger steuern. Das geschwungene, mehrfach prämierte Ausstellungsgebäude „Cumulus" wurde vom Berliner Star-Architekten Jürgen Mayer entworfen. Die Geschichte Mads Clausens und seiner Firma wird dargestellt im ehemaligen Wohnhaus, in dem u.a. die ersten Werkstätten, Büros sowie die Wohnstube zu besichtigen sind. Im ehemaligen Fabrikgebäude daneben sind alle Danfoss-Produkte ausgestellt.
Danfoss Universe Science Center, *Mads Patent Vej 1, http://universe.dk, https://danfossmuseum.dk/tour-da; Ende März–Juni u. Sept.–Herbstferien Di–So sowie alle Ferientage 10–16, Juli–Anf. Sept. tgl. 10–17, in den Sommerferien bis 18/19/20 Uhr. Selbstbedienungsrestaurant. Picknick kann mitgebracht werden.*

Schräg gegenüber der Zufahrt zum Danfoss Universe überragt auf einem 50 m hohen Hügel am Tingstedvej die gut erhaltene **Havnbjerg Windmühle** die gleichnamige Siedlung. Die Öffnungszeiten variieren, aber alleine die erhöhte Position ergibt einen schönen Picknickplatz! Die Grundmauern der nahen Havnbjerg Kirke wurden 1180 gesetzt, der Turm aber erst 1857.

Nahe dem Ortskern von **Nordborg** steht das **Schloss Nordborg (5)**. Es wurde im 12. Jh. als Schutz gegen die Wenden angelegt und nach der Zerstörung durch die Schweden 1670 neu aufgebaut. Später stürzte es nach einem Feuer erneut ein und wurde erst 1911 im jetzigen Zustand aufgebaut. Heute befindet sich im Schloss ein Internat. Nur der Schlosspark ist zu besichtigen (*tgl. 10–17 Uhr*).

In **Holm**, 2 km westlich von Nordborg, kann man das urige, 18 m lange und 500 kg schwere **Hjortspringboot (6)**, einen (fahrtüchtigen) Nachbau eines der ältesten Boote Skandinaviens, besichtigen. Das Original aus der Eisenzeit (ca. 350 v. Chr.) wurde 1921 auf der Hjortspring Farm (zw. Nordborg und Guderup) entdeckt.
Hjortspringbåden, *Dyvigvej 11, www.hjortspring.dk; unregelmäßig geöffnet, i.d.R. Mitte Mai–Mitte Aug. Di 17–21 Uhr*

Südlich von Holm lädt das schicke **Dyvig Badehotel** zu einem Mittagessen oder einer Kaffeepause ein, im Sommer und bei gutem Wetter sogar auf der Terrasse.

Auf der Straße 405 geht es zurück bis Egen und von dort in Richtung Elstrup und Fynshav. Das kleine, aber interessante (Wind-)Mühlen-Museum in **Elstrup** lohnt einen kurzen Stopp (*www.elstrupmolle.dk*). Fynshav lebt vornehmlich vom Fährverkehr nach Fünen und zur Insel Æro.

Weiter geht es, vorbei am Wald bei Kettingsskov, wo es eine der größten Ansammlungen von Hühnengräbern in Skandinavien zu erkunden gibt, sowie am verschlafenen Fischerei- und Jachthafen **Mommark** (netter Hafenimbiss), durch Lysabild mit seiner imposanten **Wallfahrtskirche (7)** aus dem 12. Jh., nach **Skovby**, dem zentralen Ort in Sydals. Hier zielen ein schöner Landgasthof, Kleinkunsthandwerker und Geschäfte vorwiegend auf die Gäste der nahen **Halbinsel Kegnæs (8)**, die für ihre schönen Strände und die Abgeschiedenheit bekannt ist. Diese erreicht man über einen natürlichen Damm. Die Straße endet in **Sønderby**, einst ein verträumes Fischerdorf, heute bestimmt durch den Campingplatz und die Städter, die sich jetzt in den Fischerhäuschen ihr Feriendomizil eingerichtet haben. Auf Kegnæs mag die Uhr zwar langsamer ticken, doch mehrere Campingplätze und andere touristische Einrichtungen haben ihr mittler-

Der verschlafene Hafen von Mommark

weile den Nimbus der Einsamkeit genommen, zumindest während der Sommermonate. Dann hat man übrigens auch die Möglichkeit, auf den **Leuchtturm** (Kegnæs Fyr) zu steigen und die weite Aussicht zu genießen.

Zurück auf der Straße 427 in Richtung Sønderborg geht es nach wenigen Kilometern links zur historischen, teilrestaurierten **Wassermühle von Vibæk (9)** von 1750. An einigen Tagen im Sommer werden Mühle und Ofen wieder aktiviert. Die nahe Windmühle beherbergt eine Galerie.

Høruphav ist Heimat der Glasbläserei **Dansk Glaskunst**. Man kann beim Glasblasen zuschauen und natürlich auch Glaskunst in jeglicher Form, ob für Garten oder Haus, erstehen *(Sdr. Landevej 219, www.dansk-glaskunst.dk; Mo–Fr 10–17.30, Sa 10–13 Uhr)*. Im historischen Hotel Baltic (*Havbo 29, ☏ 74415200, www.hotelbaltic.dk*) kann man vorzüglich speisen.

Wandertipp

Eine herrliche Wanderroute ist der 74 km lange **Gendarmenpfad** (Gendarmstien) entlang der deutsch-dänischen Grenze, benannt nach den Grenzgendarmen, die zwischen 1920 – dem Jahr der Wiedervereinigung Nordschleswigs mit Dänemark – und 1958 an der Grenze patrouillierten. Der Pfad wurde freigelegt und ermöglicht Wanderern, in 2–3 Tagen von Padborg nach Høruphav zu laufen; Hinweisschilder mit einem blauen Gendarmen weisen den Weg. Broschüren und Infos verteilen alle nahen Touristenämter.

Reisepraktische Informationen Als

Unterkünfte/Restaurants *(siehe auch S. 463)*

Dyvig Badehotel €€€€ **(1)**, *Dyvigvej 31, Nordborg, südl. des Ortsteils Holm, ☏ 73164300, www.dyvigbadehotel.dk; ein Juwel mit historischem Touch, schön am Wasser gelegen und mit einem hervorragenden Restaurant. Schmucke Einrichtung mit zahlreichen Antiquitäten. Vor allem die Suiten sind klasse, doch sehr teuer (€€€€€). Ein Hotel, in dem man gut ein paar Tage entspannen kann.*

Skovby Kro €€–€€€ (2), *Kegnæsvej 37, Skovby, ☎ 74404262, www.skovbykro.dk; schöner Gasthof von 1875. Das Restaurant ist bekannt für seine 200- bzw. 400-g-Höhlenbeefsteaks, die Sie am Tisch auf einem Granitblock selbst grillen. Nicht alle Zimmer haben ein eigenes Bad.*
Fjordhotellet €€ (3), *Langdel 2, Augustenborg, ☎ 74471222, www.fjordhotel.dk; kleines Hotel, einige Zimmer mit Balkon und Aussicht auf den Jachthafen. Restaurant.*

Jugendherberge

Danhostel Sønderborg Vollerup (4), *Mommarkvej 22, Vollerup, ☎ 74423990, www.danhostel-sonderborg-vollerup.dk; 5 km östl. von Sønderborg; 150 Betten (Familienzimmer).*

Camping

Fast alle Plätze auf Als liegen am/nahe zum Wasser. Drei Empfehlungen:
Augustenhof Strand Camping, *Augustenhofvej 30, Nordborg (Nordspitze der Insel), ☎ 74450304, www.augustenhof-camping.dk; 141 Stellplätze, Hütten, dicht am Wasser, windgeschützt.*
Naldmose Strand Camping, *Naldmose 12, Fynshav (Osten der Insel), ☎ 74474249, www.naldmose.dk; 150 Stellplätze, schöne Holzhütten. Windgeschützt, direkt am Wasser. Beliebt bei Familien und Anglern.*
Sønderby Strand Camping, *Sønderbygade 4–6, Kegnæs, ☎ 74405313, www.sonderbystrandcamping.dk; 100 Stellplätze, Hütten. Ein Teil des Platzes liegt direkt am Wasser, der andere etwas landeinwärts. Inmitten des Dorfes Sønderby. Während der Hochsaison eng. Beliebt bei Anglern (Stege, Bootsvermittlung). Tolle Sonnenuntergänge über Sønderburg.*

Fähren

Fynshav nach Bøjden auf Fünen (6- bis 10-mal tgl., ☎ 70251025, www.alslinjen.dk); Fynshav nach Søby auf Ærø (2- bis 4-mal tgl., ☎ 62524000, www.aeroe-ferry.dk). Die neue Fähre „EF Ellen" ist übrigens Dänemarks erste rein elektrisch betriebene Fähre.
Die kleine Fähre zwischen Hardeshøj im Norden von Als nach Jütland verkehrt 20- bis 24-mal am Tag.

Dybbøl Banken und Dybbøl Mølle

Vorbei an Sønderborg erreicht man auf der Anhöhe auf dem Festland eines der bedeutendsten Schlachtfelder des 19. Jh. Auf der 69 m hohen Hügelkette, dem **Dybbøl Banken** (Düppeler Hügel), thront eine weißgetünchte Windmühle, die zwei Schlachten miterlebt hat, 1849 und 1864, dabei zweimal zerstört und jedes Mal wieder aufgebaut wurde. Im Grunde wurde die 1744 erbaute **Dybbøler Mühle** (Dybbøl Mølle) sogar viermal wieder aufgebaut, denn in Friedenszeiten brannte sie einmal ab, und einmal wurde sie grundlegend modernisiert. Heute steht die Mühle, die zu besichtigen ist, als Symbol für „die Beharrlichkeit der dänischen Bevölkerung unter preußischer Besatzung".

Im **Historiecenter Dybbøl Banke** gegenüber der Windmühle werden die Vorgeschichte sowie der Verlauf der Schlacht anhand von Filmen, Modellen und Gegenständen aus der Schlacht erläutert. Man kann entlang der alten Festungsanlagen spazieren. 1920, als sich Nordschleswig zu Dänemark erklärte, trafen sich über 50.000 Dänen zum Feiern auf den Schanzen. In den Herzen der Dänen ist Dybbøl Banken ein Nationalsymbol, das für sie den Inbegriff von Freiheit darstellt.
Historiecenter Dybbøl Banke, *Dybbøl Banke 16, www.1864.dk; April–Okt. tgl. 10–17 Uhr*

Die Schlacht an den Dybbøl Skansen (Düppeler Schanzen)

info

Vorgeschichte
Preußen begann Mitte des 19. Jh., seine Vormachtstellung in Europa aufzubauen, um während der Industriellen Revolution mit den Nachbarstaaten mithalten zu können. Verkehrswege zu den industriellen Zentren sowie größere Häfen wurden angelegt und die Kriegsmaschinerie wurde angetrieben. Kleine Landzugewinne genügten jedoch nicht. Daher plante Wilhelm I. (König/Kaiser: 1861–88) einen Übergriff auf Frankreich. Um für diesen „zu üben", benötigte er einen Feind, der sicher zu schlagen ist. Mit diesem „Vorkrieg" wollte er die Soldaten einstimmen und die Bevölkerung auf seine Seite bringen. Seine Wahl fiel auf das arg gebeutelte Dänemark. Denn die südlichen (dänischen) Herzogtümer Schleswig und Lauenburg neigten sowieso mehr zu Preußen und die Truppenpräsenz der Dänen dort war den Preußen ein Dorn im Auge.

Im Winter 1864 marschierten die preußisch-österreichischen Truppen gen Norden. Der Vormarsch kam für die Dänen nicht überraschend. Sie hatten ihr Heer im Februar im Gebiet um Schleswig, am Dannewerk (Dannevirke), postiert, in der Hoffnung, die Schlei im Osten und die Marschen im Westen würden den Gegner in dieses Nadelöhr zwingen. Doch der harte Winter ließ Schlei und Marschen zufrieren und diese konnten von den Truppen überschritten werden. Nach kurzen Gefechten zogen sich die Dänen zurück. Für sie galt nun, die beiden Brückenschläge über den Kleinen Belt zur Hauptstadt, den Als Sund und Als sowie bei Kolding, zu sichern. Von diesen Flanken aus wollten sie das herannahende deutsche Heer angreifen. Der Plan war gut, doch waren die Vorkehrungen auf dänischem Boden noch nicht abgeschlossen. Die Verteidigungsanlagen an den Dybbøl Banken waren nur halb fertig. Daher zog das preußische Heer auf die Insel Als zu, während das österreichische den Rückhalt sicherte und die dänischen Truppen bei Kolding band.

Die Schlacht
Das dänische Heer mit seinen 36.000 Mann erreichte die Schanzen am 5. Februar und die Truppen begannen, die unvollendeten Befestigungsanlagen kampfklar zu machen. Gerade als sie damit am 15. März fertig waren, begannen die preußischen Truppen mit dem Bombardement. Obwohl sie, später auch mit Hilfe einiger österreichischer Truppen, mit 54.000 Soldaten in der Überzahl waren und über die weiter reichenden Kanonen verfügten, ließen sich die Dänen nicht so schnell besiegen. Wochenlang schossen die deutschen Truppen auf die Schanzen, am erfolgreichsten von der Halbinsel Broagerland aus. Sie suchten den Sieg in der Zermürbung der dänischen Kampfmoral. Doch erst am 18. April 1864 gelang der erste Durchbruch. Ein Gegenangriff dänischer Reserveeinheiten konnte den Vorstoß auf die Schanzen nur kurz stoppen. Nach einer Kampfpause eroberten die Preußen dann am 29. Juni die Insel Als. Das Gros des dänischen Heeres konnte sich jedoch noch rechtzeitig mit Schiffen nach Fünen retten.

Anschließend unterzeichneten die Kriegsparteien einen Friedensvertrag. Dänemark musste die Gebiete Schleswig, Holstein und Lauenburg abtreten. Das preußische Imperium zog sich nun im Norden bis zu einer Linie, die von der Nordspitze der Insel Rømø bis nach Haderslev reichte.

Der kleine Ort **Broager** fällt bereits von weitem durch den majestätischen, doppeltürmigen Kirchenbau auf. Die **Kirche von Broager** wurde im 12. Jh. errichtet. Die Wandmalereien (auf Kalk) in ihrem Inneren stammen aus dem 13., 14. und 16. Jh. Bemerkenswert sind die Schlichtheit des Kirchenschiffes sowie die Holzschnitzereien an der Kanzel. Der Glockenturm auf dem Friedhof gilt als der größte Dänemarks.

Im **Cathrinesminder Ziegelsteinmuseum** lernt man eine Menge über die Produktion von Ziegelsteinen. Dank großer Lehmablagerungen in einem Gletschersee der letzten Eiszeit (vor ca. 15.000 Jahren) gab es 1895 75 Ziegeleien um die Flensburger Förde. Eine der größten war diese hier, die heute zu einem Industriemuseum umgestaltet ist. Hier lernt man, wie Ziegel hergestellt wurden, wie die Arbeiter 1890, 1930 und 1960 in den Fabrikwohnungen gelebt haben und welche Bedeutung die Ziegelherstellung für die Region hatte. Von Egernsund aus wurden die Ziegel verschifft.
Cathrinesminde Teglværk, *Illerstrandvej 7, südöstl. von Broager, www.msj.dk/cathrinesminde; 2023 geschlossen, ab 2024: April–Okt. Di–So, Ostern und Herbstferien tgl. 10–16, Juni–Aug. bis 17 Uhr*

Die Kleinstadt **Gråsten** bietet touristisch eine kleine Altstadt und das **königliche Schloss**, welches nach einem großen Feuer 1757 in zwei Etappen (1759 und 1842) neu aufgebaut wurde und im Sommer der Königsfamilie als Residenz dient. Garten und die 1699 eingeweihte Schlosskirche können bei Abwesenheit der Königlichen besucht werden. Eine Oase zum Verweilen ist dabei der Erzählgarten (Nachhaltigkeit, Biodiversität). Die Feuersbrunst überlebt haben die Kirche sowie der beliebte Gråstener Apfel, der im ausgehenden 17. Jh. in der Orangerie des Schlosses gezüchtet wurde. Noch heute stehen diese Apfelbäume im Schlossgarten, der ansonsten durch seinen englischen Stil, die 40.000 Blumen sowie Kräuter und ehrwürdige Bäume begeistert. 1921 gelangte das Schloss in Staatsbesitz und wurde 1935 dem damaligen König Frederik IX. vermacht. Der umliegende Gråstener Skovene (Forst) eignet sich gut für Spaziergänge und Picknicks.

Im Gråstener Ortsteil Alnor lohnt ein Stopp in der **Karen-Marie Klip Butik**. Hier wird erklärt, wie Post- und Grußkarten, Papier-Bastelsets, 3-D-Drucke sowie Schmuckpapier hergestellt werden. Natürlich kann man dies alles hier auch erstehen. Basteln unter Anleitung ist ebenfalls möglich.
Karen-Marie Klip Butik, *Bomhusvej 3, www.karenmarieklip.dk; Mo 10–17.30, Di–Fr 10–14 Uhr, Sa/So geschl.*

Hinweis

Die als **Fjordvejen** ausgeschilderte, sehr schöne Strecke bis nach Kruså führt von Rinkenæs entlang der Flensburger Förde. Ausblicke auf die Förde, die Boote und das deutsche Ufer belohnen für den kleinen Umweg. Wer Gast ist im Restaurant Bind (Fjordvejen 120, Sønderhav, ☏ 74678822, www.restaurantbind.dk), darf sich im Obergeschoss das **Siegfried Lenz Gedenkzimmer** anschauen, wo Bücher, Fotos sowie andere persönliche Dinge des Autors von Lenz' Verbundenheit zu Dänemark zeugen. **Annie's Imbiss** in Sønderhav gegenüber den beiden **Ochseninseln** (Okseø) ist ein beliebter Stopp für Biker, Wanderer und andere Reisende. Zur Großen Ochseninsel verkehrt im Sommer auch ein Boot. In Kollund lockt ein ausgesuchtes Möbelgeschäft. In Hokkerup (Lundtoftvej 6A, www.mekanisk-museum.dk, Di–Do, Sa/So 10.30–16.30 Uhr), 10 km nordöstl. von Kruså, hat Familie Lansink u.a. Trecker, Landmaschinen, Autos aus allen Epochen zusammengestellt und damit das kleine **Mekanisk Museum** auf ihrem Hof ausgestattet.

Kruså und Padborg

Die Geschicke beider Städte hingen und hängen vom Grenzverkehr ab. Das kleinere Kruså war vor dem Bau der Autobahn beliebtes Ziel für Butter- und Antiquitätenkäufe. Heute finden nur noch wenige Besucher den Weg hierher, um „typisch dänische" Artikel in den Supermärkten zu erstehen. Padborg dagegen ist modern und hat sich gänzlich als Transportzentrum verschiedenster Speditionen etabliert. Schätzungen gehen davon aus, dass hier 8.000 Lkw wegen der günstigeren dänischen Steuern registriert sind. Außerdem befindet sich hier der große Grenz-

Blick auf die Ochseninseln in der Flensburger Förde

bahnhof. Das kleine Museum **Oldemorstoft** (*Bovvej 2, www.oldemorstoft.dk; April–Okt. Di–Fr 10–16, Sommer- und Herbstferien Di–So 10–16 Uhr*) erläutert die Geschichte des Zolls und der Grenzpolizei.

Frøslevlejren

2 km nordwestlich von Padborg (Stichstraße nach Fårhus) liegt das **Lager Frøslev**, dessen Geschichte begann, nachdem Dänemarks Regierung 1943 zurückgetreten war und die Zusammenarbeit mit der deutschen Besatzungsmacht abgebrochen hatte. Das führte zu immer mehr Deportationen dänischer Staatsbürger in die Konzentrationslager. Dank der Intervention der neu eingesetzten dänischen „Regierung" wurde hier im August 1944 ein Lager eröffnet, in das gefangen genommene dänische Widerstandskämpfer gebracht wurden. Die deutsche Seite versprach, keine Dänen mehr in deutsche KZs zu bringen. Für 1.500 Gefangene ausgelegt, wurde das Lager Frøslev später mit bis zu 5.500 Gefangenen belegt. Von den insgesamt 12.000 Dänen, die Frøslev erleben mussten, wurden 1.600 in die KZs weitertransportiert, 230 starben. Nach dem Krieg wurde das Lager umbenannt in Fårhuslejren und diente bis 1949 als Gefängnis für dänische Kollaborateure. Anschließend zog ein dänisches Regiment ein. Fortan hieß das Lager Padborglejren. Die letzten Soldaten verließen es 1968. Ihnen folgte die Zivilschutzbehörde. Ende der 1970er-Jahre wurde damit begonnen, das Lager in eine Gruppe verschiedener Museen umzuwandeln. 1996 kam ein Internat hinzu.

Die Museen verteilen sich über mehrere Baracken. Ein Teil widmet sich der Lagergeschichte sowie der Geschichte Dänemarks während der deutschen Besatzung und anschließenden Befreiung durch die Engländer. Weitere Museen beschäftigen sich mit den Einsätzen dänischer UN-Truppen und deren Veteranen, der Zivilschutzbehörde und den deutschen Flüchtlingen nach dem Krieg (im Museum für Heimatschutz), dem regionalen Naturschutzbund sowie den Aufgaben von Amnesty International. Für Snacks sorgt eine Cafeteria.

Frøslevlejren, *Lejrvej 83, Padborg-Frøslev, www.natmus.dk, www.hjemmevaernsmuseet.dk, www.beredskabshistorie.dk, https://amnesty.dk/aktivisme/amnesty-grupper/froeslevlejren sowie www.fnmuseet.dk; Zeiten variieren, Kernzeiten: Frøslevlejren Feb.–Nov. Di–Fr 10–15, Sa/So sowie Mitte Juni–Mitte Aug. tgl. 10–17 Uhr, Kernzeiten der anderen Museen: April–Okt. tgl. 9–17, UN-Museum (FN Museet) April–Okt. tgl. 9–17 Uhr*

6. BORNHOLM – DÄNEMARKS ÖSTLICHER VORPOSTEN

Überblick

„Perle der Ostsee", „dänische Riviera" oder gar „Capri des Nordens", mit solchen Schlagworten wird Bornholm schon seit vielen Jahrzehnten in Verbindung gebracht – gute Klimadaten, viele sommerliche Sonnenscheinstunden und perfekte Sandstrände machen es leicht, die Insel touristisch zu vermarkten. Zwar stellt Bornholm mit **40.000 Einwohnern** und einer Fläche von **588 km²** (nur wenig größer als Falster und halb so groß wie Lolland) kein riesiges Gebiet dar, doch ist die Insel aufgrund ihrer Randlage und vieler Besonderheiten so einzigartig, dass sie wie eine kleine, in sich geschlossene Welt wirkt. Nirgendwo sonst im Königreich findet man auf solch kleinem Raum ein so abwechslungsreiches **Landschaftsbild**, in dem sich weite Sandstrände und skurrile Klippenformationen, fruchtbare Felder und Heidegebiete, Misch- und

Redaktionstipps

➤ Ein Muss für historisch Interessierte sind die Bornholmer **Vorzeitdenkmäler**: Dänemarks besterhaltene Felsritzungen der Bronzezeit sieht man in Allinge (S. 478), die beeindruckendste megalithische Grabanlage ist der Lundesten (S. 482), die schönste Sammlung von Bautasteinen findet man im Louisenlund-Wald (S. 485).

➤ Mittelalterliche Kirchen gibt es auf der Insel zuhauf und alle sind äußerst sehenswert. Besondere Beachtung verdienen die **Rundkirchen** Østerlars (S. 476), St. Ols Kirke (S. 478) und Nylars (S. 482) sowie die Treppengiebelkirche von Aakirkeby mit ihrem romanischen Taufstein (S. 482).

➤ Auf Bornholm findet man einige der besten **Badestrände** der Ostsee – und am schönsten davon ist der weißsandige Dünenstrand von Dueodde (S. 483).

➤ Nicht nur bei schlechtem Wetter empfiehlt sich der Besuch eines der zahlreichen Bornholmer **Museen**. Von besonderem Interesse sind das Bornholmer Kunstmuseum (S. 477) sowie das geologische Erlebniscenter Natur Bornholm in Aakirkeby (S. 482).

➤ Ein Besuch der Ostseeinsel wäre unvollständig, hätte man nicht wenigstens einmal einen typischen „Bornholmer" (geräucherter Hering = Bückling) probiert. Der beste Ort dafür ist eine **Fischräucherei**, z. B. die von Svaneke, Gudhjem oder Hasle.

➤ Wer nach **Kunsthandwerklichem** bzw. nach einem Mitbringsel sucht, schaut sich am besten in dem Städtchen Svaneke um.

➤ Zwei **Festungsanlagen**, jede für sich einzigartig im Norden, bieten sich für mehrstündige Besichtigungen an: die wuchtige, mittelalterliche Schlossruine Hammershus (S. 480) und die pittoreske Seefestung der „Erbseninseln" (S. 486).

Kiefernwälder, karge Granitflächen und Hügel, Dänemarks höchster Wasserfall (20 m), Binnenseen und Moore sowie Vogelinseln abwechseln. Vor allem die Eiszeiten haben die Naturlandschaft der Insel geprägt und sie so gestaltet, wie wir sie heute erleben dürfen.

Die **Infrastruktur** der Insel ist bestens, vielfältige Gaststätten und Unterkünfte, markierte Wander- und Fahrradwege, exquisite Jachthäfen und ein gutes Busnetz stehen bereit. Und da die Sommerwärme durch die Ostsee und den insularen Granit lange gespeichert wird, können manchmal sogar die Herbstferien noch zu einem Badeurlaub genutzt werden! Bornholm rühmt sich übrigens wie Samsø, sich komplett aus erneuerbarer Energie zu versorgen, außerdem werden nahezu ausschließlich Baustoffe aus recycelten Materialien verwendet. Die Insel ist also ein Vorbild in puncto Nachhaltigkeit und Klimaschutz.

Der nördliche Inselteil

Inselhauptstadt Rønne

Mit ca. 13.800 Einwohnern ist Rønne Bornholms „Hauptstadt". Der natürliche Startpunkt einer **Inselrundfahrt** ist der **Hafen**. Im modernen **Velkomstcenter** kann man sich mit Infomaterial jeder Art eindecken. Hauptschaltstelle des öffentlichen Inselverkehrs ist der Busbahnhof, an dem alle Linien der roten Bahnbusse (BAT) haltmachen.

Geht man von hier aus am Hafenbecken entlang, vorbei an der wunderschönen alten „Schiffs- & Hafenschmiede", sieht man auf einer Mauer die Kopie einer Galionsfigur, die einen kleinen Mann mit zwei wilden Hunden darstellt. An dem kleinen Platz dahinter befinden sich einige der ältesten Häuser Rønnes, so z. B. das **Zollhaus** in der Toldboldgade aus dem Jahr 1684. Die Gasse und die benachbarte Rådhusstræde führen zur ehemaligen Hauptstraße Storegade, hier trifft man auf alte Fachwerkhäuser, an die sich malerisch Malven und Stockrosen schmiegen. Ganz in der Nähe erhebt sich der alte, schlanke **Leuchtturm** aus dem Jahr 1880. Die Straße endet am schattigen Kirkeplads, in dessen Mitte sich die weiße **St.-Nicolai-Kirche** erhebt. Das dem Schutzpatron der Seefahrer geweihte Gotteshaus geht auf einen romanischen Bau von ca. 1275 zurück, wurde jedoch später immer wieder um- und ausgebaut. Aus der ältesten Zeit ist im Innern ein gotländischer Taufstein zu sehen.

Typisch Bornholm: Granitklippen und blaues Meer

Hinter der Kirche erstreckt sich das Viertel **Vimmelskaftet**, das mit seiner kopfsteingepflasterten Gasse mit alten Gaslaternen und den schmucken Häuschen das gemütlichste des Städtchens ist. Im Süden stößt Vimmelskaftet auf die Søndergade, auf der man nach links zu einem Platz mit edlen Fachwerkhäusern kommt. Das auffälligste Haus ist die rote **Hauptwache** von 1743. Sie beherbergte bis in die 1850er-Jahre die Bürgerwehr samt Gefängniszelle, heute ist hier ein gemütliches Straßencafé untergebracht. Ein Stückchen weiter liegt in einer Straßengabelung der dreieckige „kleine Platz" **Lille Torv**, dessen Mitte von einem Mini-Park mit südländisch anmutender Vegetation eingenommen wird. Von hier aus kann man einen südlichen Bogen schlagen, wo an der Teaterstræde 2 ein Gebäude wie ein Wohnhaus aussieht, tatsächlich aber das **Rønne** (**Bornholms**) **Theater** (*www.bornholmsteater.dk*) ist – und zwar das älteste Provinztheater Dänemarks. Die nächste Station ist der breite und längliche Marktplatz **Store Torv**. In der Saison finden hier abends häufig Musik- und andere Veranstaltungen statt. In der Mitte des Platzes dient der Brunnen aus Bornholmer Granit (1902) als Treffpunkt der Inseljugend.

Vom südlichen Ende des Marktes führt die breite Straße Snellemark zum Hafen zurück. Wer shoppen möchte, findet auf der Fußgängerzone in der nördlichen Verlängerung des Marktplatzes einige Läden, während die Gassen Krystalgade, Grønnegade, Rosengade, Laksegade und Lillegade westlich ein wunderschönes, geschlossenes Altstadt-Milieu vermitteln. Historisch Interessierte sollten vom Markt am schönen Rathaus rechts abbiegen und das **Bornholms Museum** besuchen. Das 1893 erbaute Haus zeigt ein vielseitiges Bild der Natur-, Kultur- und Kunstgeschichte der Insel.
Bornholms Museum, *St. Mortensgade 29, www.bornholmsmuseum.dk; Mitte Okt–Mitte Mai Mo–Fr 13–16, Sa 11–15 Uhr, sonst Mo–Sa 10–17, Juli–Mitte Aug. auch So 10–17 Uhr*

Südlich der Altstadt befindet sich in parkähnlicher Umgebung der große **Friedhof**. Von hier sieht man bereits den mächtigen weißen Rundturm des **Kastells**. Er ist das letzte Überbleibsel einer 1688–89 begonnenen Festungsanlage, die als Zickzackbastion um ganz Rønne geplant war, aber nie vollendet wurde. In unmittelbarer Nachbarschaft sieht man einige interessante Zeughausgebäude (1816–41), die immer noch militärisch genutzt werden.

Von Rønne nach Gudhjem

Diese Rundtour durchquert zunächst den Nordteil der Insel auf der Hauptstraße in Richtung Østerlars, vorbei an der **Knuds-Kirche (1)**, Bornholms kleinster Mittelalterkirche, die ca. 1150 errichtet wurde. Nach wenigen Kilometern passiert man einen Abzweig nach links zur Rundkirche Ny Kirke (S. 481), während die Hauptstraße kurz darauf eine Biegung in Richtung

Bornholmer Rundkirche: Kegeldach und Treppengiebel

Aakirkeby macht. An dieser Stelle zweigt man links nach Gudhjem ab. In der Ortschaft Østerlars geht es am Kro wieder nach links ab. Nach etwa 500 m sieht man rechts die berühmte **Rundkirche** von **Østerlars (2)**. Ihr Name (östlicher Lars) deutet darauf hin, dass auch andere Kirchen dem Lars geweiht waren; Lars steht für Laurentius, den Schutzpatron von Lund. Der äußere Eindruck ist nicht original romanisch. Später wurden z. B. die Kirchhofsmauer verkleinert und die Strebepfeiler angesetzt. Auch das Kegeldach und der Glockenturm kamen später hinzu. Das Innere betritt man durch die spätgotische Waffenkammer. Im Hauptraum fällt die Dimension der Mittelsäule auf, die mit 8 romanischen Arkaden durchbrochen ist und einen kleinen Raum enthält. Von besonderem Wert sind die 1892 an der Außenseite der Mittelsäule freigelegten Kalkmalereien von ca. 1300. Das größte Feld ist dem Jüngsten Gericht vorbehalten, einer Szene mit ca. 150 Figuren.

Østerlars Rundkirke, *Vietsvej 25, Østerlars, www.oesterlarskirke.dk; April/Mai–Okt. Di–Sa 9–17 Uhr (Eintritt), Juni–Aug. auch So 13–17, sonst Di–Fr 8–15 Uhr (freier Eintritt)*

Auf der Straße nach Gudhjem zweigt wenige Fahrminuten hinter der Østerlars-Rundkirche links ein Weg zu **Bornholms Mittelalterzentrum (3)** ab. Auf schönem Naturareal ist ein Freilichtmuseum eingerichtet, dessen Thema Bornholms Geschichte ist. Besonders lebhaft geht es hier während des Mittelaltermarktes zu, der in der zweiten Julihälfte eine Woche lang abgehalten wird.
Bornholms Middelaldercenter, *Stangevej 1, Østerlars, www.bornholmsmiddelaldercenter.dk; Mai–Sept. Mo–Sa 11–15, Sommerferien Mo–Sa 10–17, Herbstferien 10–16 Uhr. Das Ticket gilt eine Woche lang und berechtigt auch zum Besuch der Ausstellung in Hammershus*

Gudhjem

Bei der Weiterfahrt wird bald die Ostsee sichtbar und bei klarem Wetter erkennt man am Horizont die Erbseninseln. Dann senkt sich die Straße der Küste zu, an der in Hanglage das 760-Einwohner-Städtchen Gudhjem liegt. Der Ortsname (Heim der Götter) deutet auf einen vorchristlichen Ursprung hin. Im Mittelalter brachte die Heringsfischerei Reichtum und Stadtrechte, später ging es bergab: Im Pestjahr 1653 war Gudhjem fast ausgestorben. Fünf Jahre später, als Schonen an Schweden fiel, emigrierten viele der dortigen Dänen hierhin. Doch blieb Gudhjem ein pittoresker, aber kaum bedeutender Fischerort, bis zum Beginn des 20. Jh. Künstler das Städtchen entdeckten: mit Häfen und Klippen, den übereinander gestaffelten roten Dächern der Häuser, Feigenbäumen und Gärten empfanden die Maler hier mediterranes Flair. Den Künstlern folgten die Touristen.

Von Gudhjem starten Bootstouren zu den **Erbseninseln** (S. 486, *www.christiansoefarten.dk*).

Die Bornholmer Rundkirchen

info

Es gibt auf der Insel nicht weniger als 24 mittelalterliche Kirchen, doch ist Bornholms Name untrennbar mit den vier Rundkirchen – Østerlars Kirke, Ny Kirke, Nylars Kirke, St. Ols Kirke – verbunden. Entstanden sind sie im 12. Jh. als Wehrbauten, die der örtlichen Bevölkerung Zuflucht bieten sollten, wenn wendische Piraten die Küsten der Ostsee heimsuchten. Rundkirchen sind verteidigungstechnisch besonders geeignet, denn sie haben keine Kanten und Ecken (die bei einer Belagerung leicht gebrochen werden konnten) und keine geraden Mauerflächen (an die man Leitern anbringen konnte). Die Konstruktion ist jeweils gleich: Um einen kräftigen Mittelpfeiler zieht sich ein Tonnengewölbe. Die Etagen des dreistöckigen Baus sind durch sehr schmale Treppen innerhalb der Mauern verbunden, die im Notfall von einem einzigen Verteidiger kontrolliert werden konnten. Im zweiten Stock drängte sich die schutzsuchende Bevölkerung und im dritten waren Vorräte und Trinkwasser gelagert. In keiner Rundkirche wurden übrigens Kampfspuren gefunden, sodass diese wahrscheinlich niemals eingenommen worden sind.

Aus südwestlicher Richtung kommend, sieht man rechts der Straße das **Gudhjem Museum**. Das rote Gebäude war einmal der Bahnhof und wird heute für sporadische Kunstausstellungen genutzt (*Stationsvej 1, www.gudhjemmuseum.dk, bei Ausstellungen 13–17 Uhr geöffnet*).

An der weithin sichtbaren Windmühle geht es dann nach links und sofort wieder rechts in das enge Gassengewimmel hinein, dann am Wasser entlang bis zum großen Parkplatz am nördlichen Ortsende. Dort lädt der große Fischimbiss der Gudhjem Røgeri zu einer Rast ein, auch eine Glasbläserei ist hier zu finden. 300 m weiter östlich hat man das Haus des Malers und bekanntesten Bornholmer Künstlers Oluf Høst (1884–1966) in ein **Museum** verwandelt (*Løkkegade 35, www.ohmus.dk; April–Sept. tgl 11–17 Uhr*). Südlich des Ortszentrums gibt es im beliebten Pandekage Huset (*Brøddegade 15*) leckere süße und salzige Pfannkuchen. Am Hafen lockt das hausgemachte Eis von Gudhjem Is (*Ejnar Mikkelsensvej 26*).

Südlich der Stadt liegt der ehemals selbständige Fischerort **Melsted (4)**, der mit reetgedeckten Häusern und dem großen denkmalgeschützten Hof Melstedgård aufwartet. Er ist heute als arbeitendes **Landwirtschaftsmuseum** eingerichtet. Im **Madkulturhus** gegenüber den Farmgebäuden wird experimentiert und erklärt, wie zum Beispiel Bier gebraut oder Eis hergestellt wird.
Melstedgård, *Melstedvej 25, www.bornholmsmuseum.dk, www.gaarden.nu; Mai–Okt. Mi–So, Sommerferien auch Di 10–16 Uhr*

Von Gudhjem nach Hammershus

Auf der Küstenstraße 158 geht es zunächst nach Nordwesten. Der stete Blick auf die Ostsee und die wechselnden Panoramen mit Felsenklippen, Wald, Sandbuchten und Fischerdörfern machen die Fahrt zum Vergnügen. Ab und zu sollte man für ein Picknick, eine Wanderung oder Besichtigung unterbrechen. So z. B. an den **Heiligtumsklippen (5)** (Helligdomsklipperne), die mit **Bornholms Kunstmuseum** einen zusätzlichen Höhepunkt erhalten haben. Das weiße Gebäude wirkt hell und freundlich. Die einzelnen Abteilungen, verteilt auf drei Ebenen, sind entlang einer „Straße" gruppiert, an der sich auch ein Café und ein Museumsshop befinden. Ausgestellt sind Werke von bildenden Künstlern und Kunsthandwerkern, die in einer engen Beziehung zu Bornholm stehen. Der Schwerpunkt liegt auf den Malern der sogenannten „Bornholmer Schule", wie Edvard Weie, Karl Isakson, Olaf Rude und Oluf Høst.

Bornholms Kunstmuseum, *Otto Bruuns Plads 1, Rø, Gudhjem, www.bornholms-kunstmuseum.dk; Dez.–März Fr–So, April–Okt. Di–So, Juni–Aug. tgl. 10–17 Uhr, Nov. Do–Fr 13–17, Sa/So 10–17 Uhr*

Auf beiden Seiten des Museums führen Pfade hinab zu den imposanten **Klippen**, deren zerrissene Granitpfeiler bis zu 22 m senkrecht aus dem Meer aufragen. Auf steilen Treppen kann man an einigen Stellen bis zur Wasserfläche hinabsteigen und in die tiefen Höhlen schauen, die die Wassererosion gebildet hat. Einige der Grotten haben einen festen Platz in den lokalen Volkssagen, u. a. als Wohnstätten der „Unterirdischen“ (s. u.). Am schönsten ist der Blick auf die Klippenwand von der Seeseite aus, etwa an Bord eines Ausflugsbootes ab Gudhjem.

info

Bornholms Volk der Unterirdischen

Werbeträger und „Unterirdischer“: Krølle-Bølle

Die Unterirdischen (**Underjordiske**) leben vorzugsweise in den Grotten unterhalb der Klippenküste. Sie sind etwa 1,30 m hoch, haben einen buschigen Schwanz, eine längliche Knollennase und marschieren gerne in militärischer Formation. Den Einheimischen spielen sie manche Streiche. Doch wenn es hart auf hart kommt (z. B. im Kampf gegen die Schweden), haben sie mehr als einmal zugunsten der Bornholmer entscheidend in die Kämpfe eingegriffen. König im Reich der Unterirdischen ist Bobbarækus, seine Gemahlin heißt Bobbasina und ihre gemeinsamen Kinder heißen Krølle-Borra und Krølle-Bølle. Letzterer ist wohl der bekannteste Unterirdische, nach ihm benannten die Bornholmer ihre populäre Speiseeis-Marke (die inzwischen aber nicht mehr auf Bornholm produziert wird) und Kinderbücher mit Geschichten über Krølle-Bølle, der zugleich Maskottchen der Insel ist, sind an vielen Stellen und auch in deutscher Sprache zu bekommen.

Auf dem weiteren Weg nach Norden überquert die Küstenstraße wenige Hundert Meter hinter dem Kunstmuseum das **Døndal**, eines der schönsten Bornholmer Spaltentäler. Zu beiden Seiten des Baches verlaufen Wanderwege. Das 1,2 km lange und maximal 200 m breite Tal steht unter Naturschutz. Hier befindet sich Dänemarks höchster Wasserfall, der **Døndalen Vandfald**. Mit seinen 20 m Höhe ist er jedoch eher als steile Stromschnelle zu bezeichnen.

Im hübschen Fischerdorf Tejn verlässt man die Küste und fährt über den Kildegårdsvej einige Minuten landeinwärts. Nach einer Wegbiegung sieht man dort die **St.-Ols-Kirche (6)**, die Bornholms schlankste und höchste Rundkirche ist, geweiht dem Hl. Olav (dän.: Ole). Die reine architektonische Form, der stimmungsvolle Friedhof und der begehbare freistehende Glockenturm aus Fachwerk machen sie zur vielleicht schönsten der Insel. Schiff, Chor und Apsis stammen von etwa 1150.

Gleich hinter der St. Ols Kirke biegt man rechts wieder in Richtung Küste ab und erreicht bald darauf die Doppelstadt Allinge-Sandvig. Zunächst gelangt man zum Ortsteil **Allinge.** Durchs Zentrum fährt man am hübschen Lindenplatz und an der Treppengiebelkirche sowie am betriebsamen Hafen samt Restaurants und Straßencafés vorbei. Hier findet man einen weiteren tollen Fischimbiss mit Tischen direkt am Strand, die Allinge Røgeri (*Sverigesvej 5*). Am Ortsausgang erstreckt sich zur Rechten ein Uferpark und ihm gegenüber, an der alten Feuerwache, geht links ein Fahrweg zu einem Parkplatz ab, von wo aus man in wenigen Schritten die **Felsritzungen (7)** (helleristninger) von **Madsebakke** erreicht. Sie gelten als die bedeutendsten Dänemarks und zeigen Schiffssymbole, Fußabdrücke und Radkreuze. Die Ritzungen stammen aus der Bronzezeit (1800–500 v. Chr.), als die Klippen, auf denen sie zu sehen sind, noch direkt am Ufer lagen.

Bei der Weiterfahrt passiert man auf der Küstenstraße zwei alte Jugendstil-Hotels und dringt in die Gassen von **Sandvig** ein. Den Namen (Sandbucht) hat der Stadtteil nach einer feinsandigen Badebucht, an der man Dünen, Rasenflächen und einen Campingplatz findet. Anfang des 20. Jh. sorgten englische Touristen in Sandvig für die Anfänge des Bornholmer Fremdenverkehrs, an die noch einige Hotels im Ort erinnern. Auch heute noch ist Sandvig einer der attraktivsten Standorte auf der Insel. Hat man etwas Zeit, kann man den asphaltierten Weg zum Leuchtturm entlang wandern. Oder von dort aus um die ganze Halbinsel herum (s. u.).

Der schönste Weg von Sandvig nach Hammershus ist der, der direkt am Ufer des größten Binnengewässers der Insel, dem fischreichen **Hammersø** entlang führt (*Hammersøvej*) und den besten Blick auf die Steilwände der Halbinsel **Hammeren** (der Hammer) bietet. Diese gehört zu den schönsten Flecken der Insel. Bis zu 82 m ü. d. M. steigen die rosafarbenen Granitfelsen aus der Ostsee auf. Vom übrigen Bornholm ist der Hammer durch eine Schlucht getrennt, die teilweise vom Wasser des Hammersø gefüllt ist. Bevor die Halbinsel unter Naturschutz gestellt wurde, betrieb man ab 1880 einige Steinbrüche, deren Hinterlassenschaften noch zu sehen sind, z. B. in Gestalt der bezaubernden Seen **Krystalsø** und **Opalsø**. Besonders schön ist es hier im späten Frühjahr, wenn die gesamte Halbinsel von einem leuchtend gelben Ginster-Meer bedeckt ist, und im warmen Spätsommer, wenn die Heide ihre violetten Farbtupfer setzt.

Zwei **Leuchttürme** erheben sich über die Felsen: Das 1872 erbaute Hammer Fyr liegt zwar auf Ørnebjergets höchstem Punkt, war aber wegen häufigen Nebels nur von geringem Wert und 1990 stellte man den Betrieb ein. Der andere Leuchtturm, das 1895 erbaute Hammerodde Fyr (*www.bornholm.info/hammerodde-fyr*), befindet sich am Nordkap. Die gesamte Halbinsel ist von Wanderwegen erschlossen, auf denen man auch zum verlassenen Naturhafen Kragkås und zur Ruine von Salomons Kapel gelangt. Mit dem Auto ist auf einem kurvenreichen und schmalen Waldweg der Leuchtturm Hammer Fyr zu erreichen, von dem man einen Großteil der Insel überblicken und bei gutem Wetter bis nach Schweden sehen kann (*www.hammerfyr.dk*). Ein anderer, asphaltierter Weg bringt einen nach Hammerhavn, das mit einem schmalen Sandstrand, einem Jachthafen sowie einem Imbiss aufwartet. Der Hafen wurde hier im Südwesten der Halbinsel angelegt, um den Granit besser exportieren zu können. Von ihm aus hat man einen herrlichen Blick auf die Burgruine Hammershus. Von Mai bis September werden Bootstouren entlang der Klippen südlich von hier angeboten (*www.hammerhavnensbaadfart.dk*). Dabei geht es auch in eine 70 m tiefe Höhle hinein.

Wandern

Einer der schönsten **Küstenwanderwege** ist der Redningssti, der vom Parkplatz in Hammerhavn immer am Ufer entlang bis zum Leuchtturm Hammerodde führt. Auf dem Rückweg kommt man außerdem am Opal-See vorbei. Die Wanderung dauert bei durchschnittlicher Kondition gut 2 Stunden und ist wegen des felsigen Untergrundes nicht ganz einfach. Da über der Halbinsel fast immer eine steife Brise weht, sollte man den Fußweg entlang der Küste so wählen, dass man den Wind im Rücken hat. An schönen Tagen ist man außerdem ständig der Sonne ausgesetzt. Bei den Touristenbüros sind kostenlose Wanderkarten erhältlich.

Hammershus (8)

Die **Burganlage** ist mit ihren 3 ½ ha eine der größten Festungsanlagen Nordeuropas. Die ältesten Teile stammen von 1258, als der Erzbischof zu Lund die Burg als Herrschaftsanspruch gegenüber der Königsmacht errichten ließ. Fast gleichzeitig ließ der Erzbischof in einer unheiligen Allianz mit dem Wendenfürst Jaromir von Rügen die Königsburg Lilleborg zerstören, deren Ruinen heute noch im Almindingen-Wald sichtbar sind. Nach vielen Besitzerwechseln verpachtete im 16. Jh. Frederik I. Burg und Insel für 50 Jahre (1524–76) an die Lübecker, deren hanseatische Vögte die Festung erheblich vergrößerten. Fast alle Backsteinarbeiten fallen in diese Epoche, so z. B. die oberen drei Stockwerke des Mantelturms und das gesamte Magazingebäude.

Für eine Besichtigung sollte man sich mind. eine Stunde Zeit nehmen und gutes Schuhwerk tragen. Es geht über die einzig erhaltene dänische **Mittelalterbrücke** und durch die Reste eines Torhauses zur östlichen Vorburg. Über eine Treppe oder auf dem gewundenen Weg steigt man anschließend zur 9 m hohen und von sieben Türmen bewachten **Hauptringmauer** hinauf. Sie umschließt ein fast rechteckiges Areal, das im Osten vom großen **Magazin** der Lübecker (hier wurden die Naturalienabgaben der Bornholmer gelagert) begrenzt wird, im Süden vom **Pflaumenturm** mit seinem Treppengiebel sowie von ehemaligen Ställen und Scheunen. In der Mitte der Anlage erhebt sich die **Kernburg** mit dem übermächtigen Mantelturm, der als Wohn- und Torturm diente. In seinem Keller befindet sich das **Verlies**, dessen bekannteste Gefangenen die Tochter Christians IV., Leonora Christina, und ihr Mann Corfitz Ulfeldt waren (S. 74). Am Visitor Center gibt es einen Shop und ein Café-Restaurant.
Borg Hammershus, *www.bornholm.info/en/hammershus, www.naturstyrelsen.dk; das Burggelände ist ganzjährig frei zugänglich, Ausstellungen zum Mittelalter sind im Sommer tgl. 10–17 Uhr geöffnet*

info

Hammershus – und warum Bornholm dänisch ist

Hammershus ist zwar eine enorm große Festung, doch ob sie jemals wirklich stark war, darf bezweifelt werden. Das betrifft bereits das Mittelalter, als die „dänische Akropolis" allein bis 1327 sechsmal den Besitzer wechselte. So benötigte im Jahr 1520 Christian II. nur zwei Tage, um Hammershus zu erobern. Und 1658 hatte der schwedische General Wrangel die Festung sogar innerhalb weniger Stunden eingenommen. Ab diesem Datum residierten die Gouverneure des Erbfeindes auf der Burg. 1658, als Dänemark im Frieden von Roskilde alle Provinzen östlich des Øresundes an Schweden abtreten musste, gehörte Bornholm selbstverständlich auch dazu. Doch unter den Insulanern regte sich Widerstand: Unter den Anführern Jens Peder Kofoed und Povl Ancher erschossen sie in Rønne den Gouverneur Printzenskjöld – da man ihn für unverwundbar durch herkömmliche Waffen hielt, mit einer silbernen Kugel und zur Sicherheit seinen kleinen Hund gleich mit! Ein Bornholmer zog sich dessen Uniform an, ritt nach Hammershus, und das Tor wurde ihm geöffnet. Mit diesem Trick verschafften sich die Einheimischen Zutritt zur Burg, vertrieben die Schweden und sandten eine Delegation nach Kopenhagen aus, die am 24. Dezember desselben Jahres ganz Bornholm „auf ewige Zeiten" König Frederik III. und dessen Erben sozusagen als Weihnachtsgeschenk übergaben.

Von Hammershus nach Rønne

Vom Parkplatz aus folgt man der schmalen Straße nach Süden, die nach etwa 200 m nochmals einen herrlichen Panoramablick auf die Festung freigibt. Dann geht es über viele Kurven durch

Bornholms kleinste Rundkirche: Ny Kirke

das zauberhafte Waldgebiet Slotslyngen, ein 25 ha großes naturgeschütztes Gelände, das von zahlreichen Wanderwegen durchzogen ist. Während Wanderer und Radler durch den Wald nach Vang gelangen, folgen Autofahrer der Straße 159 südwärts. Von dieser aus können immer wieder Abstecher zur Küste unternommen werden, z. B. nach **Vang**. Früher war Lebensnerv des Orts der Bergbau, in dem der berühmte Vang-Granit abgebaut wurde. Die Gruben sind stillgelegt und werden nach und nach von der Natur zurückerobert. Besonders lohnend sind Wanderungen durch die Hügelkette Ringbakker.

Auch danach gibt es Abzweige von der 159 zur Küste hin, etwa nach **Teglkås** hinab (keine Busse oder Campingwagen!) und dann direkt am Ostseeufer entlang zur kleinen Ortschaft **Helligpeder**. Beide haben einen Hafen, vereinzelt sieht man Fischräuchereien und viele idyllische Ferienhäuser. Südlich von Helligpeder, auf Höhe einiger Schanzen des 17./18. Jh., bringt einen der Uferweg zurück zur 159, auf der es dann nur wenige Kilometer bis Hasle sind.

Erreicht man das Städtchen **Hasle** von Norden her, fährt man zunächst am Hafen vorbei und gelangt dann zum Ortszentrum. Dort kann man am ehemaligen Rathaus links zur Kirche abbiegen, die aus einer Kapelle des 15. Jh. hervorgegangen ist. Mit einem spätgotischen, wohl aus Deutschland importierten Altaraufsatz besitzt sie ein wahres Prachtstück. Auch die Runensteine auf dem Friedhof sind sehenswert. Eine andere Attraktion ist die Fischräucherei samt Restaurant, die sich südlich des Hafens am Ende der Strandgade befindet (*Søndre Bæk 20, www.hasleroegeri.dk*). Neben leckerem Fisch gibt es hier ein Räucher-Museum.

Auf dem Weg von Hasle nach Rønne liegen entlang der Hauptstraße zwei weitere Sehenswürdigkeiten: links des Weges der **Brogårdsten (9)**, der größte Runenstein der Insel, und die jüngste der vier Bornholmer Rundkirchen, die **Ny Kirke** (Neue Kirche) **(10)**. Über den Kirchhof mit sorgfältig gearbeiteten Pforten, von denen eine das Datum 1678 trägt, und durch das ehemalige Waffenhaus betritt man das Innere, wo Kalkmalereien am Mittelpfeiler die Passion Christi illustrieren.

Möchte man den Tag an der Ostsee ausklingen lassen, dann sollte man von der Ny Kirke auf gleichem Weg wieder auf das Meer zu fahren, die Hauptstraße überqueren und **Muleby** passieren. Bis 1997 wurden hier die berühmten gelben Hasle-Klinker sowie die Fliesen und Kacheln hergestellt. An der Küstenstraße gibt es einen Abzweig zum Sorthat Strand – mit feinem Sand und waldreichem Hinterland wohl der schönste nahe der Hauptstadt.

Der südliche Inselteil

Von Rønne nach Dueodde

Auch zu dieser Rundfahrt startet man am Hafen von **Rønne** und fährt zunächst bis zum ersten Kreisel. Hier biegt man nach rechts ab und fährt über den Strandvej an Wald, Friedhof, Kastell, Campingplatz und einigen Hotels vorbei bis zum Søndre Ringvej, in den man rechts einbiegt. Das Waldstück zur Linken ist die Rønne Plantage, in der ein altes Försterhaus steht und vor diesem ein großer, flacher Opferstein liegt – dessen viele eingehauenen Schalen werden in die Bronzezeit datiert (Hinweisschild). Kurz darauf passiert die Hauptstraße rechter Hand den **Flughafen**. Direkt dahinter bemerkt man einen der vielen Steinzeit-Dolmen dieser Region. Kurz darauf biegt man links in Richtung Nylars ab. Unterwegs kommt man an einer 1 km langen Stichstraße zum Bauernhof Tornegård (wieder nach links) vorbei, auf dessen Gelände sich das **Ganggrab Lundesten (11)** befindet. Mit seinen 14 mächtigen Trag- und zwei Decksteinen ist es das beeindruckendste Zeugnis der jüngeren Steinzeit auf Bornholm, sodass sich der kurze Weg auf dem Trampelpfad quer durch ein Feld lohnt.

Der Name der sehenswerten Rundkirche von **Nylars** leitet sich vom Schutzpatron Nikolaus ab. Das weiß gekalkte Gotteshaus lohnt den Besuch wegen vieler Details im Innern: z. B. die beiden Runensteine mit aufschlussreichen Inschriften, das gotländische Taufbecken und die verbauten fünf Tonkrüge in der Apsis, die dem Raum eine bessere Akustik verleihen. Von besonderem Interesse sind die Kalkmalereien von ca. 1250, die ältesten der Insel, die die Erschaffung der Welt, den Sündenfall und die Vertreibung aus dem Paradies zeigen.

Auf der Straße 38 nach Osten gelangt man nun zum einzigen Bornholmer Städtchen, das nicht am Meer liegt: **Aakirkeby,** das stolze 2.100 Einwohner zählt. Die **Aakirche** (Aakirke) wurde 1150–1250 errichtet und nach ihrer Lage zwischen zwei Bächen (= Å) benannt. Ungewöhnlich ist der Turm, der die ganze Breite des Schiffs aufnimmt und mit je zwei Treppengiebeln nach Süden und Norden ausgestattet ist. Das wertvollste Inventarstück der Kirche ist der gotländische Taufstein, der vom Ende des 12. Jh. stammt. Er gilt als eines der vornehmsten Beispiele sakraler romanischer Steinmetzkunst in ganz Skandinavien und besticht durch seine fein skulptierten Szenen und durch die längste Runeninschrift eines Taufsteins überhaupt. Auf der Basis mit ihren vier Köpfen und Schlingbandornamentik liegt der aus Sandstein gearbeitete Kessel. Auf ihm kommentieren über 500 Runenzeichen die einzelnen Szenen und schließen mit den selbstbewussten Worten: „Schaut Euch dies an! Meister Sighrafr“.

Das Ausstellungscenter **NaturBornholm (12)** fällt schon durch seine blockhafte Architektur auf (Architekt: Henning Larsen), bei der lose Granitbrocken hinter Stahlnetzen der Fassade vorgeblendet sind. Die Ausstellung ist dem interaktiven Erleben von Bornholms Naturgeschichte gewidmet. Licht-, Ton- und Dufteffekte lassen Phänomene der letzten 1,7 Mrd. Jahre passieren. Ein Terrarium mit kleinen Krokodilen erinnert an vergangene Zeiten und das Aquarium enthält alle Unterwassertiere der heutigen Ostsee.
NaturBornholm, *Grønningen 30, Aakirkeby, www.naturbornholm.dk; April–Okt. tgl. 10–17 Uhr*

Auch Oldtimer-Fans haben in Aakirkeby im Bornholms Automobilmuseum eine besuchenswerte Adresse: Im einzigen Automuseum der Insel können mehr als 80 Pkw, Traktoren und Motorräder bestaunt werden, darunter einige echte Raritäten.
Bornholms Automobilmuseum, *Grammegårdsvej 1, Aakirkeby, www.bornholmsautomobilmuseum.dk; Mitte Mai–Okt. Mo–Sa 10–16 Uhr*

Weißer Sand und Leuchtturm von Dueodde

Von Aakirkeby geht es weiter in Richtung Pedersker, wobei man an der romanischen **Peterskirche** (Pederskirke) vorbeikommt, einem kompakten Gebäude, dessen Glockenturm kaum höher ist als die Kirche selbst. Nachdem man den Golfplatz passiert hat, gelangt man zum alten Leuchtturm, neben dem der neuere, 70 m hohe **Bornholmertårnet** *(www.bornholmertaarnet.dk)* steht, der einst der NATO als Horchposten diente. Von oben hat man eine fantastische Aussicht und eine Ausstellung erinnert an die Zeit des Kalten Krieges. Von hier zweigt man rechts nach **Dueodde** ab, dem wohl bekanntesten Strand der Insel. Zum neuen Leuchtturm, mit 48 m der höchste Dänemarks, gelangt man vom großen Parkplatz am Ende der Straße (Shops, Restaurant, Kioske etc.), an dem auch die Linienbusse halten. Dort beginnt zudem der lange Weg durch das Dünengebiet zum Wasser, in den pulvrigen Untergrund sinkt man tief ein, doch das Naturerlebnis ist einfach grandios! Das weiße, feinkörnige Material wurde früher als Streusand, Löschsand für Tinte und als Sand für Eieruhren exportiert. Zum Wasser hin gibt es einen mehrere Hundert Meter breiten, flachen und auch ziemlich festen Sandstreifen – ideal, um Drachen steigen zu lassen. Zum Sonnenbaden ist der Dünengürtel besser geeignet, der so breit ist, dass hier jeder ein abgelegenes Plätzchen finden kann.

Von Dueodde nach Svaneke

Zur Weiterfahrt nutzt man den Dueoddevej in Richtung Nexø. Ein Stückchen weiter biegt rechts ein Weg nach **Snogebæk** ab, der die bessere Alternative zur verkehrsreichen Hauptstraße darstellt. Durch einen Wald mit vielen Ferienhäusern erreicht man hier das pittoreske Fischerdorf mit seinen Steinhütten, dem alten Hafen und dem bekannten Fischrestaurant Snogebæk Røgeri. Die touristische Infrastruktur ist gut, sodass es hier besonders gegen Abend in den Bars, Restaurants und Boutiquen recht betriebsam zugeht. Die Bucht nördlich von Snogebæk ist vom flachen und kinderfreundlichen **Balka-Strand (13)** gesäumt, der in Länge, Breite und Feinsandigkeit dem von Dueodde kaum nachsteht (Straße nach rechts). Hier kann man zudem Surfbretter, Kajaks, SUPs und Kite-Surf-Equipment ausleihen. An kleinen, gemütlichen Fischerhütten vorbei erreicht man von hier aus wieder die Hauptstraße, die einen in wenigen Minuten zur zweitgrößten Stadt Bornholms bringt.

Nexø mit seinen 3.700 Einwohnern wird ganz vom **Fischereihafen** dominiert. Hier sieht man Plastikcontainer für Fisch, Schiffsreparatur- und Ausrüstungsfirmen, Netze und Bojen, Kühleishersteller etc., also ein wenig romantisches, aber vitales und sehr interessantes Ambiente. Ansonsten findet man in der Innenstadt manch schönes Haus, eine **Kirche** mit Fachwerkturm und kupferner Zwiebelhaube, das lokale **Nexø Museum** (*Havnen 9, www.nexoemuseum.dk*) sowie jede Menge Geschäfte und Restaurants. Der Brunnen auf dem **Marktplatz** erzählt von den vielen Katastrophen, die Nexø zu bewältigen hatte: 1510 richteten die Lübecker große Zerstörungen an, 1645 gab es Plünderungen durch die Schweden, 1756 einen verheerenden Großbrand, und im Mai 1945 wurden im Bombardement der Russen 856 von 900 Gebäuden ganz oder teilweise zerstört. Nicht vom Bombenhagel betroffen war ein kleines gelbes Haus am nördlichen Ortseingang, vor dem eine Büste an Martin Andersen Nexø (1869–1954) erinnert. Das Häuschen, in dem der Dichter nur 1882–1884 gelebt hat, war für ihn zeitlebens das Elternhaus. Heute ist es als Museum eingerichtet (*Ferskesøstræde 36, www.nexoemuseum.dk*).

2 km nordwestlich von Nexø stellen die auf bis 113 m ü.d.M. ansteigenden **Paradisbakker (14)** ein beliebtes Ausflugsziel dar. Himmel und Hölle liegen hier eng beieinander, denn neben den Paradieshügeln gehören auch die Höllenhügel (Helvededsbakker) zum Terrain. Der westliche Teil ist hügelig und von Seen sowie freiliegenden Granitfelsen mit vielen Spaltentälern durchsetzt. Dort gibt es auch eine Fliehburg aus der Eisen- und Wikingerzeit, die Gamleborg, deren Steinwall noch gut zu sehen ist. An anderen Stellen stößt man auf bis zu 30 t schwere Findlingsblöcke, die die Eiszeitgletscher so abgesetzt haben, dass sie mit bloßer Hand zum Schaukeln gebracht werden konnten. Heute funktioniert der „Wackelstein" (Rokkesten), wenn überhaupt, nur noch mit allergrößter Kraftanstrengung. Die Heide- und Waldlandschaft wurde bereits in den 1930er-Jahren unter Naturschutz gestellt.

Zur Weiterfahrt nach Svaneke bietet sich von Nexø aus die Küstenstraße an, die im weiteren Verlauf über Gudhjem bis nach Allinge geht und zu Europas Traumstraßen gehört. Auf dem Inlandweg kommt man dagegen an dem Natur- und Freizeitpark **Brændesgårdshaven (15)** vorbei, einem sehr populären Ausflugsziel für Familien mit jüngeren Kindern, das mit Spielgeräten, Werkstätten, Ruderbooten, Hängeseilbahn, Minizoo, Wasserland mit 5 Rutschbahnen, Zaubershows sowie einer Freilichtbühne aufwartet.
Brændesgårdshaven, *Højevejen 4, Svaneke, www.braendesgaardshaven.com; im Sommer tgl. 10–18.30, Vor- und Nachsaison nach Ankündigung 11–17 Uhr*

Svaneke gilt mit 1.100 Einwohnern als kleinster Ort in Dänemark, der die Stadtrechte besitzt, außerdem als derjenige mit den meisten Sonnenstunden. Vom Parkplatz am Hafen aus kann man einen kleinen Bummel unternehmen, vorbei an den rot und gelb gekalkten Fachwerkhäusern und Kaufmannshöfen, der netten Kirche und zum Marktplatz. Dort gibt es u.a. eine Bonbonkocherei (*Svaneke Torv 7, www.bolcheriet.dk*) und in den engen Gassen stößt man auf vielerlei Kunst und Kunsthandwerk (Galerie Svaneke, Keramikwerkstätten, Glasbläserei, Textildesigner etc.). Am Ende der kleinen Shoppingtour sollte man im Brauhaus einer der bekanntesten Brauereien des Landes einkehren, dem Svaneke Bryghus (*Svaneke Torv 5, www.svanekebryghus.dk*). Hier gibt es auch etwas zu essen. Süßmäuler dagegen sollten sich in der nahen Bornholms Ismejeri (*Postgade 3, www.bornholms-ismejeri.dk*) verwöhnen lassen. Folgt man vom Hafen der Strandpromenade nordwärts, gelangt man zur Svaneke Røgeri (*Fiskergade 12, www.svanekeroegeri.dk*), einer der größten Fischräuchereien des Landes. Hier gibt es auch leckeres Smørrebrød. Das Freigelände hier wird von alten Schanzen gesäumt, und im Hinterland erheben sich die beiden Wahrzeichen der Stadt: die Windmühle und der moderne Wasserturm, den der Architekt Jørn Utzon (S. 367) in Form eines Seezeichens errichten ließ. Es gibt übrigens drei Windmühlen in Ortsnähe: im holländischen Stil und jeweils gut erhalten die **Svanemøllen** (*Nørrevang 9C*) und 3 km westlich davon die **Kuremøllen** (*Svanekevej 65, www.kuremoellen.dk*) sowie die bereits 1629 erbaute **Bechs Møllen** (*Stubmølle, Møllebakken 13*), die größte und besterhaltene Bockwindmühle Dänemarks.

Auf der vorliegenden Route geht es von Svaneke quer durchs Inselinnere zurück nach Rønne. Möchte man aber **auf der Küstenstraße 158** bleiben, erreicht man zunächst **Listed**, einen größeren Fischerort mit einer Gedenkstätte am Hafen für ein Schiff, das hier vor langer Zeit gestrandet ist. Der international bekannte Juwelier und Uhrenmacher Sebastian Frost hat hier am Hafen seine Werkstatt samt Laden und Café (*Strandstien 1A, www.sebastianfrost.dk*). Danach passiert man einige Hügelgräber und Bautasteine, darunter die legendenumwobene „Heilige Frau“ (Hellig Kvinde), die ältere Insulaner im Vorbeifahren immer noch grüßen. Es folgen der idyllische Küstenort **Bølshavn** mit seinen Fachwerkhäuschen und dann die Bucht von **Saltuna** (herrliches Klippengebiet Randkløve Skår, Kunsthandwerk). In **Gudhjem** schließlich hat man Anschluss an die Stationen der Rundfahrt durch Nord-Bornholm.

In Svaneke: Räucherfisch und Kanonenstellung

Von Svaneke nach Rønne

Die Landstraße nach Rønne durchschneidet die Insel ziemlich genau auf der Hälfte in Ost-West-Richtung. Am Kilometerstein 25 kann man links auf den Louisenlundvej abbiegen und das kurze Stückchen bis zum kleinen Wald **Louisenlund (16)** auf der rechten Seite zurücklegen. Dort befinden sich 51 Bautasteine, die zum größten Teil aus der Eisenzeit stammen – ein beeindruckender, zweitausendjähriger Friedhof. Benannt ist der Hain nach Louise Danner, einer Tänzerin, deren Heirat mit Frederik VII. damals einen Skandal bedeutete.

Wieder auf der Landstraße, erreicht man in wenigen Minuten die Ortschaft **Østermarie.** Inmitten eines Kirchhofs, dessen Mauerumfriedung noch viele „Festmacher“ mit Namen und Datum trägt, steht hier die 1891 aus grauen Granitquadern errichtete Kirche. Die direkt daneben liegenden Ruinen des romanischen Vorgängerbaus sind sehenswert, da bauliche Details wie die Gewölbemauerung des Chores und zwei parallele Tonnengewölbe im Schiff nach Irland weisen. Brachten vielleicht iro-keltische Priester von der Grünen Insel im 12. Jh. ihren Baustil nach Bornholm?

3 km hinter Østermarie bringt einen die Landstraße nach Rønne zum **Almindingen (17)**, mit gut 24 km² immerhin Dänemarks drittgrößtem Waldgebiet. Auf der Route passiert man linker Hand das Seen- und Moorgebiet Bastamose (Vogelbeobachtungsturm), dann zur Rechten die Trabrennbahn, die übrigens die älteste im Königreich ist. An der Wegkreuzung am hübschen Forsthaus fährt man geradeaus und stößt schließlich auf den wunderschönen Seerosen-Teich Åremyr, wo es nach links weitergeht. Unmittelbar dahinter kann man links zur Gaststätte **Christianshøj** abbiegen, einem traditionsreichen Kro mit zahlreichen Erinnerungen an Jagd- und Forstwirtschaft.

Bei der Weiterfahrt passiert man andere Seen zur Linken und sieht dazwischen auch die spärlichen Mauerreste der **Lilleborg (18)**, einst mächtige Festung des dänischen Königs, die im 13. Jh. einem Angriff des Lunder Erzbischofs zum Opfer fiel. Kurz danach geht links eine Stichstraße zum **Rytterknægt** („Ritterknecht“) ab, der mit 162 m ü.d.M. den höchsten Punkt Bornholms und einen der höchsten Dänemarks darstellt. 1856 errichtete man hier aus Anlass eines Königsbesuches den granitenen und schön dekorierten Aussichtsturm **Kongemindet**, doch zwang der schnell wachsende Wald im Jahr 1899 zu einer Erhöhung durch eine Eisenkonstruktion auf 184 m ü.d.M. Im Kiosk am Parkplatz erhält man Faltblätter über die Wandermöglichkeiten in diesem Gebiet.

Christiansø und Frederiksø: Besuch auf den „Erbseninseln“

Ganz im Osten, etwa eine Bootsstunde von Gudhjem entfernt, liegen die sogenannten „Erbseninseln“ (Erteholmene) im Meer, ein kleiner Granit-Archipel, dessen größte Bestandteile die Festungsinseln Christiansø und Frederiksø sind. Die Legende berichtet, dass Gott bei der Erschaffung der Welt besonders viel Sorgfalt auf Bornholm verwandte, um hier alle Schönheiten der Welt zu versammeln: Heide, Gärten, Felsen, Klippen, fruchtbare Felder, Wald und Sandstrand. Da die Arbeit so schwierig war, musste sich Gott stärken, und zwar mit einem guten dänischen Schweinebraten samt Erbsen. Schließlich war das Wunderwerk fertig und der Schweinebraten aufgegessen – die übrig gebliebenen Erbsen schüttete Gott ins Meer, wo sie als Inseln heute noch zu sehen sind.

1658 hatte Dänemark alle seine Besitzungen östlich des Øresunds an Schweden verloren, doch durch einen lokalen Aufstand Bornholm wiedergewonnen. Christian V. beschloss, die bis dahin unbewohnten Erbseninseln zu befestigen, um zumindest Bornholm auch in Zukunft zu halten. Innerhalb kürzester Zeit wurden die Inseln mit Festungsmauern umgürtet, Kanonenstellungen eingerichtet und Kasernen für eine ständige Besatzung hochgezogen.

Die Feuertaufe fiel in die Zeit des Nordischen Krieges, als die Erbseninseln auch hohen Besuch erhielten – u.a. der dänische König, der Seeheld Tordenskjold und Zar Peter der Große (1716). Kurze Zeit später, anno 1725, erreichten die ersten 10 Gefangenen den Archipel, womit eine zweifelhafte Karriere als Deportationsort (bis 1782) begann. Im sogenannten „Engländerkrieg“ von 1808, als die Briten Kopenhagen bombardiert und die dänische Flotte zerstört hatten, verlegte sich das Reich auf den Kaperkrieg. Mit kleinen, wendigen Kanonenbooten wurden die englischen Schiffe angegriffen, insgesamt 25 davon aufgebracht und nach Christiansø geschleppt. Die Folge war ein Angriff auf die Seefestung, wobei viele Gebäude zerstört wurden und 7 Menschen starben. Zwar setzte man das Fort ab 1825 wieder instand, doch war die Zeit der großen Seeschlachten für Christiansø vorbei. Nur noch 20 Mann waren ab der Mitte des 19. Jh. hier stationiert. Ab 1870 entdeckten dann Künstler den Archipel, 20 Jahre später gefolgt von Touristen.

Das Leben hier ist sicher nicht leicht: Wer mal „schnell“ auf Bornholm einkaufen möchte, muss dort übernachten. Im Winter besteht die einzige Verbindung zur Außenwelt im Postschiff nach Svaneke. Aber es gibt zumindest eine Schule, einen praktischen Arzt, einen Kaufmann, eine Poststation und sogar eine Bibliothek. Die besondere Atmosphäre dieser kleinen, in sich geschlossenen Welt, das helle Licht, die heute fast schon idyllisch wirkenden Festungsanlagen sowie eine artenreiche Flora und Fauna lohnen den Besuch. Von Gudhjem gibt es in der Saison tgl. bis zu vier Abfahrten, Tagesbesuche sind also möglich. Übernachten kann man in der kleinen Christiansø Gæstgiveri (☏ *56462015, www.christiansoekro.dk; Restaurant*) bzw. auf dem Zeltplatz. Besonders im Kro sollte man frühzeitig reservieren. Auf der Website der Insel (*www.christiansoe.dk*) findet man außerdem drei Ferienwohnungen, die zumeist aber langfristig ausgebucht sind.

Christiansø

Man erreicht die Erbseninseln auf Christiansø, nahe der schmalen Schwingbrücke von 1912. Diese führt ostwärts auf das Verwaltungsbüro von 1735 zu, vor dem man sich nach rechts wendet und über das Kopfsteinpflaster zwischen den Kasernen schlendert. An den hübschen Gärten und der ehemaligen Kneipe vorbei gelangt man zur Festungsmauer und an dieser entlang bis zu den riesigen Kanonen der 1735 eingerichteten Königsbastion (Kongens bzw. Coucherons Bastion) ganz im Süden der Insel.

Der Rundwanderweg führt bald darauf zu den östlichen Schären. Wer hier dem Weg ganz bis zum Norden folgt, gelangt schließlich zum Punkt mit dem bezeichnenden Namen Verdens Ende („Ende der Welt“), doch ist es reizvoller, quer über die Insel durch die südländisch anmutende Vegetation im Naturpark auf den Großen Turm (Store Tårn) nahe dem Fähranleger zuzuwandern. Dieser wurde 1684 aufgeführt und ist der Kern der Festung. Die lateinische Inschrift an seiner Außenmauer verrät, welche Bedeutung Christian V. ihm zumaß: Von „Beherrscherin der Ostsee“ ist da die Rede, von „Zuflucht der Seefahrer“ und „Zierde des Reiches“. Zwischen der inneren und äußeren Ringmauer des Turms baute man 1805 den ersten Spiegelreflex-Leuchtturm Dänemarks, dessen Aussichtsplattform bestiegen werden kann. Nahe dem Turm findet man einen Kiosk, die Touristeninformation und den o. g. sympathischen Kro.

Frederiksø

Gegenüber liegt das kleinere Frederiksø. Schon von der Schwingbrücke aus sieht man am Ufer des Südhafens die Schuppen der Kanonenboote, die im Kaperkrieg gegen England eine so große Rolle gespielt haben. Unweit davon sind das alte Staatsgefängnis (Fængslet Ballonen) und der Friedhof, auf dem 1831 und 1853 die Opfer einer Choleraepidemie beigesetzt wurden, zu besichtigen. Der Nordteil der Insel wird vom Kleinen Turm (Lille Tårn) dominiert. In seinem Innern befindet sich ein Museum, das eine Fischereiabteilung sowie natur-, kultur- und militärhistorische Sammlungen umfasst.

Græsholmen

Westlich von Frederiksø liegen einige kahle Eilande nah beieinander, die als „West-Schären“ (Vesterskær) oder als „Grasinseln“ (Græsholmen) in den Karten eingetragen sind. Dass sie heute völlig kahl sind, liegt an den ätzenden Hinterlassenschaften der Vögel. Vor allem die Silbermöwe ist dort mit ca. 100 Brutpaaren vertreten. Als Vogelreservat steht Græsholmen unter strengem Naturschutz.

Reisepraktische Informationen Bornholm

Information

Bornholms Velkomstcenter, *Nrd. Kystvej 3, 3700 Rønne, ☎ 56959500, https://bornholm.info; Mitte Okt.–April Mo–Fr 9–16, Mai–Juni und Mitte Aug.–Mitte Okt. auch Sa 9–12/16, Juli–Mitte Aug. tgl. 9–17 Uhr. Weitere Infocenter gibt es in Allinge, Gudhjem sowie Nexø. Diese sind aber in der Nebensaison nur teilweise oder gar nicht geöffnet. Auf Christiansø gibt es ein saisonal besetztes Touristenbüro (www.christiansoe.dk).*

Hotels

Melsted Badehotel €€€€, *Melstedvej 27, Melsted, ☎ 56485100, www.melsted-badehotel.dk; südlich von Gudhjem direkt an der Felsenküste gelegenes, sympathisches Haus inmitten eines alten Gartens mit Apfelbäumen. Die 18 nett möblierten Doppel- und Familienzimmer sowie Häuschen haben alle sowohl Seeblick als auch eine eigene Terrasse bzw. Balkon. Gourmet-Frühstück, vorzügliches Restaurant, 15 Gehminuten von Gudhjem entfernt, auch Vermittlung von drei Ferienwohnungen neben dem Hotel.*

Stammershalle Badehotel €€€€, *Søndre Strandvej 128, Gudhjem, ☎ 56484210, www.stammershalle-badehotel.dk; 8 km nordwestlich von Gudhjem gelegen. 1911 von einem deutschen Großhändler erbautes Ferienhotel, nach dem Ersten Weltkrieg wurden sogar Gäste aus Deutschland hier eingeflogen! Frisch renoviert besitzt das Hotel heute ein ganz besonderes nostalgisches Flair und im Restaurant kann man sich so richtig verwöhnen lassen.*

Hotel GSH („Green Solution House") €€€–€€€€, *Strandvejen 79, Rønne, ☎ 56904444, www.bornholmhotels.dk/hotel-gsh; 2 km zur Innenstadt. Tolle Lage zwischen Strand und Wald sowie ein nachhaltiges Konzept: Das Wasser wird wiederaufbereitet, die Fenster lassen reichlich Sonnenlicht herein, viele Materialien sind recycelt und später wieder verwendbar etc. Ein mehrfach prämiertes Vorzeigehotel mit guter regionaler Küche.*

Siemens Gaard €€€–€€€€, *Havnebryggen 9, Svaneke, ☎ 56496149, www.siemsens.dk; alter Kaufmannshof am Hafen, der seit 1934 als Hotel fungiert und mehrfach renoviert wurde; zum Anwesen gehören u.a. Sauna, Fahrradverleih, Billard, Garten. Die 51 guten Zimmer und Apartments (teilweise mit Küche ausgestattet) befinden sich in den neuen Flügeln, das gemütliche Restaurant im alten Hauptgebäude.*

Eco Beach Camp €€€, *Vestre Strandvej 39, Nexø, ☎ 53629876, www.ecobeachcamp.dk; auf Nachhaltigkeit basierendes Strandcamp mit geräumigen ausgestatteten Zelten. Kein Luxus, aber bequem, und das mitten in den Stranddünen bzw. am Meer. Die sanitären Einrichtungen befinden sich jedoch hinter den Dünen. Gut geeignet für Familien mit Kindern.*

Hotel Sandvig Havn €€, *Strandpromenaden 5, Allinge, ☎ 56480301, www.hotelsandvighavn.com; älteres, weißes Stadthotel direkt am Hafen, 19 Einzel- und Doppelzimmer mit Bad sowie 9 Ferienwohnungen, schöner Garten, Café Dideriks Veranda, recht preisgünstig und mitten im Zentrum gelegen.*

Jugendherberge

Gudhjem Vandrerhjem, *Ejner Mikkelsens Vej 14, Gudhjem, ☎ 56485035, http://gudhjemvandrerhjem.dk; das charmante Hostel liegt in einem verwinkelten alten Hof an der Uferstraße nahe Fischräucherei, Bushaltestelle und Hafen sowie unmittelbar neben diversen Restaurants und Kneipen. Es gibt Einzel-, Doppel-, Familien- und Mehrbett-Zimmer. Mit Innenhof, Garten und Café-Restaurant.*

Danhostel Sandvig, *Langebjergvej 12, Allinge, ☎ 56480980, www.danhostelsandvig.dk; 27 Zimmer, alle mit eigenem Bad. Nur 200 m vom Strand entfernt und zentral im Ort gelegen.*

Camping

Sannes Familiecamping, *Melstedvej 39, Gudhjem, ☎ 56485211, www.familiecamping.dk; privat geführter Platz direkt am Sandstrand mit schönem Spielplatz, Wasserpark, Sauna, Vermietung von Wohnwagen, Campinghütten, Ferienhäusern und Zimmern. Schön sind auch* **Hullehavn Camping** *bei Svaneke (klein, bodenständig, unkompliziert; www.hullehavn.dk),* **Hasle Camping** *in Hasle (Strand, großer Platz, Sonnenuntergang, Familienprogramm; www.haslecamping.dk) oder* **Dueodde Familiecamping & Hostel** *südlich von Nexø (viel Strand, groß, Yoga- und Fitnessprogramme, schattig; www.dueodde.dk).*

Restaurants

Restaurant Le Port, *Vang 81, Hasle, ☎ 56969201, www.leport.dk; Gourmet-Restaurant zwischen Hammershus und Jons Kapel mit fantastischer Aussicht über die Ostsee, avancierte dänisch-französische Küche mit Mittags- und Abendkarte, herrliche Außenterrasse, perfekt zum Sonnenuntergang, in der Saison tgl. 11–22 Uhr, Reservieren ratsam.*

Kadeau, *Baunevej 18, Aakirkeby, ☏ 56978250, www.kadeau.dk; Spitzenrestaurant des Starkochs Rasmus Kofoed. Bezaubernd gelegen auf der Südseite der Insel, beliebt und oft ausgebucht. Inklusive Wine Pairing sollte man locker mit mindestens DKK 3.500 rechnen, dafür bekommt man jedoch etwas ganz Besonderes geboten.*

Nordbornholms Røgeri, *Kæmpestranden 2, Allinge, ☏ 5648 0730, www.nbr.dk; sehr schöne Fischräucherei am Hafen, am hohen Schornstein zu erkennen, Fischverkauf und Restaurantbetrieb. Tolles Fisch-Buffet, Außenterrasse, in der Saison tgl. 11–21 Uhr geöffnet.*

Restaurant Bryghuset, *Svaneke Torv 5, Svaneke, ☏ 56497321, www.svanekebryghus.dk; in einem alten Kaufmannshof am Svaneker Markt gelegenes gutes und ganzjährig geöffnetes Restaurant (Steaks, Pasta, Fisch, kaum vegetarisch) mit angeschlossener Mikro-Brauerei (Svaneke Bryggeri, Svanevang 10; Brauereibesichtigung möglich); tgl. 11–20.30 Uhr, in der Sommersaison bis mindestens 21.30, So 9.30–12 Uhr Brunch (reservieren!).*

Det Gamle Posthus, *Kirkegade 8, Allinge, ☏ 56481042; typische Bornholmer Gerichte, toller Fisch, immer ein vegetarisches Gericht und einige Öko-Weine auf der Karte. Unscheinbares Ambiente.*

Busse

Der **Bornholmerbussen** *(Linie 866, ☏ 44684400, www.graahundbus.dk) fährt bis zu 9-mal tgl. vom Kopenhagener Bahnhof nach Ystad und per Fähre nach Rønne sowie zurück. Auf der Insel selbst gibt es mindestens jede Stunde vom Busbahnhof in Rønne Verbindungen mit* **BAT-Bussen** *zu allen Städten und touristisch interessanten Orten (also auch Hammerhus, Dueodde-Strand oder Almindingen-Wald), die Linien gehen meist sternförmig von der Hauptstadt aus, während der Saison verkehren die Linien 7 und 8 aber auch rund um die Insel. Die Rundfahrt dauert knapp 3 Stunden und ist eine gute Möglichkeit, sich einen Eindruck zu verschaffen, bzw. hier und dort auszusteigen und anschließend einen späteren Bus zu nehmen. Es gibt preisgünstige Rabatt-Tickets (1- bis 7-Tageskarten etc.). Infos, Fahrpläne, Tourenführer für Wanderer, Gepäckaufbewahrung und Kartenverkauf im „Roten Packhaus" von Rønne (Snellemark, ☏ 56952121, www.bat.dk). Viele Busse fahren auch direkt vom Hafen ab.*

Flug

Der Flughafen von Bornholm (☏ 56952626, www.bornholms-lufthavn.dk) liegt zwischen Rønne und Amager an der Südküste. Er wird mehrmals täglich von der Gesellschaft **DAT – Danish Air Transport** *(Bornholmerflyet, ☏ 76923040, www.dat.dk) ab Kopenhagen angeflogen; die Flugzeit beträgt 40 Minuten. Saisonal gibt es auch Direktflüge von Billund, Aarhus und Aalborg, im Sommer sogar von Berlin.*

Fähren

Bis auf die Fähre aus Polen erreichen alle internationalen und überregionalen Fähren Bornholm in Rønne. Trotz der Vielzahl an Verbindungen können die Schiffe an besonders gefragten Abfahrtstagen (Ferienbeginn, Wochenende) ausgebucht sein, also rechtzeitig reservieren, d.h. mehrere Monate im Voraus! Die Monopolstellung besitzt die Gesellschaft **Bornholmslinjen** *(Dampskibskajen 5, 3700 Rønne, ☏ 70900100, www.bornholmslinjen.de), eine Tochter der Reederei Molslinjen A/S. Die meistfrequentierte Route ist die zwischen Ystad in Schweden und Rønne, die bis zu 8-mal tgl. bedient wird und nur 80 Minuten dauert (die „normale" Fähre benötigt 2,5 Std.). Eingesetzt werden hier in Australien gebaute Schnellfähren, die zu den größten und schnellsten Katamaranfähren der Welt gehören (bis zu 42 Knoten/Std). Es ist möglich, mit dem Bus oder Zug vom Hauptbahnhof in Kopenhagen nach Ystad zu reisen und von dort mit Bus und Fähre nach Bornholm zu kommen, die Fahrtzeit beträgt insgesamt nur ca. 2 ½ Std.! Außerdem setzt Bornholmslinjen Fähren ab Køge (südlich von Kopenhagen) einmal täglich und hauptsächlich auf Nachtfahrten ein (6 ½ Std.) sowie ganzjährig mindestens 3–4-mal wöchentlich (Hauptsaison täglich) eine Kombi-Fähre ab Sassnitz auf Rügen. Das Schiff schafft die Strecke nach Rønne in knapp 3 ½ Std. Zudem gibt es noch eine Fähre von Kolobrzeg (Kolberg) in Polen, die Nexø auf Bornholm anläuft (April–Okt. 1–5-mal wöchentlich, Fahrtdauer 4,5 Std., www.kzp.kolobrzeg.pl).*

7. ANHANG

Kleines Wörterbuch Dänisch

Die Schriftsprache nutzt das lateinische Alphabet mit den drei zusätzlichen Buchstaben æ (= ä), ø (= ö) und å. Für das Verständnis von Ausländern weit schwieriger stellt sich die Aussprache der Dänen dar. Viele Vokale, vor allem in der Endsilbe, werden schwach ausgesprochen, fast alle Konsonanten sind stimmlos (sogar b, d, g), oft werden auch ganze Silben weggelassen – das Resultat ist eine wenig kontrastreiche, ziemlich undeutliche und oft auch schnelle Aussprache. Gewöhnungsbedürftig ist insbesondere, dass zwischen Vokalen und manchmal im Auslaut ‚d' als Lispellaut (etwa wie im englischen the) gesprochen wird, und der unnachahmliche Stoßton (stød), ein Fast-Kehlkopfverschluss, der in bestimmten Worttypen auftritt.

Allgemeines		**Autofahren / Besichtigungen**		motorvej	Autobahn
tysk	deutsch	ankomst	Ankunft	parkering	Parken
tysker	Deutscher	afgang	Abfahrt	pas på	Aufpassen!
tyskland	Deutschland	åbningstid	Öffnungszeit	rådhus	Rathaus
dansk/dansker	dänisch/Däne	banegård	Bahnhof	seværdighed	Sehenswürdigkeit
danmark	Dänemark	station	Station	slot	Schloss
mand, herre	Mann, Herr	bil	Auto	stræde	Gasse
kvinde/fru	Frau	blind vej	Sackgasse	tårn	Turm
barn	Kind	bro	Brücke	til	nach
voksen	Erwachsener	cykler	Fahrräder	højre/venstre	rechts/links
Taler du engelsk?	Sprechen Sie Englisch?	ensrettet	Einbahnstraße	Norge	Norwegen
Jeg forstår ikke.	Ich verstehe nicht.	entré	Eintritt	Sverige	Schweden
ja/nej	ja, nein	færge	Fähre	Poland	Polen
god morgen/dag	guten Morgen/Tag	forbudt	verboten	torv, plads	(Markt-)Platz
aften/nat	Abend/Nacht	tilladt	erlaubt	vej	Weg, Straße
(mange) tak	(vielen) Dank (bei Bestellungen ‚bitte')	fra/til	von/bis	vejarbejde	Straßenbauarbeiten
en øl, tak	bitte ein Bier	gade	Straße	rabatten blød	unbefestigter Seitenstreifen
tak selv	danke ebenso!	have	Garten, Park	**Geografische Begriffe**	
farvel/ på gensyn	auf Wiedersehen	hovedvej	Hauptstraße	å	Bach
hej!	hallo, tschüss (wie ital.: ‚ciao')	ingen indkørsel	Durchfahrt verboten	ås	Bergrücken
Hvordan går det?	Wie geht es Ihnen?	jernbane	Eisenbahn	bakke	Hügel
Hvor er…?	Wo ist…?	kirke	Kirche	bjerg	Berg
stor/lille	groß/klein	knallerter	Mopeds, Mofas	by	Stadt, Ort
gammel/nyt	alt/neu	kørsel, traffik	Verkehr	dal	Tal
dronning	Königin	langsom	langsam	foss	Wasserfall
kong	König	lige ud	geradeaus	høj	Erhebung, Hügel
prinsesse	Pinzessin	lukket	geschlossen	klint	Steilufer
prinds	Prinz	åbnet	geöffnet	mose	Moor

sump, kær	Sumpf
sund	Meerenge
vand	Gewässer

Krankheit

feber	Fieber
(tand)læge	(Zahn-)Arzt
hoved	Kopf
mave	Bauch
tand	Zahn
pine	Schmerzen
sygehus	Krankenhaus
ulykke	Unfall

Einkauf

betale	bezahlen
dyr, billigt	teuer, billig
hvad koster?	Was kostet?
klær	Kleider
købe	kaufen
købmand	Kaufmann (Kiosk)
kvittering	Quittung
(små)penger	(Klein-)Geld
udsalg	Ausverkauf
regning	Rechnung

Essen und Trinken

jordbær	Erdbeere
mad	Speisen
drikkevarer	Getränke
morgenmad	Frühstück
frokost, lunch	Mittagessen
middag	Abendessen
aftensmad	(spätes) Abendessen
spisekort/ menukort	Speisekarte
risted	gegrillt
stegt	gebraten
kogt	gekocht
røget	geräuchert

Fleisch (kød)

dyreryg	Rehrücken
flæskesteg	Schweinebraten
fåresteg	Hammelbraten
hakkebøf	Hackbraten
kalv	Kalb
lam	Lamm
okse	Ochse
pølser	Würstchen
skinke	Schinken
svin	Schwein

Fisch (fisk)

fiskeboller	Fischklöpse
hummer	Hummer
laks	Lachs
rejer	Krabben
rødspæt	Scholle
sild	Hering
torsk	Dorsch
ørred	Forelle
ål	Aal

Gemüse (grønsager)

agurk	Gurke
ærter	Erbsen
blomkål	Blumenkohl
bønner	Bohnen
kartoffler	Kartoffeln
kål	Kohl
tomater	Tomaten

Obst (frugt)

æble	Apfel
appelsin	Orange
blomme	Pflaume
blåbær	Blaubeere
hindbær	Himbeere
spise/drikke	essen/trinken
kirsebær	Kirsche
pære	Birne

Dessert (dessert)

Is	Speiseeis
flødeskum	Schlagsahne
rødgrød	Rote Grütze
sødsuppe	Obstsuppe
ost	Käse

Gebäck/Brot (kager/brød)

franskbrød	Weißbrot
rundstykke	Brötchen
rugbrød	Roggenbrot
surbrød	Graubrot
kage	Kuchen
wienerbrød	Blätterteiggebäck
kransekage	Marzipangebäck
bagt æblekage	Schichtkuchen aus Äpfeln

Getränke (drikkevarer)

kaffe	Kaffee
te	Tee
mælk	Milch
(mineral-) vand	(Mineral-)Wasser
(hvid-/rød-) vin	(Weiß-/Rot-)Wein
Øl	Bier
snaps	Schnaps

Unterkünfte

douche, brusebad	Dusche
værelse	Zimmer
enkelt	Einzel-
dobbelt bad	Doppel-Bad
med/uden	mit/ohne
hytte-udlejning	Hüttenvermietung
kro	Dorfgasthaus
ledig	frei
lejligheder	Wohnungen
overnatning	Übernachtung
pris	Preis
højsæson	Hauptsaison
lavsæson	Nebensaison
seng	Bett
telt	Zelt
campingvogn	Campingwagen
vandrerhjem	Jugendherberge

Zeit

dag	Tag
uge	Woche
år	Jahr
måned	Monat
mandag	Montag
tirsdag	Dienstag
onsdag	Mittwoch
torsdag	Donnerstag
fredag	Freitag
lørdag	Samstag
hverdage	werktags
daglig	täglich
påske	Ostern
pinse	Pfingsten
jul	Weihnachten
tid	Zeit
dato	Datum
Hvad er klokken?	Wie viel Uhr ist es?

Stichwortverzeichnis

Abbildungsverzeichnis

Alle Bilder von Marita Bromberg, außer:

Visit Denmark: S. 122 (John Sommer); S. 110 (Andreas Einbock); S. 223 (Jesper Plambech); S. 173 (Nicolai Perjesi)

Archiv: S. 11, 17

Umschlag: © Huber Images | www.huber-images.de
Cees van Roeden (Visit Denmark): hintere Umschlagklappe (Schloss Hvedholm).